歴史《れきし》をつくった偉人《いじん》のことば366

新装版

誕生日《たんじょうび》別《べつ》

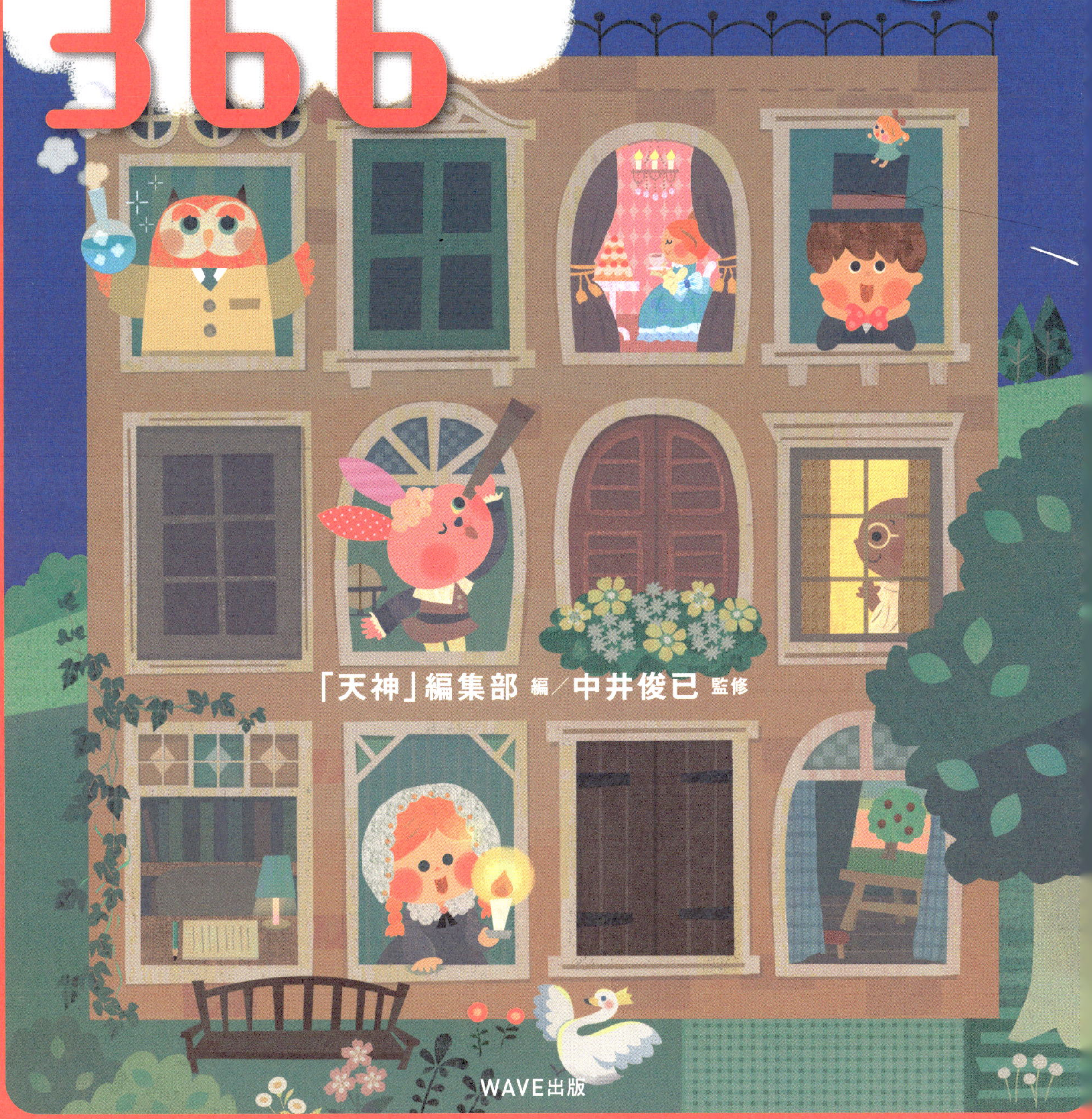

「天神」編集部 編／中井俊已 監修

WAVE出版

偉人《いじん》たちとの出会《であ》いを自分《じぶん》の人生《じんせい》に生《い》かしていきましょう！

後世《こうせい》に名《な》を残《のこ》した偉人《いじん》たちには、けっして恵《めぐ》まれてはいなかった境遇《きょうぐう》で、信念《しんねん》をつらぬき、苦難《くなん》に打《う》ちかって成功《せいこう》した人《ひと》が多《おお》くいます。かれらは人間《にんげん》としてすべて完《かん》ぺきだったわけではなく、弱《よわ》いところや欠点《けってん》もあったのですが、自分《じぶん》らしく一生懸命《いっしょうけんめい》生《い》きることで、数々《かずかず》の困難《こんなん》を乗《の》りこえ、夢《ゆめ》を実現《じつげん》しました。

この本《ほん》は、現代《げんだい》の子《こ》どもがそんな偉人《いじん》たちに多《おお》く出会《であ》い、かれらからさまざまなことを学《まな》んでほしいという願《ねが》いをもって誕生《たんじょう》しました。

読《よ》み方《かた》は自由《じゆう》ですが、つぎにあげるヒントを参考《さんこう》にしてもらえると幸《さいわ》いです。

●まず自分《じぶん》や家族《かぞく》・友《とも》だちと同《おな》じ誕生日《たんじょうび》の偉人《いじん》から読《よ》んでいく。

おとぎ話《ばなし》や物語《ものがたり》は好《す》きでも、偉人伝《いじんでん》にはまだなじんでいない人《ひと》は、誕生日《たんじょうび》にかぎらず、自分《じぶん》や家族《かぞく》と少《すこ》しでも関係《かんけい》のある偉人《いじん》の話《はなし》から読《よ》んでいくとよいでしょう。

●興味《きょうみ》のある偉人《いじん》を見《み》つけて読《よ》んでいく。

「名前《なまえ》は知《し》っているけれど、なにをした人《ひと》だろう？」と疑問《ぎもん》をもち、「もっと知《し》りたい」と思《おも》う偉人《いじん》のページを読《よ》んでいくのも活用法《かつようほう》のひとつです。だんだん偉人伝《いじんでん》に親《した》しんでいき、その人物《じんぶつ》をとおしてさらに広《ひろ》く深《ふか》い調《しら》べ学習《がくしゅう》へとつなげていけるといいですね。

●その日《ひ》の人物《じんぶつ》のメッセージを順番《じゅんばん》に読《よ》んでいく。

偉人《いじん》が目《め》の前《まえ》にやってきて、自分《じぶん》の人生《じんせい》を語《かた》りきかせてくれる。そんなイメージで読《よ》むと、いっそう偉人《いじん》に親《した》しみをもてます。毎日《まいにち》ひとり、そして多《おお》くの偉人《いじん》たちと出会《であ》うことで、知識《ちしき》はまし、視野《しや》は広《ひろ》がっていきます。偉人《いじん》たちが残《のこ》したすばらしいことば（名言《めいげん》）にふれることで、みなさんの心《こころ》に生《い》きる勇気《ゆうき》と希望《きぼう》が生《う》まれるでしょう。

保護者《ほごしゃ》の方《かた》・先生方《せんせいがた》へ

●親《おや》が読《よ》み聞《き》かせする、または親子《おやこ》で読《よ》みあう。

子《こ》どもがひとりで読《よ》むのもよいのですが、できれば親子《おやこ》で読《よ》み聞《き》かせをしあうなどしていただければと願《ねが》っています。親子《おやこ》でともにした読書体験《どくしょたいけん》はあたたかな思《おも》い出《で》として、のちのちまで心《こころ》に残《のこ》り、子《こ》どもの人生《じんせい》を豊《ゆた》かにささえていくものとなるでしょう。

●教育現場《きょういくげんば》で活用《かつよう》する。

この本《ほん》を教室《きょうしつ》においておくと大変重宝《たいへんちょうほう》するでしょう。朝《あさ》の会《かい》や学級指導《がっきゅうしどう》のときの話《はなし》のネタ、国語《こくご》・社会《しゃかい》・道徳《どうとく》などの授業《じゅぎょう》、学級通信《がっきゅうつうしん》のネタ、教室《きょうしつ》の掲示《けいじ》にも使《つか》えます。1話《わ》1ページの分量《ぶんりょう》なので、「十分間読書《じっぷんかんどくしょ》」やクラス全体《ぜんたい》への「読《よ》み聞《き》かせ」にも活用《かつよう》できます。

本書《ほんしょ》をとおして、みなさんがさまざまな偉人《いじん》の生《い》き方《かた》や考《かんが》え方《かた》にふれ、自分《じぶん》や人《ひと》の個《こ》性《せい》を肯定《こうてい》して生《い》かし、前《まえ》むきに人生《じんせい》を生《い》きていってほしいと願《ねが》っています。

教育評論家《きょういくひょうろんか》　中井俊已《なかいとしみ》

1月《がつ》生《う》まれの偉人《いじん》

監修者《かんしゅうしゃ》からのことば　2 ／ この本《ほん》の楽《たの》しみ方《かた》　16

1日　近代《きんだい》オリンピックをつくった　ピエール・ド・クーベルタン　18
2日　ただ一心《いっしん》に座《すわ》ることで、さとりをひらいた　道元《どうげん》　19
3日　ヨーロッパの哲学《てつがく》に大《おお》きな影響《えいきょう》をあたえた　マルクス・トゥッリウス・キケロ　20
4日　点字《てんじ》をつくって暗闇《くらやみ》に光《ひかり》をもたらした　ルイ・ブライユ　21
5日　明治時代《めいじじだい》を代表《だいひょう》するベストセラー作家《さっか》　夏目漱石《なつめそうせき》　22
6日　悲劇《ひげき》のヒロイン——オルレアンの乙女《おとめ》　ジャンヌ・ダルク　23
7日　郵便《ゆうびん》のしくみをつくりあげた郵便制度《ゆうびんせいど》の父《ちち》　前島密《まえじまひそか》　24
8日　詩《し》の世界《せかい》の貴公子《きこうし》　堀口大学《ほりぐちだいがく》　25
9日　「女《おんな》らしさ」のおしつけにNO！　シモーヌ・ド・ボーヴォワール　26
10日　新《あたら》しいお芝居《しばい》を日本《にほん》に紹介《しょうかい》した　島村抱月《しまむらほうげつ》　27
11日　歩《ある》いて歩《ある》いて日本《にほん》の地図《ちず》をつくった　伊能忠敬《いのうただたか》　28
12日　ひとりでも多《おお》くの子《こ》どもを救《すく》おうと命《いのち》をかけた　ヨハン・ハインリッヒ・ペスタロッチ　29
13日　日本《にほん》に近代医学《きんだいいがく》をもたらしたお雇《やと》い外国人《がいこくじん》　エルヴィン・フォン・ベルツ　30
14日　アフリカの人《ひと》たちの命《いのち》を救《すく》いつづけた　アルベルト・シュバイツァー　31
15日　気高《けだか》い姿勢《しせい》で差別《さべつ》と戦《たたか》いぬいた　マーティン・ルーサー・キング・ジュニア　32

16日　すべてはドライバーのために　アンドレ・ミシュラン　33
17日　アメリカ建国《けんこく》の父《ちち》　ベンジャミン・フランクリン　34
18日　民主制《みんしゅせい》の基本《きほん》ルールを考《かんが》えた　シャルル・ド・モンテスキュー　35
19日　蒸気機関車《じょうききかんしゃ》の父《ちち》となった機械工《きかいこう》　ジェイムズ・ワット　36
20日　日本国憲法《にほんこくけんぽう》のもとをつくった　植木枝盛《うえきえもり》　37
21日　最強伝説《さいきょうでんせつ》をもつ戦国時代《せんごくじだい》の武将《ぶしょう》　上杉謙信《うえすぎけんしん》　38
22日　みずからを犠牲《ぎせい》にして、市民《しみん》を守《まも》ろうとした　大塩平八郎《おおしおへいはちろう》　39
23日　日本人初《にほんじんはつ》のノーベル賞受賞者《しょうじゅしょうしゃ》　湯川秀樹《ゆかわひでき》　40
24日　人間《にんげん》の魅力《みりょく》にあふれたなりあがり者《もの》　カロン・ド・ボーマルシェ　41
25日　幸《しあわ》せな歌《うた》を子《こ》どもたちに届《とど》けた　北原白秋《きたはらはくしゅう》　42
26日　小《ちい》さな町工場《まちこうば》を世界的大企業《せかいてきだいきぎょう》に変《か》えた　盛田昭夫《もりたあきお》　43
27日　正真正銘《しょうしんしょうめい》の天才音楽家《てんさいおんがくか》　ヴォルフガング・アマデウス・モーツァルト　44
28日　暗黒大陸《あんこくたいりく》の謎《なぞ》をさぐった探検家《たんけんか》　ヘンリー・モートン・スタンリー　45
29日　人間《にんげん》の幸《しあわ》せのために身《み》をささげた　ロマン・ロラン　46
30日　江戸《えど》の町《まち》を火《ひ》の海《うみ》から救《すく》った立役者《たてやくしゃ》　勝海舟《かつかいしゅう》　47
31日　人《ひと》から愛《あい》された「歌曲《かきょく》の王《おう》」　フランツ・ペーター・シューベルト　48

2月《がつ》生《う》まれの偉人《いじん》

- 1日　最高《さいこう》の娯楽映画《ごらくえいが》をつくった監督《かんとく》　ジョン・フォード …… 50
- 2日　20世紀最大《せいきさいだい》の作家《さっか》　ジェイムズ・ジョイス …… 51
- 3日　モーツァルトにならぶ音楽界《おんがくかい》の神童《しんどう》　フェリックス・メンデルスゾーン …… 52
- 4日　大西洋《たいせいよう》をたったひとりで飛《と》びきった冒険家《ぼうけんか》　チャールズ・リンドバーグ …… 53
- 5日　息子《むすこ》のために発明《はつめい》までしたお父《とう》さん　ジョン・ボイド・ダンロップ …… 54
- 6日　天下統一《てんかとういつ》をして戦国時代《せんごくじだい》を終《お》わらせた武将《ぶしょう》　豊臣秀吉《とよとみひでよし》 …… 55
- 7日　イギリスの国民的作家《こくみんてきさっか》　チャールズ・ディケンズ …… 56
- 8日　SF（サイエンス・フィクション）の父《ちち》　ジュール・ヴェルヌ …… 57
- 9日　新《あたら》しい日本画《にほんが》をつくりだした生来《せいらい》の絵描《えか》き　土田麦僊《つちだばくせん》 …… 58
- 10日　新《あたら》しい女性《じょせい》の生《い》き方《かた》をしめしてみせた　平塚《ひらつか》らいてう …… 59
- 11日　世界《せかい》の発明王《はつめいおう》　トーマス・アルバ・エジソン …… 60
- 12日　奴隷《どれい》を自由《じゆう》にした、偉大《いだい》な大統領《だいとうりょう》　エイブラハム・リンカーン …… 61
- 13日　日本《にほん》の資本主義《しほんしゅぎ》の父《ちち》　渋沢栄一《しぶさわえいいち》 …… 62
- 14日　世界《せかい》のトヨタグループをつくった発明家《はつめいか》　豊田佐吉《とよださきち》 …… 63
- 15日　伝説《でんせつ》になった天文学《てんもんがく》の番人《ばんにん》　ガリレオ・ガリレイ …… 64
- 16日　早稲田大学《わせだだいがく》の生《う》みの親《おや》　大隈重信《おおくましげのぶ》 …… 65
- 17日　日本《にほん》に医学《いがく》を教《おし》え、外国《がいこく》に日本《にほん》を紹介《しょうかい》した　フィリップ・フランツ・フォン・シーボルト …… 66
- 18日　日本《にほん》の芸術《げいじゅつ》を全身全霊《ぜんしんぜんれい》で守《まも》りぬいた　アーネスト・フランシスコ・フェノロサ …… 67
- 19日　はじめて地動説《ちどうせつ》をとなえた天文学者《てんもんがくしゃ》　ニコラス・コペルニクス …… 68
- 20日　小説《しょうせつ》の神《かみ》さま　志賀直哉《しがなおや》 …… 69
- 21日　デザイン界《かい》の革命児《かくめいじ》　ユベール・ド・ジバンシー …… 70
- 22日　アメリカの初代大統領《しょだいだいとうりょう》　ジョージ・ワシントン …… 71
- 23日　音楽《おんがく》に一生《いっしょう》をささげた「音楽《おんがく》の母《はは》」　ゲオルグ・フリードリヒ・ヘンデル …… 72
- 24日　聖書《せいしょ》につぐ大《だい》ベストセラーの生《う》みの親《おや》　ヴィルヘルム・グリム …… 73
- 25日　幸《しあわ》せを絵《え》にした画家《がか》　オーギュスト・ルノアール …… 74
- 26日　フランス最大《さいだい》の名作《めいさく》を書《か》いた　ヴィクトル・ユーゴー …… 75
- 27日　弱《よわ》き者《もの》、まずしき者《もの》の物語《ものがたり》を書《か》いた　ジョン・エルンスト・スタインベック …… 76
- 28日　エッセイの生《う》みの親《おや》　ミシェル・ド・モンテーニュ …… 77
- 29日　楽《たの》しい音楽《おんがく》とおいしい食《た》べ物《もの》を心《こころ》から愛《あい》した　ジョアッキーノ・ロッシーニ …… 78

3月《がつ》生《う》まれの偉人《いじん》

1日 ピアノで詩《し》をかなでた天才《てんさい》 フレデリック・ショパン …… 80
2日 アメリカとの冷《つめ》たい戦争《せんそう》をやめた大統領《だいとうりょう》 ミハイル・ゴルバチョフ …… 81
3日 電話《でんわ》をつくりだした発明家《はつめいか》 グラハム・ベル …… 82
4日 人生《じんせい》を謳歌《おうか》した作曲家《さっきょくか》 アントニオ・ヴィヴァルディ …… 83
5日 アトラスをつくった地理学者《ちりがくしゃ》 ゲラルドゥス・メルカトル …… 84
6日 神《かみ》とまでいわれた芸術家《げいじゅつか》 ミケランジェロ・ブオナローティ …… 85
7日 オーケストラの魔術師《まじゅつし》 モーリス・ラヴェル …… 86
8日 核分裂《かくぶんれつ》を発見《はっけん》してしまった科学者《かがくしゃ》 オットー・ハーン …… 87
9日 人類《じんるい》ではじめて宇宙《うちゅう》へいった ユーリ・ガガーリン …… 88
10日 日本《にほん》の子《こ》どもの本《ほん》の土台《どだい》をつくった 石井桃子《いしいももこ》 …… 89
11日 志《こころざし》なかばにたおれた天才《てんさい》 橋本左内《はしもとさない》 …… 90
12日 小《ちい》さいころの夢《ゆめ》をかなえたノーベル賞受賞者《しょうじゅしょうしゃ》 江崎玲於奈《えさきれおな》 …… 91
13日 妻《つま》への永遠《えいえん》の愛《あい》を詩《し》につづった 高村光太郎《たかむらこうたろう》 …… 92
14日 誰《だれ》もがみとめる天才科学者《てんさいかがくしゃ》 アルベルト・アインシュタイン …… 93
15日 おそろしい病気《びょうき》に打《う》ちかつ方法《ほうほう》を発見《はっけん》した エミール・フォン・ベーリング …… 94
16日 剣《けん》のかわりにペンで戦《たたか》った革命家《かくめいか》 マクシム・ゴーリキー …… 95
17日 ガソリンエンジンの生《う》みの親《おや》 ゴットリープ・ダイムラー …… 96
18日 誰《だれ》もが使《つか》えるエンジンを生《う》んだエンジニア ルドルフ・ディーゼル …… 97
19日 暗黒大陸《あんこくたいりく》を世界《せかい》ではじめて横断《おうだん》 デイヴィッド・リヴィングストン …… 98
20日 お芝居《しばい》のあり方《かた》を変《か》えた「演劇《えんげき》の父《ちち》」 ヘンリック・イプセン …… 99
21日 誰《だれ》もが知《し》っている「音楽《おんがく》の父《ちち》」 ヨハン・セバスチャン・バッハ …… 100
22日 日本《にほん》の新《あたら》しい童謡《どうよう》を生《う》みおとした 中山晋平《なかやましんぺい》 …… 101
23日 日本《にほん》が世界《せかい》に誇《ほこ》る映画監督《えいがかんとく》 黒澤明《くろさわあきら》 …… 102
24日 モダンデザインの父《ちち》 ウィリアム・モリス …… 103
25日 短《みじか》い人生《じんせい》で名作《めいさく》をつぎつぎ生《う》んだ女流作家《じょりゅうさっか》 樋口一葉《ひぐちいちよう》 …… 104
26日 富《とみ》とまずしさを数字《すうじ》にしてみせた エルンスト・エンゲル …… 105
27日 未知《みち》なる光線《こうせん》を発見《はっけん》した ウィルヘルム・コンラート・レントゲン …… 106
28日 ドイツ・サッカーの生《う》みの親《おや》 ゼップ・ヘルベルガー …… 107
29日 エジソンにつぐ発明王《はつめいおう》 エリフ・トムソン …… 108
30日 炎《ほのお》の天才画家《てんさいがか》 フィンセント・ファン・ゴッホ …… 109
31日 交響曲《こうきょうきょく》の父《ちち》 フランツ・ヨーゼフ・ハイドン …… 110

4月《がつ》生《う》まれの偉人《いじん》

1日 浄土真宗《じょうどしんしゅう》をひらいた 親鸞《しんらん》 …… 112
2日 たくさんの童話《どうわ》を生《う》みだした ハンス・クリスチャン・アンデルセン …… 113
3日 東西《とうざい》ドイツを統一《とういつ》にみちびいた ヘルムート・コール …… 114
4日 人《ひと》をだいじにした江戸《えど》時代《じだい》の名君《めいくん》 池田光政《いけだみつまさ》 …… 115
5日 音楽史上最高《おんがくしじょうさいこう》の指揮者《しきしゃ》 ヘルベルト・フォン・カラヤン …… 116
6日 ルネサンス時代《じだい》の巨匠《きょしょう》 ラファエロ・サンティ …… 117
7日 人々《ひとびと》を救《すく》う道《みち》をさがし、見《み》つけた 法然《ほうねん》 …… 118
8日 さとりをひらいて仏教《ぶっきょう》をおこした 釈迦《しゃか》 …… 119
9日 さまざまなジャンルで自分《じぶん》を表現《ひょうげん》した 佐藤春夫《さとうはるお》 …… 120
10日 ジャーナリストの鑑《かがみ》 ジョセフ・ピュリッツァー …… 121
11日 子《こ》どもたちの福祉《ふくし》の父《ちち》 石井十次《いしいじゅうじ》 …… 122
12日 まちがいをみとめたノーベル賞受賞者《しょうじゅしょうしゃ》 オットー・マイアーホーフ …… 123
13日 独立宣言《どくりつせんげん》を書《か》いたアメリカ建国《けんこく》の父《ちち》 トーマス・ジェファーソン …… 124
14日 宇宙《うちゅう》を見《み》て、時《とき》をきざんだ クリスチャン・ホイヘンス …… 125
15日 なんでもできた万能《ばんのう》の天才《てんさい》 レオナルド・ダ・ヴィンチ …… 126
16日 世界《せかい》の喜劇王《きげきおう》 チャールズ・チャップリン …… 127
17日 国会《こっかい》をひらく道筋《みちすじ》をつくった運動家《うんどうか》 板垣退助《いたがきたいすけ》 …… 128
18日 ウィーン・オペレッタの生《う》みの親《おや》 フランツ・フォン・スッペ …… 129
19日 日本《にほん》を代表《だいひょう》する天才数学者《てんさいすうがくしゃ》 岡潔《おかきよし》 …… 130
20日 国民《こくみん》による政治《せいじ》をめざした憲政《けんせい》の神《かみ》さま 犬養毅《いぬかいつよし》 …… 131
21日 幼稚園《ようちえん》をつくった幼児教育《ようじきょういく》の父《ちち》 フリードリヒ・フレーベル …… 132
22日 哲学《てつがく》を立《た》てなおした知《ち》の巨人《きょじん》 イマヌエル・カント …… 133
23日 松園《しょうえん》の前《まえ》に松園《しょうえん》なしといわれた孤高《ここう》の画家《がか》 上村松園《うえむらしょうえん》 …… 134
24日 日本《にほん》の植物学《しょくぶつがく》の父《ちち》 牧野富太郎《まきのとみたろう》 …… 135
25日 無線電信《むせんでんしん》を発明《はつめい》した電波《でんぱ》の魔術師《まじゅつし》 グリエルモ・マルコーニ …… 136
26日 イギリス文学史上最大《ぶんがくしじょうさいだい》の作家《さっか》 ウィリアム・シェイクスピア …… 137
27日 家族《かぞく》への愛情《あいじょう》から偉大《いだい》な発明《はつめい》をした サミュエル・フィンリー・ブリース・モールス …… 138
28日 映画《えいが》にもなったユダヤ人《じん》の救世主《きゅうせいしゅ》 オスカー・シンドラー …… 139
29日 日本《にほん》、激動《げきどう》の時代《じだい》の天皇《てんのう》 昭和天皇《しょうわてんのう》 …… 140
30日 人類史上最強《じんるいしじょうさいきょう》の数学王《すうがくおう》 カール・フリードリヒ・ガウス …… 141
番外編 キリスト教《きょう》をおこした イエス・キリスト …… 142

5月《がつ》生《う》まれの偉人《いじん》

1日 新《あたら》しい日本画《にほんが》を生《う》みだした 円山応挙《まるやまおうきょ》……144
2日 大《だい》ベストセラーになった子育《こそだ》て本《ぼん》を書《か》いた ベンジャミン・マクレーン・スポック……145
3日 君主《くんしゅ》の心《こころ》がまえを説《と》いた非情《ひじょう》の思想家《しそうか》 ニコロ・マキャヴェリ……146
4日 永遠《えいえん》の妖精《ようせい》 オードリー・ヘップバーン……147
5日 江戸時代《えどじだい》を代表《だいひょう》する俳人《はいじん》 小林一茶《こばやしいっさ》……148
6日 西洋人《せいようじん》ではじめて北極点《ほっきょくてん》にいった探検家《たんけんか》 ロバート・ピアリー……149
7日 多民族《たみんぞく》をまとめて統一国家《とういつこっか》をつくった ヨシップ・ブロズ・チトー……150
8日 わけへだてなく人《ひと》を助《たす》ける赤十字《せきじゅうじ》をつくった ジャン・アンリ・デュナン……151
9日 永遠《えいえん》の少年《しょうねん》の物語《ものがたり》で子《こ》どもに夢《ゆめ》をあたえた ジェイムズ・マシュー・バリー……152
10日 紅茶《こうちゃ》を世界《せかい》に広《ひろ》めた トーマス・リプトン……153
11日 アメリカを代表《だいひょう》する作曲家《さっきょくか》 アーヴィング・バーリン……154
12日 元祖《がんそ》・白衣《はくい》の天使《てんし》 フローレンス・ナイチンゲール……155
13日 おそろしい伝染病《でんせんびょう》の謎《なぞ》を解《と》いた ロナルド・ロス……156
14日 歌《うた》で命《いのち》を表現《ひょうげん》し、医学《いがく》で命《いのち》を救《すく》った 斎藤茂吉《さいとうもきち》……157
15日 男女平等《だんじょびょうどう》を実現《じつげん》させるために人生《じんせい》をささげた 市川房枝《いちかわふさえ》……158
16日 生活《せいかつ》に役立《やくだ》つ発明《はつめい》をした異色《いしょく》の発明家《はつめいか》 デイヴィッド・エドワード・ヒューズ……159

17日 ワクチンをつくって多《おお》くの命《いのち》を救《すく》った エドワード・ジェンナー……160
18日 20世紀《せいき》を代表《だいひょう》する思想家《しそうか》 バートランド・ラッセル……161
19日 日本《にほん》を代表《だいひょう》する哲学者《てつがくしゃ》 西田幾多郎《にしだきたろう》……162
20日 近代小説《きんだいしょうせつ》の生《う》みの親《おや》 オノレ・ド・バルザック……163
21日 日曜画家《にちようがか》から偉大《いだい》な芸術家《げいじゅつか》になった アンリ・ルソー……164
22日 日本《にほん》の近代小説《きんだいしょうせつ》の基礎《きそ》をつくった 坪内逍遥《つぼうちしょうよう》……165
23日 植物《しょくぶつ》を観察《かんさつ》して分類学《ぶんるいがく》をつくりあげた カール・フォン・リンネ……166
24日 ロシアの農民《のうみん》の真実《しんじつ》を描《えが》いたノーベル賞作家《しょうさっか》 ミハイル・アレクサンドロビチ・ショーロホフ……167
25日 日本《にほん》のアンデルセンといわれた童話作家《どうわさっか》 浜田広介《はまだひろすけ》……168
26日 日本《にほん》の哲学《てつがく》をきずいた思想家《しそうか》 谷川徹三《たにかわてつぞう》……169
27日 新《あたら》しい宗教画《しゅうきょうが》を生《う》みだした ジョルジュ・ルオー……170
28日 狂牛病《きょうぎゅうびょう》の謎《なぞ》の病原体《びょうげんたい》をつきとめた スタンリー・プルシナー……171
29日 命《いのち》をかけて平和《へいわ》をめざした、悲劇《ひげき》の大統領《だいとうりょう》 ジョン・F・ケネディ……172
30日 てってい的《てき》に近代化《きんだいか》を進《すす》めたロシア皇帝《こうてい》 ピョートル1世《せい》……173
31日 アメリカの詩《し》の神《かみ》さま ウォルト・ホイットマン……174

6月《がつ》生《う》まれの偉《い》人《じん》

1日 アメリカを代表《だいひょう》する美《うつく》しき大《だい》スター マリリン・モンロー …… 176

2日 ナイト（騎《き》士《し》）の称号《しょうごう》をもらった大作曲家《だいさっきょくか》 エドワード・エルガー …… 177

3日 日本《にほん》の美《うつく》しい心《こころ》を後世《こうせい》に伝《つた》えた 佐《さ》佐《さ》木《き》信《のぶ》綱《つな》 …… 178

4日 100年《ねん》先《さき》を見《み》すえた日本《にほん》の羅《ら》針盤《しんばん》 後《ご》藤《とう》新《しん》平《ぺい》 …… 179

5日 今《いま》の経済学《けいざいがく》の基礎《きそ》をつくりあげた アダム・スミス …… 180

6日 栄光《えいこう》と悲劇《ひげき》の探検家《たんけんか》 ロバート・ファルコン・スコット …… 181

7日 文明《ぶんめい》におかされないこの世《よ》の楽園《らくえん》を絵《え》にした ポール・ゴーギャン …… 182

8日 アイヌの文化《ぶんか》と誇《ほこ》りをとりもどさせた少女《しょうじょ》 知《ち》里《り》幸《ゆき》恵《え》 …… 183

9日 機関車《きかんしゃ》を実用化《じつようか》させた鉄道《てつどう》の父《ちち》 ジョージ・スティーブンソン …… 184

10日 さきの副将軍《ふくしょうぐん》水戸《みと》光圀《みつくに》公《こう》にあらせられるぞ 徳《とく》川《がわ》光《みつ》圀《くに》 …… 185

11日 かがやかしく壮大《そうだい》な交響詩《こうきょうし》を生《う》みだした リヒャルト・シュトラウス …… 186

12日 けっして絶望《ぜつぼう》しなかったユダヤの少女《しょうじょ》 アンネ・フランク …… 187

13日 小《ちい》さいころからの夢《ゆめ》をかなえた探検家《たんけんか》 白《しら》瀬《せ》矗《のぶ》 …… 188

14日 日本《にほん》ではじめてのノーベル文学賞作家《ぶんがくしょうさっか》 川《かわ》端《ばた》康《やす》成《なり》 …… 189

15日 真言宗《しんごんしゅう》をひらいて救《すく》いの道《みち》をさししめした 空《くう》海《かい》 …… 190

16日 動《うご》く遺伝子《いでんし》を発見《はっけん》した情熱《じょうねつ》の科学者《かがくしゃ》 バーバラ・マクリントック …… 191

17日 美《うつく》しく優雅《ゆうが》なオペラをのちの世《よ》に残《のこ》した シャルル・フランソワ・グノー …… 192

18日 日本《にほん》に動物学《どうぶつがく》の礎《いしずえ》をきずいた エドワード・シルヴェスター・モース …… 193

19日 時代《じだい》をこえて圧倒的《あっとうてき》な人気《にんき》を誇《ほこ》る作家《さっか》 太《だ》宰《ざい》治《おさむ》 …… 194

20日 フランス・オペレッタの開拓者《かいたくしゃ》 ジャック・オッフェンバック …… 195

21日 人間《にんげん》とはなにかを考《かんが》えつづけた哲学者《てつがくしゃ》 ジャン・ポール・サルトル …… 196

22日 戦争反対《せんそうはんたい》の本《ほん》が世界的大《せかいてきだい》ベストセラーに エリッヒ・マリア・レマルク …… 197

23日 たくさんの童謡《どうよう》を子《こ》どもたちに贈《おく》った 三《み》木《き》露《ろ》風《ふう》 …… 198

24日 日本《にほん》が誇《ほこ》る名城熊本城《めいじょうくまもとじょう》をきずいた 加《か》藤《とう》清《きよ》正《まさ》 …… 199

25日 独創性《どくそうせい》にあふれた世界的《せかいてき》な建築家《けんちくか》 アントニ・ガウディ …… 200

26日 明治維新《めいじいしん》3傑《けつ》のひとり。「知《ち》」の代表《だいひょう》 木《き》戸《ど》孝《たか》允《よし》（桂《かつら》小《こ》五《ご》郎《ろう》） …… 201

27日 3重苦《じゅうく》を乗《の》りこえて、世界《せかい》に勇気《ゆうき》をあたえた ヘレン・ケラー …… 202

28日 フランス革命《かくめい》の基盤《きばん》をつくった偉大《いだい》な思想家《しそうか》 ジャン・ジャック・ルソー …… 203

29日 世界一有名《せかいいちゆうめい》な王子《おうじ》さまの物語《ものがたり》を書《か》いた作家《さっか》 アントワーヌ・ド・サン・テグジュペリ …… 204

30日 幕末《ばくまつ》を生《い》きたイギリス人外交官《じんがいこうかん》 アーネスト・サトウ …… 205

番外編 イスラム教《きょう》をおこした ムハンマド …… 206

7月《がつ》生《う》まれの偉人《いじん》

1日 女性《じょせい》の生《い》き方《かた》を世《よ》に問《と》うた ジョルジュ・サンド …… 208
2日 第《だい》1回芥川賞《かいあくたがわしょう》を受賞《じゅしょう》した社会派作家《しゃかいはさっか》 石川達三《いしかわたつぞう》 …… 209
3日 世《よ》の不条理《ふじょうり》を書《か》いてみせた フランツ・カフカ …… 210
4日 アメリカ民謡《みんよう》の父《ちち》 スティーブン・フォスター …… 211
5日 あらゆる芸術《げいじゅつ》のかるわざ師《し》 ジャン・コクトー …… 212
6日 命《いのち》がけで世界平和《せかいへいわ》を訴《うった》える僧侶《そうりょ》 ダライ・ラマ14世《せい》 …… 213
7日 不平等条約《ふびょうどうじょうやく》を解消《かいしょう》したカミソリ大臣《だいじん》 陸奥宗光《むつむねみつ》 …… 214
8日 アメリカ産業界《さんぎょうかい》の王《おう》さま ジョン・ロックフェラー …… 215
9日 日本《にほん》が世界《せかい》に誇《ほこ》る指揮者《しきしゃ》 朝比奈隆《あさひなたかし》 …… 216
10日 20世紀《せいき》を代表《だいひょう》する大作家《だいさっか》 マルセル・プルースト …… 217
11日 日本初《にほんはつ》の法学博士《ほうがくはくし》、明治民法《めいじみんぽう》の父《ちち》 穂積陳重《ほづみのぶしげ》 …… 218
12日 女王陛下《じょおうへいか》の陶器職人《とうきしょくにん》 ジョサイア・ウェッジウッド …… 219
13日 日本《にほん》の学校制度《がっこうせいど》の基礎《きそ》をつくった 森有礼《もりありのり》 …… 220
14日 日本近代医学《にほんきんだいいがく》の父《ちち》 緒方洪庵《おがたこうあん》 …… 221
15日 自然主義文学《しぜんしゅぎぶんがく》の先駆者《せんくしゃ》 国木田独歩《くにきだどっぽ》 …… 222
16日 人類《じんるい》ではじめて南極点《なんきょくてん》にいった探検家《たんけんか》 ロアール・アムンセン …… 223
17日 戦死《せんし》した者《もの》たちの魂《たましい》のために戦《たたか》った 竹山道雄《たけやまみちお》 …… 224
18日 アパルトヘイトを廃止《はいし》した平和《へいわ》の人《ひと》 ネルソン・マンデラ …… 225
19日 伝統《でんとう》と新《あたら》しいものがとけあった絵《え》を残《のこ》した エドガー・ドガ …… 226
20日 遺伝学《いでんがく》を切《き》りひらいた情熱《じょうねつ》の司祭《しさい》 グレゴール・ヨハン・メンデル …… 227
21日 アメリカを代表《だいひょう》する作家《さっか》であり、ヒーロー アーネスト・ヘミングウェイ …… 228
22日 華麗《かれい》なる左腕《ひだりうで》のピアニスト ゲザ・ジチー …… 229
23日 勤勉《きんべん》と工夫《くふう》で、苦難《くなん》を乗《の》りこえた 二宮尊徳《にのみやそんとく》（金治郎《きんじろう》） …… 230
24日 美《び》を追求《ついきゅう》した明治《めいじ》・昭和《しょうわ》の大文豪《だいぶんごう》 谷崎潤一郎《たにざきじゅんいちろう》 …… 231
25日 世界《せかい》じゅうの子《こ》どもに音楽《おんがく》の楽《たの》しさを教《おし》えた フェルディナント・バイエル …… 232
26日 イギリスで不動《ふどう》の人気《にんき》を誇《ほこ》る劇作家《げきさっか》 ジョージ・バーナード・ショー …… 233
27日 波瀾万丈《はらんばんじょう》の人生《じんせい》を生《い》きた大蔵大臣《おおくらだいじん》 高橋是清《たかはしこれきよ》 …… 234
28日 社会貢献《しゃかいこうけん》を第一《だいいち》に考《かんが》えた理念《りねん》の実業家《じつぎょうか》 大原孫三郎《おおはらまごさぶろう》 …… 235
29日 戦争《せんそう》と飢《う》えを書《か》いてノーベル文学賞受賞《ぶんがくしょうじゅしょう》 エイヴィンド・ユーンソン …… 236
30日 世界《せかい》の自動車王《じどうしゃおう》 ヘンリー・フォード …… 237
31日 日本《にほん》の民俗学《みんぞくがく》を生《う》みだした 柳田國男《やなぎたくにお》 …… 238

8月《がつ》生《う》まれの偉人《いじん》

1日 死後《しご》はじめてみとめられたアメリカの文豪《ぶんごう》 ハーマン・メルヴィル …… 240
2日 独自《どくじ》の自然哲学《しぜんてつがく》を生《う》みだした 三浦梅園《みうらばいえん》 …… 241
3日 世界一有名《せかいいちゆうめい》なサラリーマン 田中耕一《たなかこういち》 …… 242
4日 明治維新《めいじいしん》の師《し》 吉田松陰《よしだしょういん》 …… 243
5日 リアルを追求《ついきゅう》したフランスの大作家《だいさっか》 ギイ・ド・モーパッサン …… 244
6日 医学《いがく》を劇的《げきてき》に発展《はってん》させた医者《いしゃ》 サー・アレクサンダー・フレミング …… 245
7日 日本《にほん》を代表《だいひょう》する国民的作家《こくみんてきさっか》 司馬遼太郎《しばりょうたろう》 …… 246
8日 横綱《よこづな》の中《なか》の横綱《よこづな》 谷風梶之助《たにかぜかじのすけ》 …… 247
9日 化学《かがく》の重要《じゅうよう》な法則《ほうそく》を発見《はっけん》した法律家《ほうりつか》 アメデオ・アボガドロ …… 248
10日 新政府《しんせいふ》を引《ひ》っぱった明治維新《めいじいしん》の3傑《けつ》 大久保利通《おおくぼとしみち》 …… 249
11日 世界《せかい》に誇《ほこ》れる平和憲法《へいわけんぽう》を考《かんが》えた 幣原喜重郎《しではらきじゅうろう》 …… 250
12日 量子力学《りょうしりきがく》を大《おお》きく発展《はってん》させてノーベル賞受賞《しょうじゅしょう》 エルヴィン・シュレーディンガー …… 251
13日 神《かみ》といわれた天才映画監督《てんさいえいがかんとく》 アルフレッド・ヒッチコック …… 252
14日 野生動物《やせいどうぶつ》の世界《せかい》を世《よ》の中《なか》に紹介《しょうかい》した アーネスト・トンプソン・シートン …… 253
15日 フランスの華麗《かれい》なる皇帝《こうてい》 ナポレオン・ボナパルト …… 254
16日 人《ひと》の生《い》きる道《みち》を考《かんが》え、教《おし》えた 山鹿素行《やまがそこう》 …… 255
17日 数学界最大《すうがくかいさいだい》の謎《なぞ》を生《う》みだした ピエール・ド・フェルマー …… 256
18日 人々《ひとびと》のことを考《かんが》えつづけた天台宗《てんだいしゅう》の開祖《かいそ》 最澄《さいちょう》 …… 257
19日 世界《せかい》でいちばん有名《ゆうめい》なブランドをつくった ココ・シャネル …… 258
20日 幕末一《ばくまついち》の熱血漢《ねっけつかん》 高杉晋作《たかすぎしんさく》 …… 259
21日 漂流《ひょうりゅう》を乗《の》りきって新《あたら》しい人生《じんせい》にふみだした 浜田彦蔵《はまだひこぞう》 …… 260
22日 西洋音楽《せいようおんがく》に革命《かくめい》をもたらした作曲家《さっきょくか》 クロード・ドビュッシー …… 261
23日 昭和《しょうわ》を代表《だいひょう》する詩人《しじん》 三好達治《みよしたつじ》 …… 262
24日 短《みじか》い人生《じんせい》を生《い》きぬいた悲劇《ひげき》の天才作曲家《てんさいさっきょくか》 滝廉太郎《たきれんたろう》 …… 263
25日 才能《さいのう》にあふれた最後《さいご》の幕臣《ばくしん》 榎本武揚《えのもとたけあき》 …… 264
26日 傷《きず》ついた人《ひと》のそばによりそいつづけた聖女《せいじょ》 マザー・テレサ …… 265
27日 人《ひと》を愛《あい》し、人《ひと》から愛《あい》された文学者《ぶんがくしゃ》 宮沢賢治《みやざわけんじ》 …… 266
28日 たくさんの格言《かくげん》を残《のこ》した多才《たさい》な詩人《しじん》 ヨハン・ヴォルフガング・フォン・ゲーテ …… 267
29日 幸《しあわ》せとはなにか、つきつめて物語《ものがたり》にした作家《さっか》 モーリス・メーテルリンク …… 268
30日 原子物理学《げんしぶつりがく》の父《ちち》 アーネスト・ラザフォード …… 269
31日 世界《せかい》じゅうで支持《しじ》された教育法《きょういくほう》の生《う》みの親《おや》 マリア・モンテッソーリ …… 270

9月《がつ》生《う》まれの偉人《いじん》

1日 世界《せかい》へ飛《と》びだして自分《じぶん》の道《みち》を見《み》つけた 国吉康雄《くによしやすお》 …… 272
2日 日本《にほん》で最初《さいしょ》の総理大臣《そうりだいじん》 伊藤博文《いとうひろぶみ》 …… 273
3日 世《よ》の中《なか》の価値観《かちかん》にとらわれない気骨《きこつ》の研究者《けんきゅうしゃ》 野依良治《のよりりょうじ》 …… 274
4日 出遅《でおく》れたけれど大《おお》きく成功《せいこう》した音楽家《おんがくか》 ヨーゼフ・アントン・ブルックナー …… 275
5日 日本人最初《にほんじんさいしょ》のノーベル生理学《せいりがく》・医学賞受賞者《いがくしょうじゅしょうしゃ》 利根川進《とねがわすすむ》 …… 276
6日 独学《どくがく》で原子説《げんしせつ》にたどりついた ジョン・ドルトン …… 277
7日 伝説《でんせつ》になったイギリス女王《じょおう》 エリザベス1世《せい》 …… 278
8日 鉄道《てつどう》オタクの大作曲家《だいさっきょくか》 アントニン・ドヴォルザーク …… 279
9日 いなかにひらいた1軒《けん》の店《みせ》を世界《せかい》に広《ひろ》げた カーネル・サンダース …… 280
10日 病気《びょうき》の人《ひと》を助《たす》けることを使命《しめい》にした医者《いしゃ》 トマス・シデナム …… 281
11日 ささやかな人々《ひとびと》のささやかな人生《じんせい》を描《えが》いた オー・ヘンリー …… 282
12日 人間《にんげん》の幸福《こうふく》と科学《かがく》の発展《はってん》に命《いのち》をかけた イレーヌ・ジョリオ・キュリー …… 283
13日 日本《にほん》の医学《いがく》を大《おお》きく前進《ぜんしん》させた 杉田玄白《すぎたげんぱく》 …… 284
14日 犬《いぬ》を使《つか》った実験《じっけん》でノーベル賞《しょう》を受賞《じゅしょう》 イワン・ペトロヴィッチ・パブロフ …… 285
15日 幕末《ばくまつ》に活躍《かつやく》したゆいいつのお公家《くげ》さま 岩倉具視《いわくらともみ》 …… 286
16日 政治《せいじ》の世界《せかい》と絵《え》の世界《せかい》で未来《みらい》を切《き》りひらいた 渡辺崋山《わたなべかざん》 …… 287
17日 俳句《はいく》に革命《かくめい》をおこした若《わか》き闘士《とうし》 正岡子規《まさおかしき》 …… 288
18日 日本画《にほんが》の世界《せかい》の巨匠《きょしょう》 横山大観《よこやまたいかん》 …… 289
19日 カミオカンデの実験《じっけん》で世界的《せかいてき》な発見《はっけん》をした 小柴昌俊《こしばまさとし》 …… 290
20日 はじめてズボンをはいて服装革命《ふくそうかくめい》をおこした エリザベス・ミラー …… 291
21日 SFというジャンルをつくりあげた ハーバート・ジョージ・ウェルズ …… 292
22日 製本屋《せいほんや》の小僧《こぞう》から世界《せかい》の科学者《かがくしゃ》へ マイケル・ファラデー …… 293
23日 日本《にほん》が世界《せかい》に誇《ほこ》る史上最高《しじょうさいこう》の画家《がか》 葛飾北斎《かつしかほくさい》 …… 294
24日 細胞《さいぼう》のしくみと謎《なぞ》を解明《かいめい》した生化学者《せいかがくしゃ》 セヴェロ・オチョア …… 295
25日 中国文学《ちゅうごくぶんがく》と中国社会《ちゅうごくしゃかい》の改革者《かいかくしゃ》 魯迅《ろじん》 …… 296
26日 クラシックとポピュラー音楽《おんがく》を融合《ゆうごう》させた ジョージ・ガーシュイン …… 297
27日 反戦《はんせん》に命《いのち》をかけた哲学者《てつがくしゃ》 戸坂潤《とさかじゅん》 …… 298、297
28日 さまざまな顔《かお》をもった多才《たさい》な作家《さっか》 プロスペール・メリメ …… 299
29日 徳川家《とくがわけ》、最後《さいご》の将軍《しょうぐん》 徳川慶喜《とくがわよしのぶ》 …… 300
30日 分子《ぶんし》があることを証明《しょうめい》した不屈《ふくつ》の科学者《かがくしゃ》 ジャン・バティスト・ペラン …… 301
偉人《いじん》からのことばの贈《おく》り物《もの》① …… 302

10月《がつ》生《う》まれの偉《い》人《じん》

1日 史上最強《しじょうさいきょう》の元《もと》・大統領《だいとうりょう》 ジミー・カーター・ジュニア …… 304

2日 非暴力《ひぼうりょく》で戦《たたか》いぬいた平和《へいわ》の人《ひと》 モハンダス・ガンジー …… 305

3日 日本《にほん》を心《こころ》から愛《あい》した外交官《がいこうかん》 タウンゼント・ハリス …… 306

4日 農民《のうみん》の美《うつく》しさを絵《え》で表現《ひょうげん》した画家《がか》 ジャン・フランソワ・ミレー …… 307

5日 百科全書《ひゃっかぜんしょ》をつくりあげた思想家《しそうか》 ドニ・ディドロ …… 308

6日 中国革命《ちゅうごくかくめい》の父《ちち》 孫文《そんぶん》 …… 309

7日 20世紀最大《せいきさいだい》の天才物理学者《てんさいぶつりがくしゃ》 ニールス・ボーア …… 310

8日 自分《じぶん》だけの音楽《おんがく》をつくって世界《せかい》に賞賛《しょうさん》された 武満徹《たけみつとおる》 …… 311

9日 人々《ひとびと》の記憶《きおく》に残《のこ》るミュージシャン ジョン・レノン …… 312

10日 数《かぞ》えきれない難民《なんみん》を救《すく》った冒険家《ぼうけんか》 フリチョフ・ナンセン …… 313

11日 人間《にんげん》の心《こころ》の中《なか》を書《か》いてノーベル文学賞受賞《ぶんがくしょうじゅしょう》 フランソワ・モーリアック …… 314

12日 世界《せかい》でいちばん元気《げんき》なスーパー老人《ろうじん》 三浦雄一郎《みうらゆういちろう》 …… 315

13日 イギリスではじめて女性首相《じょせいしゅしょう》になった鉄《てつ》の女《おんな》 マーガレット・サッチャー …… 316

14日 国民《こくみん》に親《した》しまれ、愛《あい》された大統領《だいとうりょう》 ドワイト・デイヴィッド・アイゼンハワー …… 317

15日 人間《にんげん》の生《い》き方《かた》を考《かんが》えつづけた フリードリヒ・ヴィルヘルム・ニーチェ …… 318

16日 詩《し》と物語《ものがたり》をこよなく愛《あい》した オスカー・ワイルド …… 319

17日 社会《しゃかい》の中《なか》で生《い》きていく人間《にんげん》を描《えが》いた劇作家《げきさっか》 アーサー・ミラー …… 320

18日 ノーベル賞《しょう》を受賞《じゅしょう》したただひとりの哲学者《てつがくしゃ》 アンリ・ベルクソン …… 321

19日 抗議《こうぎ》の文学《ぶんがく》で社会《しゃかい》を変《か》えた、戦《たたか》う作家《さっか》 ミゲル・アンヘル・アストゥリアス …… 322

20日 狂気《きょうき》をはらんだ若《わか》き天才詩人《てんさいしじん》 アルチュール・ランボー …… 323

21日 平和《へいわ》を祈《いの》りつづけた偉大《いだい》な発明家《はつめいか》 アルフレッド・ベルンハルド・ノーベル …… 324

22日 史上最高《しじょうさいこう》のピアノの魔術師《まじゅつし》 フランツ・リスト …… 325

23日 日本最後《にほんさいご》の元老《げんろう》 西園寺公望《さいおんじきんもち》 …… 326

24日 世界《せかい》ではじめて微生物《びせいぶつ》を見《み》た商人《しょうにん》 アントニ・ファン・レーウェンフック …… 327

25日 ならぶもののない天才画家《てんさいがか》 パブロ・ピカソ …… 328

26日 歴史《れきし》と勝負《しょうぶ》した大統領《だいとうりょう》 フランソワ・ミッテラン …… 329

27日 大航海時代《だいこうかいじだい》の名《めい》キャプテン ジェイムズ・クック …… 330

28日 日本《にほん》の体育《たいいく》の父《ちち》 嘉納治五郎《かのうじごろう》 …… 331

29日 時代《じだい》を変《か》えた悪人《あくにん》か、ヒーローか 井伊直弼《いいなおすけ》 …… 332

30日 人間《にんげん》の残酷《ざんこく》さとすばらしさを描《えが》いた大文豪《だいぶんごう》 フョードル・ミハイロヴィチ・ドストエフスキー …… 333

31日 中華民国《ちゅうかみんこく》をつくった革命家《かくめいか》 蔣介石《しょうかいせき》 …… 334

11月《がつ》生《う》まれの偉人《いじん》

1日 新《あたら》しい形《かたち》の詩《し》をつくった孤高《ここう》の詩人《しじん》 萩原朔太郎《はぎわらさくたろう》 …… 336

2日 フランス最後《さいご》の悲劇《ひげき》の王妃《おうひ》 マリー・アントワネット …… 337

3日 戦国時代《せんごくじだい》、負《ま》け知《し》らずの武将《ぶしょう》 武田信玄《たけだしんげん》 …… 338

4日 美《うつく》しく幻想的《げんそうてき》な文学《ぶんがく》をつくりあげた天才作家《てんさいさっか》 泉鏡花《いずみきょうか》 …… 339

5日 歴史語《れきしがた》りを文学《ぶんがく》にした 海音寺潮五郎《かいおんじちょうごろう》 …… 340

6日 バスケットボールの生《う》みの親《おや》 ジェイムズ・ネイスミス …… 341

7日 ノーベル賞《しょう》を2回《かい》も受賞《じゅしょう》した偉大《いだい》な科学者《かがくしゃ》 マリ・キュリー …… 342

8日 強《つよ》い女性《じょせい》の姿《すがた》を世《よ》の中《なか》にしめしてみせた マーガレット・ミッチェル …… 343

9日 伝染病《でんせんびょう》の研究《けんきゅう》に命《いのち》をささげた 野口英世《のぐちひでよ》 …… 344

10日 民衆《みんしゅう》の手《て》に神《かみ》さまをとりもどした マルティン・ルター …… 345

11日 軍人《ぐんじん》としての誇《ほこ》りと責任《せきにん》をつらぬいた 乃木希典《のぎまれすけ》 …… 346

12日 新《あたら》しい彫刻《ちょうこく》の世界《せかい》を切《き》りひらいた オーギュスト・ロダン …… 347

13日 宝《たから》の地図《ちず》を描《えが》いて空想《くうそう》の世界《せかい》を広《ひろ》げた ロバート・ルイス・スティーヴンソン …… 348

14日 光《ひかり》と色彩《しきさい》をあやつった画家《がか》 クロード・モネ …… 349

15日 時代《じだい》の扉《とびら》をおしあけた革命児《かくめいじ》 坂本龍馬《さかもとりょうま》 …… 350

16日 高《たか》く美《うつく》しい理想《りそう》をもちつづけた才人《さいじん》 北村透谷《きたむらとうこく》 …… 351

17日 修理工《しゅうりこう》から世界的大企業《せかいてきだいきぎょう》の社長《しゃちょう》となった 本田宗一郎《ほんだそういちろう》 …… 352

18日 ドイツに独自《どくじ》のオペラの花《はな》をさかせた カール・マリア・フォン・ウェーバー …… 353

19日 映画《えいが》の主人公《しゅじんこう》になった探検家《たんけんか》 ハイラム・ビンガム …… 354

20日 宇宙《うちゅう》の謎《なぞ》のひとつを解明《かいめい》した エドウィン・ハッブル …… 355

21日 一時代《いちじだい》をきずいた偉大《いだい》な思想家《しそうか》 ヴォルテール …… 356

22日 フランスの誇《ほこ》りをつらぬいた大統領《だいとうりょう》 シャルル・ド・ゴール …… 357

23日 巨大《きょだい》な帝国《ていこく》をつくりあげた王《おう》 オットー1世《せい》 …… 358

24日 神《かみ》に対《たい》して新《あたら》しい考《かんが》え方《かた》をしめした哲学者《てつがくしゃ》 バールーフ・デ・スピノザ …… 359

25日 アメリカン・ドリームになった鉄鋼王《てっこうおう》 アンドリュー・カーネギー …… 360

26日 みんなが大好《だいす》きなスヌーピーの生《う》みの親《おや》 チャールズ・モンロー・シュルツ …… 361

27日 小学校中退《しょうがっこうちゅうたい》から世界的大企業創業者《せかいてきだいきぎょうそうぎょうしゃ》へ 松下幸之助《まつしたこうのすけ》 …… 362

28日 誰《だれ》もが平等《びょうどう》で幸《しあわ》せにくらせる社会《しゃかい》を夢見《ゆめみ》た フリードリヒ・エンゲルス …… 363

29日 左手《ひだりて》を使《つか》って重要《じゅうよう》な法則《ほうそく》を見《み》つけた科学者《かがくしゃ》 ジョン・アンブローズ・フレミング …… 364

30日 アメリカの宝《たから》とよばれた作家《さっか》 マーク・トウェイン …… 365

偉人《いじん》からのことばの贈《おく》り物《もの》② …… 366

12月《がつ》生《う》まれの偉人《いじん》

1日 権力《けんりょく》を嫌《きら》い、将軍《しょうぐん》を教育《きょういく》した和尚《おしょう》 沢庵宗彭《たくあんそうほう》 …… 368
2日 点《てん》と光《ひかり》で美《うつく》しい絵画《かいが》をつくりあげた ジョルジュ・スーラ …… 369
3日 女子《じょし》の教育《きょういく》に人生《じんせい》をささげた 津田梅子《つだうめこ》 …… 370
4日 人間《にんげん》の存在《そんざい》を考《かんが》えつづけた放浪《ほうろう》の詩人《しじん》 ライナー・マリア・リルケ …… 371
5日 夢《ゆめ》と魔法《まほう》の王国《おうこく》をつくりあげた ウォルト・ディズニー …… 372
6日 日本《にほん》の物理学《ぶつりがく》の父《ちち》 仁科芳雄《にしなよしお》 …… 373
7日 誰《だれ》からも愛《あい》された明治維新《めいじいしん》の英雄《えいゆう》 西郷隆盛《さいごうたかもり》 …… 374
8日 一文《いちもん》なしから、世界《せかい》の大富豪《だいふごう》へのぼりつめた ウィリアム・デュラント …… 375
9日 真理《しんり》を追《お》いもとめた革命《かくめい》の詩人《しじん》 ジョン・ミルトン …… 376
10日 現代音楽《げんだいおんがく》を大《おお》きく変《か》えた オリヴィエ・メシアン …… 377
11日 おそろしい病気《びょうき》の原因《げんいん》をつきとめた ロベルト・コッホ …… 378
12日 日本《にほん》を自立《じりつ》した国《くに》にしようと力《ちから》をつくした 福沢諭吉《ふくざわゆきち》 …… 379
13日 真実《しんじつ》を書《か》く文学《ぶんがく》を日本《にほん》でつくりあげた 田山花袋《たやまかたい》 …… 380
14日 さまざまな謎《なぞ》の予言《よげん》を残《のこ》した ノストラダムス …… 381
15日 放射能《ほうしゃのう》を発見《はっけん》した物理学者《ぶつりがくしゃ》 アンリ・ベクレル …… 382
16日 明治《めいじ》の文学界《ぶんがくかい》に一時代《いちじだい》をきずいた作家《さっか》 尾崎紅葉《おざきこうよう》 …… 383
17日 音楽家《おんがくか》の地位《ちい》を芸術家《げいじゅつか》におしあげた ルートヴィヒ・ヴァン・ベートーヴェン …… 384
18日 赤痢菌《せきりきん》を発見《はっけん》して多《おお》くの命《いのち》を救《すく》った医師《いし》 志賀潔《しがきよし》 …… 385
19日 路上《ろじょう》で生《う》まれた世界《せかい》の歌姫《うたひめ》 エディット・ピアフ …… 386
20日 日本《にほん》の細菌学《さいきんがく》の父《ちち》 北里柴三郎《きたざとしばさぶろう》 …… 387
21日 昆虫《こんちゅう》の秘密《ひみつ》を解《と》きあかした ジャン・アンリ・ファーブル …… 388
22日 万人《ばんにん》が感動《かんどう》できるオペラをつくった作曲家《さっきょくか》 ジャコモ・プッチーニ …… 389
23日 子《こ》どもの健康《けんこう》のためにお菓子《かし》をつくった 江崎利一《えざきりいち》 …… 390
24日 エネルギーの法則《ほうそく》を発見《はっけん》した独学《どくがく》の人《ひと》 ジェイムズ・プレスコット・ジュール …… 391
25日 万有引力《ばんゆういんりょく》を発見《はっけん》した数学者《すうがくしゃ》 アイザック・ニュートン …… 392
26日 江戸幕府《えどばくふ》をつくった、がまんの天下人《てんかびと》 徳川家康《とくがわいえやす》 …… 393
27日 天体《てんたい》が動《うご》くルールを発見《はっけん》した天文学者《てんもんがくしゃ》 ヨハネス・ケプラー …… 394
28日 国際連盟《こくさいれんめい》をつくってノーベル平和賞《へいわしょう》を受賞《じゅしょう》 ウッドロウ・ウィルソン …… 395
29日 ゴムの改良《かいりょう》に成功《せいこう》した発明家《はつめいか》 チャールズ・グッドイヤー …… 396
30日 光《ひか》りかがやく物語《ものがたり》を子《こ》どもたちに贈《おく》った ラドヤード・キップリング …… 397
31日 20世紀《せいき》を代表《だいひょう》する色彩《しきさい》の魔術師《まじゅつし》 アンリ・マティス …… 398

50音順《おんじゅん》さくいん 399 ／ ジャンル別《べつ》さくいん 403

この本《ほん》の楽《たの》しみ方《かた》

偉人《いじん》の名前《なまえ》

古今東西《ここんとうざい》、
いろいろな偉人《いじん》が
登場《とうじょう》します。

リード

どんなことをした偉人《いじん》か、
ひと目《め》でわかります。

生《い》きていた時代《じだい》・場所《ばしょ》

偉人《いじん》が生《う》まれた年《とし》や亡《な》くなった年《とし》、
活躍《かつやく》した場所《ばしょ》がわかります。
場所《ばしょ》は、ほとんどが現在《げんざい》の国名《こくめい》で
記《しる》されています。

気高《けだか》い姿勢《しせい》で差別《さべつ》と戦《たたか》いぬいた

マーティン・ルーサー・キング・ジュニア

(1929～1968　アメリカ)

私《わたし》には夢《ゆめ》がある。

1月《がつ》15日《にち》の偉人《いじん》

思想

私《わたし》は、キング牧師《ぼくし》――黒人《こくじん》の牧師《ぼくし》です。アメリカに黒人《こくじん》がたくさんいるのは知《し》っていますね？　みな、祖先《そせん》はアフリカから連《つ》れられてきた奴隷《どれい》です。昔《むかし》、アメリカには奴隷制度《どれいせいど》があって、黒人《こくじん》は白人《はくじん》にモノのようにあつかわれていました。その制度《せいど》をなくしたのが、リンカーン大統領《だいとうりょう》です。ただ、奴隷制度《どれいせいど》がなくなっても、差別《さべつ》はなくなりませんでした。たとえば、学校《がっこう》も、白人《はくじん》がかよう学校《がっこう》と黒人《こくじん》がかよう学校《がっこう》はちがっていましたし、公衆《こうしゅう》トイレやプールもそうです。バスや電車《でんしゃ》も、白人《はくじん》と黒人《こくじん》の座《すわ》る場所《ばしょ》は区別《くべつ》されていました。

私《わたし》はそうした差別《さべつ》と戦《たたか》ったのです。闘《たたか》ったといっても、暴力《ぼうりょく》はぜったいに使《つか》いませんでした。暴力《ぼうりょく》ではなにも解決《かいけつ》しません。ここでとりあげられていることば「私《わたし》には夢《ゆめ》がある」は、1963年《ねん》8月《がつ》に私《わたし》がおこなった演説《えんぜつ》の中《なか》のことばです。演説《えんぜつ》で、私《わたし》は、差別《さべつ》をなくし、さまざまな人種《じんしゅ》が手《て》をとりあって生《い》きていく世界《せかい》をつくることを、夢《ゆめ》として語《かた》りました。

この演説《えんぜつ》は、アメリカだけでなく世界《せかい》じゅうでとりあげられ、差別《さべつ》をなくそうという声《こえ》が大《おお》きくなっていったのです。そして、つぎの年《とし》、公民権法《こうみんけんほう》という法律《ほうりつ》ができて、法律《ほうりつ》の上《うえ》での差別《さべつ》はなくなり、私《わたし》はノーベル平和賞《へいわしょう》を受賞《じゅしょう》しました。

私《わたし》たちは、愛《あい》と夢《ゆめ》を武器《ぶき》に、人《ひと》の心《こころ》の憎《にく》しみと戦《たたか》いつづけ、その結果《けっか》、多《おお》くの人々《ひとびと》が――黒人《こくじん》だけでなく、白人《はくじん》までが味方《みかた》になってくれました。それから4年《ねん》後《ご》、私《わたし》は差別主義者《さべつしゅぎしゃ》に暗殺《あんさつ》されてしまいましたが、すべての人《ひと》が手《て》をつなぎあえるという私《わたし》たちの夢《ゆめ》は、確実《かくじつ》にうけつがれています。そして、少《すこ》しずつではあるかもしれませんが、差別《さべつ》はなくなっていっています。

差別《さべつ》はどこにでも、どの時代《じだい》にもあります。あなたのまわりに、差別《さべつ》はありませんか？　そして、あなたの心《こころ》の中《なか》には？　一度《いちど》、考《かんが》えてみてください。

この日《ひ》に生《う》まれた有名人《ゆうめいじん》
モリエール（劇作家《げきさっか》）／西條八十《さいじょうやそ》（詩人《しじん》）／コシノヒロコ（ファッションデザイナー）
田中真弓《たなかまゆみ》（声優《せいゆう》）／石原良純《いしはらよしずみ》（俳優《はいゆう》・気象予報士《きしょうよほうし》）

32

肖像画《しょうぞうが》

偉人《いじん》はこんな顔《かお》をしていたんですね。

名言《めいげん》

偉人《いじん》が残《のこ》したすてきなことばは、
みなさんに勇気《ゆうき》や知恵《ちえ》を
くれるはずです。
むずかしい昔《むかし》のことばは
今《いま》のことばに書《か》きかえてあります。

誕生日《たんじょうび》

その偉人《いじん》が生《う》まれた日《ひ》。
基本的《きほんてき》に、偉人《いじん》が生《い》きていたときの
暦《こよみ》を使《つか》っています。

*偉人《いじん》によっては、誕生日《たんじょうび》に諸説《しょせつ》ありますが、もっとも一般的《いっぱんてき》と思《おも》われる日《ひ》を使《つか》っています。また、アメリカは地域《ちいき》によってちがうので、新暦《しんれき》で統一《とういつ》しています。

ジャンル

ぜんぶで8つのジャンルに
わかれています。

この日《ひ》に生《う》まれた有名人《ゆうめいじん》

とっても昔《むかし》の人《ひと》から、
みんながよくテレビで見《み》るような人《ひと》まで、
この日《ひ》が誕生日《たんじょうび》の人《ひと》を紹介《しょうかい》しています。

イラスト

美《うつく》しいカラーイラストで、
偉人《いじん》のイメージが
ふくらみます。

本文《ほんもん》

偉人《いじん》の人生《じんせい》やおこなったことが、
わかりやすくまとめてあります。

1月《がつ》生《う》まれの偉《い》人《じん》

近代《きんだい》オリンピックをつくった

ピエール・ド・クーベルタン

（1863～1937年　フランス）

大切《たいせつ》なのは、勝《か》つことではなく、参加《さんか》すること。

1月 1日 の偉人

スポーツ

4年《ねん》に一度《いちど》ひらかれる世界的《せかいてき》なスポーツの祭典《さいてん》といえば……そう、オリンピックです。オリンピックはもともと、今《いま》から2800年《ねん》くらい前《まえ》、古代《こだい》ギリシャのオリンピアという都市《とし》でおこなわれたのがはじまりです。それから1000年以上《ねんいじょう》、つづいていたのですよ。

私《わたし》は、子《こ》どものころ、学校《がっこう》の先生《せんせい》から古代《こだい》ギリシャについて教《おそ》わり、その文明《ぶんめい》にとても関心《かんしん》をもっていました。12歳《さい》になったころのこと、ドイツの考古学者《こうこがくしゃ》が、オリンピックの遺跡《いせき》を本格的《ほんかくてき》に発掘《はっくつ》しはじめました。それまで1500年近《ねんちか》く地中《ちちゅう》にうもれていた競技場《きょうぎじょう》や神殿《しんでん》が、姿《すがた》をあらわしはじめたのです。それはもう、どきどきしたものでした。

ちょうどその時代《じだい》、ヨーロッパでは、戦争《せんそう》がつづいていました。私《わたし》がいたフランスでも、戦争《せんそう》によって人々《ひとびと》は希望《きぼう》を失《うしな》っていました。私《わたし》は、人々《ひとびと》を元気《げんき》にしたいと、教育《きょういく》の道《みち》を志《こころざ》すようになりました。そして、いろいろな国《くに》の教育《きょういく》を学《まな》びました。その中《なか》で出会《であ》ったイギリスのある学校《がっこう》では、子《こ》どもたちが自由《じゆう》にスポーツを楽《たの》しみながら、体《からだ》をきたえると同時《どうじ》に、道徳《どうとく》や社会《しゃかい》のルールも学《まな》んでいたことに、とても感動《かんどう》しました。

そこで、教育《きょういく》としてスポーツをとりいれるだけでなく、戦争《せんそう》などするかわりに、世界《せかい》じゅうの若者《わかもの》が、スポーツの競技会《きょうぎかい》をしたらいいのではないかと考《かんが》えるようになりました。そんなふうにして、オリンピックを復活《ふっかつ》させるアイデアがふくらんでいったのです。

はじめは、誰《だれ》も私《わたし》の意見《いけん》などまじめに考《かんが》えてくれませんでした。でも、私《わたし》はくじけることなく、たくさんの手紙《てがみ》を書《か》き、世界《せかい》じゅうをまわり、説得《せっとく》に努《つと》めました。そして、ついに1896年《ねん》、ギリシャのアテネで第《だい》1回《かい》オリンピック大会《たいかい》がひらかれたのです。

勝《か》ち負《ま》けという結果《けっか》とは関係《かんけい》なく、各国《かっこく》がスポーツをとおして競《きそ》いあうこと、それ自体《じたい》がとてもすばらしく、意義《いぎ》のあることだと、私《わたし》は思《おも》います。そこには、メダルよりも尊《とうと》いものがあるのです。これは、スポーツだけの話《はなし》ではありません。なにかにむかって真剣《しんけん》に挑戦《ちょうせん》しているとき、人《ひと》はかがやくのだと思《おも》いますよ。

この日《ひ》に生《う》まれた有名人《ゆうめいじん》

聖徳太子《しょうとくたいし》（飛鳥時代《あすかじだい》の皇族《こうぞく》）／児玉清《こだまきよし》（俳優《はいゆう》・司会者《しかいしゃ》）／役所広司《やくしょこうじ》（俳優《はいゆう》）
尾田栄一郎《おだえいいちろう》（漫画家《まんがか》）／堂本光一《どうもとこういち》《KinKiKids》（タレント）

ただ一心《いっしん》に座《すわ》ることで、さとりをひらいた

道元《どうげん》

（1200〜1253年　日本）

真実《しんじつ》の自分《じぶん》になる。自分《じぶん》の真実《しんじつ》を生《い》かす。

1月
2日
の偉人

思想

私《わたし》は貴族《きぞく》の家《いえ》に生《う》まれ、なに不自由《ふじゆう》なくらしを送《おく》っていたのですが、3歳《さい》のときに父《ちち》を、8歳《さい》のときに母《はは》を亡《な》くしました。母《はは》のことは大好《だいす》きでした。だから、母《はは》が亡《な》くなったときはほんとうに悲《かな》しかった。お焼香《しょうこう》の煙《けむり》が空《そら》にのぼっていくのを見《み》て、人《ひと》の命《いのち》はとてもはかなく、世《よ》の中《なか》はつねに変《か》わっていくのを感《かん》じ、どうしようもない気持《きも》ちになったのです。

仏《ほとけ》の道《みち》に入《はい》ることを考《かんが》えはじめた私《わたし》は、13歳《さい》になったとき、とうとうお坊《ぼう》さんになる決心《けっしん》をしました。そこで養子《ようし》として育《そだ》ててもらっていた家《いえ》をぬけだして、お坊《ぼう》さんとしてお寺《てら》に入《はい》りました。でも、そのとき、お寺《てら》では、権力《けんりょく》をめぐってうちわであらそっていて、正《ただ》しい仏《ほとけ》の教《おし》えを学《まな》ぶことなどできそうもありませんでした。だから、正《ただ》しい仏《ほとけ》の教《おし》えを求《もと》めて、日本《にほん》じゅうのお寺《てら》を旅《たび》することにしたのです。

私《わたし》はついには中国《ちゅうごく》にまでいって修行《しゅぎょう》をつみました。中国《ちゅうごく》でも、いろいろなお寺《てら》をまわって、やっとほんとうの仏《ほとけ》の教《おし》えにめぐりあうことができたのです——それは、「只管打坐《しかんたざ》」（ただひたすらに坐《すわ》る）という教《おし》えです。

その教《おし》えだけを身《み》につけて、私《わたし》は日本《にほん》にもどりました。教《おし》えを書《か》いた書物《しょもつ》など必要《ひつよう》ありません。だって、私《わたし》が仏法《ぶっぽう》なのですから。私《わたし》は京都《きょうと》のお寺《てら》で教《おし》えを広《ひろ》めていましたが、権力《けんりょく》あらそいにまきこまれるのがいやで、そのあと、越前《えちぜん》（今《いま》の福井県《ふくいけん》）に大仏寺《だいぶつじ》（のちの永平寺《えいへいじ》）をたて、数少《かずすく》ない人《ひと》たちに心《こころ》をこめて教《おし》えを伝《つた》えていきました。これが曹洞宗《そうとうしゅう》のはじまりです。

好《す》きなこと、嫌《きら》いなこと、あれがほしい、これがほしい、そんなよけいなことをなにも考《かんが》えず、ただひたすらじっと座《すわ》っていてごらんなさい。そうしたら、いつかきっと、ほんとうの自分自身《じぶんじしん》になれますよ。

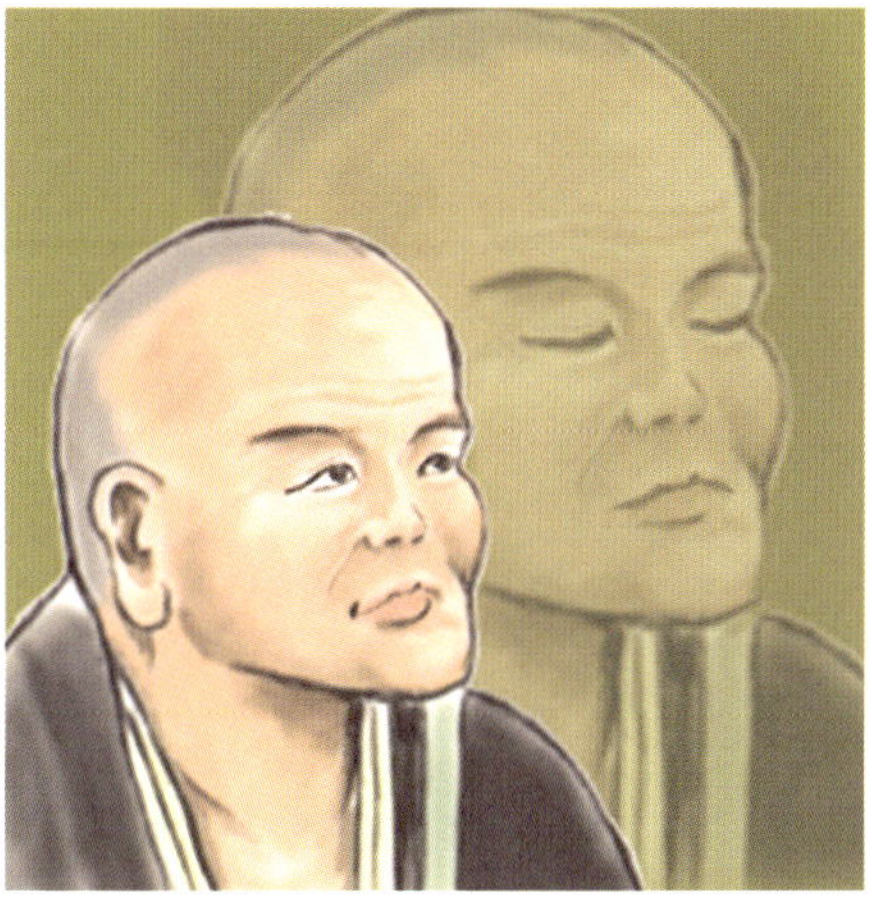

この日《ひ》に生《う》まれた有名人《ゆうめいじん》

5代目《だいめ》柳家小《やなぎやこ》さん（落語家《らくごか》）／アイザック・アシモフ（SF作家《さっか》）
7代目《だいめ》立川談志《たてかわだんし》（落語家《らくごか》）／津川雅彦《つがわまさひこ》（俳優《はいゆう》）／浦沢直樹《うらさわなおき》（漫画家《まんがか》）

ヨーロッパの哲学《てつがく》に大《おお》きな影響《えいきょう》をあたえた

マルクス・トゥッリウス・キケロ

（紀元前106〜紀元前43年　ローマ）

命《いのち》あるかぎり、希望《きぼう》がある。

1月

3日

の偉人

思想

私《わたし》は、今《いま》から2000年以上前《ねんいじょうまえ》、ローマという国《くに》で、政治《せいじ》にかかわったり、たくさんの哲学書《てつがくしょ》を書《か》いたりしていました。それほどいい家柄《いえがら》の生《う》まれではなかったのですが、小《ちい》さいころから、どんなことにでも興味《きょうみ》をもって勉強《べんきょう》しました。当時《とうじ》は、ギリシャ語《ご》ができると尊敬《そんけい》されたので、がんばってギリシャ語《ご》を学《まな》んだものです。努力《どりょく》がみのり、また、もともと口《くち》が達者《たっしゃ》だったせいもあり、むずかしい裁判《さいばん》にもつぎつぎ勝《か》って、ローマで一《いち》番《ばん》といわれる弁護士《べんごし》になりました。そのあと、政治《せいじ》にかかわるようになりました。国家《こっか》をてんぷくさせようというクーデターをふせいだ「カティリナ弾劾演説《だんがいえんぜつ》」は、私《わたし》のしたことの中《なか》で、もっとも有名《ゆうめい》でしょう。そのおかげで、「祖国《そこく》の父《ちち》」とよばれるようになったんですよ。

けれどしばらくすると、ローマの政治《せいじ》家《か》で、軍人《ぐんじん》でもあったシーザーが、皇帝《こうてい》となり、国《くに》の政治《せいじ》をひとりで決《き》めてしまうようになったので、私《わたし》は政治《せいじ》の世界《せかい》からはなれました。そして、あらためて哲《てつ》学《がく》や法律学《ほうりつがく》を勉強《べんきょう》し、たくさんの本《ほん》を書《か》きました。書《か》いた本《ほん》の内容《ないよう》は、国家《こっか》や法《ほう》律《りつ》について語《かた》ったものから、友情《ゆうじょう》や老《お》いることについて、人間《にんげん》の義務《ぎむ》についてなど、さまざまです。このとき書《か》いた本《ほん》は、のちのちの世《よ》で大勢《おおぜい》の人《ひと》たちに読《よ》まれました。ヨーロッパでは必読《ひつどく》の書《しょ》とされて、フランス革命《かくめい》にまで大《おお》きな影響《えいきょう》をあたえたのです。

その後《ご》、皇帝《こうてい》のシーザーが暗殺《あんさつ》されたので、私《わたし》はローマに帰《かえ》って祖国《そこく》の再建《さいけん》に力《ちから》をつくそうとしました。けれど、シーザーのあとがまに座《すわ》ろうとしていたアントニウスという人《ひと》の意見《いけん》に反対《はんたい》したので、ふたたび国《くに》から追《お》いだされ、殺《ころ》されてしまいました。でも、私《わたし》は最後《さいご》まで、ローマのために力《ちから》をつくしました――そう、命《いのち》あるかぎり、最後《さいご》まで。

この日《ひ》に
生《う》まれた
有名人《ゆうめいじん》

J・R・R・トールキン（作家《さっか》）／道場六三郎《みちばろくさぶろう》（料理人《りょうりにん》）／メル・ギブソン（俳優《はいゆう》）／柳葉敏郎《やなぎばとしろう》（俳優《はいゆう》）／ミハエル・シューマッハ（F1ドライバー）

点字《てんじ》をつくって暗闇《くらやみ》に光《ひかり》をもたらした

ルイ・ブライユ

（1809〜1852年　フランス）

1月4日の偉人

社会

私《わたし》たちを弱《よわ》いものだと思《おも》う必要《ひつよう》も、同情《どうじょう》をする必要《ひつよう》もありません。私《わたし》たちは対等《たいとう》にあつかわれたいのです。

　私《わたし》は今《いま》からおよそ200年前《ねんまえ》、フランスの小《ちい》さな村《むら》で生《う》まれました。父《ちち》は馬具《ばぐ》をつくる職人《しょくにん》で、家《いえ》のそばの小屋《こや》を仕事場《しごとば》にしていました。父《ちち》の仕事場《しごとば》には革《かわ》や木《き》がたくさんあって、私《わたし》はそこで遊《あそ》ぶのが大好《だいす》きでした。3歳《さい》のある日《ひ》、父《ちち》の仕事場《しごとば》で遊《あそ》んでいた私《わたし》は、ころんだひょうしに、あやまって、先《さき》がするどくとがっているキリを左目《ひだりめ》につきさしてしまいました。すぐにお医者《いしゃ》さんにみてもらいましたが、キリがささった目《め》は手《て》のほどこしようがありませんでした。さらに悪《わる》いことに、右目《みぎめ》にもばい菌《きん》が入《はい》って、まもなく、両目《りょうめ》とも見《み》えなくなってしまったのです。

　目《め》は見《み》えなくなりましたが、私《わたし》は村《むら》の牧師《ぼくし》さんや学校《がっこう》の先生《せんせい》から、勉強《べんきょう》を教《おし》えてもらいました。自分《じぶん》が知《し》らないことを学《まな》ぶのは、とても楽《たの》しかった。私《わたし》は世界《せかい》のふしぎにおどろき、もっといろいろなことを知《し》りたいと思《おも》うようになりました。そして、家族《かぞく》にたのんで本《ほん》を読《よ》んでもらって、どんどん知識《ちしき》を吸収《きゅうしゅう》していきました。

　そのようすを見《み》ていた先生《せんせい》が、私《わたし》を、パリの盲学校《もうがっこう》（目《め》が不自由《ふじゆう》な子《こ》どもが学《まな》ぶ学校《がっこう》）に推薦《すいせん》してくれたのです。私《わたし》は10歳《さい》のとき、寮《りょう》に入《はい》って、盲学校《もうがっこう》で勉強《べんきょう》することになりました。盲学校《もうがっこう》の教科書《きょうかしょ》には、うきだし文字《もじ》が使《つか》われていました。そのもりあがった文字《もじ》を指《ゆび》でたどって、その形《かたち》を読《よ》みとるのです。でも、文字《もじ》の形《かたち》を指《ゆび》で読《よ》みとるのは時間《じかん》がかかります。軍隊《ぐんたい》で使《つか》う夜間文字《やかんもじ》というものもありました。紙《かみ》に、棒《ぼう》で点《てん》や線《せん》のあとをつけて、ことばや文章《ぶんしょう》をあらわすのですが、種類《しゅるい》が多《おお》くて、とても複雑《ふくざつ》でした。

　もっとかんたんに、速《はや》く読《よ》めたら、どんなにいいだろう。私《わたし》はずっとなにかいい方法《ほうほう》はないだろうかと考《かんが》えていました。そして、一生懸命《いっしょうけんめい》考《かんが》えているうちに、6個《こ》の点《てん》の組《く》みあわせで、アルファベットをぜんぶあらわす方法《ほうほう》を思《おも》いついたのです。こうして、点字《てんじ》ができあがり、目《め》が不自由《ふじゆう》な人《ひと》たちの世界《せかい》を一気《いっき》に広《ひろ》げることに役立《やくだ》ったのです。

この日《ひ》に生《う》まれた有名人《ゆうめいじん》

ヤーコプ・グリム（童話作家《どうわさっか》。グリム兄弟《きょうだい》の兄《あに》）／夢野久作《ゆめのきゅうさく》（作家《さっか》）
宮本亜門《みやもとあもん》（演出家《えんしゅつか》）／竹内力《たけうちりき》（俳優《はいゆう》）／植村花菜《うえむらかな》（ミュージシャン）

明治時代《めいじじだい》を代表《だいひょう》するベストセラー作家《さっか》

夏目漱石《なつめそうせき》

（1867〜1916年　日本）

あせってはいけません。ただ、牛《うし》のように、ずうずうしく進《すす》んでいくのがだいじです。

1月5日の偉人

文化

私《わたし》の顔《かお》は千円札《せんえんさつ》にのっていたことがあるので、みなさんも見《み》たことがあるかもしれません。夏目漱石《なつめそうせき》というのはペンネームで、本名《はんみょう》は夏目金之助《なつめきんのすけ》といいます。東京の裕福な家に生まれましたが、5人《にん》目《め》の子《こ》どもだったため、生《う》まれてまもなく養子《ようし》に出《だ》されてしまいました。そのあと実家《じっか》にもどれたのですが、またすぐに養子《ようし》に出《だ》されたので、小《ちい》さいころは、実《じつ》の両親《りょうしん》のことをおじいちゃん・おばあちゃんだと思《おも》っていたのですよ。思《おも》えば、さびしい子《こ》ども時代《じだい》でした。

勉強《べんきょう》はできたほうでしたから（とくに英語《えいご》はよくできました）、帝国大学《ていこくだいがく》（今《いま》の東京大学《とうきょうだいがく》）の英文科《えいぶんか》に進《すす》み、そのあと英語《えいご》の教師《きょうし》になりました。でも、このころから少《すこ》しずつノイローゼという心《こころ》の病《びょう》気《き》にかかりはじめたのです。英語《えいご》を生徒《せいと》にどう教《おし》えるかを研究《けんきゅう》するために、イギリスに留学《りゅうがく》までさせてもらったのですが、イギリスでその病気《びょうき》がますますひどくなり、2年《ねん》で日本《にほん》に帰《かえ》ってきてしまいました。帰国後《きこくご》はまた学校《がっこう》で教師《きょうし》をしましたけれど、どうも私《わたし》の授業《じゅぎょう》はつまらなかったらしく、生徒《せいと》からの人気《にんき》もなかったうえ、教《おし》え子《ご》がひとり、自殺《じさつ》してしまうという事件《じけん》もあり、また心《こころ》の病気《びょうき》が悪《わる》くなっていったのです。

その病気《びょうき》を治《なお》すために、気晴《きば》らしに書《か》いたのが、『吾輩《わがはい》は猫《ねこ》である』という小《しょう》説《せつ》でした。小説《しょうせつ》の最初《さいしょ》の文章《ぶんしょう》である「吾《わが》輩《はい》は猫《ねこ》である。名前《なまえ》はまだない」はとても有名《ゆうめい》なので、きいたことがある人《ひと》もいるかもしれませんね。その小説《しょうせつ》がおもしろいと評判《ひょうばん》になり、私《わたし》は小説《しょうせつ》を書《か》きつづけていきたいと思《おも》うようになったのです。

それが、37歳《さい》のときでした。

そのあとは小説《しょうせつ》に集中《しゅうちゅう》するために、教《きょう》師《し》をやめ、朝日新聞社《あさひしんぶんしゃ》に入社《にゅうしゃ》して、とにかく物語《ものがたり》を書《か》きつづけました。それまでの経験《けいけん》を生《い》かして、楽《たの》しい小説《しょうせつ》だけではなく、人間《にんげん》の心《こころ》の中《なか》の悩《なや》みや苦《くる》しみ、いったいなにが正《ただ》しくて、なにが正《ただ》しくないのかなどをとりあげた小説《しょうせつ》もたくさん書《か》きました。みなさんも、機会《きかい》があったら、ぜひ読《よ》んでみてください。

この日《ひ》に生《う》まれた有名人《ゆうめいじん》

宮崎駿《みやざきはやお》（アニメーション作家《さっか》）／陳建一《ちんけんいち》（料理人《りょうりにん》）
佐久間《さくま》レイ（声優《せいゆう》）／青木宣親《あおきのりちか》（野球選手《やきゅうせんしゅ》）／小池徹平《こいけてっぺい》（俳優《はいゆう》）

悲劇《ひげき》のヒロイン——オルレアンの乙女《おとめ》

ジャンヌ・ダルク

（1412〜1431年　フランス）

私《わたし》には、一度《いちど》きりの人生《じんせい》しかないのです。

1月
6日
の偉人

政治

私《わたし》は、ドイツとフランスの国境《こっきょう》に近《ちか》い村《むら》のまずしい農家《のうか》に生《う》まれました。どこにでもいる、ごくふつうの女《おんな》の子《こ》だったんですよ。でも、12歳《さい》のあるときから、神《かみ》さまの声《こえ》をきくようになったのです。「王太子《おうたいし》シャルル7世《せい》を国王《こくおう》にして、フランスを守《まも》れ」——声《こえ》はそうつげていました。

当時《とうじ》は、百年戦争《ひゃくねんせんそう》といわれる戦争《せんそう》のまっさいちゅうでした。フランスとイギリスが、領土《りょうど》や権力《けんりょく》をあらそって、戦《たたか》っていたのです。しだいに、戦《たたか》いはイギリス軍《ぐん》が優勢《ゆうせい》になり、フランスはどんどん追《お》いつめられていきました。私《わたし》はなんとか戦《たたか》いに参加《さんか》しようとしましたが、女《おんな》の子《こ》が軍隊《ぐんたい》に入《はい》りたいだなんて、と誰《だれ》にも相手《あいて》にされませんでした。でも、ついに17歳《さい》になったとき、フランス軍《ぐん》に入《はい》ることができたのです。神《かみ》の声《こえ》をきいたということ、そして、ある戦《たたか》いの結果《けっか》を予知《よち》してみごとにあてたことで、みとめてもらえたのです。その後《ご》、私《わたし》は弱気《よわき》になっている兵士《へいし》たちをはげまし、力強《ちからづよ》くひっぱって、つぎつぎと戦《たたか》いで勝利《しょうり》をおさめました。そして、とうとう、フランスのだいじな領地《りょうち》オルレアンを包囲《ほうい》していたイギリス軍《ぐん》をやぶり、シャルル7世《せい》を国王《こくおう》にすることに成功《せいこう》したのです。

けれど、そのあと、最後《さいご》までイギリスと戦《たたか》いぬこうとした私《わたし》は、適当《てきとう》なところでおりあいをつけようとする人《ひと》たちの中《なか》で孤立《こりつ》するようになり、味方《みかた》であったはずの人《ひと》たちに裏切《うらぎ》られ、敵《てき》に引《ひ》きわたされてしまいました。そして、魔女《まじょ》として火《ひ》あぶりの刑《けい》にされたのです。

たった19年《ねん》の人生《じんせい》でした。でも、私《わたし》は、愛《あい》する祖国《そこく》フランスのために、せいいっぱい生《い》きました。自分《じぶん》の信《しん》じた道《みち》を生《い》きぬいたのです。神《かみ》さまは、きっとよくやったとほめてくださるでしょう。

この日《ひ》に生《う》まれた有名人《ゆうめいじん》

仮名垣魯文《かながきろぶん》（作家《さっか》・新聞記者《しんぶんきしゃ》）／八千草薫《やちぐさかおる》（女優《じょゆう》）
堀井雄二《ほりいゆうじ》（ゲームクリエイター）／CHAGE（ミュージシャン）／森見登美彦《もりみとみひこ》（作家《さっか》）

郵便《ゆうびん》のしくみをつくりあげた郵便制度《ゆうびんせいど》の父《ちち》

前島密《まえじまひそか》

（1835～1919年　日本）

縁《えん》の下《した》の力《ちから》もちになることをいやがるな。
人《ひと》のためによかれと願《ねが》う心《こころ》をつねにもてよ。

1月7日の偉人

社会

手紙《てがみ》やはがきに切手《きって》をはって、郵便《ゆうびん》ポストに入《い》れれば、数日《すうじつ》のうちにちゃんと相手《あいて》に届《とど》く——みんなはそれをあたりまえだと思《おも》っておるだろう？　じつは、そのしくみをつくったのが、わしなのだ。

わしは、江戸時代《えどじだい》の終《お》わり、今《いま》の新潟県《にいがたけん》に生《う》まれた。医者《いしゃ》になりたかったので、12歳《さい》のときに江戸《えど》に出《で》て、働《はたら》きながら蘭学《らんがく》を学《まな》んだのだ。そんなとき、ペリーの乗《の》った黒船《くろふね》が日本《にほん》にやってきた。海外《かいがい》の文明《ぶんめい》を目《ま》のあたりにしたわしは、医者《いしゃ》になるための勉強《べんきょう》をやめた。新《あたら》しい国《くに》をつくるために役立《やくだ》つことを学《まな》びたいと思《おも》うようになったからだ。そして、明治《めいじ》という新《あたら》しい時代《じだい》になったとき、新政府《しんせいふ》の役人《やくにん》になったのだ。

役人《やくにん》になってからは、新《あたら》しい郵便《ゆうびん》のしくみをつくろうと、イギリスまで調《しら》べにいったりした。それまで、日本《にほん》では、手紙《てがみ》は飛脚《ひきゃく》というものが届《とど》けていた。だが、飛脚《ひきゃく》はとても高《たか》くて、お金持《かねも》ちしか使《つか》えなかったのだ。わしは、誰《だれ》でも、どこにでも、気軽《きがる》に手紙《てがみ》を送《おく》れるようにしたかった。だから、日本《にほん》じゅうどこに出《だ》しても、値段《ねだん》はいっしょにした。みんなが便利《べんり》で幸《しあわ》せになるようなしくみを考《かんが》えたのだ。郵便《ゆうびん》ということばや、切手《きって》、はがき、速達《そくたつ》、書留《かきとめ》ということばを考《かんが》えたのも、わしなのだ。

1円切手《えんきって》というものを見《み》たことがあるかな？　あの切手《きって》にのっている人物《じんぶつ》が、わしだよ（ほかの切手《きって》のデザインはときどき変更《へんこう》されているけれど、1円切手《えんきって》だけは、ずっと同《おな》じなのだ）。

じつは郵便制度《ゆうびんせいど》をつくったほかにも、誰《だれ》もが新聞《しんぶん》を読《よ》めるようにしようと、漢《かん》字《じ》の廃止《はいし》を提案《ていあん》して、ひらがなだけの「ひらがなしんぶん」をつくったりもしたのだが、かえって読《よ》みにくいといわれてしまった。わしはこの日本《にほん》がすばらしい国《くに》になるように、死《し》ぬまでがんばりつづけたのだよ。

この日《ひ》に生《う》まれた有名人《ゆうめいじん》

グレゴリウス13世《せい》（第《だい》226代《だい》ローマ教皇《きょうこう》）／森茉莉《もりまり》（作家《さっか》）／水木一郎《みずきいちろう》（歌手《かしゅ》）
ニコラス・ケイジ（俳優《はいゆう》）／ルイス・ハミルトン（F1ドライバー）

詩《し》の世界《せかい》の貴公子《きこうし》

堀口大学《ほりぐちだいがく》

（1892～1981年　日本）

雨《あめ》の日《ひ》は雨《あめ》を愛《あい》そう。風《かぜ》の日《ひ》は風《かぜ》を好《この》もう。晴《は》れた日《ひ》は散歩《さんぽ》をしよう。まずしかったら、心《こころ》を豊《ゆた》かにもとう。

1月8日の偉人

文化

私《わたし》の名《な》は、堀口大学《ほりぐちだいがく》。大学《だいがく》なんて、変《か》わった名前《なまえ》だと思《おも》いましたか？　私《わたし》が生《う》まれたとき、父《ちち》がまだ大学生《だいがくせい》だったのと、家《いえ》が東京大学《とうきょうだいがく》の近《ちか》くだったので、大学《だいがく》と名《な》づけられたそうです。母《はは》は私《わたし》が幼《おさな》いころ亡《な》くなり、外交官《がいこうかん》になった父親《ちちおや》も外国《がいこく》にいってしまったので、私《わたし》は祖母《そぼ》に育《そだ》てられました。

父親《ちちおや》の影響《えいきょう》で、私《わたし》は小《ちい》さいころから英語《えいご》を学《まな》んでいました。そのせいか文学《ぶんがく》に興味《きょうみ》があり、大学《だいがく》に入《はい》ってからは、歌人《かじん》である与謝野鉄幹《よさのてっかん》・晶子《あきこ》夫妻《ふさい》の家《いえ》に出入《でい》りして、詩《し》や短歌《たんか》を教《おそ》わったものです。

19歳《さい》の夏《なつ》、父《ちち》がそのときいたメキシコにいってしばらく住《す》むことになりました。父《ちち》はベルギー人《じん》の女性《じょせい》と結婚《けっこん》しており、家《いえ》の中《なか》ではフランス語《ご》で会話《かいわ》していたので、私《わたし》もフランス語《ご》をしゃべるようになりました。大学《だいがく》のとき、フランス語《ご》の授業《じゅぎょう》では落第《らくだい》したのですが、このとき生《い》きたフランス語《ご》を学《まな》べたのです。これは私《わたし》ののちの人生《じんせい》にとって、とても大《おお》きかったですね。その後《ご》は、父《ちち》について、ベルギー、スペイン、スイス、パリ、ブラジル、ルーマニアなどをまわり、10年以上《ねんいじょう》、青春《せいしゅん》の大部分《だいぶぶん》を海外《かいがい》ですごしました。異《い》文化《ぶんか》の中《なか》での生活《せいかつ》はなにものにもかえられない経験《けいけん》だったと思《おも》います。

海外生活《かいがいせいかつ》をする中《なか》で、それぞれの国《くに》の芸術家《げいじゅつか》や作家《さっか》を知《し》るようになり、私《わたし》は外《がい》国《こく》の詩《し》を日本語《にほんご》に訳《やく》すようになりました。とくにフランス文学《ぶんがく》や詩《し》は好《す》きでした。外国《がいこく》のことばやそこに隠《かく》されたその国《くに》の魂《たましい》を日本《にほん》のことばにするのは、やりがいがありましたね。のちのち、私《わたし》は「新《あたら》しい日本語《にほんご》のスタイルをつくった」とまでいわれるようになりました。

日本《にほん》にもどった私《わたし》は、フランスの詩人《しじん》66人《にん》の詩《し》を340訳《やく》した詩集《ししゅう》『月下《げっか》の一《いち》群《ぐん》』を出版《しゅっぱん》しました。この詩集《ししゅう》はその後《ご》、さまざまな詩人《しじん》や作家《さっか》に大《おお》きな影響《えいきょう》をあたえることになったのです。詩《し》はとてもいいものです。みなさんもぜひ一度《いちど》、味《あじ》わってみてください。

この日《ひ》に生《う》まれた有名人《ゆうめいじん》

徳川綱吉《とくがわつなよし》（第《だい》5代《だい》江戸幕府将軍《えどばくふしょうぐん》）／エルヴィス・プレスリー（歌手《かしゅ》）／小泉純一郎《こいずみじゅんいちろう》（第《だい》87・88代内閣総理大臣《だいないかくそうりだいじん》）

スティーヴン・ホーキング（理論物理学者《りろんぶつりがくしゃ》）／7代目市川染五郎《だいめいちかわそめごろう》（歌舞伎役者《かぶきやくしゃ》）

「女《おんな》らしさ」のおしつけにNO!

シモーヌ・ド・ボーヴォワール

（1908～1986年　フランス）

人《ひと》は女《おんな》に生《う》まれるのではない。女《おんな》になるのだ。

1月 9日 の偉人

思想

あなたは男《おとこ》の子《こ》ですか？　それとも、女《おんな》の子《こ》ですか？　そして、そのことによって、損《そん》をしたり、得《とく》をしたりしたことはありませんか？

昔《むかし》、女《おんな》の人《ひと》は女《おんな》であるだけで、これをしてはいけないとか、こうしなければいけないと、まわりの人《ひと》から決《き》めつけられていました。私《わたし》はフランスの上流家庭《じょうりゅうかてい》に生《う》まれ、そうした決《き》めつけがあたりまえの中《なか》で育《そだ》ちました。でも、小《ちい》さいときから、そんなふうに決《き》めつけられたり、なにかを禁止《きんし》されたりすることが大嫌《だいきら》いでした。

そのとき大学《だいがく》に女《おんな》の子《こ》がいくことはめずらしかったのですが、私《わたし》は大学《だいがく》に入学《にゅうがく》し、哲学《てつがく》を勉強《べんきょう》しました。そして、21歳《さい》のときに教員資格試験《きょういんしかくしけん》に合格《ごうかく》したのです。私《わたし》は2位《い》で、1位《い》だったのは、それから死《し》ぬまでいっしょにすごすことになったサルトルという人《ひと》です。サルトルは私《わたし》と同《おな》じ考《かんが》えをもっていたので、私《わたし》たちは結《けっ》婚《こん》せず、サルトルが亡《な》くなってしまうまでの50年間《ねんかん》、対等《たいとう》なパートナーとしてくらしました。

私《わたし》は自分《じぶん》の生《い》き方《かた》をとおして、「女《おんな》らしさ」をおしつけられることにノー！といったのです。女《おんな》である前《まえ》に、ひとりの人間《にんげん》として生《い》きたかったのです。みなさんは、「女《おんな》の子《こ》らしさ」とか「男《おとこ》の子《こ》らしさ」って、なんだと思《おも》いますか？　私《わたし》は、そうした「らしさ」というのは、人《にん》間《げん》がもともともっているものではなく、社会《しゃかい》によってつくられたものだと思《おも》っているのです。「自分《じぶん》らしさ」とはぜんぜんちがいます。

私《わたし》は小説《しょうせつ》などの本《ほん》もたくさん書《か》きました。中《なか》でも知《し》られているのは『第二《だいに》の性《せい》』という本《ほん》です。『第二《だいに》の性《せい》』というのは2番目《ばんめ》の性別《せいべつ》という意味《いみ》です。男《おとこ》が1番《ばん》、女《おんな》が2番《ばん》という、昔《むかし》の考《かんが》え方《かた》を皮《ひ》肉《にく》ったのです。その中《なか》に出《で》てくる「人《ひと》は女《おんな》に生《う》まれるのではない。女《おんな》になるのだ」ということばはとても有名《ゆうめい》になりました。

このことばの意味《いみ》はわかりますか？　男《おとこ》の子《こ》も女《おんな》の子《こ》も、ぜひひとりの人間《にんげん》として考《かんが》えてみてくださいね。

この日《ひ》に生《う》まれた有名人《ゆうめいじん》

リチャード・ニクソン（第《だい》37代《だい》アメリカ大統領《だいとうりょう》）／大林宣彦《おおばやしのぶひこ》（映画監督《えいがかんとく》）
ジミー・ペイジ（ギタリスト）／岸部一徳《きしべいっとく》（俳優《はいゆう》）／井上真央《いのうえまお》（女優《じょゆう》）

新《あたら》しいお芝居《しばい》を日本《にほん》に紹介《しょうかい》した

島村抱月《しまむらほうげつ》

（1871～1918年　日本）

人生《じんせい》の核《かく》となる意義《いぎ》は、いうまでもなく実行《じっこう》である。

1月10日の偉人

文化

　私《わたし》は島根《しまね》に生《う》まれました。小学校《しょうがっこう》は1番《ばん》の成績《せいせき》で卒業《そつぎょう》したのに、家《いえ》がとてもまずしかったので、上《うえ》の学校《がっこう》にいけませんでした。だから、小学校《しょうがっこう》のあと、裁判所《さいばんしょ》で雑用《ざつよう》をする仕事《しごと》をしていたのですが、そこで島村《しまむら》という検事《けんじ》さんに出会《であ》い、養子《ようし》にしてもらったのです。そして、勉強《べんきょう》することを条件《じょうけん》に、東京《とうきょう》へいかせてもらいました。東京《とうきょう》では、今《いま》の早稲田大学《わせだだいがく》に入《はい》り、文学《ぶんがく》を学《まな》びました。

　早稲田大学《わせだだいがく》を卒業《そつぎょう》したあとは、そのまま大学《だいがく》で教師《きょうし》の仕事《しごと》をしていましたが、イギリスとドイツに3年間《ねんかん》、留学《りゅうがく》することになりました。そこで、劇場《げきじょう》にかよってはいろいろな芝居《しばい》を見《み》たのです。それは、日本《にほん》で見《み》ていた芝居《しばい》――歌舞伎《かぶき》や能《のう》、狂言《きょうげん》などとは、ずいぶんちがったものでした。

　日本《にほん》に帰《かえ》ってからは、それまでの伝統《でんとう》的《てき》なものとはちがったお芝居《しばい》――ヨーロッパでやっているようなお芝居《しばい》の脚本《きゃくほん》を書《か》いてみたい、新《あたら》しい劇《げき》を日本《にほん》の人《ひと》たちに見《み》てもらいたいと思《おも》うようになりました。しばらくは大学《だいがく》でお世話《せわ》になった坪内逍遥先生《つぼうちしょうようせんせい》と文芸協会《ぶんげいきょうかい》というものをつくってお芝居《しばい》をしていたのですが、そのあと、大学《だいがく》の先生《せんせい》をやめて、女優《じょゆう》の松井須磨子《まついすまこ》さんといっしょに「芸術座《げいじゅつざ》」を結成《けっせい》しました。そして、いい文学作品《ぶんがくさくひん》をもとにお芝居《しばい》をつくるようになったのです。

　最初《さいしょ》、新《あたら》しいお芝居《しばい》は、なかなかうけいれてもらえませんでした。でも、「復活《ふっかつ》」という劇《げき》の中《なか》で歌《うた》われた「カチューシャの唄《うた》」が大人気《だいにんき》となって、芸術座《げいじゅつざ》は、日本全国《にほんぜんこく》はもちろん、中国大陸《ちゅうごくたいりく》までいって、新劇《しんげき》を広《ひろ》めることができたのです。

「カチューシャの唄《うた》」は日本《にほん》ではじめての流行歌《りゅうこうか》――ヒット曲《きょく》といわれています。また私《わたし》も、「日本《にほん》の新劇《しんげき》の父《ちち》」とよばれるようになりました。

　みなさんはお芝居《しばい》は好《す》きですか？　今《いま》は、私《わたし》が始《はじ》めた新劇《しんげき》だけでなく、ミュージカルやオペラなど、いろいろなお芝居《しばい》が日本《にほん》でも見《み》られますね。どうぞいろいろなお芝居《しばい》を見《み》て、心《こころ》を楽《たの》しませてください。

この日《ひ》に生《う》まれた有名人《ゆうめいじん》

山村暮鳥《やまむらぼちょう》（詩人《しじん》）／ロッド・スチュワート（歌手《かしゅ》）／森毅《もりつよし》（数学者《すうがくしゃ》）
田中裕二《たなかゆうじ》《爆笑問題《ばくしょうもんだい》》（お笑《わら》い芸人《げいにん》）／山口達也《やまぐちたつや》《TOKIO》（タレント）

歩《ある》いて歩《ある》いて日本《にほん》の地図《ちず》をつくった

伊能忠敬《いのうただたか》

（1745～1818年　日本）

歩《ある》け、歩《ある》け。つづけることの大切《たいせつ》さ。

1月11日の偉人

社会

小《ちい》さいときに母《はは》を亡《な》くした私《わたし》は、あちこちに移《うつ》りすみながら、大《おお》きくなりました。勉強《べんきょう》は好《す》きでしたね。とくにそろばんは、とても得意《とくい》でした。17歳《さい》のとき、酒《さけ》やしょうゆの商《あきな》いをしていた伊能家《いのうけ》の婿《むこ》となってからは、30年間《ねんかん》、一生懸命《いっしょうけんめい》に働《はたら》いて、商売《しょうばい》をもりたてていきました。そして、50歳《さい》のとき、これでもういいだろうと、仕事《しごと》を子《こ》どもにゆずり、自分《じぶん》のしたいことをすることにしたのです。

天文学《てんもんがく》や暦《こよみ》に興味《きょうみ》があった私《わたし》は江戸《えど》に出《で》て、20歳近《さいちか》くも年下《としした》の、天文学《てんもんがく》の先生《せんせい》に弟子《でし》入りしました。そのとき、幕府《ばくふ》はちょうど正確《せいかく》な暦《こよみ》をつくろうとしていたのですが、それには、日本《にほん》の正《ただ》しい緯度《いど》や経度《けいど》を知《し》ることが必要《ひつよう》でした。日本《にほん》じゅうを測量《そくりょう》してまわって、正《ただ》しい地図《ちず》をつくらなければいけなかったのです。その仕事《しごと》を、測量《そくりょう》が得意《とくい》だった私《わたし》がすることになりました。

まず、北海道《ほっかいどう》の地図《ちず》をつくることになりました。北海道《ほっかいどう》にむけて旅《たび》だったときの私《わたし》の年齢《ねんれい》はなんと55歳《さい》だったのですよ。歩《ある》いて北海道《ほっかいどう》をまわり、江戸《えど》にもどったのは、半年後《はんとしご》です。そのあとは、伊豆《いず》、東北《とうほく》の太平洋側《たいへいようがわ》、東北《とうほく》の日本海側《にほんかいがわ》、東海《とうかい》、北陸《ほくりく》、近畿《きんき》、中国《ちゅうごく》、四国《しこく》、九州《きゅうしゅう》と、順《じゅん》にまわっていきました。

測量《そくりょう》の旅《たび》は10回《かい》におよびました。長《なが》いときは2年近《ねんちか》くも旅《たび》に出《で》ていました。最後《さいご》に測量《そくりょう》したのは、私《わたし》が71歳《さい》のときです。もっとも、それは江戸《えど》の測量《そくりょう》でしたけれどね。長《なが》く長《なが》くかかった測量《そくりょう》が終《お》わると、私《わたし》はついに日本全国《にほんぜんこく》の地図《ちず》づくりにとりかかりました。が、そのあいだに少《すこ》しずつ体《からだ》の具合《ぐあい》が悪《わる》くなり、地図《ちず》の完成《かんせい》を見《み》る前《まえ》に、73歳《さい》で死《し》ぬことになるのです。あともう少《すこ》しだったのに。

けれど、最後《さいご》のしあげは、弟子《でし》たちがしっかりやってくれました。地図《ちず》は私《わたし》が死《し》んでから3年後《ねんご》に完成《かんせい》しました。完成《かんせい》した日本地図《にほんちず》を見《み》られなかったのは残念《ざんねん》ですが、私《わたし》はそれこそ死《し》の直前《ちょくぜん》まで、目標《もくひょう》をもって、好《す》きだった仕事《しごと》にとりくめました。それだけでじゅうぶんなのです。

この日《ひ》に生《う》まれた有名人《ゆうめいじん》

アレクサンダー・ハミルトン（アメリカ建国《けんこく》の父《ちち》）／川本喜八郎《かわもときはちろう》（アニメーション作家《さっか》）
ちばてつや（漫画家《まんがか》）／深津絵里《ふかつえり》（女優《じょゆう》）／松岡昌宏《まつおかまさひろ》《TOKIO》（タレント）

ひとりでも多《おお》くの子《こ》どもを救《すく》おうと命《いのち》をかけた

ヨハン・ハインリッヒ・ペスタロッチ

（1746〜1827年　スイス）

太陽《たいよう》には太陽《たいよう》のかがやきがあり、月《つき》には月《つき》の、そして星々《ほしぼし》には星々《ほしぼし》の明《あか》るさがある。

1月12日の偉人

社会

私《わたし》は「民衆教育《みんしゅうきょういく》の父《ちち》」とよばれて、初等教育《しょとうきょういく》の基礎《きそ》をつくったといわれていますす。でも、生《い》きているあいだは失敗《しっぱい》ばかりで、大変《たいへん》な人生《じんせい》だったのですよ。

私《わたし》はスイスという国《くに》に生《う》まれました。ちょうどおとなりの国《くに》のフランスで革命《かくめい》がおこり、それがスイスにも広《ひろ》がってきた時期《じき》だったので、社会《しゃかい》は混乱《こんらん》していて、ものもなく、人々《ひとびと》はまずしい生活《せいかつ》をしていました。だから、私《わたし》は、大学《だいがく》を卒業《そつぎょう》したあと、農業《のうぎょう》を始《はじ》めたのです。少《すこ》しでも人々《ひとびと》の生活《せいかつ》を豊《ゆた》かにしたかったのですが、うまくいきませんでした。

農業《のうぎょう》をしていたとき、農村《のうそん》のまずしい子《こ》どもたちがどんなに教育《きょういく》をうけていないか、思《おも》い知《し》りました。教会《きょうかい》で聖書《せいしょ》の読《よ》み方《かた》を教《おし》えてもらってはいましたが、ほかに教育《きょういく》などうけられず、ただ農家《のうか》の手《て》伝《つだ》いをするだけの子《こ》どもたち……。家《いえ》があればまだいいほうで、当時《とうじ》は孤児《こじ》たちもたくさんいたのです。

どんな子《こ》だって、すばらしい力《ちから》をもっています。その力《ちから》をのばしてあげさえすれば、まずしい生活《せいかつ》からぬけだすことができるはず。子《こ》どもたちが豊《ゆた》かに生《い》きていくための教育《きょういく》こそが必要《ひつよう》なのだ――そう考《かんが》えた私《わたし》は、自分《じぶん》の財産《ざいさん》をなげうって、お金持《かねも》ちではない、ふつうの家《いえ》の子《こ》やまずしい家《いえ》の子《こ》が学《まな》べる学校《がっこう》をつくったり、孤児《こじ》たちがくらせる施設《しせつ》をつくったりしました。残念《ざんねん》ながら、私《わたし》の意見《いけん》に反対《はんたい》する政治家《せいじか》も多《おお》く、また私《わたし》に経営《けいえい》の才能《さいのう》がなかったせいで、学校《がっこう》や施設《しせつ》はつぎつぎとつぶれてしまいましたが、子《こ》どもたちにどういう教育《きょういく》が必要《ひつよう》かを書《か》いた本《ほん》はのちのちまで読《よ》まれました。その本《ほん》を読《よ》んでくれた人《ひと》たちが、私《わたし》の志《こころざし》を引《ひ》きついで、今《いま》、みなさんがうけているような教育《きょういく》の形《かたち》ができあがっていったのです。

私《わたし》は、死《し》ぬ直前《ちょくぜん》まで、ひとりでも多《おお》くの子《こ》どもを救《すく》えるよう、働《はたら》きかけつづけました。みなさんはひとりひとりが、すばらしい人間《にんげん》なんですよ。そのことに、早《はや》く気《き》づいて、豊《ゆた》かでみのり多《おお》い人生《じんせい》を歩《あゆ》んでくださいね。

この日《ひ》に生《う》まれた有名人《ゆうめいじん》

村上春樹《むらかみはるき》（作家《さっか》）／ランディ・ジョーンズ（野球選手《やきゅうせんしゅ》）／井上雄彦《いのうえたけひこ》（漫画家《まんがか》）／藤巻亮太《ふじまきりょうた》（ミュージシャン）／イモトアヤコ（お笑《わら》い芸人《げいにん》）

日本《にほん》に近代医学《きんだいいがく》をもたらしたお雇《やと》い外国人《がいこくじん》

エルヴィン・フォン・ベルツ

（1849〜1913年　ドイツ）

他国民《たこくみん》の生活《せいかつ》や風習《ふうしゅう》の中《なか》でいろいろな点《てん》をおかしいという人《ひと》たちは、もともと自身《じしん》が理解《りかい》していない事柄《ことがら》を笑《わら》うのであるから、けっきょくは自身《じしん》がもの笑《わら》いになるにすぎない。

1月13日の偉人

医学

みなさんは、「お雇《やと》い外国人《がいこくじん》」ということばをきいたことがありますか。お雇《やと》い外国人《がいこくじん》というのは、明治時代《めいじじだい》に、日本《にほん》の政府《せいふ》にまねかれて、西洋《せいよう》の進《すす》んだ技術《ぎじゅつ》や知識《ちしき》を教《おし》えにきた外国人《がいこくじん》のことです。江戸時代《えどじだい》、日本《にほん》は外国《がいこく》との交流《こうりゅう》をしていませんでしたから、いろいろな点《てん》で遅《おく》れていました。その差《さ》をうめようと、とくに科学《かがく》の分野《ぶんや》の知識《ちしき》をもった人《ひと》たちをよびよせたのです。

私《わたし》は医者《いしゃ》だったので、東京医学校《とうきょういがっこう》（今《いま》の東京大学医学部《とうきょうだいがくいがくぶ》）で学生《がくせい》に西洋《せいよう》の医学《いがく》を教《おし》えたり、患者《かんじゃ》を治療《ちりょう》したりしました。それに、日本特有《にほんとくゆう》の病気《びょうき》についても研究《けんきゅう》し、日本医学《にほんいがく》の発展《はってん》につくしたのです。

私《わたし》が日本《にほん》にきたとき、おどろいたのは、日本人《にほんじん》がそれまでの文化《ぶんか》をすべてすてようとしていたことです。西洋《せいよう》のものがすべていいとはかぎりません。とりいれるところはとりいれ、そうでないところは無視《むし》する――それでいいではありませんか。日本《にほん》には、ずっと伝《つた》えていくべき、とてもすばらしい文化《ぶんか》や伝統《でんとう》があるのですよ。

文化《ぶんか》や伝統《でんとう》のほかにも、日本《にほん》にはとてもすばらしいものがあります。それは、温泉《おんせん》です。私《わたし》は、温泉《おんせん》が日本人《にほんじん》のあいだに長《なが》く伝《つた》えられてきたのは医学的《いがくてき》に効果《こうか》があるからにちがいないと考《かんが》え、温泉《おんせん》の効用《こうよう》を調《しら》べました。そして、日本《にほん》の典型的《てんけいてき》な温泉《おんせん》として群馬県《ぐんまけん》の草津温泉《くさつおんせん》を世界《せかい》に紹介《しょうかい》したのです。温泉《おんせん》を使《つか》った治療法《ちりょうほう》を本格的《ほんかくてき》に研究《けんきゅう》したのは、私《わたし》がはじめてだったようです。

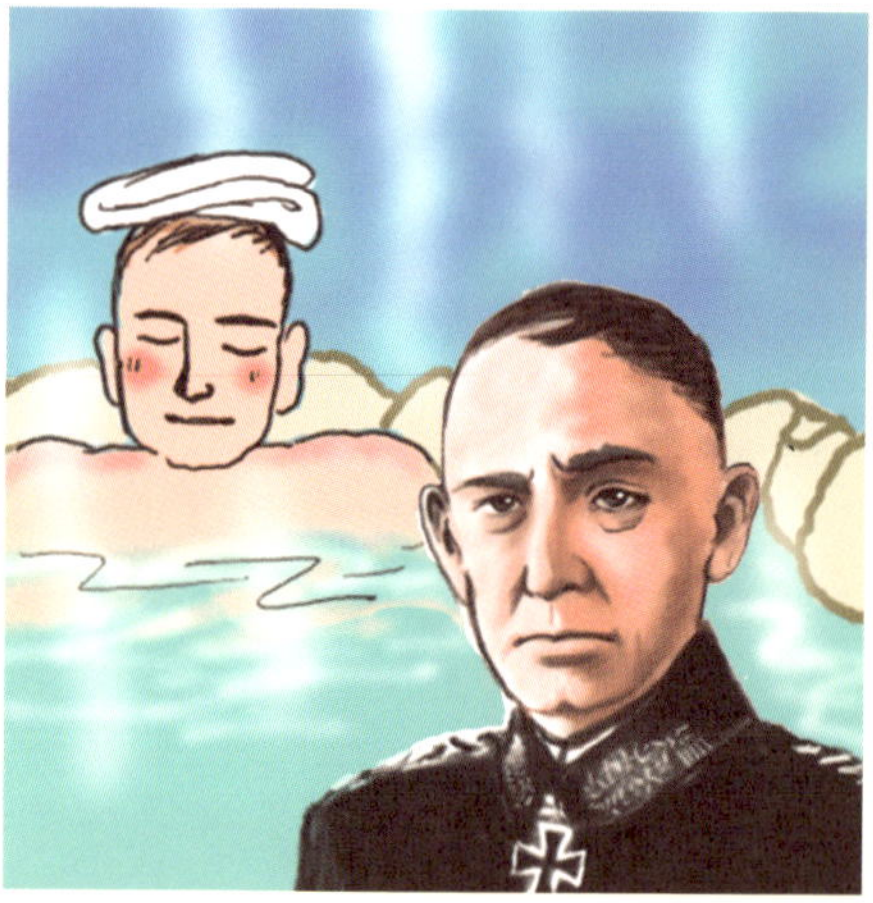

けっきょく、私《わたし》は29年《ねん》もの長《なが》いあいだ、日本人《にほんじん》に知識《ちしき》を伝《つた》えつづけました。日本人《にほんじん》にはすばらしいところがたくさんありましたが、ちょっと考《かんが》えたらずのところもあって、西洋《せいよう》の科学《かがく》の木《き》に育《そだ》った実《み》だけを、私《わたし》たちからうけとろうとしていました。実《み》がなるまでには、種《たね》から木《き》が育《そだ》ち、花《はな》が咲《さ》き……と長《なが》い時間《じかん》がかかります。ひとっとびに実《み》だけ手《て》に入《い》れようとしても、自分《じぶん》のためにならないということは、みなさんも忘《わす》れないでくださいね。

この日《ひ》に生《う》まれた有名人《ゆうめいじん》

狩野永徳《かのうえいとく》（画家《がか》）／伊藤蘭《いとうらん》（女優《じょゆう》）／CHARA（ミュージシャン）
オーランド・ブルーム（俳優《はいゆう》）／大島美幸《おおしまみゆき》《森三中《もりさんちゅう》》（お笑《わら》い芸人《げいにん》）

アフリカの人《ひと》たちの命《いのち》を救《すく》いつづけた

アルベルト・シュバイツァー

（1875〜1965年　ドイツ）

たとえどこにいようと、ふりかえれば、かならずあなたを必要《ひつよう》とする人《ひと》がいる。

1月 14日の偉人

医学

世《よ》のためにつくす――これは私《わたし》がだいじにしている信念《しんねん》です。こういう信念《しんねん》をもつようになったきっかけは、少年《しょうねん》のころにさかのぼります。同級生《どうきゅうせい》とケンカになったときのこと、私《わたし》が同級生《どうきゅうせい》をおしたおして勝《か》ったことがありました。そのとき、その子《こ》に、「おれだって、おまえみたいに肉入《にくい》りのスープをのんでいたら、負《ま》けたりはしなかったんだ！」というようなことをいわれたのです。肉入《にくい》りのスープがのめる子《こ》と、お金《かね》がなくてのめない子《こ》がいる――私《わたし》ははっとしました。なんで、そんなちがいがあるのだろう？　そんなちがいがあって、いいものだろうか？　私《わたし》だけ恵《めぐ》まれていて、いいのだろうか？　その経験《けいけん》が、私《わたし》の生《い》き方《かた》を大《おお》きく変《か》えたといってもいいかもしれません。

大学《だいがく》では、神学《しんがく》と哲学《てつがく》を勉強《べんきょう》しました。30歳《さい》になるまでは、いろいろなことを勉《べん》強《きょう》しようと決《き》めていたのです。大学《だいがく》を卒《そつ》業《ぎょう》したあとは、先生《せんせい》として神学《しんがく》を教《おし》えたり、教会《きょうかい》でオルガンをひいたりしていました。

そして、私《わたし》は30歳《さい》になりました。当時《とうじ》、ヨーロッパの植民地《しょくみんち》だったアフリカでは、医療《いりょう》がとても遅《おく》れていて、たくさんの人《ひと》がはやり病《やまい》で死《し》んでいました。だから、私《わたし》は医者《いしゃ》になって世《よ》のためにつくそうと、医学部《いがくぶ》へ入《はい》りなおすことにしたのです。

それから8年後《ねんご》、医者《いしゃ》になった私《わたし》は、最《さい》初《しょ》の目標《もくひょう》どおり、赤道《せきどう》アフリカにむかって旅《たび》だちました。

アフリカでは、病院《びょういん》をたて、人々《ひとびと》を治《ち》療《りょう》しつづけました。第一次世界大戦《だいいちじせかいたいせん》がおこったときは捕虜《ほりょ》になって、一度《いちど》国《くに》へ帰《かえ》されましたが、その後《ご》もまたアフリカにいき、ヨーロッパで講演活動《こうえんかつどう》などをしては資金《しきん》をかせぎ、アフリカにもどっては医療活動《いりょうかつどう》をする、ということをくりかえしたのです。その行《おこな》いが認《みと》められて、1952年《ねん》にノーベル平和賞《へいわしょう》をもらいました。世《よ》のためにつくす――自分《じぶん》なりにやりぬけたのではないかと思《おも》っています。

この日《ひ》に生《う》まれた有名人《ゆうめいじん》

狩野探幽《かのうたんゆう》（画家《がか》）／新島襄《にいじまじょう》（同志社大学創立者《どうししゃだいがくそうりつしゃ》）／三島由紀夫《みしまゆきお》（作家《さっか》）
山崎弘也《やまざきひろなり》《アンタッチャブル》（お笑《わら》い芸人《げいにん》）／北川悠仁《きたがわゆうじん》《ゆず》（ミュージシャン）

気高《けだか》い姿勢《しせい》で差別《さべつ》と戦《たたか》いぬいた

マーティン・ルーサー・キング・ジュニア

(1929〜1968　アメリカ)

私《わたし》には夢《ゆめ》がある。

1月15日の偉人

思想

私《わたし》は、キング牧師《ぼくし》──黒人《こくじん》の牧師《ぼくし》です。アメリカに黒人《こくじん》がたくさんいるのは知《し》っていますね？　みな、祖先《そせん》はアフリカから連《つ》れられてきた奴隷《どれい》です。昔《むかし》、アメリカには奴隷制度《どれいせいど》があって、黒人《こくじん》は白人《はくじん》にモノのようにあつかわれていました。その制度《せいど》をなくしたのが、リンカーン大統領《だいとうりょう》です。ただ、奴隷制度《どれいせいど》がなくなっても、差別《さべつ》はなくなりませんでした。たとえば、学校《がっこう》も、白人《はくじん》がかよう学校《がっこう》と黒人《こくじん》がかよう学校《がっこう》はちがっていましたし、公衆《こうしゅう》トイレやプールもそうです。バスや電車《でんしゃ》も、白人《はくじん》と黒人《こくじん》の座《すわ》る場所《ばしょ》は区別《くべつ》されていました。

私《わたし》はそうした差別《さべつ》と戦《たたか》ったのです。戦《たたか》ったといっても、暴力《ぼうりょく》はぜったいに使《つか》いませんでした。暴力《ぼうりょく》ではなにも解決《かいけつ》しません。ここでとりあげられていることば「私《わたし》には夢《ゆめ》がある」は、1963年《ねん》8月《がつ》に私《わたし》がおこなった演説《えんぜつ》の中《なか》のことばです。演説《えんぜつ》で、私《わたし》は、差別《さべつ》をなくし、さまざまな人種《じんしゅ》が手《て》をとりあって生《い》きていく世界《せかい》をつくることを、夢《ゆめ》として語《かた》りました。この演説《えんぜつ》は、アメリカだけでなく世界《せかい》じゅうでとりあげられ、差別《さべつ》をなくそうという声《こえ》が大《おお》きくなっていったのです。そして、つぎの年《とし》、公民権法《こうみんけんほう》という法律《ほうりつ》ができて、法律《ほうりつ》の上《うえ》での差別《さべつ》はなくなり、私《わたし》はノーベル平和賞《へいわしょう》を受賞《じゅしょう》しました。

私《わたし》たちは、愛《あい》と夢《ゆめ》を武器《ぶき》に、人《ひと》の心《こころ》の憎《にく》しみと戦《たたか》いつづけ、その結果《けっか》、多《おお》くの人々《ひとびと》が──黒人《こくじん》だけでなく、白人《はくじん》までが味方《みかた》になってくれました。それから4年《ねん》後《ご》、私《わたし》は差別主義者《さべつしゅぎしゃ》に暗殺《あんさつ》されてしまいましたが、すべての人《ひと》が手《て》をつなぎあえるという私《わたし》たちの夢《ゆめ》は、確実《かくじつ》にうけつがれています。そして、少《すこ》しずつではあるかもしれませんが、差別《さべつ》はなくなっていっています。

差別《さべつ》はどこにでも、どの時代《じだい》にもあります。あなたのまわりに、差別《さべつ》はありませんか？　そして、あなたの心《こころ》の中《なか》には？　一度《いちど》、考《かんが》えてみてください。

この日《ひ》に生《う》まれた有名人《ゆうめいじん》

モリエール(劇作家《げきさっか》)／西條八十《さいじょうやそ》(詩人《しじん》)／コシノヒロコ(ファッションデザイナー)
田中真弓《たなかまゆみ》(声優《せいゆう》)／石原良純《いしはらよしずみ》(俳優《はいゆう》・気象予報士《きしょうよほうし》)

すべてはドライバーのために

アンドレ・ミシュラン

（1853～1931年　フランス）

自動車《じどうしゃ》はタイヤの一部品《いちぶひん》にすぎない。

1月16日の偉人

科学

上《うえ》のことばを見《み》て、え？と思《おも》ったことでしょうね。自動車《じどうしゃ》はタイヤの一部《いちぶ》じゃなくて、タイヤが自動車《じどうしゃ》の一部《いちぶ》でしょう？と思《おも》ったのではありませんか。でも、私《わたし》にとってはちがうのです。私《わたし》にとっては、タイヤこそがだいじで、自動車《じどうしゃ》はタイヤの上《うえ》についている付属品《ふぞくひん》でしかありません。私《わたし》は弟《おとうと》と協力《きょうりょく》して、タイヤを開発《かいはつ》、発展《はってん》させてきたのですから。

はじまりは、農家《のうか》の人《ひと》がもちこんできた、パンクした自転車《じてんしゃ》でした。そのとき、私《わたし》たちは農機具《のうきぐ》やゴム部品《ぶひん》をあつかう会社《かいしゃ》を経営《けいえい》していました。ゴム部品《ぶひん》をあつかっているんだから、パンクしたタイヤもなおせるだろうと、農家《のうか》の人《ひと》は自転車《じてんしゃ》をもちこんできたわけです。それまでのタイヤは、ゴムのかたまりだったのですが、もちこまれたタイヤは、ダンロップという人《ひと》がつくりだしたばかりの、中《なか》に空気《くうき》が入《はい》ったタイヤでした。ところが、そのタイヤは、一度《いちど》パンクしたらなおすのに半日《はんにち》くらいかかるというしろものだったのです。私《わたし》たちはひと晩《ばん》かけて、パンクをなおしました。よく日《じつ》、なおった自転車《じてんしゃ》に乗《の》って、おどろきました。乗《の》り心地《ごこち》といい、スピードといい、すばらしかったからです。このタイヤをもっと改良《かいりょう》して、パンクしてもすぐになおせるようにしたら、いいんじゃないか。私《わたし》たちはさっそく、新《あたら》しいタイヤづくりにとりかかりました。そして、2年後《ねんご》、完成《かんせい》したばかりのタイヤを使《つか》って、自転車《じてんしゃ》レースに出場《しゅつじょう》し、2位《い》に9時間《じかん》もの大差《たいさ》をつけて優勝《ゆうしょう》したのです。

その後《ご》、私《わたし》たちは自動車《じどうしゃ》にも空気入《くうきい》りタイヤをつけてレースに出場《しゅつじょう》し、みごと完走《かんそう》しました。自動車《じどうしゃ》に空気入《くうきい》りタイヤを使《つか》ったのは、私《わたし》たちがはじめてだったんですよ。今《いま》では空気入《くうきい》りタイヤはあたりまえですけどね。

さて、「ミシュラン」といえば、今《いま》やレストランガイドが有名《ゆうめい》のようです。あれは、もともとは、ドライバーに役立《やくだ》つ情報《じょうほう》をのせたガイドをただでくばったのがはじまりなんです。無料《むりょう》のガイドがこんなに有名《ゆうめい》になるなんて、私《わたし》もびっくりです。

この日《ひ》に生《う》まれた有名人《ゆうめいじん》

鳥羽天皇《とばてんのう》（第《だい》74代天皇《だいてんのう》）／ダンディ坂野《さかの》（お笑《わら》い芸人《げいにん》）／木下隆行《きのしたたかゆき》《TKO》（お笑《わら》い芸人《げいにん》）
ケイト・モス（スーパーモデル）／賀集利樹《がしゅうとしき》（俳優《はいゆう》）

アメリカ建国《けんこく》の父《ちち》

ベンジャミン・フランクリン

（1706〜1790年　アメリカ）

今日《きょう》できることを明日《あす》までもちこしてはいけない。

1月17日の偉人

政治

　私《わたし》は、生涯《しょうがい》をとおして、じつにいろいろなことをやった。いちばん有名《ゆうめい》なのは、凧《たこ》を使《つか》ったカミナリの実験《じっけん》かな。凧《たこ》を空《そら》にあげて、わざとカミナリを落《お》とし、カミナリが電気《でんき》であることを証明《しょうめい》したんだ。今思《いまおも》うと、危険《きけん》きわまりない実験《じっけん》だった。そのあと、同《おな》じような実験《じっけん》をした者《もの》は、ふたりとも感電《かんでん》して死《し》んでしまった。私《わたし》はその後《ご》、実験結果《じっけんけっか》を生《い》かして、避雷針《ひらいしん》を発明《はつめい》した。今《いま》きみたちが見《み》ているような避雷針《ひらいしん》とそんなに変《か》わらないものをつくったのだよ。

　もともと私《わたし》は、出版業《しゅっぱんぎょう》をしていた兄《あに》を手伝《てつだ》っていた。10歳《さい》のころから働《はたら》いていたんだ。そのうち、自分《じぶん》でも印刷会社《いんさつがいしゃ》をつくって、新聞《しんぶん》や本《ほん》を出版《しゅっぱん》したりした。ことわざなどをおもしろく紹介《しょうかい》した暦《こよみ》の本《ほん》をつくったときは、とてもよく売《う》れたものだ。そうそう、25歳《さい》になったときには、公立図書館《こうりつとしょかん》をアメリカではじめてつくったんだよ。その図書館《としょかん》が成功《せいこう》したので、それから図書館《としょかん》はアメリカじゅうに広《ひろ》がっていった。このころから、政治《せいじ》にもかかわるようになっていった。そして、43歳《さい》になったとき、印刷《いんさつ》の仕事《しごと》をきっぱりやめて、政治《せいじ》の仕事《しごと》に専念《せんねん》することにした。

　今《いま》のペンシルベニア大学《だいがく》をつくったり、アメリカの独立戦争《どくりつせんそう》のときも、独立宣言《どくりつせんげん》の原稿《げんこう》を書《か》く手助《てだす》けをしたり、大使《たいし》としてフランスへいって同盟《どうめい》をむすんだりもした。そのほかにも、ペンシルベニア州《しゅう》知事《ちじ》をつとめたり、アメリカの憲法《けんぽう》をつくる会議《かいぎ》にも参加《さんか》して、「すべてのヤンキー（アメリカ人《じん》）の父《ちち》」とよばれたりもしたな。

　とにかくいろいろなことをした人生《じんせい》だった。興味《きょうみ》のあること、おもしろいと思《おも》ったことはなんでもやってみた。みんなも、できることはどんどんやってごらん。

この日《ひ》に生《う》まれた有名人《ゆうめいじん》

モハメド・アリ（プロボクサー）／坂本龍一《さかもとりゅういち》（作曲家《さっきょくか》・ミュージシャン）／山口百恵《やまぐちももえ》（歌手《かしゅ》）／ジム・キャリー（俳優《はいゆう》）／平井堅《ひらいけん》（ミュージシャン）

民主制《みんしゅせい》の基本《きほん》ルールを考《かんが》えた

シャルル・ド・モンテスキュー

（1689～1755年　フランス）

幸《しあわ》せになるのはかんたんだ。ほかの人《ひと》より幸《しあわ》せになりたいと思《おも》うからむずかしいのだ。

1月
18日
の偉人

思想

　私《わたし》の名前《なまえ》は、『法《ほう》の精神《せいしん》』という本《ほん》を書《か》いたことでもっとも知《し》られています。ちょっとタイトルがむずかしいかもしれませんが、この本《ほん》は、私《わたし》が20年近《ねんちか》くかけて、さまざまな国《くに》をまわり、その国《くに》の政治《せいじ》のしくみや、生活《せいかつ》のしかたや習慣《しゅうかん》、風土《ふうど》、宗教《しゅうきょう》、商業《しょうぎょう》など、いろいろな関係《かんけい》から法律《ほうりつ》はどうあるべきかを説《と》いたものです。さまざまな国《くに》のしくみの中《なか》でも、私《わたし》はイギリスの制度《せいど》がいちばんよいと思《おも》ったので、私《わたし》の母国《ぼこく》であるフランスも同《おな》じしくみにしたほうがいいと紹介《しょうかい》しました。

それは、「3権分立《けんぶんりつ》」というしくみです。3権《けん》というのは、法律《ほうりつ》をつくる「立法《りっぽう》」、裁判《さいばん》をする「司法《しほう》」、政治《せいじ》をおこなう「行政《ぎょうせい》」のことで、この3つはそれぞれとても強《つよ》い力《ちから》があるので、それをおこなうところはわけなければいけないというのが、3権分立《けんぶんりつ》の考《かんが》え方《かた》です。

　その考《かんが》えは、今《いま》のアメリカや日本《にほん》など、さまざまな国《くに》の憲法《けんぽう》に採用《さいよう》されました。日本《にほん》には今《いま》、法律《ほうりつ》をつくる国会《こっかい》、裁判《さいばん》をする裁判所《さいばんしょ》、政治《せいじ》をおこなう内閣《ないかく》があって、それぞれが独立《どくりつ》していますよね。それが、3権分立《けんぶんりつ》です。この考《かんが》えは、民主制《みんしゅせい》をとりいれた国《くに》の多《おお》くで使《つか》われています。

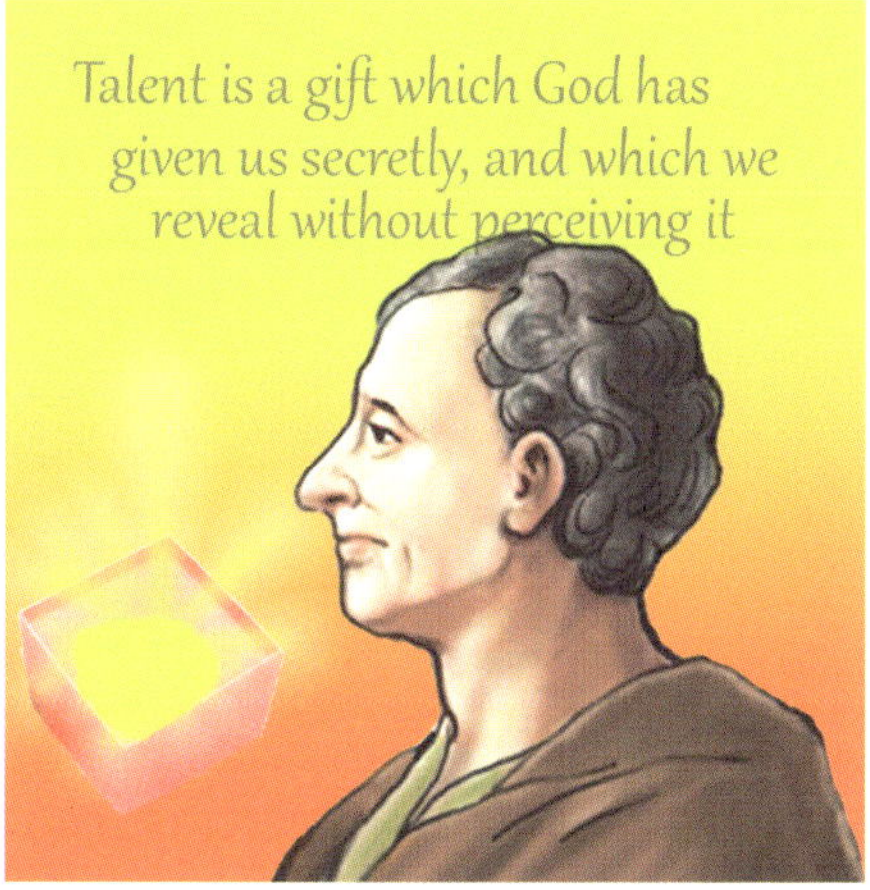
Talent is a gift which God has
given us secretly, and which we
reveal without perceiving it

『法《ほう》の精神《せいしん》』で紹介《しょうかい》した考《かんが》え方《かた》は、もちろん、私《わたし》の国《くに》であるフランスにも大《おお》きな影響《えいきょう》をあたえました。でも、この本《ほん》を出版《しゅっぱん》しようとしたとき、まだフランスには王《おう》さまがいて、国《くに》を支配《しはい》していたので、フランスでは出版《しゅっぱん》できませんでした。王《おう》さまにとって都合《つごう》が悪《わる》い考《かんが》え方《かた》だったので、そんな本《ほん》を出《だ》したら、つかまってしまうかもしれないと思《おも》ったのです。だから、私《わたし》はとなりの国《くに》で名前《なまえ》をかくして出版《しゅっぱん》したんですよ。そうしたら、すぐに本《ほん》はベストセラーになり、たくさんの人《ひと》が、私《わたし》の意見《いけん》に賛成《さんせい》してくれました。それは、長《なが》い時間《じかん》をかけた努力《どりょく》がむくわれた、幸福《こうふく》な瞬間《しゅんかん》でした。

この日《ひ》に生《う》まれた有名人《ゆうめいじん》

A・A・ミルン（児童文学作家《じどうぶんがくさっか》）／おすぎとピーコ（タレント・映画評論家《えいがひょうろんか》）
北野武《きたのたけし》（漫才師《まんざいし》・映画監督《えいがかんとく》）／森山良子《もりやまりょうこ》（ミュージシャン）／ケビン・コスナー（俳優《はいゆう》）

蒸気機関車《じょうききかんしゃ》の父《ちち》となった機械工《きかいこう》

ジェイムズ・ワット

（1736〜1819年　イギリス）

ゴルフハウスの前《まえ》を歩《ある》いているあいだに、みるみるうちに考《かんが》えがまとまっていった。

1月19日の偉人

科学

　私《わたし》は小《ちい》さいときは体《からだ》が弱《よわ》くて、学校《がっこう》にもかよえないぐらいでした。ですから、18歳《さい》のときに母《はは》が亡《な》くなり、父《ちち》の仕事《しごと》もうまくいかなくなると、ロンドンへいき、機械工《きかいこう》としての技術《ぎじゅつ》を身《み》につけようとしたのです。ふつうなら4年《ねん》かかる勉強《べんきょう》を、必死《ひっし》になって1年《ねん》で終《お》わらせました。すぐに会社《かいしゃ》をつくって仕事《しごと》をしたかったのですが、会社《かいしゃ》をつくるには、機械工《きかいこう》の組合《くみあい》からその資格《しかく》をもらわないといけません。ところが、私《わたし》はまだ経験《けいけん》が少《すく》ないからと、組合《くみあい》から、みとめてもらえませんでした。そのときは、どうしようかととほうにくれましたが、あとで思《おも》えば、これがよかったのです。

　仕事《しごと》をさがしていたとき、グラスゴー大学《だいがく》から、授業《じゅぎょう》に使《つか》う模型《もけい》の修理《しゅうり》をしてくれないかともちかけられました。ていねいに修理《しゅうり》すると、その働《はたら》きぶりがみとめられ、ずっと大学《だいがく》で働《はたら》かせてもらえることになりました。そこで、私《わたし》は蒸気機関《じょうききかん》と出会《であ》ったのです。

　あるとき、私《わたし》はニューコメンという人《ひと》がつくった蒸気機関《じょうききかん》の修理《しゅうり》をたのまれました。修理《しゅうり》しているうちに、その機械《きかい》が無駄《むだ》なエネルギーを使《つか》っていることに気《き》づき、なんとか改良《かいりょう》できないかと真剣《しんけん》に考《かんが》えはじめたのです。そしてある天気《てんき》のいい日《ひ》、散歩《さんぽ》に出《で》た私《わたし》は、ゴルフ場《じょう》の中《なか》を歩《ある》いているときに、改良《かいりょう》のアイデアを思《おも》いついたのでした。

　私《わたし》の改良《かいりょう》によって、蒸気機関《じょうききかん》はエネルギーを無駄《むだ》にすることがなくなりました。また、今《いま》までは直線《ちょくせん》の運動《うんどう》しかできなかったものを、回転運動《かいてんうんどう》もできるように変《か》えたのです。この蒸気機関《じょうききかん》のおかげで、機械《きかい》にできることが一気《いっき》にふえました。そしてそのあとおこった産業革命《さんぎょうかくめい》に大《おお》きな影響《えいきょう》をあたえたのです。その功績《こうせき》をたたえられて、私《わたし》の名前《なまえ》の「ワット」は、力《ちから》をあらわす単位《たんい》になりました。みなさんも、電球《でんきゅう》などの表示《ひょうじ》に「ワット」と書《か》かれているのを見《み》たことがあるでしょう？　あれは電気《でんき》の力《ちから》=電気《でんき》が1秒《びょう》にする仕事《しごと》の量《りょう》をあらわしているのです。

この日《ひ》に生《う》まれた有名人《ゆうめいじん》

エドガー・アラン・ポー（作家《さっか》）／ポール・セザンヌ（画家《がか》）／森鷗外《もりおうがい》（作家《さっか》）
松任谷由実《まつとうやゆみ》（ミュージシャン）／宇多田《うただ》ヒカル（ミュージシャン）

日本国憲法《にほんこくけんぽう》のもとをつくった

植木枝盛《うえきえもり》

（1857～1892年　日本）

未来《みらい》がその胸中《きょうちゅう》にある者《もの》――これを青年《せいねん》という。
過去《かこ》がその胸中《きょうちゅう》にある者《もの》――これを老年《ろうねん》という。

1月20日の偉人

政治

みなさんは、自由民権運動《じゆうみんけんうんどう》というものを知《し》っていますか。自由民権運動《じゆうみんけんうんどう》というのは、国民《こくみん》ひとりひとりの自由《じゆう》と権利《けんり》を守《まも》り、さらに広《ひろ》げていこうとする、明治《めいじ》時代《じだい》におこった運動《うんどう》です。私《わたし》は、板垣退助《いたがきたいすけ》さんなどといっしょに、その運動《うんどう》をおこないました。

私《わたし》は、土佐藩《とさはん》（今《いま》の高知県《こうちけん》）で生《う》まれました。いたずらや悪《わる》さばかりする悪《わる》ガキでしたが、学《まな》ぶことは大好《だいす》きで、勉強《べんきょう》にも熱心《ねっしん》にとりくみました。18歳《さい》になったころ、政府《せいふ》が韓国《かんこく》へ軍隊《ぐんたい》を送《おく》るかどうかでもめているのを見《み》て、政治《せいじ》に興味《きょうみ》をもち、東京《とうきょう》にいきました。東京《とうきょう》では、福沢諭吉《ふくざわゆきち》さんなどたくさんの人《ひと》と会《あ》い、さまざまな意見《いけん》をきき、自分《じぶん》の意見《いけん》というものをもつようになりました。今《いま》の政府《せいふ》は、自分《じぶん》たちの都合《つごう》だけ考《かんが》えて、国民《こくみん》のほんとうの利益《りえき》を考《かんが》えていない――そういう意見《いけん》を新聞《しんぶん》に投書《とうしょ》したりしたものです。「猿人政府《えんじんせいふ》」（人《ひと》をサルにするような政府《せいふ》という意味《いみ》）だといって政府《せいふ》を批判《ひはん》した投書《とうしょ》をしたときは、つかまって、2か月《げつ》も牢屋《ろうや》に入《い》れられました。

その後《ご》、板垣退助《いたがきたいすけ》さんの自由民権《じゆうみんけん》の考《かんが》え方《かた》――「国《くに》というものは人民《じんみん》が集《あつ》まっているからできるものであって、政府《せいふ》があるからできたわけでも、天皇《てんのう》がいるからできたわけでもない」という考《かんが》え方《かた》に賛同《さんどう》し、自由民権運動《じゆうみんけんうんどう》にかかわっていくようになったのです。その運動《うんどう》の中《なか》で、憲法草案《けんぽうそうあん》を考《かんが》え、書《か》きました。

その草案《そうあん》が、今《いま》の日本国憲法《にほんこくけんぽう》をつくるときにヒントになったそうです。私《わたし》は35歳《さい》のときに、胃《い》かいようが悪化《あっか》して急死《きゅうし》してしまうのですが、私《わたし》のつくった草案《そうあん》は、それからおよそ65年後《ねんご》、役《やく》に立《た》ったわけです。自分《じぶん》の理想《りそう》の未来《みらい》を胸《むね》にもちつづけること――それが、未来《みらい》へつながっていくのですよ。

この日《ひ》に生《う》まれた有名人《ゆうめいじん》

6代目《だいめ》中村歌右衛門《なかむらうたえもん》（歌舞伎俳優《かぶきはいゆう》）／三國連太郎《みくにれんたろう》（俳優《はいゆう》）／有吉佐和子《ありよしさわこ》（作家《さっか》）
上島竜兵《うえしまりゅうへい》《ダチョウ倶楽部《くらぶ》》（お笑《わら》い芸人《げいにん》）／IKKO（メイクアップアーティスト）

最強伝説《さいきょうでんせつ》をもつ戦国時代《せんごくじだい》の武将《ぶしょう》

上杉謙信《うえすぎけんしん》

（1530～1578年　日本）

心《こころ》に自慢《じまん》がないとき、人《ひと》の善《ぜん》を知《し》る。

1月21日の偉人

政治

戦国時代《せんごくじだい》を知《し》っているかな。戦国時代《せんごくじだい》というのは、今《いま》から500年《ねん》くらい前《まえ》、日本《にほん》がまだひとつの国《くに》ではなく、たくさんの小《ちい》さな国《くに》にわかれていて、国同士《くにどうし》で戦争《せんそう》をしていた時代《じだい》のことだ。わしは、越後《えちご》（今《いま》の新潟県《にいがたけん》）をおさめていた武将《ぶしょう》（侍《さむらい》）だ。

わしは小《ちい》さいころ、武将《ぶしょう》だった父親《ちちおや》にあまりかわいがられず、寺《てら》に入《い》れられて坊主《ぼうず》の修行《しゅぎょう》をさせられていたのだが、やんちゃでな。しょっちゅう、寺《てら》にあったジオラマで、戦争《せんそう》ゲームをやっておったせいで、この子《こ》に坊主《ぼうず》は無理《むり》だといわれて、家《いえ》に帰《かえ》されてしまった。その後《ご》、国《くに》の中《なか》で戦《たたか》いがおこるようになったとき、病気《びょうき》だった兄《あに》にかわって、戦《たたか》いの指揮《しき》をとったら、うまい具合《ぐあい》に勝利《しょうり》をおさめることができた。小《ちい》さいころからしていたゲームのおかげだろうな。それが、わしが15歳《さい》のときだ。それからあとは、戦《たたか》い、戦《たたか》い、戦《たたか》いの日々《ひび》だった。わしはとにかく、戦《いくさ》をさせたら最強《さいきょう》だった。「越後《えちご》の龍《りゅう》」とまでよばれたものだ。

だが、戦《たたか》うばかりの人間《にんげん》だったわけではない。武田信玄《たけだしんげん》がおさめる甲斐国《かいのくに》（今《いま》の山梨県《やまなしけん》）で、深刻《しんこく》な塩不足《しおぶそく》がおこったときは、敵《てき》として戦《たたか》っていたわしが塩《しお》を送《おく》ったという伝説《でんせつ》は有名《ゆうめい》だ。そこから「敵《てき》に塩《しお》を送《おく》る」ということわざができたのだぞ。わしはけっして嘘《うそ》はつかなかったし、義理《ぎり》をとても大切《たいせつ》にした。そのせいか、わしのライバルたちも、わしを信頼《しんらい》してくれていたようだ。

武田信玄《たけだしんげん》も息子《むすこ》に「謙信《けんしん》は、たのむとさえいえば、かならず援助《えんじょ》してくれる。ことわるようなことはけっしてしない男《おとこ》だ。甲斐国《かいのくに》をたもつには、謙信《けんしん》の力《ちから》にすがるほかあるまい」と遺言《ゆいごん》を残《のこ》したそうだ。北条氏康《ほうじょううじやす》も、「この氏康《うじやす》が、明日《あす》にでも死《し》ねば、あとをたくす人《ひと》は謙信《けんしん》だけである」とまで、いってくれた。わしは天下統一《てんかとういつ》をはたせず急死《きゅうし》してしまったが、誠実《せいじつ》さで、のちの世《よ》の人々《ひとびと》の心《こころ》に残《のこ》ることができたのだよ。

この日《ひ》に生《う》まれた有名人《ゆうめいじん》

クリスチャン・ディオール（ファッションデザイナー）／ジャック・ニクラウス（プロゴルファー）
竜雷太《りゅうらいた》（俳優《はいゆう》）／高田純次《たかだじゅんじ》（タレント）／水樹奈々《みずきなな》（声優《せいゆう》）

みずからを犠牲《ぎせい》にして、市民《しみん》を守《まも》ろうとした

大《おお》塩《しお》平《へい》八《はち》郎《ろう》

（1793〜1837年　日本）

身《み》の死《し》するをおそれず、ただ心《こころ》の死《し》をおそれるなり。

1月
22日
の偉人

社会

　私《わたし》の名前《なまえ》は「大塩平八郎《おおしおへいはちろう》の乱《らん》」という事件《じけん》で知《し》られています。私《わたし》は江戸《えど》時代《じだい》、大阪《おおさか》の奉行所《ぶぎょうしょ》で働《はたら》いたり、陽明学《ようめいがく》という学問《がくもん》を教《おし》えたりしていました。正義感《せいぎかん》がとても強《つよ》かったので、奉行所《ぶぎょうしょ》にいたときは、役人《やくにん》たちの不正《ふせい》をつぎつぎとあばいて、市民《しみん》から信用《しんよう》されていましたが、反《はん》対《たい》に役人《やくにん》たちからは嫌《きら》われていたようです。

　そのころの大阪《おおさか》は、飢《き》きんや洪水《こうずい》がつづいたために、物価《ぶっか》がはねあがり、生《い》きるのに大変《たいへん》な時代《じだい》でした。米《こめ》の値段《ねだん》も上《あ》がったので、米《こめ》が買《か》えず飢《う》え死《じ》にする人《ひと》たちまで出《で》ていたのです。

　私《わたし》は、もっていた5万冊《まんさつ》の本《ほん》をすべて売《う》りはらって、困《こま》っている人《ひと》1万人《まんにん》にお金《かね》をくばったりしましたが、それではまったく足《た》りませんでした。大商人《だいしょうにん》に、自《じ》分《ぶん》の財産《ざいさん》を担保《たんぽ》にするから、お米《こめ》を買《か》うためのお金《かね》をかしてほしいとたのみましたがことわられ、奉行所《ぶぎょうしょ》にも助《たす》けてくれと必死《ひっし》でたのみましたが、まったくきいてもらえませんでした。

　たしかに、飢《き》きんがあったので、お米《こめ》はたくさんあったわけではありません。でも、なかったわけでもないのです。大《おお》阪《さか》の町《まち》にお米《こめ》はあったのに、役所《やくしょ》が江戸《えど》の幕府《ばくふ》に送《おく》ってしまったり、米《こめ》の値段《ねだん》をつりあげてたくさんもうけようとたくらんだ大商人《だいしょうにん》が買《か》い占《し》めたりしたので、町《まち》にお米《こめ》が出《で》まわらなかったのです。お米《こめ》はあったのに、まずしい人《ひと》や子《こ》どもたちは、食《た》べ物《もの》が手《て》に入《はい》らずに死《し》んでいたのです。

　私《わたし》は怒《おこ》りました。心《こころ》の底《そこ》から怒《おこ》りました。いくらたのんでも、きいてもらえないならしかたありません。だから、賛成《さんせい》してくれる人《ひと》たちといっしょに、お米《こめ》のあるところをおそって、お米《こめ》を手《て》に入《い》れようとしたのです。これが「大塩平八郎《おおしおへいはちろう》の乱《らん》」です。この乱《らん》は失敗《しっぱい》し、私《わたし》は、火《ひ》をはなって自害《じがい》しましたが、まちがったことをしたとは、これっぽっちも思《おも》っていません。みなさんは、どう思《おも》いますか？

この日《ひ》に生《う》まれた有名人《ゆうめいじん》

椋鳩十《むくはとじゅう》（作家《さっか》）／レフ・ランダウ（物理学者《ぶつりがくしゃ》）／星野仙一《ほしのせんいち》（野球選手《やきゅうせんしゅ》・監督《かんとく》・解説者《かいせつしゃ》）／高橋恵子《たかはしけいこ》（女優《じょゆう》）／中田英寿《なかたひでとし》（サッカー選手《せんしゅ》）

日本人初《にほんじんはつ》のノーベル賞受賞者《しょうじゅしょうしゃ》

湯川秀樹《ゆかわひでき》

（1907～1981年　日本）

自分《じぶん》の能力《のうりょく》は、
自分《じぶん》で使《つか》ってみなければわからない。

1月 23日の偉人

科学

私《わたし》は、日本《にはん》で最初《さいしょ》にノーベル賞《しょう》を受賞《じゅしょう》しましたが、それは、妻《つま》のおかげではないかと思《おも》います。

私《わたし》の父《ちち》は学者《がくしゃ》で、私《わたし》も小《ちい》さいころから本《はん》にかこまれた生活《せいかつ》を送《おく》っていました。なにかを学ぶことは好きでしたが、兄《あに》たちにくらべると、できがいいとはいえませんでしたし、大学《だいがく》でも、まったく目立《めだ》つ存在《そんざい》ではありませんでした。卒業後《そつぎょうご》は大学《だいがく》に残《のこ》って、研究《けんきゅう》をつづけることにしましたが、不勉強《ふべんきょう》ぶりを先生《せんせい》からしかられていたくらいです。

そんな私《わたし》にも縁談《えんだん》がもちこまれて、スミさんという女性《じょせい》と結婚《けっこん》することになりました。すると、スミさんが、結婚式《けっこんしき》をあげてまもなく、私《わたし》にこういったのです。「ノーベル賞《しょう》というのは、日本人《にほんじん》はもらえないものですか？」と。

私《わたし》は、そのとき、「どんな国《くに》の人《ひと》でも、大《おお》きな発見《はっけん》をすればもらえます。あなたが助《たす》けてくれたならば、世界《せかい》じゅうの物《ぶつ》理学者《りがくしゃ》が解決《かいけつ》できないことを解《と》く自信《じしん》があります」と答《こた》えました。それからスミさんは、私《わたし》のために骨身《ほねみ》をけずって、つくしてくれました。私《わたし》を信《しん》じて尊敬《そんけい》してくれました。私《わたし》は、スミさんの信頼《しんらい》にこたえるべく、研究《けんきゅう》に集中《しゅうちゅう》しました。そうして、とうとう、原子《げんし》の中《なか》にある陽子《ようし》と中性子《ちゅうせいし》のあいだには、このふたつをいったりきたりしてつないでいる物質《ぶっしつ》（中間《ちゅうかん》子《し》）があるのではないかということを書《か》いた論文《ろんぶん》を完成《かんせい》させたのです。ようやく論文《ろんぶん》を完成《かんせい》させたときには、スミさんも30キログラムにまで体重《たいじゅう》がへって、やせ細《ほそ》ってしまったほどでした。

その説《せつ》はちょっととっぴだったためか、日本《にほん》の学者仲間《がくしゃなかま》からは相手《あいて》にしてもらえませんでした。けれど、15年後《ねんご》、そのときの論文《ろんぶん》がみとめられてノーベル賞《しょう》を受《じゅ》賞《しょう》することができたのです。まわりからみとめられず自信《じしん》がもてない時期《じき》もありましたが、たったひとりでも私《わたし》のことを信《しん》じてくれた人《ひと》がそばにいてくれたので、がんばりつづけられたのです。

この日《ひ》に生《う》まれた有名人《ゆうめいじん》

スタンダール（作家《さっか》）／エドゥアール・マネ（画家《がか》）／ジャイアント馬場《ばば》（プロレスラー）
葉加瀬太郎《はかせたろう》（バイオリニスト・作曲家《さっきょくか》）／篠原信一《しのはらしんいち》（柔道家《じゅうどうか》）

人間《にんげん》の魅力《みりょく》にあふれたなりあがり者《もの》

カロン・ド・ボーマルシェ

（1732～1799年　フランス）

泣《な》きたいときは、笑《わら》いとばすことにしている。

1月24日の偉人

文化

私《わたし》の名前《なまえ》を知《し》っている人《ひと》は多《おお》くはないかもしれないね。じっさい、あなたはなにものですか？ときかれても、答《こた》えることはなかなかむずかしい。私《わたし》は時計職人《とけいしょくにん》であり、役人《やくにん》であり、音楽家《おんがくか》であり、劇作家《げきさっか》であり、商人《しょうにん》であり、外交官《がいこうかん》であり、金融業者《きんゆうぎょうしゃ》であり、出版者《しゅっぱんしゃ》であり、スパイであり……とにかくたくさんの仕事《しごと》をしてきた。何度《なんど》も裁判《さいばん》にかけられたし、牢屋《ろうや》に入《い》れられたことも、国《くに》から逃《に》げたこともあるんだよ。

私《わたし》はフランスのごくふつうの家《いえ》に生《う》まれた。父《ちち》が時計職人《とけいしょくにん》だったから、まず父《ちち》に弟子入《でしい》りしたんだけれど、私《わたし》は遊《あそ》ぶことが大好《だいす》きな道楽者《どうらくもの》だったから、遊《あそ》ぶ金《かね》ほしさに売《う》り物《もの》の時計《とけい》を売《う》っぱらって、勘当《かんどう》された。そのあと心《こころ》を入《い》れかえて、時計職人《とけいしょくにん》として腕《うで》をあげ、時計《とけい》の速度《そくど》を調節《ちょうせつ》するしくみまで発明《はつめい》するようになった。それが評判《ひょうばん》になって、なんと宮廷《きゅうてい》に出入《でい》りできるようになったんだ。根《ね》っから人《ひと》から好《す》かれるようなところがあったものだから、宮廷《きゅうてい》でもいろんな人《ひと》にかわいがってもらってね、まず役人《やくにん》の肩書《かたがき》を買《か》って、そのあと貴族《きぞく》の肩書《かたがき》を買《か》って……という具合《ぐあい》に、どんどん出世《しゅっせ》していった。王女《おうじょ》さまたちにハープという楽器《がっき》を教《おし》えたこともあった。平民《へいみん》だった私《わたし》が王女《おうじょ》さまを教育《きょういく》するだなんて、おどろくだろう？　まさに「なりあがり者《もの》」だったんだ。

貴族《きぞく》として仕事《しごと》をしながら、作家《さっか》としてものを書《か》くようになった。オペラの喜劇《きげき》、フィガロ3部作《ぶさく》――『セビリアの理髪師《りはつし》』『フィガロの結婚《けっこん》』『罪《つみ》ある母《はは》』を書《か》いた作家《さっか》として、たぶん私《わたし》の名前《なまえ》はいちばん知《し》られているのではないかな。この3部作《ぶさく》はフィガロという平民《へいみん》が主人公《しゅじんこう》で、平民《へいみん》の立場《たちば》から貴族階級《きぞくかいきゅう》を皮肉《ひにく》った内容《ないよう》だったので、何度《なんど》も上演禁止《じょうえんきんし》にされたし、フランス革命《かくめい》の引《ひ》き金《がね》にもなったといわれているんだよ。なりあがり者《もの》の印象《いんしょう》が強《つよ》い私《わたし》だけれど、つらぬきたい主張《しゅちょう》というものもあったということさ。とにかく波乱《はらん》が多《おお》く、落《お》ちつきのない人生《じんせい》だった。でもね、ほんとうにおもしろい人生《じんせい》だったよ。

この日《ひ》に生《う》まれた有名人《ゆうめいじん》

ハドリアヌス（ローマ皇帝《こうてい》）／エルンスト・ホフマン（作家《さっか》・作曲家《さっきょくか》）
市原悦子《いちはらえつこ》（女優《じょゆう》）／尾崎将司《おざきまさし》（プロゴルファー）／入江陵介《いりえりょうすけ》（競泳選手《きょうえいせんしゅ》）

幸《しあわ》せな歌《うた》を子《こ》どもたちに届《とど》けた

北《きた》原《はら》白《はく》秋《しゅう》

（1885～1942年　日本）

**自分《じぶん》の弱《よわ》さを心《こころ》から知《し》りえたとき、
人《ひと》は真《しん》から強《つよ》くなる。**

1月
25日
の偉人

文化

あめあめ　ふれふれ　かあさんが
じゃのめで　おむかえ　うれしいな
ゆりかごの歌《うた》を　カナリヤが歌《うた》うよ
ねんねこ　ねんねこ　ねんねこよ

私《わたし》の名前《なまえ》は知《し》らなくても、この歌《うた》を歌《うた》ったことがある人《ひと》は多《おお》いのではないですか。私《わたし》は詩人《しじん》で、「あめふり」や「ゆりかごの歌《うた》」をはじめとした童謡《どうよう》の歌詞《かし》をたくさん書《か》きました。学校《がっこう》の校歌《こうか》もたくさんつくったので、もしかしたらみなさんの中《なか》に、私《わたし》が校歌《こうか》をつくった学校《がっこう》にかよっている人《ひと》がいるかもしれません。

私《わたし》は九州《きゅうしゅう》の出身《しゅっしん》ですが、高校《こうこう》のときに、成績《せいせき》が悪《わる》くて落第《らくだい》。そのころから詩《し》や短歌《たんか》に興味《きょうみ》をもちはじめ、たくさんの詩《し》を読《よ》んだり、自分《じぶん》で書《か》いたり、作品《さくひん》を雑誌《ざっし》に投稿《とうこう》したりしていました。そして、ついには親《おや》にないしょで、学校《がっこう》をやめ、東京《とうきょう》に出《で》てしまったのです。大学入学《だいがくにゅうがく》をめざして勉強《べんきょう》をしながら、つぎつぎに雑誌《ざっし》に詩《し》や短歌《たんか》を発表《はっぴょう》し、まわりからみとめられていきました。

ずっと詩《し》をつくることに集中《しゅうちゅう》していたのですが、『赤《あか》い鳥《とり》』という子《こ》どもむけの雑誌《ざっし》が刊行《かんこう》されるとき、子《こ》どもむけの詩《し》や童謡《どうよう》を担当《たんとう》することになりました。そのころの童謡《どうよう》といったら、かた苦《くる》しい文部省唱歌《もんぶしょうしょうか》ばかり。私《わたし》は、楽《たの》しい歌《うた》をつくりたかった。子《こ》どもが口《くち》ずさみやすいことばで、リズムもよく、その光景《こうけい》が目《め》の前《まえ》に広《ひろ》がってくるような歌《うた》を。

よい童謡《どうよう》を歌《うた》いながら育《そだ》った子《こ》どもは、大人《おとな》になったとき、幸《しあわ》せな時間《じかん》として子《こ》ども時代《じだい》を思《おも》い出《だ》すのではないかと思《おも》います。だから私《わたし》は、念《ねん》を入《い》れて、おとぎ話《ばなし》に出《で》てくるガチョウが金《きん》の卵《たまご》をうみ落《お》とすように、ほんとうにいい童謡《どうよう》をぽつりぽつりと落《お》としていこうとしたのです。私《わたし》がつくった歌《うた》を歌《うた》って、楽《たの》しい気持《きも》ちや、幸《しあわ》せな気持《きも》ちになってくれたら、詩《し》人《じん》としてこんなにうれしいことはありません。

この日《ひ》に生《う》まれた有名人《ゆうめいじん》

ロバート・ボイル（化学者《かがくしゃ》・物理学者《ぶつりがくしゃ》）／池波正太郎《いけなみしょうたろう》（作家《さっか》）
石ノ森章太郎《いしのもりしょうたろう》（漫画家《まんがか》）／松本零士《まつもとれいじ》（漫画家《まんがか》）／櫻井翔《さくらいしょう》《嵐《あらし》》（タレント）

小《ちい》さな町工場《まちこうば》を世界的大企業《せかいてきだいきぎょう》に変《か》えた

盛田昭夫《もりたあきお》

（1921～1999年　日本）

アイデアのよい人《ひと》は世《よ》の中《なか》にたくさんいるが、よいと思《おも》ったアイデアを実行《じっこう》する勇気《ゆうき》のある人《ひと》は少《すく》ない。

1月
26日
の偉人

社会

みなさんは、ソニーという会社《かいしゃ》を知《し》っていますか？　そう、プレイステーションやヴィータなどのゲーム機《き》や、音楽《おんがく》プレイヤー、テレビといった家電《かでん》をつくっている会社《かいしゃ》ですね。私《わたし》は、そのソニーを、友人《ゆうじん》であり同志《どうし》である井深大《いぶかまさる》という人《ひと》とつくったのです。

私《わたし》は、つくり酒屋《ざかや》の息子《むすこ》として生《う》まれましたが、大阪帝国大学理学部《おおさかていこくだいがくりがくぶ》を卒業《そつぎょう》し、第《だい》2次世界大戦《じせかいたいせん》が始《はじ》まると、海軍《かいぐん》の技術《ぎじゅつ》中尉《ちゅうい》となって、軍隊《ぐんたい》で新兵器《しんへいき》を研究《けんきゅう》していました。そこで、井深《いぶか》さんと知《し》りあい、親《した》しくなったのです。そして戦争《せんそう》が終《お》わったあと、ふたりで東京通信工業《とうきょうつうしんこうぎょう》という会社《かいしゃ》をつくりました。最初《さいしょ》は社員《しゃいん》たった20人《にん》の、小《ちい》さな町工場《まちこうば》のような会社《かいしゃ》でした。

今《いま》、メイド・イン・ジャパンというと、品質《ひんしつ》がよくて信頼《しんらい》できる製品《せいひん》だというイメージがありますよね。でも、当時《とうじ》はまったく反対《はんたい》で、安《やす》っぽいものと考《かんが》えられていたのです。私《わたし》はそれがとてもショックでした。だから、メイド・イン・ジャパンのイメージを変《か》えてやろうと決心《けっしん》しました。私《わたし》たちがまず手《て》をつけたのは、トランジスタラジオでした。当時《とうじ》、トランジスタという部品《ぶひん》は性能《せいのう》が悪《わる》くて、それでラジオをつくるなんて、失敗《しっぱい》するに決《き》まっていると、まわりから大反対《だいはんたい》されましたが、私《わたし》も井深《いぶか》さんも、だからこそ自分《じぶん》たちがやる価値《かち》があると思《おも》ったのです。結果《けっか》、私《わたし》たちは、日本《にほん》ではじめての、超小型《ちょうこがた》トランジスタラジオをつくることに成功《せいこう》し、日本《にほん》はおろか、世界《せかい》でも爆発《ばくはつ》的《てき》に売《う》れました。その後《ご》も、超小型《ちょうこがた》の電《でん》化製品《かせいひん》で、ヒットを出《だ》しつづけ、私《わたし》たちの会社《かいしゃ》は「世界《せかい》のソニー」とまでいわれるようになったのです。

会社《かいしゃ》をつくるとき、「大会社《だいがいしゃ》のできないことをやり、技術《ぎじゅつ》の力《ちから》で日本《にほん》を立《た》てなおしていこう」と、私《わたし》と井深《いぶか》さんはちかいあいました。私《わたし》たちは、おたがい信頼《しんらい》しあっていたから、勇気《ゆうき》と力《ちから》を発揮《はっき》できたのだと思《おも》います。

この日《ひ》に生《う》まれた有名人《ゆうめいじん》

ダグラス・マッカーサー（GHQ最高司令官《さいこうしれいかん》）／ポール・ニューマン（俳優《はいゆう》）
所《ところ》ジョージ（タレント）／長嶋一茂《ながしまかずしげ》（野球選手《やきゅうせんしゅ》・タレント）／村上信五《むらかみしんご》《関《かん》ジャニ∞》（タレント）

正真正銘《しょうしんしょうめい》の天才音楽家《てんさいおんがくか》

ヴォルフガング・アマデウス・モーツァルト

（1756〜1791年　オーストリア）

ぼくたちの財産《ざいさん》、それはぼくたちの頭《あたま》の中《なか》にある。

1月27日の偉人

芸術

ぼくは小《ちい》さいころから、音楽《おんがく》の天才《てんさい》だといわれてきた。音楽家《おんがくか》だった父親《ちちおや》が、ぼくに才能《さいのう》があることに気《き》づき、てってい的《てき》に音楽教育《おんがくきょういく》をうけさせたんだ。5歳《さい》でメヌエット、8歳《さい》のときには交響曲《こうきょうきょく》を作曲《さっきょく》していたよ。演奏《えんそう》も上手《じょうず》で、6歳《さい》のころからピアニストとして、父《とう》さんといっしょに、あちこちに演奏旅行《えんそうりょこう》にいっていた。

当時《とうじ》はお金持《かねも》ちにスポンサーになってもらって、曲《きょく》をつくったり、演奏《えんそう》したりするのがふつうだったから、スポンサーをさがすために旅《たび》してまわってたんだ。各地《かくち》ですばらしい音楽《おんがく》をきいたりもしたね。オーストリアにいって、女王《じょおう》さまの前《まえ》で演奏《えんそう》したとき、ころんでしまって、助《たす》けおこしてくれた王女《おうじょ》さまに「大《おお》きくなったらお嫁《よめ》さんにしてあげる」といったエピソードはとても有名《ゆうめい》だよ。なにしろ、その王女《おうじょ》さまというのが、あとでフランス王妃《おうひ》になったマリー・アントワネットだったんだから。

ぼくはどこにいっても、天才《てんさい》ピアニストだといわれていたけれど、ぼくがいちばん真剣《しんけん》にやっていたのは作曲《さっきょく》だ。作曲《さっきょく》は、ほんとうに集中《しゅうちゅう》して、研究《けんきゅう》し、力《ちから》のかぎりをつくしてとりくんでいた。みんなもきっと、「トルコ行進曲《こうしんきょく》」とか「アイネ・クライネ・ナハトムジーク」なんかはきいたことがあるんじゃないかな。つくった曲《きょく》は900曲以上《きょくいじょう》あるんだ。曲《きょく》をつくるのは大変《たいへん》だけれど、アイデアがつぎつぎわいてきて、交響曲《こうきょうきょく》もあっというまに書《か》きあげていたね。じつは、ぼくはとても冗談好《じょうだんず》きだった。とくに下品《げひん》な冗談《じょうだん》が好《す》きで、「おれのおしりをなめろ」という歌《うた》までつくったことがあるんだ。その歌《うた》はちゃんと残《のこ》っているから、きいてみるといい。

ぼくは35歳《さい》という若《わか》さでこの世《よ》を去《さ》った。亡《な》くなる前《まえ》は、生活《せいかつ》も苦《くる》しくて借金《しゃっきん》ばかり。幸《しあわ》せなくらしをしていたとはいえないけれど、ぼくが残《のこ》した音楽《おんがく》は幸《しあわ》せを運《はこ》んでくれると思《おも》う。機会《きかい》があったら、ぜひきいてみてほしい。

この日《ひ》に生《う》まれた有名人《ゆうめいじん》

フリードリヒ・シェリング（哲学者《てつがくしゃ》）／ルイス・キャロル（童話作家《どうわさっか》・数学者《すうがくしゃ》）／エドワード・J・スミス（タイタニック号船長《ごうせんちょう》）／清水《しみず》ミチコ（お笑《わら》い芸人《げいにん》）／小山田圭吾《おやまだけいご》（ミュージシャン）

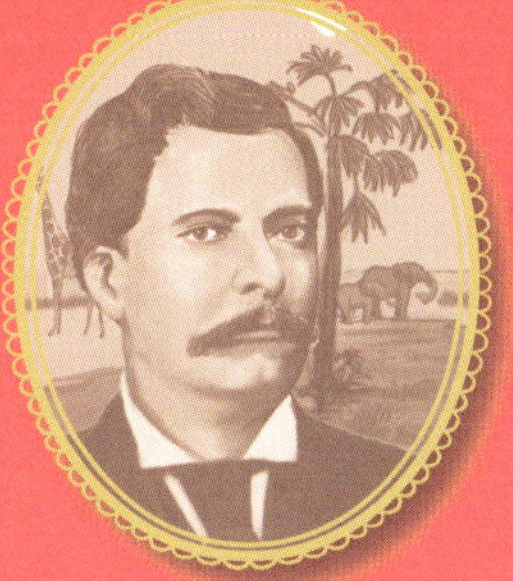

暗黒大陸《あんこくたいりく》の謎《なぞ》をさぐった探検家《たんけんか》

ヘンリー・モートン・スタンリー

（1841〜1904年　イギリス）

私《わたし》こそが、私自身《わたしじしん》のいちばんの証拠《しょうこ》である。

1月
28日
の偉人

社会

私《わたし》は、アフリカで行方不明《ゆくえふめい》になっていた探検家《たんけんか》を発見《はっけん》したことと、その後《ご》アフリカ大陸《たいりく》を探検《たんけん》して、人々《ひとびと》がどんなくらしを送《おく》っているか、世界《せかい》に知《し》らせたことで有名《ゆうめい》になった。

私《わたし》はイギリスで生《う》まれたが、生《う》まれてすぐ父親《ちちおや》が死《し》に、母親《ははおや》も私《わたし》を育《そだ》ててくれなかったので、5歳《さい》から児童施設《じどうしせつ》にあずけられた。そこから学校《がっこう》にかよい、学生《がくせい》をしながら生徒《せいと》に教《おし》える仕事《しごと》をしていたんだ。だが、私《わたし》はそんな生活《せいかつ》からぬけだしたかった。だから、17歳《さい》のとき、新《あたら》しい大陸《たいりく》、アメリカへ旅《たび》だったのさ。

アメリカでは通信員《つうしんいん》として、新聞社《しんぶんしゃ》で働《はたら》いた。そんなとき、アフリカ奥地《おくち》で行方不明《ゆくえふめい》になった探検家《たんけんか》、リヴィングストン博士《はかせ》をさがすためにアフリカへわたることになった。当時《とうじ》、アフリカは「暗黒大陸《あんこくたいりく》」とよばれていて、謎《なぞ》にみちた場所《ばしょ》だった。海岸《かいがん》やナイル川《がわ》の河口《かこう》あたりのことくらいしかわかっていなくて、大陸《たいりく》の内側《うちがわ》に入《はい》っていった探検家《たんけんか》たちは帰《かえ》ってこないことが多《おお》かった。あとから考《かんが》えれば、それはわれわれ西洋人《せいようじん》に免疫《めんえき》がない病気《びょうき》のせいだったんだが、そのときはそんなことなどわからないから、「白人《はくじん》の墓場《はかば》」といわれるほど、とてもおそろしい場所《ばしょ》だったのさ。

博士《はかせ》をさがす探検《たんけん》は大変《たいへん》なんていうものじゃなかった。いっしょに旅《たび》に出《で》た仲間《なかま》は病気《びょうき》にかかり、つぎつぎにたおれていった。だが、私《わたし》は苦労《くろう》の末《すえ》、病気《びょうき》でたおれていたリヴィングストンをなんとか見《み》つけだすことができたのだ。博士《はかせ》を見《み》つけたとき、私《わたし》がいったことば「リヴィングストン博士《はかせ》でいらっしゃいますか？」は有名《ゆうめい》になって、思《おも》いがけない人《ひと》と出会《であ》ったときの決《き》まり文句《もんく》として、今《いま》も使《つか》われているよ。その後《ご》も、私《わたし》は探検隊《たんけんたい》とアフリカ大陸《たいりく》を横断《おうだん》して、西洋人《せいようじん》が知《し》りたくてしようがなかったナイル川《がわ》の水源《すいげん》をつきとめた。私《わたし》の探検《たんけん》で、未知《みち》だったアフリカ大陸《たいりく》のことがわかるようになったわけだ。それが、アフリカの人《ひと》たちを無視《むし》した植民地化《しょくみんちか》につながったと批判《ひはん》されることもあるが……そういう時代《じだい》だったとしかいいようがないのさ。

この日《ひ》に生《う》まれた有名人《ゆうめいじん》

ウジェーヌ・デュボワ（人類学者《じんるいがくしゃ》）／小松左京《こまつさきょう》（SF作家《さっか》）／市村正親《いちむらまさちか》（俳優《はいゆう》）
三浦友和《みうらともかず》（俳優《はいゆう》）／新庄剛志《しんじょうつよし》（野球選手《やきゅうせんしゅ》）

人間《にんげん》の幸《しあわ》せのために身《み》をささげた

ロマン・ロラン

（1866〜1944年　フランス）

私《わたし》は国家《こっか》や人種《じんしゅ》の垣根《かきね》をみとめません。
人間《にんげん》の多様性《たようせい》は、おたがい補《おぎな》いあって、
豊《ゆた》かさをつくりだすためにあるのです。

1月29日の偉人

文化

私《わたし》はフランスのわりあい裕福《ゆうふく》な家《いえ》に生《う》まれ、歴史《れきし》と哲学《てつがく》を学《まな》び、高校《こうこう》の先生《せんせい》として働《はたら》いていました。ですが、33歳《さい》になったとき、ベートーヴェンの人生《じんせい》を物語《ものがたり》にして雑誌《ざっし》に書《か》いたところ、読者《どくしゃ》の人《ひと》たちからよかったといわれたので、つづいて『ジャン・クリストフ』というお話《はなし》を書《か》くことになったのです。

どうして物語《ものがたり》を書《か》くようになったのか――それは、たぶん、ロシアの作家《さっか》、トルストイからもらった手紙《てがみ》が大《おお》きかったのではないかと思《おも》います。トルストイという作家《さっか》は、まずしい人《ひと》やふつうの人《ひと》の立場《たちば》に立《た》った物語《ものがたり》を書《か》いた人《ひと》で、大変《たいへん》人気《にんき》がありました。

あれは、私《わたし》が先生《せんせい》になるための学校《がっこう》にいっていたときです。トルストイの本《ほん》を読《よ》んで、「お金持《かねも》ちのためにある今《いま》の芸《げい》術《じゅつ》には意味《いみ》がない」と書《か》かれていたことに打《う》ちのめされ、トルストイに手紙《てがみ》を書《か》いたのです。返事《へんじ》がくるなんて思《おも》ってもいませんでしたが、なんとトルストイは、長《なが》いていねいな返事《へんじ》をくれました。そこに書《か》かれていたこと――ほんとうの芸術《げいじゅつ》には価値《かち》がある。ただ、ほんとうの芸術《げいじゅつ》は、なまはんかには生《う》みだせない――は、それからの私《わたし》の道《みち》しるべになりました。

『ジャン・クリストフ』は、主人公《しゅじんこう》のジャンが作曲家《さっきょくか》として成長《せいちょう》して成功《せいこう》するまでを描《えが》いた、長《なが》い長《なが》いお話《はなし》です。どの国《くに》にもある、差別《さべつ》やひいき、不正《ふせい》といった問題《もんだい》と、それと戦《たたか》う人《ひと》たちの姿《すがた》を――また、世界平和《せかいへいわ》への願《ねが》いと、青年《せいねん》の理想《りそう》の姿《すがた》を、心《こころ》をこめて描《えが》きました。そして、私《わたし》はこの作品《さくひん》によってノーベル文学賞《ぶんがくしょう》を受賞《じゅしょう》したのです。

その後《ご》も、私《わたし》は、一生《いっしょう》を平和運動《へいわうんどう》にささげ、ペンで平和《へいわ》へのメッセージを送《おく》りつづけました。第《だい》1次世界大戦《じせかいたいせん》がおこったときは、フランスとドイツ、どちらにも正義《せいぎ》はないといって戦争《せんそう》そのものに反《はん》対《たい》しました。おかげで、母国《ぼこく》のフランスからは裏切《うらぎ》り者《もの》といわれましたが、気《き》にしませんでした。私《わたし》はフランスではなく、人間《にんげん》の味方《みかた》なのですから。

この日《ひ》に生《う》まれた有名人《ゆうめいじん》

吉野作造《よしのさくぞう》（政治学者《せいじがくしゃ》）／毛利衛《もうりまもる》（宇宙飛行士《うちゅうひこうし》）／テレサ・テン（歌手《かしゅ》）
hyde《L'Arc〜en〜Ciel》（ミュージシャン）／濱口優《はまぐちまさる》《よゐこ》（お笑《わら》い芸人《げいにん》）

江戸《えど》の町《まち》を火《ひ》の海《うみ》から救《すく》った立役者《たてやくしゃ》

勝《かつ》海《かい》舟《しゅう》

（1823～1899年　日本）

行《おこな》いは己《おのれ》のもの。批判《ひはん》は他人《たにん》のもの。知《し》ったことではない。

1月30日の偉人

政治

おれが生《い》きていた時代《じだい》は、江戸時代《えどじだい》の終《お》わりから、明治《めいじ》のはじめ。そう、日本《にほん》が大《おお》きくゆれ動《うご》いていた時代《じだい》さ。貧乏《びんぼう》な家《いえ》に生《う》まれたけれど、くさらずに勉強《べんきょう》をしたよ。オランダ語《ご》を勉強《べんきょう》していたときは、辞書《じしょ》を買《か》う金《かね》がなかったから、友《とも》だちからかりて、1年《ねん》かけて丸写《まるうつ》しした。2冊写《さつうつ》して、1冊《さつ》を売《う》って、もうけたわけさ。それが、知恵《ちえ》というもんだ。

努力《どりょく》したかいあって、幕府《ばくふ》の仕事《しごと》をまかせられるようになり、咸臨丸《かんりんまる》の艦長《かんちょう》として、日本《にほん》ではじめて太平洋《たいへいよう》を横断《おうだん》し、アメリカにわたったりもした。

日本《にほん》に帰《かえ》ったおれは軍艦奉行《ぐんかんぶぎょう》になって、幕府《ばくふ》のために海軍《かいぐん》をつくった。そうそう、このころおれを殺《ころ》しにきたのが、坂本龍《さかもとりょう》馬《ま》だ。おれの話《はなし》をきいて、弟子《でし》になった。あれはなかなかすごい男《おとこ》だったよ。

だがなんといっても、おれがいちばん活躍《かつやく》したのは、「江戸城無血開城《えどじょうむけつかいじょう》」だろう。将軍《しょうぐん》は政治《せいじ》をおこなう権利《けんり》を天皇《てんのう》に返《かえ》したが、新政府《しんせいふ》はてってい的《てき》に幕府《ばくふ》をつぶしてやろうとしていた。新政府軍《しんせいふぐん》が江戸《えど》城《じょう》に総攻撃《そうこうげき》をしかけるという2日前《かまえ》、おれは敵方《てきがた》の大将《たいしょう》、西郷隆盛《さいごうたかもり》と、会《あ》って話《はなし》をすることにした。江戸城《えどじょう》を攻撃《こうげき》されて戦争《せんそう》になれば、江戸《えど》は火《ひ》の海《うみ》になって、100万人《まんにん》以上《いじょう》の住民《じゅうみん》もぶじではすまない。それに、そのすきに外国《がいこく》が攻《せ》めいってくるかもしれない。おれはなんとしてでも、それを止《と》めたかったのさ。最後《さいご》まで戦《たたか》おうとする幕府《ばくふ》のやつらを止《と》め、将軍《しょうぐん》を説得《せっとく》し、そりゃあ、命《いのち》がけだった。西郷《さいごう》のほうも、命《いのち》がけだった。

話《はな》しあいはぶじにすみ、ひとりの血《ち》も流《なが》れることなく、幕府《ばくふ》は江戸城《えどじょう》を明《あ》けわたした。ほんとうの意味《いみ》で、明治時代《めいじじだい》がはじまりをむかえたのさ。おれはとっぴょうしもないアイデアを出《だ》したり、ずけずけものをいったりして、まわりの人間《にんげん》からけむたがられることもあったけどな、信念《しんねん》をつらぬきとおしたよ。

この日《ひ》に生《う》まれた有名人《ゆうめいじん》

鳥井信治郎《とりいしんじろう》（サントリー創業者《そうぎょうしゃ》）／フランクリン・ルーズベルト（第《だい》32代《だい》アメリカ大統領《だいとうりょう》）
長谷川町子《はせがわまちこ》（漫画家《まんがか》）／油井亀美也《ゆいきみや》（宇宙飛行士《うちゅうひこうし》）／吉村由美《よしむらゆみ》《PUFFY》（歌手《かしゅ》）

人《ひと》から愛《あい》された「歌曲《かきょく》の王《おう》」

フランツ・ペーター・シューベルト

（1797～1828年　オーストリア）

あるべき姿《すがた》ではなく、
ありのままの人間《にんげん》をうけいれよう。

1月
31日
の偉人

芸術

私《わたし》は、オーストリアで生《う》まれた作曲家《さっきょくか》です。「わらべはみたり　のなかのばら」という歌詞《かし》で始《はじ》まる歌《うた》をきいたことはありませんか。その歌《うた》は「野《の》ばら」というのですが、私《わたし》はそんなふうに歌《うた》がついた曲《きょく》（歌曲《かきょく》）を600曲《きょく》以上《いじょう》もつくりました。「魔王《まおう》」や「アベ・マリア」なども知《し》っている人《ひと》がいるかもしれませんね。

私《わたし》がのちのちの世《よ》まで残《のこ》る歌《うた》をつくれたのも、まわりの人《ひと》たちに助《たす》けてもらったから。友人《ゆうじん》たちの手助《てだす》けがなかったら、「歌曲《かきょく》の王《おう》」など生《う》まれはしなかったのです。

私《わたし》は小《ちい》さいころ、音楽《おんがく》の才能《さいのう》がありそうだということで、教会《きょうかい》の聖歌隊《せいかたい》に入《い》れられ、そのあと宮廷少年聖歌隊《きゅうていしょうねんせいかたい》（のちのウィーン少年合唱団《しょうねんがっしょうだん》）に入《はい》りました。聖《せい》歌隊《かたい》では、家《いえ》がまずしかった私《わたし》がピアノの練習《れんしゅう》をできないでいると、仲間《なかま》が私《わたし》をピアノの倉庫《そうこ》に連《つ》れていって練習《れんしゅう》させてくれたり、五線紙《ごせんし》を買《か》うお金《かね》がないときは、自分《じぶん》たちのおこづかいで買《か》ってくれました。このときの友情《ゆうじょう》は大人《おとな》になってからもつづき、音楽《おんがく》でまったくかせげなかったときは、住《す》む場所《ばしょ》をかしてくれたり、食《た》べ物《もの》をわけてくれたり、楽譜《がくふ》を買《か》ってくれたりと、みかえりなど求《もと》めることなく、私《わたし》を助《たす》けてくれたのです。

じつは私《わたし》は身長《しんちょう》も低《ひく》く、小太《こぶと》りで、そのうえいつもぼさぼさ頭《あたま》で髪《かみ》もうすく、黒《くろ》ぶちのメガネをかけていました。残念《ざんねん》ながら、あまりハンサムではなかったので、女《おんな》の人《ひと》にはぜんぜんもてませんでした。だから、死《し》ぬまで独身《どくしん》だったのです。でも、私《わたし》のまわりには、すばらしい友《とも》だちがいつもいっぱいいました。友《とも》だちといっしょにいると、ほんとうに楽《たの》しくて、私《わたし》はよく、できた曲《きょく》を友《とも》だちの集《あつ》まりで演奏《えんそう》したものです。お金《かね》はあまりありませんでしたが、幸《しあわ》せでした。大勢《おおぜい》の友《とも》だちとすごした楽《たの》しい時間《じかん》はかけがえのないものでした。「歌曲《かきょく》の王《おう》」とよばれたことより、一生《いっしょう》つづいた友《とも》だちをえられたことが、人生《じんせい》のなによりの成果《せいか》だったと、私《わたし》は思《おも》っています。

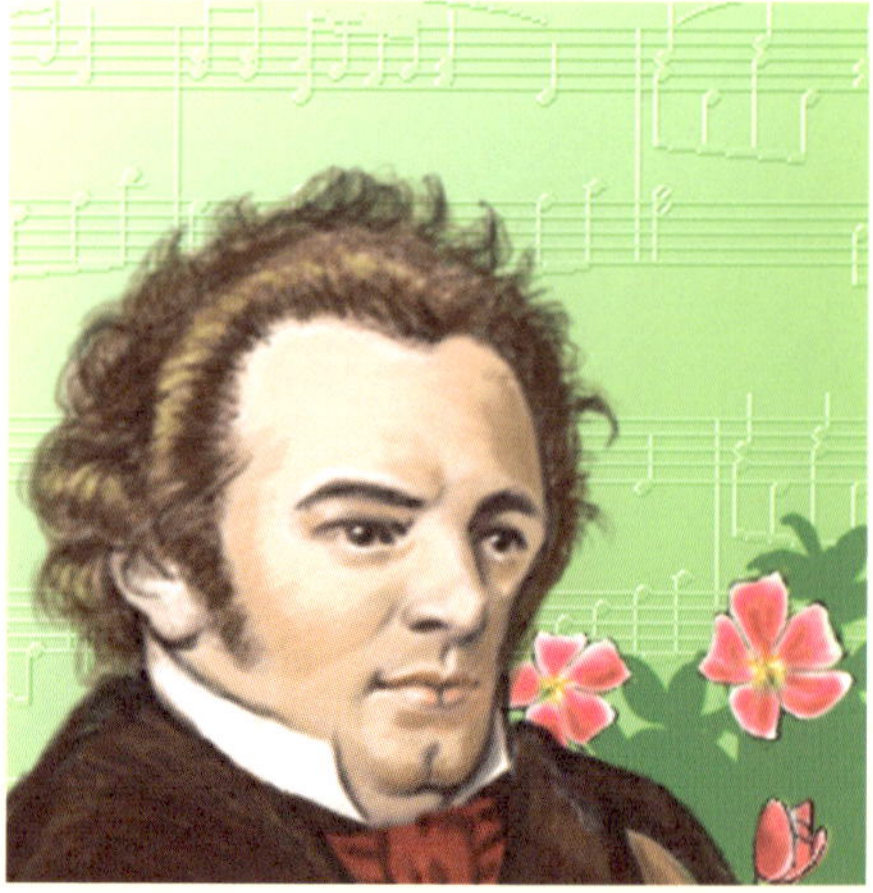

この日《ひ》に生《う》まれた有名人《ゆうめいじん》

大江健三郎《おおえけんざぶろう》（作家《さっか》・ノーベル文学賞受賞者《ぶんがくしょうじゅしょうしゃ》）／ノーラン・ライアン（野球選手《やきゅうせんしゅ》）
真矢《まや》ミキ（女優《じょゆう》）／片山晋呉《かたやましんご》（プロゴルファー）／香取慎吾《かとりしんご》《SMAP》（タレント）

2月《がつ》生《う》まれの偉《い》人《じん》

最高《さいこう》の娯楽映画《ごらくえいが》をつくった監督《かんとく》

ジョン・フォード

（1894〜1973年　アメリカ）

名誉《めいよ》や肩書《かたがき》など、人《ひと》になんの価値《かち》もあたえない。

私《わたし》の名前《なまえ》は、ジョン・フォード、アメリカの映画監督《えいがかんとく》だ。

私《わたし》のつくった映画《えいが》を知《し》らないって？　そうか、それは無理《むり》もないか。だいぶ昔《むかし》の映画《えいが》だからね。そもそも私《わたし》はアイルランドの移民《いみん》の子《こ》だったんだ。高校《こうこう》を卒業《そつぎょう》したあと、兄《にい》さんが働《はたら》いていた映画会社《えいがかいしゃ》で、雑用《ざつよう》をすることになって、しばらくして、役者《やくしゃ》として働《はたら》くことになった。最初《さいしょ》はお芝居《しばい》をするほうだったんだが、そのうち、演出《えんしゅつ》といって、役者《やくしゃ》さんに「こういうお芝居《しばい》をしてほしい」と指示《しじ》を出《だ》す仕事《しごと》をするようになった。それがなかなかうまくいってね、監督《かんとく》までするようになったんだ。

私《わたし》のつくった映画《えいが》でいちばん有名《ゆうめい》なのは『駅馬車《えきばしゃ》』だ。西部劇《せいぶげき》の最高傑作《さいこうけっさく》といわれているよ。そのほかにも、騎兵隊《きへいたい》3部作《ぶさく》といわれた『アパッチ砦《とりで》』『黄色《きいろ》いリボン』『リオ・グランデの砦《とりで》』なんかも有名《ゆうめい》だね。アメリカ西部《せいぶ》のスケールが大《おお》きい自然《しぜん》の中《なか》で、人間同士《にんげんどうし》のドラマを描《えが》いたんだ。アクションも満載《まんさい》で、子《こ》どもが見《み》てもわくわくする映画《えいが》だったんだよ。おかげで映画《えいが》は大《だい》ヒットして、私《わたし》は「西部劇《せいぶげき》の神《かみ》さま」とよばれるようになった。

でも、西部劇《せいぶげき》だけとっていたわけじゃない。コメディもつくったし、戦争映画《せんそうえいが》や家族《かぞく》のドラマもつくった。どの映画《えいが》にも共通《きょうつう》しているのは「映像《えいぞう》の美《うつく》しさ」と「人間《にんげん》」だ。人間《にんげん》というのはじつにおもしろいよ。

『男《おとこ》の敵《てき》』や『怒《いか》りの葡萄《ぶどう》』、『わが谷《たに》は緑《みどり》なりき』や『静《しず》かなる男《おとこ》』という映画《えいが》では、あの有名《ゆうめい》なアカデミー監督賞《かんとくしょう》を4回《かい》も受賞《じゅしょう》した。これは監督《かんとく》の中《なか》では最多《さいた》記録《きろく》なんだそうだ。もっとも、私《わたし》にはそんなことはどうでもいいことだがね。まずは映画《えいが》を見《み》てもらう、楽《たの》しんでもらうのが第一《だいいち》だ。みなさんもぜひ、私《わたし》の映画《えいが》を見《み》てほしい。きっと楽《たの》しめるだろうから。

この日《ひ》に生《う》まれた有名人《ゆうめいじん》

沢村栄治《さわむらえいじ》（野球選手《やきゅうせんしゅ》）／渡辺貞夫《わたなべさだお》（ミュージシャン）
吉村作治《よしむらさくじ》（考古学者《こうこがくしゃ》）／中村雅俊《なかむらまさとし》（俳優《はいゆう》）／布袋寅泰《ほていともやす》（ミュージシャン）

20世紀最大《せいきさいだい》の作家《さっか》

ジェイムズ・ジョイス

（1882〜1941年　アイルランド）

つまらない本《ほん》を読《よ》んでいる時間《じかん》など、人生《じんせい》にはない。

2月

2日

の偉人

文化

きみはダブリンという町《まち》を知《し》っているだろうか。ダブリンは、アイルランドの東《ひがし》にある大《おお》きな町《まち》だ。私《わたし》はそのダブリンで生《う》まれた。そして、ダブリンを舞台《ぶたい》にした物語《ものがたり》を書《か》きつづけた。

私《わたし》が生《う》まれたのはダブリンのふつうの家《いえ》だった。だが、父《ちち》が破産《はさん》してから、酒《さけ》びたりになり、どんどんまずしくなっていった。私《わたし》も10歳《さい》のときに学費《がくひ》が払《はら》えなくなって、いったん学校《がっこう》をやめなければいけなかった。それでも、なんとか学業《がくぎょう》をつづけた私《わたし》は、学《まな》ぶうちに、ことばというものにひかれていったのだ。

大学《だいがく》を出《で》ると同時《どうじ》に、ダブリンからもはなれた。その後《ご》、ときどき帰《かえ》ることはあったけれど、基本的《きほんてき》にはずっと外国《がいこく》でくらすことになった。それなのに、物語《ものがたり》で書《か》くのはダブリンのことばかりなのだから、おもしろいものだろう？

私《わたし》の書《か》いた作品《さくひん》でいちばん有名《ゆうめい》なのは『ユリシーズ』だろうか。これは、1906年《ねん》6月《がつ》4日《か》というある1日《にち》のダブリンのようすを書《か》いた物語《ものがたり》だ。主人公《しゅじんこう》のブルームという中年男《ちゅうねんおとこ》が朝起《あさお》きて、家《いえ》を出《で》て、深夜《しんや》にもどってくるまで——ただそれだけを、500ページ以上使《いじょうつか》って書《か》いたのだ。書《か》くのに7年《ねん》もかかったのだよ。中《なか》には、だじゃれやパロディがたくさん入《はい》っているほか、それまでの小説《しょうせつ》とはまったくちがうつくりになっていた。この本《ほん》は、20世紀最大《せいきさいだい》の小説《しょうせつ》といわれたよ。謎《なぞ》や暗号《あんごう》をつめこんだので、学者《がくしゃ》たちはきっと何百年《なんびゃくねん》も、その意味《いみ》を解《と》きあかそうとするだろうね。それこそ、不滅《ふめつ》の作品《さくひん》になるにちがいない。

私《わたし》はさらに「奇作《きさく》」（へんてこな作品《さくひん》）とよばれる『フィネガンズ・ウェイク』という物語《ものがたり》を書《か》いた。『ユリシーズ』も読《よ》むのに骨《ほね》がおれるが、『フィネガンズ・ウェイク』は、さらにむずかしくて、「わけのわからなさがとんでもない」とまでいわれた。きみははたして、この本《ほん》を読《よ》みとくことができるだろうか？　いつか挑戦《ちょうせん》してみてくれたまえ。

この日《ひ》に生《う》まれた有名人《ゆうめいじん》

ベネディクト13世《せい》（第《だい》245代《だい》ローマ教皇《きょうこう》）／堀絢子《ほりじゅんこ》（声優《せいゆう》）／天龍源一郎《てんりゅうげんいちろう》（プロレスラー）／劇団《げきだん》ひとり（お笑《わら》い芸人《げいにん》）／浅尾美和《あさおみわ》（ビーチバレー選手《せんしゅ》）

モーツァルトにならぶ音楽界《おんがくかい》の神童《しんどう》

フェリックス・メンデルスゾーン

（1809～1847年　ドイツ）

美《うつく》しさは、多様《たよう》なものが ひとつにまとまっているところにある。

2月 3日 の偉人

芸術

私《わたし》はドイツの作曲家《さっきょくか》で、38歳《さい》で亡《な》くなるまでに750曲《きょく》もつくりました。音楽《おんがく》家《か》としてのスタートはとても恵《めぐ》まれていました。

父《ちち》がお金持《かねも》ちで、子《こ》どもには最高《さいこう》の教《きょう》育《いく》をうけさせたいと考《かんが》えていたので、私《わたし》は小《ちい》さいころから、あらゆるいい教育《きょういく》をうけました。家《いえ》には、音楽家《おんがくか》や画家《がか》、科《か》学者《がくしゃ》など、さまざまな才能《さいのう》のある人《ひと》たちが出入《でい》りして、自然《しぜん》と、そういう人《ひと》たちの話《はなし》をきいたり、演奏《えんそう》をきいたりできたのです。

私《わたし》は6歳《さい》のときに母《はは》からピアノを教《おそ》わるようになったのですが、最初《さいしょ》から音楽《おんがく》の才能《さいのう》を見《み》せたらしく、すぐに一流《いちりゅう》の先《せん》生《せい》たちに音楽《おんがく》を教《おそ》わることになりました。9歳《さい》になったころにはもう演奏家《えんそうか》としてデビューしましたし、12歳《さい》のときにはあのゲーテの前《まえ》で演奏《えんそう》をしています。13歳《さい》のときに、はじめて出版《しゅっぱん》された曲《きょく》をつくり、17歳《さい》で序曲《じょきょく》「真夏《まなつ》の夜《よ》の夢《ゆめ》」を作曲《さっきょく》して、ベートーヴェンの再来《さいらい》とまでいわれるようになりました。

たしかに才能《さいのう》はあったのでしょうが、環境《かんきょう》もとても恵《めぐ》まれていたのです。私《わたし》は交響曲《こうきょうきょく》や、ピアノのための曲《きょく》、管弦楽曲《かんげんがっきょく》、オペラ、歌曲《かきょく》、室内楽曲《しつないがっきょく》、オルガンのための曲《きょく》など、ありとあらゆる曲《きょく》をつくりました。「結婚行進曲《けっこんこうしんきょく》」や「春《はる》の歌《うた》」などは、あなた方《がた》もきっときいたことがあるにちがいありません。新《あたら》しいところはないかもしれませんが、美《うつく》しく、楽《たの》しい曲《きょく》ですよ。

私《わたし》は小《ちい》さいころから、家族《かぞく》にささえられていました。私《わたし》は、私《わたし》の才能《さいのう》をのばそうとしてくれた父《ちち》にみとめてもらおうと、音楽《おんがく》をがんばっていたのかもしれません。姉《あね》も、私《わたし》のことを心《こころ》から応援《おうえん》してくれて、手助《てだす》けしてくれました。だから、きっと私《わたし》がつくる音楽《おんがく》には、そうしたよいもの・あたたかく美《うつく》しいものがつまっているのだと思《おも》います。

この日《ひ》に生《う》まれた有名人《ゆうめいじん》

永井隆《ながいたかし》（医学者《いがくしゃ》）／壇一雄《だんかずお》（作家《さっか》）／ポール・オースター（作家《さっか》）
川合俊一《かわいしゅんいち》（バレーボール選手《せんしゅ》・スポーツキャスター）／有田哲平《ありたてっぺい》《くりぃむしちゅー》（お笑《わら》い芸人《げいにん》）

大西洋《たいせいよう》をたったひとりで飛《と》びきった冒険家《ぼうけんか》

チャールズ・リンドバーグ

（1902〜1974年　アメリカ）

自然《しぜん》の中《なか》で感《かん》じられる生命《せいめい》の奇跡《きせき》の前《まえ》では、私《わたし》たちのなしとげたことなど、つまらないものだ。

2月
4日
の偉人

社会

　私《わたし》は、アメリカの飛行機《ひこうき》乗《の》りです。冒《ぼう》険《けん》が大好《だいす》きで、25歳《さい》のときに、ものすごい挑戦《ちょうせん》をしました。あれは、１９２７年《ねん》5月《がつ》20日《か》のこと。私《わたし》は、午前《ごぜん》7時《じ》52分《ふん》にニューヨークの空港《くうこう》で「スピリット・オブ・セントルイス」号《ごう》という飛行機《ひこうき》に乗《の》りこみ、パリにむかって大西洋《たいせいよう》無着陸《むちゃくりく》横断《おうだん》飛行《ひこう》に飛《と》びたったのです。ニューヨークからパリに飛行機《ひこうき》でいくなんて、どこが挑戦《ちょうせん》なの?と思《おも》うかもしれませんね。でも、当時《とうじ》はまだ飛行機《ひこうき》が飛《と》びはじめたばかりで、墜落事故《ついらくじこ》があとをたちませんでした。旅客機《りょかくき》なんて、もちろんありませんでした。そんなときに、ある実業家《じつぎょうか》がこの挑戦《ちょうせん》を思《おも》いついて、成功《せいこう》した人《ひと》に賞金《しょうきん》を出《だ》すといったのです。私《わたし》の前《まえ》に6人《にん》が挑戦《ちょうせん》しましたが、みんな失敗《しっぱい》して、命《いのち》を落《お》としました。

　失敗《しっぱい》したら待《ま》っているのは死《し》です。だから私《わたし》は必死《ひっし》に方法《ほうほう》を考《かんが》えました。ニューヨークからパリまでいっきに飛《と》ぶには燃料《ねんりょう》がたくさん必要《ひつよう》です。でも、飛行機《ひこうき》は軽《かる》くないと、長《なが》い時間《じかん》飛《と》べません。私《わたし》は燃料《ねんりょう》のつみこみをいちばんに考《かんが》え、非常用《ひじょうよう》パラシュートや無線《むせん》をつむことはあきらめました。失敗《しっぱい》することは考《かんが》えないようにしたのです。また、燃料《ねんりょう》を飛行機《ひこうき》の前《まえ》にもつんだので、前《まえ》の窓《まど》がふさがれて、操縦席《そうじゅうせき》から前方《ぜんぽう》が見《み》えなくなりました。前方《ぜんぽう》を確認《かくにん》したいなら、左右《さゆう》の窓《まど》から顔《かお》を出《だ》すか、計器《けいき》がしめす数字《すうじ》をたよりにするしかありませんでした。そして、なによりいちばん大《おお》きかったのは、乗組《のりくみ》員《いん》をひとりへらしたことです。それまで挑戦《ちょうせん》していた人《ひと》たちは、操縦《そうじゅう》を交代《こうたい》できるよう、ふたりで乗《の》っていたのです。乗《のり》組員《くみいん》をへらしたことで、私《わたし》はなにがあってもひとりで乗《の》りきらないといけなくなったのです。ほんとうに命《いのち》がけの飛行《ひこう》でした。

　ニューヨークを出発《しゅっぱつ》してから、33時間《じかん》30分後《ぷんご》、私《わたし》は約《やく》５８００キロメートルを飛《と》んで、パリに到着《とうちゃく》しました。冒険《ぼうけん》をやりとげたときのうれしさはことばにできません。でも、大地《だいち》を見《み》おろしながら大《おお》空《ぞら》を飛《と》んでいると、地球《ちきゅう》や自然《しぜん》のすごさに打《う》ちのめされるのですよ。

この日《ひ》に生《う》まれた有名人《ゆうめいじん》

山下達郎《やましたたつろう》（ミュージシャン）／東野圭吾《ひがしのけいご》（作家《さっか》）／小泉今日子《こいずみきょうこ》（女優《じょゆう》）／佐々木蔵之介《ささきくらのすけ》（俳優《はいゆう》）／山崎静代《やまさきしずよ》《南海《なんかい》キャンディーズ》（お笑《わら》い芸人《げいにん》）

息子《むすこ》のために発明《はつめい》までしたお父《とう》さん

ジョン・ボイド・ダンロップ

（1840〜1921年　イギリス）

結末《けつまつ》がわからないから、おもしろい。

2月5日の偉人

科学

ダンロップという名前《なまえ》にききおぼえはありますか。よくテレビのコマーシャルもしているタイヤメーカーのダンロップのことです。私《わたし》はその会社《かいしゃ》をつくりました。タイヤの会社《かいしゃ》をつくったということは、もともと機械《きかい》の部品《ぶひん》などをつくっていたのかと思《おも》われがちですが、じつは私《わたし》は、技術者《ぎじゅつしゃ》などではなく、動物《どうぶつ》のお医者《いしゃ》さんだったんです。そんな私《わたし》がなぜタイヤを？と思《おも》われるかもしれませんね。それは、息子《むすこ》のためだったのです。

きっかけは、10歳《さい》になった息子《むすこ》から、「ぼくの自転車《じてんしゃ》を、もっと楽《らく》に、もっと早《はや》く走《はし》れるようにして」とたのまれたことでした。息子《むすこ》が自転車《じてんしゃ》に乗《の》っているようすを見《み》た私《わたし》は、タイヤが悪《わる》いんじゃないかと気《き》づきました。当時《とうじ》の自転車《じてんしゃ》のタイヤは、車輪《しゃりん》にかたいゴムをまきつけてあるだけでした。だからクッションが悪《わる》く、スピードも出《で》なかったのです。私《わたし》は、なんとかクッションのいい安全《あんぜん》な自転車《じてんしゃ》のタイヤをつくれないかと考《かんが》えはじめました。そんなある日《ひ》、牛《うし》の治療《ちりょう》をしていたとき、おなかの腸《ちょう》にガスがたまっているところを見《み》て、ひらめいたのです。

「中《なか》に空気《くうき》を入《い》れればいいんだ！」

私《わたし》は、さっそく空気《くうき》でふくらましたゴム袋《ぶくろ》をじょうぶな布《ぬの》でつつみ、自転車《じてんしゃ》の車輪《しゃりん》にまいてみました。結果《けっか》は、大成功《だいせいこう》でした。それから、私《わたし》はタイヤづくりにとりくんで、走《はし》りやすくて、乗《の》りごこちのいいタイヤをつくっていくことになったのです。

とくにモノづくりなど勉強《べんきょう》もしたことがなかった私《わたし》が、タイヤとはまったく関《かん》係《けい》のない牛《うし》のおなかを見《み》て、アイデアを思《おも》いつくなんて、人生《じんせい》ってほんとうにおもしろいですね。

みなさんも、子《こ》どもだからとか、専門《せんもん》家《か》じゃないからとかいわずに、いろいろなものに目《め》をむけたらいいですよ。きっとおもしろい発見《はっけん》があるはずです。

この日《ひ》に生《う》まれた有名人《ゆうめいじん》

ハンク・アーロン（野球選手《やきゅうせんしゅ》）／西郷輝彦《さいごうてるひこ》（俳優《はいゆう》・歌手《かしゅ》）／大地真央《だいちまお》（女優《じょゆう》）
カルロス・テベス（サッカー選手《せんしゅ》）／クリスティアーノ・ロナウド（サッカー選手《せんしゅ》）

天下統一《てんかとういつ》をして戦国時代《せんごくじだい》を終《お》わらせた武将《ぶしょう》

豊臣秀吉《とよとみひでよし》

（1537～1598年　日本）

一歩一歩《いっぽいっぽ》、着実《ちゃくじつ》に積《つ》み重《かさ》ねていけば、予想以上《よそういじょう》の結果《けっか》がえられる。

2月 6日 の偉人

政治

私《わたし》は天下統一《てんかとういつ》をした豊臣秀吉《とよとみひでよし》だ。今《いま》から４００年以上《ねんいじょう》も昔《むかし》、日本《にほん》はまだひとつの国《くに》ではなく、たくさんの小《ちい》さな国《くに》にわかれて、戦《いくさ》をしていた。それをひとつの国《くに》にまとめたのが、私《わたし》なのだ。だが、私《わたし》はもともとても身分《みぶん》の低《ひく》い家《いえ》に生《う》まれた、貧民《ひんみん》の子《こ》だった。そんな私《わたし》が、どうして天下統一《てんかとういつ》をはたすことができたのだろうな。

私《わたし》はまず、ぞうりとりとして武将《ぶしょう》の織田信長《おだのぶなが》さまにつかえることになった。ぞうりとりというのは、殿《との》さまが出《で》かけるときにぞうりを用意《ようい》する役目《やくめ》のことだ。え、それだけの仕事《しごと》？と思《おも》うやつもおるだろうな。そう、ぞうりとりなど、ちっぽけでつまらない仕事《しごと》だ。ふつうなら、やりがいなど感《かん》じられない仕事《しごと》だ。だが、私《わたし》は真剣《しんけん》にとりくんだ。雪《ゆき》の日《ひ》、ぞうりをふところに入《い》れてあたためておいて、ほめられたこともあったな。そういう仕事《しごと》ぶりが信長《のぶなが》さまにみとめられて、しだいに大《おお》きい仕事《しごと》をまかされるようになった。私《わたし》は考《かんが》え、工夫《くふう》して仕事《しごと》をしつづけ、どんどん出世《しゅっせ》していった。なんとひと晩《ばん》で城《しろ》をつくったという伝説《でんせつ》まであるのだぞ（あくまで伝説《でんせつ》だがな）。

そして、信長《のぶなが》さまが天下統一《てんかとういつ》を目《め》の前《まえ》にして、部下《ぶか》の明智光秀《あけちみつひで》に暗殺《あんさつ》されたとき、私《わたし》が誰《だれ》よりも早《はや》く行動《こうどう》をおこし、信長《のぶなが》さまの仇《かたき》をうって、天下統一《てんかとういつ》をはたしたのだ。

天下統一《てんかとういつ》をしてからも、私《わたし》は、田畑《たはた》の大《おお》きさをくわしく調《しら》べる検地《けんち》をして、できたお米《こめ》をきちんと国《くに》におさめさせるようにしたり、農民《のうみん》から武器《ぶき》をとりあげる刀狩《かたなが》りをおこなって農民《のうみん》が反乱《はんらん》をおこさないようにしたりと、身分《みぶん》をきっちりわけて国《くに》をうまくおさめる新《あたら》しい決《き》まりをつくりだした。私《わたし》が病死《びょうし》してからは徳川家康《とくがわいえやす》に天下《てんか》をとられてしまったが、その後《ご》、徳川家《とくがわけ》が長《なが》く国《くに》をおさめることができたのは、私《わたし》がつくった決《き》まりのおかげでもあるのだよ。

この日《ひ》に生《う》まれた有名人《ゆうめいじん》

ロナルド・レーガン（第《だい》40代《だい》アメリカ大統領《だいとうりょう》）／やなせたかし（漫画家《まんがか》・絵本作家《えほんさっか》）／ボブ・マーリー（ミュージシャン）／デヴィ・スカルノ（インドネシア大統領夫人《だいとうりょうふじん》）／福山雅治《ふくやままさはる》（俳優《はいゆう》・ミュージシャン）

イギリスの国民的作家《こくみんてきさっか》

チャールズ・ディケンズ

（1812〜1870年　イギリス）

誰《だれ》もが、もっている今《いま》の幸《しあわ》せに目《め》をむけない。

2月
7日
の偉人

文化

『クリスマス・キャロル』という物語《ものがたり》を読《よ》んだことがある人《ひと》はいますか？　私《わたし》はその物語《ものがたり》を書《か》いたイギリスの作家《さっか》です。そのほかにも、『デイヴィッド・コパフィールド』や『オリバー・ツイスト』『大《おお》いなる遺産《いさん》』など、映画《えいが》にもなったたくさんの本《ほん》を書《か》きました。

私《わたし》の父《ちち》はいい人《ひと》でしたが、お金《かね》のことはからっきしダメで、借金《しゃっきん》が返《かえ》せずに牢《ろう》屋《や》に入《い》れられたこともありました。そのため、うちは大変《たいへん》な貧乏《びんぼう》で、私《わたし》もろくに学校《がっこう》にいかせてもらえず、12歳《さい》のときから家《いえ》を出《だ》され、町工場《まちこうば》で働《はたら》かされました。

このときにしたつらく苦《くる》しい体験《たいけん》は、私《わたし》の心《こころ》にしっかり根《ね》づきました。楽《たの》しくはなやかな生活《せいかつ》をする人《ひと》たちがいるいっぽうで、まずしい人《ひと》、弱《よわ》い人《ひと》は、つらい生活《せいかつ》をしているのです。こんな生活《せいかつ》はごめんだ！　そう思《おも》った私《わたし》は、必死《ひっし》になって勉強《べんきょう》しました。なにかを書《か》く仕事《しごと》がしたかったので、速記《そっき》をおぼえ、まずは弁護士《べんごし》のところで働《はたら》き、その後《ご》、新聞記者《しんぶんきしゃ》になることができたのです。

記者《きしゃ》をしながら、少《すこ》しずつ物語《ものがたり》を書《か》いては発表《はっぴょう》するようになりました。私《わたし》が書《か》く物語《ものがたり》には、たいてい、私《わたし》が子《こ》どものころ経験《けいけん》したことが入《はい》っています。社会《しゃかい》には不公平《ふこうへい》な思《おも》いをしている人《ひと》や、働《はたら》いても働《はたら》いてもまずしさからぬけだせない人《ひと》たちがいるということを、知《し》ってもらいたかったのです。

24歳《さい》のときに書《か》いた物語《ものがたり》がベストセラーになり、私《わたし》はそのあと毎年《まいとし》1作《さく》ぐらいずつ本《ほん》を出《だ》していきました。作家《さっか》としてみとめられ、人々《ひとびと》から尊敬《そんけい》されるようにもなりました。もし、私《わたし》が子《こ》どものころ、目標《もくひょう》をもたなかったら、きっとどろぼうか浮浪児《ふろうじ》（両親《りょうしん》を失《うしな》ったり、親《おや》のもとをはなれ、住《す》むところのない子《こ》ども）になっていたことでしょう。今《いま》自分《じぶん》がもっているものはわずかしかなくても、それをなげくのではなく、前《まえ》をむいて進《すす》んでいけばいいのだと思《おも》いますよ。

この日《ひ》に生《う》まれた有名人《ゆうめいじん》

トマス・モア（思想家《しそうか》・政治家《せいじか》）／ローラ・インガルス・ワイルダー（作家《さっか》）
阿久悠《あくゆう》（作詞家《さくしか》）／小林稔侍《こばやしねんじ》（俳優《はいゆう》）／向井理《むかいおさむ》（俳優《はいゆう》）

SF（サイエンス・フィクション）の父《ちち》

ジュール・ヴェルヌ

（1828～1905年　フランス）

人間《にんげん》が想像《そうぞう》できることは、かならず人間《にんげん》が実現《じつげん》できる。

2月8日の偉人

文化

みなさんは『海底《かいてい》2万《まん》マイル』『80日《にち》間《かん》世界《せかい》一周《いっしゅう》』『15少年漂流記《しょうねんひょうりゅうき》』などの本《ほん》を読《よ》んだことがありますか？　それを知《し》らなくても、東京《とうきょう》ディズニーシーのミステリアスアイランドはご存《ぞん》じかな？　ミステリアスアイランドは、今《いま》あげたような本《ほん》をもとにつくられているのです。そして、その本《ほん》の作者《さくしゃ》こそが、この私《わたし》、ジュール・ヴェルヌです。

生《う》まれたのが港町《みなとまち》だったので、私《わたし》は港《みなと》にやってくる船乗《ふなの》りたちの冒険話《ぼうけんばなし》を身近《みぢか》にききながら育《そだ》ちました。自分《じぶん》も早《はや》く外国《がいこく》にいきたい、冒険《ぼうけん》してみたいと思《おも》っていた私《わたし》は、12歳《さい》のときに、こっそり船《ふね》に乗《の》りこんで旅《たび》に出《で》ようとしたのですが、これが大失敗《だいしっぱい》。父《とう》さんにつれもどされ、こっぴどく怒《おこ》られました。それから、旅《たび》に出《で》たいという思《おも》いはますますつのり、空想《くうそう》にふけるようになりました。

その後《ご》、パリに出《で》て法律《ほうりつ》の勉強《べんきょう》をしながら、たくさんの物語《ものがたり》を読《よ》みました。物語《ものがたり》だけでなく、自然科学《しぜんかがく》についての本《ほん》も好《す》きで、たくさん読《よ》みました。そのうち、物語《ものがたり》に科学《かがく》をとりいれたらどうだろうと思《おも》うようになったのです。そして、それをじっさいにやってみたのが『気球《ききゅう》に乗《の》って5週間《しゅうかん》』という本《ほん》です。これは、3人《にん》のイギリス人《じん》が気球《ききゅう》に乗《の》ってアフリカを探検《たんけん》するという冒険物語《ぼうけんものがたり》で、出版《しゅっぱん》されてすぐに大評判《だいひょうばん》となりました。私《わたし》はその後《ご》も、科学《かがく》をとりいれた冒険小説《ぼうけんしょうせつ》を書《か》きつづけました。

未来《みらい》の世界《せかい》はふしぎにみちています。人類《じんるい》にはまだまだ未知《みち》のことがらがたくさんあるのです。今《いま》まで人類《じんるい》がいったことのない世界《せかい》、見《み》たことのない世界《せかい》も、いつか見《み》られるようになるでしょう。自分《じぶん》が大人《おとな》になったとき、あるいはもっともっと先《さき》の世界《せかい》がどのようになっているのか、みなさんも想像《そうぞう》してみませんか？

この日《ひ》に生《う》まれた有名人《ゆうめいじん》

ジェームズ・ディーン（俳優《はいゆう》）／山本寛斎《やまもとかんさい》（ファッションデザイナー）／6代目《だいめ》三遊亭圓楽《さんゆうていえんらく》（落語家《らくごか》）
田中卓志《たなかたくし》《アンガールズ》（お笑《わら》い芸人《げいにん》）／佐々木希《ささきのぞみ》（モデル・女優《じょゆう》）

新《あたら》しい日本画《にほんが》をつくりだした生来《せいらい》の絵描《えか》き

土田麦僊《つちだばくせん》

（1887～1936年　日本）

絵《え》が描《か》けないなら、殺《ころ》してください。

2月9日の偉人

芸術

みなさんはおそらく私《わたし》の名前《なまえ》などきいたこともないでしょう。私《わたし》は、舞妓《まいこ》の絵《え》で有名《ゆうめい》な日本画家《にほんがか》の土田麦僊《つちだばくせん》といいます（麦僊《ばくせん》という名前《なまえ》は絵《え》を描《か》くときの名前《なまえ》で、ほんとうの名前《なまえ》は金二《きんじ》といいます）。

　私《わたし》は、佐渡島《さどがしま》の農家《のうか》の3男《なん》に生《う》まれました。小《ちい》さいころから絵《え》が好《す》きで、将来《しょうらい》は絵描《えか》きになりたいと思《おも》っていました。でも、私《わたし》をお坊《ぼう》さんにしたかった父親《ちちおや》は、私《わたし》が16歳《さい》になったとき、京都《きょうと》の智積院《ちしゃくいん》というお寺《てら》に入《い》れたのです。でも、私《わたし》はどうしても、画家《がか》になる夢《ゆめ》をあきらめられなかった。けっきょく、私《わたし》はお寺《てら》から逃《に》げだしてしまったのです。

　そのあとは、一心不乱《いっしんふらん》に絵《え》の勉強《べんきょう》にはげみました。私《わたし》がめざしたのは、西洋画《せいようが》と日本画《にほんが》をミックスしたような、伝統《でんとう》にとらわれない新《あたら》しい日本画《にほんが》でした。

　ゴーギャンやルノワール、ドガ、セザンヌという画家《がか》たちの絵《え》を見《み》たことがありますか？　どれもぜんぜんちがっていて、それぞれすばらしいですよ。西洋画《せいようが》が個性《こせい》を強《つよ》くおしだす表現《ひょうげん》をしていることを知《し》って、私《わたし》も、私《わたし》にしか描《か》けない「麦僊《ばくせん》の絵《え》」をつくりたいと思《おも》うようになったのです。

　上《うえ》に出《で》ている私《わたし》のことばは、病気《びょうき》になり手術《しゅじゅつ》をうけなければならなくなったとき、私《わたし》が医者《いしゃ》にいったことばです。絵《え》が描《か》けなくなってしまうなら、死《し》ぬも同《おな》じ。絵《え》を描《か》けないのにただ生《い》きつづけるなんて、たえられないと思《おも》うほど、私《わたし》は絵《え》を描《か》くことに夢中《むちゅう》だったのです。私《わたし》の夢《ゆめ》は、「踊《おど》り子《こ》の絵《え》」といえばドガを思《おも》い出《だ》すように、「舞妓《まいこ》の絵《え》」といえば私《わたし》を思《おも》い出《だ》してもらえるようになりたいということでした。その夢《ゆめ》がかなって、私《わたし》はじっさいに「舞妓《まいこ》の麦僊《ばくせん》」とよばれるようになり、新《あたら》しい日本画《にほんが》をつくりだしたとまでいわれました。なにかに夢中《むちゅう》になって、真剣《しんけん》にやりつづければ、夢《ゆめ》はかなうものなのですよ。

この日《ひ》に生《う》まれた有名人《ゆうめいじん》

ミア・ファロー（女優《じょゆう》）／あだち充《みつる》（漫画家《まんがか》）／ラモス瑠偉《るい》（サッカー選手《せんしゅ》・監督《かんとく》）
木村祐一《きむらゆういち》（お笑《わら》い芸人《げいにん》・放送作家《ほうそうさっか》）／春日俊彰《かすがとしあき》《オードリー》（お笑《わら》い芸人《げいにん》）

新《あたら》しい女性《じょせい》の生《い》き方《かた》をしめしてみせた

平塚《ひらつか》らいてう

（1886〜1971年　日本）

元始《げんし》、女性《じょせい》はじつに太陽《たいよう》であった。

2月10日の偉人

思想

私《わたし》が生《う》まれた明治時代《めいじじだい》は、男尊女卑《だんそんじょひ》といって、男《おとこ》のほうが女《おんな》よりもえらいという考《かんが》え方《かた》があたりまえの時代《じだい》で、女《おんな》の人《ひと》は男《おとこ》の人《ひと》よりも下《した》に見《み》られていました。

私《わたし》の父《ちち》は政府《せいふ》の役人《やくにん》だったので、私《わたし》はりっぱな教育《きょういく》をうけさせてもらいましたが、大学《だいがく》にいくことは反対《はんたい》されました。女子《じょし》に高等学校《こうとうがっこう》以上《いじょう》の教育《きょういく》は必要《ひつよう》ないというのです。女子《じょし》はいい旦那《だんな》さんと結婚《けっこん》して、元気《げんき》な子《こ》どもをうんで、家庭《かてい》をきりもりするのがいちばんいいというのです。でも、私《わたし》はそんな生《い》き方《かた》をしたいのか、わかりませんでした。だから、大学《だいがく》にいって、もっといろいろなことを学《まな》び、考《かんが》えたかったのです。けっきょく、父《ちち》にたのみこんで、女子大学《じょしだいがく》に進《すす》むことになりました。

さまざまなことを学《まな》び、さまざまな人《ひと》と出会《であ》っていく中《なか》で、私《わたし》は、女《おんな》の人《ひと》が男《おとこ》の人《ひと》より下《した》だと考《かんが》えられているのも、生《い》き方《かた》を決《き》めつけられているのもおかしいと考《かんが》えるようになりました。そして、女《おんな》の人《ひと》もひとりの人間《にんげん》としてみとめられる社会《しゃかい》にしたいと思《おも》うようになったのです。

そこで、私《わたし》は仲間《なかま》といっしょに「青鞜《せいとう》社《しゃ》」という団体《だんたい》をつくり、『青鞜《せいとう》』という雑誌《ざっし》を出《だ》して、私《わたし》たちの考《かんが》え方《かた》を発表《はっぴょう》していくことにしました。この雑誌《ざっし》の最初《さいしょ》に書《か》いたのが、上《うえ》に出《で》ていることばです。もともと女性《じょせい》は太陽《たいよう》でした。ほんとうの意味《いみ》での人間《にんげん》でした。ところが、今《いま》、女性《じょせい》は月《つき》です。よそからの光《ひかり》がなければかがやけない、病人《びょうにん》のような青白《あおじろ》い顔《かお》をした月《つき》です、と社会《しゃかい》に訴《うった》えたのです。その後《ご》、私《わたし》は国会議員《こっかいぎいん》になって、平和《へいわ》と女《おんな》の人《ひと》の権利《けんり》を守《まも》る運動《うんどう》をつづけました。

私《わたし》が生《い》きているあいだに、男女平等《だんじょびょうどう》は実現《じつげん》できませんでした。でも、人々《ひとびと》の考《かんが》え方《かた》を少《すこ》しは変《か》えることができたのではないかと思《おも》います。みなさんが生《い》きている今《いま》の時代《じだい》、女《おんな》の人《ひと》は男《おとこ》の人《ひと》と対等《たいとう》に生《い》きていますか？

この日《ひ》に生《う》まれた有名人《ゆうめいじん》

田河水泡《たがわすいほう》（漫画家《まんがか》）／宗道臣《そうどうしん》（武道家《ぶどうか》）／ドン・ウィルソン《ザ・ベンチャーズ》（ギタリスト）
高橋英樹《たかはしひでき》（俳優《はいゆう》）／グレッグ・ノーマン（プロゴルファー）

世界《せかい》の発明王《はつめいおう》

トーマス・アルバ・エジソン

（1847~1931年　アメリカ）

天才《てんさい》は99％の汗《あせ》と、1％のひらめきから生《う》まれる。

2月11日の偉人

科学

私《わたし》は電球《でんきゅう》や蓄音機《ちくおんき》（音《おと》を録音《ろくおん》したり再生《さいせい》したりできる機械《きかい》）、活動写真《かつどうしゃしん》（映画《えいが》の元祖《がんそ》）など、人《ひと》の役《やく》に立《た》つものをたくさん思《おも》いついてつくり、発明王《はつめいおう》とまでよばれるようになったエジソンだ。

発明王《はつめいおう》などとたいそうなよばれ方《かた》をしているが、じつは、私《わたし》は小学校《しょうがっこう》も出《で》ていないのだよ。入学《にゅうがく》してすぐのことだ、「1＋1＝2」という足《た》し算《ざん》を、先生《せんせい》がねんどのかたまりを使《つか》って教《おし》えてくれたとき、「ねんどのかたまり1個《こ》と1個《こ》をあわせれば、大《おお》きいかたまりが1個《こ》できるだけじゃないか」と、どうしても納得《なっとく》できなくて、先生《せんせい》にあきれられた。その後《ご》も、学校《がっこう》で教《おそ》わることが納得《なっとく》できなくて、しまいに先生《せんせい》から「おまえの脳《のう》はくさっている」とまでいわれたのだ。けっきょく私《わたし》は3か月《げつ》で小学校《しょうがっこう》をやめて、前《まえ》に先生《せんせい》をしていた母親《ははおや》に勉強《べんきょう》を教《おそ》わった。母親《ははおや》は私《わたし》が納得《なっとく》いくまで説明《せつめい》してくれたし、家《いえ》でいろいろ実験《じっけん》もさせてくれて、私《わたし》はどんどん化学《かがく》や物理《ぶつり》が得意《とくい》になっていった。

そのあとは、働《はたら》きながら、勉強《べんきょう》と実験《じっけん》をつづけた。生《い》きているあいだに、私《わたし》は1300以上《いじょう》もの発明《はつめい》をしたが、どれひとつとして、かんたんなものはなかったよ。たとえば、電球《でんきゅう》の発明《はつめい》では、長時間《ちょうじかん》もつフィラメント（電気《でんき》を流《なが》し、光《ひかり》をはなつ部分《ぶぶん》）をさがすのに、6000種類《しゅるい》もの材料《ざいりょう》をためしたんだ。手《て》あたりしだいためしたが、いい材料《ざいりょう》は見《み》つからなくてね、たまたま家《いえ》にあった扇子《せんす》の骨組《ほねぐ》みを使《つか》ったら、なんと200時間《じかん》もった。それまでの材料《ざいりょう》では45時間《じかん》くらいしかもたなかったのだから、すごい記録《きろく》だった。そこで、私《わたし》は世界《せかい》じゅうからあらゆる竹《たけ》をとりよせて、ようやく日本《にほん》の京都《きょうと》で、1000時間《じかん》以上《いじょう》もつ竹《たけ》を見《み》つけることができたのだ。

あきらめないで、自分《じぶん》の好奇心《こうきしん》がみたされるまでためしつづける――それが、私《わたし》が発明王《はつめいおう》になれたゆえんなのだろう。

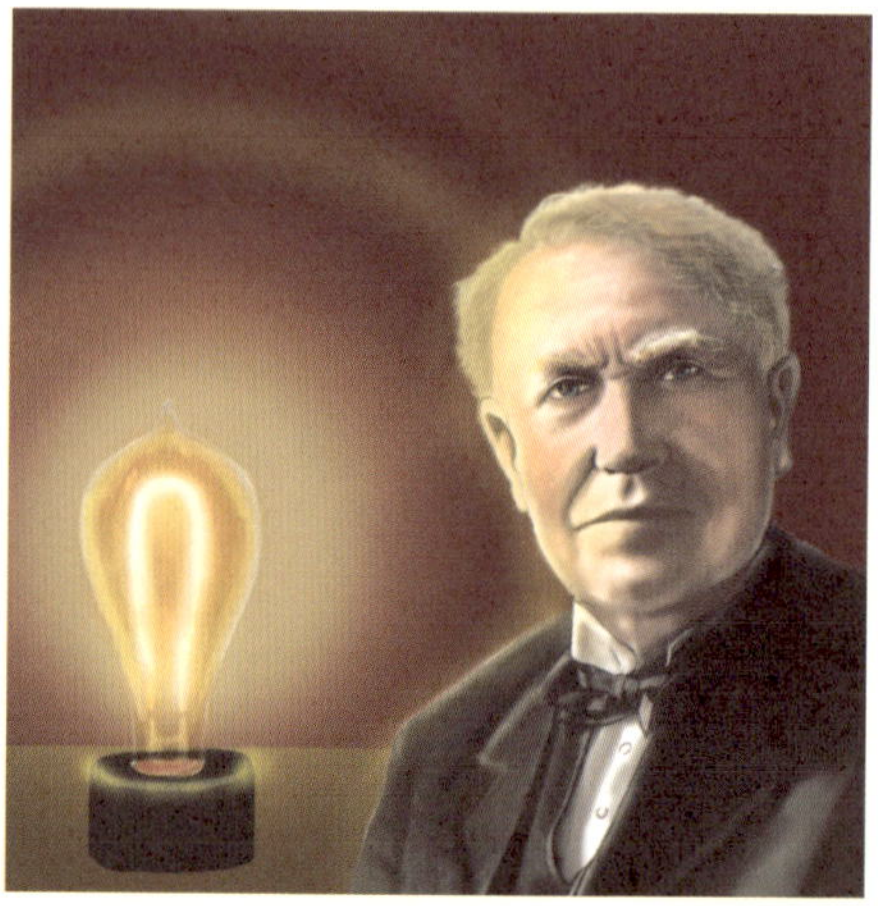

この日《ひ》に生《う》まれた有名人《ゆうめいじん》

折口信夫《おりくちしのぶ》（歌人《かじん》・国文学者《こくぶんがくしゃ》）／シドニィ・シェルダン（作家《さっか》）
鳩山由紀夫《はとやまゆきお》（第《だい》93代内閣総理大臣《だいないかくそうりだいじん》）／岡田恵和《おかだよしかず》（脚本家《きゃくほんか》）／小畑健《おばたたけし》（漫画家《まんがか》）

奴隷《どれい》を自由《じゆう》にした、偉大《いだい》な大統領《だいとうりょう》

エイブラハム・リンカーン

（1809～1865年　アメリカ）

私《わたし》の歩《あゆ》みはゆっくりだが、
道《みち》をひきかえすことはけっしてしない。

2月
12日
の偉人

政治

私《わたし》は、アメリカのケンタッキー州《しゅう》で、まずしい農民《のうみん》の子《こ》として生《う》まれました。まずしかったので、学校《がっこう》にいくことがほとんどできず、自分《じぶん》で本《ほん》を読《よ》んで勉強《べんきょう》しました。22歳《さい》で家《いえ》をはなれ、船《ふね》でモノを運《はこ》ぶ仕事《しごと》やお店《みせ》の経営《けいえい》など、いろいろな仕事《しごと》をしました。政治《せいじ》に興味《きょうみ》が出《で》てきたのはこのころです。法律《ほうりつ》の本《ほん》を読《よ》んで勉《べん》強《きょう》しながら、州《しゅう》の議員《ぎいん》に立候補《りっこうほ》するようになりました。

私《わたし》はのちに演説《えんぜつ》のうまさで有名《ゆうめい》になりますが、このころから人《ひと》の前《まえ》で話《はな》すことがとてもうまかったようで、私《わたし》が町《まち》で演《えん》説《ぜつ》を始《はじ》めると、みんな立《た》ち止《ど》まって、ききいってくれたものです。まともな教育《きょういく》をうけていないうえにお金《かね》もなかったので、はじめて議員《ぎいん》の選挙《せんきょ》に出《で》たときは落《お》ちましたが、そのあともあきらめずに挑《ちょう》戦《せん》しました。

その後《ご》、勉強《べんきょう》したかいあって弁護士《べんごし》になり、州《しゅう》の議員《ぎいん》や国会議員《こっかいぎいん》にもなりました。そして、51歳《さい》のとき、ついにアメリカの第《だい》16代大統領《だいだいとうりょう》に当選《とうせん》したのです。

大統領《だいとうりょう》になったあとは、当時《とうじ》、アメリカで奴隷《どれい》として働《はたら》かされていた黒人《こくじん》たちを自由《じゆう》にしようとしました。それに反対《はんたい》した南部《なんぶ》の州《しゅう》が、アメリカから脱退《だったい》するということになり、北部《ほくぶ》と南部《なんぶ》のあいだで戦争《せんそう》になってしまいましたが、私《わたし》たち北部《ほくぶ》が勝《か》ち、私《わたし》はゲティスバーグという町《まち》で、有名《ゆうめい》な演説《えんぜつ》をしたのです。「人民《じんみん》の、人民《じんみん》による、人民《じんみん》のための政治《せいじ》」ということばをきいたことがありますか？　これはそのときの演説《えんぜつ》で私《わたし》がいったことばです。私《わたし》たちの国《くに》は、人《ひと》はみな平等《びょうどう》であるという考《かんが》えのもとにつくられたということ、そして、私《わたし》たちは人民《じんみん》の政治《せいじ》を守《まも》っていかなくてはいけないということを宣言《せんげん》したのです。

私《わたし》の人生《じんせい》は、挑戦《ちょうせん》の連続《れんぞく》でした。みなさんも、ペースはゆっくりでも、歩《ある》きつづけてください。一度《いちど》や二度《にど》の失敗《しっぱい》であきらめないでください。成功《せいこう》は挑戦《ちょうせん》の先《さき》にあるのです。

この日《ひ》に
生《う》まれた
有名人《ゆうめいじん》

チャールズ・ダーウィン（生物学者《せいぶつがくしゃ》）／アンナ・パヴロワ（バレリーナ）
木村太郎《きむらたろう》（ジャーナリスト）／植村直己《うえむらなおみ》（冒険家《ぼうけんか》）／榮倉奈々《えいくらなな》（女優《じょゆう》）

日本《にほん》の資本主義《しほんしゅぎ》の父《ちち》

渋《しぶ》沢《さわ》栄《えい》一《いち》

（1840〜1931年　日本）

知《し》るより好《す》く、好《す》くより楽《たの》しむ。

2月13日の偉人

社会

きみたちは、実業家《じつぎょうか》ということばを知《し》っているかね？　実業家《じつぎょうか》というのは、商業《しょうぎょう》や工業《こうぎょう》など、モノをつくったり、流通《りゅうつう》させたり、売《う》ったりする事業《じぎょう》をする人《ひと》のことだ。私《わたし》はその実業家《じつぎょうか》で、日本《にほん》が江戸《えど》から明治《めいじ》という新《あたら》しい時代《じだい》になったとき、ありとあらゆる企業《きぎょう》をつくったのだよ。

もともと私《わたし》は、江戸時代《えどじだい》、徳川家《とくがわけ》の最《さい》後《ご》の将軍《しょうぐん》、慶喜《よしのぶ》さまにつかえていた。そのとき、慶喜《よしのぶ》さまのかわりに、フランスの万国博覧会《ばんこくはくらんかい》に出席《しゅっせき》するチャンスをもらってな。ヨーロッパの国々《くにぐに》をまわって、社会《しゃかい》のしくみをじっさいにこの目《め》で見《み》て、学《まな》んだのだ。そして、明治時代《めいじじだい》になったとき、その経験《けいけん》を生《い》かして、新政府《しんせいふ》の一《いち》員《いん》として改革《かいかく》にとりくんだ。

その後《ご》、政治家《せいじか》と対立《たいりつ》して政府《せいふ》をやめ、実業家《じつぎょうか》となって、第一国立銀行《だいいちこくりつぎんこう》（今《いま》のみずほ銀行《ぎんこう》）をはじめ、東京《とうきょう》ガス、東京海《とうきょうかい》上火災保険《じょうかさいほけん》、田園都市《でんえんとし》（今《いま》の東京急行電《とうきょうきゅうこうでん》鉄《てつ》）、京阪電気鉄道《けいはんでんきてつどう》、東京証券取引所《とうきょうしょうけんとりひきじょ》、キリンビール、サッポロビールなど、さまざまな企業《きぎょう》をつくっていった。その数《かず》は500以上《いじょう》はあっただろうかね。

ただ、私《わたし》は、お金《かね》もうけのために、仕《し》事《ごと》をしていたわけではないよ。自分《じぶん》の利《り》益《えき》を求《もと》めるのではなく、みんなの利益《りえき》を考《かんが》える——これが、私《わたし》がとてもだいじにしていた考《かんが》え方《かた》だ。だから、仕事《しごと》がなくて困《こま》っている人《ひと》や親《おや》をなくした子《こ》どもたちのための施設《しせつ》や、病院《びょういん》、日本赤十字社《にほんせきじゅうじしゃ》、日本《にほん》とアメリカの子《こ》どもの交流《こうりゅう》を深《ふか》める国際児童親善会《こくさいじどうしんぜんかい》などをつくる手伝《てつだ》いもした。ほかの実業家《じつぎょうか》のように財閥《ざいばつ》をつくって家族《かぞく》で会社《かいしゃ》を経営《けいえい》してもうけようとはしなかった。

私《わたし》は社会《しゃかい》をになう責任《せきにん》というものを強《つよ》く感《かん》じながら、仕事《しごと》をしていた。それに、仕事《しごと》をするのはじゅんすいに楽《たの》しかった。なにごとも、知《し》っているだけではうまくはいかない。好《す》きになればその道《みち》を進《すす》んでいけるし、心《こころ》から楽《たの》しんでそれをできれば、どんな困難《こんなん》にも打《う》ちかって前《まえ》に進《すす》める——そういうものだよ。

この日《ひ》に生《う》まれた有名人《ゆうめいじん》

森本《もりもと》レオ（俳優《はいゆう》）／南《みなみ》こうせつ（ミュージシャン）／矢野顕子《やのあきこ》（ミュージシャン）
出川哲朗《でがわてつろう》（お笑《わら》い芸人《げいにん》）／南原清隆《なんばらきよたか》《ウッチャンナンチャン》（お笑《わら》い芸人《げいにん》）

世界《せかい》のトヨタグループをつくった発明家《はつめいか》

豊田佐吉《とよださきち》

（1867～1930年　日本）

仕事《しごと》は自分《じぶん》で見《み》つけるべきものだ。その心《こころ》がけさえあれば、仕事《しごと》は無限《むげん》にある。

2月14日の偉人

社会

私《わたし》は、トヨタグループをつくった人《ひと》といわれていますが、もとはただの発明家《はつめいか》です。私《わたし》は江戸時代《えどじだい》が終《お》わるその年《とし》に、静岡県《しずおかけん》に生《う》まれました。小学校《しょうがっこう》を卒業《そつぎょう》したあとは、農業《のうぎょう》と大工《だいく》をしていた父《ちち》の仕《し》事《ごと》を手伝《てつだ》っていましたが、ずっと、もっと人《ひと》の役《やく》に立《た》つ仕事《しごと》をしたいと思《おも》っていました。とくに勉強《べんきょう》ができるわけでもなかったので、どうしたら、人《ひと》の役《やく》に立《た》てるだろう？　自分《じぶん》にできることはなんだろう？と、考《かんが》えつづけていました。

そんなふうにもやもやしていた私《わたし》が18歳《さい》になったあるとき、専売特許条例《せんばいとっきょじょうれい》というものが発表《はっぴょう》されました。発明《はつめい》をもっと守《まも》りましょう、発明《はつめい》した人《ひと》の権利《けんり》は守りますという内容《ないよう》の条例《じょうれい》です。それをきいて、思《おも》ったのです――そうだ、私《わたし》が進《すす》むべき道《みち》は発明《はつめい》だ、と。でも、いったいなにを発明《はつめい》すればいいのでしょう？

私《わたし》は、母《はは》がくたくたになりながら機織《はたお》り機《き》を使《つか》って布《ぬの》を織《お》っている姿《すがた》を見《み》て、もっと楽《らく》に使《つか》えて、短《みじか》い時間《じかん》でたくさん布《ぬの》が織《お》れる機械《きかい》をつくれないかと思《おも》いました。それからは、寝《ね》ることも忘《わす》れて研《けん》究《きゅう》に熱中《ねっちゅう》しました。家出《いえで》をして、東京《とうきょう》まで歩《ある》いていき、工場《こうじょう》や機械《きかい》を見《み》てまわったり、博覧会《はくらんかい》があるときけば、何日《なんにち》もかよいつめて、外国《がいこく》の機織《はたお》り機《き》を観察《かんさつ》したりしました。ふらふら出《で》かけていっては、もどってきても農業《のうぎょう》や大工《だいく》の仕事《しごと》もしないで、部屋《へや》にこもって機械《きかい》をいじっていたので、まわりの人《ひと》からは、変《か》わり者《もの》といわれ、ばかにされたものです。

それでもへこたれず、私《わたし》は研究《けんきゅう》しつづけました。新《あたら》しい機械《きかい》をつくってはこわし、つくってはこわしと、くりかえし、24歳《さい》のとき、ついに最初《さいしょ》の発明《はつめい》「豊田式《とよだしき》木製人力織機《もくせいじんりきしょっき》」を完成《かんせい》させたのです。それからも、私《わたし》は発明《はつめい》をつづけ、ついに「発明王《はつめいおう》」とよばれるようになりました。親《おや》ににたのか、息子《むすこ》も同《おな》じように発明《はつめい》に興味《きょうみ》をもち、自動車《じどうしゃ》の研究《けんきゅう》をしてトヨタ自動車《じどうしゃ》をつくりました。自分《じぶん》のするべきことは自分《じぶん》で見《み》つけるものです。そして、誰《だれ》になんといわれようと、つづけるものですよ。

この日《ひ》に生《う》まれた有名人《ゆうめいじん》

バンジャマン・バイヨー（天文学者《てんもんがくしゃ》）／鮎川哲也《あゆかわてつや》（作家《さっか》）／平子理沙《ひらこりさ》（タレント）／武双山正士《むそうやままさし》（力士《りきし》）／永井雄一郎《ながいゆういちろう》（サッカー選手《せんしゅ》）

伝説《でんせつ》になった天文学《てんもんがく》の番人《ばんにん》

ガリレオ・ガリレイ

（1564～1642年　イタリア）

それでも地球《ちきゅう》は動《うご》いている。

2月 15日 の偉人

科学

みなさんは、地球《ちきゅう》が太陽《たいよう》のまわりをまわっていることを知《し》っていますか？　そんなの、あたりまえですって？　そう、地球《ちきゅう》が太陽《たいよう》のまわりをまわっていることは、今《いま》ではゆるぎない事実《じじつ》として、みとめられています。しかし、昔《むかし》は、地球《ちきゅう》が宇宙《うちゅう》の中心《ちゅうしん》で、地球《ちきゅう》のまわりを太陽《たいよう》や星々《ほしぼし》がまわっていると信《しん》じられていたのです（これを天動説《てんどうせつ》といいます）。

私《わたし》は天体《てんたい》や宇宙《うちゅう》を研究《けんきゅう》する学者《がくしゃ》でした。他人《たにん》のいうことをむやみに信《しん》じるのではなく、まず自分《じぶん》でたしかめる、というのがモットーで、自分《じぶん》で望遠鏡《ぼうえんきょう》をつくって空《そら》を観察《かんさつ》したり、いろいろな実験《じっけん》をくりかえしました。イタリアにピサの斜塔《しゃとう》という、ちょっとかたむいた塔《とう》があるのですが、私《わたし》はその塔《とう》の上《うえ》から、重《おも》たい玉《たま》と軽《かる》い玉《たま》を同時《どうじ》に落《お》とす実験《じっけん》をして、落《お》ちるスピードは重《おも》さに関係《かんけい》なく同《おな》じだということをつきとめました。木星《もくせい》に4つの衛星《えいせい》があることや、太陽《たいよう》に黒《くろ》い点《てん》があることを発見《はっけん》したのも私《わたし》だし、土星《どせい》に輪《わ》があることも、月《つき》にクレーターというでこぼこがあることも、天《あま》の川《がわ》が星《ほし》の集《あつ》まりであることも、私《わたし》がたしかめたのです。

そうやって自分《じぶん》の目《め》で観察《かんさつ》しているうちに、「地球《ちきゅう》は毎日《まいにち》自転《じてん》しながら太陽《たいよう》のまわりをまわっている」という「地動説《ちどうせつ》」こそ真実《しんじつ》なのだと、確信《かくしん》しました。そうして、それをみんなにいってまわったのです。

しかし、世界《せかい》や宇宙《うちゅう》は神《かみ》さまがつくったと信《しん》じられていた時代《じだい》だったので、私《わたし》がいったことは「神《かみ》の教《おし》えに反《はん》している」と責《せ》められて、裁判《さいばん》にかけられました。その結果《けっか》、人《ひと》をだまし、神《かみ》をけがす者《もの》として罰《ばつ》をうけ、地動説《ちどうせつ》をすてることを誓《ちか》わされたのです。

逆《さか》らえば殺《ころ》されるかもしれない。けれど、私《わたし》は「それでも地球《ちきゅう》は動《うご》いている」とつぶやかずにはいられませんでした。それが、私《わたし》が自分《じぶん》の目《め》で見《み》て、考《かんが》え、出《だ》した結論《けつろん》だったからです。どちらが正《ただ》しかったか、みなさんはもう知《し》っていますよね。

この日《ひ》に生《う》まれた有名人《ゆうめいじん》

J・ベンサム（哲学者《てつがくしゃ》）／チャールズ・ティファニー（宝石商《ほうせきしょう》）／井伏鱒二《いぶせますじ》（作家《さっか》）／松谷《まつたに》みよ子《こ》（児童文学作家《じどうぶんがくさっか》）／米村《よねむら》でんじろう（サイエンスプロデューサー）

早稲田大学《わせだだいがく》の生《う》みの親《おや》

大隈重信《おおくましげのぶ》

（1838〜1922年　日本）

諸君《しょくん》はかならず失敗《しっぱい》する。
失敗《しっぱい》に落胆《らくたん》しなさるな。

2月
16日
の偉人

社会

私《わたし》は、江戸《えど》時代《じだい》に佐賀県《さがけん》で生《う》まれた。江戸《えど》から明治《めいじ》に変《か》わる明治維新《めいじいしん》ではとくに活躍《かつやく》はしなかったが、英語《えいご》を学《まな》んでいたため、新政府《しんせいふ》で働《はたら》くことになった。そのときの政府《せいふ》は、明治維新《めいじいしん》で活躍《かつやく》した薩摩藩《さつまはん》（今《いま》の鹿児島県《かごしまけん》）と長州藩《ちょうしゅうはん》（今《いま》の山口県《やまぐちけん》）の人《ひと》ばかりで、とてもかたよっていてな。こんなにかたよった人《ひと》たちで政治《せいじ》をしていたら、国民《こくみん》の意見《いけん》などきいてもらえないのではないか――そんなふうに考《かんが》えていたとき、自由民権運動《じゆうみんけんうんどう》（国会《こっかい》をひらいて国民《こくみん》の意見《いけん》をきいて、憲法《けんぽう》をつくろう！と要求《ようきゅう》した運動《うんどう》）がおこったのだ。私《わたし》はさっそく、立憲改進党《りっけんかいしんとう》という政党《せいとう》をつくって、その運動《うんどう》をおしすすめたのだが、伊藤博文《いとうひろぶみ》さんをはじめとした薩摩《さつま》・長州出身《ちょうしゅうしゅっしん》の人《ひと》たちと対立《たいりつ》して、政府《せいふ》から追《お》いだされてしまった。

そのころつくったのが、今《いま》の早稲田大学《わせだだいがく》だ。でも、私《わたし》は学校《がっこう》ができたときの式典《しきてん》には、あえて出席《しゅっせき》しなかった。政府《せいふ》から追《お》いだされた人間《にんげん》が学校《がっこう》をつくるなんて、なにかよくないことをたくらんでいるのだろうと思《おも》われていたからだ。学校《がっこう》は政治《せいじ》と切《き》りはなされていなければいけない。学校《がっこう》で学《まな》んだことをどう考《かんが》え、どう行動《こうどう》するかは、生徒《せいと》たちしだいなのだ。誰《だれ》も、考《かんが》え方《かた》をおしつけたりしてはいけない――それが、学校《がっこう》をつくったときに、私《わたし》がだいじに考《かんが》えていたことだった。

その後《ご》、政府《せいふ》によびもどされて外務大臣《がいむだいじん》になったものの、爆弾《ばくだん》を投《な》げられて足《あし》を失《うしな》い、また政治《せいじ》の世界《せかい》をはなれたり、明治《めいじ》31年《ねん》には板垣退助《いたがきたいすけ》さんと新《あたら》しい政党《せいとう》をつくって内閣総理大臣《ないかくそうりだいじん》となり、日本最初《にほんさいしょ》の政党内閣《せいとうないかく》をつくったりと、忙《いそが》しい毎日《まいにち》だった。波瀾万丈《はらんばんじょう》の人生《じんせい》とはこういうことをいうのだろう。

私《わたし》は一生懸命勉強《いっしょうけんめいべんきょう》し、がんばっている青年《せいねん》が大好《だいす》きで、学生《がくせい》を自分《じぶん》の子《こ》どものように思《おも》っていたものだ。だから、早稲田大学《わせだだいがく》ができて15年《ねん》たったとき、学生《がくせい》たちに上《うえ》に出《で》ていることばを贈《おく》った。失敗《しっぱい》するのはあたりまえ、いちいち落《お》ちこんでいては、前《まえ》には進《すす》めないのだよ。

この日《ひ》に生《う》まれた有名人《ゆうめいじん》

高倉健《たかくらけん》（俳優《はいゆう》）／ジョン・マッケンロー（テニス選手《せんしゅ》）／オダギリジョー（俳優《はいゆう》）
バレンティーノ・ロッシ（オートバイレーサー）／香椎由宇《かしいゆう》（女優《じょゆう》）

日本《にほん》に医学《いがく》を教《おし》え、外国《がいこく》に日本《にほん》を紹介《しょうかい》した

フィリップ・フランツ・フォン・シーボルト

（1796〜1866年　ドイツ）

ふたりのことを思《おも》わなかった日《ひ》は、
1日《にち》たりともなかったのだよ。

2月17日の偉人

医学

私《わたし》はもともとは医者《いしゃ》なのですが、江戸《えど》時代《じだい》にオランダ政府《せいふ》の命令《めいれい》で、調査《ちょうさ》、研究《けんきゅう》のために日本《にほん》にやってきました。そのとき、日本《にほん》は外国《がいこく》に対《たい》して国《くに》をとじていて、中国《ちゅうごく》とオランダとだけ、長崎《ながさき》の出島《でじま》というところで貿易《ぼうえき》をしていました。私《わたし》は、出島《でじま》にあったオランダ商館《しょうかん》の医者《いしゃ》として、日本《にほん》に入《はい》ることをゆるされたのです。医者《いしゃ》としてオランダ商館《しょうかん》で診察《しんさつ》しながら、日本《にほん》のさまざまな情報《じょうほう》を集《あつ》めて海外《かいがい》に流《なが》すことが、仕事《しごと》だったわけです。

そのほか、長崎奉行《ながさきぶぎょう》（その地域《ちいき》の知事《ちじ》のような人《ひと》）から許可《きょか》をもらって、出島《でじま》の外《そと》に、「鳴滝塾《なるたきじゅく》」という塾《じゅく》をひらき、若者《わかもの》たちに医学《いがく》を教《おし》えました。この塾《じゅく》で医学《いがく》を学《まな》んだ人《ひと》たちはたくさんいて、のちに、医者《いしゃ》としてとても活躍《かつやく》してくれたのですよ。

日本《にほん》に7年《ねん》いた私《わたし》は、いったん国《くに》にもどることになりました。3年後《ねんご》にまた日本《にほん》にくるつもりだったのですが、私《わたし》の荷物《にもつ》の中《なか》から日本地図《にほんちず》など日本《にほん》の外《そと》へもちだしてはいけないことになっていた品々《しなじな》が発見《はっけん》され、私《わたし》は日本《にほん》から永久追放《えいきゅうついほう》されてしまいました。また、私《わたし》の仕事《しごと》を手伝《てつだ》ってくれた人《ひと》たちが牢屋《ろうや》に入《い》れられてしまいました（シーボルト事件《じけん》）。しかも私《わたし》にはそのとき、日本人《にほんじん》の妻《つま》と娘《むすめ》がいました。このまま日本人《にほんじん》になって日本《にほん》にとどまるから、牢屋《ろうや》に入《い》れられた仲間《なかま》もゆるしてほしいとたのんだのですが、うけいれてはもらえず、私《わたし》は日本《にほん》から追《お》いだされてしまったのです。妻《つま》と娘《むすめ》と会《あ》うことも、かなわなくなってしまったのです。

罪《つみ》がゆるされて、日本《にほん》にもどってこられたのは、それから31年後《ねんご》。ようやく、愛《あい》する人《ひと》と娘《むすめ》に再会《さいかい》できたときの喜《よろこ》びは、ことばにできません。

日本《にほん》を追放《ついほう》されてオランダにもどっているあいだに、私《わたし》は日本《にほん》について本《ほん》を3冊《さつ》書《か》き、世界《せかい》に日本《にほん》のことを紹介《しょうかい》しました。とくに、私《わたし》は日本《にほん》の植物《しょくぶつ》の美《うつく》しさに夢中《むちゅう》になっていましたので、アジサイやサクラソウなど2000種以上《しゅいじょう》も日本《にほん》の草花《くさばな》を紹介《しょうかい》したのです。植物《しょくぶつ》の学名《がくめい》に sieboldi と入《はい》っているものは、私《わたし》が紹介《しょうかい》したものなのですよ。

この日《ひ》に生《う》まれた有名人《ゆうめいじん》

梶井基次郎《かじいもとじろう》（作家《さっか》）／マイケル・ジョーダン（バスケットボール選手《せんしゅ》）／舞の海秀平《まいのうみしゅうへい》（力士《りきし》・スポーツキャスター）／YUKI（ミュージシャン）／パリス・ヒルトン（モデル）

日本《にほん》の芸術《げいじゅつ》を全身全霊《ぜんしんぜんれい》で守《まも》りぬいた

アーネスト・フランシスコ・フェノロサ

（1853〜1908年　アメリカ）

日本《にほん》には、日本《にほん》にしかない芸術《げいじゅつ》があるのです。

私《わたし》は、明治時代《めいじじだい》に日本政府《にほんせいふ》にまねかれてやってきました。それまで国《くに》をとじて、外国《がいこく》との交流《こうりゅう》をしていなかったため、明《めい》治《じ》になって開国《かいこく》したとたん、日本《にほん》は外国《がいこく》――とくに西洋《せいよう》の技術《ぎじゅつ》や知識《ちしき》、文化《ぶんか》を急《きゅう》にとりいれはじめました。知識《ちしき》をもった外国人《がいこくじん》をたくさんまねいて、その知識《ちしき》を日本人《にほんじん》に教《おし》えてもらうようにしたのです。そういう外国人《がいこくじん》のことを「お雇《やと》い外国《がいこく》人《じん》」とよんだりします。

みなさんは、日本《にほん》の文化《ぶんか》をどう思《おも》っていますか？　西洋《せいよう》の文化《ぶんか》と、どちらがすばらしいと思《おも》っていますか？　私《わたし》がこの国《くに》にやってきたとき、日本《にほん》の人《ひと》たちは、自分《じぶん》たちの文化《ぶんか》よりも、西洋《せいよう》の文化《ぶんか》のほうが、すばらしいとかんちがいをしていました。芸術《げいじゅつ》といえば、西洋《せいよう》の絵《え》や彫刻《ちょうこく》であり、自分《じぶん》たちの浮世絵《うきよえ》や仏像《ぶつぞう》など、ゴミみたいなものだと考《かんが》えていたのです。ほんとうに、とんでもないことです。

私《わたし》は、東京大学文学部《とうきょうだいがくぶんがくぶ》の教授《きょうじゅ》として、哲学《てつがく》や経済学《けいざいがく》などを教《おし》えるようにたのまれていたのですが、日本《にほん》の美術品《びじゅつひん》や芸術《げいじゅつ》の美《うつく》しさ、すばらしさにほれこんでしまいました。浮世絵《うきよえ》の色《いろ》づかい、仏像《ぶつぞう》のはなつオーラ、広《ひろ》い世界《せかい》を感《かん》じさせる庭園《ていえん》のつくり……。ですから、政府《せいふ》にたのまれた仕事《しごと》をしながら各地《かくち》のお寺《てら》などをまわって、保管《ほかん》されている美術品《びじゅつひん》を研究《けんきゅう》したり、その保存《ほぞん》を熱心《ねっしん》に説《と》いたりしたのです。

そして、昔《むかし》の美術品《びじゅつひん》の保護《ほご》だけでなく、未来《みらい》の日本文化《にほんぶんか》を守《まも》り育《そだ》てるために、東《とう》京美術学校《きょうびじゅつがっこう》（今《いま》の東京芸術大学《とうきょうげいじゅつだいがく》美術学《びじゅつがく》部《ぶ》）をつくるお手伝《てつだ》いをしたほか、日本《にほん》画家《がか》を育《そだ》て、援助《えんじょ》し、新日本画運動《しんにほんがうんどう》をおこしました。アメリカにもどってからは、日本文化《にほんぶんか》を紹介《しょうかい》する仕事《しごと》を始《はじ》めました。

日本《にほん》の文化《ぶんか》は、ほんとうにすばらしいものなのですよ。どうか日本人《にほんじん》としてそれを誇《ほこ》りに思《おも》い、大切《たいせつ》にしてください。

この日《ひ》に生《う》まれた有名人《ゆうめいじん》

エンツォ・フェラーリ（フェラーリ創業者《そうぎょうしゃ》）／オノ・ヨーコ（芸術家《げいじゅつか》）
ジョン・トラボルタ（俳優《はいゆう》）／ロベルト・バッジョ（サッカー選手《せんしゅ》）／高島彩《たかしまあや》（アナウンサー）

はじめて地動説《ちどうせつ》をとなえた天文学者《てんもんがくしゃ》

ニコラス・コペルニクス

（1473～1543年　ポーランド）

自分《じぶん》たちが知《し》っていることを知《し》っているとみとめ、知《し》らないことを知《し》らないとみとめること——それが知識《ちしき》というものだ。

2月19日の偉人

科学

私《わたし》は、いちばんはじめに、地球《ちきゅう》が太陽《たいよう》のまわりをまわっているという地動説《ちどうせつ》をとなえた天文学者《てんもんがくしゃ》です。

私《わたし》が生《い》きていた時代《じだい》は、ほとんどの天文学者《てんもんがくしゃ》が、1000年《ねん》も前《まえ》のギリシャの天文学者《てんもんがくしゃ》プトレマイオスが考《かんが》えた理論《りろん》を信《しん》じていました。つまり、「地球《ちきゅう》が宇宙《うちゅう》の中心《ちゅうしん》であり、太陽《たいよう》や星々《ほしぼし》は地球《ちきゅう》のまわりをまわっている」という地球中心説《ちきゅうちゅうしんせつ》（天動説《てんどうせつ》）です。それが、神《かみ》さまがこの世界《せかい》のすべてをつくったとする教会《きょうかい》の教《おし》えにもあっていたのです。

大学《だいがく》で天文学《てんもんがく》を学《まな》びはじめた私《わたし》は、天動説《どうせつ》はまちがっているのではないかと考《かんが》え、天体《てんたい》をくわしく観察《かんさつ》してみようと思《おも》いたちました。望遠鏡《ぼうえんきょう》が発明《はつめい》される前《まえ》でしたから、直接《ちょくせつ》、目《め》で見《み》て観測《かんそく》したのです。観測《かんそく》しているうちに、いくつかの星《ほし》の動《うご》きが、天動説《てんどうせつ》では説明《せつめい》できないことに気《き》づきました。そして、そうした星《ほし》の動《うご》きは、地球《ちきゅう》をはじめとした星々《ほしぼし》はみな太陽《たいよう》のまわりをまわっていて（公転《こうてん》）、さらに、地球自身《ちきゅうじしん》も1日《にち》1周《しゅう》、回転《かいてん》している（自転《じてん》）と考《かんが》えれば、すべて説明《せつめい》できると考《かんが》えたのです。

私《わたし》は、この自分《じぶん》の考《かんが》えを本《ほん》にまとめたものの、ごく一部《いちぶ》の友人《ゆうじん》にしか見《み》せませんでした。聖書《せいしょ》に書《か》かれていることと反《はん》対《たい》の考《かんが》えをもっていることで、すでに教《きょう》会《かい》から非難《ひなん》されていたので、ここで本《ほん》など出《だ》したら、どんなことになるか。それを考《かんが》えると、死《し》ぬまで本《ほん》は出《だ》せないと思《おも》ったのです。友人《ゆうじん》に説得《せっとく》されて、本《ほん》を出《しゅっ》版《ぱん》することにしましたが、『天体《てんたい》の回転《かいてん》について』というその本《ほん》ができる前《まえ》に発《はっ》作《さ》をおこし、私《わたし》は完成《かんせい》した本《ほん》を見《み》ることなく息《いき》を引《ひ》きとったのです。

この、天動説《てんどうせつ》から地動説《ちどうせつ》へ、180度《ど》考《かんが》え方《かた》が変《か》わることを、のちにドイツの哲学者《てつがくしゃ》カントさんが「コペルニクス的転《てきてん》回《かい》」とよぶようになったのですよ。

この日《ひ》に生《う》まれた有名人《ゆうめいじん》

アレニウス（化学者《かがくしゃ》）／藤岡弘《ふじおかひろし》、（俳優《はいゆう》）／村上龍《むらかみりゅう》（作家《さっか》）
中島美嘉《なかしまみか》（歌手《かしゅ》）／琴欧洲勝紀《ことおうしゅうかつのり》（力士《りきし》）

小説《しょうせつ》の神《かみ》さま

志賀直哉《しがなおや》

（1883〜1971年　日本）

自分《じぶん》を熱愛《ねつあい》し、自分《じぶん》を大切《たいせつ》にせよ。

2月20日の偉人

文化

私《わたし》は作家《さっか》で、明治《めいじ》から昭和《しょうわ》にかけて、たくさん小説《しょうせつ》を出版《しゅっぱん》した。私《わたし》の小説《しょうせつ》には、大《おお》きなテーマがあった。それは、父《ちち》と子《こ》だ。じつは、私《わたし》は父《ちち》とてとも仲《なか》が悪《わる》かった。その父《ちち》との関係《かんけい》や父《ちち》への思《おも》いが、小説《しょうせつ》になったのだ。

そもそも、私《わたし》は祖父母《そふぼ》に育《そだ》てられた。だから、幼《おさな》いころの父《ちち》との思《おも》い出《で》はほとんどない。

父《ちち》と仲《なか》たがいをするいちばんのきっかけになったのは、「足尾銅山公害問題《あしおどうざんこうがいもんだい》」だった。そのとき、群馬県《ぐんまけん》の足尾《あしお》にあった銅山《どうざん》で公害事件《こうがいじけん》があった。山《やま》で銅《どう》をとっていた会社《かいしゃ》が、その過程《かてい》で出《で》る毒《どく》をたれ流《なが》して、まわりの地域《ちいき》に大《おお》きな被害《ひがい》をあたえた事件《じけん》だ。正義感《せいぎかん》が強《つよ》かった私《わたし》は、どんな被害《ひがい》が出《で》ているのか見《み》にいこうとしたのだが、父親《ちちおや》に強《つよ》く反対《はんたい》されたのだ。祖父《そふ》が足尾銅山《あしおどうざん》の会社《かいしゃ》に関係《かんけい》していたから、父親《ちちおや》は反対《はんたい》したのだが、18歳《さい》だった私《わたし》は、父親《ちちおや》のそうした考《かんが》え方《かた》に腹《はら》が立《た》っただけだった。

その後《ご》、友人《ゆうじん》たちとの旅行《りょこう》の費用《ひよう》のような小《ちい》さな問題《もんだい》から、大学《だいがく》でなにを勉強《べんきょう》するかについてや、結婚問題《けっこんもんだい》まで、あらゆることで父《ちち》と私《わたし》はケンカした。『白樺《しらかば》』という雑誌《ざっし》を発刊《はっかん》し、文学活動《ぶんがくかつどう》を始《はじ》めたときも、はじめての単行本《たんこうぼん》を出《だ》すときの費用《ひよう》をめぐっても対立《たいりつ》し、私《わたし》はついに家《いえ》を出《で》たのだ。それから、私《わたし》は父《ちち》の反対《はんたい》をおしきって結婚《けっこん》し、仲《なか》たがいは決定的《けっていてき》になってしまった。

こうした父《ちち》とのわだかまりを書《か》いたのが、「和解《わかい》3部作《ぶさく》」や代表作《だいひょうさく》といわれる『暗夜行路《あんやこうろ》』だ。仲《なか》たがいしてから20年《ねん》、ようやく父《ちち》と仲《なか》なおりできたときに書《か》いたのが『和解《わかい》』で、それから十数年《じゅうすうねん》かけて『暗夜行路《あんやこうろ》』を書《か》きあげた。幼《おさな》いときからの父《ちち》との仲《なか》たがいと、そのあとの仲《なか》なおりから、何作《なんさく》も小説《しょうせつ》が生《う》まれたわけだ。親《おや》と子《こ》の関係《かんけい》というのはそれだけ大《おお》きいものなのだろうし、子《こ》は親《おや》を乗《の》りこえてはじめて、自分《じぶん》をきずきあげ、自信《じしん》をもてるようになるものなのだろう。

この日《ひ》に生《う》まれた有名人《ゆうめいじん》

L・ボルツマン（物理学者《ぶつりがくしゃ》）／石川啄木《いしかわたくぼく》（歌人《かじん》）／長嶋茂雄《ながしましげお》（野球選手《やきゅうせんしゅ》・監督《かんとく》）
アントニオ猪木《いのき》（プロレスラー）／志村《しむら》けん（お笑《わら》い芸人《げいにん》）

デザイン界《かい》の革命児《かくめいじ》

ユベール・ド・ジバンシー

（1927年～　フランス）

私《わたし》は自分《じぶん》の才能《さいのう》というものを、
心《こころ》の底《そこ》から信《しん》じているのだよ。

2月21日の偉人

文化

みなさんは、ジバンシーというブランドをご存《ぞん》じですか？　私《わたし》は、そのブランドをつくったデザイナーです。私《わたし》の祖父《そふ》は、タペストリー工房《こうぼう》をもっていたアーティストでした。曾祖父《そうそふ》は、舞台装置《ぶたいそうち》のデザイナーで、そのまた1代前《だいまえ》もパリのオペラ座《ざ》を手《て》がけたデザイナーでした。私《わたし》の中《なか》には、そうした芸術家《げいじゅつか》の血《ち》が流《なが》れているのでしょう。

あれは10歳《さい》のときでしたか、パリで万《ばん》国博覧会《こくはくらんかい》がひらかれ、私《わたし》はシャネルなど有名《ゆうめい》なデザイナーたちがデザインした美《うつく》しいドレスを見《み》て、その美《うつく》しさにぼうっとなりました。そして、ファッションの道《みち》に進《すす》もうと決《き》めたのです。

美術学校《びじゅつがっこう》を卒業《そつぎょう》したあと、私《わたし》は25歳《さい》でパリに自分《じぶん》の店《みせ》をひらきました。はじめて発表《はっぴょう》したドレスのコレクションでは、お金《かね》がなかったので、安《やす》い布《ぬの》しか使《つか》えなかったのですが、デザインのおもしろさが人々《ひとびと》の目《め》を引《ひ》きつけ、話題《わだい》になりました。斬新《ざんしん》なデザインは私《わたし》のもち味《あじ》になり、そのうち「モードの神童《しんどう》」とまでよばれるようになりました。

けれど、私《わたし》のデザイナー人生《じんせい》の中《なか》でいちばん大《おお》きかったのは、女優《じょゆう》のオードリー・ヘップバーンさんと出会《であ》ったことでしょう。ヘップバーンさんとは、『麗《うるわ》しのサブリナ』という映画《えいが》の衣裳《いしょう》を担当《たんとう》したときに出会《であ》い、それが縁《えん》で大親友《だいしんゆう》となりました。そのあとの映画《えいが》『ティファニーで朝食《ちょうしょく》を』の衣装《いしょう》も担当《たんとう》させてもらって、それをきっかけに、私《わたし》のデザインは世界《せかい》じゅうの女性《じょせい》のあこがれとなっていったのです。『ティファニーで朝食《ちょうしょく》を』をまだ見《み》たことがない人《ひと》は、ぜひ見《み》てみてください。映画《えいが》が始《はじ》まってすぐに出《で》てくる、黒《くろ》いドレスをまとったヘップバーンさんは、ため息《いき》が出《で》るほど美《うつく》しいですよ。

つぎの年《とし》には、ウエストもヒップもないシュミーズ・ドレスを「自由《じゆう》なライン」として発表《はっぴょう》し、「革命的《かくめいてき》な衣裳《いしょう》」としてファッション界《かい》をさわがせました。私《わたし》は私《わたし》の才能《さいのう》を心《こころ》から信《しん》じていたから、自分《じぶん》がいいと思《おも》えることをやりつづけ、それが成功《せいこう》につながったのです。

この日《ひ》に生《う》まれた有名人《ゆうめいじん》

大前研一《おおまえけんいち》（評論家《ひょうろんか》）／ジグミ・ケサル・ナムゲル・ワンチュク（第《だい》5代《だい》ブータン国王《こくおう》）
要潤《かなめじゅん》（俳優《はいゆう》）／香里奈《かりな》（モデル・女優《じょゆう》）／菅田将暉《すだまさき》（俳優《はいゆう》）

アメリカの初代大統領《しょだいだいとうりょう》

ジョージ・ワシントン

（1732〜1799年　アメリカ）

世《よ》の中《なか》の失敗《しっぱい》の99％は、いい訳《わけ》をする人間《にんげん》が引《ひ》きおこしている。

2月22日の偉人

政治

私《わたし》は、アメリカ合衆国《がっしゅうこく》の最初《さいしょ》の大統領《だいとうりょう》となったワシントンといいます。

私《わたし》は、バージニアというところの大農《だいのう》場主《じょうしゅ》の家《いえ》に生《う》まれ、17歳《さい》で測量技師《そくりょうぎし》となりました。農場《のうじょう》を経営《けいえい》しながら、測量《そくりょう》の仕事《しごと》もして、生活《せいかつ》はとてもうまくいっていたのですが、地域《ちいき》を守《まも》る民兵《みんぺい》のリーダーでもあったので、フランスがアメリカを領土《りょうど》にしようと攻《せ》めてきて戦争《せんそう》がおこったとき、軍隊《ぐんたい》に入《はい》って戦《たたか》うことになったのです。この戦《たたか》いで手柄《てがら》を立《た》て、軍人《ぐんじん》として有名《ゆうめい》になりました。

このとき、アメリカはイギリスの植民《しょくみん》地《ち》で、イギリスに支配《しはい》されていました。私《わたし》たちにはなにも決《き》める権利《けんり》がなかったうえに、高《たか》い税金《ぜいきん》をイギリスに払《はら》っていたのです。私《わたし》たちはそれにだんだんがまんができなくなり、1775年《ねん》、とうとう、イギリスから独立《どくりつ》して、自分《じぶん》たちで国《くに》をつくろうと、戦争《せんそう》をおこしました。私《わたし》は独立軍総司令官《どくりつぐんそうしれいかん》となって、戦《たたか》いを指《し》揮《き》したのです。

長《なが》く苦《くる》しい戦《たたか》いでしたが、兵隊《へいたい》も、そうでない人《ひと》も、アメリカでくらしていた白人《はくじん》はほとんど全員《ぜんいん》が独立《どくりつ》のために戦《たたか》いました。そして、ついに独立《どくりつ》をなしとげたのです。選挙《せんきょ》の結果《けっか》、私《わたし》はアメリカの初代大統領《しょだいだいとうりょう》に選《えら》ばれました。そのときの私《わたし》の得票率《とくひょうりつ》は100％。つまり、投票《とうひょう》した人全員《ひとぜんいん》が、私《わたし》を大統領《だいとうりょう》にしたいと思《おも》ってくれたのです。得票率《とくひょうりつ》100％をえた大統領《だいとうりょう》は、そのあともいません。

私《わたし》は「桜《さくら》の木《き》を切《き》りたおしたことを、父親《ちちおや》に正直《しょうじき》に話《はな》し、逆《ぎゃく》に正直《しょうじき》に打《う》ちあけたことをほめられた」という伝説《でんせつ》で有名《ゆうめい》ですが、ほんとうは、これはほかの人《ひと》がでっちあげたつくり話《ばなし》です。でも、そんな伝説《でんせつ》ができてしまうほど、まじめで正《しょう》直《じき》で、権威《けんい》をふりかざすことを嫌《きら》い、いい訳《わけ》をしない人間《にんげん》でした。だからこそ、100％の支持《しじ》をもらって、大統領《だいとうりょう》になれたのでしょう。

この日《ひ》に生《う》まれた有名人《ゆうめいじん》

アルテュール・ショーペンハウアー（哲学者《てつがくしゃ》）／H・R・ヘルツ（物理学者《ぶつりがくしゃ》）
高浜虚子《たかはまきょし》（俳人《はいじん》）／佐々木主浩《ささきかづひろ》（野球選手《やきゅうせんしゅ》）／陣内智則《じんないとものり》（お笑《わら》い芸人《げいにん》）

音楽《おんがく》に一生《いっしょう》をささげた「音楽《おんがく》の母《はは》」

ゲオルグ・フリードリヒ・ヘンデル

（1685～1759年　ドイツ）

楽《たの》しませるだけでなく、
聴衆《ちょうしゅう》をよりよくしたいのです。

2月
23日
の偉人

芸術

私《わたし》は、「音楽《おんがく》の母《はは》」とよばれていますが、女性《じょせい》ではありません。私《わたし》が「音楽《おんがく》の父《ちち》」とよばれたバッハと同《おな》じ年《とし》に生《う》まれていることや、バッハとくらべると、新《あたら》しいものが好《す》きで、オペラやオラトリオ（オペラににているが、宗教《しゅうきょう》をテーマにしている楽曲《がっきょく》）など、新《あたら》しい音楽《おんがく》を生《う》みだしたことから、「母《はは》」とよばれるようになったようです。

私《わたし》は幼《おさな》いころ、父親《ちちおや》から音楽《おんがく》を禁《きん》じられました。当時《とうじ》、音楽家《おんがくか》の地位《ちい》は低《ひく》く、お金《かね》もかせげなかったので、医者《いしゃ》だった父《ちち》は、私《わたし》をもっと地位《ちい》も収入《しゅうにゅう》も高《たか》い、法律家《ほうりつか》にさせたかったのです。でも、私《わたし》は音楽《おんがく》がとても好《す》きでしたし、楽器《がっき》もとてもじょうずでした。だから、父《ちち》にかくれて、こっそりと屋根裏部屋《やねうらべや》で小型《こがた》のオルガンを練習《れんしゅう》したりしていたのです。

父《ちち》のいいつけに逆《さか》らえなかった私《わたし》は、大学《だいがく》では、法律《ほうりつ》と神学《しんがく》を学《まな》びました。法《ほう》律家《りつか》になってほしいということばを残《のこ》して父《ちち》が亡《な》くなったあと、遺言《ゆいごん》どおり、法《ほう》律家《りつか》になろうと、しばらく法律《ほうりつ》の勉強《べんきょう》をつづけました。けれど、やっぱり、音楽《おんがく》を忘《わす》れることはできませんでした。けっきょく、私《わたし》は大学《だいがく》をやめ、18歳《さい》のときにオペラの劇場《げきじょう》でバイオリニストとして働《はたら》くかたわら、オペラの作曲《さっきょく》を始《はじ》めたのです。そして、20歳《さい》のときにオペラ『アルミラ』を発表《はっぴょう》してみとめられました。

みなさんは「ハレルヤ」とくりかえして歌《うた》う曲《きょく》をきいたことはありますか。あれは『メサイア』という、私《わたし》がつくったオラトリオの中《なか》の1曲《きょく》です。高《たか》らかに歌《うた》いあげられる「ハレルヤ」をきいていると、心《こころ》がうきたち、楽《たの》しく、うれしい気《き》持《も》ちになるでしょう？　私《わたし》は音楽《おんがく》がほんとうに好《す》きでした。だから、曲《きょく》のひとつひとつに、その思《おも》いをこめましたし、きいている人《ひと》たちによい影響《えいきょう》をあたえたいと思《おも》っていたのです。

私《わたし》は大好《だいす》きな音楽《おんがく》のことばかり考《かんが》えていたせいか、結婚《けっこん》もせず、自分《じぶん》の家《いえ》ももちませんでした。66歳《さい》のときに病気《びょうき》で目《め》が見《み》えなくなってしまいましたが、それでも作曲活動《さっきょくかつどう》はつづけました。音楽《おんがく》にささげた人生《じんせい》でしたが、大変満足《たいへんまんぞく》していますよ。

この日《ひ》に生《う》まれた有名人《ゆうめいじん》

北大路欣也《きたおおじきんや》（俳優《はいゆう》）／宇崎竜童《うざきりゅうどう》（ミュージシャン）／中島《なかじま》みゆき（ミュージシャン）
皇太子徳仁親王《こうたいしなるひとしんのう》（皇族《こうぞく》）／亀梨和也《かめなしかずや》《KAT-TUN》（タレント）

聖書《せいしょ》につぐ大《だい》ベストセラーの生《う》みの親《おや》

ヴィルヘルム・グリム

（1786〜1859年　ドイツ）

2月24日の偉人

文化

> だったら、ぼくらといっしょに
> ブレーメンへいって、音楽隊《おんがくたい》に入《はい》ろうよ。

上《うえ》に出《で》ていることばは、みんな、きっときいたことがあるでしょう。これは『ブレーメンの音楽隊《おんがくたい》』というお話《はなし》に出《で》てくるロバのセリフです。『ブレーメンの音《おん》楽隊《がくたい》』は、人間《にんげん》からひどいしうちをうけた動物《どうぶつ》たちが、ブレーメンという夢《ゆめ》のような町《まち》にいくとちゅうで、知恵《ちえ》を出《だ》しあってまぬけなどろぼうをやっつけるお話《はなし》でした。私《わたし》と兄《あに》のヤーコプは「グリム兄《きょう》弟《だい》」として、世《よ》の中《なか》に口伝《くちづた》えで広《ひろ》まっている、このような童話《どうわ》をたくさん集《あつ》め、編集《へんしゅう》して、本《ほん》にしたのです。

私《わたし》と兄《あに》のヤーコプの生《う》まれた家《いえ》はお金《かね》持《も》ちで、私《わたし》たちはなにひとつ不自由《ふじゆう》のない、幸《しあわ》せな生活《せいかつ》を送《おく》っていました。ところがある日《ひ》、父《とう》さんが急《きゅう》に亡《な》くなってしまい、私《わたし》たち家族《かぞく》は、たちまち生活《せいかつ》に困《こま》るようになったのです。でも、家族《かぞく》と力《ちから》をあわせてまずしい生活《せいかつ》を乗《の》りきり、私《わたし》は大学《だいがく》に入《はい》って、歴史《れきし》や法学《ほうがく》の勉強《べんきょう》をしました。勉強《べんきょう》をつづけるうちに、ドイツ土着《どちゃく》の文化《ぶんか》や、民間《みんかん》に伝《つた》わる話《はなし》に興味《きょうみ》をもつようになったのです。そして、いろいろな地方《ちほう》へいっては、おばあちゃんやおじいちゃんたちから民話《みんわ》をきいて集《あつ》めました。

1812年《ねん》には、集《あつ》めた話《はなし》を編集《へんしゅう》して『子《こ》どもと家庭《かてい》のための童話《どうわ》』という本《ほん》にして出版《しゅっぱん》しました。これがのちに世界《せかい》じゅうで読《よ》まれるようになった『グリム童話《どうわ》』です。最初《さいしょ》は口《くち》で伝《つた》わっている話《はなし》をそのまま出《だ》したのですが、「残酷《ざんこく》すぎる」「子《こ》どもが読《よ》むにはこわい」という感想《かんそう》が多《おお》かったので、そのあと、少《すこ》しずつ手直《てなお》しして、子《こ》どもにも楽《たの》しめる形《かたち》にしていきました。たとえば、白雪姫《しらゆきひめ》で、姫《ひめ》を殺《ころ》そうとしたのは、今《いま》は継母《ままはは》になっていますが、もとの話《はなし》ではほんとうのお母《かあ》さんでしたし、赤《あか》ずきんはオオカミに食《た》べられたきりで、きこりに助《たす》けられることはありませんでした。昔《むかし》から伝《つた》わる少《すこ》しこわいお話《はなし》は、もしかしたら、その時代《じだい》の現実《げんじつ》を伝《つた》えているのかもしれません。みなさんは、どちらの結末《けつまつ》が好《す》きですか？

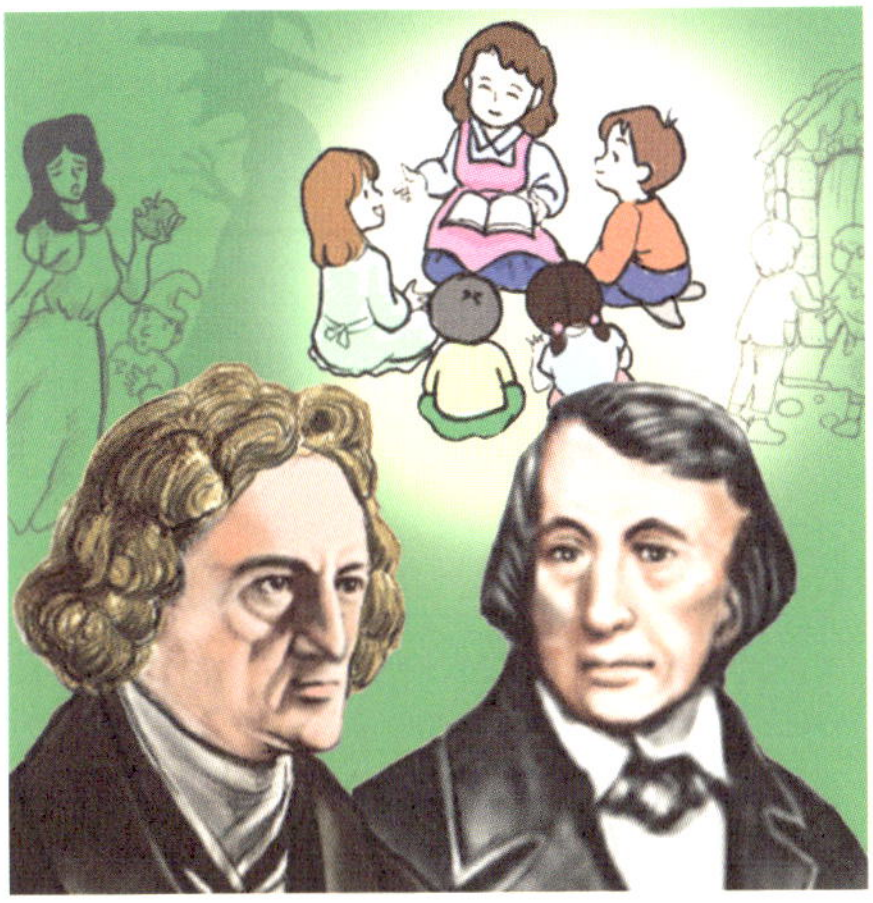

この日《ひ》に生《う》まれた有名人《ゆうめいじん》

シャルル・ルブラン（画家《がか》）／草野仁《くさのひとし》（アナウンサー・キャスター）／スティーブ・ジョブズ（アップル創業者《そうぎょうしゃ》）／アラン・プロスト（F1ドライバー）／コージー冨田《とみた》（お笑《わら》い芸人《げいにん》）

幸《しあわ》せを絵《え》にした画家《がか》

オーギュスト・ルノアール

（1841〜1919年　フランス）

ようやく、絵《え》を描《か》くことについて少《すこ》しわかってきたところだ。

2月25日の偉人

芸術

私《わたし》は、小《ちい》さいときから、絵《え》を描《か》くのがとても好《す》きでした。だから、13歳《さい》で陶器《とうき》に絵《え》を描《か》く人《ひと》の弟子《でし》になり、陶器《とうき》工房《こうぼう》で仕事《しごと》を始《はじ》めたのです。でも、そのうちイギリスで産業革命《さんぎょうかくめい》というものがおこって、機械《きかい》が多《おお》く使《つか》われるようになりました。陶器《とうき》の絵《え》も、機械《きかい》で印刷《いんさつ》するようになったため、私《わたし》の工房《こうぼう》はつぶれてしまいました。

でも、それは私《わたし》にとってはいいチャンスだったのです。その後《ご》、私《わたし》は仕事《しごと》でためたお金《かね》で美術学校《びじゅつがっこう》に入学《にゅうがく》して、はじめてちゃんと絵《え》の勉強《べんきょう》をすることができました。そして、少《すこ》しずつ絵《え》を描《か》いては、コンクールなどに応募《おうぼ》するようになりました。

私《わたし》の描《か》いた絵《え》の多《おお》くは、今《いま》は、「印象派《いんしょうは》」とよばれています。やさしく明《あか》るい色《いろ》あいや筆使《ふでづか》いが特徴的《とくちょうてき》な、やわらかな絵《え》ですが、最初《さいしょ》はあまり人気《にんき》が出《で》ませんでした。絵《え》を描《か》きはじめてまもないころは、たのまれて肖像画《しょうぞうが》を描《か》いて、お金《かね》をもらっていました。そのうち、私《わたし》の絵《え》をいいといってくれる人《ひと》がふえてきました。ファンはだんだんふえていって、最後《さいご》には多《おお》くの人《ひと》に愛《あい》されて、政府《せいふ》から勲章《くんしょう》をもらうほどにまでなったのです。

年《とし》をとるにつれて、リウマチという病気《びょうき》のために、どんどん体《からだ》が、腕《うで》が、指《ゆび》が、動《うご》かなくなっていきました。それでも、私《わたし》は、指《ゆび》のあいだに絵筆《えふで》をはさんでもらいながら、死《し》ぬ直前《ちょくぜん》まで絵《え》を描《か》きつづけたのです。

私《わたし》の絵《え》の多《おお》くは、人間《にんげん》を描《えが》いたものです。中《なか》でもとくに、代表的《だいひょうてき》な絵《え》「ムーラン・ド・ギャレット」や「船遊《ふなあそ》びの昼食《ちゅうしょく》」などのように、光《ひかり》と緑《みどり》の中《なか》で生活《せいかつ》を楽《たの》しむ人《ひと》たちを描《えが》いたものが多《おお》いのです。私《わたし》は、絵《え》がほんとうに大好《だいす》きでした。だから、描《か》いていて楽《たの》しい絵《え》や、見《み》た人《ひと》が楽《たの》しくなる絵《え》が描《か》きたかったのです。みなさんは私《わたし》の絵《え》を見《み》て、どう感《かん》じるでしょう。楽《たの》しくて幸《しあわ》せな気持《きも》ちになってくれたら、私《わたし》も本望《ほんもう》です。

この日《ひ》に生《う》まれた有名人《ゆうめいじん》

ジョージ・ハリスン（ミュージシャン）／寺脇康文《てらわきやすふみ》（俳優《はいゆう》）／有野晋哉《ありのしんや》《よゐこ》（お笑《わら》い芸人《げいにん》）／中澤佑二《なかざわゆうじ》（サッカー選手《せんしゅ》）／松山英樹《まつやまひでき》（プロゴルファー）

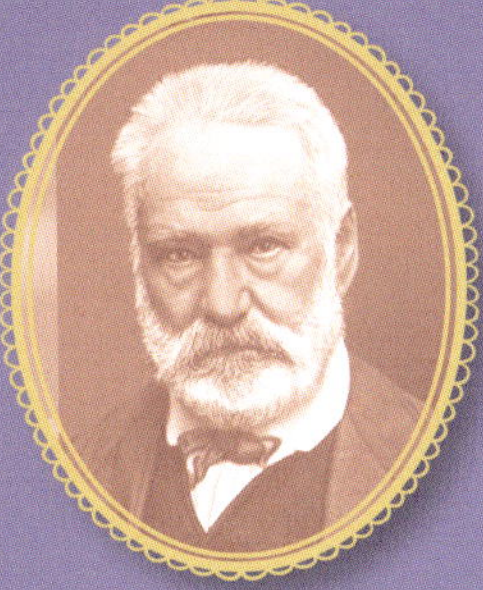

フランス最大《さいだい》の名作《めいさく》を書《か》いた

ヴィクトル・ユーゴー

（1802～1885年　フランス）

常識《じょうしき》があるかどうかは、教育《きょういく》をうけたかどうかとは関係《かんけい》ない。

2月26日の偉人

文化

私《わたし》の名前《なまえ》は知《し》らなくても、『レ・ミゼラブル（ああ、無情《むじょう》）』というお話《はなし》は知《し》っている人《ひと》がいるのではないかな。このお話《はなし》は、ミュージカルや映画《えいが》になっているから、そちらを見《み》たことがあるかもしれない。『レ・ミゼラブル』はおなかがすいてどうしようもなかったときにパンを1本盗《ぬす》み、その後《ご》19年《ねん》も牢屋《ろうや》に入《い》れられたジャン・バルジャンという主人公《しゅじんこう》が、さまざまな苦労《くろう》を乗《の》りこえながら、立《た》ちなおって、正直《しょうじき》さと愛情《あいじょう》を手《て》に入《い》れていくまでの、壮大《そうだい》な物語《ものがたり》だ。

ジャン・バルジャンは、盗人《ぬすっと》だった。教育《きょういく》もまともにうけていなかった。パンを盗《ぬす》んで牢屋《ろうや》に入《い》れられ、社会《しゃかい》を憎《にく》んでいた。だが、たったひとり、自分《じぶん》を信《しん》じてくれる人《ひと》に出会《であ》ったとき、それに感動《かんどう》する心《こころ》をちゃんともっていたのだ。だから、ジャン・バルジャンは、人生《じんせい》を生《い》きなおした。社会《しゃかい》から見《み》すてられたみなし子《ご》を救《すく》い、まちがって逮捕《たいほ》された人間《にんげん》を助《たす》けるために、自分《じぶん》がそれまできずきあげてきた名声《めいせい》と富《とみ》をなげうつという、とても気高《けだか》いことをやってのけるのだ。高《たか》い教育《きょういく》をうけた名家《めいか》の人《ひと》たちでさえできないことを、もと盗人《ぬすっと》がやってみせたのだ。

私《わたし》がこの物語《ものがたり》を書《か》きはじめたのは、43歳《さい》のとき。それから17年《ねん》かけて書《か》きあげた。だから、この物語《ものがたり》には、私《わたし》の人生《じんせい》そのものが入《はい》っている。そして、人生《じんせい》はすばらしいというメッセージがこめられているのだよ。

この本《ほん》が出版《しゅっぱん》されたときちょうど外国《がいこく》にいっていた私《わたし》は、売《う》れゆきがとても気《き》になったので、出版社《しゅっぱんしゃ》に「？」という電報《でんぽう》を打《う》った。そうしたら、「！」という返事《へんじ》が返《かえ》ってきた。これは、世界《せかい》でいちばん短《みじか》い手紙《てがみ》として有名《ゆうめい》になったんだ。その後《ご》、『レ・ミゼラブル』は、フランス最大《さいだい》の名作《めいさく》とまでいわれるようになった。もし、まだ読《よ》んでいない人《ひと》がいたら、ぜひ読《よ》んでみてほしい。

この日《ひ》に生《う》まれた有名人《ゆうめいじん》

リーバイ・ストラウス（リーバイス創業者《そうぎょうしゃ》）／与謝野鉄幹《よさのてっかん》（歌人《かじん》）
岡本太郎《おかもとたろう》（洋画家《ようがか》・彫刻家《ちょうこくか》）／桑田佳祐《くわたけいすけ》（ミュージシャン）／三浦知良《みうらかずよし》（サッカー選手《せんしゅ》）

弱《よわ》き者《もの》、まずしき者《もの》の物語《ものがたり》を書《か》いた

ジョン・エルンスト・スタインベック

（1902〜1968年　アメリカ）

お金《かね》で買《か》えるものは、すべて安《やす》い。

2月 27日 の偉人

文化

私《わたし》が生《う》まれたのは、アメリカのカリフォルニア州《しゅう》の北《きた》のほうにある山間《やまあい》だった。自然《しぜん》の恵《めぐ》みが豊《ゆた》かな場所《ばしょ》だったが、ときに自然《しぜん》のきびしさも味《あじ》わった。数年《すうねん》に一度《いちど》、洪水《こうずい》や干《かん》ばつなどがおこり、農作物《のうさくもつ》がとれなくなって、人々《ひとびと》の生活《せいかつ》はいっきに大変《たいへん》になるのだ。幼《おさな》いころから、そんなようすを見《み》ていたことが、私《わたし》の小説《しょうせつ》のもとのもと――根《ね》っこに残《のこ》っているのだと思《おも》う。

そんな自然《しぜん》の中《なか》で育《そだ》った私《わたし》は、本《ほん》も大《だい》好《す》きだった。有名《ゆうめい》な作家《さっか》の本《ほん》を読《よ》みあさっていたものだ。高校《こうこう》のときは、学級委《がっきゅうい》員《いん》もつとめるような生徒《せいと》だった。だが、私《わたし》は、本《ほん》の中《なか》に書《か》いてあることや、学校《がっこう》で教《おし》えてもらうようなことを知《し》るだけでは、だめな気《き》がしていた。なにかちがうなと感《かん》じていたのだ。だから、高校《こうこう》のころから、休《やす》みになるといなかに出《で》かけ、農場《のうじょう》で働《はたら》いている人《ひと》のようすや、生活《せいかつ》を見《み》てまわった。農場《のうじょう》でアルバイトをさせてもらったこともある。そのあと、いちおう、大学《だいがく》に入《はい》りはしたけれど、そこで教《おし》えられる知識《ちしき》には興味《きょうみ》がなかった。それより、じっさいの人々《ひとびと》の生活《せいかつ》や仕事《しごと》を見《み》たかった。私《わたし》はすっかり学校《がっこう》にいかなくなって、かわりに、農場《のうじょう》や砂糖《さとう》をつくる工場《こうじょう》で働《はたら》いたり、道路工事《どうろこうじ》をしてみたり、とにかく、働《はたら》いている人《ひと》たちといっしょに汗《あせ》を流《なが》して仕事《しごと》をした。

そのころには物語《ものがたり》を書《か》いていこうと決《き》めていたので、けっきょく大学《だいがく》もとちゅうでやめてしまった。そして、大都会《だいとかい》ニューヨークに出《で》て、いろいろな仕事《しごと》をしながら、物語《ものがたり》を書《か》くようになったのだ。

私《わたし》が書《か》く物語《ものがたり》は、働《はたら》く人《ひと》たちの物語《ものがたり》――社会《しゃかい》の中《なか》で苦《くる》しい立場《たちば》にいる人《ひと》たちの物語《ものがたり》だ。自分《じぶん》がじっさいに見《み》て、きいて、体験《たいけん》したことを――人々《ひとびと》の心《こころ》の声《こえ》を、私《わたし》は物語《ものがたり》に生《い》かしていった。だから、真実《しんじつ》に近《ちか》い物語《ものがたり》が書《か》けたのだと思《おも》うし、それが理由《りゆう》で、ノーベル文学賞《ぶんがくしょう》をもらうことができたのだろう。頭《あたま》の中《なか》にある知識《ちしき》だけでは、人《ひと》の心《こころ》を動《うご》かすことはできないのだよ。

この日《ひ》に生《う》まれた有名人《ゆうめいじん》

エリザベス・テイラー（女優《じょゆう》）／徳永英明《とくながひであき》（ミュージシャン）
清水宏保《しみずひろやす》（スピードスケート選手《せんしゅ》）／万城目学《まきめまなぶ》（作家《さっか》）／佐藤隆太《さとうりゅうた》（俳優《はいゆう》）

エッセイの生《う》みの親《おや》

ミシェル・ド・モンテーニュ

（1533～1592年　フランス）

私《わたし》はなにを知《し》っているのだろう？

2月28日の偉人

思想

哲学《てつがく》という学問《がくもん》を知《し》っていますか？哲学《てつがく》とは、世界《せかい》や人間《にんげん》がどういうものなのか、根本的《こんぽんてき》なことを考《かんが》える学問《がくもん》です。私《わたし》は哲学者《てつがくしゃ》で、さまざまなことを考《かんが》え、それを本《ほん》にしました。

私《わたし》が生《い》きていた時代《じだい》、フランスではちょうど、40年《ねん》にもわたる宗教戦争《しゅうきょうせんそう》（異《こと》なる宗教《しゅうきょう》や同《おな》じ宗教《しゅうきょう》の中《なか》での戦争《せんそう》）がおこっていました。キリスト教《きょう》の中《なか》の、カトリックというグループとプロテスタントというグループが、戦争《せんそう》をおこしていたのです。カトリックもプロテスタントも、キリストを神《かみ》さまとして信《しん》じているのは同《おな》じです。ただ、信《しん》じる方法《ほうほう》が少《すこ》しちがうだけ。それなのに、おたがい自分《じぶん》たちこそが正《ただ》しいといって、ケンカしたのです。人《ひと》を救《すく》うはずの宗教《しゅうきょう》が戦争《せんそう》をおこして殺《ころ》しあう原因《げんいん》になることが、私《わたし》には大《たい》変《へん》なショックでした。カトリックのグループからもプロテスタントのグループからも信頼《しんらい》されていた私《わたし》は、なんとか仲裁《ちゅうさい》をしようとしましたが、なかなかうまくはいきませんでした。

その体験《たいけん》から、私《わたし》は、人間《にんげん》は偏見《へんけん》（かたよった見方《みかた》）や、独断《どくだん》（ほかの人《ひと》の考《かんが》えをきかずに、自分《じぶん》ひとりの考《かんが》えだけでものごとを決《き》めること）、そして傲慢《ごうまん》（人《ひと》を見《み》くだして礼儀《れいぎ》を欠《か》くこと）、不寛容《ふかんよう》（ほかの人《ひと》をゆるせないこと）などのような心《こころ》の動《うご》きを打《う》ちやぶらなければいけないと考《かんが》えるようになったのです。そして、考《かんが》えたことを『エセー』という本《ほん》にまとめました。みなさんは「エッセイ」ということばをきいたことがありますか？「エッセイ」というのは、自分《じぶん》が体験《たいけん》したことをもとに、感想《かんそう》や考《かんが》えを書《か》いた文章《ぶんしょう》のスタイルのことです。この文《ぶん》章《しょう》のスタイルは、私《わたし》の書《か》いた『エセー』から生《う》まれたのですよ。

その『エセー』の中《なか》に出《で》てくることばが、「ク・セ・ジュ？」（私《わたし》はなにを知《し》っているのだろう？）です。いつもそうやって自分自身《じぶんじしん》に問《と》いかけることで、偏見《へんけん》や独断《どくだん》、傲慢《ごうまん》、不寛容《ふかんよう》を打《う》ちやぶれるのではないかと、私《わたし》は思《おも》うのです。

この日《ひ》に生《う》まれた有名人《ゆうめいじん》

二葉亭四迷《ふたばていしめい》（作家《さっか》）／ライナス・ポーリング（化学者《かがくしゃ》）／ブライアン・ジョーンズ《ザ・ローリング・ストーンズ》（ミュージシャン）／田原俊彦《たはらとしひこ》（タレント）／菊川怜《きくかわれい》（タレント）

楽《たの》しい音楽《おんがく》とおいしい食《た》べ物《もの》を心《こころ》から愛《あい》した

ジョアッキーノ・ロッシーニ

（1792〜1868年　イタリア）

洗《せん》たくもののリストを見《み》せてみろ。
それに曲《きょく》をつけてやろう。

2月
29日
の偉人

芸術

私《わたし》は多《おお》くの有名《ゆうめい》なオペラを作曲《さっきょく》した。とくに喜劇《きげき》が得意《とくい》で、『セビリアの理髪《りはつ》師《し》』という劇《げき》は大《だい》ヒットしたよ。だが、いちばん有名《ゆうめい》なのは『ウィリアム・テル』だろう。ウィリアム・テルは、じっさいにスイスにいた人《ひと》で、村人《むらびと》たちを苦《くる》しめていた悪代官《あくだいかん》をやっつけたヒーローだ。息子《むすこ》の頭《あたま》の上《うえ》においたリンゴを、矢《や》でうちぬいたという伝説《でんせつ》は、みんなも知《し》っているのではないかな。

そもそも私《わたし》が音楽《おんがく》を始《はじ》めたのは、両親《りょうしん》の影響《えいきょう》だった。私《わたし》の父《ちち》は肉屋《にくや》をしながらホルンという楽器《がっき》をふいていて、母《はは》はパン屋《や》で働《はたら》きながら歌《うた》を歌《うた》っていた。だから、私《わたし》も小《ちい》さいころから音楽《おんがく》の教育《きょういく》をうけて、10代《だい》の終《お》わりにはもうオペラの作《さっ》曲《きょく》を始《はじ》めたんだ。37歳《さい》で『ウィリアム・テル』をつくったあと、私《わたし》は音楽《おんがく》の世界《せかい》から足《あし》を洗《あら》うんだが、それまでに、39作《さく》品《ひん》もオペラをつくった。あのころは、つぎつぎに、曲《きょく》のアイデアがわいてきたものだ。五線紙《ごせんし》が音符《おんぷ》でどんどんうまっていった。そのときは、どんな意味《いみ》のないことばにも、曲《きょく》がつけられそうだった。それだけ夢中《むちゅう》になって、集中《しゅうちゅう》していたんだろう。私《わたし》がつくるオペラはあっというまに評判《ひょうばん》になって、人気《にんき》になった。

でも、『ウィリアム・テル』をつくったあと、集中《しゅうちゅう》の糸《いと》が切《き》れたのだろうか。作曲《さっきょく》をつづける気《き》がなくなってしまってね。私《わたし》は音楽《おんがく》をやめた。それからは、昔《むかし》から好《す》きだった食《た》べ物《もの》に夢中《むちゅう》になったんだ。おいしいものを食《た》べることは人生《じんせい》のいちばんの喜《よろこ》びだよ。自分《じぶん》で料理《りょうり》もたくさん考《かんが》えた（とくにフォアグラとトリュフが好《す》きだったから、よくそれを使《つか》ったものだ）。レストランにいって、メニューに「ロッシーニ風《ふう》」と書《か》いてあったら、それは、私《わたし》が考《かんが》えた料理《りょうり》だ。ぜひ食《た》べてみてほしい。おいしくて、幸《しあわ》せな気持《きも》ちになれるはずだから。

この日《ひ》に生《う》まれた有名人《ゆうめいじん》

原田芳雄《はらだよしお》（俳優《はいゆう》）／赤川次郎《あかがわじろう》（作家《さっか》）／男鹿和雄《おがかずお》（アニメーション美術監督《びじゅつかんとく》）
辻村深月《つじむらみづき》（作家《さっか》）／吉岡聖恵《よしおかきよえ》《いきものがかり》（ミュージシャン）

3月《がつ》生《う》まれの偉《い》人《じん》

ピアノで詩《し》をかなでた天才《てんさい》

フレデリック・ショパン

（1810〜1849年　ポーランド）

私《わたし》はただひとりの人《ひと》にきかせるためだけに、ピアノをひく。

私《わたし》はピアニストで作曲家《さっきょくか》でした。たいていの作曲家《さっきょくか》は、交響曲《こうきょうきょく》など、いろいろな楽器《がっき》で演奏《えんそう》する曲《きょく》をつくりますが、私《わたし》はピアノのための曲《きょく》ばかりつくっていました。それほど、ピアノのかなでる音《おと》が好《す》きだったのです。

ピアノを習《なら》いはじめたのは4歳《さい》のとき。姉《あね》から教《おそ》わったのが最初《さいしょ》です。うちは、父《ちち》も母《はは》も音楽《おんがく》にかかわっていたので、家《か》族《ぞく》そろって、楽器《がっき》ができました。とくに母《はは》はピアノがうまくて、私《わたし》は母《はは》のピアノをきいて、その調《しら》べの美《うつく》しさに泣《な》いてしまったこともあるほどです。私《わたし》がピアノの曲《きょく》ばかりつくって、ずっとピアノからはなれなかったのも、小《ちい》さいころのそんな経験《けいけん》があるからかもしれません。

ピアノをひけるようになると、じきに曲《きょく》をつくるようになりました。そして、7歳《さい》で「ふたつのポロネーズ」を作曲《さっきょく》し、8歳《さい》で人々《ひとびと》の前《まえ》で演奏《えんそう》をして、天才《てんさい》だとさわがれたこともあったのですよ。

20歳《さい》になったとき、私《わたし》は世界《せかい》に出《で》てみようと決心《けっしん》して、国《くに》をはなれました。ですが、そのあいだに、母国《ぼこく》ポーランドでロシアから自由《じゆう》になるための戦《たたか》いがおこり、私《わたし》は愛《あい》する国《くに》に帰《かえ》れなくなってしまいました。その後《ご》、私《わたし》はしかたなくパリへいき、ピアノを教《おし》えながら、作曲《さっきょく》をつづけました。生活《せいかつ》は豊《ゆた》かでしたし、有名《ゆうめい》にもなりました。でも、自分《じぶん》が生《う》まれ育《そだ》った国《くに》――愛《あい》する人《ひと》たちがいる国《くに》に帰《かえ》れなかったり、大好《だいす》きだった人《ひと》と、結核《けっかく》という病気《びょうき》にかかったせいでわかれさせられたり、悲《かな》しいこともたくさん経験《けいけん》したのです。

私《わたし》はけっきょく、病気《びょうき》のため39歳《さい》でこの世《よ》を去《さ》ることになりました。死《し》の直前《ちょくぜん》まで、曲《きょく》をつくることをやめませんでした。ピアノの美《うつく》しい調《しら》べ――それが私《わたし》の人生《じんせい》だったように思《おも》います。私《わたし》の思《おも》いはすべて、私《わたし》がつくった曲《きょく》の中《なか》に生《い》きているのです。

3月
1日
の偉人

芸術

この日《ひ》に生《う》まれた有名人《ゆうめいじん》

芥川龍之介《あくたがわりゅうのすけ》（作家《さっか》）／加藤茶《かとうちゃ》（お笑《わら》い芸人《げいにん》）／ロン・ハワード（映画監督《えいがかんとく》）
中山美穂《なかやまみほ》（女優《じょゆう》）／五郎丸歩《ごろうまるあゆむ》（ラグビー選手《せんしゅ》）

アメリカとの冷《つめ》たい戦争《せんそう》をやめた大統領《だいとうりょう》

ミハイル・ゴルバチョフ

（1931年〜　ロシア）

相手《あいて》に平和《へいわ》をあたえる人《ひと》は、自分《じぶん》も平和《へいわ》をえることになります。

3月
2日
の偉人

政治

　私《わたし》は、今《いま》のロシアがまだソビエト連邦《れんぽう》という国《くに》だったころ、農民《のうみん》の子《こ》として生《う》まれました。勉強《べんきょう》することは好《す》きでしたから、学校《がっこう》の成績《せいせき》はとてもよかったですね。うちは裕福《ゆうふく》ではなかったので、学校《がっこう》へかよいながら、農家《のうか》の仕事《しごと》も手伝《てつだ》っていました。コンバインをそうじゅうするのが、私《わたし》の担当《たんとう》でした。その仕事《しごと》ぶりがみとめられて、政府《せいふ》から賞《しょう》をもらい、特別《とくべつ》にモスクワ大学《だいがく》へ入《はい》ることができたのです。大学《だいがく》を出《で》たあとは、地方《ちほう》で役人《やくにん》になりました。

　当時《とうじ》のソビエトは、アメリカと仲《なか》が悪《わる》く、戦争《せんそう》の道具《どうぐ》をつくるのにたくさんのお金《かね》を使《つか》っていました。じっさいに攻撃《こうげき》をしあっていたわけではありませんが、戦争《せんそう》をしたときに勝《か》てるように核兵器《かくへいき》などをどんどんつくっていたのです（これを「冷《つめ》たい戦争《せんそう》＝冷戦《れいせん》」といいます）。そのせいで、国民《こくみん》の生活《せいかつ》はとても苦《くる》しく、犯罪《はんざい》は多《おお》く、社会《しゃかい》は混乱《こんらん》していました。私《わたし》はそれを変《か》えたかった。ソビエトは民主主義《みんしゅしゅぎ》ではなく共産主義《きょうさんしゅぎ》という制度《せいど》をとっていたので、国《くに》のえらい人《ひと》たちがすべてを決《き》めていました。ふつうの国民《こくみん》が政治《せいじ》に参加《さんか》することはできませんでした。だから私《わたし》は、政治《せいじ》のリーダーになろうと決《き》めたのです。そこで、地方《ちほう》で力《ちから》を発揮《はっき》して出世《しゅっせ》しながら、通信制《つうしんせい》の大学《だいがく》で勉強《べんきょう》をつづけました。そしてついに、ソビエトでいちばんえらい書記長《しょきちょう》になったのです。

　そのあとは、国民《こくみん》が幸《しあわ》せになるようにさまざまな改革《かいかく》を進《すす》めました。私《わたし》がおこなった改革《かいかく》は「ペレストロイカ（立《た》てなおし）」とよばれています。また、兵器《へいき》や兵士《へいし》の数《かず》をへらすことを決《き》め、アメリカなどの国々《くにぐに》と戦《たたか》うこともやめました。それが理由《りゆう》で、ノーベル平和賞《へいわしょう》をもらうことができたのです。でも、私《わたし》がおこなったことがほんとうの平和《へいわ》につながるかどうか、それはこれから生《い》きる人《ひと》たちにかかっています。みなさんの手《て》で、ぜひ、平和《へいわ》な世界《せかい》をつくってください。

この日《ひ》に生《う》まれた有名人《ゆうめいじん》

B・スメタナ（作曲家《さっきょくか》）／A・I・オパーリン（化学者《かがくしゃ》）／トム・ウルフ（作家《さっか》）
カレン・カーペンター（歌手《かしゅ》）／ジョン・ボン・ジョヴィ《ボン・ジョヴィ》（ミュージシャン）

電話《でんわ》をつくりだした発明家《はつめいか》

グラハム・ベル

(1847〜1922年　アメリカ)

**ひとつドアがとじたら、別《べつ》のドアがあく。
とじたドアに目《め》をうばわれていると、
あいたドアに気《き》づかない。**

今《いま》は、電話《でんわ》がない生活《せいかつ》なんて、想像《そうぞう》できないでしょう？　でも、昔《むかし》は電話《でんわ》なんてありませんでした。私《わたし》は、今《いま》からおよそ140年前《ねんまえ》、電話《でんわ》の原理《げんり》を発明《はつめい》したのです。

私《わたし》の家《いえ》では、祖父《そふ》の代《だい》から、発声《はっせい》の研究《けんきゅう》をしていました。父《ちち》は、声《こえ》を出《だ》す口《くち》の動《うご》きを文字《もじ》にしてあらわす方法《ほうほう》を発明《はつめい》しています。また、まだ私《わたし》が少年《しょうねん》のころに、母《はは》の耳《みみ》が悪《わる》くなり、ついにはきこえなくなってしまいました。だから、私《わたし》は、人《ひと》の声《こえ》や音《おと》が出《で》るしくみや、その伝《つた》わり方《かた》を知《し》りたいと思《おも》うようになったのです。声《こえ》や音《おと》がどうやってつくられて、ことばとなり、ほかの人《ひと》にどう伝《つた》わっているのかがわかれば、そのしくみを利用《りよう》して、耳《みみ》がきこえない人《ひと》たちの役《やく》に立《た》つ発明《はつめい》ができるかもしれないと考《かんが》えたのです。

私《わたし》はそのしくみに集中《しゅうちゅう》して、学《まな》び、研究《けんきゅう》をつづけました。25歳《さい》のときには、耳《みみ》の不自由《ふじゆう》な人《ひと》のための学校《がっこう》をひらきました。そうそう、ヘレン・ケラーにサリバン先生《せんせい》を紹介《しょうかい》したのも、私《わたし》なのですよ。あとで、ヘレン・ケラーにはとても感謝《かんしゃ》されました。

そういう活動《かつどう》をしながら、私《わたし》は実験《じっけん》をくりかえしました。しばらくは大学《だいがく》で教《おし》えて、生活《せいかつ》や実験《じっけん》にかかるお金《かね》をかせいでいたのですが、実験《じっけん》をする時間《じかん》がなかなかとれなかったので、仕事《しごと》をやめ、研究《けんきゅう》だけするようになったのです。実験《じっけん》をくりかえすうちに、音《おと》を伝《つた》える音波《おんぱ》は、電気《でんき》でもつくることができるのではないかと気《き》づきました。これが、電流《でんりゅう》で音声《おんせい》を送《おく》るしくみ——電話《でんわ》のもととなりました。人類《じんるい》が最初《さいしょ》に電話《でんわ》で伝《つた》えたことばは私《わたし》のなにか、知《し》っていますか？　それは「ワトソンくん、ちょっとこっちにきてくれ」ということばでした。

発明《はつめい》をする人《ひと》はみんなそうだと思《おも》うのですが、なにか人《ひと》の役《やく》に立《た》ちたい、人《ひと》を助《たす》けてあげたいと思《おも》うことが、すべてのはじまりなのです。そういう思《おも》いが、歴史《れきし》をつくってきたのだと思《おも》いますよ。

3月
3日
の偉人

科学

この日《ひ》に生《う》まれた有名人《ゆうめいじん》

正宗白鳥《まさむねはくちょう》(作家《さっか》)／村山富市《むらやまとみいち》(第《だい》81代内閣総理大臣《だいないかくそうりだいじん》)
いぬいとみこ(児童文学作家《じどうぶんがくさっか》)／大森一樹《おおもりかずき》(映画監督《えいがかんとく》)／ジーコ(サッカー選手《せんしゅ》・監督《かんとく》)

人生《じんせい》を謳歌《おうか》した作曲家《さっきょくか》

アントニオ・ヴィヴァルディ

（1678〜1741年　イタリア）

人《ひと》をねたむ気持《きも》ちは、心《こころ》を食《く》いつくしてしまう。

ヴィヴァルディといえば「四季《しき》」といわれるほど、「四季《しき》」は有名《ゆうめい》な曲《きょく》です。その中《なか》でもとくに「春《はる》」は、あちこちで耳《みみ》にする機会《きかい》があるのではないでしょうか。小鳥《ことり》たちがあたたかい日《ひ》ざしの中《なか》でさえずっているようすを思《おも》わせる「春《はる》」、てりつける太陽《たいよう》と嵐《あらし》のはげしさをあらわした「夏《なつ》」、自然《しぜん》のみのりの豊《ゆた》かさを表現《ひょうげん》した「秋《あき》」、きびしい寒《さむ》さと家《いえ》の中《なか》のあたたかさを同時《どうじ》に感《かん》じさせる「冬《ふゆ》」——4つのパートからできている「四季《しき》」は、私《わたし》の代表作《だいひょうさく》です。

私《わたし》は、水《みず》の都《みやこ》ヴェネツィアで生《う》まれました。私《わたし》の父《ちち》は理髪師《りはつし》をしながら、教会《きょうかい》でバイオリン弾《ひ》きをしていました。私《わたし》は幼《おさな》いころは父《ちち》にバイオリンを習《なら》い、少年《しょうねん》になると、教会《きょうかい》の学校《がっこう》に入《はい》って、音楽《おんがく》を習《なら》いました。そしてそのまま教会《きょうかい》で司祭《しさい》になり、親《おや》のいない子《こ》どもたちのための施設《しせつ》、ピエタ養育院《よういくいん》で働《はたら》くことになったのです。

ピエタ養育院《よういくいん》では、楽器《がっき》を子《こ》どもたちに教《おし》えながら、作曲《さっきょく》をしました。コンサートをたくさんひらいて、私《わたし》がつくった曲《きょく》を子《こ》どもたちに演奏《えんそう》させたところ、それが評判《ひょうばん》になって、私《わたし》はたちまち人気作《にんきさっ》曲家《きょくか》になりました。外国《がいこく》から、わざわざコンサートを見《み》にくる人《ひと》たちもいたくらいだったのですよ。人気作曲家《にんきさっきょくか》になった私《わたし》は、オペラまでつくるようになり、これも大変《たいへん》な人気《にんき》になりました。今《いま》は「四季《しき》」ぐらいしか知《し》られていないかもしれませんが、ずいぶんたくさん曲《きょく》をつくったのですよ。ぜんぶあわせたら、800曲《きょく》くらいあるのではないでしょうか。

ですが、人気《にんき》は長《なが》くつづきませんでした。聖職者《せいしょくしゃ》なのに、オペラのような派手《はで》な世界《せかい》にかかわったことが教会《きょうかい》の人《ひと》たちの気《き》にさわったのかもしれません。人気《にんき》が落《お》ちた私《わたし》はヴェネツィアにいられなくなり、となりのオーストリアにいって、そこの粗末《そまつ》な宿《やど》で息《いき》を引《ひ》きとりました。

成功《せいこう》と失敗《しっぱい》——いろいろあった人生《じんせい》でしたが、私《わたし》が残《のこ》した曲《きょく》の数々《かずかず》は、人生《じんせい》の喜《よろこ》びにあふれています。機会《きかい》があったら、ぜひきいてみてください。

3月

4日

の偉人

芸術

この日《ひ》に生《う》まれた有名人《ゆうめいじん》

エンリケ（航海王子《こうかいおうじ》）／有島武郎《ありしまたけお》（作家《さっか》）／佐野史郎《さのしろう》（俳優《はいゆう》）
浅野温子《あさのあつこ》（女優《じょゆう》）／野島伸司《のじましんじ》（脚本家《きゃくほんか》）

アトラスをつくった地理学者《ちりがくしゃ》

ゲラルドゥス・メルカトル

（1512～1594年　ベルギー）

それまでの哲学者《てつがくしゃ》たちのいい分《ぶん》が信《しん》じられなくなったので、自分《じぶん》で自然《しぜん》の秘密《ひみつ》を調《しら》べてみることにした。

みんなは、アトラスということばを知《し》っているかな？　今《いま》、アトラスというと、地図帖《ちずちょう》のことをさすが、もともとはギリシャ神話《しんわ》に登場《とうじょう》する、天空《てんくう》を背負《せお》っている巨人《きょじん》のことだった。私《わたし》がつくった地図《ちず》帖《ちょう》をその巨人《きょじん》の名《な》でよんだことから、地《ち》図帖《ずちょう》をアトラスとよぶようになったのだ。

地図《ちず》にはいろいろな種類《しゅるい》があるということは知《し》っているか？　世界地図《せかいちず》とか日《に》本地図《ほんちず》とかいうことではなく、描《か》き方《かた》のちがいによる種類《しゅるい》だぞ。そもそも、地球《ちきゅう》はボールのような球形《きゅうけい》だ。それを1枚《まい》の紙《かみ》の上《うえ》に描《か》きあらわそうとするからむずかしいわけだ。むずかしくいうと、3次《じ》元《げん》の世界《せかい》を2次元《じげん》であらわそうとするから、いろんな問題《もんだい》が出《で》てくるわけだ。2次元《じげん》だと、角度《かくど》と距離《きょり》、面積《めんせき》をぜんぶ正《せい》確《かく》にあらわすことができないからね。だから昔《むかし》は、いろんな地図《ちず》の描《か》き方《かた》があった。

私《わたし》が生《い》きた時代《じだい》は「大航海時代《だいこうかいじだい》」といって、世界《せかい》を船《ふね》で探検《たんけん》し、貿易《ぼうえき》をすることがさかんにおこなわれていた。それなのに、まともな地図《ちず》がない。だから私《わたし》は、広《ひろ》い海《うみ》でもコンパス（磁石《じしゃく》を使《つか》って方角《ほうがく》を知《し》る道具《どうぐ》）だけで航海《こうかい》できる地図《ちず》がつくれないものだろうかと考《かんが》えた。地図《ちず》の上《うえ》に目的地《もくてきち》までの直線《ちょくせん》を引《ひ》き、その角度《かくど》に船《ふね》の進行方向《しんこうほうこう》をあわせるだけですむように地図《ちず》を描《か》くことができれば、海《うみ》での遭難《そうなん》もへるにちがいないとな。

そうして試行錯誤《しこうさくご》した結果《けっか》できたのが、今《いま》、みんながよく目《め》にする世界地図《せかいちず》だ。この種類《しゅるい》の世界地図《せかいちず》は、私《わたし》の名前《なまえ》をとって「メルカトル図法《ずほう》」の地図《ちず》とよばれている。ただ、角度《かくど》を重視《じゅうし》しているから、面積《めんせき》は正確《せいかく》にあらわせないがね。面積《めんせき》を正確《せいかく》にあらわしているのは「モルワイデ図法《ずほう》」の地図《ちず》だ。それぞれ、どういう目《もく》的《てき》で使《つか》うかによって、地図《ちず》を選《えら》べばいいのだよ。しかし、私《わたし》が考《かんが》えだした地図《ちず》で、みんなが安全《あんぜん》に航海《こうかい》できるようになったのはたしかなんだ。

3月
5日
の偉人

社会

この日《ひ》に生《う》まれた有名人《ゆうめいじん》

周恩来《しゅうおんらい》（政治家《せいじか》）／北条司《ほうじょうつかさ》（漫画家《まんがか》）／原西孝幸《はらにしたかゆき》《FUJIWARA》（お笑《わら》い芸人《げいにん》）／熊川哲也《くまかわてつや》（バレエダンサー）／松山《まつやま》ケンイチ（俳優《はいゆう》）

神《かみ》とまでいわれた芸術家《げいじゅつか》

ミケランジェロ・ブオナローティ

（1475～1564年　イタリア）

いちばん危険《きけん》なのは、目標《もくひょう》が高《たか》すぎて達成《たっせい》できないことではない。低《ひく》すぎる目標《もくひょう》を達成《たっせい》してしまうことだ。

私《わたし》は彫刻家《ちょうこくか》であり、画家《がか》であり、建築家《けんちくか》です。そして、そのどの分野《ぶんや》でも、歴史《れきし》に残《のこ》る作品《さくひん》をつくり、史上最高《しじょうさいこう》の芸術家《げいじゅつか》とよばれるようになりました。

芸術《げいじゅつ》に興味《きょうみ》をもったのは、ほんとうに幼《おさな》いころです。小《ちい》さいころ母《はは》を亡《な》くした私《わたし》はしばらくのあいだ石工《いしく》の家《いえ》にあずけられていたので、石《いし》のかたまりから像《ぞう》が生《う》まれていくさまを見《み》て育《そだ》ちました。そのころからもう、彫刻《ちょうこく》や絵《え》に夢中《むちゅう》になっていたのです。13歳《さい》のときに画家《がか》に弟子《でし》入《い》りして絵《え》を、そのあとは彫刻《ちょうこく》を学《まな》び、すぐに才能《さいのう》をみとめられるようになりました。が、ほんとうに才能《さいのう》が花《はな》ひらいたのは、21歳《さい》でローマに移《うつ》ってからです。

まずは「ピエタ」という彫刻《ちょうこく》が奇跡《きせき》だと絶賛《ぜっさん》されました。これは、死《し》んで十字架《じゅうじか》からおろされたキリストを、母《はは》のマリアがひざに抱《だ》いて悲《かな》しんでいる姿《すがた》をあらわしたものです。また、聖書《せいしょ》のヒーロー「ダビデ」を、大《おお》きな大理石《だいりせき》のかたまりから彫《ほ》りあげてみせました。どちらも生《い》きているような像《ぞう》ですよ。ぜひ、自分《じぶん》の目《め》でたしかめてみてください。

その後《ご》、法王《ほうおう》ユリウス2世《せい》からシスティーナ礼拝堂《れいはいどう》の天井画《てんじょうが》を描《か》くことを命《めい》じられました。地上《ちじょう》18メートルの天井《てんじょう》に、たて13メートル、横《よこ》40メートルにわたる絵《え》を描《か》けというのです。足場《あしば》をつくって高《たか》いところにのぼり、4年《ねん》かけて描《か》きあげました。そのあいだ、ずっと上《うえ》をむいて描《か》いていたのですから、どれだけ大変《たいへん》だったことか！　でも苦労《くろう》のかいあって、のちに哲学者《てつがくしゃ》のゲーテが「人間《にんげん》がどれほど偉大《いだい》なことをなしとげられるか、ミケランジェロの大壁画《だいへきが》を見《み》るまでは、誰《だれ》もわからないだろう」とほめてくれました。

そのあとも私《わたし》は、彫刻《ちょうこく》をつくり、絵《え》を描《か》きつづけました。60歳《さい》になったとき、代表作《だいひょうさく》のひとつである「最後《さいご》の審判《しんぱん》」を描《か》きはじめました。これも、たて・横《よこ》13メートルの大《おお》きな壁画《へきが》です。完成《かんせい》まで7年近《ねんちか》くかかりました。その後《ご》、ローマのサン・ピエトロ大聖堂《だいせいどう》の設計《せっけい》にとりかかり、デザインがしあがった88歳《さい》のときに、息《いき》を引《ひ》きとりました。死《し》ぬまで作品《さくひん》をつくりつづけられたのは、芸術家《げいじゅつか》としてとても幸《しあわ》せだったと思《おも》います。

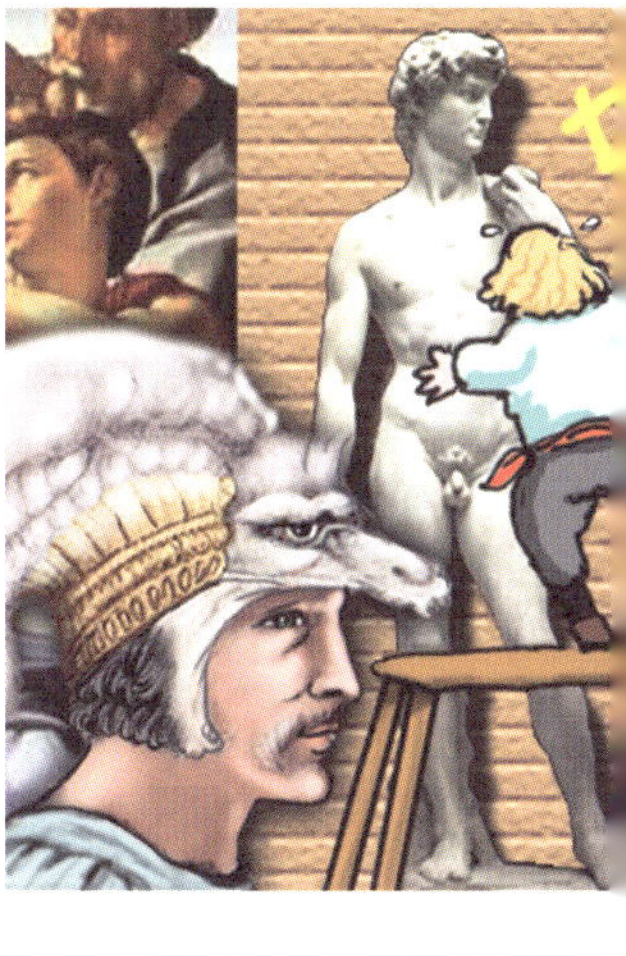

この日《ひ》に生《う》まれた有名人《ゆうめいじん》

ワレンチナ・テレシコワ（宇宙飛行士《うちゅうひこうし》）／春風亭小朝《しゅんぷうていこあさ》（落語家《らくごか》）／柳沢慎吾《やなぎさわしんご》（タレント）／今中慎二《いまなかしんじ》（野球選手《やきゅうせんしゅ》）／シャキール・オニール（バスケットボール選手《せんしゅ》）

オーケストラの魔術師《まじゅつし》

モーリス・ラヴェル

（1875～1937年　フランス）

私《わたし》が愛《あい》したのは、音楽《おんがく》だけだ。

3月
7日
の偉人

芸術

私《わたし》は、音楽《おんがく》好《ず》きの父《ちち》の影響《えいきょう》をうけて6歳《さい》ごろからピアノの勉強《べんきょう》を始《はじ》め、14歳《さい》でパリ音楽院《おんがくいん》に入学《にゅうがく》し、14年間《ねんかん》、そこで音楽《おんがく》を学《まな》びました。そして、まだ学生《がくせい》のうちに作曲家《さっきょくか》としてデビューをはたし、のちの世《よ》まで残《のこ》るような曲《きょく》「亡《な》き王女《おうじょ》のためのパヴァーヌ」「水《みず》の戯《たわむ》れ」をつくったのです。

その当時《とうじ》、フランスでは、芸術《げいじゅつ》を学《まな》ぶ学生《がくせい》を対象《たいしょう》にした、ローマ大賞《たいしょう》という賞《しょう》がありました。大賞《たいしょう》になった人《ひと》は、奨学《しょうがく》金《きん》がもらえ、留学《りゅうがく》もさせてもらえるのです。私《わたし》は25歳《さい》のときから5回《かい》、その賞《しょう》に応募《おうぼ》したのですが、ぜんぶ落選《らくせん》してしまいました。最後《さいご》の年《とし》などは、予選《よせん》で落《お》ちてしまったのです。そのころはもう作曲《さっきょく》家《か》として、世《よ》の中《なか》の人《ひと》にみとめられていた私《わたし》が予選《よせん》落《お》ちしたことはとても話題《わだい》になりました。けっきょく、審査《しんさ》に不正《ふせい》があったということで、パリ音楽院《おんがくいん》院長《いんちょう》がクビになってしまいました。

その後《ご》、第《だい》1次世界大戦《じせかいたいせん》が始《はじ》まり、私《わたし》はトラックの輸送部隊《ゆそうぶたい》として戦争《せんそう》にいきました。そのあいだに、大好《だいす》きだった母《はは》が亡《な》くなり、さらに、戦争《せんそう》で友人《ゆうじん》も亡《な》くした私《わたし》は、気力《きりょく》を失《うしな》ってしまい、あまり曲《きょく》をつくれなくなるのです。53歳《さい》のとき、代表作《だいひょうさく》となる「ボレロ」をつくることができましたが、じつはそのころから、記《き》憶障害《おくしょうがい》と失語症《しつごしょう》をわずらっていました。ことばがなかなか出《で》てこなかったり、文《も》字《じ》を書《か》こうとしても、手《て》がいうことをきかなかったり……短《みじか》い手紙《てがみ》を書《か》くのにも、辞書《じしょ》を引《ひ》きながら、1週間《しゅうかん》もかかるようになったのです。頭《あたま》の中《なか》には音楽《おんがく》が流《なが》れているのに、曲《きょく》のアイデアはわいてきているのに、それを形《かたち》にすることができなくなってしまったのです。

死《し》ぬまで頭《あたま》の中《なか》で鳴《な》っていた音楽《おんがく》を残《のこ》すことができなかったのは残念《ざんねん》でしかたありませんが、私《わたし》が残《のこ》した曲《きょく》はぜひきいてみてください。静《しず》かで美《うつく》しい調《しら》べと、なにかをこわすような爆発《ばくはつ》——曲《きょく》の中《なか》には私自身《わたしじしん》がいるのだと思《おも》います。

この日《ひ》に生《う》まれた有名人《ゆうめいじん》

安部公房《あべこうぼう》（作家《さっか》）／オール阪神《はんしん》《オール阪神《はんしん》・巨人《きょじん》》（漫才師《まんざいし》）

イワン・レンドル（テニス選手《せんしゅ》）／矢沢《やざわ》あい（漫画家《まんがか》）／チャン・ドンゴン（俳優《はいゆう》）

核分裂《かくぶんれつ》を発見《はっけん》してしまった科学者《かがくしゃ》

オットー・ハーン

（1879〜1968年　ドイツ）

私《わたし》は心《こころ》から恥《は》じている。

3月8日の偉人

科学

私《わたし》はドイツの科学者《かがくしゃ》で、ウランという元素《げんそ》に中性子《ちゅうせいし》（原子《げんし》の一部《いちぶ》）をあてると、核分裂《かくぶんれつ》という反応《はんのう》がおこって、すさまじいエネルギーを放出《ほうしゅつ》することを発見《はっけん》しました。核分裂《かくぶんれつ》は科学《かがく》の世界《せかい》ではとても大《おお》きな発見《はっけん》でしたから、私《わたし》はそれを発表《はっぴょう》しました。ちょうど、世界《せかい》で大《おお》きな戦争《せんそう》がおころうとしているときでした。

その後《ご》、なにがおきたか、みなさんはよく知《し》っているでしょう。そう、アメリカがその核分裂《かくぶんれつ》の発見《はっけん》を利用《りよう》して、とてつもない威力《いりょく》の原子爆弾《げんしばくだん》をつくり、日本《にほん》の広島《ひろしま》と長崎《ながさき》に落《お》としたのです。私《わたし》は、兵器《へいき》をつくるために、核分裂《かくぶんれつ》の研究《けんきゅう》をしていたわけではありません。人類《じんるい》の未来《みらい》になにか役立《やくだ》てるよう、研究《けんきゅう》していたのです。もちろん、核分裂《かくぶんれつ》の研究《けんきゅう》をしていたのは私《わたし》だけではありませんでしたから、私《わたし》が発見《はっけん》・発表《はっぴょう》しなくても、誰《だれ》かがそのうち、かわりに発見《はっけん》していたことでしょう。けれど、私《わたし》の発見《はっけん》が悪魔《あくま》の兵器《へいき》を生《う》みだしてしまったことにかわりはありません。

広島《ひろしま》と長崎《ながさき》に原爆《げんばく》が落《お》とされる前《まえ》の年《とし》に、私《わたし》は核分裂《かくぶんれつ》の発見《はっけん》をしたことで、ノーベル賞《しょう》をもらいました。でも、つぎの年《とし》におきた原爆投下《げんばくとうか》でたくさんの人《ひと》たちがむごたらしい死《し》に方《かた》をしたことで、そんな名誉《めいよ》などふきとびました。それに、私《わたし》がくらしていたドイツは戦争《せんそう》のあいだ、ナチスというグループに支配《しはい》されていて、たくさんのユダヤ人《じん》がなんの理由《りゆう》もなく殺《ころ》されていました。私《わたし》は心《こころ》の中《なか》ではナチスのやり方《かた》に反対《はんたい》していましたが、声《こえ》を出《だ》して、やめさせようとはしませんでした。

戦争《せんそう》が終《お》わったあと、私《わたし》は平和《へいわ》のための運動《うんどう》に全力《ぜんりょく》でとりくむようになりました。核《かく》のエネルギーは、平和《へいわ》のために使《つか》われなければなりません。そして、科学者《かがくしゃ》は、科学《かがく》が悪用《あくよう》されないように、声《こえ》をあげつづけなければいけないのです。

この日《ひ》に生《う》まれた有名人《ゆうめいじん》

水上勉《みなかみつとむ》（作家《さっか》）／水木《みずき》しげる（漫画家《まんがか》）／高木《たかぎ》ブー（お笑《わら》い芸人《げいにん》）
平松愛理《ひらまつえり》（ミュージシャン）／桜井和寿《さくらいかずとし》《Mr.Children》（ミュージシャン）

人類《じんるい》ではじめて宇宙《うちゅう》へいった

ユーリ・ガガーリン

（1934～1968年　ロシア）

地球《ちきゅう》は青《あお》かった。

私《わたし》は、人類《じんるい》でいちばんはじめに宇宙《うちゅう》へいった宇宙飛行士《うちゅうひこうし》です。

学校《がっこう》で飛行機《ひこうき》クラブに入《はい》り、空《そら》を飛《と》ぶことが好《す》きになった私《わたし》は、卒業後《そつぎょうご》、空軍《くうぐん》に入《はい》ってパイロットになりました。ちょうどそのころ、アメリカとソ連《れん》（今《いま》のロシアなど）はとても仲《なか》が悪《わる》く、あらゆる分野《ぶんや》であらそっていました。宇宙開発《うちゅうかいはつ》の分野《ぶんや》でも、どちらが先《さき》に人間《にんげん》を宇宙《うちゅう》にいかせることができるか、競争《きょうそう》していたのです。空軍《くうぐん》に入《はい》った私《わたし》も、宇宙飛行士《うちゅうひこうし》になるためのきびしい訓練《くんれん》をうけることになりました。そして、ついに、人間《にんげん》が乗《の》ったロケットをソ連《れん》が宇宙《うちゅう》へ打《う》ちあげることになったとき、私《わたし》がその飛行士《ひこうし》として選《えら》ばれたのです。私《わたし》が選《えら》ばれた理由《りゆう》は、小《ちい》さなロケットに乗《の》れるくらいの背《せ》の高《たか》さだったとか、労働階級出身《ろうどうかいきゅうしゅっしん》だったからとかいろいろありますが、どんな状況《じょうきょう》でも笑顔《えがお》でいられたからというのもあるようです。

１９６１年《ねん》4月《がつ》12日午前《にちごぜん》9時《じ》7分《ふん》に、27歳《さい》の私《わたし》ひとりを乗《の》せた人工衛星《じんこうえいせい》「ボストーク1号《ごう》」はバイコヌール宇宙基地《うちゅうきち》から打《う》ちあげられ、宇宙《うちゅう》へ旅《たび》だちました。そして、大気圏《たいきけん》の外《そと》を時速《じそく》2万《まん》７４００キロメートルで1周《しゅう》し、１０８分後《ぷんご》に地球《ちきゅう》に帰還《きかん》しました。

このとき、私《わたし》がぶじに地球《ちきゅう》に帰《かえ》ってこられる可能性《かのうせい》はどのくらいあったと思《おも》いますか？

じつはたったの50％です。どうしてもアメリカとの競争《きょうそう》に勝《か》ちたかったソ連《れん》は、少《すく》ない可能性《かのうせい》にかけて、ロケットを飛《と》ばしたのです。私《わたし》は出発《しゅっぱつ》する前《まえ》に、遺書《いしょ》を書《か》いて残《のこ》しておきました。ぶじに帰《かえ》れるかどうかわからない――それでも、私《わたし》は出発前《しゅっぱつまえ》も冷静《れいせい》で、笑顔《えがお》でいました。地球《ちきゅう》にもどってくるとき、帰還用《きかんよう》カプセルの切《き》りはなしができなくて、もうちょっとで燃《も》えつきそうになったのですが、なんとか切《き》りぬけられたのも、私《わたし》の気持《きも》ちのもちようのせいかもしれません。

私《わたし》は人類《じんるい》ではじめて、肉眼《にくがん》で宇宙《うちゅう》から地球《ちきゅう》を見《み》ることができたのです。そのときの感激《かんげき》はずっと忘《わす》れられません。

この日《ひ》に生《う》まれた有名人《ゆうめいじん》

アメリゴ・ヴェスプッチ（探検家《たんけんか》）／ミラボー（フランス革命指導者《かくめいしどうしゃ》）／篠田正浩《しのだまさひろ》（映画監督《えいがかんとく》）
カルロス・ゴーン（日産自動車《にっさんじどうしゃ》CEO）／木梨憲武《きなしのりたけ》《とんねるず》（タレント）

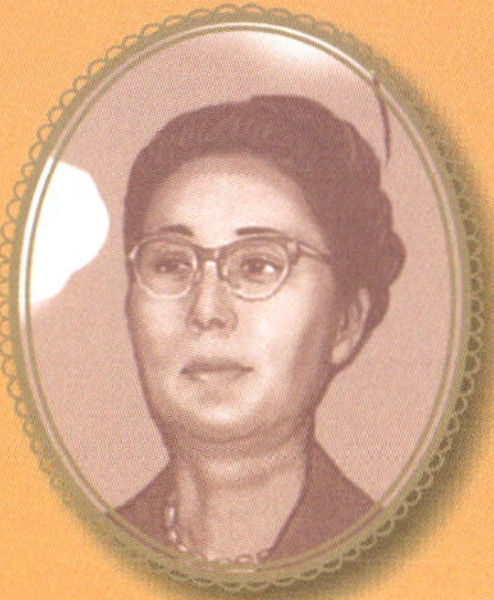

日本《にほん》の子《こ》どもの本《ほん》の土台《どだい》をつくった

石井桃子《いしいももこ》

（1907〜2008年　日本）

子《こ》どもたちよ、子《こ》ども時代《じだい》をしっかりと楽《たの》しんでください。
大人《おとな》になってから、あなたをささえてくれるのは、
子《こ》ども時代《じだい》の「あなた」です。

みなさんは、まだ小《ちい》さかったころ、どんな絵本《えほん》を読《よ》んでいましたか？　『ちいさいおうち』という絵本《えほん》を読《よ》んだことはありますか？　『うさこちゃん』のシリーズは？　『くまのプーさん』なら、知《し》っているでしょうか？　私《わたし》は、外国《がいこく》の楽《たの》しい絵本《えほん》や本《ほん》をさがしてきては日本《にほん》の子《こ》どものために訳《やく》したり、自分《じぶん》でも本《ほん》を書《か》いたりと、一生《いっしょう》をとおして子《こ》どもの本《ほん》づくりにかかわりつづけました。

私《わたし》は、大学《だいがく》で英文学《えいぶんがく》を勉強《べんきょう》して、卒業《そつぎょう》してから出版社《しゅっぱんしゃ》で本《ほん》づくりにかかわるようになりました。そのとき、首相《しゅしょう》をしていた犬養《いぬかい》さんの家《いえ》で本《ほん》の整理《せいり》をしたことがきっかけで、子《こ》どもたち（犬飼首相《いぬかいしゅしょう》から見《み》れば、お孫《まご》さん）の家庭教師《かていきょうし》をすることになったのです。そこで、私《わたし》は、ある1冊《さつ》の本《ほん》と運命的《うんめいてき》な出会《であ》いをはたしました——その本《ほん》こそ、英語版《えいごばん》の『くまのプーさん　プー横丁《よこちょう》にたった家《いえ》』です。その本《ほん》は、犬養家《いぬかいけ》の子《こ》どもたちへのクリスマスプレゼントでした。でも、子《こ》どもたちは英語《えいご》を読《よ》めませんから、私《わたし》が少《すこ》しずつ訳《やく》しながら、読《よ》みきかせをすることにしたのです。ところが、この物語《ものがたり》のおもしろいことといったら！　私《わたし》はすっかり夢中《むちゅう》になりました。このときから、子《こ》どもの本《ほん》とのかかわりが始《はじ》まったのだと思《おも》います。

私《わたし》はつぎつぎに、外国《がいこく》のおもしろい本《ほん》をさがしてきては、日本《にほん》の子《こ》どもたちのために自分《じぶん》で翻訳《ほんやく》したり、編集《へんしゅう》したりするようになりました。日本《にほん》の子《こ》どもたちがすばらしい本《ほん》に出会《であ》えるよう、力《ちから》をつくしました。このときつくった本《ほん》は今《いま》でも本屋《ほんや》さんにならんでいます。今《いま》、読《よ》んでも、ちっとも古《ふる》くないと思《おも》いますよ。子《こ》どものときによい本《ほん》にめぐりあうことができた人《ひと》は幸《しあわ》せです。ほかの人《ひと》にとってはつまらなくても、くだらなくても、自分《じぶん》にとって「よい本《ほん》」であればいいのです。みなさんが、みなさんそれぞれにとって「よい本《ほん》」とめぐりあえることを心《こころ》から祈《いの》っています。

3月
10日
の偉人

文化

この日《ひ》に生《う》まれた有名人《ゆうめいじん》

山下清《やましたきよし》（画家《がか》）／渥美清《あつみきよし》（俳優《はいゆう》）／藤子不二雄《ふじこふじお》・A（漫画家《まんがか》）
松田聖子《まつだせいこ》（歌手《かしゅ》）／杉浦太陽《すぎうらたいよう》（俳優《はいゆう》）

志《こころざし》なかばにたおれた天才《てんさい》

橋本左内《はしもとさない》

（1834～1859年　日本）

人間《にんげん》にはそれぞれ適《てき》するところ・ものがあり、天下《てんか》でなにかをなしとげることができる。

私《わたし》は江戸時代《えどじだい》の終《お》わりに、福井藩《ふくいはん》で生《う》まれた医師《いし》であり武士《ぶし》、橋本左内《はしもとさない》と申《もう》すものです。私《わたし》は小《ちい》さいときから勉強《べんきょう》が好《す》きで、10歳《さい》のときには中国《ちゅうごく》の歴史書《れきししょ》『三国志《さんごくし》』を全部読《ぜんぶよ》んだりしていたほどでした。15歳《さい》のときには、『啓発録《けいはつろく》』という、自分《じぶん》がこれからなすべき5か条《じょう》を書《か》き残《のこ》しました。5か条《じょう》とは――「①幼稚《ようち》な心《こころ》をすてる、②気《き》をふるいおこす、③志《こころざし》を立《た》てる、④勉学《べんがく》にはげむ、⑤交友《こうゆう》を選《えら》ぶ」です。私《わたし》はこのとき自分《じぶん》が決《き》めた生《い》き方《かた》にしたがって、人生《じんせい》を生《い》きたといえるでしょう。

私《わたし》は16歳《さい》で大阪《おおさか》に出《で》て、緒方洪庵先生《おがたこうあんせんせい》の適塾《てきじゅく》で蘭学《らんがく》・医学《いがく》を学《まな》びました。この適塾《てきじゅく》には、あの有名《ゆうめい》な福沢諭吉《ふくざわゆきち》もいたのですよ。その後《ご》しばらく、藩《はん》の医者《いしゃ》として働《はたら》いていましたが、じつは私《わたし》は医者《いしゃ》になどなりたくありませんでした。政治《せいじ》にかかわって、日本《にほん》という国《くに》を変《か》えたかったのです。だから、私《わたし》は蘭学《らんがく》をきわめ、藩主《はんしゅ》にアピールしました。それがみとめられて、武士《ぶし》として政治《せいじ》にかかわるようになれたのです。西郷隆盛《さいごうたかもり》のような志士《しし》たちと、世界《せかい》のようすや日本《にほん》の進《すす》むべき方向《ほうこう》について話《はな》しあったりもしました……日本《にほん》をどういう道《みち》に進《すす》ませるか、あのときの私《わたし》は理想《りそう》に燃《も》えていました。日《に》本《はん》のために自分《じぶん》にもきっとなにかできると信《しん》じていました。

私《わたし》の力《ちから》はどんどんみとめられるようになり、そのうち藩主《はんしゅ》の右腕《みぎうで》として、さまざまな改革《かいかく》にとりくみました。藩《はん》の学校《がっこう》をまかされたときは、武士《ぶし》の家《いえ》の子《こ》でなくても学校《がっこう》で学《まな》べるようにルールを変《か》えました。また、将軍《しょうぐん》のあと継《つ》ぎ問題《もんだい》や、幕府《ばくふ》の外交政策《がいこうせいさく》について、意見《いけん》を出《だ》し、働《はたら》きかけました。ところが、私《わたし》の意見《いけん》は大老《たいろう》（江戸幕府《えどばくふ》でとてもえらい人《ひと》）の井《い》伊直弼《なおすけ》とまったく反対《はんたい》だったため、身分《みぶん》をこえて政治《せいじ》に口出《くちだ》しした罪《つみ》でとらえられ、25歳《さい》で処刑《しょけい》されたのです。目的《もくてき》をはたすことはできませんでしたが、私《わたし》は自《じ》分《ぶん》の生《い》き方《かた》をつらぬいたのですよ。

3月 11日の偉人

思想

この日《ひ》に生《う》まれた有名人《ゆうめいじん》

徳川斉昭《とくがわなりあき》（江戸幕府大名《えどばくふだいみょう》・水戸藩藩主《みとはんはんしゅ》）／ルパート・マードック（実業家《じつぎょうか》）
梅宮辰夫《うめみやたつお》（俳優《はいゆう》）／クリスチャン・ラッセン（画家《がか》）／白鵬翔《はくほうしょう》（第《だい》69代横綱《だいよこづな》）

小《ちい》さいころの夢《ゆめ》をかなえたノーベル賞受賞者《しょうじゅしょうしゃ》

江《え》崎《さき》玲《れ》於《お》奈《な》

（1925年～　日本）

学問《がくもん》を知《し》っている人《ひと》は、学問《がくもん》を愛《あい》する人《ひと》におよばない。
学問《がくもん》を愛《あい》する人《ひと》は、学問《がくもん》を楽《たの》しむ人《ひと》におよばない。

私《わたし》は、トンネルダイオード（エサキダイオード）という半導体《はんどうたい》ダイオードを発《はっ》明《めい》して、ノーベル賞《しょう》を受賞《じゅしょう》しました。半《はん》導体《どうたい》というのは、温度《おんど》が低《ひく》いときは電《でん》気《き》をとおさないけれど、高《たか》くなると急《きゅう》に電《でん》気《き》をとおす物質《ぶっしつ》のことです。また、ダイオードというのは、電流《でんりゅう》を同《おな》じ方向《ほうこう》にしか流《なが》さない部品《ぶひん》のことで、逆《ぎゃく》むきの流《なが》れを止《と》めるので、電流《でんりゅう》のふたのような働《はたら》きをします。半導体《はんどうたい》ダイオードはよくコンピュータなどに使《つか》われているのですよ。

私《わたし》は小《ちい》さいころ、エジソンが発明《はつめい》した蓄音機《ちくおんき》を見《み》て、自分《じぶん》もいつか社会《しゃかい》をおどろかせるような発明《はつめい》をしたいと思《おも》っていました。その夢《ゆめ》にむかって、大学《だいがく》で物理《ぶつり》を勉強《べんきょう》。卒業《そつぎょう》したあとは研究員《けんきゅういん》として企《き》業《ぎょう》で働《はたら》きはじめました。ちょうどその時《じ》代《だい》は、弱《よわ》い電気信号《でんきしんごう》を大《おお》きくする部品《ぶひん》「トランジスタ」が世界《せかい》じゅうで研究《けんきゅう》されていました。私《わたし》もトランジスタの研究《けんきゅう》をするようになり、その実験《じっけん》をしているときに、たまたま、「トンネル効果《こうか》」というものを発見《はっけん》したのです。ふつう、電圧《でんあつ》をあげると、そこに流《なが》れる電流《でんりゅう》はふえます。ところが、ある電圧《でんあつ》をこえたとき、電流《でんりゅう》がへるというふしぎなことがおきたのです。私《わたし》はそれをてってい的《てき》に調《しら》べ、ダイオードの材料《ざいりょう》に、不純物《ふじゅんぶつ》がたくさん入《はい》っていると、そのトンネル効果《こうか》がおきることをつきとめました。それを利用《りよう》して、「エサキダイオード」をつくりあげたのです。エサキダイオードができたことで、とても短《みじか》い時間《じかん》でスイッチが切《き》りかえられるようになり、コンピュータが処理《しょり》をするときのスピードが速《はや》くなりました。

私《わたし》はぐうぜん見《み》つけたふしぎな現象《げんしょう》にこだわって、自分《じぶん》が納得《なっとく》いくまで研究《けんきゅう》したことで、新《あたら》しい発見《はっけん》をしました。それが、新《あたら》しい発明《はつめい》につながり、ノーベル賞《しょう》をもらうことにつながり、エジソンのような発明家《はつめいか》になりたいという夢《ゆめ》をかなえることができたのです。知識《ちしき》や勉強《べんきょう》する力《ちから》だけが大切《たいせつ》なのではありません。みなさんも、自分《じぶん》ならではの感性《かんせい》を大切《たいせつ》にしてください。そして、学問《がくもん》に熱中《ねっちゅう》し、楽《たの》しんでください。

3月
12日
の偉人

科学

この日《ひ》に
生《う》まれた
有名人《ゆうめいじん》

G・バークリー（哲学者《てつがくしゃ》）／ライザ・ミネリ（女優《じょゆう》）／やくみつる（漫画家《まんがか》）
勝俣州和《かつまたくにかず》（タレント）／ユースケ・サンタマリア（俳優《はいゆう》）

妻《つま》への永遠《えいえん》の愛《あい》を詩《し》につづった

高《たか》村《むら》光《こう》太《た》郎《ろう》

（1883～1956年　日本）

ぼくの前《まえ》に道《みち》はない。
ぼくのうしろに道《みち》はできる。

私《わたし》は、詩人《しじん》で彫刻家《ちょうこくか》の高村光太郎《たかむらこうたろう》です。上《うえ》に出《で》ていることばは、私《わたし》が書《か》いた「道程《どうてい》」という詩《し》の一部《いちぶ》です。私《わたし》が書《か》いた詩《し》や、つくった彫刻《ちょうこく》は、よく教科書《きょうかしょ》にのっているので、読《よ》んだり見《み》たりした人《ひと》も多《おお》いかもしれません。

父《ちち》が彫刻家《ちょうこくか》だったこともあって、私《わたし》は大学《だいがく》で彫刻《ちょうこく》を学《まな》びました。けれど、大学《だいがく》時代《じだい》に詩《し》というものに興味《きょうみ》をもつようになり、詩《し》を書《か》きはじめたのです。私《わたし》が残《のこ》した作品《さくひん》で、いちばん有名《ゆうめい》なのは、おそらく『智恵子抄《ちえこしょう》』という詩集《ししゅう》でしょう。智恵子《ちえこ》というのは、私《わたし》の妻《つま》です。

画家《がか》だった智恵子《ちえこ》は、私《わたし》の作品《さくひん》をいちばんわかってくれました。貧乏《びんぼう》な生活《せいかつ》にも、文句《もんく》ひとついいませんでした。けれど、もともと体《からだ》が弱《よわ》かったことにくわえて、父親《ちちおや》が亡《な》くなったり、実家《じっか》が破産《はさん》したりという不幸《ふこう》がつづいたせいで、心《こころ》がこわれてしまったのです。そして、子《こ》どものような純真《じゅんしん》な心《こころ》のままで、死《し》んでいきました。そんな智恵子《ちえこ》を詩《し》の形《かたち》にして残《のこ》したのが『智恵子抄《ちえこしょう》』です。

智恵子《ちえこ》は東京《とうきょう》に空《そら》がないという
ほんとの空《そら》が見《み》たいという
私《わたし》はおどろいて空《そら》を見《み》る

これは、『智恵子抄《ちえこしょう》』に入《はい》っている「あどけない話《はなし》」という詩《し》の一節《いっせつ》です。東京《とうきょう》生《う》まれの私《わたし》には「東京《とうきょう》に空《そら》がない」ということを感《かん》じられなかったのですが、福《ふく》島《しま》の自然《しぜん》の中《なか》で育《そだ》った智恵子《ちえこ》は、最後《さいご》まで自然《しぜん》を求《もと》めていました。死《し》ぬ間際《まぎわ》に、智恵子《ちえこ》は大好《だいす》きなレモンを私《わたし》の手《て》からうけとり、ひと口《くち》かじりました。大地《だいち》の恵《めぐ》みであるレモンの香《かお》りがぱっと広《ひろ》がったとき、智恵子《ちえこ》の顔《かお》にうかんだ喜《よろこ》びの表情《ひょうじょう》を、私《わたし》は忘《わす》れられません。このときのようすも私《わたし》は詩《し》にしました。詩《し》はむずかしいなんていわずに、ぜひ読《よ》んでみてください。

3月
13日
の偉人

文化

この日《ひ》に生《う》まれた有名人《ゆうめいじん》

J・C・ヘボン（宣教師《せんきょうし》・医師《いし》）／吉永小百合《よしながさゆり》（女優《じょゆう》）／佐野元春《さのもとはる》（ミュージシャン）
今田耕司《いまだこうじ》（お笑《わら》い芸人《げいにん》）／小渕健太郎《こぶちけんたろう》《コブクロ》（ミュージシャン）

誰《だれ》もがみとめる天才科学者《てんさいかがくしゃ》

アルベルト・アインシュタイン

（1879〜1955年　ドイツ）

私《わたし》はそれほど賢《かしこ》くない。
ただ、人《ひと》より長《なが》くひとつのことにとりくんだだけだ。

3月14日の偉人

科学

　私《わたし》は、「天才科学者《てんさいかがくしゃ》」とよばれているが、子《こ》どものころはみんなから「ばか」だと思《おも》われていた。3歳《さい》までことばをしゃべらなかったので、両親《りょうしん》はほんとうに心配《しんぱい》していたよ。学校《がっこう》にいく年《とし》になってもまともに話《はな》すこともできなかったから、先生《せんせい》やクラスメートからばかにされたし、しゃべれるようになったら、先生《せんせい》に質問《しつもん》ばかりして授業《じゅぎょう》をぶちこわし、とても怒《おこ》られたものだ。

　私《わたし》の好奇心《こうきしん》を引《ひ》きだすきっかけになったのは、5歳《さい》のとき、父《ちち》がくれた方位磁石《ほういじしゃく》（コンパス）だった。誰《だれ》もさわっていないのに、機械《きかい》じかけでもないのに、コンパスの針《はり》はくるりと動《うご》いて、北《きた》をさす——私《わたし》はそのふしぎにおどろき、夢中《むちゅう》になった。そして、自分《じぶん》で好奇心《こうきしん》のおもむくままに勉強《べんきょう》した。私《わたし》はなんにでも興味《きょうみ》をもった。だって、この世《よ》の中《なか》はふしぎにあふれているのだからね。

　その後《ご》、私《わたし》はヨーロッパでも最高《さいこう》のレベルを誇《ほこ》る、スイスのチューリッヒ連邦《れんぽう》工科大学《こうかだいがく》に入学《にゅうがく》して、相対性理論《そうたいせいりろん》というむずかしい理論《りろん》を完成《かんせい》させたり、光《ひかり》が粒子《りゅうし》であることをつきとめて、ノーベル賞《しょう》をもらうことができたんだ。相対性理論《そうたいせいりろん》というのは、とても大《おお》ざっぱにいうと、止《と》まっているものと動《うご》いているものでは、時間《じかん》のスピードや長《なが》さがちがうという理論《りろん》だ。止《と》まっているときに走《はし》っている車《くるま》を見《み》たときと、走《はし》りながら走《はし》っている車《くるま》を見《み》たときとでは、車《くるま》のスピードはちがって見《み》えるだろう？　では、自分《じぶん》が光《ひかり》と同《おな》じスピードで動《うご》いているときに光《ひかり》を見《み》たら、どんなふうに見《み》えるのだろう？——と、私《わたし》は若《わか》いころから、気《き》になって、ずっと考《かんが》えていた。これが、相対性理論《そうたいせいりろん》が生《う》まれるきっかけになったのだ。

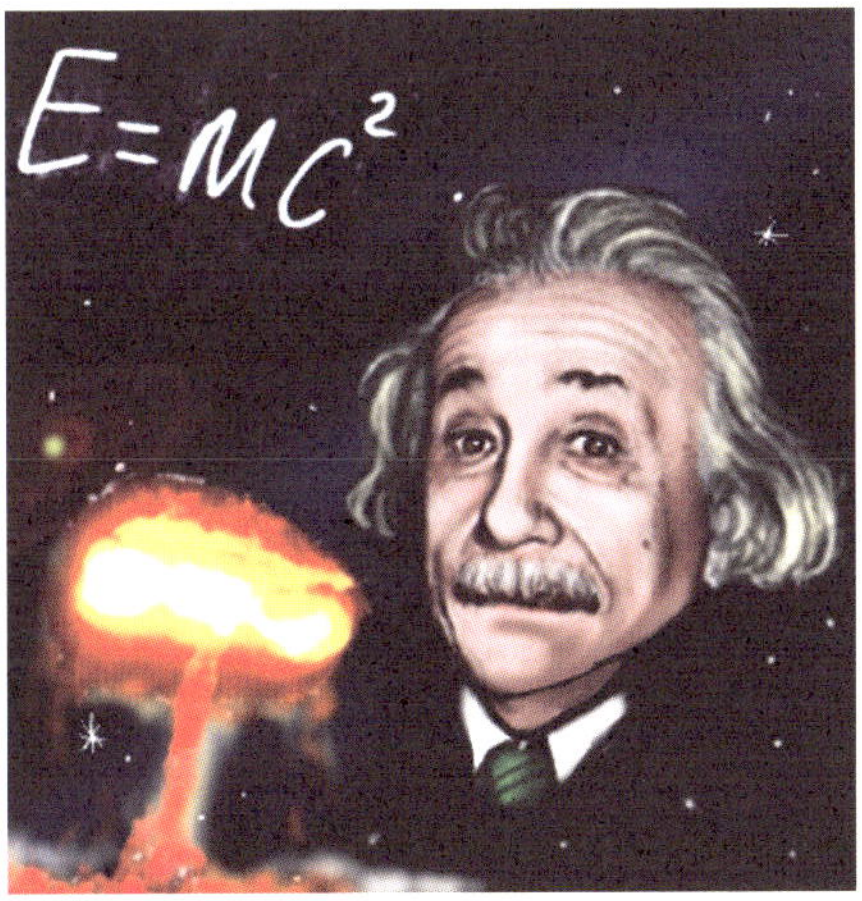

　自分《じぶん》のまわりのさまざまなことに、「なんでだろう？」「どういうことだろう？」と、好奇心《こうきしん》をもつこと、そして、ずっと考《かんが》えつづけること——それが大切《たいせつ》なのだと思《おも》うよ。

この日《ひ》に生《う》まれた有名人《ゆうめいじん》

ヨハン・シュトラウス1世《せい》（作曲家《さっきょくか》）／ヴィットーリオ・エマヌエーレ2世《せい》（初代《しょだい》イタリア王国国王《おうこくこくおう》）
G・スキアパレッリ（天文学者《てんもんがくしゃ》）／大沢啓二《おおさわけいじ》（野球選手《やきゅうせんしゅ》・監督《かんとく》）／山口智充《やまぐちともみつ》（お笑《わら》い芸人《げいにん》）

おそろしい病気《びょうき》に打《う》ちかつ方法《ほうほう》を発見《はっけん》した

エミール・フォン・ベーリング

（1854～1917年　ドイツ）

私《わたし》は希望《きぼう》ではなく、事実《じじつ》を述《の》べたいのだ。

3月15日の偉人

医学

私《わたし》は、ジフテリア菌《きん》の毒素《どくそ》をなくすことができる免疫血清《めんえきけっせい》というものをつくり、ノーベル賞《しょう》をもらった細菌学者《さいきんがくしゃ》です。

ジフテリアは、子《こ》どもたちがよくかかるおそろしい伝染病《でんせんびょう》です。犬《いぬ》がほえるような咳《せき》が出《で》るのが特徴《とくちょう》なのですが、ひどくなると、のどがはれて息《いき》ができなくなったり、病気《びょうき》の毒《どく》が神経《しんけい》にまで入《はい》って、麻痺《まひ》をおこしたりします。血清《けっせい》ができる前《まえ》には、ジフテリアにかかると、40％の人《ひと》が死《し》んでいました。私《わたし》はなんとか、その病気《びょうき》で死《し》んでしまう子《こ》どもたちをなくしたいと考《かんが》えました。

まず、私《わたし》は、日本人《にほんじん》の北里柴三郎《きたざとしばさぶろう》さんといっしょに、ウサギを使《つか》って研究《けんきゅう》しました。ウサギに、少《すこ》しずつ、ある病気《びょうき》の菌《きん》を注射《ちゅうしゃ》するのです。病気《びょうき》にかからないぐらいに少《すこ》しずつ注射《ちゅうしゃ》していくわけです。そうすると、ウサギには、その病気《びょうき》に対《たい》する「免疫《めんえき》」ができて、つぎにたくさんの菌《きん》が体《からだ》に入《はい》っても、病気《びょうき》にかからないですむことがわかりました。さらに、そのウサギの血液《けつえき》には、病気《びょうき》に対《たい》する免疫《めんえき》がふくまれていて、それをほかのウサギに注射《ちゅうしゃ》すると、注射《ちゅうしゃ》されたウサギにも免《めん》疫《えき》ができることがわかったのです。それを利用《りよう》してつくった薬《くすり》が、「免疫血清《めんえきけっせい》」です。すでに病気《びょうき》にかかってしまったウサギに免疫血清《めんえきけっせい》を注射《ちゅうしゃ》すると、病気《びょうき》が治《なお》ることもわかりました。

そうして、私《わたし》はつぎに、ジフテリアの菌《きん》を使《つか》って、ジフテリアにきく免疫血清《めんえきけっせい》をつくったのです。私《わたし》がつくった免疫血《めんえきけつ》清《せい》は、多《おお》くの子《こ》どもたちの治療《ちりょう》に使《つか》われ、ドイツでのジフテリア死亡率《しぼうりつ》を10分《ぶん》の1にへらすことができました。今《いま》はもう、ジフテリアはそれほどおそろしい病気《びょうき》ではありません。ジフテリアにかかって死《し》ぬ子《こ》どもをへらしたいという私《わたし》の希望《きぼう》は、現実《げんじつ》になったのです。

この日《ひ》に生《う》まれた有名人《ゆうめいじん》

五味川純平《ごみかわじゅんぺい》（作家《さっか》）／武内直子《たけうちなおこ》（漫画家《まんがか》）／武豊《たけゆたか》（騎手《きしゅ》）
山本《やまもと》“KID”徳郁《のりふみ》（総合格闘家《そうごうかくとうか》）／北乃《きたの》きい（女優《じょゆう》）

剣《けん》のかわりにペンで戦《たたか》った革命家《かくめいか》

マクシム・ゴーリキー

（1868〜1936年　ロシア）

手《て》の中《なか》にあるとき、幸《しあわ》せはいつも小《ちい》さく見《み》える。手《て》からはなれたとたん、それがどんなに大《おお》きくて尊《とうと》いものだったかわかるのだ。

3月16日の偉人

文化

私《わたし》は、ごく幼《おさな》いときに両親《りょうしん》を亡《な》くし、ひとりぼっちになりました。そのあとはおばあちゃんに育《そだ》ててもらいましたが、小学校《しょうがっこう》はとちゅうでやめて働《はたら》きに出《で》なければいけませんでした。小学校《しょうがっこう》にかよったのは、半年《はんとし》にもならなかったくらいです。靴屋《くつや》の使《つか》い走《ばし》り、皿洗《さらあら》い、パン職人《しょくにん》の弟子《でし》……いろいろな仕事《しごと》をしました。愛《あい》して守《まも》ってくれる両親《りょうしん》もおらず、学校《がっこう》にもいけず、ただ働《はたら》く毎日《まいにち》は、子《こ》どもの私《わたし》にはつらいものでした。社会《しゃかい》のいちばん下《した》で生《い》きたこのときの経験《けいけん》は、のちに私《わたし》が書《か》く物語《ものがたり》にとても強《つよ》い影響《えいきょう》をあたえています。

当時《とうじ》のロシアには、皇帝《こうてい》や貴族《きぞく》といわれる人《ひと》たちがいて、ぜいたくなくらしをしていました。いっぽうで、ふつうの人《ひと》たちはまずしい生活《せいかつ》を送《おく》っていました。国民《こくみん》が苦《くる》しんでいるのに、皇帝《こうてい》たちはおかまいなし。だから、私《わたし》は、そんな皇帝《こうてい》や貴族《きぞく》たちと、物語《ものがたり》を書《か》くことで戦《たたか》うことにしたのです。学校《がっこう》でまともな教育《きょういく》をうけたことはほとんどありませんでしたが、私《わたし》には、死《し》にたくなるほどの苦《くる》しい生活《せいかつ》をくぐりぬけてきたという、物語《ものがたり》を書《か》くにはじゅうぶんな経験《けいけん》があったのですからね。

私《わたし》は、人々《ひとびと》の苦《くる》しみや悲《かな》しみ、心《こころ》からのさけびを書《か》きました。私《わたし》が書《か》く物語《ものがたり》はすぐに人気《にんき》になり、たくさんの人《ひと》に読《よ》まれるようになりました。とくに『どんぞこ』という物語《ものがたり》は劇《げき》になり、大《だい》ヒットしました。『どんぞこ』は、文字《もじ》どおり、社会《しゃかい》のどんぞこでくらす人《ひと》たちの物語《ものがたり》――私《わたし》が小《ちい》さいころ経験《けいけん》した物語《ものがたり》でした。

まじめに働《はたら》いている人《ひと》が、ちゃんと毎日《まいにち》の生活《せいかつ》に幸《しあわ》せを感《かん》じられる社会《しゃかい》を私《わたし》はめざしていました。剣《けん》を使《つか》うのではなく、ペンで戦《たたか》ったのです。その後《ご》、ロシアでは革命《かくめい》がおきて、皇帝《こうてい》や貴族《きぞく》たちはたおされました。まずしく弱《よわ》い人《ひと》たちが幸《しあわ》せになれる社会《しゃかい》ができたのかどうか――それを見《み》とどける前《まえ》に私《わたし》はこの世《よ》を去《さ》ったのでわかりませんが、人々《ひとびと》が幸《しあわ》せを求《もと》めるかぎり、希望《きぼう》は消《き》えないと信《しん》じています。

この日《ひ》に生《う》まれた有名人《ゆうめいじん》

J・マディソン（第《だい》4代《だい》アメリカ大統領《だいとうりょう》）／フレデリック・ライネス（物理学者《ぶつりがくしゃ》）／浅利慶太《あさりけいた》（劇団四季創設者《げきだんしきそうせつしゃ》・演出家《えんしゅつか》）／木村多江《きむらたえ》（女優《じょゆう》）／髙橋大輔《たかはしだいすけ》（フィギュアスケート選手《せんしゅ》）

ガソリンエンジンの生《う》みの親《おや》

ゴットリーブ・ダイムラー

（1834〜1900年　ドイツ）

最善《さいぜん》をつくさなければ、なにもしないのと同《おな》じだ。

みなさんがよく乗《の》る自動車《じどうしゃ》は、なにを燃料《ねんりょう》にして走《はし》っているか知《し》っていますか？　電気《でんき》や軽油《けいゆ》で走《はし》る車《くるま》もありますが、ほとんどはガソリンですよね。昔《むかし》、自動《じどう》車《しゃ》がはじめてできたときは、ちがいました（自動車《じどうしゃ》ができる前《まえ》は、馬《うま》が車《くるま》を引《ひ》っぱっていたのは知《し》っていますね？）。最《さい》初《しょ》のころの自動車《じどうしゃ》は、蒸気《じょうき》で走《はし》っていたのです。蒸気機関車《じょうききかんしゃ》ができたあと、そのシステムを、車《くるま》に使《つか》ったわけです。

ところが、みなさんもきっと想像《そうぞう》できるでしょうが、蒸気《じょうき》を使《つか》ったエンジンというのは大《おお》きくて、重《おも》いのです。ですから、それをのせる車《くるま》もやっぱり大《おお》きくなり、実用的《じつようてき》ではありませんでした。馬車《ばしゃ》と同《おな》じように手軽《てがる》に使《つか》える自動車《じどうしゃ》をつくるには、新《あたら》しい燃料《ねんりょう》で動《うご》く装置《そうち》の発明《はつめい》が必要《ひつよう》だ——そう考《かんが》えた私《わたし》は、いろいろ研《けん》究《きゅう》しました。そして、ガソリンを使《つか》ったらうまくいくのではないかと思《おも》いついたのです。

その後《ご》、私《わたし》は友人《ゆうじん》と協力《きょうりょく》してガソリンエンジンを発明《はつめい》しました。私《わたし》たちの夢《ゆめ》は、どんな乗《の》り物《もの》にも使《つか》えるエンジンをつくること——陸《りく》・海《うみ》・空《そら》、どこでも使《つか》えるエンジンをつくることでした（ですから、のちにつくった会社《かいしゃ》のマークは、それぞれ陸《りく》・海《うみ》・空《そら》を意味《いみ》する3つの頂点《ちょうてん》がある星《ほし》だったのです。このマークは今《いま》もベンツという名前《なまえ》の車《くるま》についているので、みなさんもきっと見《み》たことがあるでしょう）。

私《わたし》たちは発明《はつめい》したガソリンエンジンで、まず2輪車《りんしゃ》を走《はし》らせてみました。これが世界《せかい》ではじめてのオートバイになりました。そのつぎに、4輪《りん》の馬車《ばしゃ》にとりつけて、自動車《じどうしゃ》をつくりました。それより少《すこ》し前《まえ》に、カール・ベンツという人《ひと》がやはりガソリンエンジンを使《つか》った自動車《じどうしゃ》をつくったので、私《わたし》たちの車《くるま》ははじめてのガソリンエンジン自動車《じどうしゃ》ということにはなりませんでしたが、その後《ご》、私《わたし》たちの会《かい》社《しゃ》はベンツの会社《かいしゃ》と合併《がっぺい》して、ダイムラー＝ベンツ社《しゃ》となり、新《あたら》しい自動車《じどうしゃ》の時《じ》代《だい》をつくっていったのです。

3月
17日
の偉人

科学

この日《ひ》に生《う》まれた有名人《ゆうめいじん》

横光利一《よこみつりいち》（作家《さっか》）／三木武夫《みきたけお》（第《だい》66代内閣総理大臣《だいないかくそうりだいじん》）／ルドルフ・ヌレエフ（バレエダンサー）／甲本《こうもと》ヒロト（ミュージシャン）／香川真司《かがわしんじ》（サッカー選手《せんしゅ》）

誰《だれ》もが使《つか》えるエンジンを生《う》んだエンジニア

ルドルフ・ディーゼル

（1858～1913年　ドイツ）

エンジンが完成《かんせい》したら、
人生《じんせい》をかけた私《わたし》の仕事《しごと》も完了《かんりょう》する。

3月18日の偉人

科学

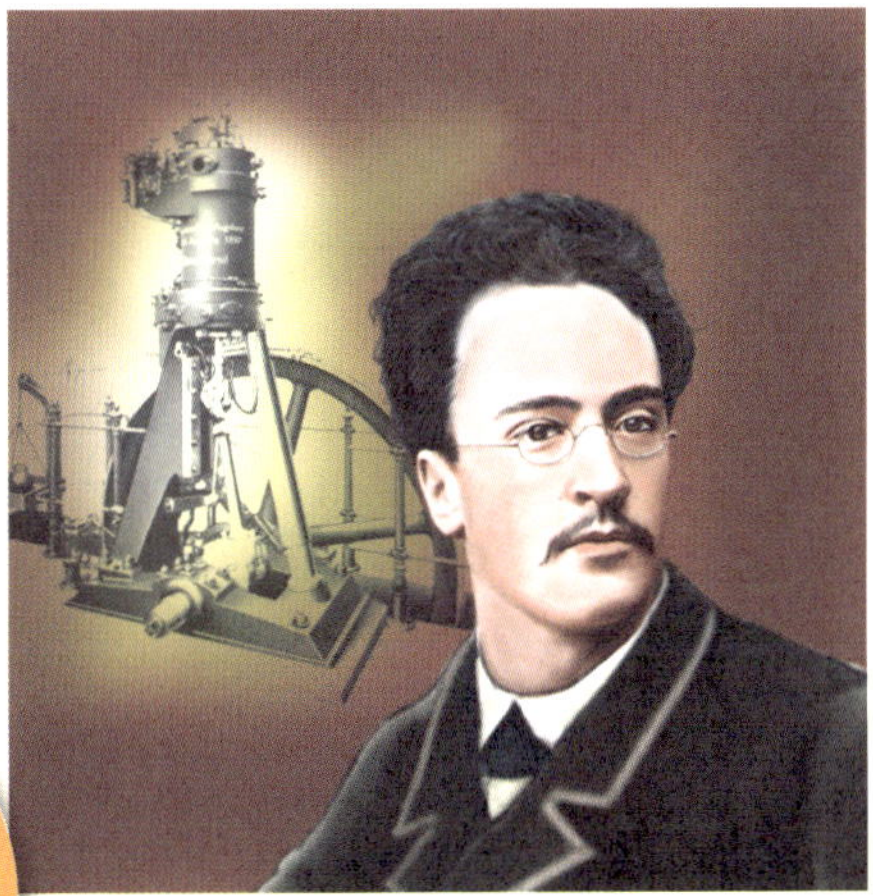

私《わたし》は、ディーゼルエンジンを発明《はつめい》しました。ディーゼルエンジンというよび方《かた》は、私《わたし》の名前《なまえ》からきているんですよ。

私《わたし》は、職人《しょくにん》の息子《むすこ》として生《う》まれました。10代《だい》のころから、技術者《ぎじゅつしゃ》になりたくて、工業学校《こうぎょうがっこう》に進《すす》みました。勉強《べんきょう》はとてもよくできたんですよ。家《いえ》は裕福《ゆうふく》ではなかったので、大学《だいがく》にいくことはあきらめていたのですが、奨学金《しょうがくきん》をもらえることになって、進学《しんがく》できたのです。ほんとうにありがたいことでした。

だからでしょうか、私《わたし》は、なにかしら能力《のうりょく》がある人《ひと》は、その力《ちから》をほかの人《ひと》のために役立《やくだ》てるべきだと信《しん》じていました。大学《だいがく》で勉強《べんきょう》してえた知識《ちしき》や技術《ぎじゅつ》は、社会《しゃかい》に役立《やくだ》つように使《つか》わなければいけないと考《かんが》えていたのです。

当時《とうじ》、乗《の》り物《もの》は蒸気《じょうき》で動《うご》いていました。蒸気《じょうき》で動《うご》くしくみには、大《おお》がかりな装置《そうち》とお金《かね》がかかります。それに、たくさんの燃料《ねんりょう》を使《つか》っても、少《すこ》ししかエネルギーを生《う》みだすことができず、とても効率《こうりつ》が悪《わる》いものでした。私《わたし》はそれを、もっとふつうの人《ひと》たちが使《つか》えるものにしたかったのです。

そこで、私《わたし》はディーゼルエンジンを開発《かいはつ》しました。ディーゼルエンジンは、重油《じゅうゆ》や軽油《けいゆ》を燃料《ねんりょう》とするエンジンです。空気《くうき》を圧縮《あっしゅく》すると、温度《おんど》が高《たか》くなります。その熱《あつ》くなった空気《くうき》に、燃料《ねんりょう》をふきかけて火《ひ》をつけ、その力《ちから》によって動《うご》くしくみです。ちょうど同《おな》じころ、ベンツさんやダイムラーさんがガソリンエンジンを発明《はつめい》しましたが、ディーゼルエンジンは、ガソリンエンジンより、燃料《ねんりょう》になる液体《えきたい》の種類《しゅるい》が多《おお》かったり、エネルギーを生《う》む効率《こうりつ》がよかったりと、ふつうの人《ひと》がより使《つか》いやすいエンジンだったのではないかと思《おも》います。ちなみに、最初《さいしょ》に私《わたし》がつくったディーゼルエンジンは植物油《しょくぶつゆ》で動《うご》いていたんですよ。

誰《だれ》もがかんたんに使《つか》える技術《ぎじゅつ》——めざしたものを、私《わたし》は実現《じつげん》できたのです。

この日《ひ》に生《う》まれた有名人《ゆうめいじん》

S・マラルメ（詩人《しじん》）／横山《よこやま》やすし（漫才師《まんざいし》）／豊川悦司《とよかわえつし》（俳優《はいゆう》）
黒田俊介《くろだしゅんすけ》《コブクロ》（ミュージシャン）／西野《にしの》カナ（歌手《かしゅ》）

暗黒大陸《あんこくたいりく》を世界《せかい》ではじめて横断《おうだん》

デイヴィッド・リヴィングストン

（1813〜1873年　イギリス）

私《わたし》に仕事《しごと》をあきらめさせるものなど、この世《よ》にはない。

3月19日の偉人

社会

宣教師《せんきょうし》ということばを、みなさんは知《し》っていますか？　宣教師《せんきょうし》というのは、神《かみ》さまを信《しん》じ、その教《おし》えを外国《がいこく》の人《ひと》に広《ひろ》める役割《やくわり》をする人《ひと》たちのことです。私《わたし》は医《い》者兼宣教師《しゃけんせんきょうし》として、暗黒大陸《あんこくたいりく》とよばれていたころのアフリカを探検《たんけん》しました。

私《わたし》は、イギリスの北《きた》のほう、スコットランドのまずしい家《いえ》に生《う》まれました。あまりにまずしかったので、10歳《さい》のころから、朝《あさ》から晩《ばん》まで工場《こうじょう》で働《はたら》かなければならなかったのですが、勉強《べんきょう》がしたかった私《わたし》は、工場《こうじょう》での休《やす》み時間《じかん》や、家《いえ》に帰《かえ》ってから、ひとりで勉強《べんきょう》をしたのです。そうして、働《はたら》きながら大学《だいがく》へいき、医学《いがく》と神《しん》学《がく》を学《まな》んで宣教師《せんきょうし》になったのです。

宣教師《せんきょうし》になってから、当時《とうじ》は奥地《おくち》がどうなっているのか、まったくわからなかったアフリカにいくことになりました。そこで私《わたし》がなにを見《み》たと思《おも》いますか？

私《わたし》が見《み》たのは、まるで動物《どうぶつ》やモノのようにあつかわれている黒人《こくじん》の姿《すがた》でした。アフリカでは、奴隷商人《どれいしょうにん》という人《ひと》たちが、黒人《こくじん》を奴隷《どれい》として売《う》り買《か》いしていたのです。人間《にんげん》を売《う》り買《か》いするなんて、ぜったいやってはいけない！　そう思《おも》った私《わたし》は、アフリカの奥地《おくち》と行《い》き来《き》できるルートをつくって、農産物《のうさんぶつ》など、人間以外《にんげんいがい》のものを売《う》り買《か》いできるようにしようと考《かんが》えたのです。

奥地《おくち》を探検《たんけん》するとちゅうで、ザンベジ川《がわ》や、ヌガミ湖《こ》、世界最大《せかいさいだい》のビクトリア滝《たき》を発見《はっけん》しました（この滝《たき》の名前《なまえ》をつけたのは、私《わたし》なのですよ）。また、世界《せかい》ではじめて、アフリカ大陸《たいりく》を横断《おうだん》し、私《わたし》は有名《ゆうめい》になりました。

私《わたし》はアフリカの探検《たんけん》をつづけました。病気《びょうき》になって死《し》にかけたりしましたが、探検《たんけん》をやめようとは思《おも》いませんでした。奴隷《どれい》の売《う》り買《か》いをやめさせたいという、強《つよ》い思《おも》いがあったからです。けっきょく、私《わたし》は病気《びょうき》で志《こころざし》なかばに命《いのち》を落《お》としますし、私《わたし》がつくったルートは、奴隷商人《どれいしょうにん》に使《つか》われることになってしまうのですが、それでも、私《わたし》がやりとげようとしたことは、後世《こうせい》の人《ひと》たちにちゃんと伝《つた》わった——無《む》駄《だ》ではなかったと信《しん》じています。

この日《ひ》に生《う》まれた有名人《ゆうめいじん》

後藤象二郎《ごとうしょうじろう》（土佐藩士《とさはんし》・政治家《せいじか》）／ワイアット・アープ（ガンマン）／ブルース・ウィリス（俳優《はいゆう》）／いとうせいこう（作家《さっか》）／蛯名正義《えびなまさよし》（騎手《きしゅ》）

お芝居《しばい》のあり方《かた》を変《か》えた「演劇《えんげき》の父《ちち》」

ヘンリック・イプセン

（1828〜1906年　ノルウェー）

この世《よ》でいちばん強《つよ》い人間《にんげん》とは、ただひとりで、しっかり立《た》てる者《もの》です。

3月20日の偉人

文化

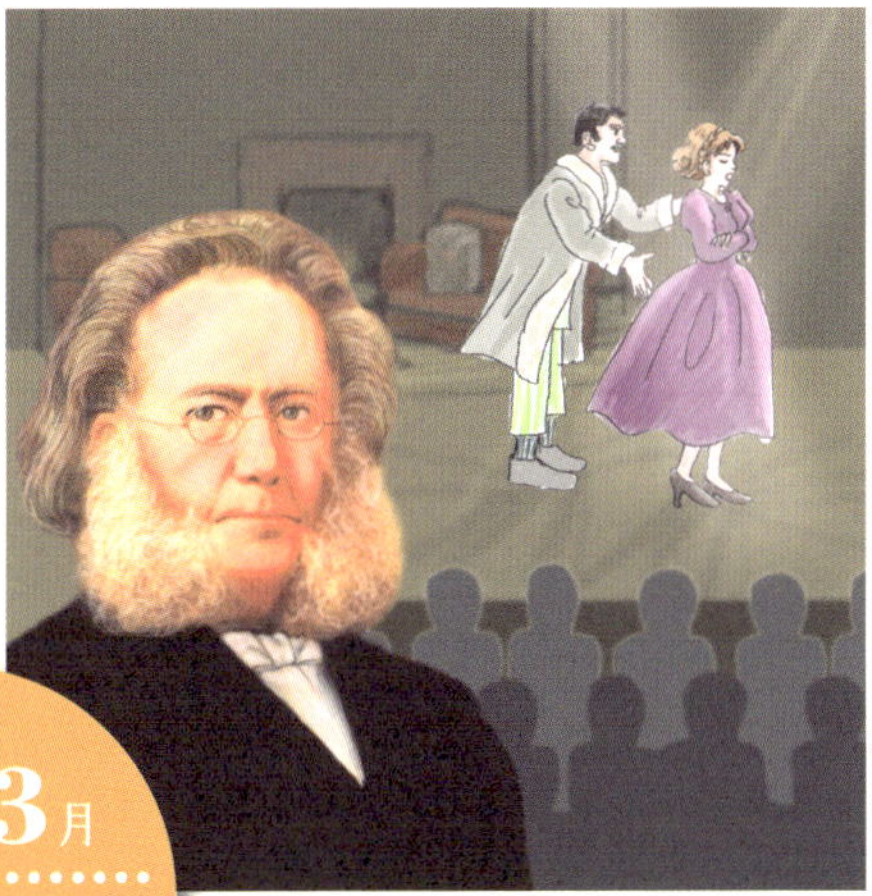

私《わたし》は、ノルウェーの港町《みなとまち》の商人《しょうにん》の家《いえ》に生《う》まれました。お金持《かねも》ちの家《いえ》で、父《ちち》も母《はは》も、町《まち》の名家《めいか》の出身《しゅっしん》でした。ですが、8歳《さい》のときに、父《ちち》が仕事《しごと》で失敗《しっぱい》し、私《わたし》たちは財産《ざいさん》を失《うしな》って、家《いえ》も売《う》らなければならなくなったのです。

私《わたし》も働《はたら》かなくてはいけなくなり、15歳《さい》のとき、学校《がっこう》をやめて薬剤師《やくざいし》の弟子《でし》になりました。

そうやって働《はたら》きながら、文章《ぶんしょう》を書《か》くことを始《はじ》めたのです。大学《だいがく》へいこうかとも思《おも》って試験《しけん》をうけたのですが、勉強時間《べんきょうじかん》がとれなかったせいもあり、失敗《しっぱい》。けれど、それがいいきっかけでした。もともと大学《だいがく》で勉強《べんきょう》するより、文章《ぶんしょう》を書《か》くことをしたかったのですから。私《わたし》はそのとき、劇《げき》の脚本《きゃくほん》を書《か》く仕事《しごと》をしようと決《き》めたのです。

そのあとは、ただひたすら劇場《げきじょう》で脚本《きゃくほん》を書《か》きつづけました。150本近《ぽんちか》く、書《か》いたのではないでしょうか。残念《ざんねん》ながら、私《わたし》が書《か》いた脚本《きゃくほん》の劇《げき》は成功《せいこう》しませんでしたが、いい経験《けいけん》になったと思《おも》います。私《わたし》はこのままノルウェーでみとめてもらうのはむずかしいと思《おも》ったので、イタリアにいくことにしました。そして、イタリアで、私《わたし》は大成功《だいせいこう》をおさめることになったのです。

当時《とうじ》、劇場《げきじょう》で演《えん》じられるお話《はなし》は、善《よ》き者《もの》はすべて幸《しあわ》せになるという、道徳的《どうとくてき》なものばかりでした。でも、私《わたし》はそういう、ウソっぽい物語《ものがたり》ではなく、人々《ひとびと》の現実《げんじつ》やかかえる問題《もんだい》を書《か》いたのです。批判《ひはん》もたくさんされました。たとえば、『人形《にんぎょう》の家《いえ》』という作品《さくひん》では、主人公《しゅじんこう》の女性《じょせい》ノラが、物語《ものがたり》の最後《さいご》で、自分《じぶん》が人形《にんぎょう》のような生《い》き方《かた》しかしてこなかったことに気《き》づき、ひとりの人間《にんげん》として生《い》きていくために、夫《おっと》と子《こ》どもを残《のこ》して家《いえ》を出《で》ます。この終《お》わり方《かた》については、いろいろ批判《ひはん》されました。書《か》きなおせと命令《めいれい》されたこともありました。ですが、けっきょく、この作品《さくひん》は世界的《せかいてき》に有名《ゆうめい》になって、私《わたし》の代表作《だいひょうさく》になったのです。失敗《しっぱい》しても、みとめてもらえなくても、私《わたし》は私《わたし》の書《か》きたいものを書《か》きつづけたのですよ。

この日《ひ》に生《う》まれた有名人《ゆうめいじん》

雪村《ゆきむら》いづみ（歌手《かしゅ》）／片岡義男《かたおかよしお》（作家《さっか》）／上岡龍太郎《かみおかりゅうたろう》（タレント）／竹内《たけうち》まりや（ミュージシャン）／竹中直人《たけなかなおと》（俳優《はいゆう》・映画監督《えいがかんとく》）

誰《だれ》もが知《し》っている「音楽《おんがく》の父《ちち》」

ヨハン・セバスチャン・バッハ

（1685～1750年　ドイツ）

風《かぜ》は目《め》に見《み》えなくても、風車《ふうしゃ》はまわる。
音楽《おんがく》は目《め》に見《み》えなくても、心《こころ》に響《ひび》き、ささやきかける。

3月21日の偉人

芸術

私《わたし》は、8人兄弟《にんきょうだい》の末《すえ》っ子《こ》として生《う》まれました。父《ちち》は音楽家《おんがくか》の一族《いちぞく》で、親《しん》せきはみな音楽家《おんがくか》という家《いえ》でした。私《わたし》も父《ちち》や兄《あに》から音楽《おんがく》を学《まな》んで、小《ちい》さいころから才能《さいのう》をみとめられていたのですが、私《わたし》が9歳《さい》のときに母《はは》が、つぎの年《とし》には父《ちち》が亡《な》くなってしまいました。私《わたし》たち兄弟《きょうだい》は、親《しん》せきにばらばらにあずけられることになり、私《わたし》はいちばん上《うえ》の兄《あに》のもとに引《ひ》きとられました。

しばらく兄《あに》のところで音楽《おんがく》を学《まな》んでいましたが、14歳《さい》のときに、ひとり立《だ》ちすることになり、教会《きょうかい》の合唱団《がっしょうだん》に入《はい》ったのです。そこで給料《きゅうりょう》をもらいながら、音楽《おんがく》の勉強《べんきょう》をつづけました。14歳《さい》でひとり立《だ》ちなんて、早《はや》いと思《おも》いますか？　でも、昔《むかし》はみんな、それぐらいの年《とし》で親《おや》から独立《どくりつ》したのですよ。早《はや》く大人《おとな》にならないと生《い》きていけなかったのです。

その後《ご》、変声期《へんせいき》をむかえて、合唱団《がっしょうだん》にいられなくなると、今度《こんど》はバイオリニストとして雇《やと》ってもらいました。私《わたし》はけっこうバイオリンがうまかったので、18歳《さい》になると、宮廷楽団《きゅうていがくだん》から、バイオリニストとしての仕事《しごと》をもらうことができました。そうやって、教会《きょうかい》や宮廷楽団《きゅうていがくだん》などを転々《てんてん》としながら、楽器《がっき》をひいたり、指揮《しき》をしたりという仕事《しごと》をもらい、そのかたわらで作曲《さっきょく》をしていったのです。

私《わたし》は、世《よ》の中《なか》の人《ひと》が好《す》きな派手《はで》な音楽《おんがく》にはあまり興味《きょうみ》がありませんでしたから、つくった曲《きょく》もそれほど人気《にんき》が出《で》ず、お金《かね》もあまりもうかりませんでした。生活《せいかつ》は楽《らく》ではなかったのですよ。今《いま》でこそ、世界《せかい》じゅうで有名《ゆうめい》になり、ブラームスやベートーヴェンとともに、「ドイツ3B」とまでいわれていますが、私《わたし》が生《い》きているあいだは、そんなに有名《ゆうめい》でも人気《にんき》が高《たか》かったわけでもないのです。意外《いがい》ですか？　でも、私《わたし》は自分《じぶん》がつくりたいと思《おも》う音楽《おんがく》、好《す》きな音楽《おんがく》にこだわりつづけました。だからこそ、私《わたし》の曲《きょく》がのちの世《よ》の人《ひと》たちの心《こころ》を打《う》って、たくさんきいてもらえるようになったのだと思《おも》います。

この日《ひ》に生《う》まれた有名人《ゆうめいじん》

M・P・ムソルグスキー（作曲家《さっきょくか》）／ゲイリー・オールドマン（俳優《はいゆう》）
アイルトン・セナ（F1ドライバー）／ロナウジーニョ（サッカー選手《せんしゅ》）／佐藤健《さとうたける》（俳優《はいゆう》）

日本《にほん》の新《あたら》しい童謡《どうよう》を生《う》みおとした

中山晋平《なかやましんぺい》

（1887～1952年　日本）

らしく……というのはいいことばだよ。
誰《だれ》でも、その人《ひと》らしくふるまえばいいのさ。

3月
22日
の偉人

文化

私《わたし》の名前《なまえ》を知《し》っている人《ひと》は少《すく》ないかもしれないが、私《わたし》がつくった曲《きょく》を知《し》っている人《ひと》は、きっと多《おお》いと思《おも》うよ。「シャボン玉《だま》」「しょうじょうじのたぬきばやし」「あめふり」「てるてる坊主《ぼうず》」……どうだろう、きいたことがある曲《きょく》が多《おお》いんじゃないかな。私《わたし》は、そのような童謡《どうよう》や、「カチューシャの歌《うた》」などのような流行歌《りゅうこうか》をたくさん作曲《さっきょく》したんだ。

私《わたし》は長野県《ながのけん》の村《むら》で生《う》まれた。家《いえ》は裕福《ゆうふく》だったが、幼《おさな》いころ、父《ちち》が死《し》んでしまってね。そのあとは母《はは》が女手《おんなで》ひとつで育《そだ》ててくれた。だから、私《わたし》は16歳《さい》から、代理《だいり》の先生《せんせい》として、小学校《しょうがっこう》で働《はたら》くことにした。だが、私《わたし》はほんとうに音楽《おんがく》が好《す》きだった。小学校《しょうがっこう》でも、唱歌《しょうか》を教《おし》えるのが好《す》きだった（唱歌《しょうか》というのは、昔《むかし》の学校《がっこう》の科目《かもく》のひとつで、そこで教《おし》えられた歌《うた》のことでもある。たとえば、「ふるさと」や「ほたるの光《ひかり》」のような歌《うた》は唱歌《しょうか》だ）。だから、18歳《さい》になったとき、先生《せんせい》をやめて東京《とうきょう》にいき、音楽《おんがく》の学校《がっこう》に入《はい》ったんだ。そして、大好《だいす》きな音楽《おんがく》を一心《いっしん》に学《まな》んで、卒業後《そつぎょうご》は、また小学校《しょうがっこう》で先生《せんせい》をしながら、曲《きょく》をつくりはじめた。

昭和《しょうわ》のはじめのちょうどそのころ、子《こ》どもむけの雑誌《ざっし》が出《で》はじめていて、私《わたし》は詩人《しじん》が書《か》いた歌詞《かし》に曲《きょく》をつけて、そういう雑誌《ざっし》で発表《はっぴょう》していった。唱歌《しょうか》は唱歌《しょうか》でよかったけれど、私《わたし》はもっと、かたくるしくなくて、子《こ》どもが心《こころ》から楽《たの》しんで歌《うた》える歌《うた》をつくりたかったんだ。私《わたし》らしい歌《うた》をつくりたかったんだ。結果《けっか》、学校《がっこう》で学《まな》んだ西洋《せいよう》の音楽《おんがく》と、私《わたし》の体《からだ》にしみついている昔《むかし》の日本《にほん》の歌《うた》がうまくまじりあって、独特《どくとく》のリズムがある曲《きょく》ができた。私《わたし》のつくった歌《うた》はたちまち人気《にんき》になった。

私《わたし》は2000曲以上《きょくいじょう》、歌《うた》をつくったけれど、そのうちの半分《はんぶん》くらいは童謡《どうよう》だった。子《こ》どもたちが喜《よろこ》んで、私《わたし》のつくったメロディを歌《うた》ってくれるのは、ほんとうにうれしかった。今《いま》でも私《わたし》の歌《うた》を楽《たの》しんでくれていたら、こんなに幸《しあわ》せなことはないね。

この日《ひ》に生《う》まれた有名人《ゆうめいじん》

ヴァン・ダイク（画家《がか》）／ウィルヘルム1世《せい》（初代《しょだい》ドイツ皇帝《こうてい》）／マルセル・マルソー（パントマイマー）
大橋巨泉《おおはしきょせん》（タレント）／アンドリュー・ロイド・ウェバー（作曲家《さっきょくか》）

日本《にほん》が世界《せかい》に誇《ほこ》る映画監督《えいがかんとく》

黒澤明《くろさわあきら》

（1910～1998年　日本）

自分《じぶん》がほんとうに好《す》きなものを見《み》つけてください。見《み》つかったら、その大切《たいせつ》なもののために努力《どりょく》しなさい。

3月23日の偉人

文化

私《わたし》は、映画監督《えいがかんとく》として、たくさんの映《えい》画《が》をとりました。幼稚園《ようちえん》のころから、父《ちち》につれられて映画館《えいがかん》でたくさん映画《えいが》を見《み》ていたので、映画《えいが》はもちろん好《す》きでした。でも、最初《さいしょ》から映画《えいが》に関係《かんけい》した仕事《しごと》をしたいと思《おも》っていたわけではありません。私《わたし》は高校《こうこう》を卒業《そつぎょう》するころまでは、画家《がか》になりたいと思《おも》っていたのです。

小学校《しょうがっこう》のころの私《わたし》は小《ち》さくて、どちらかというといじめられっ子《こ》でした。でも、あるとき、描《か》いた絵《え》を先生《せんせい》にほめてもらったのです。自信《じしん》がなかった私《わたし》は、はじめてほめてもらったことがうれしくて、それから夢中《むちゅう》で絵《え》を描《か》くようになりました。高校《こうこう》を卒業《そつぎょう》したあとは、絵《え》を勉強《べんきょう》したかったので、美術大学《びじゅつだいがく》にいきたかったのですが、試験《しけん》に落《お》ちてしまいました。その後《ご》、しばらくはかんたんなイラストをほそぼそと描《か》いていたのですが、自分《じぶん》には才能《さいのう》がないのではないかと思《おも》っていたとき、映画会社《えいがかいしゃ》の助監督《じょかんとく》の募集《ぼしゅう》に応募《おうぼ》してみたところ、なんと採用《さいよう》されたのです。

それから7年後《ねんご》、私《わたし》は『姿三四郎《すがたさんしろう》』で監督《かんとく》デビューをはたしました。映画《えいが》はヒットして、そのあともつぎつぎと映画《えいが》をとることができるようになったのです。

そして、芥川龍之介《あくたがわりゅうのすけ》が書《か》いた小説《しょうせつ》をもとにした『羅生門《らしょうもん》』という映画《えいが》が、ベネチア国際映画祭《こくさいえいがさい》でグランプリを、さらにアカデミー賞名誉賞《しょうめいよしょう》を受賞《じゅしょう》し、私《わたし》は、「世《せ》界《かい》のクロサワ」とよばれるようになりました。私《わたし》の映画《えいが》の最大《さいだい》の特徴《とくちょう》は、映像《えいぞう》のすばらしさだといわれていて、世界《せかい》じゅうの監督《かんとく》にまねされました。『スターウォーズ』『レイダース——失《うしな》われたアーク』『ゴッドファーザー』『未知《みち》との遭《そう》遇《ぐう》』『プライベート・ライアン』『ロード・オブ・ザ・リング』などでね。

私《わたし》は映画《えいが》をつくるとき、けっして妥協《だきょう》をしませんでした。たった30秒《びょう》のシーンをとるのに8か月《げつ》かかったこともあります。それも、すべて映画《えいが》が好《す》きだったからです。だからこそ、世界《せかい》じゅうの人《ひと》たちにみとめられるものがつくれたのですよ。

この日《ひ》に生《う》まれた有名人《ゆうめいじん》

マルタン・デュ・ガール（作家《さっか》）／北大路魯山人《きたおおじろさんじん》（芸術家《げいじゅつか》）／川上哲治《かわかみてつはる》（野球選手《やきゅうせんしゅ》・監督《かんとく》）
中島京子《なかじまきょうこ》（作家《さっか》）／ジェイソン・キッド（バスケットボール選手《せんしゅ》）

モダンデザインの父《ちち》

ウィリアム・モリス

（1834〜1896年　イギリス）

幸《しあわ》せになる秘密《ひみつ》は、生活《せいかつ》の中《なか》のささやかなことに目《め》をむけることにある。

3月24日の偉人

芸術

私《わたし》はデザイナーであり、工芸家《こうげいか》であり、詩人《しじん》で作家《さっか》でもありました。とくにデザイナーとしてもっとも名前《なまえ》を知《し》られています。私《わたし》の名前《なまえ》は知《し》らなくても、私《わたし》がデザインしたもようは、みなさんもどこかで目《め》にしたことがあるのではないでしょうか。

私《わたし》はイギリスのロンドン郊外《こうがい》で生《う》まれました。とても裕福《ゆうふく》で、自然《しぜん》にかこまれた大《おお》きな家《いえ》で育《そだ》ちました。大学《だいがく》に入《はい》るまでは、聖職者《せいしょくしゃ》になるつもりでした。でも、大学《だいがく》で芸術家《げいじゅつか》や建築家《けんちくか》の卵《たまご》たちと知《し》りあい、私自身《わたしじしん》も、芸術《げいじゅつ》や建築《けんちく》に興味《きょうみ》をもつようになったのです。けっきょく、聖職者《せいしょくしゃ》になることはやめて、建築《けんちく》デザイナーのところで働《はたら》くようになりました。そこで勉強《べんきょう》をさせてもらいながら、自分《じぶん》でさまざまなもの——壁紙《かべがみ》やステンドグラス、家具《かぐ》、書籍《しょせき》などをデザインしていきました。そのとき私《わたし》が自分《じぶん》で住《す》むために、仲間《なかま》と一《いち》からつくった家《いえ》「レッドハウス」は、世界《せかい》でもっとも美《うつく》しい家《いえ》だとまでいわれたのです。

私《わたし》がめざしていたのは、毎日《まいにち》のくらしの中《なか》に芸術《げいじゅつ》をとりいれることでした。芸術《げいじゅつ》は、どこか、たとえば美術館《びじゅつかん》にいかなければ、見《み》ることができないものであってはいけません。生活《せいかつ》の中《なか》に芸術《げいじゅつ》——美《うつく》しいものがあったら、幸《しあわ》せな気持《きも》ちになりますよね？　それこそ、芸術《げいじゅつ》のあるべき姿《すがた》だと、私《わたし》は思《おも》ったのです。デザインを見《み》た人《ひと》が、あるいはそのデザインを使《つか》った人《ひと》が、うれしい気持《きも》ちになるものをつくることが、私《わたし》の信念《しんねん》でした。私《わたし》のこの考《かんが》え方《かた》や作品《さくひん》は、20世紀《せいき》の世界《せかい》のデザイン界《かい》に大《おお》きな影響《えいきょう》をあたえました。

私《わたし》のデザインでいちばん有名《ゆうめい》なのは、バラ・ユリ・チューリップ・柳《やなぎ》・スミレなど、自然《しぜん》の草花《くさばな》や植物《しょくぶつ》を使《つか》ったもので、今《いま》でもたくさんの人《ひと》に愛《あい》されています。それはきっと、生活《せいかつ》の中《なか》でそのデザインを見《み》たら幸《しあわ》せになれるから、だと思《おも》います。私《わたし》の信念《しんねん》はきっとまちがっていなかったのです。

この日《ひ》に生《う》まれた有名人《ゆうめいじん》

ジョン・ハリソン（時計製作者《とけいせいさくしゃ》）／ジョージ・シスラー（野球選手《やきゅうせんしゅ》）／原田泰造《はらだたいぞう》《ネプチューン》（お笑《わら》い芸人《げいにん》）／持田香織《もちだかおり》《ELT》（ミュージシャン）／綾瀬《あやせ》はるか（女優《じょゆう》）

短《みじか》い人生《じんせい》で名作《めいさく》をつぎつぎ生《う》んだ女流作家《じょりゅうさっか》

樋口《ひぐち》一葉《いちよう》

（1872～1896年　日本）

流《なが》れる水《みず》にも淵《ふち》や瀬《せ》があるように、人《ひと》の世《よ》にもよいときと悪《わる》いときがある。

　私《わたし》の父《ちち》は農家《のうか》の出《で》でしたが、明治時代《めいじじだい》になって士族《しぞく》の身分《みぶん》を手《て》に入《い》れた人《ひと》でした。父《ちち》が生《い》きているあいだは、家《いえ》もそれほど貧乏《びんぼう》ではなくて、私《わたし》も、短歌《たんか》や文学《ぶんがく》を学《まな》ぶ塾《じゅく》にかよわせてもらっていました。その塾《じゅく》は、裕福《ゆうふく》なおじょうさまたちがいくところで、私《わたし》のような身分《みぶん》の低《ひく》い者《もの》がいけるようなところではなかったのですが、小《ちい》さいころから本《ほん》を読《よ》むことが好《す》きだった私《わたし》のために、父《ちち》が知《し》りあいにたのんでくれたのです。とはいえ、じゅうぶんなお金《かね》を払《はら》うことができなかったので、私《わたし》は塾《じゅく》で勉強《べんきょう》しながら、下働《したばたら》きのような仕事《しごと》もしていました。

　そんな中《なか》、17歳《さい》になったとき、父《ちち》が亡《な》くなってしまいました。私《わたし》は、一家《いっか》をささえるため、母《はは》や妹《いもうと》と必死《ひっし》に働《はたら》かなければならなくなったのです。母《はは》や妹《いもうと》は針仕《はりし》事《ごと》をしてお金《かね》をかせぎました。でも、私《わたし》は針仕事《はりしごと》などしたくなかった。なにをしてお金《かね》をかせごう?と考《かんが》えていたとき、塾《じゅく》の先輩《せんぱい》が、お話《はなし》を書《か》いて、原稿料《げんこうりょう》をもらったのです。これだ、と思《おも》いました。私《わたし》もお話《はなし》を書《か》いて、お金《かね》をかせごう。それが、私《わたし》が小説《しょうせつ》を書《か》くことになったきっかけです。お金《かね》がほしかったからだなんて、おどろきましたか?　でも、私《わたし》は家《か》族《ぞく》を食《た》べさせなければいけませんでしたし、私《わたし》にできることはそれぐらいしかなかったのです。

　私《わたし》はとにかく、作家《さっか》として食《た》べていけるように、ひたすらお話《はなし》を書《か》きました。そして、とうとう『大《おお》つごもり』というお話《はなし》で、作家《さっか》としてみとめられました。そのあとは、『にごりえ』『わかれ道《みち》』『たけくらべ』などの作品《さくひん》をつぎつぎに発表《はっぴょう》しました。でも、ようやく、作家《さっか》としてたくさんお金《かね》をかせげるようになったと思《おも》ったら、結核《けっかく》という病気《びょうき》になってしまったのです。当時《とうじ》、結核《けっかく》は治《なお》すことのできない病気《びょうき》でした。私《わたし》は『大《おお》つごもり』を発表《はっぴょう》してから2年《ねん》もたたないうちに、この世《よ》を去《さ》りました。ほんとうに、人生《じんせい》とはうまくいかないものです。でも、だからこそ、おもしろいのかもしれませんね。

3月
25日
の偉人

文化

この日《ひ》に生《う》まれた有名人《ゆうめいじん》

A・トスカニーニ（指揮者《しきしゃ》）／バルトーク（作曲家《さっきょくか》）／志茂田景樹《しもだかげき》（作家《さっか》）
エルトン・ジョン（ミュージシャン）／織田信成《おだのぶなり》（フィギュアスケート選手《せんしゅ》）

富《とみ》とまずしさを数字《すうじ》にしてみせた

エルンスト・エンゲル

（1821～1896年　ドイツ）

まずしければまずしいほど、
その家庭《かてい》が食《た》べ物《もの》に使《つか》うお金《かね》の割合《わりあい》は大《おお》きくなる。

上《うえ》に出《で》ていることばは、私《わたし》が統計学《とうけいがく》を研究《けんきゅう》したすえに、たどりついた真実《しんじつ》です。みなさんは、「エンゲルの法則《ほうそく》」とか「エンゲル係数《けいすう》」ということばをきいたことはないですか？　その「エンゲル」というのは、そう、私《わたし》の名前《なまえ》からとられたものです。

エンゲル係数《けいすう》というのは、「1家族《かぞく》の食費《しょくひ》÷1家族《かぞく》のすべての支出《ししゅつ》」で割《わ》りだせる数字《すうじ》です。そして、エンゲルの法則《ほうそく》というのは、エンゲル係数《けいすう》が大《おお》きいほど、その家族《かぞく》はまずしいという法則《ほうそく》です。ちょっとわかりにくいですか？　つまり、エンゲル係数《けいすう》が大《おお》きいと、その家族《かぞく》が食《た》べ物以外《ものいがい》に使《つか》えるお金《かね》が少《すく》ない＝まずしいということになるのです。

私《わたし》はもともと、ドイツの酒場《さかば》の息子《むすこ》として生《う》まれました。大学《だいがく》で勉強《べんきょう》したかったのですが、父親《ちちおや》に無理《むり》やり酒場《さかば》で働《はたら》かされていました。勉強《べんきょう》したって意味《いみ》がないと、父《ちち》は考《かんが》えていたんですね。でも、父《ちち》が亡《な》くなると、私《わたし》はやっぱり学問《がくもん》をしたくて、鉱山学校《こうざんがっこう》に入《はい》りました。鉱山学校《こうざんがっこう》で自然科学《しぜんかがく》の学問《がくもん》を学《まな》び、卒業《そつぎょう》すると、ヨーロッパのあちこちの鉱山《こうざん》に勉強《べんきょう》しにいきました。このとき、統計学《とうけいがく》という学問《がくもん》に出会《であ》って、私《わたし》はとても興味《きょうみ》を引《ひ》かれました。そして、ドイツに帰《かえ》ってから、本格的《ほんかくてき》に統計学《とうけいがく》にとりくむことになったのです。

統計学《とうけいがく》というものは、とてもおもしろいのですよ。ただの数字《すうじ》やデータから、さまざまなことが見《み》えてくるのです。人々《ひとびと》のくらしや、考《かんが》え方《かた》、幸福度《こうふくど》や、未来《みらい》のようす……ほんとうにいろいろなことがわかるのです。みなさんもなにか知《し》りたいことがあったら、数字《すうじ》やデータを集《あつ》めて調《しら》べてみてごらんなさい。

ちなみに、今《いま》の日本《にほん》のエンゲル係数《けいすう》は23％。ドイツは6・9％で、イギリスは11・4％です。この数字《すうじ》から、どんなことを見《み》てとり、考《かんが》え、どんなふうに生活《せいかつ》に生《い》かしていくか――それは、みなさんしだいです。

3月
26日
の偉人

社会

この日《ひ》に生《う》まれた有名人《ゆうめいじん》

テネシー・ウィリアムズ（劇作家《げきさっか》）／ダイアナ・ロス（歌手《かしゅ》）／スティーヴン・タイラー《エアロスミス》（ミュージシャン）／京極夏彦《きょうごくなつひこ》（作家《さっか》）／ラリー・ペイジ（Google創設者《そうせつしゃ》）

未知《みち》なる光線《こうせん》を発見《はっけん》した

ウィルヘルム・コンラート・レントゲン

（1845〜1923年　ドイツ）

私《わたし》は考《かんが》えず、ただ、じっくり調《しら》べた。

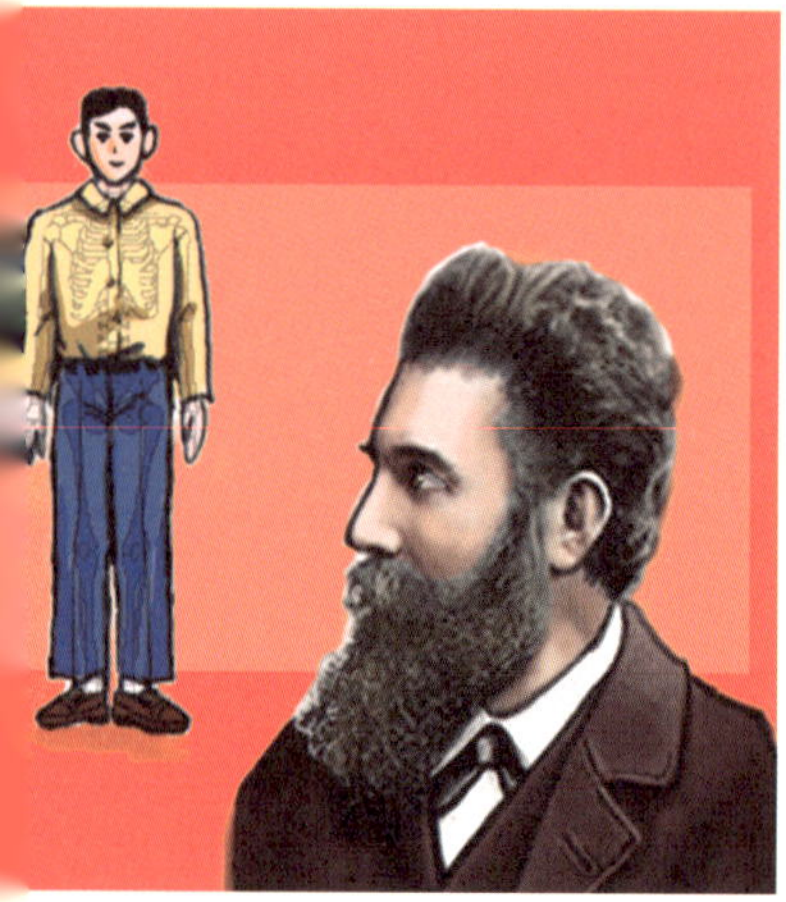

私《わたし》の名前《なまえ》をきいて、おや?と思《おも》った人《ひと》はたくさんいるのではないでしょうか。そう、私《わたし》の名前《なまえ》は、みなさんが病院《びょういん》などで胸《むね》の検査《けんさ》をするときにとるあのレントゲン写真《しゃしん》の「レントゲン」です。私《わたし》が、レントゲン写真《しゃしん》をとるときに使《つか》う「X線《せん》」という光線《こうせん》を発見《はっけん》したので、私《わたし》の名《な》前《まえ》がつけられたのです。

X線《せん》を発見《はっけん》したのは、ぐうぜんでした。電磁波《でんじは》の実験《じっけん》をしていたとき、あらゆる光《ひかり》をとおさないよう黒《くろ》い紙《かみ》でおおっていた装置《そうち》のスイッチを入《い》れると、近《ちか》くにあった板《いた》が光《ひか》りはじめたのです。その板《いた》には、光線《こうせん》に反応《はんのう》して光《ひか》る薬《くすり》がぬってありました。装置《そうち》は光線《こうせん》をとおさない紙《かみ》でおおわれているのに、なぜ? ためしに、板《いた》を遠《とお》くはなしたり、あいだにぶあつい本《はん》をおいたりしてみましたが、板《いた》は光《ひか》りつづけました。装置《そうち》と板《いた》を、別々《べつべつ》の部屋《へや》においても、光《ひか》ったのです! これは、今《いま》まで発見《はっけん》されたことのない光線《こうせん》が装置《そうち》から出《で》ているにちがいないと思《おも》った私《わたし》は、ただただ実験《じっけん》をつづけました。

調査《ちょうさ》の結果《けっか》、その光線《こうせん》は、さまざまな物体《ぶったい》をつきぬけること、電磁波《でんじは》の一種《いっしゅ》であることがわかりました。私《わたし》は、その光《こう》線《せん》を、「未知《みち》なるもの」という意味《いみ》をもつ記号《きごう》Xを使《つか》って、「X線《せん》」と名《な》づけ、さらに実験《じっけん》と調査《ちょうさ》をくりかえしました。X線《せん》はさまざまな物質《ぶっしつ》をとおりぬけますが、物質《ぶっしつ》のあつさや性質《せいしつ》によって、とおりぬけ具合《ぐあい》がちがうこともわかりました。ためしに私《わたし》の妻《つま》の手《て》を、板《いた》と装置《そうち》のあいだにおいたら、なんと手《て》の骨《ほね》がうつしだされたのです! これが、世界《せかい》ではじめてのレントゲン写真《しゃしん》となったのですよ。

私《わたし》が発見《はっけん》したこのX線《せん》は、病気《びょうき》の発《はっ》見《けん》や、産業《さんぎょう》の発展《はってん》にとても役立《やくだ》ちました。X線《せん》を発見《はっけん》したのはたしかにぐうぜんでしたが、そのあとX線《せん》がどういうものかつきとめられたのは、ひたすら実験《じっけん》をくりかえし、調査《ちょうさ》したからです。科学《かがく》の進歩《しんぽ》にはそうした地味《じみ》な作業《さぎょう》をつづけることが必要《ひつよう》なのですよ。

この日《ひ》に生《う》まれた有名人《ゆうめいじん》

佐藤栄作《さとうえいさく》（第《だい》61〜63代内閣総理大臣《だいないかくそうりだいじん》）／遠藤周作《えんどうしゅうさく》（作家《さっか》）／クエンティン・タランティーノ（映画監督《えいがかんとく》）／マライア・キャリー（歌手《かしゅ》）／内田篤人《うちだあつと》（サッカー選手《せんしゅ》）

ドイツ・サッカーの生《う》みの親《おや》

ゼップ・ヘルベルガー

（1897〜1977年　ドイツ）

試合終了《しあいしゅうりょう》のホイッスルは、つぎの試合開始《しあいかいし》のホイッスルだ。

3月
28日
の偉人

スポーツ

私《わたし》は、ドイツの南《みなみ》にある町《まち》の、まずしい家《いえ》に生《う》まれました。6人兄弟《にんきょうだい》の末《すえ》っ子《こ》でね、あまりちゃんとした教育《きょういく》はうけられませんでした。でも、小《ち》さいころから、サッカーが好《す》きで、得意《とくい》だったので、工場《こうじょう》で働《はたら》きながら、地元《じもと》のチームに入《はい》ってプレーしていました。エース・ストライカーだったんですよ。私《わたし》の活躍《かつやく》で、チームは地方《ちほう》リーグで優勝《ゆうしょう》もしました。その働《はたら》きがみとめられて、代表《だいひょう》チームでもプレーさせてもらったのです。

選手《せんしゅ》だったころから、将来《しょうらい》は監督《かんとく》をやってみたいと思《おも》っていました。だから、監督《かんとく》の資格《しかく》をとるために、体育大学《たいいくだいがく》で授業《じゅぎょう》をうけたのです。そのとき、先生《せんせい》だったのが、のちにドイツ代表《だいひょう》チームの監督《かんとく》になったネルツさんでした。そして、ネルツさんが監督《かんとく》をやめるとき、私《わたし》が後任《こうにん》になったのです。

けれど、私《わたし》が監督《かんとく》になってまもなく、第《だい》2次世界大戦《じせかいたいせん》が始《はじ》まってしまいました。戦争《せんそう》をしかけてヨーロッパの国々《くにぐに》と戦《たたか》ったドイツは、国際《こくさい》サッカー連盟《れんめい》から追《お》いだされ、しばらく国際的《こくさいてき》な試合《しあい》に出《で》ることができなくなるのです。復帰《ふっき》したのは、1954年《ねん》のスイスW杯《はい》でした。監督《かんとく》として、この大会《たいかい》は、どうしても優勝《ゆうしょう》したかった。国際社会《こくさいしゃかい》に復帰《ふっき》したドイツの姿《すがた》を、世界《せかい》の人《ひと》たちに見《み》てもらいたかったのです。決勝《けっしょう》まで勝《か》ちすすんだ私《わたし》たちの相手《あいて》は、当時《とうじ》4年間《ねんかん》負《ま》け知《し》らずで世界《せかい》最強《さいきょう》だった「マジック・マジャール」ことハンガリー代表《だいひょう》でした。ドイツはもちろん圧倒的《あっとうてき》に不利《ふり》といわれていました。それを私《わたし》たちはみごとにくつがえし、W杯初優勝《はいはつゆうしょう》をかざったのです。そして、ドイツ・サッカーは栄光《えいこう》への階段《かいだん》をひとつのぼり、同時《どうじ》に、戦争《せんそう》で荒《あ》れはてたドイツの復興《ふっこう》を世界《せかい》にアピールしたのです。この快挙《かいきょ》は「ベルンの奇跡《きせき》」といわれ、映画《えいが》にまでなりました。

戦争《せんそう》でどん底《ぞこ》まで落《お》ちたとしても、試《し》合《あい》に負《ま》けたとしても、頭《あたま》を切《き》りかえて、つぎの一歩《いっぽ》をふみだす——サッカーでも、人生《じんせい》でも、それがだいじなのですよ。

この日《ひ》に生《う》まれた有名人《ゆうめいじん》

伊武雅刀《いぶまさとう》（俳優《はいゆう》）／安藤勝己《あんどうかつみ》（騎手《きしゅ》）／的場浩司《まとばこうじ》（俳優《はいゆう》）／水野真紀《みずのまき》（女優《じょゆう》）／レディー・ガガ（ミュージシャン）

エジソンにつぐ発明王《はつめいおう》

エリフ・トムソン

（1853〜1937年　アメリカ）

発明《はつめい》の母《はは》は必要性《ひつようせい》だけではない、予感《よかん》が発明《はつめい》につながることもある。

3月29日の偉人

科学

私《わたし》の名前《なまえ》を知《し》っている人《ひと》は少《すく》ないでしょうが、ゼネラル・エレクトリック・カンパニーという会社《かいしゃ》を知《し》っている人《ひと》はいるかもしれませんね。私《わたし》はいろいろなものを発明《はつめい》したエンジニアで、ゼネラル・エレクトリック・カンパニーをつくった創業者《そうぎょうしゃ》のひとりでもあるのです。

父《ちち》がエンジニアだった影響《えいきょう》からか、私《わたし》は小《ちい》さいころから、新《あたら》しい道具《どうぐ》などを考《かんが》えてつくるのが好《す》きでした。11歳《さい》のときには、ワインのびんを利用《りよう》して、静電気《せいでんき》の装置《そうち》をつくったりしていたのです。自分《じぶん》で工夫《くふう》して、新《あたら》しいものを生《う》みだす発《はっ》明《めい》は、とても楽《たの》しく、やりがいがあることです。私《わたし》は発明《はつめい》が大好《だいす》きでした。

ですから、大学《だいがく》でも電子工学《でんしこうがく》を学《まな》び、どんどん発明《はつめい》をしていきました。そして、仲間《なかま》のひとりと会社《かいしゃ》をつくって、研究《けんきゅう》をつづけることにしたのです。とくに、発《はつ》電機《でんき》や変圧器《へんあつき》など、電気《でんき》をエネルギーとして使《つか》うための発明《はつめい》は、たくさんしました。当時《とうじ》はエジソンが電球《でんきゅう》を発明《はつめい》して、電球《でんきゅう》が世《よ》の中《なか》に広《ひろ》まりはじめたころでしたから、私《わたし》の発明《はつめい》もずいぶん役《やく》に立《た》ったと思《おも》います。ほかにも、電気《でんき》で金属《きんぞく》と金《きん》属《ぞく》をくっつける方法《ほうほう》や、クリーム分離器《ぶんりき》、電子《でんし》パイプオルガンなど、ほんとうにいろいろなものを発明《はつめい》したのですよ。レントゲン写真《しゃしん》の撮影機《さつえいき》をつくって、立体的《りったいてき》なレントゲン写真《しゃしん》の使《つか》い方《かた》なども考《かんが》えだしました（ちなみに、X線《せん》が人間《にんげん》の体《からだ》によくないということに、私《わたし》はこのときすでに気《き》づいて、みなさんに注意《ちゅうい》していました。注意《ちゅうい》はきいてはもらえませんでしたが）。

その後《ご》、あのエジソンの会社《かいしゃ》といっしょになって、ゼネラル・エレクトリック・カンパニーをつくったのです。そして、死《し》ぬまで発明《はつめい》をつづけました。一生《いっしょう》のあいだにした発明《はつめい》の数《かず》は７００以上《いじょう》にのぼります。私《わたし》は電気工学関係《でんきこうがくかんけい》の研究《けんきゅう》と発《はっ》明《めい》に一生《いっしょう》をささげ、電気技術《でんきぎじゅつ》の発展《はってん》に大《おお》きく貢献《こうけん》することができました。大好《だいす》きなことをつづけて、それが多《おお》くの人々《ひとびと》の役《やく》に立《た》ったのですから、大変《たいへん》な幸《しあわ》せ者《もの》といっていいでしょうね。

この日《ひ》に生《う》まれた有名人《ゆうめいじん》

J・タイラー（第《だい》10代《だい》アメリカ大統領《だいとうりょう》）／サイ・ヤング（野球選手《やきゅうせんしゅ》）
西島秀俊《にしじまひでとし》（俳優《はいゆう》）／滝沢秀明《たきざわひであき》（タレント）／里田《さとだ》まい（タレント）

炎《ほのお》の天才《てんさい》画家《がか》

フィンセント・ファン・ゴッホ

（1853〜1890年　オランダ）

「ふつう」というのは舗装《ほそう》された道《みち》だ。歩《ある》きやすいが、草花《くさばな》が育《そだ》つことはない。

私《わたし》の名前《なまえ》や描《か》いた絵《え》を知《し》っている人《ひと》は、多《おお》いかもしれないな。今《いま》、私《わたし》の絵《え》は数十《すうじゅう》億円《おくえん》で売《う》り買《か》いされていて、中《なか》には100億円《おくえん》をこえているものもあるが、私《わたし》が生《い》きているあいだはまったく売《う》れなかった。売《う》れた絵《え》はたった1枚《まい》だけ、値《ね》段《だん》も10万円《まんえん》ちょっとだ。だいたい、私《わたし》の人生《じんせい》は失敗《しっぱい》だらけ。不幸《ふこう》を絵《え》に描《か》いたような人生《じんせい》だったんだ。

小《ちい》さいときから、私《わたし》は少《すこ》し変《か》わった子《こ》だった。中学《ちゅうがく》もとちゅうでやめたし、働《はたら》きだしてからも、長《なが》つづきしなかった。16歳《さい》で働《はたら》きはじめた画商《がしょう》のところは、4年《ねん》つづいたけれど、失恋《しつれん》して仕事《しごと》に身《み》が入《はい》らなくなってから、クビになった。聖《せい》職者《しょくしゃ》になろうと思《おも》いたって、勉強《べんきょう》を始《はじ》めたものの、勉強《べんきょう》がとても大変《たいへん》で、とちゅうで投《な》げだしてしまった。でも、神《かみ》さまの教《おし》えを広《ひろ》める仕事《しごと》をしたかったので、ベルギーの炭坑《たんこう》へいって、伝道活動《でんどうかつどう》をしたんだ。最初《さいしょ》は、私《わたし》の熱意《ねつい》と仕事《しごと》ぶりがみとめられたんだが、そのうちあまりに熱心《ねっしん》になりすぎて「伝道師《でんどうし》としての威厳《いげん》をそこねた」と、伝道師協会《でんどうしきょうかい》から破門《はもん》されてしまった。

そのころから、絵《え》を描《か》きたいと思《おも》うようになって、自分《じぶん》で描《か》いたり、人《ひと》に習《なら》ったりするようになったんだ。それが26歳《さい》くらいのときだ。お金《かね》をかせいでいなかったから、弟《おとうと》から仕送《しおく》りをしてもらった。そのあとも、絵《え》を描《か》いてもまったく売《う》れなかったから、死《し》ぬまで弟《おとうと》に面倒《めんどう》をみてもらったんだよ。ダメ人間《にんげん》といってもいいだろうね。

ただ、絵《え》を描《か》くことだけはやめなかった。その後《ご》もいくさきざきで問題《もんだい》をおこして、精神科《せいしんか》の病院《びょういん》に入《い》れられたりしたし、手《て》をさしのべてくれた友人《ゆうじん》たちもみんな私《わたし》のもとから去《さ》っていき、心《こころ》がこわれて絵《え》が描《か》けなくなったときもあった。でも、死《し》ぬまで絵《え》は描《か》きつづけた。描《か》きつづけないではいられなかったんだ。私《わたし》の絵《え》には、私《わたし》の悩《なや》みや苦《くる》しみなどが、はげしくぬりこめられているといわれている。私《わたし》の絵《え》は、私《わたし》の魂《たましい》のさけびなんだ。私《わたし》の絵《え》を見《み》るときは、そのさけびをききとってみてほしい。

3月30日の偉人

芸術

この日《ひ》に生《う》まれた有名人《ゆうめいじん》

フランシスコ・デ・ゴヤ（画家《がか》）／島倉千代子《しまくらちよこ》（歌手《かしゅ》）／エリック・クラプトン（ミュージシャン）
セリーヌ・ディオン（歌手《かしゅ》）／千原《ちはら》ジュニア《千原兄弟《ちはらきょうだい》》（お笑《わら》い芸人《げいにん》）

交響曲《こうきょうきょく》の父《ちち》

フランツ・ヨーゼフ・ハイドン

（1732～1809年　オーストリア）

勉強《べんきょう》するより、とにかく音楽《おんがく》をききまくった。そうしたら、少《すこ》しずつ、知識《ちしき》や能力《のうりょく》が育《そだ》っていった。

3月31日の偉人

芸術

私《わたし》はオーストリアの小《ち》さな村《むら》に生《う》まれました。小《ちい》さいころから、音楽《おんがく》の才能《さいのう》を見《み》せたので、私《わたし》は、音楽家《おんがくか》だったおじさんの家《いえ》にあずけられて、おじさんから音楽《おんがく》を学《まな》ぶことになりました。そして、8歳《さい》のとき、ウィーンの少年聖歌隊《しょうねんせいかたい》に入《はい》ったのです。それから9年間《ねんかん》、聖歌隊《せいかたい》で歌《うた》う仕事《しごと》をこなしながら、音楽《おんがく》をききまくりました。8歳《さい》から、見知《みし》らぬ人《ひと》たちにかこまれて、音楽《おんがく》の都《みやこ》といわれていた町《まち》で、音楽《おんがく》にどっぷりひたれたことは、とてもいい経験《けいけん》でした。

声変《こえが》わりのため17歳《さい》で聖歌隊《せいかたい》をやめてからは、しばらく決《き》まった仕事《しごと》もなく、苦労《くろう》しましたが、本格的《ほんかくてき》に作曲《さっきょく》にとりくむようになりました。当時《とうじ》の音楽家《おんがくか》たちは、そんなふうにまずしい生活《せいかつ》をする人《ひと》が多《おお》かったのです。私《わたし》はその後《ご》、幸《さいわ》いにもエステルハージ侯爵《こうしゃく》の家《いえ》の副楽長《ふくがくちょう》に採用《さいよう》されました。そのころ、大《おお》きな領地《りょうち》をもっているような貴族《きぞく》の家《いえ》にはおかかえの楽団《がくだん》があって、行事《ぎょうじ》やもよおしがあるときに、曲《きょく》を演奏《えんそう》していたのです。私《わたし》は、エステルハージ家《け》に30年間《ねんかん》にわたってつかえ、安定《あんてい》した生活《せいかつ》を送《おく》ることができました。そこで、たくさんの曲《きょく》をつくりました。エステルハージ家《け》のためにほとんどの曲《きょく》をつくったのですが、外《そと》の世界《せかい》でも、私《わたし》の曲《きょく》は人気《にんき》が出《で》たのですよ。モーツァルトとも仲《なか》がよく、たびたびいっしょに演奏《えんそう》したりしました。モーツァルトはなんと、私《わたし》のために「ハイドンセット」とよばれることになる曲《きょく》をプレゼントしてくれたのです。

私《わたし》は、生涯《しょうがい》に100曲以上《きょくいじょう》もの交響曲《こうきょうきょく》を残《のこ》しました。そんな私《わたし》の作品《さくひん》で有名《ゆうめい》なのは、祖国《そこく》オーストリアに、ナポレオン軍《ぐん》が攻《せ》めてきたときに書《か》いた「皇帝賛歌《こうていさんか》（神《かみ》よ、皇帝《こうてい》フランツをまもれ）」です。この曲《きょく》はのちにオーストリア国歌《こっか》となり、今《いま》は、ドイツ国歌《こっか》となっています。機会《きかい》があったら、堂々《どうどう》として力強《ちからづよ》いメロディを、ぜひきいてみてください。

この日《ひ》に生《う》まれた有名人《ゆうめいじん》

ルネ・デカルト（哲学者《てつがくしゃ》）／朝永振一郎《ともながしんいちろう》（物理学者《ぶつりがくしゃ》）／大島渚《おおしまなぎさ》（映画監督《えいがかんとく》）
舘《たち》ひろし（俳優《はいゆう》）／宮迫博之《みやさこひろゆき》《雨上《あめあ》がり決死隊《けっしたい》》（お笑《わら》い芸人《げいにん》）

4月《がつ》生《う》まれの偉《い》人《じん》

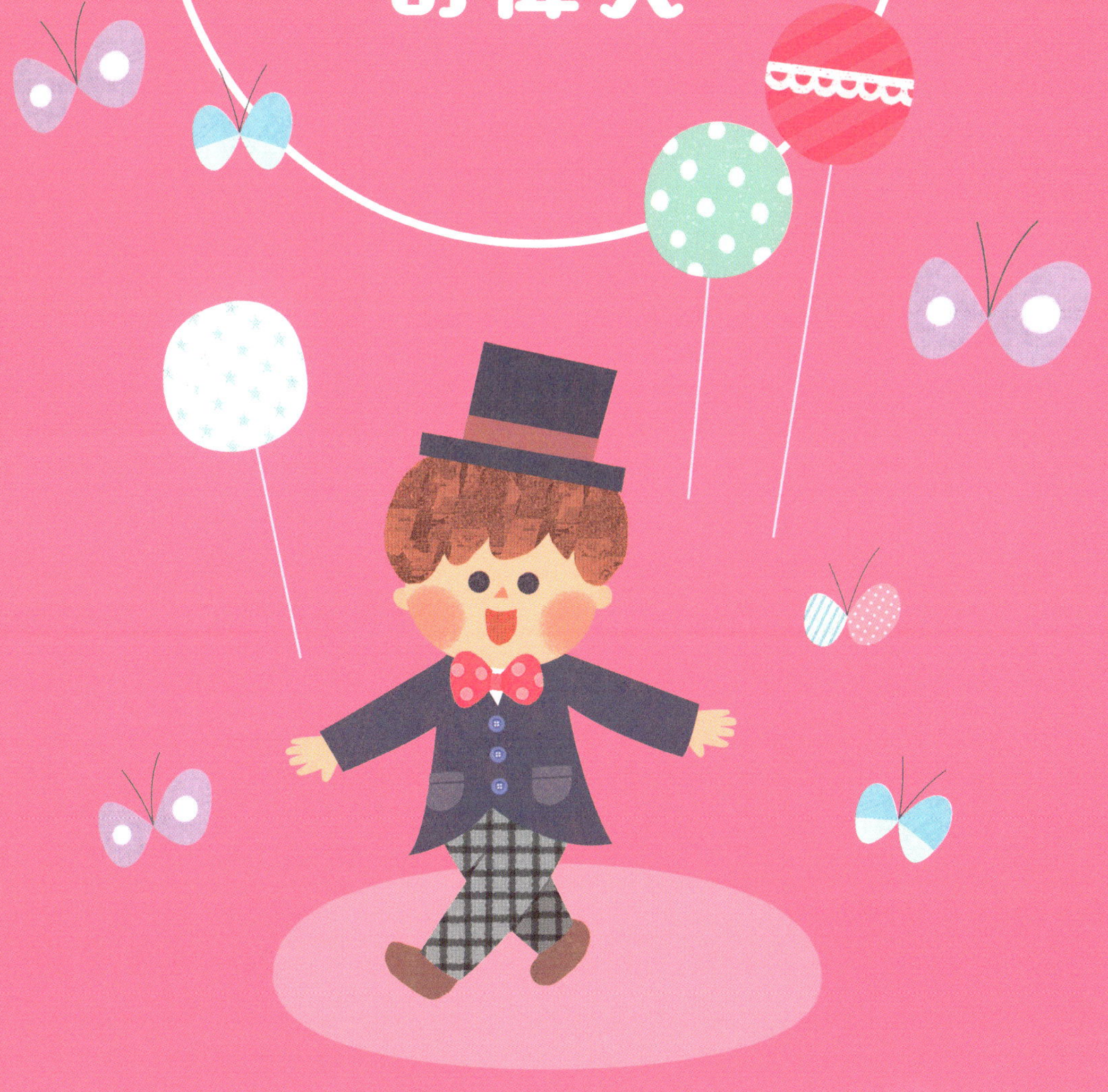

浄土真宗《じょうどしんしゅう》をひらいた

親鸞《しんらん》

（1173～1263年　日本）

ひとりいて悲《かな》しいときは、ふたりいると思《おも》え。
ふたりいて悲《かな》しいときは、3人《さんにん》いると思《おも》え。
そのひとりは親鸞《しんらん》なり。

私《わたし》は、4歳《さい》で父《ちち》を、8歳《さい》で母《はは》を亡《な》くし、9歳《さい》のときに出家《しゅっけ》（家《いえ》をはなれて寺《てら》に入《はい》り、お坊《ぼう》さんになること）して仏《ほとけ》さまにおつかえすることを決《き》めた。どうしてそんなに小《ちい》さいうちから、お坊《ぼう》さんになろうなんて思《おも》ったのかって？　両親《りょうしん》をたてつづけに失《うしな》ったあと、つぎは自分《じぶん》だ、死《し》というものはかならずやってくると思《おも》ったとき、死《し》んだらどうなるのだろうと、とてもこわくなったのだ。死《し》んだらどうなるのか――仏《ほとけ》さまにおつかえして、修《しゅ》行《ぎょう》をして、それをあきらかにしたかったのだよ。

私《わたし》は一心《いっしん》に修行《しゅぎょう》をした。そして、法然《ほうねん》というお坊《ぼう》さんの弟子《でし》になったときに、阿弥陀如来《あみだにょらい》さまという仏《ほとけ》さまの教《おし》えにたどりついた。阿弥陀如《あみだにょ》来《らい》さまは仏《ほとけ》さまのトップともいえる仏《ほとけ》さま。その阿弥陀如《あみだにょ》来《らい》さまは、人《ひと》が苦《くる》しみ、悲《かな》しみに打《う》ちひしがれている姿《すがた》を深《ふか》くあわれんで、「私《わたし》を信《しん》じて、私《わたし》の名《な》をよんだ者《もの》はすべて極《ごく》楽浄土《らくじょうど》に入《い》れてあげよう」といっていた。「南無阿弥陀仏《なむあみだぶつ》」と念仏《ねんぶつ》をとなえて、阿《あ》弥陀如来《みだにょらい》さまに救《すく》いを求《もと》めれば、極楽《ごくらく》にいけるということだ。さらに私《わたし》は、善《い》い人《ひと》だけでなく、悪人《あくにん》も救《すく》われると説《と》いた。悪人《あくにん》には誰《だれ》よりも救《すく》いが必要《ひつよう》だ。だからこそ、阿弥陀如来《あみだにょらい》さまは助《たす》けてくださる、悪人《あくにん》こそが、まっさきに阿弥陀浄土《あみだじょうど》にいけると、説《と》いたのだよ。ここで悪人《あくにん》というのは、別《べつ》に犯罪《はんざい》をおかした人《ひと》のことではない。私《わたし》のいう悪人《あくにん》とは、修行《しゅぎょう》をしているわけでもない、ふつうの生活《せいかつ》をしている人《ひと》たち――つまり、私《わたし》たちのことだ。私《わたし》は、ごくふつうの人《ひと》たち、とくに仏《ほとけ》さまを信心《しんじん》しているわけでもない大勢《おおぜい》の人《ひと》たちを救《すく》いたかったのだ。

私《わたし》はまた、妻《つま》をもったことでも知《し》られている。それまで、お坊《ぼう》さんは一生結婚《いっしょうけっこん》しないというのがあたりまえだった。だから、私《わたし》は仏教《ぶっきょう》を改革《かいかく》したといわれるのだが、私《わたし》は変《か》わったことをしたとは思《おも》っていない。仏《ほとけ》さまの教《おし》えをそのまま説《と》き、実行《じっこう》しただけなのだ。

4月1日の偉人

思想

この日《ひ》に生《う》まれた有名人《ゆうめいじん》

オットー・フォン・ビスマルク（初代《しょだい》ドイツ帝国宰相《ていこくさいしょう》）／三船敏郎《みふねとしろう》（俳優《はいゆう》）
ジャック・マイヨール（フリーダイバー）／スーザン・ボイル（歌手《かしゅ》）／桑田真澄《くわたますみ》（野球選手《やきゅうせんしゅ》）

たくさんの童話《どうわ》を生《う》みだした

ハンス・クリスチャン・アンデルセン

（1805～1875年　デンマーク）

人生《じんせい》は、いちばんすばらしい童話《どうわ》である。

　私《わたし》の名前《なまえ》はきっとみなさん、知《し》っていることと思《おも》います。そう、私《わたし》はアンデルセン童話《どうわ》とよばれる『人魚姫《にんぎょひめ》』や『みにくいあひるの子《こ》』『はだかの王《おう》さま』などを書《か》いた童話作家《どうわさっか》です。

　私《わたし》はとてもまずしい靴屋《くつや》の息子《むすこ》として生《う》まれました。お芝居《しばい》が好《す》きだった父《ちち》の影響《えいきょう》で、私《わたし》も小《ちい》さいころから劇《げき》が好《す》きでした。父《ちち》がつくってくれた人形《にんぎょう》でひとり芝居《しばい》をして、よく遊《あそ》んだものです。空想《くうそう》好《ず》きだったので、学校《がっこう》でもぼーっとしていることが多《おお》く、まわりからはういていたのではないでしょうか。

　11歳《さい》のときに父《ちち》が亡《な》くなると、私《わたし》は学《がっ》校《こう》をやめました。そして、歌手《かしゅ》になろうと、大《おお》きな街《まち》にむかいました。水《みず》を飲《の》んで生《い》きながらえるようなくらしをしながらがんばったのですが、才能《さいのう》がないといわれて、歌手《かしゅ》の道《みち》をあきらめます。劇《げき》が好《す》きでしたから、俳優《はいゆう》になろうとしましたが、それもかないませんでした。ですが、劇場《げきじょう》などに出入《でい》りするうちに知《し》りあった貴族《きぞく》の人《ひと》たちに気《き》に入《い》られて、学校《がっこう》で勉強《べんきょう》するお金《かね》を出《だ》してもらうことができたのです。学校《がっこう》で学《まな》びながら、私《わたし》は物《もの》語《がたり》を書《か》きはじめました。そして、イタリアを旅行《りょこう》したときの体験《たいけん》をもとにして、『即興詩人《そっきょうしじん》』という本《ほん》を出《だ》し、一躍評判《いちやくひょうばん》になりました。同《おな》じ年《とし》に出版《しゅっぱん》した童話集《どうわしゅう》は、最初《さいしょ》は人気《にんき》が出《で》ませんでしたが、だんだん子《こ》どもたちに読《よ》まれるようになりました。

　それまでの童話《どうわ》は、昔《むかし》から伝《つた》わるお話《はなし》を語《かた》りなおしたものが多《おお》かったのですが、私《わたし》が書《か》く童話《どうわ》は、私《わたし》が一《いち》から考《かんが》えてつくったお話《はなし》ばかりでした。新《あたら》しい物語《ものがたり》のアイデアがつぎつぎにわいてきたのは、きっと、小《ちい》さいころ、自由《じゆう》に空想《くうそう》の世界《せかい》にひたらせてもらったからだと思《おも》います。まずしいくらしをしていましたが、私《わたし》の少年時代《しょうねんじだい》はとても美《うつく》しい物語《ものがたり》のようだったのですよ。

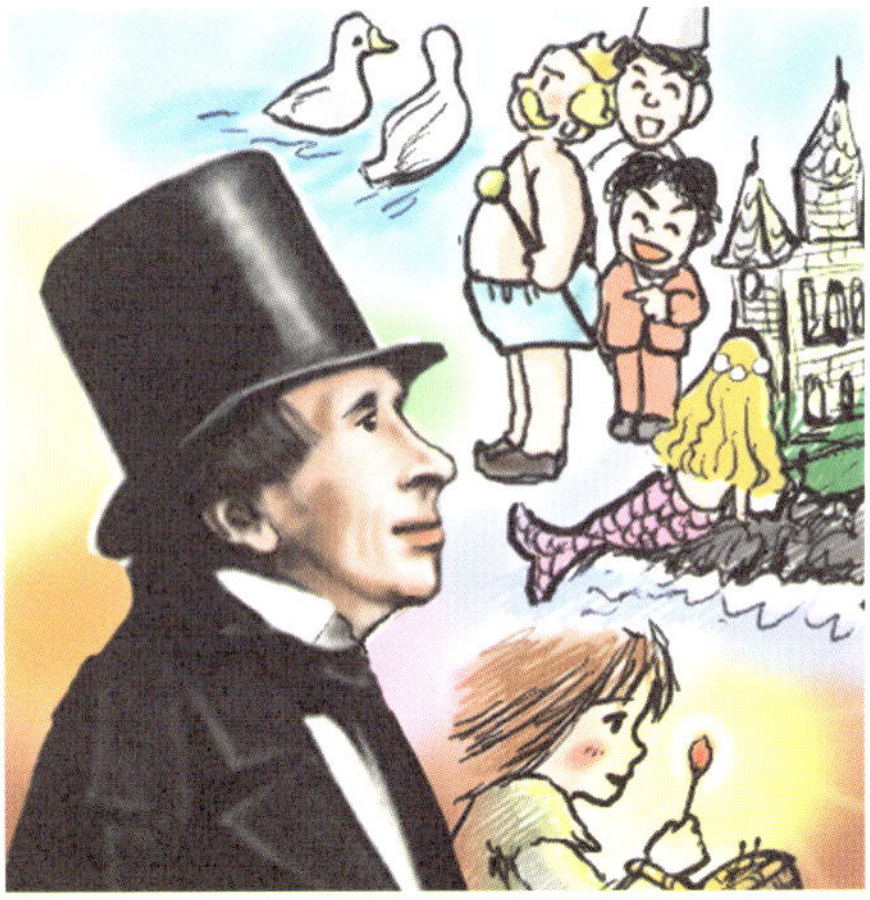

4月
2日
の偉人

文化

この日《ひ》に生《う》まれた有名人《ゆうめいじん》

エミール・ゾラ（作家《さっか》）／ウォルター・クライスラー（クライスラー社創業者《しゃそうぎょうしゃ》）
坂井宏行《さかいひろゆき》（料理人《りょうりにん》）／忌野清志郎《いまわのきよしろう》（ミュージシャン）／岡本綾子《おかもとあやこ》（プロゴルファー）

東西《とうざい》ドイツを統一《とういつ》にみちびいた

ヘルムート・コール

（1930年～　ドイツ）

今後《こんご》、ドイツの地《ち》からは、平和《へいわ》のみが広《ひろ》まるべきだ。

私《わたし》はドイツの政治家《せいじか》です。今《いま》、ドイツはひとつの国《くに》ですが、少《すこ》し前《まえ》まで、東《ひがし》ドイツと西《にし》ドイツというふたつの国《くに》にわかれていました。私《わたし》は西《にし》ドイツの首相《しゅしょう》をしていたときに、そのふたつの国《くに》を統一《とういつ》にみちびいたのです。

東《ひがし》ドイツと西《にし》ドイツという国《くに》ができたのは、第《だい》2次《じ》世界大戦《せかいたいせん》が終《お》わったときです。大戦《たいせん》で、ドイツはアメリカやソ連《れん》（今《いま》のロシアなど）、イギリスと戦《たたか》って、負《ま》けました。アメリカやソ連《れん》は、もう二《に》度《ど》とドイツが戦争《せんそう》などおこせないようにしようと、国《くに》をふたつにわけたのです。そして東《ひがし》ドイツをソ連《れん》が、西《にし》ドイツをアメリカが管理《かんり》することになりました。

ところが、その直後《ちょくご》、ソ連《れん》とアメリカの仲《なか》がとても悪《わる》くなり、ケンカ状態《じょうたい》になってしまったのです。ドイツは東《ひがし》と西《にし》にわかれたまま、そのケンカにまきこまれ、人《ひと》の行《い》き来《き》もあまりできなくなりました。

家族《かぞく》や親《しん》せきが、東《ひがし》と西《にし》にわかれてしまった人《ひと》たちもたくさんいました。そもそもひとつの国《くに》だったのに、別々《べつべつ》の国《くに》になるなんて、おかしな話《はなし》です。ドイツをもとどおり、ひとつの国《くに》にしたい——それが、ドイツ人《じん》たちの願《ねが》いだったのです。ですから、1989年《ねん》に、東《ひがし》ドイツで改《かい》革《かく》の波《なみ》がおこり、政治《せいじ》が変《か》わりはじめたとき、私《わたし》は迷《まよ》いなく、東西統一《とうざいとういつ》にむけて動《うご》きました。ドイツが統一《とういつ》することに反《はん》対《たい》する人《ひと》たちもいましたが、このチャンスを逃《のが》すわけにはいかないと、決断《けつだん》したのです。私《わたし》はすぐに、ソ連《れん》、アメリカ、イギリス、フランスと話《はなし》をして、ドイツの統一《とういつ》をみとめてもらいました。そして、

1990年《ねん》10月《がつ》3日《か》、とうとうドイツをもとどおりにひとつの国《くに》にもどすことができたのです。第《だい》2次《じ》世界大戦《せかいたいせん》はドイツが引《ひ》きおこした戦争《せんそう》でした。上《うえ》に書《か》いてあることばは、ドイツの統一《とういつ》にむかって動《うご》きだしたときにいったことばです。これから先《さき》は、ドイツが平和《へいわ》をリードする国《くに》になる——そういう決意《けつい》をこめていったことばです。私《わたし》たちは歴史《れきし》から学《まな》び、深《ふか》い反省《はんせい》をこめて、未来《みらい》をつくっていかなくてはいけないのですよ。

4月
3日
の偉人

政治

この日《ひ》に生《う》まれた有名人《ゆうめいじん》

マーロン・ブランド（俳優《はいゆう》）／エディ・マーフィー（俳優《はいゆう》）
金本知憲《かねもとともあき》（野球選手《やきゅうせんしゅ》）／田辺誠一《たなべせいいち》（俳優《はいゆう》）／高橋由伸《たかはしよしのぶ》（野球選手《やきゅうせんしゅ》・監督《かんとく》）

人《ひと》をだいじにした江戸《えど》時代《じだい》の名君《めいくん》

池《いけ》田《だ》光《みつ》政《まさ》

（1609〜1682年　日本）

なれあいのつきあいを「和《わ》」と心《こころ》えてはいけない。

私《わたし》は江戸《えど》時代《じだい》のはじめのころ、備前岡《びぜんおか》山藩《やまはん》（今《いま》の岡山県《おかやまけん》）の藩主《はんしゅ》、つまり殿《との》さまだった。そして、水戸《みと》藩《はん》の水戸《みと》光圀《みつくに》（水戸《みと》黄門《こうもん》として有名《ゆうめい》だ）と会津《あいづ》藩《はん》の保《ほ》科正之《しなまさゆき》とならんで、3名君《めいくん》とよばれたのだ。

私《わたし》がどんな政治《せいじ》をしていたかというと、それは、「仁政《じんせい》」につきる。仁政《じんせい》というのは、人《ひと》をだいじにした、思《おも》いやりのある政治《せいじ》のことだ。当時《とうじ》は、朱子学《しゅしがく》という学問《がくもん》がさかんだった。朱子学《しゅしがく》というのは、上下《じょうげ》関係《かんけい》を重《おも》んじて目上《めうえ》の者《もの》をだいじにせよという学問《がくもん》だったので、幕府《ばくふ》にとっては都合《つごう》がよかった。私《わたし》はそれがいやで、陽明学《ようめいがく》を学《まな》んだ。陽明学《ようめいがく》というのは、朱《しゅ》子学《しがく》にまっこうから反対《はんたい》するものだった。学問《がくもん》をおさめ、自分《じぶん》の考《かんが》えにしたがって行動《こうどう》しろという教《おし》えだったのだ。

私《わたし》は教育《きょういく》と節約《せつやく》を第一《だいいち》に考《かんが》えた。まず、家来《けらい》の子《こ》どもたちが勉強《べんきょう》できる学校《がっこう》（藩《はん》校《こう》）をつくり、さらに、庶民《しょみん》が学問《がくもん》をできるような小《ちい》さな学校《がっこう》をたくさんつくった。のちにほかの藩《はん》も藩校《はんこう》や庶民《しょみん》のための学校《がっこう》をつくるようになっていったが、私《わたし》がつくった学校《がっこう》はその第《だい》1号《ごう》だったのだよ。学問《がくもん》をさせることが、みんなの生《せい》活《かつ》をよいものにし、それが岡山藩《おかやまはん》のためになると信《しん》じていたのだ。朱子学《しゅしがく》に反対《はんたい》するような学問《がくもん》をさせていたことで、幕《ばく》府《ふ》からはにらまれたが、そんなことは気《き》にしなかった。

ほかにも、家来《けらい》にお米《こめ》とお金《かね》をあたえる給料《きゅうりょう》の制度《せいど》をつくったり、新《あたら》しい田《た》んぼをどんどんつくったり、洪水《こうずい》や水不足《みずぶそく》がおきないような設備《せつび》をつくったり、とにかく人々《ひとびと》の生活《せいかつ》を守《まも》るために、全力《ぜんりょく》をつくした。上《うえ》に出《で》ていることばは、家来《けらい》たちが自分《じぶん》の主張《しゅちょう》をぶつけあわずに、表《ひょう》面上《めんじょう》だけうまくつきあってすませていることに対《たい》していったものだ。人《ひと》は、自分《じぶん》が信《しん》じるもののためには、ぶつかりあいもおそれず、全力《ぜんりょく》をつくすべきなのだよ。

4月4日の偉人

政治

この日《ひ》に生《う》まれた有名人《ゆうめいじん》

カラカラ（ローマ皇帝《こうてい》）／山本五十六《やまもといそろく》（軍人《ぐんじん》）／あき竹城《たけじょう》（女優《じょゆう》）
ロバート・ダウニーJr.（俳優《はいゆう》）／照英《しょうえい》（俳優《はいゆう》）

音楽史上最高《おんがくしじょうさいこう》の指揮者《しきしゃ》

ヘルベルト・フォン・カラヤン

（1908～1989年　オーストリア）

目標《もくひょう》を達成《たっせい》したといっているやつらは、そもそも目標《もくひょう》の設定《せってい》が低《ひく》すぎるのだ。

私《わたし》はオーストリアの貴族《きぞく》の家《いえ》に生《う》まれた。父《ちち》は医者《いしゃ》だったが、音楽《おんがく》がとても好《す》きで、家《いえ》でもよく音楽会《おんがくかい》がひらかれた。私《わたし》も小《ちい》さいころから、ピアノを習《なら》って、とてもじょうずにひいていたものだ。

そのころから、毎日《まいにち》ピアノを何時間《なんじかん》も練習《れんしゅう》したよ。私《わたし》は中途半端《ちゅうとはんぱ》が嫌《きら》いなんだ。やるなら、完《かん》ぺきにやりたいんだよ。私《わたし》はピアニストになろうと思《おも》っていたんだが、父《ちち》に反対《はんたい》され、一時《いちじ》はウィーン工科《こうか》大学《だいがく》に入学《にゅうがく》した。だが、やはりピアノをあきらめることができなくて、2か月《げつ》で大学《だいがく》を退学《たいがく》、ピアノひと筋《すじ》に練習《れんしゅう》を始《はじ》めたのだ。

ところが、今度《こんど》はけんしょう炎《えん》という病気《びょうき》でピアノがひけなくなってしまった。けれど私《わたし》は大好《だいす》きな音楽《おんがく》からははなれたくなかった。だから、指揮者《しきしゃ》の道《みち》を歩《あゆ》むことにしたのだ。私《わたし》は、ウィーン国立音楽院《こくりつおんがくいん》の指揮《しき》クラスの学生《がくせい》となり、まわりの人《ひと》があきれるほど猛勉強《もうべんきょう》をしたんだよ。

その結果《けっか》、私《わたし》の指揮《しき》はとても評判《ひょうばん》になった。私《わたし》はいつでも完《かん》ぺきをめざしたし、きいてくれる人《ひと》たちのことをまず考《かんが》えた。自分《じぶん》が気《き》に入《い》るかどうかは関係《かんけい》ない、音楽《おんがく》をきく人《ひと》たちが気《き》に入《い》るかどうか、どう感《かん》じるかが、だいじなのだ。だから、私《わたし》の指揮《しき》するオーケストラの演奏《えんそう》は、たくさんの人《ひと》たちに愛《あい》された。そしてついに、48歳《さい》のとき、ベルリン・フィルというオーケストラの首席指揮者《しゅせきしきしゃ》（指揮者《しきしゃ》のトップ）に、つぎの年《とし》には、ウィーン国立歌劇場《こくりつかげきじょう》の芸術監督《げいじゅつかんとく》になった。

ベルリン・フィルとウィーン国立歌劇場《こくりつかげきじょう》という、世界的《せかいてき》に人気《にんき》のオーケストラで、トップに立《た》ったわけだ。私《わたし》は「帝王《ていおう》カラヤン」とよばれるようになり、世界《せかい》じゅうをまわって、オーケストラの指揮《しき》をした。私《わたし》の指揮《しき》で演奏《えんそう》されたレコードは、今《いま》まで2億枚以上《おくまいいじょう》も売《う》れたんだよ。自分《じぶん》がいいと信《しん》じるやり方《かた》で、自分《じぶん》が納得《なっとく》いくまで、音楽《おんがく》をきわめたのだから、当然《とうぜん》の結果《けっか》だといえるんじゃないかな。

4月
5日
の偉人

芸術

この日《ひ》に生《う》まれた有名人《ゆうめいじん》

トマス・ホッブズ（政治哲学者《せいじてつがくしゃ》）／板東英二《ばんどうえいじ》（野球選手《やきゅうせんしゅ》・タレント）
吉田拓郎《よしだたくろう》（ミュージシャン）／鳥山明《とりやまあきら》（漫画家《まんがか》）／2世野村萬斎《せいのむらまんさい》（狂言師《きょうげんし》）

ルネサンス時代《じだい》の巨匠《きょしょう》

ラファエロ・サンティ

（1483〜1520年　イタリア）

時間《じかん》というのは、私《わたし》たちから美《うつく》しさをはぎとっていく執念深《しゅうねんぶか》い盗人《ぬすっと》だ。

私《わたし》は、宮廷画家《きゅうていがか》で詩人《しじん》でもあった父《ちち》のもとで、幼《おさな》いころから絵《え》の教育《きょういく》をうけて育《そだ》ちました。8歳《さい》のときに母《はは》が亡《な》くなり、その3年後《ねんご》に父《ちち》も死《し》んでしまったので、私《わたし》は11歳《さい》でひとりぼっちになりました。しばらくは、おじさんにお世話《せわ》になったのですが、15歳《さい》くらいのときに有名《ゆうめい》な画家《がか》の弟子《でし》になることができました。そこで助手《じょしゅ》として、絵画《かいが》の制作《せいさく》にかかわらせてもらったのです。私《わたし》は先生《せんせい》の絵《え》の描《か》き方《かた》を、ぐんぐん吸収《きゅうしゅう》しました。18歳《さい》で弟子《でし》を卒業《そつぎょう》。そのあとは、あちこち旅《たび》しながら、絵《え》を描《か》きつづけました。

フィレンツェという町《まち》にいったときは、ちょうどレオナルド・ダ・ヴィンチとミケランジェロが、宮殿《きゅうでん》の壁画《へきが》を描《か》いていました（のちの世《よ》では、このふたりと私《わたし》を、ルネサンスの3大巨匠《だいきょしょう》などとよぶようです）。そのときに見《み》たふたりの下絵《したえ》はすばらしく、私《わたし》は強《つよ》く影響《えいきょう》されたのです。

それから数年後《すうねんご》、私《わたし》はローマにいき、ローマ教皇《きょうこう》ユリウス2世《せい》につかえました。そして、教皇《きょうこう》の命令《めいれい》で、バチカン宮《きゅう》の「署名《しょめい》の間《ま》」の天井画《てんじょうが》を描《か》き、つづいて、同《おな》じ部屋《へや》の壁《かべ》に「聖体《せいたい》の論議《ろんぎ》」「三徳像《さんとくぞう》」「アテネの学堂《がくどう》」「パルナッソス」という作品《さくひん》を描《か》きました。のちに、「署名《しょめい》の間《ま》」ととなりあう「コンスタンティヌスの間《ま》」「ヘリオドロスの間《ま》」「ボルゴの火災《かさい》の間《ま》」にも絵《え》を描《か》きました。その4つの部屋《へや》はあわせて「ラファエロの間《ま》」とよばれ、今《いま》も絵《え》を見《み》ることができますから、機会《きかい》があったら、ぜひ見《み》てみてください。

私《わたし》は、これらの仕事《しごと》を、真剣《しんけん》に命《いのち》がけでやりました。そして、かがやいていた炎《ほのお》が燃《も》えつきるように、37歳《さい》の若《わか》さで、亡《な》くなりました。私《わたし》が死《し》んだというニュースに、ローマじゅうの人《ひと》が悲《かな》しみ、お葬式《そうしき》にはたくさんの人《ひと》がおしよせました。それだけ、私《わたし》の絵《え》は、みんなに愛《あい》されていたのでしょう。短《みじか》い一生《いっしょう》でしたが、私《わたし》の残《のこ》した作品《さくひん》は、私《わたし》の命《いのち》のかわりとして、今《いま》もなお生《い》きつづけています。

4月
6日
の偉人

芸術

この日《ひ》に生《う》まれた有名人《ゆうめいじん》

ギュスターヴ・モロー（画家《がか》）／4代目桂米丸《だいめかつらよねまる》（落語家《らくごか》）
谷川浩司《たにがわこうじ》（将棋棋士《しょうぎきし》）／宮沢《みやざわ》りえ（女優《じょゆう》）／乙武洋匡《おとたけひろただ》（スポーツライター）

人々《ひとびと》を救《すく》う道《みち》をさがし、見《み》つけた

法然《ほうねん》

（1133〜1212年　日本）

3メートルの堀《ほり》をこえようと思《おも》うなら、その1.5倍《ばい》の堀《ほり》をこえようとはげむべきだ。

私《わたし》が9歳《さい》のとき、父《ちち》がもめていた相手《あいて》からおそわれて深《ふか》い傷《きず》を負《お》うという事件《じけん》があってね。私《わたし》が仇《かたき》をうとうとしたら、父《ちち》は、「仇《かたき》をうとうとする心《こころ》、うらむ心《こころ》をすて、お坊《ぼう》さんになり、人々《ひとびと》を救《すく》う道《みち》をひらきなさい。これが私《わたし》の最後《さいご》のことばだ」といって亡《な》くなった。

私《わたし》は、父《ちち》の遺言《ゆいごん》にしたがって、お坊《ぼう》さんになることにしたんだ。比叡山《ひえいざん》という、仏教《ぶっきょう》を学《まな》ぶためには最高《さいこう》のお寺《てら》で、心《こころ》をこめて修行《しゅぎょう》した。しかし、当時《とうじ》の仏教《ぶっきょう》は一部《いちぶ》の恵《めぐ》まれた人《ひと》のためのものになっていて、助《たす》けを求《もと》めるたくさんの人《ひと》たちを救《すく》う力《ちから》がないように感《かん》じてね。あちこちの寺《てら》にいってはみたが、自分《じぶん》が求《もと》めている教《おし》え——父《ちち》が遺言《ゆいごん》で残《のこ》した、たくさんの人《ひと》を救《すく》えるような教《おし》えは、どこにもなかった。だから、私《わたし》は、昔《むかし》のお坊《ぼう》さんたちの教《おし》えを学《まな》びなおしたんだ。そこでようやく、「南無阿弥陀仏《なむあみだぶつ》」と念仏《ねんぶつ》をとなえれば、仏《ほとけ》さまに救《すく》われるという教《おし》えに出会《であ》った。「南無阿弥陀仏《なむあみだぶつ》」というのは、阿弥陀如来《あみだにょらい》さまがたてた誓《ちか》いなんだ。阿《あ》弥陀仏《みだぶつ》という名前《なまえ》をとなえた者《もの》を救《すく》いましょうという誓《ちか》いなんだよ。誰《だれ》もが救《すく》われる教《おし》えなんだ。それこそ、私《わたし》が求《もと》めていた教《おし》えだった。

私《わたし》は、山《やま》をおり、京都《きょうと》に出《で》て、民衆《みんしゅう》や公家《くげ》（朝廷《ちょうてい》につかえる人《ひと》たち）、とりわけお坊《ぼう》さんに近《ちか》づけなかった婦人《ふじん》たちにも教《おし》えを説《と》いていった。これが、浄土宗《じょうどしゅう》のはじまりなんだ。私《わたし》の教《おし》えでだいじなのは、3つの心《こころ》だ。つまり、疑《うたが》うことなく阿弥陀如来《あみだにょらい》を思《おも》う心《こころ》、深《ふか》く信《しん》じる心《こころ》、そして、極楽浄土《ごくらくじょうど》にいきたいと願《ねが》う心《こころ》だ。この3つの心《こころ》をもって、念仏《ねんぶつ》をとなえれば、みな救《すく》われると説《と》いたのだよ。

人《ひと》をうらむ心《こころ》をすてるほどむずかしいことはない。もし父《ちち》がうらみをすてるようにいってくれなかったら、私《わたし》の人生《じんせい》は、きっとむなしいものになっていただろう。父《ちち》があのような遺言《ゆいごん》を残《のこ》してくれたから、私《わたし》は、自分《じぶん》が求《もと》める教《おし》えにたどりつこうと、ひたすらがんばることができたのだと思《おも》う。

この日《ひ》に生《う》まれた有名人《ゆうめいじん》

フランシスコ・ザビエル（宣教師《せんきょうし》）／ウィリアム・ワーズワース（詩人《しじん》）／小川未明《おがわみめい》（児童文学作家《じどうぶんがくさっか》）

フランシス・フォード・コッポラ（映画監督《えいがかんとく》）／ジャッキー・チェン（俳優《はいゆう》）

さとりをひらいて仏教《ぶっきょう》をおこした

釈迦《しゃか》

（紀元前560年ごろ〜紀元前480年ごろ　古代インド）

過去《かこ》は追《お》ってはならない。
未来《みらい》は待《ま》ってはならない。
ただ現在《げんざい》の一瞬《いっしゅん》だけを、強《つよ》く生《い》きねばならない。

4月8日の偉人

思想

釈迦《しゃか》という名前《なまえ》をきいたことがある人《ひと》は多《おお》いかもしれません。釈迦《しゃか》というのは、私《わたし》の民族《みんぞく》シャーキャ族《ぞく》からとった名前《なまえ》で、本名《ほんみょう》はガウタマ・シッダールタといいます。ブッダとも、仏《ほとけ》さまともよばれています。ブッダというのは、昔《むかし》インドで話《はな》されていたことばで「さとった者《もの》」という意味《いみ》です。そう、私《わたし》は、さとりをひらいて、仏教《ぶっきょう》をおこしたのです。

私《わたし》は、シャーキャ族《ぞく》の王子《おうじ》として生《う》まれました。王《おう》さまになるためのさまざまな教育《きょういく》をうけ、結婚《けっこん》し、子《こ》どもも生《う》まれました。なに不自由《ふじゆう》ない生活《せいかつ》を送《おく》っていたのですが、17歳《さい》のとき体験《たいけん》したことが、私《わたし》を修行《しゅぎょう》の道《みち》に歩《ある》かせたのです。私《わたし》はそのとき、城《しろ》の外《そと》にいこうと、東門《ひがしもん》から出《で》かけました。すると、よぼよぼの老人《ろうじん》に会《あ》いました。つぎに、南門《みなみもん》から外《そと》に出《で》ると、道《みち》にたおれている病人《びょうにん》がいました。西門《にしもん》から外《そと》に出《で》たときは、お葬式《そうしき》の列《れつ》に出会《であ》いました。人間《にんげん》は、老《お》いる苦《くる》しみ、病気《びょうき》になる苦《くる》しみ、死《し》ぬ苦《くる》しみから逃《のが》れられないのだ……そう思《おも》った私《わたし》は、人間《にんげん》の運命《うんめい》について深《ふか》く悩《なや》みました。そしてつぎに、北門《きたもん》から外《そと》に出《で》ると、修行《しゅぎょう》している人《ひと》に会《あ》ったのです。その人《ひと》はとても清《きよ》らかで、すがすがしいようすをしていました。あらゆる苦《くる》しみをおそれずに生《い》きていくにはどうしたらいいのだろう、修行《しゅぎょう》すれば、私《わたし》にも生《い》きていく道《みち》が見《み》えるのだろうか……私《わたし》はずっと考《かんが》えつづけ、ついに29歳《さい》のとき、王子《おうじ》としての生活《せいかつ》をすてて、修行《しゅぎょう》しようと決《き》めたのです。

それから、私《わたし》は苦《くる》しい修行《しゅぎょう》をつみました。けれど、苦行《くぎょう》をつんだところでなにもさとることはできませんでした。そこであるとき、菩提樹《ぼだいじゅ》という大《おお》きな木《き》の下《した》に座《すわ》りこみ、深《ふか》く静《しず》かに考《かんが》えることにしたのです。そして、さとったのです。悩《なや》みに対《たい》する答《こた》えなどなく、ただ悩《なや》みとむきあうことがだいじなのだと。すべての命《いのち》はあたえられたもので、それぞれに役《やく》割《わり》があるのだから、この生《せい》をせいいっぱい生《い》きなければいけないのだということを。

この日《ひ》に生《う》まれた有名人《ゆうめいじん》

エドムント・フッサール（数学者《すうがくしゃ》・哲学者《てつがくしゃ》）／桃井《ももい》かおり（女優《じょゆう》）／博多華丸《はかたはなまる》《博多華丸《はかたはなまる》・大吉《だいきち》》（お笑《わら》い芸人《げいにん》）／DAIGO《BREAKERZ》（タレント）／沢尻《さわじり》エリカ（女優《じょゆう》）

さまざまなジャンルで自分《じぶん》を表現《ひょうげん》した

佐藤春夫《さとうはるお》

（1892～1964年　日本）

神《かみ》は人間《にんげん》に孤独《こどく》をあたえた。しかも同等《どうとう》に、人間《にんげん》に孤独《こどく》ではいられない性質《せいしつ》もあたえた。

私《わたし》は詩人《しじん》であり、作家《さっか》です。詩《し》や小説《しょうせつ》だけでなく、エッセイや童話《どうわ》、旅行記《りょこうき》や戯曲《ぎきょく》など、いろいろなジャンルの作品《さくひん》を書《か》きました。

文学好《ぶんがくず》きの父《ちち》の影響《えいきょう》もあって、私《わたし》も幼《おさな》いころから本《ほん》を読《よ》むのが大好《だいす》きでした。16歳《さい》のころから自分《じぶん》でも文章《ぶんしょう》を書《か》きはじめて、『明星《みょうじょう》』という雑誌《ざっし》などに短歌《たんか》を投稿《とうこう》していました。もうそのときから、作家《さっか》になろうと決《き》めていたんです。

高校《こうこう》を卒業後《そつぎょうご》は東京《とうきょう》に出《で》て、慶應義塾《けいおうぎじゅく》大学《だいがく》に入《はい》り、短歌《たんか》や詩《し》、評論《ひょうろん》を書《か》いては、つぎつぎ雑誌《ざっし》に投稿《とうこう》したものです。大学《だいがく》はとちゅうでやめました。書《か》くことに集中《しゅうちゅう》したかったからですよ。自分《じぶん》でも雑誌《ざっし》をつくって、さまざまな作家《さっか》たちと交流《こうりゅう》をもちました。中《なか》でも谷崎潤一郎《たにざきじゅんいちろう》さんとはとても親《した》しくなりました。そして、谷崎《たにざき》さんが推薦《すいせん》してくれたおかげで発表《はっぴょう》できた『田園《でんえん》の憂鬱《ゆううつ》』『都会《とかい》の憂鬱《ゆううつ》』が話題《わだい》になり、私《わたし》はたちまち流行作家《りゅうこうさっか》となったのです。

ところが、困《こま》ったことがおこります。谷崎《たにざき》さんの奥《おく》さんの千代《ちよ》さんを好《す》きになってしまったのです。谷崎《たにざき》さんは千代《ちよ》さんにとても冷《つめ》たい態度《たいど》をとっていて、私《わたし》はずっと、かわいそうだなあと思《おも》っていました。その気持《きも》ちが、いつのまにか、好《す》きという気持《きも》ちになってしまったのですね。ひとりぼっちで、千代《ちよ》さんのことを思《おも》いながら書《か》いた詩《し》は私《わたし》の代表作《だいひょうさく》になりました。「さんまの歌《うた》」という題名《だいめい》の詩《し》です。好《す》きな人《ひと》を思《おも》いながら書《か》いた詩《し》なのに「さんまの歌《うた》」だなんて、おかしいと思《おも》いますか？　その詩《し》は、こんなふうに始《はじ》まります——「あわれ　秋風《あきかぜ》よ　こころあらば伝《つた》えてよ——男《おとこ》ありて　今《きょ》日《う》の夕餉《ゆうげ》に　ひとり　さんまを食《く》らいて　思《おも》いにふける　と」。

どうですか？　だいじな人《ひと》を思《おも》いながら、ひとりでさんまを食《た》べているさびしさや切《せつ》なさが伝《つた》わってきませんか？　自《じ》分《ぶん》の思《おも》いを文章《ぶんしょう》や詩《し》で表現《ひょうげん》することは、とてもだいじなことです。その後《ご》、私《わたし》の思《おも》いは谷崎《たにざき》さんに伝《つた》わって、私《わたし》は千代《ちよ》さんと結婚《けっこん》することができたのですよ。

4月9日の偉人

文化

この日《ひ》に生《う》まれた有名人《ゆうめいじん》

シャルル・ボードレール（詩人《しじん》）／本多俊之《ほんだとしゆき》（サックス奏者《そうしゃ》）／永島昭浩《ながしまあきひろ》（サッカー選手《せんしゅ》）／マーク・ジェイコブズ（ファッションデザイナー）／山下智久《やましたともひさ》（タレント）

ジャーナリストの鑑《かがみ》

ジョセフ・ピュリッツァー

（1847〜1911年　アメリカ）

私《わたし》たちの国《くに》の未来《みらい》をつくる力《ちから》は、未来《みらい》の世代《せだい》のジャーナリストの手《て》にゆだねられている。

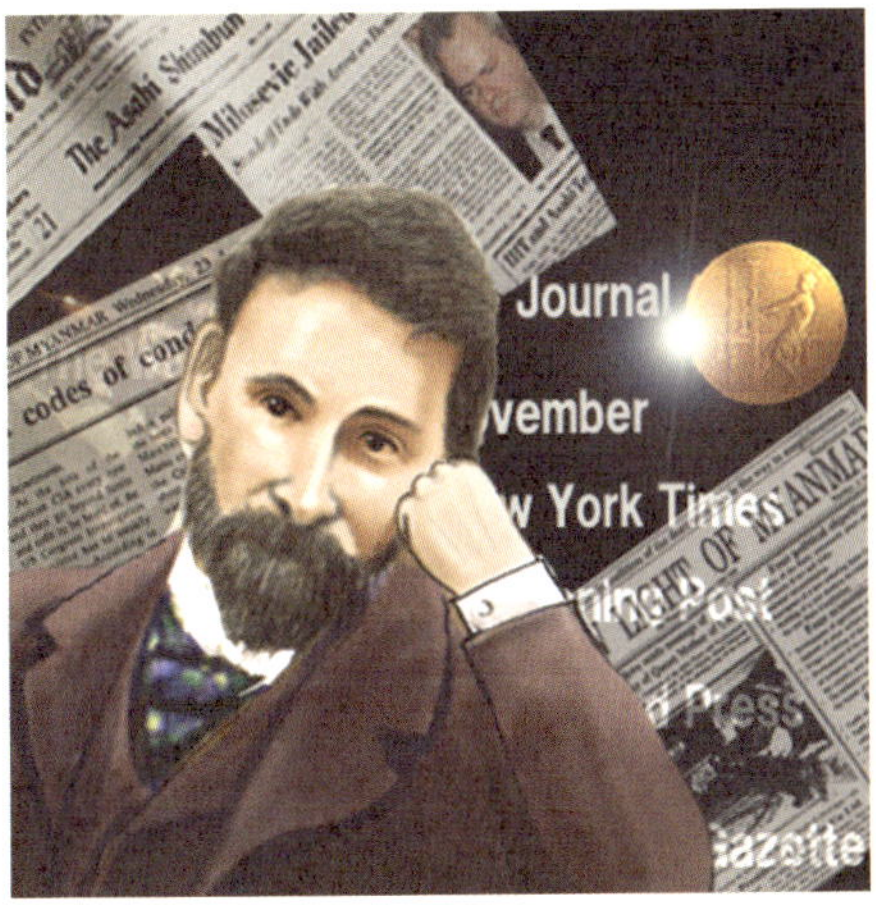

　私《わたし》の名前《なまえ》がついた「ピュリッツァー賞《しょう》」という賞《しょう》を知《し》っているかな？　ピュリッツァー賞《しょう》は、すぐれたジャーナリストに贈《おく》られる賞《しょう》だ。ジャーナリストだった私《わたし》が、のちの世《よ》のジャーナリストたちのためにつくった賞《しょう》なのだよ。

　私《わたし》はハンガリーで生《う》まれた。だが、17歳《さい》のとき、アメリカにわたることになった。そのとき、アメリカは南北戦争《なんぼくせんそう》のまっさいちゅうで、私《わたし》は北軍《ほくぐん》に入《はい》って、軍隊《ぐんたい》の仕事《しごと》をしたんだ。そして、戦争《せんそう》が終《お》わった。私《わたし》はドイツ語《ご》とフランス語《ご》が話《はな》せたので、記者《きしゃ》にならないかと声《こえ》をかけられて、たくさんの記事《きじ》を書《か》くことになった。その後《ご》、いくつか新聞社《しんぶんしゃ》を買《か》いとったんだ。「ワールド」紙《し》を買《か》ったときのことだ。「ワールド」紙《し》は大変《たいへん》な赤字《あかじ》をかかえていたので、なんとか読者《どくしゃ》をふやさないといけなかった。そのとき、私《わたし》が目《め》をつけたのが、アメリカにぞくぞくとやってくる移民《いみん》たちだった。あの人《ひと》たちに新聞《しんぶん》を読《よ》んでもらえば、売《う》りあげはのびるにちがいない。

　そこで私《わたし》が心《こころ》がけたことは、①やさしく読《よ》みやすい文章《ぶんしょう》にする、②一部《いちぶ》の金持《かねも》ちや政治家《せいじか》たちの不正《ふせい》をあばく、③町《まち》でおこる出来事《できごと》を記事《きじ》にする、ということだった。私《わたし》の計画《けいかく》は成功《せいこう》して、最初《さいしょ》は1万《まん》5000部《ぶ》しか売《う》れなかった新聞《しんぶん》が、17万部《まんぶ》も売《う》れるようになった。

　私《わたし》がしたことは、人々《ひとびと》をあおってさわぐようなジャーナリズムだと批判《ひはん》もされた。たしかにやりすぎもあったかもしれない。でも、地位《ちい》の高《たか》い人《ひと》たちの不正《ふせい》を市民《しみん》にあばいてみせるという私《わたし》の信念《しんねん》は変《か》わらなかった。アメリカが、パナマ運河《うんが》の権利《けんり》を卑怯《ひきょう》な手段《しゅだん》で手《て》に入《い》れたことをあばいたときは、ルーズベルト大統領《だいとうりょう》から名誉毀損《めいよきそん》で訴《うった》えられた。けれど、裁判《さいばん》で、報道《ほうどう》の自由《じゆう》は大統領《だいとうりょう》の権限《けんげん》よりだいじだという判決《はんけつ》が出《で》たんだ。それが、今《いま》、報道《ほうどう》の自由《じゆう》がとてもだいじにされていることにつながっているわけだ。世《よ》の中《なか》をよくしていくには、真実《しんじつ》をきちんと伝《つた》える報道《ほうどう》がとても大切《たいせつ》なんだよ。

4月10日の偉人

社会

この日《ひ》に生《う》まれた有名人《ゆうめいじん》

マシュー・ペリー（軍人《ぐんじん》）／淀川長治《よどがわながはる》（映画評論家《えいがひょうろんか》）／和田《わだ》アキ子《こ》（歌手《かしゅ》）
ロベルト・カルロス（サッカー選手《せんしゅ》）／堂本剛《どうもとつよし》《KinKiKids》（タレント）

子《こ》どもたちの福祉《ふくし》の父《ちち》

石井十次《いしいじゅうじ》

（1865～1914年　日本）

信《しん》じて疑《うたが》うな。祈《いの》りつづけろ。屈《くっ》することなく、行動《こうどう》せよ。そうすれば、いつかかならず達成《たっせい》できる。

私《わたし》の名前《なまえ》を知《し》っている人《ひと》は、きっとほとんどいないだろう。私《わたし》は、身《み》よりがなかったり、家《いえ》がまずしくて生活《せいかつ》ができない子《こ》どもたちを助《たす》けることに、人生《じんせい》をささげた男《おとこ》だ。

宮崎県《みやざきけん》に生《う》まれた私《わたし》は若《わか》いとき、医者《いしゃ》をめざしていた。医者《いしゃ》になって、病気《びょうき》になった人《ひと》を救《すく》いたいと思《おも》っていたんだ。医学校《いがっこう》で一生懸命勉強《いっしょうけんめいべんきょう》した私《わたし》は、研修生《けんしゅうせい》として、岡山県《おかやまけん》の診療所《しんりょうじょ》で働《はたら》くことになった。その診療所《しんりょうじょ》のとなりに、救《すく》いを求《もと》めてお寺《てら》などをまわる旅《たび》をしている人《ひと》たちがとまる宿泊所《しゅくはくじょ》があってね、そこで、まずしくて生活《せいかつ》に困《こま》りきった母子《ぼし》に会《あ》ったんだ。そのまま子《こ》どもをかかえていたら、生活《せいかつ》していくことなどできないのではないか――そう思《おも》った私《わたし》は、その子《こ》どもを引《ひ》きとることにした。

それがきっかけだった。そのあと、子《こ》どもを引《ひ》きとっては、世話《せわ》をするようになったんだ。結果《けっか》、孤児院《こじいん》みたいなものができあがった。明治時代《めいじじだい》のそのころ、社会《しゃかい》はすごいいきおいで変《か》わっていた。変化《へんか》についていけない、まずしい人《ひと》たちがたくさんいた。でも、子《こ》どもを救《すく》う制度《せいど》などなかったんだ。政府《せいふ》はそんなこと、気《き》にしていられなかったんだろうね。

しかし、医者《いしゃ》になる勉強《べんきょう》をしながらだと、子《こ》どもたちの世話《せわ》をするのがおろそかになってしまう。親《おや》は私《わたし》に医者《いしゃ》になってほしがっていたので、私《わたし》はほんとうに悩《なや》んだよ。だが、私《わたし》は決心《けっしん》した。医者《いしゃ》になろうという人《ひと》はたくさんいたが、子《こ》どもを救《すく》う孤児院《こじいん》をやろうという人《ひと》は、私《わたし》のほかにいないのだ。だったら、私《わたし》がやるしかない、とね。私《わたし》は医学校《いがっこう》をやめ、医学書《いがくしょ》をすべて焼《や》いて孤児院《こじいん》の仕事《しごと》に一生《いっしょう》をかけることにしたんだ。

その後《ご》、地震《じしん》や洪水《こうずい》など天災《てんさい》がおこって、ひとりぼっちになった子《こ》どもが大勢《おおぜい》出《で》たときは、1200人以上《にんいじょう》の子《こ》どもを救《すく》うことができた。医者《いしゃ》になるよりはるかに大変《たいへん》な道《みち》のりだったが、この道《みち》を選《えら》んでよかったと、心《こころ》から思《おも》っているよ。

4月
11日
の偉人

社会

この日《ひ》に生《う》まれた有名人《ゆうめいじん》

ジェームズ・パーキンソン（医学者《いがくしゃ》）／正力松太郎《しょうりきまつたろう》（実業家《じつぎょうか》・読売新聞社社主《よみうりしんぶんしゃしゃしゅ》）
金子《かねこ》みすゞ（詩人《しじん》）／武田鉄矢《たけだてつや》（ミュージシャン・俳優《はいゆう》）／森高千里《もりたかちさと》（歌手《かしゅ》）

まちがいをみとめたノーベル賞受賞者《しょうじゅしょうしゃ》

オットー・マイアーホーフ

（1884〜1951年　ドイツ）

どんなことがあろうと、やつらの手《て》が私《わたし》たちの魂《たましい》まで届《とど》くことはない。

私《わたし》は、ドイツの生化学者《せいかがくしゃ》です。みなさんは生化学《せいかがく》という学問《がくもん》を知《し》っていますか？　生化学《せいかがく》とは、たとえば生物《せいぶつ》がなにでできているかとか、生物《せいぶつ》の体《からだ》の中《なか》でどんなことがおこっているかなどを研究《けんきゅう》する学問《がくもん》です。私《わたし》は、筋肉《きんにく》を動《うご》かすときに、体《からだ》の中《なか》でどんなことがおきるかを研究《けんきゅう》して、ノーベル生理学《せいりがく》・医学賞《いがくしょう》をもらいました（「乳酸《にゅうさん》というものをつくることで、筋肉《きんにく》が動《うご》くエネルギーが生《う》まれる」という私《わたし》の説《せつ》に、賞《しょう》があたえられました）。

ところが、ノーベル賞《しょう》をもらってから8年後《ねんご》、1通《つう》の手紙《てがみ》が私《わたし》のところに届《とど》きました。手紙《てがみ》は、若《わか》い生化学者《せいかがくしゃ》からで、その人《ひと》が実験《じっけん》をしたら、乳酸《にゅうさん》ができなくても筋肉《きんにく》を動《うご》かせる場合《ばあい》があることがわかったというのです。それは、ノーベル賞《しょう》をもらうことになった私《わたし》の説《せつ》がまちがっていたと告《つ》げる内容《ないよう》でした。私《わたし》はさっそく、その若者《わかもの》をよんで、目《め》の前《まえ》で実験《じっけん》してもらいました。すると、たしかに私《わたし》の説《せつ》がまちがっていたことがわかったのです。私《わたし》はすぐに私《わたし》の説《せつ》がまちがっていたことを発表《はっぴょう》しました。ノーベル賞《しょう》をもらった説《せつ》がまちがっていたことを発表《はっぴょう》するのは、とても勇気《ゆうき》がいることでした。でも、私《わたし》は科学者《かがくしゃ》なのです。まちがっていることはまちがっていると、きちんといわなければいけません。いいえ、人間《にんげん》の良心《りょうしん》にしたがったのです。私《わたし》は科学者《かがくしゃ》の、

そのあと、ドイツではナチスというグループが国《くに》を支配《しはい》するようになりました。みなさんはナチスがどういうことをしたか知《し》っていますか？　そう、ユダヤ人《じん》を劣《おと》った人種《じんしゅ》だといって、つかまえて、殺《ころ》していったのです。私《わたし》はユダヤ人《じん》でした。ナチスの標的になった私はパリへ逃げましたが、そこにもナチスの手《て》がのびてきたので、さらにアメリカに逃《のが》れなければなりませんでした。もっとも、たとえつかまったとしても、私《わたし》はナチスに自分《じぶん》の魂《たましい》までわたしはしなかったでしょう。科《か》学者《がくしゃ》として、人間《にんげん》として、良心《りょうしん》を売《う》りわたすことはしなかったでしょう。

4月12日の偉人

科学

この日《ひ》に生《う》まれた有名人《ゆうめいじん》

5代目桂文枝《だいめかつらぶんし》（落語家《らくごか》）／田中康夫《たなかやすお》（作家《さっか》）／アンディ・ガルシア（俳優《はいゆう》）／高田延彦《たかだのぶひこ》（格闘家《かくとうか》）／岩隈久志《いわくまひさし》（野球選手《やきゅうせんしゅ》）

独立宣言《どくりつせんげん》を書《か》いたアメリカ建国《けんこく》の父《ちち》

トーマス・ジェファーソン

（1743〜1826年　アメリカ）

腹《はら》が立《た》ったら、しゃべる前《まえ》に、10数《かぞ》えなさい。
とても腹《はら》が立《た》ったら、100数《かぞ》えなさい。

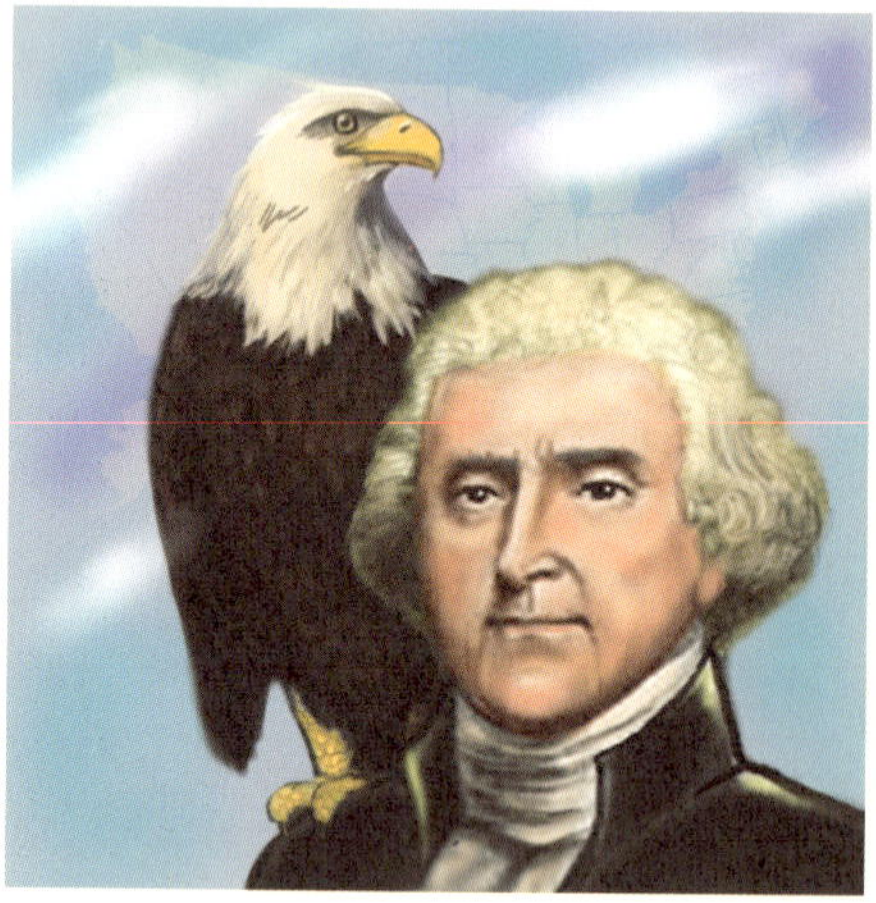

私《わたし》は、アメリカ建国《けんこく》の父《ちち》のひとりであり、第《だい》3代大統領《だいだいとうりょう》です。アメリカがイギリスから独立《どくりつ》するときにした「独立宣言《どくりつせんげん》」は、私《わたし》が書《か》いたのですよ。

弁護士《べんごし》をしていた私《わたし》は、議員《ぎいん》となって、政治《せいじ》にかかわるようになりました。そのころのアメリカはイギリスの植民地《しょくみんち》で、だいじなことを決《き》める権利《けんり》は、私《わたし》たちにはなく、イギリスが勝手《かって》に決《き》めていたのです。私《わたし》はずっと、それはおかしいと思《おも》っていました。自分《じぶん》たちのことは自分《じぶん》たちで決《き》める——それがあたりまえですよね？　だから、私《わたし》はアメリカを支配《しはい》していたイギリスの王《おう》さまにむかって、「王《おう》は人民《じんみん》の召使《めしつか》いであり、主人《しゅじん》ではない」とはっきりいったのです。

そうした意見《いけん》や行動《こうどう》がみとめられて、アメリカがイギリスと戦《たたか》って独立《どくりつ》を勝《か》ちとったとき、独立宣言《どくりつせんげん》を考《かんが》える役目《やくめ》をおおせつかりました。私《わたし》が考《かんが》えた独立宣言《どくりつせんげん》の前《まえ》おきの部分《ぶぶん》——「すべての人《ひと》は生《う》まれながらにして平等《びょうどう》であり、すべての人《ひと》はうばわれてはならない権利《けんり》をあたえられている。その権利《けんり》とは、生命《せいめい》、自由《じゆう》、そして幸福《こうふく》の追求《ついきゅう》だ」は、とても有名《ゆうめい》になって、のちの世《よ》にも大《おお》きな影響《えいきょう》をあたえました。

アメリカが独立《どくりつ》したあと、私《わたし》は3代目《だいめ》の大統領《だいとうりょう》に選《えら》ばれました。賢《かしこ》く、つつましい政府《せいふ》が、私《わたし》のモットーで、人民《じんみん》のために力《ちから》をつくしたのですよ。たとえば、ミシシッピ川《がわ》より西《にし》の土地《とち》（ルイジアナ）は当時《とうじ》、フランスがもっていたのですが、フランス皇帝《こうてい》のナポレオンと交渉《こうしょう》して、広《ひろ》い土地《とち》をたったの16億円《おくえん》（1平方《へいほう》メートルあたり１３００円《えん》ぐらい）で買《か》いあげて、農民《のうみん》のくらしを楽《らく》にしました。この買《か》い物《もの》じょうずぶりは、今《いま》もアメリカの小学校《しょうがっこう》の教科書《きょうかしょ》でほめられているそうですよ。このときの交渉《こうしょう》でもそうだったのですが、なにをするにしても、自分《じぶん》の意見《いけん》をきいてもらおうとするときには、感情《かんじょう》に流《なが》されないでいること、そして、相手《あいて》の話《はなし》をいったんうけとめることがだいじなのです。

4月13日の偉人

政治

この日《ひ》に生《う》まれた有名人《ゆうめいじん》

吉行淳之介《よしゆきじゅんのすけ》（作家《さっか》）／藤田《ふじた》まこと（俳優《はいゆう》）／上沼恵美子《かみぬまえみこ》（タレント）
西城秀樹《さいじょうひでき》（歌手《かしゅ》）／萬田久子《まんだひさこ》（女優《じょゆう》）

宇宙《うちゅう》を見《み》て、時《とき》をきざんだ

クリスチャン・ホイヘンス

（1629～1695年　オランダ）

私《わたし》たちがたしかに知《し》っていることなど、なにもない。ほとんどのことは、ぼんやり知《し》っているだけだ。

オランダの名家《めいか》に生《う》まれた私《わたし》は、幼《おさな》いころから、しっかり教育《きょういく》をうけました。数学《すうがく》が得意《とくい》だったので、大学《だいがく》まで数学《すうがく》を学《まな》んでいたのですが、物理《ぶつり》や天文《てんもん》にも興《きょう》味《み》をもっていました。

あれは大学《だいがく》を卒業《そつぎょう》して、家《いえ》にもどっていたときのことです。兄《あに》が望遠鏡《ぼうえんきょう》の改良《かいりょう》を始《はじ》めたので、それを手伝《てつだ》うことにしました。改良《かいりょう》に手《て》をかしているあいだに、前《まえ》から研究《けんきゅう》していた球体《きゅうたい》レンズを自分《じぶん》でつくって、望遠鏡《ぼうえんきょう》に使《つか》ってみたのです。その手《て》づくりの望遠鏡《ぼうえんきょう》で宇宙《うちゅう》を観察《かんさつ》したら、土星《どせい》に、まだ発見《はっけん》されていない衛星《えいせい》を見《み》つけました。土星《どせい》の第《だい》6衛星《えいせい》のタイタンです。さらに、つぎの年《とし》には、土星《どせい》の輪《わ》を発見《はっけん》したほか、オリオン星雲《せいうん》を観《かん》測《そく》して、その姿《すがた》をスケッチしました。

天文《てんもん》を研究《けんきゅう》するには、正確《せいかく》な時間《じかん》がわかることも必要《ひつよう》だったので、私《わたし》は時計《とけい》の研究《けんきゅう》も始《はじ》めました。ちょうどガリレオが、振《ふ》り子《こ》はいつも同《おな》じ間隔《かんかく》でゆれるという法則《ほうそく》を発見《はっけん》していたので、それを利用《りよう》して、振《ふ》り子《こ》時計《どけい》をつくったのです。それまでの時計《とけい》は、1日《にち》の誤差《ごさ》が1時間《じかん》近《ちか》くあったのですが、この時計《とけい》では数分程度《すうふんていど》でした。

ですが、振《ふ》り子《こ》時計《どけい》はもちはこびができません。それに、誤差《ごさ》もまだまだ大《おお》きかったので、私《わたし》はつぎに、ぜんまいという部品《ぶひん》を改良《かいりょう》して時計《とけい》に使《つか》うことを考《かんが》えました。ぜんまいというのは、金属《きんぞく》でできたばねのことです。私《わたし》は金属《きんぞく》がらせん状《じょう》になったまきひげぜんまいを時計《とけい》に使《つか》い、誤差《ごさ》がとても小《ちい》さくて、もちはこびができる時計《とけい》をつくったのです。それまでの時計《とけい》は、時間《じかん》をさす針《はり》しかなかったのですが、私《わたし》のこの発明《はつめい》で、分《ふん》や秒《びょう》をさす針《はり》もできました。私《わたし》がこのようにいろいろな発見《はっけん》や発明《はつめい》をできたのも、自分《じぶん》が知《し》っていることなどほとんどないということをわかっていたからだと思《おも》います。だから、あらゆることを知《し》ろうと努力《どりょく》したのですよ。

4月14日の偉人

科学

この日《ひ》に生《う》まれた有名人《ゆうめいじん》

アン・サリバン（ヘレン・ケラーの家庭教師《かていきょうし》）／大友克洋《おおともかつひろ》（漫画家《まんがか》）
小沢健二《おざわけんじ》（ミュージシャン）／日馬富士公平《はるまふじこうへい》（力士《りきし》）／杏《あん》（女優《じょゆう》）

なんでもできた万能《ばんのう》の天才《てんさい》

レオナルド・ダ・ヴィンチ

（1452～1519年　イタリア）

もっとも気高《けだか》い喜《よろこ》びは、知《し》る喜《よろこ》びだ。

私《わたし》の名前《なまえ》をきいたら、「ああ、あのモナリザを描《か》いた人《ひと》ね」と思《おも》う人《ひと》が多《おお》いのだろうね。たしかに、私《わたし》は、パリのルーブル美術館《びじゅつかん》にある「モナリザ」や、ミラノの修道院《しゅうどういん》にある「最後《さいご》の晩餐《ばんさん》」といった絵《え》の作者《さくしゃ》として、世界《せかい》じゅうで知《し》られている。だが、私《わたし》は、絵《え》だけでなく、いろいろなことに挑戦《ちょうせん》して、どの分野《ぶんや》でもすばらしい結果《けっか》を残《のこ》したんだ。

私《わたし》はイタリアのいなかにあるヴィンチ村《むら》の出身《しゅっしん》だった。レオナルド・ダ・ヴィンチというのは、ヴィンチ村《むら》のレオナルドという意味《いみ》なのだ。

小《ちい》さいころから絵《え》がうまかった私《わたし》は、14歳《さい》のころ、フィレンツェという大《おお》きな町《まち》の工房《こうぼう》に入《はい》って、絵《え》のテクニックを習《なら》いながら、先生《せんせい》のお手伝《てつだ》いをした。絵《え》だけではなく、彫刻《ちょうこく》やデザイン、木工《もっこう》など、さまざまなものをつくったね。

10年《ねん》ほど工房《こうぼう》にいたあと、独立《どくりつ》して、個人《こじん》で仕事《しごと》を引《ひ》きうけるようになった。絵《え》や彫刻《ちょうこく》などの芸術《げいじゅつ》だけでなく、建築《けんちく》や土木《どぼく》にも手《て》をそめて、軍事技術者《ぐんじぎじゅつしゃ》として、要塞《ようさい》の設計《せっけい》のようなものまでしたことがあった。科学者《かがくしゃ》として解剖学《かいぼうがく》の研究《けんきゅう》もした。解剖《かいぼう》に立《た》ちあったり、自分《じぶん》でも解剖《かいぼう》したりしたよ。人《ひと》の体《からだ》の中身《なかみ》がどうなっているか知《し》っているから、私《わたし》の描《か》く絵《え》はとてもリアルだったのだ。

そのほかにも、天文学《てんもんがく》や物理学《ぶつりがく》などの学問《がくもん》や、飛行機《ひこうき》のデザインまでしていた。そういうデッサンやメモを残《のこ》したノートは、13000ページもある。絵《え》だけでなく、そういうメモも、機会《きかい》があったら、ぜひ見《み》てもらいたい。私《わたし》がどれだけ、あらゆることに興味《きょうみ》をもち、あらゆることを知《し》ろうとしていたか、わかるだろう。

ほかの人《ひと》たちは、私《わたし》のことを「万能人《ばんのうじん》」とよんでいた。万能《ばんのう》というのは、なににでも才能《さいのう》があるということだが、私《わたし》に才《さい》能《のう》があるとしたら、それはとても強《つよ》く深《ふか》い探究心《たんきゅうしん》をもっていたこと、それにつきるのではないだろうか。

4月
15日
の偉人

芸術

この日《ひ》に生《う》まれた有名人《ゆうめいじん》

ヘンリー・ジェイムズ（作家《さっか》）／田原総一朗《たわらそういちろう》（ジャーナリスト）
野口聡一《のぐちそういち》（宇宙飛行士《うちゅうひこうし》）／楢崎正剛《ならざきせいごう》（サッカー選手《せんしゅ》）／エマ・ワトソン（女優《じょゆう》）

世界《せかい》の喜劇王《きげきおう》

チャールズ・チャップリン

（1889〜1977年　イギリス）

下《した》をむいていたら、虹《にじ》を見《み》つけることはできない。

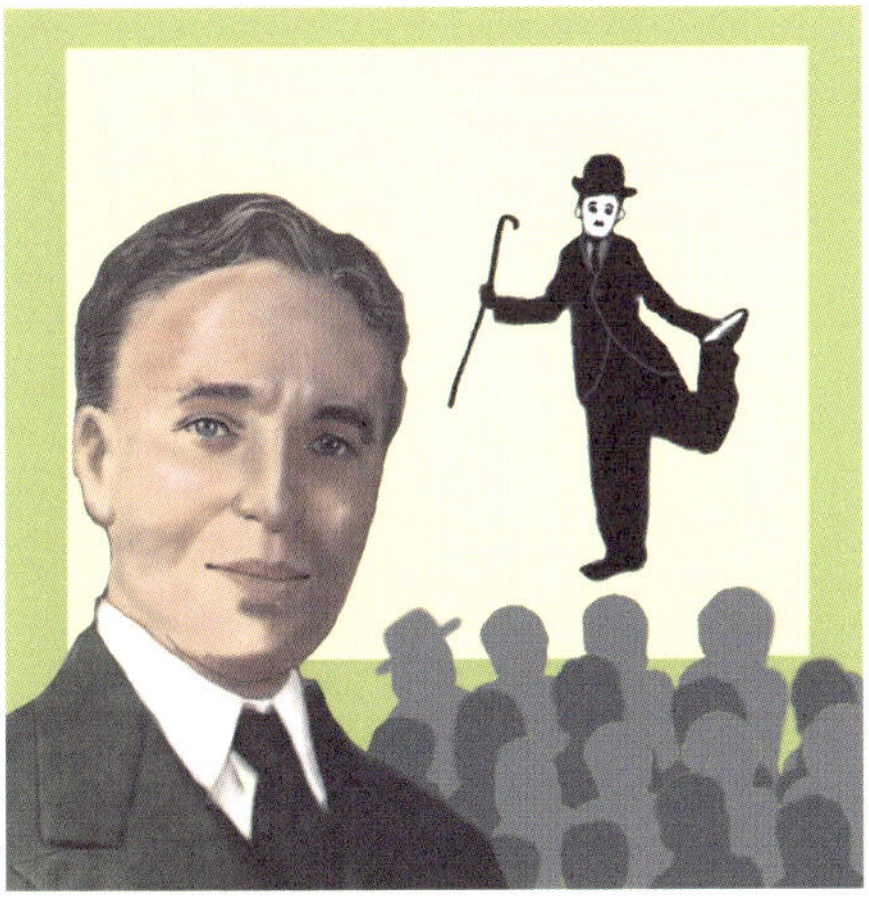

私《わたし》の映画《えいが》を見《み》たことがある人《ひと》は、少《すく》ないかもしれませんね。私《わたし》はたくさんの映《えい》画《が》をつくりました。ほとんどが白黒《しろくろ》です。サイレント映画《えいが》といって、セリフがない映画《えいが》もたくさんあるのです。セリフがない映画《えいが》なんて、みなさんには想像《そうぞう》できないかもしれませんが、味《あじ》があって、いいものですよ。

私《わたし》は、町《まち》の劇場《げきじょう》でミュージカルに出《で》ていた父《ちち》と母《はは》のあいだに生《う》まれました。でも、父《ちち》と母《はは》は私《わたし》が生《う》まれて1年《ねん》で離婚《りこん》し、私《わたし》は兄《あに》といっしょに母《はは》に育《そだ》てられました。まずしい生活《せいかつ》でしたが、まだ母《はは》といっしょにいられるだけよかったのです。私《わたし》が5歳《さい》のとき、具合《ぐあい》が悪《わる》かった母《はは》は、舞台《ぶたい》の上《うえ》で、声《こえ》が出《で》なくなってしまいました。舞台《ぶたい》お客《きゃく》さんからさんざんどなられて、舞台がめちゃくちゃになったとき、劇場《げきじょう》の人《ひと》が、私《わたし》を舞台《ぶたい》に引《ひ》っぱりだしました。お調子者《ちょうしもの》だった私《わたし》が、まわりの大人《おとな》をよく笑《わら》わせていたのを見《み》ていたからです。私《わたし》はそのときも楽《たの》しい歌《うた》を歌《うた》って、舞台《ぶたい》をもりあげました。これが私《わたし》の初舞台《はつぶたい》です。でも、そのあと、母《はは》が舞台《ぶたい》にあがることはほとんどなくなって、母《はは》はそのせいで心《こころ》をこわしてしまいました。

けっきょく、私《わたし》は7歳《さい》のときから孤児《こじ》院《いん》でくらすことになりました。生《い》きていくために、なんでもしました。そのうち、劇場《げきじょう》での仕事《しごと》をするようになりました。お芝居《しばい》が好《す》きだったから？　どうでしょう、生《い》きていくのにただ必死《ひっし》でしたから。

そして、劇団《げきだん》のアメリカ公演《こうえん》に出演《しゅつえん》したとき、私《わたし》のお芝居《しばい》が映画《えいが》のプロデューサーの目《め》にとまって、それからアメリカの映画《えいが》に出《で》るようになったのです。それからは、山高帽《やまたかぼう》に、ちょびひげ、だぶだぶのズボン——そんなかっこうを考《かんが》えだして人気《にんき》を集《あつ》め、たくさんの喜劇映画《きげきえいが》をつくりました。私《わたし》の映画《えいが》は喜劇《きげき》が多《おお》いですが、ただ楽《たの》しいだけではありません。そこには生《い》きていく中《なか》での悲《かな》しみや、怒《いか》りや、切《せつ》なさや、風刺《ふうし》がこめられています。白黒《しろくろ》で、見《み》た目《め》はちょっと古《ふる》いけれど、ぜったい楽《たの》しいから、みなさんもぜひ見《み》てみてください。

4月
16日
の偉人

文化

この日《ひ》に生《う》まれた有名人《ゆうめいじん》

ウィルバー・ライト（ライト兄弟《きょうだい》の兄《あに》・発明家《はつめいか》）／ベネディクト16世《せい》（第《だい》265代《だい》ローマ教皇《きょうこう》）
なぎら健壱《けんいち》（タレント）／徳井義実《とくいよしみ》《チュートリアル》（お笑《わら》い芸人《げいにん》）／岡崎慎司《おかざきしんじ》（サッカー選手《せんしゅ》）

国会《こっかい》をひらく道筋《みちすじ》をつくった運動家《うんどうか》

板垣退助《いたがきたいすけ》

（1837〜1919年　日本）

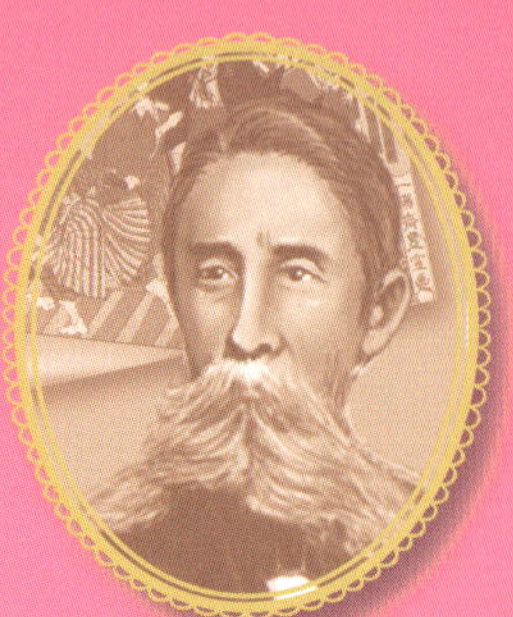

板垣《いたがき》死《し》すとも、自由《じゆう》は死せず。

わしは、江戸時代《えどじだい》の終《お》わりに、土佐藩《とさはん》（今《いま》の高知県《こうちけん》）で生《う》まれた。江戸幕府《えどばくふ》がもうたおれようという時期《じき》だ。わしも、倒幕《とうばく》のために戦《たたか》う志士《しし》だった。そして、江戸時代《えどじだい》が終《お》わり、ついに新《あたら》しい時代《じだい》が幕《まく》をあけた。わしは期待《きたい》でわくわくしていた。新《あたら》しい時代《じだい》、いったいどんなことができるだろう、どんなにすばらしい時《じ》代《だい》になるだろうとな。

だが、政治《せいじ》のしくみはあいかわらず、古《ふる》いままだった。幕府《ばくふ》をたおすときに活《かつ》躍《やく》した薩摩藩《さつまはん》と長州藩《ちょうしゅうはん》（今《いま》の鹿児島県《かごしまけん》と山口県《やまぐちけん》）出身者《しゅっしんしゃ》の意見《いけん》ばかりがまかりとおるのだ。藩《はん》の枠組《わくぐ》みがいつまでも残《のこ》っていて、藩《はん》ごとに序列《じょれつ》があった。わしは腹《はら》が立《た》ってしかたなかった。

そこで、わしは「政治《せいじ》が、ひとにぎりの人間《にんげん》によって動《うご》かされているのはおかしい。選挙《せんきょ》で選《えら》ばれた国民《こくみん》の代表《だいひょう》が、政《せい》治《じ》をおこなうようにしたい」と、運動《うんどう》を始《はじ》めた。これが自由民権運動《じゆうみんけんうんどう》といわれるものだ。わしは、国民《こくみん》の代表《だいひょう》が集《あつ》まって議論《ぎろん》する場《ば》——国会《こっかい》をひらいてほしいという請願書《せいがんしょ》を政府《せいふ》に出《だ》した。そして、10年後《ねんご》に国会《こっかい》をひらくという約束《やくそく》をとりつけたのだ。

わしの考《かんが》えに反対《はんたい》する者《もの》から、命《いのち》をねらわれたこともあった。男《おとこ》に短刀《たんとう》で斬《き》りつけられて、傷《きず》を負《お》ったのだ。だが、わしは血《ち》を流《なが》しながらも「私《わたし》が死《し》んでも、自由《じゆう》は死《し》なない」といったのだよ。そして、そのあとも、政治《せいじ》を人々《ひとびと》の手《て》にわたすことに全力《ぜんりょく》をつくした。政党《せいとう》を立《た》ちあげて、大隈重信《おおくましげのぶ》といっしょに、日本《にほん》ではじめての政党内閣《せいとうないかく》をつくったのだ。それは、幕末《ばくまつ》に活躍《かつやく》した藩《はん》とはまったく関係《かんけい》ない、ほんとうの意味《いみ》での新《あたら》しい政府《せいふ》だった。

みんなが大人《おとな》になると、選挙《せんきょ》で1票《ぴょう》、票《ひょう》を入《い》れる権利《けんり》をもつ。票《ひょう》で、自分《じぶん》の意《い》見《けん》をいうわけだ。それは権利《けんり》であると同《どう》時《じ》に、義務《ぎむ》なのだよ。みんながそれぞれ、意見《いけん》をいわなければ、民主主義《みんしゅしゅぎ》はなりたたないのだから。選挙《せんきょ》にいくときがきたら、命《いのち》をかけてこの制度《せいど》をつくったわしのことを思《おも》い出《だ》して、1票《ぴょう》を大切《たいせつ》にしてくれよ。

4月17日の偉人

政治

この日《ひ》に生《う》まれた有名人《ゆうめいじん》

ニキータ・フルシチョフ（第《だい》4代《だい》ソ連最高指導者《れんさいこうしどうしゃ》）／滝口順平《たきぐちじゅんぺい》（声優《せいゆう》）／畑正憲《はたまさのり》（生物学者《せいぶつがくしゃ》）
ヴィクトリア・ベッカム《スパイス・ガールズ》（歌手《かしゅ》）／玉城千春《たましろちはる》《Kiroro》（ミュージシャン）

ウィーン・オペレッタの生《う》みの親《おや》

フランツ・フォン・スッペ

（1819～1895年　オーストリア）

愛《あい》があれば、結婚式《けっこんしき》などいらぬ。

みなさんは、オペレッタというものを知《し》っていますか？　オペレッタというのは、小《ちい》さいオペラという意味《いみ》です。オペラは知《し》っていますよね。オペラは歌劇《かげき》、つまり、セリフが歌《うた》になっているお芝居《しばい》で、神話《しんわ》がテーマになっていたり、悲《かな》しい物語《ものがたり》が多《おお》いのが特徴《とくちょう》です。オペレッタはセリフが歌《うた》になっているのは同《おな》じなのですが、お話《はなし》は、反対《はんたい》に、明《あか》るくて楽《たの》しいのです。オペレッタは、ミュージカルのもととなりました。

さて、私《わたし》は、そのオペレッタをたくさんつくった作曲家《さっきょくか》です。私《わたし》は今《いま》のクロアチアの貴族《きぞく》の子《こ》として生《う》まれました。小《ちい》さいころから音楽《おんがく》の教育《きょういく》をうけて、10代《だい》で作曲《さっきょく》を始《はじ》めました。歌《うた》も歌《うた》っていました。オペレッタの世界《せかい》に入《はい》る下地《したじ》が、このときできていたのかもしれませんね。親《おや》のすすめで、法学《ほうがく》を学《まな》んだこともあったのですが、やっぱり音楽《おんがく》はやめられず、勉強《べんきょう》はつづけました。そして、オーストリアのウィーンに出《で》ることを決意《けつい》。そこで本格的《ほんかくてき》に音楽《おんがく》を学《まな》びました。ウィーンでは、劇場《げきじょう》で指揮《しき》もしました。タダ働《ばたら》きだったのですが、かわりに自分《じぶん》でつくったオペレッタを上演《じょうえん》させてもらうことができたのです。私《わたし》はウィーンの音楽《おんがく》をもとに、そこにイタリアのオペラの要素《ようそ》をとりいれて、新《あたら》しいオペレッタの世界《せかい》をつくりあげました。だから、私《わたし》は「ウィーン・オペレッタの父《ちち》」とよばれているのですよ。

生涯《しょうがい》で100曲以上《きょくいじょう》の曲《きょく》をつくりました。いちばん有名《ゆうめい》なのは、『ボッカチオ』や『軽騎兵《けいきへい》』『詩人《しじん》と農夫《のうふ》』などでしょう。オペレッタを見《み》る機会《きかい》はそんなにないと思《おも》うので、題名《だいめい》をきいただけでは、どんな曲《きょく》かきっとわからないでしょう。でも、私《わたし》の音楽《おんがく》はよく、ポパイやミッキーマウスなどのアニメーション映画《えいが》で使《つか》われているので、曲《きょく》をきいたら、わかるはずですよ。オペレッタは私《わたし》のライフワークでした。音楽《おんがく》があって、愛《あい》があれば、人生《じんせい》はそれだけでよかったのです。

この日《ひ》に生《う》まれた有名人《ゆうめいじん》

五島慶太《ごとうけいた》（実業家《じつぎょうか》・東京急行電鉄創業者《とうきょうきゅうこうでんてつそうぎょうしゃ》）／宅麻伸《たくましん》（俳優《はいゆう》）／小宮悦子《こみやえつこ》（アナウンサー）
Fayray（歌手《かしゅ》）／上地雄輔《かみじゆうすけ》（俳優《はいゆう》）

日本《にほん》を代表《だいひょう》する天才数学者《てんさいすうがくしゃ》

岡潔《おかきよし》

（1901～1978年　日本）

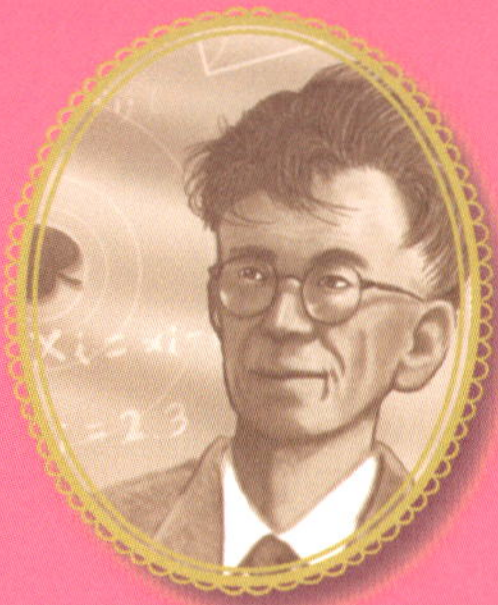

数学《すうがく》はかならず、発見《はっけん》の前《まえ》にいきづまるのです。いきづまるから、発見《はっけん》するのです。

数学《すうがく》というのは、文字《もじ》どおり、数《かず》の学《がく》問《もん》です。算数《さんすう》とはちょっとちがいます。算数《さんすう》は正《ただ》しい計算《けいさん》をして答《こた》えを出《だ》すための学問《がくもん》ですが、数学《すうがく》は、答《こた》えにいたるまでの道《みち》のりを考《かんが》える学問《がくもん》なのです。私《わたし》はその数学《すうがく》を一生《いっしょう》、研究《けんきゅう》しました。

そんな私《わたし》でも、小《ちい》さいころから数字《すうじ》や算数《さんすう》が好《す》きだったわけではありません。私《わたし》が数学《すうがく》のおもしろさに目《め》ざめたのは、高校《こうこう》3年生《ねんせい》のとき。父親《ちちおや》の本棚《ほんだな》で見《み》つけた数学《すうがく》の本《ほん》を見《み》ていたら、ある定理《ていり》に目《め》がとまりました。それは、「クリフォードの定理《ていり》」とよばれるもので、「3本《ぼん》や5本《ほん》など奇数《きすう》の数《かず》だけある直線《ちょくせん》は円《えん》を決《けっ》定《てい》し、偶数《ぐうすう》の数《かず》だけある直線《ちょくせん》は点《てん》を決定《けってい》する」と書《か》いてあったのです。ほんとうだろうか？と思《おも》った私《わたし》は、その日《ひ》から毎《まい》日《にち》、定規《じょうぎ》とコンパスと画用紙《がようし》を使《つか》って、それをたしかめました。数学《すうがく》とはなんて奥深《おくぶか》く、おもしろいのだろうと思《おも》ったものです。

数学《すうがく》という学問《がくもん》に夢中《むちゅう》になった私《わたし》は、とにかく考《かんが》えつづけました。そして、世《せ》界的《かいてき》にとてもむずかしいといわれていた問題《もんだい》をたくさん解《と》いたのです。「ハルトークスの逆問題《ぎゃくもんだい》」という問題《もんだい》は、20年《ねん》かけて解《と》きました。問題《もんだい》を考《かんが》えているときは、あまりに熱中《ねっちゅう》しすぎてしまい、変《へん》な行動《こうどう》をすることもよくありました。なにかを思《おも》いつくと、道《みち》ばたに座《すわ》りこんで、地面《じめん》に数式《すうしき》を何時間《なんじかん》も書《か》きつづけたり、急《きゅう》に大声《おおごえ》で演説《えんぜつ》を始《はじ》めたり、ふつうの靴《くつ》で歩《ある》くと頭《あたま》に響《ひび》いて考《かんが》えごとができないからといって、夏《なつ》でも長靴《ながぐつ》をはいたりと、まわりの人《ひと》には変人《へんじん》だと思《おも》われていたようです。でも、それだけ、数学《すうがく》と数字《すうじ》に没頭《ぼっとう》していたのですよ。

みなさんも、むずかしい問題《もんだい》の答《こた》えを発見《はっけん》したときは、「やったー！」とうれしいでしょう？　そんな発見《はっけん》する喜《よろこ》びを、これからもどうぞもちつづけてください。発見《はっけん》の喜《よろこ》びは、学問《がくもん》をする土台《どだい》になるものですから。

4月19日の偉人

科学

この日《ひ》に生《う》まれた有名人《ゆうめいじん》

デイヴィッド・リカード（経済学者《けいざいがくしゃ》）／石原伸晃《いしはらのぶてる》（政治家《せいじか》）／坂下千里子《さかしたちりこ》（タレント）
マリア・シャラポワ（テニス選手《せんしゅ》）／小嶋陽菜《こじまはるな》《AKB48》（歌手《かしゅ》）

国民《こくみん》による政治《せいじ》をめざした憲政《けんせい》の神《かみ》さま

犬《いぬ》養《かい》毅《つよし》

（1855〜1932年　日本）

今《いま》、うった男《おとこ》をつれてこい。よく話《はな》してきかすから。

わしは、江戸《えど》時代《じだい》の終《お》わりに今《いま》の岡山《おかやま》県《けん》に生《う》まれた。21歳《さい》のとき、東京《とうきょう》に出《で》て慶應義塾《けいおうぎじゅく》で学《まな》び、新聞記者《しんぶんきしゃ》となった。新《あたら》しい時代《じだい》をつくっていくぞ！という気持《きも》ちだったね。

その後《ご》、大隈重信《おおくましげのぶ》さんがつくった政党《せいとう》「立憲改進党《りっけんかいしんとう》」に入《はい》って、国会議員《こっかいぎいん》になった。議員《ぎいん》として、国《くに》の政治《せいじ》に直接《ちょくせつ》かかわっていくようになったのだ。わしがめざしたのは、ただひとつ、国民《こくみん》による政《せい》治《じ》だ。国民《こくみん》の代表《だいひょう》が政治《せいじ》をおこなう政党《せいとう》政治《せいじ》をこの国《くに》に根《ね》づかせる――それだけだった。

そのころの日本《にほん》は、日清戦争《にっしんせんそう》、日露戦《にちろせん》争《そう》、第《だい》1次世界大戦《じせかいたいせん》と、つぎつぎに戦争《せんそう》をしていた。軍隊《ぐんたい》の力《ちから》はどんどん強《つよ》くなり、国民《こくみん》の生活《せいかつ》はどんどん苦《くる》しくなっていた。わしはその流《なが》れを変《か》えたかった。

だいたい、戦争《せんそう》などというものは、国民《こくみん》の自由《じゆう》や知《し》る権利《けんり》、さらには生活《せいかつ》や命《いのち》までうばうものだ。

そんなとき、とうとう軍隊《ぐんたい》が暴走《ぼうそう》して、満州《まんしゅう》（今《いま》の中国《ちゅうごく》の一部《いちぶ》）を武力《ぶりょく》を使《つか》って占領《せんりょう》してしまった。なんとか軍隊《ぐんたい》を止《と》めて、これ以上《いじょう》戦争《せんそう》にむかわないようにしなくてはいけない――そのあとすぐに総《そう》理大臣《りだいじん》になったわしは、軍隊《ぐんたい》を止《と》めるべく、動《うご》きはじめた。だが、わしの考《かんが》えに反対《はんたい》する若《わか》い軍人《ぐんじん》におそわれ、殺《ころ》されてしまった。この事件《じけん》は1932年《ねん》5月《がつ》15日《にち》におこったので、5・15事件《じけん》とよばれるようになった。

軍人《ぐんじん》たちが首相官邸《しゅしょうかんてい》におしいってきたとき、わしは「話《はな》せばわかる」とかれらを客間《きゃくま》にとおして説得《せっとく》しようとしたのだが、「問答無用《もんどうむよう》、うて！」とうたれてしまったのだ。うたれたあとも、うった男《おとこ》をつれてくるようにいった。話《はな》しあえば、なにかが変《か》わるかもしれないと思《おも》ったのだがな。日本《にほん》はその後《ご》、より大《おお》きな戦争《せんそう》への道《みち》を歩《あゆ》みはじめることになった。もし、かれらがわしの話《はなし》をきいてくれていたら……おたがい話《はな》しあうことができたら……と思《おも》わずにいられない。暴力《ぼうりょく》からはなにも生《う》まれないのだよ。

4月
20日
の偉人

政治

この日《ひ》に生《う》まれた有名人《ゆうめいじん》

アドルフ・ヒトラー（ナチス・ドイツ総統《そうとう》）／大沢樹生《おおさわみきお》（俳優《はいゆう》）／宇治原史規《うじはらふみのり》《ロザン》（お笑《わら》い芸人《げいにん》）／長島圭一郎《ながしまけいいちろう》（スピードスケート選手《せんしゅ》）／ミランダ・カー（モデル）

幼稚園《ようちえん》をつくった幼児教育《ようじきょういく》の父《ちち》

フリードリヒ・フレーベル

（1782〜1852年　ドイツ）

子《こ》どもは小《ちい》さな花《はな》のようだ。それぞれちがっていて、世話《せわ》が必要《ひつよう》だけれど、それぞれが美《うつく》しく、誇《ほこ》り高《たか》い。

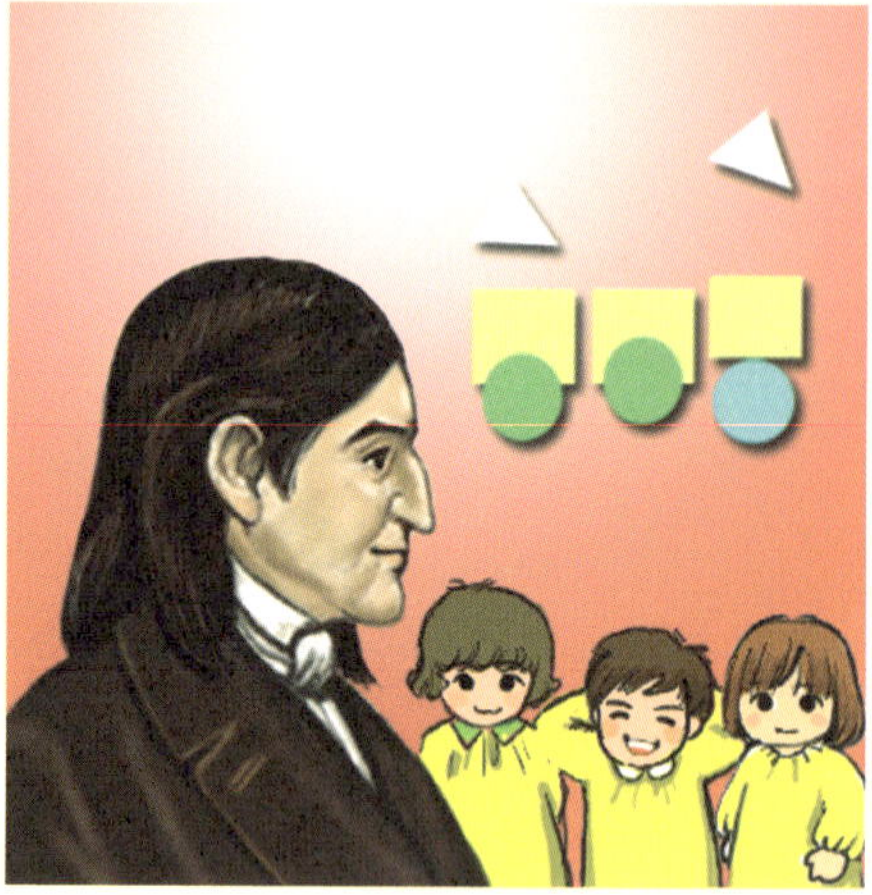

私《わたし》は、ドイツに世界《せかい》ではじめての幼稚《ようち》園《えん》をつくりました。「幼稚園《ようちえん》」という名《な》前《まえ》も私《わたし》が考《かんが》えました。「幼稚園《ようちえん》」というのはドイツ語《ご》で「キンダーガルテン」というのですが、「小《ちい》さな子《こ》どもたちの庭《にわ》」という意味《いみ》です。私《わたし》は、子《こ》どもたちが、心《こころ》ゆくまで遊《あそ》び、草花《くさばな》とたわむれ、また草花《くさばな》を育《そだ》てるような場所《ばしょ》をつくりたかったのです。

私《わたし》は、母親《ははおや》の顔《かお》を知《し》りません。私《わたし》が生《う》まれてまもなく、亡《な》くなってしまったからです。新《あたら》しいお母《かあ》さんがやってきましたが、実《じつ》の子《こ》でなかった私《わたし》はかわいがってもらえず、小《ちい》さいころはとてもさびしい思《おも》いをしました。だからでしょうか、大人《おとな》になって学校《がっこう》の先生《せんせい》として働《はたら》きはじめてから、小学校《しょうがっこう》に入《はい》る前《まえ》の小《ちい》さな子《こ》どもたちをちゃんと教育《きょういく》する場所《ばしょ》をつくりたいと考《かんが》えるようになったのです。

教育《きょういく》といっても、字《じ》や数《かず》や計算《けいさん》などを教《おし》えることではないですよ。私《わたし》がいう教《きょう》育《いく》というのは、子《こ》どもたちがみずからの力《ちから》で育《そだ》っていけるよう、手《て》をかすことです。小《ちい》さな子《こ》にいちばん大切《たいせつ》なのは、遊《あそ》ぶこと。お友《とも》だちと、先生《せんせい》と、自然《しぜん》の中《なか》で遊《あそ》ぶことで、小《ちい》さな子《こ》は、自分《じぶん》がひとりの人間《にんげん》であることと、世界《せかい》の一部《いちぶ》だということを知《し》っていくのです。

こうして、1840年《ねん》に、世界《せかい》ではじめての幼稚園《ようちえん》をつくりました。子《こ》どもが遊《あそ》びながら学《まな》べる「遊具《ゆうぐ》」もつくりました。遊具《ゆうぐ》なんて、おおげさな名前《なまえ》ですが、つみきとか、棒《ぼう》きれ、カラフルな板《いた》みたいなものです。電気《でんき》で動《うご》いたりしませんが、子《こ》どもたちの手《て》にかかったら、動物《どうぶつ》にだって、お城《しろ》にだって、ロケットにだって変身《へんしん》するのですよ。

私《わたし》がつくった幼稚園《ようちえん》のアイデアは、その後《ご》、ドイツじゅうに、それから世界《せかい》へ広《ひろ》がっていきました。みなさんは小学校《しょうがっこう》に入《はい》る前《まえ》、どんなところですごしましたか？　たくさん遊《あそ》びましたか？　遊《あそ》ぶことはだいじです。もう大《おお》きくなったからなんていわずに、これからもたくさん遊《あそ》んでくださいね。

4月21日の偉人

社会

この日《ひ》に生《う》まれた有名人《ゆうめいじん》

シャーロット・ブロンテ（作家《さっか》）／マックス・ウェーバー（経済学者《けいざいがくしゃ》）
エリザベス2世《せい》（イギリス女王《じょおう》）／輪島功一《わじまこういち》（プロボクサー）／臼井儀人《うすいよしと》（漫画家《まんがか》）

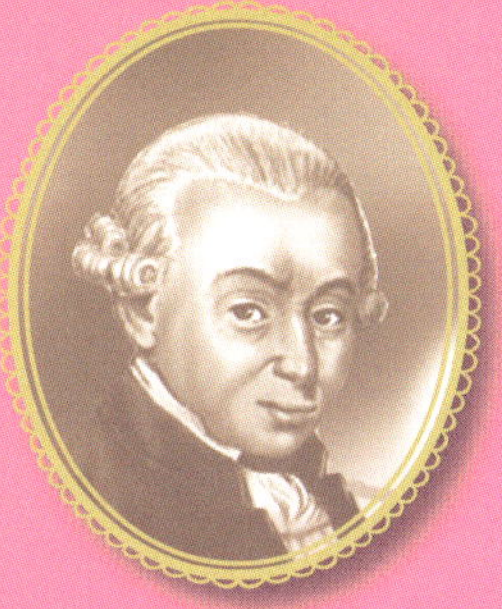

哲学《てつがく》を立《た》てなおした知《ち》の巨人《きょじん》

イマヌエル・カント

（1724〜1804年　ドイツ）

嘘《うそ》をつくことで、人《ひと》は人《ひと》としての尊厳《そんげん》を失《うしな》う。

4月22日の偉人

思想

私《わたし》は哲学者《てつがくしゃ》です。哲学《てつがく》とは、世界《せかい》や人間《にんげん》について考《かんが》える学問《がくもん》です。世界《せかい》のなりたちや、人間《にんげん》とはなにか？　人生《じんせい》とはなにか？などを、考《かんが》えるのです。あまり役《やく》に立《た》ちそうもない学問《がくもん》のように思《おも》えますか？　哲学《てつがく》は古代《こだい》ギリシャで始《はじ》まった学問《がくもん》で、古代《こだい》ギリシャのことばでフィロソフィアといいます。「知《ち》を愛《あい》する」という意味《いみ》です。人《ひと》として、よく生《い》きたい――そんな思《おも》いで努力《どりょく》していく中《なか》で生《う》まれた学問《がくもん》が、哲学《てつがく》だったのです。現実《げんじつ》の生活《せいかつ》で役《やく》に立《た》つ学問《がくもん》ではないかもしれませんが、人間《にんげん》が生《い》きていくうえで必要《ひつよう》な学問《がくもん》だと、私《わたし》は思《おも》いますよ。

私《わたし》はおもに、３つのことについて考《かんが》えました。

①私《わたし》はなにを知《し》ることができるか？
②私《わたし》はなにをなすべきか？
③私《わたし》はなにを望《のぞ》むことができるか？

そして、それぞれについて出《だ》した答《こた》えを本《ほん》にまとめました。その考《かんが》えは「批判《ひはん》哲学《てつがく》」とよばれ、こわれかけていた哲学《てつがく》を立《た》てなおしたといわれました。当時《とうじ》は、科学的《かがくてき》な考《かんが》え方《かた》が登場《とうじょう》してきていて、自《じ》分《ぶん》の経験《けいけん》でたしかめられないものはすべて疑《うたが》ってかかれという意見《いけん》があったのです。目《め》で見《み》ることができないものや、手《て》でさわれないものは、真実《しんじつ》とはみとめられないという考《かんが》えです。そんなことをいっていたら、どうなるでしょうね？

私《わたし》は科学的《かがくてき》な考《かんが》え方《かた》もだいじだけれど、伝統的《でんとうてき》な考《かんが》え方《かた》――道徳心《どうとくしん》を大切《たいせつ》にしたいと思《おも》っていました。ひとりひとりの胸《むね》には、かならず道徳心《どうとくしん》があるはずです。そんな道徳心《どうとくしん》――義務《ぎむ》の心《こころ》を大切《たいせつ》にしたいと考《かんが》えていました。そして、その心《こころ》の声《こえ》にしたがうことこそ、人間《にんげん》の尊厳《そんげん》を生《う》みだすと考《かんが》えていたのです。人間《にんげん》が人間《にんげん》であるために必要《ひつよう》なものはなんなのか――みなさんもそれぞれ考《かんが》えてみてください。

この日《ひ》に生《う》まれた有名人《ゆうめいじん》

ロバート・オッペンハイマー（物理学者《ぶつりがくしゃ》）／ジャック・ニコルソン（俳優《はいゆう》）
三宅一生《みやけいっせい》（ファッションデザイナー）／カカ（サッカー選手《せんしゅ》）／中田翔《なかたしょう》（野球選手《やきゅうせんしゅ》）

松園《しょうえん》の前《まえ》に松園《しょうえん》なしといわれた孤高《ここう》の画家《がか》

上《うえ》村《むら》松《しょう》園《えん》

（1875〜1949年　日本）

**私《わたし》は母《はは》のおかげで生活《せいかつ》の労《ろう》苦《く》を感《かん》じずに
絵《え》を生命《せいめい》とも杖《つえ》ともして、それを戦《たたか》えたのであった。
私《わたし》をうんだ母《はは》は、私《わたし》の芸術《げいじゅつ》までもうんでくれたのである。**

私《わたし》は、明治時代《めいじじだい》を生《い》きた画家《がか》です。私《わたし》は、小《ちい》さいときから絵《え》が大好《だいす》きでした。京都《きょうと》じゅうの小学校《しょうがっこう》が連合《れんごう》して絵《え》の展覧会《てんらんかい》をひらいたとき、私《わたし》の写生画《しゃせいが》が入賞《にゅうしょう》。えらい絵《え》の先生《せんせい》から「画学校《ががっこう》（絵《え》の学校《がっこう》）へ入《はい》ってはどうか」といわれて、12歳《さい》で画学校《ががっこう》に入学《にゅうがく》しました。その時代《じだい》、女《おんな》の子《こ》は、結婚《けっこん》して家《いえ》を守《まも》るのがいちばんいいと考《かんが》えられていましたから、絵《え》の勉強《べんきょう》をするなんてとんでもないと、まわりの人《ひと》たちからはさんざん批判《ひはん》されました。でも、母《はは》はずっと私《わたし》の味方《みかた》をしてくれて、好《す》きな絵《え》の道《みち》に進《すす》ませてくれたのです。父《ちち》は私《わたし》がたった2か月《げつ》の赤《あか》ちゃんのときに亡《な》くなっていたので、母《はは》は私《わたし》と姉《あね》をひとりで育《そだ》てていました。お金《かね》を用意《ようい》するのだって、とても大変《たいへん》だったことでしょう。でも、母《はは》はそんなそぶりなど、いっさい見《み》せませんでした。

それから私《わたし》は一心不乱《いっしんふらん》に絵《え》を学《まな》び、描《か》きつづけました。15歳《さい》のときには、博覧会《はくらんかい》に出《だ》した「四季美人絵図《しきびじんえず》」という絵《え》が、来日中《らいにちちゅう》だったイギリス皇太子《こうたいし》の目《め》にとまって買《か》ってもらえたことで、私《わたし》の名前《なまえ》は一躍有名《いちやくゆうめい》になりました。有名《ゆうめい》になったのはよかったのですが、それに嫉妬《しっと》した男性《だんせい》の画家《がか》たちに憎《にく》まれ、ひどいいじわるをされるようになったのです。女《おんな》なんかが生意気《なまいき》に、と思《おも》ったのでしょう。それは血《ち》みどろの戦《たたか》いでした。展覧会《てんらんかい》でかざっていた絵《え》に落書《らくが》きされたこともありました。

でも、もちろん、私《わたし》はへこたれませんでしたよ。そして、私《わたし》をささえてくれた母《はは》が亡《な》くなってから2年後《ねんご》、代表作《だいひょうさく》となる絵《え》を描《か》きあげました。「序《じょ》の舞《まい》」というタイトルのその絵《え》で、私《わたし》は、女性《じょせい》の内《うち》にひそむ強《つよ》い意志《いし》を表現《ひょうげん》したのです。それから10年《ねん》あまりのち、私《わたし》は女性《じょせい》ではじめて文化勲章《ぶんかくんしょう》を受章《じゅしょう》しました。絵《え》を描《か》くためだけに生《い》きた私《わたし》が、最後《さいご》にもらったごほうびです。でも、この勲章《くんしょう》は私《わたし》ひとりでもらったわけではありません。母《はは》といっしょにもらったのだと思《おも》っています。

この日《ひ》に生《う》まれた有名人《ゆうめいじん》

ジョゼフ・マロード・ウィリアム・ターナー（画家《がか》）／シャーリー・テンプル（女優《じょゆう》）
前田亘輝《まえだのぶてる》《TUBE》（ミュージシャン）／阿部《あべ》サダヲ（俳優《はいゆう》）／森山直太朗《もりやまなおたろう》（ミュージシャン）

日本《にほん》の植物学《しょくぶつがく》の父《ちち》

牧野富太郎《まきのとみたろう》

（1862～1957年　日本）

植物《しょくぶつ》にとりかこまれているわれらは、このうえもなく幸福《こうふく》である。

江戸時代《えどじだい》の終《お》わりに、私《わたし》は土佐《とさ》（今《いま》の高知県《こうちけん》）の酒屋《さかや》に生《う》まれました。父《ちち》も母《はは》も早《はや》くに亡《な》くし、おばあさんにだいじに育《そだ》てられた私《わたし》は、小《ちい》さいころから、草花《くさばな》をながめたり、押《お》し花《ばな》をつくったりして遊《あそ》ぶのが好《す》きでした。見《み》たことのない草花《くさばな》を見《み》つけると、家《いえ》にもちかえっては、調《しら》べたりしていたのです。

大《おお》きくなっても、私《わたし》は大好《だいす》きな草花《くさばな》や木《き》を研究《けんきゅう》しつづけて、新《あたら》しい植物《しょくぶつ》（ムジナモという藻《も》の一種《いっしゅ》です）を発見《はっけん》し、世界《せかい》でみとめられるようになりました。けれど、酒屋《さかや》の仕事《しごと》を人《ひと》にまかせて研究《けんきゅう》に夢中《むちゅう》になり、日本《にほん》ではじめての植物図鑑《しょくぶつずかん》のようなものを自分《じぶん》のお金《かね》でつくったりしたものですから、家《いえ》はすっかり貧乏《びんぼう》になってしまいました。

そんなとき、東京大学《とうきょうだいがく》の植物研究室《しょくぶつけんきゅうしつ》で助手《じょしゅ》をすることができるようになり、私《わたし》は東京《とうきょう》に出《で》たのです。でも、正式《せいしき》な学校《がっこう》教育《きょういく》をうけていなかったこともあって（私《わたし》は小学校《しょうがっこう》を中退《ちゅうたい》しているのです）、お給料《きゅうりょう》はごくわずか。家賃《やちん》が払《はら》えないことも多《おお》く、家《いえ》を追《お》いだされては引《ひ》っこしするようなまずしいくらしを何十年《なんじゅうねん》もつづけることになりました。

学歴《がくれき》が低《ひく》い私《わたし》は、大学《だいがく》の教授《きょうじゅ》たちから、ばかにされたり、いじわるされたりしましたが、私《わたし》は研究《けんきゅう》さえできればそれでいいと、気《き》にしませんでした。ゆいいつ、悲《かな》しくて研究《けんきゅう》の手《て》が止《と》まりそうになったのは、私《わたし》のことをささえてくれた奥《おく》さんの寿衛子《すえこ》が病気《びょうき》で亡《な》くなってしまったときです。でも、ちょうどそのころ発見《はっけん》した新《あたら》しい笹《ささ》に「スエコザサ」と名《な》づけ、そのあとも寿衛子《すえこ》にはげまされるように、がんばって研究《けんきゅう》をつづけたのです。

私《わたし》は、94歳《さい》で亡《な》くなるまで、数千種類《すうせんしゅるい》もの新種《しんしゅ》の植物《しょくぶつ》を発見《はっけん》しました。日本全国《にほんぜんこく》を歩《ある》いて集《あつ》めた植物標本《しょくぶつひょうほん》は50万点《まんてん》をこえます。植物《しょくぶつ》の本《ほん》も何冊《なんさつ》も書《か》きました。『牧野植物図鑑《まきのしょくぶつずかん》』は今《いま》でも出版《しゅっぱん》されています。「ノボロギク」や「オオイヌノフグリ」など、私《わたし》が名前《なまえ》をつけた花々《はなばな》も、日本《にほん》のいろいろなところでさいているのですよ。

4月

24日

の偉人

科学

この日《ひ》に生《う》まれた有名人《ゆうめいじん》

エドモンド・カートライト（発明家《はつめいか》）／桂由美《かつらゆみ》（ファッションデザイナー）／シャーリー・マクレーン（女優《じょゆう》）
バーブラ・ストライサンド（女優《じょゆう》・歌手《かしゅ》）／つかこうへい（劇作家《げきさっか》）

無線電信《むせんでんしん》を発明《はつめい》した電波《でんぱ》の魔術師《まじゅつし》

グリエルモ・マルコーニ

（1874～1937年　イタリア）

昨日《きのう》の不可能《ふかのう》が今日《きょう》の可能《かのう》となり、前世紀《ぜんせいき》の空想《くうそう》が今《いま》や事実《じじつ》としてわれらの眼前《がんぜん》に出現《しゅつげん》している。人間《にんげん》の努力《どりょく》はじつにおそろしい。

私《わたし》は科学大好《かがくだいす》き少年《しょうねん》でした。ちょうど、ベルが電話《でんわ》を発明《はつめい》し、ヘルツが電波《でんぱ》を飛《と》ばすことに成功《せいこう》した時代《じだい》で、科学《かがく》の世界《せかい》は、私《わたし》の目《め》に、とてもきらきらして見《み》えたのです。

あるとき、ヘルツが書《か》いた本《ほん》を読《よ》んでいた私《わたし》は、電波《でんぱ》を使《つか》って、遠《とお》くまでメッセージを送《おく》ることができるのではないか、と思《おも》いたちました。そして、家《いえ》の屋根裏《やねうら》で、自分《じぶん》で装置《そうち》をつくって実験《じっけん》をくりかえしたのです。まずは家《いえ》の中《なか》、3階《かい》で電《でん》波《ぱ》を発生《はっせい》させて、1階《かい》で受信《じゅしん》できるようになりました。問題《もんだい》はそのあと、距離《きょり》を長《なが》くするのが大変《たいへん》なのです。1年近《ねんちか》くかけて、ようやく、丘《おか》をこえて、1・7キロメートルもはなれた場所《ばしょ》へ、電信《でんしん》を送《おく》ることができました。

ただ、1・7キロメートル程度《ていど》では、役《やく》に立《た》ちません。私《わたし》は、海《うみ》の上《うえ》を航海《こうかい》する船《ふね》とメッセージのやりとりができるようにしたかったのです。それ以上《いじょう》の研究《けんきゅう》をするためには、たくさんのお金《かね》が必要《ひつよう》です。私《わたし》はイギリスにわたって、研究《けんきゅう》のためのお金《かね》を出《だ》してくれるスポンサーをさがしました。

デモンストレーションをくりかえしてぶじにスポンサーを見《み》つけると、そのあとは研究《けんきゅう》と実験《じっけん》にあけくれました。電信《でんしん》を飛《と》ばせる距離《きょり》はどんどんのびていきました。そして、ついに1901年《ねん》、イギリスからカナダまで、大西洋《たいせいよう》をこえた無線通信《むせんつうしん》に成功《せいこう》したのです。モールス信《しん》号《ごう》の「トン・トン・トン（Sをあらわす信号《しんごう》）」が、海《うみ》をわたったのです！

そのときの喜《よろこ》びといったら！

その後《ご》、無線通信《むせんつうしん》は世界《せかい》じゅうでどんどん使《つか》われるようになりました。無線通《むせんつう》信《しん》のおかげで、航海《こうかい》の安全《あんぜん》もましました。あの有名《ゆうめい》なタイタニック号《ごう》が沈没《ちんぼつ》したとき、遭難信号《そうなんしんごう》を出《だ》したのは、私《わたし》がつくった無線機《むせんき》だったのですよ。

4月 25日の偉人

科学

この日《ひ》に生《う》まれた有名人《ゆうめいじん》

オリバー・クロムウェル（政治家《せいじか》・軍人《ぐんじん》）／アル・パチーノ（俳優《はいゆう》）／ヨハン・クライフ（サッカー選手《せんしゅ》）
5代目坂東玉三郎《だいめばんどうたまさぶろう》（歌舞伎役者《かぶきやくしゃ》）／ティム・ダンカン（バスケットボール選手《せんしゅ》）

イギリス文学史上最大《ぶんがくしじょうさいだい》の作家《さっか》

ウィリアム・シェイクスピア

（1564〜1616年　イギリス）

「最悪《さいあく》だ」といえるうちは、まだ最悪《さいあく》ではない。

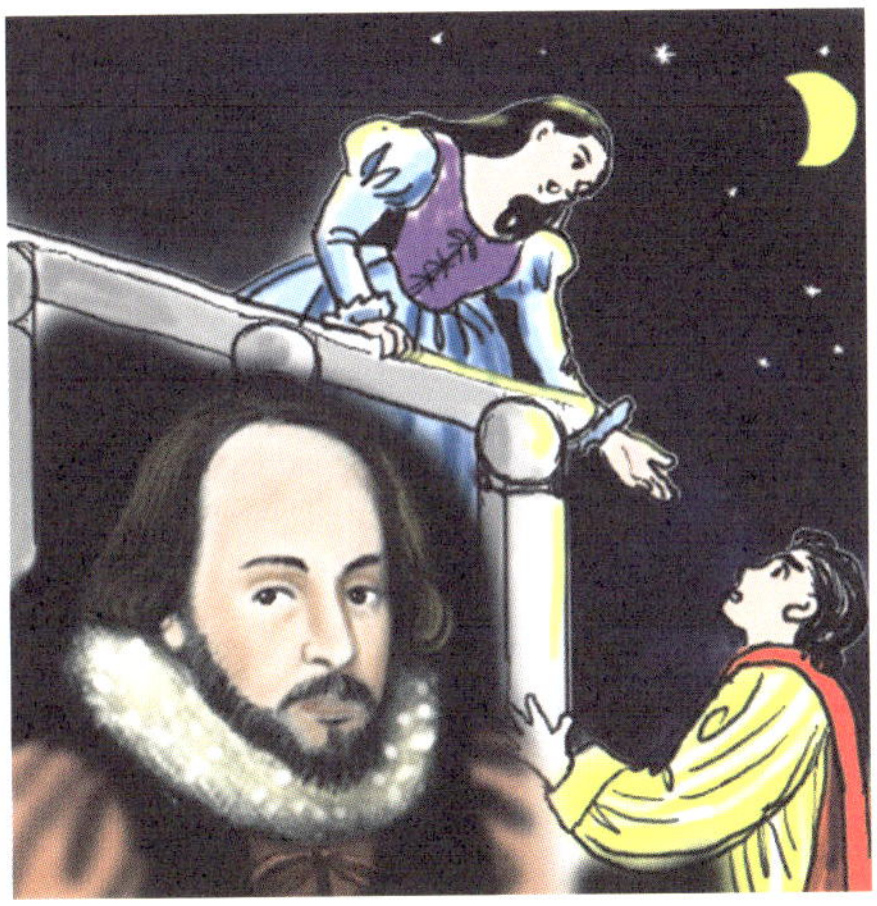

上《うえ》に出《で》ていることばをきいたことがありますか？　では、「生《い》きるべきか、死《し》ぬべきか、それが問題《もんだい》だ」はどうですか？　じつは、どちらも、私《わたし》が書《か》いたお芝居《しばい》の中《なか》に出《で》てくるセリフです。私《わたし》は、たくさんのお芝居《しばい》を書《か》いた脚本家《きゃくほんか》です。私《わたし》が書《か》いた脚本《きゃくほん》には、人生《じんせい》や人間《にんげん》というものをいいあらわしたたくさんの名《めい》ゼリフがあって、今《いま》でもそのセリフが、小説《しょうせつ》などの中《なか》で使《つか》われたりしています。私《わたし》の作品《さくひん》はイギリス文学《ぶんがく》を勉強《べんきょう》するうえで、かかせないのですよ。

私《わたし》はイギリスのまんなかあたりにある町《まち》で生《う》まれました。父《ちち》は商人《しょうにん》でしたが、議員《ぎいん》もつとめていた町《まち》の名士《めいし》でした。私《わたし》はとても恵《めぐ》まれた子《こ》ども時代《じだい》をすごしたのです。そのころ、イギリスでは、お芝《しば》居《い》がとてもさかんにおこなわれていました。そのときの女王《じょおう》、エリザベス1世《せい》がお芝居《しばい》好《ず》きだったので、たくさん劇場《げきじょう》がつくられて、劇《げき》が上演《じょうえん》されていました。私《わたし》もしだいにお芝居《しばい》に興味《きょうみ》をもつようになり、20代《だい》も後半《こうはん》にさしかかったころ、ロンドンに出《で》て、芝居《しばい》を始《はじ》めたのです。最初《さいしょ》は俳優《はいゆう》としてお芝居《しばい》をしていたのですが、そのうち、脚本《きゃくほん》を書《か》くようになりました。それが観客《かんきゃく》にうけたのですよ。私《わたし》はあっというまに売《う》れっ子脚本家《こきゃくほんか》になり、自分《じぶん》で劇団《げきだん》をもつまでになりました。

私《わたし》が得意《とくい》だったのは、喜劇《きげき》と悲劇《ひげき》。最《さい》初《しょ》のころは、『真夏《まなつ》の夜《よる》の夢《ゆめ》』や『から騒《さわ》ぎ』のような喜劇《きげき》をたくさん書《か》いていました。そのあとは悲劇《ひげき》を書《か》くようになり、4大悲劇《だいひげき》とよばれる『ハムレット』『リア王《おう》』『マクベス』『オセロ』や『ロミオとジュリエット』など、今《いま》でも世界《せかい》じゅうで上演《じょうえん》されている作品《さくひん》を残《のこ》したのです。

私《わたし》の作品《さくひん》では、喜怒哀楽《きどあいらく》（喜《よろこ》び、怒《いか》り、悲《かな》しみ、楽《たの》しみ）というさまざまな感情《かんじょう》が会話《かいわ》の中《なか》で生《い》き生《い》きと描《えが》かれています。私《わたし》は、人間《にんげん》そのものを描《えが》きだしたかったのですよ。みなさんにも、お芝居《しばい》からなにかを感《かん》じとってもらえたらうれしいです。

4月
26日
の偉人

文化

この日《ひ》に生《う》まれた有名人《ゆうめいじん》

マルクス・アウレリウス・アントニヌス（第《だい》16代《だい》ローマ帝国皇帝《ていこくこうてい》）／ウジェーヌ・ドラクロワ（画家《がか》）
加藤浩次《かとうこうじ》（お笑《わら》い芸人《げいにん》）／田中直樹《たなかなおき》《ココリコ》（お笑《わら》い芸人《げいにん》）／綾小路翔《あやのこうじしょう》《氣志團《きしだん》》（ミュージシャン）

家族《かぞく》への愛情《あいじょう》から偉大《いだい》な発明《はつめい》をした

サミュエル・フィンリー・ブリース・モールス

（1791～1872年　アメリカ）

夢《ゆめ》を実現《じつげん》させるのは、それぞれの子《こ》どもの手《て》にかかっている。ひとつの発明《はつめい》は、別《べつ》の人間《にんげん》の道具《どうぐ》となるだろう。

4月27日の偉人

科学

　みなさんは、モールス信号《しんごう》というものを知《し》っていますか？　モールス信号《しんごう》というのは電信《でんしん》でメッセージを送《おく》るときなどに使《つか》われる信号《しんごう》です。短《みじか》い点《てん》（-）と長《なが》い点《てん》（―）で、文字《もじ》をあらわすのです。たとえば、Aは「-―」であらわされます（アルファベットだけでなく、ひらがなにもモールス信号《しんごう》はあります）。この信号《しんごう》を電信《でんしん》で送《おく》れば、遠《とお》く離《はな》れた場所《ばしょ》にもあっというまにメッセージを伝《つた》えられるわけです。私《わたし》はそのしくみを発明《はつめい》しました。

　といっても、私《わたし》は科学者《かがくしゃ》でもなんでもありません。じつは、画家《がか》なのです。20歳《さい》のときイギリスにわたって、王立芸術院《おうりつげいじゅついん》で絵画《かいが》をみっちり学《まな》び、アメリカにもどってきてから、たくさん絵《え》を描《か》いていました。

　15年《ねん》くらいたったころ、肖像画《しょうぞうが》をたのまれて、家《いえ》から500キロメートルほどはなれたワシントンに出《で》かけました。絵《え》を描《か》いていると、「妻《つま》・危篤《きとく》」という知《し》らせがとどいたのです。いそいで馬《うま》を走《はし》らせて帰《かえ》りましたが、妻《つま》はもう亡《な》くなって、埋葬《まいそう》まですんでいました。最期《さいご》をみとれなかった私《わたし》は、「もっと早《はや》く、メッセージを送《おく》る方法《ほうほう》をぜったいに考《かんが》えてやる！」と決意《けつい》して、研究《けんきゅう》を始《はじ》めました。

　決意《けつい》したのはいいものの、科学者《かがくしゃ》でもない私《わたし》にはなかなか発明《はつめい》などできるものではありません。そんなとき、船《ふね》の上《うえ》で、奇跡的《きせきてき》な出会《であ》いをしたのです。絵《え》の勉強《べんきょう》にいっていたヨーロッパからの帰《かえ》りでした。チャールズ・トーマス・ジャクソンという、電磁気《でんじき》の研究《けんきゅう》をしていた学者《がくしゃ》と知《し》りあいました。かれが電流《でんりゅう》を流《なが》して磁石《じしゃく》をつくる実験《じっけん》を見学《けんがく》させてもらったとき、これを使《つか》えば、遠《とお》くまで信号《しんごう》を送《おく》れるのではないか！と、ひらめいたのです。それから必死《ひっし》に研究《けんきゅう》を進《すす》め、6年後《ねんご》、ついにモールス式電信装置《しきでんしんそうち》をつくりあげました。

　科学《かがく》にはしろうとだった私《わたし》でも、熱《あつ》い思《おも》いと、先人《せんじん》たちの発見《はっけん》や努力《どりょく》のおかげで、すばらしい発明《はつめい》をなしとげることができたのですよ。

この日《ひ》に生《う》まれた有名人《ゆうめいじん》

ハーバート・スペンサー（社会学者《しゃかいがくしゃ》・哲学者《てつがくしゃ》）／ユリシーズ・S・グラント（第《だい》18代《だい》アメリカ大統領《だいとうりょう》）
宮根誠司《みやねせいじ》（アナウンサー）／富樫義博《とがしよしひろ》（漫画家《まんがか》）／船木和喜《ふなきかずよし》（スキージャンプ選手《せんしゅ》）

映画《えいが》にもなったユダヤ人《じん》の救世主《きゅうせいしゅ》

オスカー・シンドラー

（1908〜1974年　オーストリア）

人々《ひとびと》がひどい目《め》にあっているのを見《み》ることにがまんできなかった。だから、自分《じぶん》にできること、するべきこと、私《わたし》の良心《りょうしん》がそうしなさいと命《めい》じることをしたのです。

私《わたし》はオーストリア・ハンガリー帝国《ていこく》に生《う》まれたドイツ人《じん》で、31歳《さい》のときに、ドイツのナチス党《とう》という政党《せいとう》に入《はい》りました。ナチスという名前《なまえ》は、知《し》っている人《ひと》も多《おお》いでしょう。ナチスは、ヒトラーという男《おとこ》がリーダーをしていた政治《せいじ》グループで、ドイツ人《じん》が世界《せかい》でもっともすぐれている人種《じんしゅ》だと考《かんが》えていました。反対《はんたい》に、ユダヤ人《じん》は劣《おと》った人種《じんしゅ》だとして、てってい的《てき》に差別《さべつ》したのです。そして、ユダヤ人《じん》をつかまえて、強制的《きょうせいてき》に働《はたら》かせ、ちゃんと働《はたら》けない者《もの》たちはつぎつぎに殺《ころ》していきました。私《わたし》は別《べつ》に、ナチス党《とう》の意見《いけん》に賛成《さんせい》していたわけではありませんし、ユダヤ人《じん》を差別《さべつ》していたわけでもありません。ナチス党《とう》に入《はい》ったほうが、商売《しょうばい》がやりやすくなって得《とく》だと思《おも》ったから、入《はい》っただけなのです。その後《ご》、ナチス軍《ぐん》がポーランドに支配《しはい》を広《ひろ》げていったので、私《わたし》もそれにあわせてポーランドへいき、以前《いぜん》はユダヤ人《じん》が経営《けいえい》していた、食器《しょっき》やおなべなどをつくる工場《こうじょう》を買《か》いとりました。私《わたし》はナチスとつながりがあったので、軍隊《ぐんたい》で使《つか》う食器《しょっき》をつくらせてもらい、商売《しょうばい》はとても繁盛《はんじょう》しました。

私《わたし》の工場《こうじょう》では、たくさんのユダヤ人《じん》を働《はたら》かせていました。ユダヤ人《じん》はとても安《やす》く雇《やと》うことができましたから。ところが、ナチスがユダヤ人《じん》をどんなにひどくあつかうか、うちの工場《こうじょう》のユダヤ人《じん》たちがどんなに悲惨《ひさん》な生活《せいかつ》をしているかを見《み》て、私《わたし》はナチスのやり方《かた》に反対《はんたい》するようになったのです。そして、工場《こうじょう》のユダヤ人《じん》が強制収容所《きょうせいしゅうようじょ》（食《た》べ物《もの》をろくにあたえず、ユダヤ人《じん》をせまいところにおしこめて住《す》まわせる場所《ばしょ》。弱《よわ》った者《もの》たちはどんどん殺《ころ》されてしまいます）に送《おく》られないよう、そして、収容所《しゅうようじょ》にいるユダヤ人《じん》をひとりでも救《すく》いだせるよう、全財産《ぜんざいさん》をなげうち、命《いのち》をかけて、ナチスに抵抗《ていこう》したのです。結果《けっか》、戦争中《せんそうちゅう》に１２００人《にん》ものユダヤ人《じん》の命《いのち》を助《たす》けることができました。工場《こうじょう》でもうけたお金《かね》はすべて失《うしな》いましたが、お金《かね》とはくらべられない大切《たいせつ》なものを手《て》に入《い》れられたと、私《わたし》は思《おも》っています。

この日《ひ》に生《う》まれた有名人《ゆうめいじん》

ジェームズ・モンロー（第《だい》5代《だい》アメリカ大統領《だいとうりょう》）／東郷青児《とうごうせいじ》（画家《がか》）／サダム・フセイン（第《だい》2代《だい》イラク共和国大統領《きょうわこくだいとうりょう》）／原《はら》ゆたか（児童文学作家《じどうぶんがくさっか》）／ペネロペ・クルス（女優《じょゆう》）

日本《にほん》、激動《げきどう》の時代《じだい》の天皇《てんのう》

昭和天皇《しょうわてんのう》

（1901〜1989年　日本）

雑草《ざっそう》というものはないんですよ。どの草《くさ》にも名前《なまえ》はあるんです。そして、それぞれ自分《じぶん》の好《す》きな場所《ばしょ》を選《えら》んで、生《せい》を営《いとな》んでいるんです。

　1926年《ねん》に、父《ちち》が亡《な》くなり、私《わたし》は天皇《てんのう》となりました。その日《ひ》から、昭和《しょうわ》という激動《げきどう》の時代《じだい》が始《はじ》まったのです。今《いま》、天皇《てんのう》は日本国民《にほんこくみん》の象徴《しょうちょう》といわれていますね。でも、昭和《しょうわ》のはじめ、天皇《てんのう》は「現人神《あらひとがみ》」とよばれていました。つまり、人《ひと》ではなく神《かみ》さまだとされていたのです。

　昭和《しょうわ》というと、みなさん、なにを思《おも》いうかべますか。いちばん大《おお》きい出来事《できごと》は、やはり、戦争《せんそう》でしょう。満州事変《まんしゅうじへん》、日中《にっちゅう》戦争《せんそう》、太平洋戦争《たいへいようせんそう》と、多《おお》くのあらそいごとがおこりました。多《おお》くの人《ひと》が命《いのち》を落《お》としました。私《わたし》は、あの不幸《ふこう》な戦争《せんそう》を早《はや》く終《お》わらせたいと思《おも》っていました。しかし、軍部《ぐんぶ》に対抗《たいこう》するのはむずかしかったのです。

　日本《にほん》が負《ま》けることがはっきりした1945年《ねん》8月《がつ》15日《にち》、私《わたし》はようやく自分《じぶん》の意見《いけん》をとおすことができました。そうです、負《ま》けたことをうけいれて、戦争《せんそう》をやめることを決《き》めたのです。そして、私《わたし》はその決断《けつだん》を、ラジオを通《つう》じて国民《こくみん》に告《つ》げました――「これ以上《いじょう》、戦争《せんそう》をつづけたら、日本国民《にほんこくみん》がほろんでしまうだけでなく、人類《じんるい》の文明《ぶんめい》まで破滅《はめつ》させてしまうでしょう。ですから、私《わたし》は戦争《せんそう》をやめることを決《き》めたのです。戦争《せんそう》で亡《な》くなった人《ひと》たちのことを思《おも》うと、わが身《み》が引《ひ》きさかれる思《おも》いです。今後《こんご》日本《にほん》のうけるであろう苦難《くなん》は、いうまでもなく並大抵《なみたいてい》のものではないでしょう。けれど、たえがたく、また忍《しの》びがたい思《おも》いをこらえ、永遠《えいえん》につづく未来《みらい》のために平和《へいわ》な世《よ》を切《き》りひらいていこうと思《おも》います」と。

　戦争《せんそう》が終《お》わって、私《わたし》は、アメリカに対《たい》して、すべての責任《せきにん》は私《わたし》にあるのだから、国民《こくみん》は助《たす》けてほしいとたのみました。そして、私《わたし》は神《かみ》ではなく人間《にんげん》であることを宣言《せんげん》し、世界《せかい》の平和《へいわ》のために、残《のこ》された人生《じんせい》を生《い》きることにしたのです。

　今《いま》ある平和《へいわ》は、たくさんの犠牲《ぎせい》の上《うえ》にできたものなのです。どうか、みなさんそれを忘《わす》れずに、この平和《へいわ》をだいじにしてください。

4月29日の偉人

社会

この日《ひ》に生《う》まれた有名人《ゆうめいじん》

中原中也《なかはらちゅうや》（詩人《しじん》）／岸田今日子《きしだきょうこ》（女優《じょゆう》）／仰木彬《おおぎあきら》（野球選手《やきゅうせんしゅ》・監督《かんとく》）／ダニエル・デイ・ルイス（俳優《はいゆう》）／アンドレ・アガシ（テニス選手《せんしゅ》）

人類《じんるい》史上《しじょう》最強《さいきょう》の数学王《すうがくおう》

カール・フリードリヒ・ガウス

（1777～1855年　ドイツ）

せまくとも、深《ふか》くあれ。

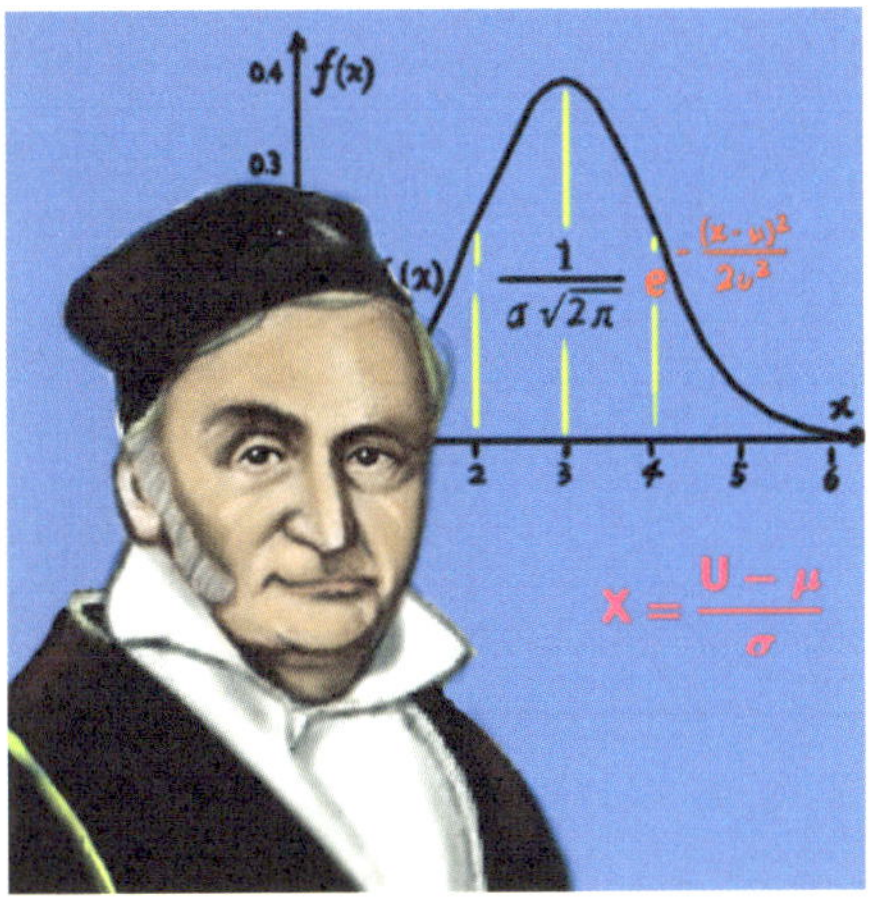

私《わたし》はまだことばも話《はな》さないうちから、計算《けいさん》ができました。私《わたし》の父《ちち》は石屋《いしや》をしていたんですが、職人《しょくにん》さんに給料《きゅうりょう》を払《はら》うときに、いつも計算《けいさん》をまちがえていましてね、だから、まちがっていることを教《おし》えてあげていたんです。私《わたし》はまだ3歳《さい》でした。

小学校《しょうがっこう》にいっていたとき、先生《せんせい》が「1から100までの数《かず》をぜんぶ足《た》すといくつになるか計算《けいさん》しなさい」と問題《もんだい》を出《だ》したことがありました。私《わたし》はすぐに「5050」という答《こた》えを出《だ》して、先生《せんせい》をおどろかせました。あなたなら、どうやって計算《けいさん》しますか？　1から順《じゅん》に足《た》していく？　そんな手間《てま》がかかることをしなくても、かんたんに答《こた》えは出《で》るのです。1+100=101ですね。2+99も101で、3+98も101です。そうやって、1と100という両端《りょうたん》の数《かず》を順《じゅん》に足《た》していくと、答《こた》えはそれぞれすべて101になるわけです。だから、101×50=5050になるのです。小学校《しょうがっこう》の校長先生《こうちょうせんせい》は、学校《がっこう》が私《わたし》に教《おし》えられることはないといったほどでした。

私《わたし》はその後《ご》、奨学金《しょうがくきん》をもらって、大学《だいがく》に入学《にゅうがく》し、数学《すうがく》の研究《けんきゅう》をしました。19歳《さい》のときに、コンパスと定規《じょうぎ》だけで、正《せい》17角形《かくけい》を描《か》く方法《ほうほう》を発見《はっけん》しました。定規《じょうぎ》とコンパスだけで描《か》ける正多角形《せいたかっけい》の数《かず》がふえたのは、2000年《ねん》ぶりのことでした。私《わたし》はそれがうれしくて、その後《ご》数学《すうがく》の道《みち》に進《すす》もうと決《き》めたのです。そして、数学《すうがく》のすべての分野《ぶんや》で、業績《ぎょうせき》を残《のこ》しました。図形《ずけい》でも、関数《かんすう》でも、幾何学《きかがく》でも、さまざまな定理《ていり》や法則《ほうそく》を発見《はっけん》したのです。

ガウスという単位《たんい》を知《し》っていますか？　ガウスは磁気《じき》の密度《みつど》をあらわす単位《たんい》ですが、ほかにも私《わたし》の名前《なまえ》がついたものは、数学《すうがく》の分野《ぶんや》や化学《かがく》、物理《ぶつり》の分野《ぶんや》で30以上《いじょう》もあります。

どうしたらそんなに数学《すうがく》ができるのか、ときかれたことがあります。それに対《たい》する私《わたし》の答《こた》えは「いつも数学《すうがく》のことを考《かんが》えていたらできますよ」というものです。能力《のうりょく》があるかないかより、じつはそちらのほうがだいじなのではないでしょうか。

4月
30日
の偉人

科学

この日《ひ》に生《う》まれた有名人《ゆうめいじん》

メアリー2世《せい》（イギリス女王《じょおう》）／アイザイア・トーマス（バスケットボール選手《せんしゅ》）
常盤貴子《ときわたかこ》（女優《じょゆう》）／富澤《とみざわ》たけし《サンドウィッチマン》（お笑《わら》い芸人《げいにん》）／ATSUSHI《EXILE》（歌手《かしゅ》）

キリスト教《きょう》をおこした

イエス・キリスト

（紀元前4～紀元後29年　イスラエル）

番外編

思想

あなたの敵《てき》を愛《あい》しなさい。

イエス・キリストは、キリスト教《きょう》をおこした人《ひと》です。キリスト教《きょう》は、みなさん、もちろんご存《ぞん》じですよね。仏教《ぶっきょう》、イスラム教《きょう》とならぶ世界《せかい》3大宗教《だいしゅうきょう》のひとつで、信者《しんじゃ》の数《かず》は世界《せかい》でいちばん多《おお》い宗教《しゅうきょう》です。

イエス・キリストがいつこの世《よ》に生《う》まれ、どんな人生《じんせい》を送《おく》り、どのようにキリスト教《きょう》の教《おし》えを人々《ひとびと》に広《ひろ》めていったのか――それはすべて、聖書《せいしょ》に書《か》いてあります。

イエスは、イスラエルの北《きた》にあるナザレという村《むら》に、大工《だいく》のヨゼフと妻《つま》のマリアの子《こ》として生《う》まれました。イエスが生《う》まれる前《まえ》には、神《かみ》の子《こ》が誕生《たんじょう》すると、お告《つ》げがあったそうです。そして、イエスが生《う》まれた瞬間《しゅんかん》、夜空《よぞら》にひときわ明《あか》るくかがやく星《ほし》があらわれたそうです。この星《ほし》をベツレヘムの星《ほし》とよびます。クリスマスのツリーのてっぺんに、大《おお》きな星《ほし》をかざりますよね？　あれは、このベツレヘムの星《ほし》のことなのですよ。

成長《せいちょう》したイエスは、30歳《さい》ごろ、みずからが救世主《きゅうせいしゅ》だとさとります。そして、神《かみ》の教《おし》えを人々《ひとびと》に広《ひろ》めはじめるのです。イエスがいったのは、神《かみ》は誰《だれ》でも救《すく》ってくれるということ、だから、神《かみ》を信《しん》じなさいということでした。

イエスの教《おし》えは人々《ひとびと》のあいだに広《ひろ》がっていきました。ところが、それをよく思《おも》わない学者《がくしゃ》たちがいました。かれらは、イエスの弟子《でし》をことばたくみに引《ひ》きこんで、イエスを裏切《うらぎ》らせます。

そしてイエスはとらえられ、十字架《じゅうじか》にはりつけにされるのです。それを見《み》た人々《ひとびと》は、自分《じぶん》さえ救《すく》うことができない神《かみ》の子《こ》なんているものかと、イエスをののしりました。けれど、イエスは「この者《もの》たちをゆるしてください。自分《じぶん》がなにをしているかわからないのですから」ということばを残《のこ》して、息《いき》をひきとります。それから3日後《かご》、イエスはよみがえり、弟子《でし》たちのもとに姿《すがた》をあらわしたといわれています。そののち、弟子《でし》たちは、愛《あい》とゆるしの教《おし》えをとくキリスト教《きょう》を世《せ》界《かい》に広《ひろ》げていったのです。

＊クリスマスはキリストの誕生日《たんじょうび》ではなく、もとは別《べつ》のお祭《まつ》りでした。キリストの誕生日《たんじょうび》はわかっていないのです。

5月《がつ》生《う》まれの偉《い》人《じん》

新《あたら》しい日本画《にほんが》を生《う》みだした

円山応挙《まるやまおうきょ》

（1733〜1795年　日本）

絵《え》を描《か》けるようになるためには、習《なら》いおぼえるより自分《じぶん》で学《まな》びとるほうが、ずっと力《ちから》がつく。

5月 1日の偉人

芸術

私《わたし》は、江戸時代《えどじだい》の中《なか》ごろ、京都《きょうと》の農家《のうか》に次男《じなん》として生《う》まれました。そのころ、家《いえ》は長男《ちょうなん》がつぐものでしたから、私《わたし》は早《はや》くから奉公《ほうこう》（お店《みせ》に住《す》みこんで働《はたら》かされること）に出《だ》され、15歳《さい》のとき、京都《きょうと》の尾張屋《おわりや》というお店《みせ》で働《はたら》きはじめたのです。尾張屋《おわりや》は、人形《にんぎょう》やおもちゃを売《う》る店《みせ》でした。そのうち、私《わたし》も、人形《にんぎょう》やおもちゃに色《いろ》をぬるような仕事《しごと》をするようになったのです。じつは、幼《おさな》いころから絵《え》を描《か》くのは好《す》きだったし、そこそこうまかったのですよ。私《わたし》に絵《え》の才能《さいのう》があることに気《き》づいたのでしょう、しばらくするとお店《みせ》の主人《しゅじん》は私《わたし》に絵《え》を習《なら》わせてくれました。でも、ほんの短《みじか》いあいだだけでした。

このころ、尾張屋《おわりや》で、のぞきメガネというおもちゃもあつかいはじめました。のぞきメガネで専用《せんよう》の絵《え》を見《み》ると、絵《え》が立体的《りったいてき》に見《み》えるというので、とても人気《にんき》が出《で》ました。よく売《う》れたせいで専用《せんよう》の絵《え》が足《た》りなくなって、私《わたし》が描《か》くようになりました。京都《きょうと》のお寺《てら》やおまつりのようすなど、それはもうたくさん描《か》いたものです。そうしてたくさん描《か》いていくうちに、絵《え》の腕《うで》もあがったのでしょう。そのうち、お寺《てら》や商人《しょうにん》からたのまれて、ふすまなどの絵《え》を描《か》くようになったのです。

私《わたし》の絵《え》を見《み》たことはありますか？　私《わたし》の絵《え》は、細《こま》かいところまで描《えが》かれていて、まるでほんもののようだとよくいわれます。私《わたし》はとにかく、描《か》くものをいろいろな角度《かくど》から見《み》て、観察《かんさつ》しました。いつも紙《かみ》をもちあるいて、なんでもスケッチしてまわったものです。リアルで、けれどだいたんで優雅《ゆうが》な私《わたし》の絵《え》は、たちまち人気《にんき》になったのです。

芸術《げいじゅつ》とはほど遠《とお》い農家《のうか》の次男坊《じなんぼう》が、当代《とうだい》きっての売《う》れっ子画家《こがか》になるなんて、誰《だれ》が予想《よそう》できたでしょう。私《わたし》だって、そんなこと予想《よそう》できませんでした。でも、絵《え》がうまくなりたいという気持《きも》ちをもちつづけ、自分《じぶん》から学《まな》びとっていったから、私《わたし》にしか描《か》けない絵《え》を生《う》みだせたのだと思《おも》います。

この日《ひ》に生《う》まれた有名人《ゆうめいじん》

貝塚茂樹《かいづかしげき》（東洋史学者《とうようしがくしゃ》）／北杜夫《きたもりお》（作家《さっか》）／阿木燿子《あきようこ》（作詞家《さくしか》）
ジョン・ウー（映画監督《えいがかんとく》）／小山慶一郎《こやまけいいちろう》《NEWS》（タレント）

大《だい》ベストセラーになった子育《こそだ》て本《ほん》を書《か》いた

ベンジャミン・マクレーン・スポック

（1903～1998年　アメリカ）

自分《じぶん》を信《しん》じなさい。あなたは自分《じぶん》が思《おも》っているより多《おお》くのことを知《し》っているのです。

5月2日の偉人

社会

私《わたし》は、小児科《しょうにか》の医者《いしゃ》です。『スポック博士《はかせ》の育児書《いくじしょ》』という本《ほん》を書《か》いて、有名《ゆうめい》になりました。『スポック博士《はかせ》の育児書《いくじしょ》』は世界的《せかいてき》大《だい》ベストセラーになって、今《いま》までに5000万部《まんぶ》も売《う》れました。聖書《せいしょ》のつぎによく読《よ》まれた本《ほん》になったのです。

医者《いしゃ》になろうと思《おも》ったとき、未来《みらい》ある子《こ》どもたちのために仕事《しごと》をしたいと、小《しょう》児科《にか》に進《すす》むことを決《き》めました。そして研《けん》修医《しゅうい》として病気《びょうき》の子《こ》どもたちでごったがえしている病院《びょういん》で働《はたら》いていたあいだに、子育《こそだ》てに悩《なや》んでいるお母《かあ》さんたちにたくさん会《あ》ったのです。そのときの育児書《いくじしょ》といったら、えらい先生《せんせい》が、「ああしなさい」「こうしなければいけません」と、上《うえ》の立場《たちば》から命令《めいれい》するようなものばかり。とてもきびしいものばかりで、書《か》いてある方法《ほうほう》どおりに育《そだ》てられない、本《ほん》どおりに育《そだ》たないと、お母《かあ》さんたちは苦《くる》しんでいたのです。

私《わたし》は、お母《かあ》さんたちの苦《くる》しみを少《すこ》しでもへらしてあげたいと、子育《こそだ》て本《ぼん》を書《か》くことを決意《けつい》しました。その本《ほん》の最初《さいしょ》に書《か》いてあるのが、上《うえ》に出《で》ていることばです。これはお母《かあ》さんたちにむけて書《か》いたことばです。子《こ》どもは、ひとりずつみんなちがいます。親《おや》だってちがうのがあたりまえで、病気《びょうき》でも、しつけの問題《もんだい》でも、ほかの親子《おやこ》と同《おな》じようにいかないのがふつうなのです。だからこそ、自分《じぶん》の考《かんが》えを信《しん》じて、自分《じぶん》が思《おも》うように子育《こそだ》てするのがいちばんいいのです。だって、その子《こ》をいちばん身近《みぢか》で、いちばんよく見《み》ているのは、親《おや》なのですから。えらい先生《せんせい》に、その子《こ》のなにがわかるのでしょう？　その子《こ》が泣《な》いているとき、抱《だ》っこしてあげたほうがいいのか、しばらくほうっておいたほうがいいのか、それは子《こ》どもによってちがいますし、それがわかるのは親《おや》だけなのですよ。マニュアルがすべて正《ただ》しいというわけではありませんし、なんでもマニュアルどおりにやればいいというわけでもないのです。

この日《ひ》に生《う》まれた有名人《ゆうめいじん》

ジェームズ・ダイソン（ダイソン創業者《そうぎょうしゃ》）／秋元康《あきもとやすし》（放送作家《ほうそうさっか》・作詞家《さくしか》）
武蔵丸光洋《むさしまるこうよう》（第《だい》67代横綱《だいよこづな》）／デビッド・ベッカム（サッカー選手《せんしゅ》）／上重聡《かみしげさとし》（アナウンサー）

君主《くんしゅ》の心《こころ》がまえを説《と》いた非情《ひじょう》の思想家《しそうか》

ニコロ・マキャヴェリ

（1469～1527年　イタリア）

運命《うんめい》は私《わたし》たちの行為《こうい》の半分《はんぶん》を支配《しはい》し、残《のこ》りの半分《はんぶん》を私《わたし》たち自身《じしん》にゆだねている。

私《わたし》は、今《いま》から500年《ねん》ぐらい前《まえ》のイタリアで、政治《せいじ》について考《かんが》えていた思想《しそう》家《か》で、じっさいに外交官《がいこうかん》をしたり、軍事《ぐんじ》や政治《せいじ》にかかわったりしていた。父《ちち》は弁《べん》護士《ごし》だったのだが、家《いえ》はまずしくてね、私《わたし》は幼《おさな》いころ、楽《たの》しむことより苦労《くろう》することを先《さき》に学《まな》んだのだよ。そんな子《こ》ども時代《じだい》をすごしたからか、若《わか》いころから政《せい》治《じ》に興味《きょうみ》をもっていた。

私《わたし》が生《い》きていた時代《じだい》のイタリアは、ミラノやナポリ、私《わたし》がくらしていたフィレンツェ共和国《きょうわこく》など、いくつかの小《ちい》さな国《くに》にわかれていた。そして、小《ちい》さな国同士《くにどうし》で、領地《りょうち》をめぐる戦争《せんそう》をしょっちゅうおこしていたのだ。それに、国《くに》の中《なか》でも権《けん》力《りょく》あらそいがおこっていたし、フランスやイギリスのような大国《たいこく》にいいようにされていた。

じっさいに政治《せいじ》にかかわるようになった私《わたし》は、そのありさまを見《み》て、腹《はら》が立《た》った。そして、学《まな》び、考《かんが》えた。考《かんが》えた結果《けっか》を何冊《なんさつ》かの本《ほん》にまとめた。その中《なか》の1冊《さつ》が『君主論《くんしゅろん》』だ。本《ほん》の中《なか》で、私《わたし》は、フランスなどの強国《きょうこく》に対抗《たいこう》するには、イタリアが国家《こっか》として統一《とういつ》されなければならないとのべた。そして、そのためには一時《いちじ》的《てき》に有能《ゆうのう》な君主《くんしゅ》が絶対的《ぜったいてき》な権力《けんりょく》をにぎることが必要《ひつよう》だといったのだ。ほかにも、「君主《くんしゅ》は悪人《あくにん》になる覚悟《かくご》をもつ」とか「愛《あい》されるより、おそれられるべき」とか「非難《ひなん》されてもひるまない」など、君《くん》主《しゅ》の心《こころ》がまえを書《か》いた。

私《わたし》の考《かんが》えは「マキャヴェリズム」とよばれ、人《ひと》としてゆるされないような行為《こうい》であっても、国《くに》の利益《りえき》のためならばゆるされるとする考《かんが》え方《かた》だとか、目的《もくてき》のためには手段《しゅだん》を選《えら》ばないやり方《かた》だと、非難《ひなん》されたこともある。本《ほん》が禁書《きんしょ》となり、売《う》ったり読《よ》んだりすることを禁止《きんし》されてしまったこともある。なるほど、私《わたし》の考《かんが》えは極端《きょくたん》だったのかもしれないが、人々《ひとびと》が苦《くる》しい生活《せいかつ》を送《おく》っているという現実《げんじつ》を、私《わたし》はどうしても変《か》えたかった。だから、幸《しあわ》せで安定《あんてい》したくらしを手《て》に入《い》れるために、自分《じぶん》たちでできる方法《ほうほう》を考《かんが》えただけだ。私《わたし》はね、それだけイタリアを、そしてそこに住《す》む人《ひと》たちを愛《あい》していたのだよ。

この日《ひ》に生《う》まれた有名人《ゆうめいじん》

ジェームス・ブラウン（歌手《かしゅ》）／橋幸夫《はしゆきお》（歌手《かしゅ》）／三宅裕司《みやけゆうじ》（タレント）／真島《ましま》ヒロ（漫画家《まんがか》）／為末大《ためすえだい》（陸上選手《りくじょうせんしゅ》）

永遠《えいえん》の妖精《ようせい》

オードリー・ヘップバーン

（1929～1993年　イギリス）

チャンスはそんなに何度《なんど》もくるものじゃない。だから、チャンスがきたら、しっかりつかむのよ。

5月4日の偉人

文化

ローマの広場《ひろば》で、ソフトクリームをなめる私《わたし》の写真《しゃしん》を見《み》たことがある人《ひと》はいるかしら。それは、『ローマの休日《きゅうじつ》』という映画《えいが》のワンシーンです。私《わたし》はハリウッドで活躍《かつやく》した女優《じょゆう》です。『マイ・フェア・レディ』や『ティファニーで朝食《ちょうしょく》を』など、たくさんの映画《えいが》で主演《しゅえん》をつとめました。

でも、私《わたし》はもともとバレリーナになりたかったのです。5歳《さい》からバレエを始《はじ》めて、15歳《さい》くらいのときにはもう舞台《ぶたい》に立《た》っていました。バレエの仕事《しごと》をつづけるつもりで、故郷《こきょう》のオランダから、イギリスにわたり、有名《ゆうめい》な先生《せんせい》につきました。そして、レッスン代《だい》と生活費《せいかつひ》をかせぐために、アルバイトでお芝居《しばい》の舞台《ぶたい》に立《た》つようになったのです。バレエのお仕事《しごと》より、そちらのほうが、お給料《きゅうりょう》が高《たか》かったの。

そんなふうに、私《わたし》はなんとなくお芝居《しばい》をするようになり、舞台《ぶたい》だけでなく映画《えいが》にも少《すこ》しずつ小《ちい》さな役《やく》で出《で》はじめました。そして、ある映画《えいが》の撮影《さつえい》で、フランスにいったとき、『ジジ』という舞台《ぶたい》の主役《しゅやく》をさがしていた脚本家《きゃくほんか》に出会《であ》ったのです。その人《ひと》は私《わたし》を見《み》るなりいいました。「私《わたし》のジジを見《み》つけたわ！」って。

その後《ご》、私《わたし》はジジ役《やく》で、ニューヨーク・ブロードウェイの舞台《ぶたい》に立《た》ち、大絶賛《だいぜっさん》をあびました。優秀《ゆうしゅう》な舞台俳優《ぶたいはいゆう》に贈《おく》られる賞《しょう》までもらったんです。それからは、つぎつぎに映画《えいが》に出演《しゅつえん》して、あっというまにスターになりました。

私《わたし》は、たった一度《いちど》のチャンスを生《い》かして、映画女優《えいがじょゆう》になることができました。でもチャンスを生《い》かせたのは、とても努力《どりょく》をしていたから。バレエをしているときも、お芝居《しばい》をするようになってからも、私《わたし》は人《ひと》よりたくさん練習《れんしゅう》していました。みなさんにも、チャンスはかならずやってきます。ただ、そのチャンスを生《い》かせるかどうかは、みなさんの努力《どりょく》しだい――それを忘《わす》れないで。

この日《ひ》に生《う》まれた有名人《ゆうめいじん》

エミール・ガレ（ガラス工芸家《こうげいか》）／森繁久彌《もりしげひさや》（俳優《はいゆう》）／田中角栄《たなかかくえい》（第《だい》64・65代内閣総理大臣《だいないかくそうりだいじん》）
キース・ヘリング（画家《がか》）／菊池桃子《きくちももこ》（タレント）

江戸時代《えどじだい》を代表《だいひょう》する俳人《はいじん》

小林一茶《こばやしいっさ》

（1763～1828年　日本）

金《かね》がないからなにもできないという人間《にんげん》は、金《かね》があってもなにもできない人間《にんげん》である。

5月5日の偉人

文化

みなさんは、俳句《はいく》というものをご存《ぞん》じかな。俳句《はいく》とは、5文字《もじ》、7文字《もじ》、5文《も》字《じ》の3つの句《く》からできている、日本独特《にほんどくとく》の歌《うた》のようなものだ。季節《きせつ》をあらわすことばを中《なか》に入《い》れなければいけないという約束《やくそく》があるんだよ。わしは江戸時代《えどじだい》、その俳句《はいく》をつくっておった、「俳人《はいじん》」だ。

わしは今《いま》の長野県《ながのけん》の農家《のうか》に生《う》まれた。3歳《さい》のときにお母《かあ》さんを亡《な》くし、そのあとやってきた継母《ままはは》と仲《なか》よくできなくて、いろいろいじわるされたのだよ。けっきょく、江戸《えど》に奉公《ほうこう》（お店《みせ》に住《す》みこんで働《はたら》くこと）に出《だ》されてな、あちこち店《みせ》を転々《てんてん》とかわりながら、なんとか生《い》きておった。そのうち……25歳《さい》ごろかな、俳句《はいく》に興味《きょうみ》が出《で》て、勉強《べんきょう》するようになった。それから、少《すこ》しずつ書《か》きためていったのだ。俳句《はいく》を書《か》くために、四国《しこく》や九州《きゅうしゅう》のほうまで、何年《なんねん》も旅《たび》したこともあった。

わしの俳句《はいく》は、たとえば――、

「**やせがえる　負《ま》けるな　一茶《いっさ》　これにあり**」（かえるがケンカをしているが、やせたほうのかえるよ、がんばれよ。一《いっ》茶《さ》がここで応援《おうえん》しているぞ）

「**すずめの子《こ》　そこのけそこのけ　お馬《うま》がとおる**」（道《みち》で遊《あそ》んでいるすずめの子《こ》よ。早《はや》くそこをおどきなさい。お馬《うま》がとおるから、あぶないぞ）

というものがある。どんな人《ひと》にもわかりやすく、ちょっぴりユーモアがあって、人間《にんげん》くさいものが多《おお》かったな。わしは生《い》きているものが大好《だいす》きだった。だから、そうした命《いのち》あるものをだいじに思《おも》う気持《きも》ちを俳句《はいく》にこめたんだよ。残《のこ》した俳句《はいく》はなんと2万句以上《まんくいじょう》ある。

俳句《はいく》は、少《すく》ないことばの中《なか》に、大《おお》きな思《おも》いがつまっているすばらしいものなんだ。みなさんも一度《いちど》、俳句《はいく》をつくってみると、ことばのおもしろさや奥深《おくぶか》さがわかるのではないかな。

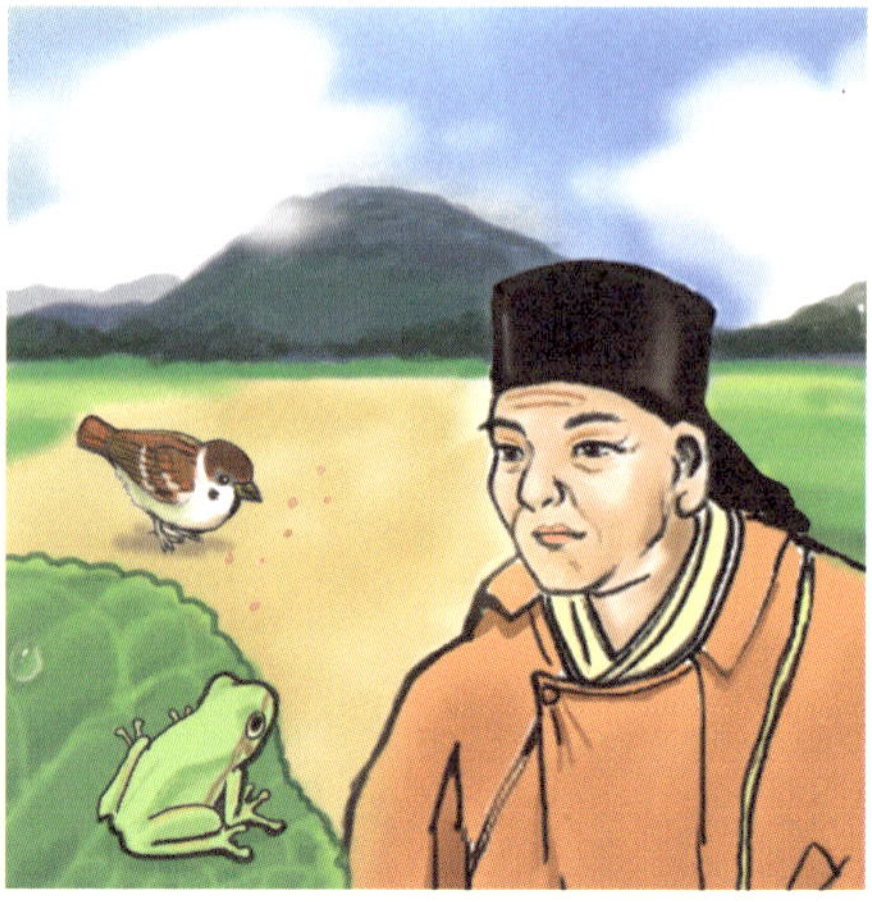

この日《ひ》に生《う》まれた有名人《ゆうめいじん》

セーレン・キルケゴール（思想家《しそうか》）／カール・マルクス（経済学者《けいざいがくしゃ》・思想家《しそうか》）／土方歳三《ひじかたとしぞう》（新選組副長《しんせんぐみふくちょう》）／中島敦《なかじまあつし》（作家《さっか》）／レオ・レオニ（絵本作家《えほんさっか》）

西洋人《せいようじん》ではじめて北極点《ほっきょくてん》にいった探検家《たんけんか》

ロバート・ピアリー

（1856～1920年　アメリカ）

道《みち》が見《み》つからなかったら、つくってやる。

5月
6日
の偉人

社会

アメリカで生《う》まれた私《わたし》は、大学《だいがく》を卒業《そつぎょう》したあと、海軍《かいぐん》の技術部隊《ぎじゅつぶたい》に入《はい》りました。仕事《しごと》でニカラグアなどの探検《たんけん》にいっているうちに、「北極点《ほっきょくてん》にいきたい」と、強《つよ》く思《おも》うようになったのです。といっても、いきなり北極点《ほっきょくてん》にいけるわけもありません。私《わたし》は10年《ねん》かけて、慎重《しんちょう》に準備《じゅんび》しました。予行演習《よこうえんしゅう》として、何度《なんど》も何度《なんど》も、グリーンランドを探検《たんけん》したりしたのです。

そして、ついに1898年《ねん》、はじめて北極点《ほっきょくてん》に挑戦《ちょうせん》します。しかしとちゅうで、足《あし》の指《ゆび》が凍傷《とうしょう》になってしまい、やむなく引《ひ》きかえしました。けっきょく、足《あし》の指《ゆび》は8本《ぽん》も失《うしな》ってしまったのですがね。

それでも、私《わたし》はめげませんでした。1906年《ねん》に、またふたたび出発《しゅっぱつ》したのです。前回《ぜんかい》の失敗《しっぱい》を生《い》かして、今度《こんど》は船《ふね》でできるだけ北極《ほっきょく》に近《ちか》いところまでいって、そりで進《すす》む距離《きょり》をへらしました。けれど、そりに乗《の》りかえてから、われ目《め》がたくさんある氷《こおり》の上《うえ》を進《すす》んでいくのはほんとうに大変《たいへん》で、探検隊《たんけんたい》はつかれきり、一歩《いっぽ》も前《まえ》に進《すす》めなくなってしまったのです。結果《けっか》、北極点《ほっきょくてん》まであと280キロメートルのところで、進《すす》むのをあきらめました。

けれど、1908年《ねん》7月《がつ》、私《わたし》はまた探検《たんけん》に出発《しゅっぱつ》します。準備《じゅんび》はばんたんでした。133頭《とう》の犬《いぬ》、そり19台《だい》、総勢《そうぜい》24名《めい》の隊員《たいいん》。けがをしたり病気《びょうき》になったりで、多《おお》くの仲間《なかま》はとちゅうで引《ひ》きかえさなければなりませんでしたが、よく年《とし》の4月《がつ》6日《か》、やっとの思《おも》いで私《わたし》をふくめた6名《めい》が北極点《ほっきょくてん》に到達《とうたつ》したのです。

私《わたし》が北極点《ほっきょくてん》に到達《とうたつ》できたのは、なにがあってもあきらめなかったから、そして、仲間《なかま》と助《たす》けあったからです。みなさんも、なにかをなしとげようと思《おも》ったとき、どんなにむずかしくても、方法《ほうほう》がないように思《おも》えても、けっしてあきらめず、挑戦《ちょうせん》をつづけてください。道《みち》がなければ、つくればいいのですよ。

この日《ひ》に生《う》まれた有名人《ゆうめいじん》

ジークムント・フロイト（精神分析医《せいしんぶんせきい》）／井上靖《いのうえやすし》（作家《さっか》）／向井千秋《むかいちあき》（宇宙飛行士《うちゅうひこうし》）
ジョージ・クルーニー（俳優《はいゆう》）／吉田美和《よしだみわ》《DREAMS COME TRUE》（ミュージシャン）

多民族《たみんぞく》をまとめて統一国家《とういつこっか》をつくった

ヨシップ・ブロズ・チトー

（1892〜1980年　旧ユーゴスラビア）

かつては、誰《だれ》がセルビア人《じん》で、誰《だれ》がクロアチア人《じん》で、誰《だれ》がムスリム人《じん》かなんて、きくやつはいなかった。私《わたし》たちはみな仲間《なかま》だったからだ。私《わたし》は今《いま》でもそうだと信《しん》じている。

5月 7日の偉人

政治

私《わたし》が生《い》きていたユーゴスラビアという国《くに》は、もうない。国《くに》の中《なか》で戦争《せんそう》がおこって、バラバラになってしまったからだ。もともと、ユーゴスラビアにはたくさんの民族《みんぞく》がくらしていた。ユーゴスラビアという国《くに》をいいあらわすのに、こんな説明《せつめい》がある——「7つの国境《こっきょう》にかこまれ、6つの共和国《きょうわこく》があり、5つの民族《みんぞく》がくらし、4つの宗教《しゅうきょう》を信《しん》じ、3つの言語《げんご》が話《はな》され、2種類《しゅるい》の文字《もじ》がある、ひとつの国《くに》」。ユーゴスラビアは、雑多《ざった》な人々《ひとびと》がくらす、いつバラバラになってもおかしくない国《くに》だった。私《わたし》はリーダーとして、そのバラバラな国《くに》をまとめあげていたのだ。

私《わたし》はクロアチアの農家《のうか》に生《う》まれた。小学校《しょうがっこう》を出《で》たあと、あちこちで働《はたら》いたよ。そのうち第《だい》1次世界大戦《じせかいたいせん》がおこって、兵士《へいし》になった。ところが、ロシア軍《ぐん》につかまってしまってね。捕虜《ほりょ》になったんだ。このとき、共産主義《きょうさんしゅぎ》という考《かんが》え方《かた》に出会《であ》った。共産主義《きょうさんしゅぎ》というのは、生産《せいさん》に必要《ひつよう》なものはすべて国《くに》のものにして、みんなが平等《びょうどう》に使《つか》い、平等《びょうどう》にお金《かね》をもらうという考《かんが》え方《かた》だ。私《わたし》はまずしい家《いえ》の出《で》だったし、苦《くる》しい生活《せいかつ》をする人《ひと》たちを身近《みぢか》に見《み》てきたから、その考《かんが》えは悪《わる》くないと思《おも》った。それで、共産主義《きょうさんしゅぎ》の運動《うんどう》に参加《さんか》することにしたんだ。

そのうち、第《だい》2次世界大戦《じせかいたいせん》がおこって、ユーゴスラビアはドイツ軍《ぐん》に占領《せんりょう》された。私《わたし》は抵抗軍《ていこうぐん》をつくってリーダーとなり、ドイツ軍《ぐん》と戦《たたか》った。そして、戦争《せんそう》が終《お》わったあと、そのままユーゴスラビアのリーダーになったんだ。戦後《せんご》、世界《せかい》は、ソ連《れん》（今《いま》のロシアなど）を中心《ちゅうしん》とする共産主義《きょうさんしゅぎ》の国《くに》とアメリカを中心《ちゅうしん》にした資本主義《しほんしゅぎ》の国《くに》にわかれて対立《たいりつ》していた。私《わたし》はそのどちらにもつかない主義《しゅぎ》をとおし、独自《どくじ》の道《みち》を進《すす》んだのだ。そして国内《こくない》では、それぞれの民族《みんぞく》や共和国《きょうわこく》を大切《たいせつ》にして、ユーゴスラビアをまとめていった。私《わたし》が亡《な》くなったあと、それぞれの民族《みんぞく》が主張《しゅちょう》し、対立《たいりつ》して、国《くに》はバラバラになり、戦《たたか》いがおこって、たくさんの血《ち》が流《なが》された。またいつか、民族《みんぞく》がおたがいに尊重《そんちょう》しあえる時代《じだい》がきてほしいと心《こころ》から思《おも》うよ。

この日《ひ》に生《う》まれた有名人《ゆうめいじん》

ヨハネス・ブラームス（作曲家《さっきょくか》）／美濃部達吉《みのべたつきち》（憲法学者《けんぽうがくしゃ》）／萩本欽一《はぎもときんいち》（タレント）／上田晋也《うえだしんや》《くりぃむしちゅー》（お笑《わら》い芸人《げいにん》）／トマ・ピケティ（経済学者《けいざいがくしゃ》）

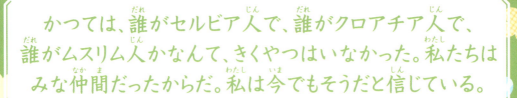

わけへだてなく人《ひと》を助《たす》ける赤十字《せきじゅうじ》をつくった

ジャン・アンリ・デュナン

（1828〜1910年　スイス）

人類《じんるい》はみなきょうだいだ。

私《わたし》はスイスに生《う》まれ、慈悲《じひ》深《ぶか》い両親《りょうしん》に育《そだ》てられました。「まずしい人《ひと》や困《こま》っている人《ひと》を助《たす》けるのはあたりまえ」という考《かん》えは、そのころから私《わたし》の中《なか》にしみついたのだと思《おも》います。

子《こ》どものころの私《わたし》は、落《お》ちこぼれでした。学校《がっこう》の勉強《べんきょう》についていけなかったので、13歳《さい》で退学《たいがく》。そのあとは家庭教師《かていきょうし》に勉強《べんきょう》を教《おし》えてもらい、なんとか銀行《ぎんこう》に就職《しゅうしょく》します。銀行《ぎんこう》で働《はたら》くことは、当時《とうじ》はエリート中《ちゅう》のエリートだったのですよ。

あるとき、銀行《ぎんこう》の仕事《しごと》で、しばらくアルジェリアにいくことになりました。アルジェリアはそのときフランスの植民地《しょくみんち》で、いろいろ開発《かいはつ》がおこなわれていたのです。私《わたし》はそこで見《み》たものに大《おお》きなショックをうけました。現地《げんち》の人《ひと》たちはひどい差別《さべつ》をうけて、生《い》きるのがやっとというまずしいくらしをしていたのです。この人《ひと》たちを助《たす》けなければ！　私《わたし》はすぐに銀行《ぎんこう》をやめて、アルジェリア人《じん》が働《はたら》ける食品工場《しょくひんこうじょう》をつくりました。でも、それがなかなかうまくいかなくてね……困《こま》った私《わたし》は、フランス皇帝《こうてい》に援助《えんじょ》をたのもうと思《おも》いたち、オーストリアと戦争中《せんそうちゅう》だった皇帝《こうてい》のところへいったのです。

そのとき見《み》た戦場《せんじょう》のようすが、また私《わたし》の人生《じんせい》を変《か》えることになりました。戦場《せんじょう》では、4万人《まんにん》をこえる兵士《へいし》が死亡《しぼう》し、傷《きず》つき、たおれ、まるで地獄《じごく》のようでした。血《ち》を流《なが》して苦《くる》しんでいる人《ひと》を前《まえ》に、敵《てき》・味方《みかた》もありません。私《わたし》は傷《きず》ついた兵士《へいし》を、敵《てき》・味方《みかた》の区別《くべつ》なく助《たす》けました。そして、そのときの経験《けいけん》を本《ほん》に書《か》いて、世界《せかい》じゅうの人《ひと》たちに知《し》らせました。この本《ほん》がきっかけとなって、すべての傷《きず》ついた人《ひと》を助《たす》ける国際的《こくさいてき》な組織《そしき》「赤十字《せきじゅうじ》」をつくることができたのです。同時《どうじ》に、「戦場《せんじょう》では敵《てき》・味方《みかた》の区別《くべつ》なく助《たす》け、また助《たす》けている人《ひと》を攻撃《こうげき》しない」という条約《じょうやく》（ジュネーブ条約《じょうやく》）もできました。そうした活動《かつどう》がみとめられて、私《わたし》は第《だい》1回《かい》のノーベル平和賞《へいわしょう》をもらいました。でも、賞《しょう》をもらうより、自分《じぶん》が多《おお》くの人《ひと》を助《たす》ける役《やく》に立《た》った——そのことのほうが私《わたし》にはうれしいのですよ。

この日《ひ》に生《う》まれた有名人《ゆうめいじん》

ハリー・S・トルーマン（第《だい》33代《だい》アメリカ大統領《だいとうりょう》）／小池一夫《こいけかずお》（漫画原作者《まんがげんさくしゃ》）
榊原郁恵《さかきばらいくえ》（タレント）／さくらももこ（漫画家《まんがか》）／曙太郎《あけぼのたろう》（第《だい》64代《だい》横綱《よこづな》）

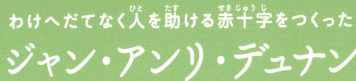

永遠《えいえん》の少年《しょうねん》の物語《ものがたり》で子《こ》どもに夢《ゆめ》をあたえた

ジェイムズ・マシュー・バリー

（1860～1937年　イギリス）

強《つよ》く願《ねが》えば、夢《ゆめ》はかならず実現《じつげん》する。

5月 9日 の偉人

文化

私《わたし》の名前《なまえ》をきいても、みなさんはどこの誰《だれ》だかわからないかもしれません。でも、『ピーター・パン』というお話《はなし》は知《し》っているのではないですか？　そう、『ピーター・パン』は私《わたし》が書《か》いた物語《ものがたり》なのです。

私《わたし》は子《こ》どものころから体《からだ》が小《ちい》さかったせいで、どちらかというと内気《うちき》で、本《ほん》を読《よ》んだり、物語《ものがたり》を考《かんが》えたりするのが好《す》きでした。家族《かぞく》は、安定《あんてい》した職業《しょくぎょう》につかせたがったのですが、大学《だいがく》を卒業《そつぎょう》した私《わたし》は、どうしても文章《ぶんしょう》を書《か》く仕事《しごと》がしたかったので、新聞社《しんぶんしゃ》につとめました。そのうち、新聞社《しんぶんしゃ》もやめて、物語《ものがたり》を書《か》くようになったのです。

そのころ、私《わたし》はロンドンのケンジントン公園《こうえん》の近《ちか》くに住《す》んでいましてね、よく公園《こうえん》を散歩《さんぽ》していました。散歩《さんぽ》していると、公園《こうえん》でしょっちゅう、同《おな》じ兄弟《きょうだい》に会《あ》うのです。それは、ジョージと、ジャック、そしてまだ赤《あか》ちゃんのピーターでした。私《わたし》がおもしろい顔《かお》をしたりすると、3人《にん》ともよく笑《わら》ってね。そのうち、話《はなし》をするようになって、私《わたし》がつくった物語《ものがたり》をきかせたりするようになったのです。そのとき、私《わたし》は、かれらを喜《よろこ》ばせたくて、小《ちい》さいピーターが空《そら》を飛《と》ぶという話《はなし》をつくってきかせました。それが、ピーター・パン誕生《たんじょう》のきっかけになったのですよ。

子《こ》どもたちを楽《たの》しませること、不安《ふあん》や心配《しんぱい》をとりのぞいて、幸《しあわ》せな未来《みらい》へ進《すす》んでいけるようにすること——私《わたし》はそれをめざしていたのです。ですから、ピーター・パンがお芝居《しばい》や本《ほん》で大変《たいへん》な人気《にんき》になると、その著作権《ちょさくけん》をロンドンの小児病院《しょうにびょういん》に寄付《きふ》しました。著作権《ちょさくけん》というのは、物《もの》語《がたり》や曲《きょく》などをつくった人《ひと》がもっている権《けん》利《り》で、どこかでその物語《ものがたり》や曲《きょく》が使《つか》われると、著作権《ちょさくけん》をもっている人《ひと》はその使用料《しようりょう》をもらえるのです。『ピーター・パン』というたった1冊《さつ》の本《ほん》が、たくさんの子《こ》どもたちに生《い》きていく力《ちから》をあたえられるなんて、すごいと思《おも》いませんか？　物語《ものがたり》には底知《そこし》れない大《おお》きな力《ちから》があるのですよ。

この日《ひ》に生《う》まれた有名人《ゆうめいじん》

ハワード・カーター（考古学者《こうこがくしゃ》・ツタンカーメン王墓発見者《おうぼはっけんしゃ》）／森光子《もりみつこ》（女優《じょゆう》）
ビリー・ジョエル（ミュージシャン）／原田雅彦《はらだまさひこ》（スキージャンプ選手《せんしゅ》）／松田龍平《まつだりゅうへい》（俳優《はいゆう》）

紅茶《こうちゃ》を世界《せかい》に広《ひろ》めた

トーマス・リプトン

（1848～1931年　イギリス）

絶望《ぜつぼう》するな、とにかくつづけることだ！

5月
10日
の偉人

社会

　私《わたし》のリプトンという名前《なまえ》は、スーパーマーケットなどで見《み》たことがあるのではないかな。紅茶《こうちゃ》のパックに書《か》いてあるだろう？　私《わたし》はおいしい紅茶《こうちゃ》をたくさんの人《ひと》たちが飲《の》めるようにしたのだよ。

　私《わたし》の家《いえ》は食料品店《しょくりょうひんてん》だったので、私《わたし》も小《ちい》さいころから商売《しょうばい》に興味《きょうみ》があった。ずいぶん若《わか》いときから、学費《がくひ》を払《はら》うために働《はたら》いていたし、15歳《さい》のときにはひとりでアメリカにわたり、さまざまな仕事《しごと》をした。そういう経験《けいけん》から、どう商売《しょうばい》をしたら、お客《きゃく》さんに喜《よろこ》んでもらえるか、学《まな》んでいったんだな。5年《ねん》ぐらいアメリカで働《はたら》いたあと、ふるさとにもどってきて、食料品店《しょくりょうひんてん》をひらいた。これが、「リプトン」のはじまりだ。私《わたし》はいろいろ工夫《くふう》をしたよ。誰《だれ》にでもわかりやすいポスターをつくって商品《しょうひん》を宣伝《せんでん》したり、おまけをつけたりね。おかげで、お店《みせ》はとても繁盛《はんじょう》したんだ。

「リプトン」が紅茶《こうちゃ》をあつかうようになったのは、この第《だい》1号店《ごうてん》をオープンしてから20年近《ねんちか》くもたってからだ。それまで紅茶《こうちゃ》は、とても高価《こうか》で、お金持《かねも》ちしか飲《の》めなかった。そこで、私《わたし》は、もっとふつうの、たくさんの人《ひと》たちにも紅茶《こうちゃ》のおいしさを楽《たの》しんでもらおうと考《かんが》えたのさ。

　まずは、専門家《せんもんか》を雇《やと》って紅茶《こうちゃ》の葉《は》っぱを自分《じぶん》で買《か》いつけることを始《はじ》めた。すると、紅茶《こうちゃ》の値段《ねだん》を半額近《はんがくちか》くまでさげることができて、紅茶《こうちゃ》の人気《にんき》が一気《いっき》に高《たか》まったんだ。そのあとは、紅茶《こうちゃ》の産地《さんち》で有名《ゆうめい》なセイロン島《とう》の広《ひろ》い農園《のうえん》を買《か》いとって、味《あじ》や香《かお》りにこだわったリプトンオリジナルの紅茶《こうちゃ》をつくった。さらに、世界《せかい》ではじめて紅茶《こうちゃ》を袋《ふくろ》づめで販売《はんばい》したり、その土地《とち》の水《みず》にあわせた、その土地《とち》ごとの紅茶《こうちゃ》をつくったりと、つぎつぎに新《あたら》しいアイデアでヒット商品《しょうひん》を生《う》んでいった。そして、リプトンの紅茶《こうちゃ》はイギリス王室御用達《おうしつごようたし》のおすみつきをもらうまでになった。すべては、工夫《くふう》とアイデアのおかげ——誰《だれ》にだって、チャンスはあるんだよ。

この日《ひ》に生《う》まれた有名人《ゆうめいじん》

グスタフ・シュトレーゼマン（政治家《せいじか》）／橋田壽賀子《はしだすがこ》（脚本家《きゃくほんか》）
草刈民代《くさかりたみよ》（バレリーナ・女優《じょゆう》）／武田修宏《たけだのぶひろ》（サッカー選手《せんしゅ》）／志田未来《しだみらい》（女優《じょゆう》）

アメリカを代表《だいひょう》する作曲家《さっきょくか》

アーヴィング・バーリン

（1888～1989年　アメリカ）

音楽《おんがく》には境界線《きょうかいせん》なんて通用《つうよう》しない。

5月11日の偉人

芸術

　私《わたし》は、ロシアで生《う》まれたユダヤ人《じん》です。幼《おさな》いときに、一家《いっか》で逃《に》げるようにアメリカのニューヨークへ移住《いじゅう》しました。じゅうぶんなお金《かね》もありませんでしたから、窓《まど》もなく寒《さむ》い地下《ちか》の部屋《へや》をかりるだけでせいいっぱいでした。そんなとき、父《ちち》が病気《びょうき》で急死《きゅうし》してしまいます。私《わたし》が8歳《さい》のときです。

　なんとか生活《せいかつ》をささえなくては。そう思《おも》った私《わたし》は新聞《しんぶん》売《う》りをすることにしました。新聞《しんぶん》売《う》りでもらえるお金《かね》なんてわずかですが、うちにはそのわずかなお金《かね》でも必要《ひつよう》だったのです。新聞《しんぶん》売《う》りの最初《さいしょ》の日《ひ》、港《みなと》で船《ふね》にみとれていた私《わたし》は、売《う》りあげの5円《えん》を手《て》にもったまま、クレーンにぶつかって海《うみ》に落《お》ちてしまいました。なんとか助《たす》けてもらいましたが、そんなときでも私《わたし》はお金《かね》をもっていた手《て》をぎゅっとにぎりしめたままだったのですよ。

　そのうち、私《わたし》は新聞《しんぶん》を売《う》りながら歌《うた》を歌《うた》うようになりました。そうすると、とおりがかった人《ひと》が小銭《こぜに》をくれるのです。私《わたし》は歌《うた》がとてもじょうずだったのですよ。

そのあとは、カフェで歌《うた》うウエイターとして働《はたら》きました。そうやって歌《うた》っているうちに、お客《きゃく》さんがどういう歌《うた》を喜《よろこ》ぶかが、わかってきました。この経験《けいけん》が、私《わたし》にとっては宝《たから》になったのです。

　カフェをしめたあと、店《みせ》のすみにあったピアノを使《つか》って、私《わたし》は見《み》よう見《み》まねで作曲《さっきょく》するようになりました。つくった曲《きょく》をお店《みせ》でひろうしているうちに、「アレクサンダーズ・ラグタイム・バンド」という曲《きょく》が大《だい》ヒットしたのです。それからは、どんどん曲《きょく》をつくり、どんどんヒットを飛《と》ばしました。「ホワイト・クリスマス」や「ゴッド・ブレス・アメリカ」などは、みなさんも知《し》っているのではないですか。私《わたし》が生涯《しょうがい》でつくった曲《きょく》は1500以上《いじょう》にもなるのですよ。音楽《おんがく》教育《きょういく》をうけたこともなく、音符《おんぷ》も読《よ》めなかった私《わたし》が、アメリカ一《いち》の作曲家《さっきょくか》とまでいわれるようになった――どんなに不幸《ふこう》で、どうしようもない状況《じょうきょう》だと思《おも》えても、自分《じぶん》にできるせいいっぱいのことをした私《わたし》へのごほうびだったのでしょう。

この日《ひ》に生《う》まれた有名人《ゆうめいじん》

サルバドール・ダリ（画家《がか》）／リチャード・P・ファインマン（物理学者《ぶつりがくしゃ》）
泉谷《いずみや》しげる（ミュージシャン）／松尾貴史《まつおたかし》（タレント）／浜田雅功《はまだまさとし》《ダウンタウン》（お笑《わら》い芸人《げいにん》）

元祖《がんそ》・白衣《はくい》の天使《てんし》

フローレンス・ナイチンゲール

（1820～1910年　イギリス）

命《いのち》をうばわれた人《ひと》たちを前《まえ》に思《おも》う。生《い》きているかぎり、この人《ひと》たちを死《し》に追《お》いやったものと戦《たたか》いつづけると。

5月
12日
の偉人

社会

私《わたし》は、イギリスのとても裕福《ゆうふく》な家《いえ》に生《う》まれました。小《ちい》さいころから高《たか》い教育《きょういく》をうけて、そのまま貴婦人《きふじん》になることを期《き》待《たい》されていました。ですが、私自身《わたしじしん》は、慈善活動《じぜんかつどう》をして、困《こま》っている人《ひと》たちを助《たす》けたいと、ひそかに思《おも》っていたのです。

困《こま》っている人《ひと》の役《やく》に立《た》つこと……でも、なにをしたらいいのでしょう？　私《わたし》にできることはなんだろう？　そんなことを考《かんが》えながら、私《わたし》はヨーロッパを旅《たび》していました。そして、ドイツにいたとき、ある病院《びょういん》に立《た》ちより、ボランティアの女性《じょせい》たちが、病気《びょうき》の人《ひと》や貧困《ひんこん》に苦《くる》しむ人《ひと》たちの手当《てあて》や世話《せわ》を一心《いっしん》にするようすを見《み》たのです。私《わたし》はそのようすに、とても心《こころ》を動《うご》かされました。そして、看護《かんご》の道《みち》に進《すす》もうと決《き》めたのです。私《わたし》はさっそく、その病院《びょういん》で、看護《かんご》のトレーニングをうけました。

訓練《くんれん》が終《お》わって、イギリスにもどった私《わたし》は、看護師《かんごし》になると宣言《せんげん》して、病院《びょういん》で仕事《しごと》を見《み》つけてきました。もちろん、家《か》族《ぞく》は大反対《だいはんたい》です。女性《じょせい》が仕事《しごと》をすることに反対《はんたい》だったからでもありますし、看護《かんご》師《し》の地位《ちい》がとても低《ひく》かったからでもあります。そのときの看護師《かんごし》は、召使《めしつか》いのようなもので、医学《いがく》や看護《かんご》の専門的《せんもんてき》な知識《ちしき》が必要《ひつよう》な職業《しょくぎょう》とは考《かんが》えられていなかったのです。私《わたし》はそれを変《か》えようと思《おも》いました。医者《いしゃ》といっしょに病気《びょうき》の人《ひと》たちを助《たす》ける専門家《せんもんか》――看護師《かんごし》とはそういう職業《しょくぎょう》であるべきだと思《おも》ったのです。

そんなとき、イギリスがクリミア戦争《せんそう》に参戦《さんせん》し、戦地《せんち》の病院《びょういん》がひどい状態《じょうたい》だというニュースが入《はい》ってきました。私《わたし》はすぐにボランティアの女性《じょせい》を集《あつ》め、戦地《せんち》にむかいました。戦地《せんち》の病院《びょういん》のありさまはひどいものでした。あまりの不衛生《ふえいせい》ぶりに、死《し》んでいく人《ひと》たちもたくさんいたのです。私《わたし》は仲間《なかま》といっしょに、それをどんどん変《か》えていきました。結果《けっか》、死《し》ぬ人《ひと》の数《かず》があっというまにへり、看護師《かんごし》の仕《し》事《ごと》の大切《たいせつ》さがみとめられたのです。私《わたし》の看護《かんご》に対《たい》する精神《せいしん》は、今《いま》も看護師《かんごし》さんたちの心《こころ》の中《なか》に引《ひ》きつがれているのですよ。

この日《ひ》に生《う》まれた有名人《ゆうめいじん》

ガブリエル・フォーレ（作曲家《さっきょくか》）／武者小路実篤《むしゃこうじさねあつ》（作家《さっか》）
草野心平《くさのしんぺい》（詩人《しじん》）／渡辺徹《わたなべとおる》（俳優《はいゆう》）／奥田民生《おくだたみお》（ミュージシャン）

おそろしい伝染病《でんせんびょう》の謎《なぞ》を解《と》いた

ロナルド・ロス

（1857〜1932年　イギリス）

病気《びょうき》は蚊《か》にさされることでうつるのだという確信《かくしん》が、私《わたし》の中《なか》で大《おお》きくなっていった。

5月13日の偉人

医学

マラリアという病気《びょうき》を知《し》っていますか？　マラリアは南《みなみ》のほうの地域《ちいき》で流行《りゅうこう》する伝染病《でんせんびょう》です。病気《びょうき》にかかると、高熱《こうねつ》が出《で》て、はげしい頭痛《ずつう》や吐《は》き気《き》がします。そして、ひどくなると死《し》んでしまうのです。今《いま》でも、世界《せかい》じゅうで3〜5億人《おくにん》がマラリアにかかり、そのうち100万人《まんにん》も死《し》んでいます。マラリアは、マラリア原虫《げんちゅう》をハマダラカという茶色《ちゃいろ》い蚊《か》が運《はこ》ぶことで、人《ひと》から人《ひと》へうつるのですが、その事実《じじつ》がわかる前《まえ》は、どうしたら病気《びょうき》をふせげるかもわからず、手《て》の打《う》ちようがありませんでした。私《わたし》は、マラリアが蚊《か》によってうつることをつきとめて、ノーベル賞《しょう》をもらったのです。

私《わたし》は文学《ぶんがく》や詩《し》、音楽《おんがく》が好《す》きで、それほど医者《いしゃ》になりたいわけではありませんでした。親《おや》のすすめで医者《いしゃ》になり、たまたま軍隊《ぐんたい》の医者《いしゃ》に採用《さいよう》され、たまたま植民地《しょくみんち》だったインドで働《はたら》くことになったのです。そんなとき、知《し》りあいから、マラリアは蚊《か》によってうつるのではないかという話《はなし》をききました。ほかの人《ひと》はばかばかしいと思《おも》っていたようですが、私《わたし》はとても興味《きょうみ》をもちました。インドではマラリアにかかる人《ひと》も多《おお》いので、研究《けんきゅう》をするにはうってつけです。なにしろ、マラリア原虫《げんちゅう》をすぐに手《て》に入《い》れることができるのですから。

それからの私《わたし》は、まるで人《ひと》が変《か》わったように熱心《ねっしん》に研究《けんきゅう》にとりくみました。蚊《か》を集《あつ》めては、実験《じっけん》をくりかえしました。実験《じっけん》はなかなかうまく進《すす》みませんでしたが、あきらめずにとりくんだ結果《けっか》、患者《かんじゃ》の血《ち》を蚊《か》にすわせ、その蚊《か》のおなかの中《なか》を観察《かんさつ》すると、おなかの中《なか》でマラリア原虫《げんちゅう》が大《おお》きくなっていくのがわかりました。さらに、鳥《とり》を使《つか》った実験《じっけん》で、マラリア原虫《げんちゅう》をおなかにもった蚊《か》にさされることで、マラリアがうつることがわかったのです。実験《じっけん》を始《はじ》めてから、4年《ねん》の月日《つきひ》がたっていました。

医学《いがく》はこうして、進歩《しんぽ》していくのです。時間《じかん》も、手間《てま》も、たくさんかかります。それでも、研究者《けんきゅうしゃ》の熱意《ねつい》があれば、これからもずっと進歩《しんぽ》していくでしょう。

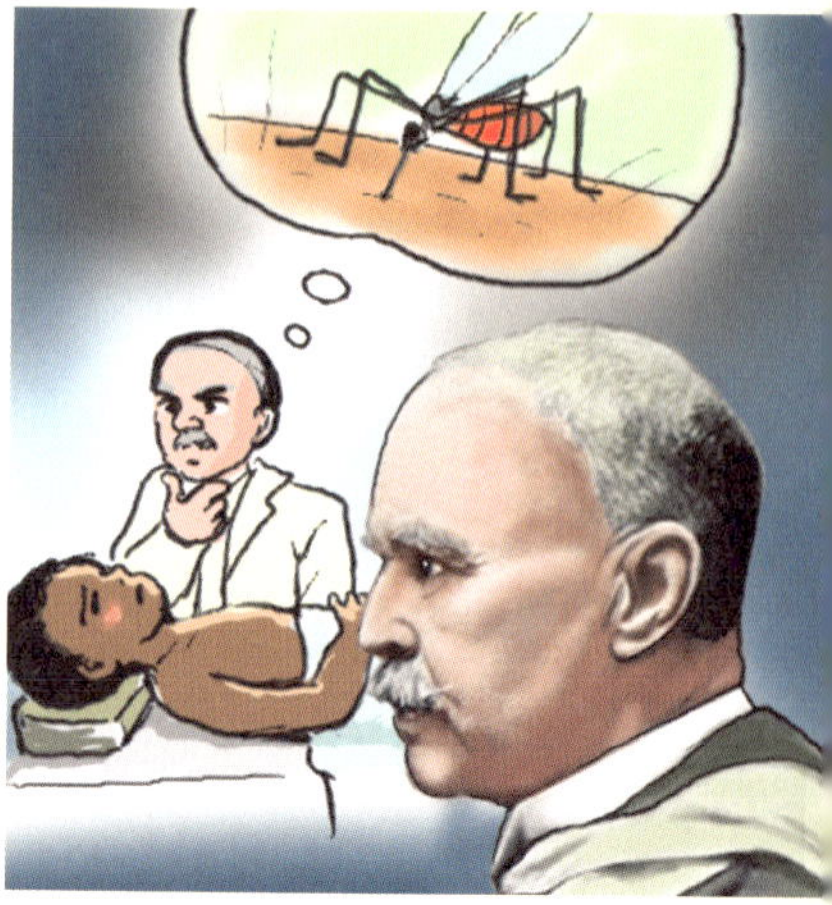

この日《ひ》に生《う》まれた有名人《ゆうめいじん》

マリア・テレジア（神聖《しんせい》ローマ皇后《こうごう》・オーストリア女大公《おんなたいこう》）／円谷幸吉《つぶらやこうきち》（マラソン選手《せんしゅ》）／スティーヴィー・ワンダー（ミュージシャン）／鈴木光司《すずきこうじ》（作家《さっか》）／太田光《おおたひかり》《爆笑問題《ばくしょうもんだい》》（お笑《わら》い芸人《げいにん》）

歌《うた》で命《いのち》を表現《ひょうげん》し、医学《いがく》で命《いのち》を救《すく》った

斎藤茂吉《さいとうもきち》

（1882〜1953年　日本）

なにかを光《ひか》らせるには、光《ひか》るまでみがくだけでいい。

5月14日の偉人

文化

私《わたし》は、山形《やまがた》の農家《のうか》の3男《なん》として生《う》まれました。まずしい家《いえ》でしたから、学校《がっこう》を卒業《そつぎょう》するまでの学費《がくひ》を用意《ようい》できませんでね、私《わたし》は、どこかの寺《てら》に入《はい》ろうか、得意《とくい》な絵《え》を生《い》かして画家《がか》になろうかと考《かんが》えておりました。

そんなとき、東京《とうきょう》で、あととりに恵《めぐ》まれなかった医者《いしゃ》の夫婦《ふうふ》が養子《ようし》をさがしているという話《はなし》がまいこんできたのです。勉強《べんきょう》して医者《いしゃ》になり、あとをついでくれる子《こ》どもがほしかったのですね。私《わたし》はその医者《いしゃ》のお世話《せわ》になりながら、開成中学《かいせいちゅうがく》へいき、今《いま》の東大《とうだい》の医学部《いがくぶ》へ進《すす》みました。

医者《いしゃ》の道《みち》を進《すす》みながらも、私《わたし》は文学《ぶんがく》の世界《せかい》にひかれて、さまざまな作品《さくひん》を読《よ》みあさっていました。そして、22歳《さい》になったとき、生涯《しょうがい》を決《き》める大《おお》きな出会《であ》いがあったのです。それは、正岡子規《まさおかしき》という歌《か》人《じん》の歌集《かしゅう》『竹《たけ》の里歌《さとうた》』との出会《であ》いでした。私《わたし》はこれを読《よ》んでとても感動《かんどう》し、短歌《たんか》にひかれるようになったのです。そして、伊藤左千夫《いとうさちお》という歌人《かじん》に弟子入《でしい》りして、医学《いがく》を勉強《べんきょう》するかたわら、短歌《たんか》の道《みち》も進《すす》みはじめたのでした。

大学《だいがく》をぶじに卒業《そつぎょう》すると、医者《いしゃ》として働《はたら》きながら、短歌《たんか》の世界《せかい》でも実力《じつりょく》を発揮《はっき》するようになっていきました。歌集《かしゅう》もたくさん出《だ》したのですよ。私《わたし》のはじめての歌集《かしゅう》『赤光《しゃっこう》』では、生命感《せいめいかん》あふれる力強《ちからづよ》い調子《ちょうし》の歌《うた》が高《たか》く評価《ひょうか》されました。その後《ご》も、『あらたま』『白《しろ》き山《やま》』などの歌集《かしゅう》をつぎつぎに発表《はっぴょう》しました。死《し》ぬまでに17の歌集《かしゅう》を出版《しゅっぱん》し、18000首《しゅ》もの歌《うた》をよみました。文化勲章《ぶんかくんしょう》という勲章《くんしょう》までいただいたのですよ。医者《いしゃ》の仕事《しごと》も、手をぬかずにつづけていました。一時期《いちじき》はドイツに留学《りゅうがく》までして、医学《いがく》をきわめたのです。

医学《いがく》と短歌《たんか》、まるでちがうものですが、私《わたし》はどちらも、誰《だれ》にも恥《は》じることのない結果《けっか》を残《のこ》せたと思《おも》っています。それも、たゆまずに努力《どりょく》をしたおかげ、そして、まわりの人《ひと》たちにささえてもらったおかげなのです。

この日《ひ》に生《う》まれた有名人《ゆうめいじん》

ロバート・オウエン（社会改革家《しゃかいかいかくか》）／ジョージ・ルーカス（映画監督《えいがかんとく》）
ロバート・ゼメキス（映画監督《えいがかんとく》）／ティム・ロス（俳優《はいゆう》・映画監督《えいがかんとく》）／ケイト・ブランシェット（女優《じょゆう》）

男女平等《だんじょびょうどう》を実現《じつげん》させるために人生《じんせい》をささげた

市川房枝《いちかわふさえ》

（1893～1981年　日本）

平和《へいわ》なくして平等《びょうどう》はなく、平等《びょうどう》なくして平和《へいわ》はない。

5月15日の偉人

思想

　私《わたし》は愛知県《あいちけん》の農家《のうか》に生《う》まれました。父《ちち》は、まじめで教育熱心《きょういくねっしん》な人《ひと》でしたが、気《き》が短《みじか》く、母《はは》に対《たい》してはとてもいばっていて、ときにはげんこつでなぐったりすることもありました。じっとがまんしている母《はは》を見《み》て、私《わたし》は、なぜ男《おとこ》がえらそうにして、女《おんな》はがまんしなければならないのだろうと、ふしぎでした。その疑問《ぎもん》が、私《わたし》のその後《ご》の人生《じんせい》を決《き》めたのだと思《おも》います。

　農業《のうぎょう》という仕事《しごと》を嫌《きら》っていた父《ちち》は、子《こ》どもに高《たか》い教育《きょういく》をうけさせたがりました。私《わたし》の兄《あに》も姉《あね》も、東京《とうきょう》の学校《がっこう》に進《すす》んだり、アメリカに留学《りゅうがく》までしたりしました。そのせいで、家《いえ》はとてもまずしかったのですけれどね。私《わたし》も師範学校《しはんがっこう》（先生《せんせい》になるための学校《がっこう》）にいかせてもらいました。ところが、その学校《がっこう》が、「良妻賢母《りょうさいけんぼ》」教《きょう》育《いく》をしていたのです。良妻賢母《りょうさいけんぼ》とは女性《じょせい》はよい妻《つま》、賢《かしこ》い母《はは》になることがだいじだという考《かんが》えです。どうして女《おんな》はそういう枠《わく》にはめられなければいけないの？　女《おんな》は男《おとこ》のすることをささえるだけの存在《そんざい》なの？　私《わたし》は納得《なっとく》できなかったので、クラスメートといっしょになって、授業《じゅぎょう》をボイコットしました。授業中《じゅぎょうちゅう》、あてられても答《こた》えず、テストは白紙《はくし》で出《だ》して、校長《こうちょう》先生《せんせい》に要求書《ようきゅうしょ》を出《だ》しました。すると、いくつかの要求《ようきゅう》はききいれてもらえました。これが、女性《じょせい》の権利《けんり》を守《まも》る活動《かつどう》の第一歩《だいいっぽ》だったのかもしれません。

　学校《がっこう》を卒業《そつぎょう》したあとは、新聞記者《しんぶんきしゃ》などをして働《はたら》きながら、婦人参政権《ふじんさんせいけん》（女性《じょせい》が政治《せいじ》に参加《さんか》する権利《けんり》）や母子保護《ぼしほご》・生活《せいかつ》防衛《ぼうえい》のために戦《たたか》いました。その後《ご》、多《おお》くの女性《じょせい》の信頼《しんらい》をえて参議院議員《さんぎいんぎいん》となり、国会《こっかい》で戦《たたか》いつづけました。

　上《うえ》に出《で》ていることばは、私《わたし》の口癖《くちぐせ》でした。女性《じょせい》だからとか、男性《だんせい》だからとかは関係《かんけい》なく、誰《だれ》もが人間《にんげん》らしくいられることが、私《わたし》が望《のぞ》むすべてだったのです。

この日《ひ》に生《う》まれた有名人《ゆうめいじん》

瀬戸内寂聴《せとうちじゃくちょう》（作家《さっか》・尼僧《にそう》）／美輪明宏《みわあきひろ》（歌手《かしゅ》・俳優《はいゆう》）／北山葉子《きたやまようこ》（絵本作家《えほんさっか》）
辰吉丈一郎《たつよしじょういちろう》（プロボクサー）／藤原竜也《ふじわらたつや》（俳優《はいゆう》）

生活《せいかつ》に役立《やくだ》つ発明《はつめい》をした異色《いしょく》の発明家《はつめいか》

デイヴィッド・エドワード・ヒューズ

（1831～1900年　イギリス）

ヘルツの実験《じっけん》のほうが、私《わたし》の実験《じっけん》より、はるかに決定的《けっていてき》だ。

5月16日の偉人

科学

みなさんは、もちろん、電話《でんわ》を使《つか》ったことがありますよね。その電話《でんわ》のもとになる装置《そうち》をつくったのが、私《わたし》なのです。

私《わたし》は、ロンドンで生《う》まれ、少年《しょうねん》のころ、両親《りょうしん》とともにアメリカへわたりました。小《ち》さいころから音楽《おんがく》が得意《とくい》で、6歳《さい》ですでにハープとアコーディオンをひきこなしていました。アメリカにわたったあとも音楽《おんがく》の勉強《べんきょう》をつづけましたが、音《おと》の伝達《でんたつ》など自然科学《しぜんかがく》にも興味《きょうみ》が出《で》て、大学《だいがく》では両方《りょうほう》を学《まな》びました。その後《ご》、大学《だいがく》で教授《きょうじゅ》になり、音楽《おんがく》と自然哲学《しぜんてつがく》を教《おし》えはじめました。そのあいまに、新《あたら》しい技術《ぎじゅつ》を生活《せいかつ》の中《なか》に生《い》かす方法《ほうほう》を考《かんが》え、いろいろな実験《じっけん》をするようになったのです。

まず、当時《とうじ》としては画期的《かっきてき》な、1分間《ぷんかん》に250～300字《じ》を印刷《いんさつ》できる印刷電信機《いんさつでんしんき》という機械《きかい》を発明《はつめい》しました。電気《でんき》を使《つか》ってメッセージを伝《つた》える電信《でんしん》はすでにモールスが発明《はつめい》していました。私《わたし》はそれを発展《はってん》させて、送《おく》られてきたメッセージを自動的《じどうてき》に印刷《いんさつ》する装置《そうち》をつくったのです。この装置《そうち》は、そのあと80年近《ねんちか》く使《つか》われつづけたのですよ。

つぎに私《わたし》は、炭素《たんそ》の粉末《ふんまつ》を利用《りよう》して、音《おと》を電気信号《でんきしんごう》に変《か》える装置《そうち》を発明《はつめい》しました。これが「マイクロフォン」で、その後《ご》、電話《でんわ》に使《つか》われるようになりました。

じつは、この実験《じっけん》のさいちゅうに、電線《でんせん》をつないでいないのに、受信側《じゅしんがわ》の装置《そうち》から音《おと》がきこえるということがおきました。これは電磁波《でんじは》の発見《はっけん》という大《おお》きな一歩《いっぽ》につながるような出来事《できごと》だったのですが、私《わたし》はそれ以上《いじょう》、研究《けんきゅう》しませんでした。電磁波《でんじは》の発見《はっけん》は、少《すこ》しあとにヘルツが実験《じっけん》によってなしとげます。そうやって、科学《かがく》はさまざまな人《ひと》の知恵《ちえ》と手《て》で、進歩《しんぽ》していくのです。今日《きょう》の失敗《しっぱい》が、明日《あす》の発見《はっけん》、成功《せいこう》につながっていくのですよ。

みなさんも、身近《みぢか》にあるものやふだん使《つか》っているものに目《め》をむけてみてください。なにかアイデアが生《う》まれるかもしれませんよ。

この日《ひ》に生《う》まれた有名人《ゆうめいじん》

ヘンリー・フォンダ（俳優《はいゆう》）／わたなべまさこ（漫画家《まんがか》）／ささきいさお（歌手《かしゅ》・俳優《はいゆう》）
北《きた》の湖敏満《うみとしみつ》（第《だい》55代横綱《だいよこづな》）／ジャネット・ジャクソン（歌手《かしゅ》）

ワクチンをつくって多《おお》くの命《いのち》を救《すく》った

エドワード・ジェンナー

（1749～1823年　イギリス）

ワクチンの研究《けんきゅう》が進《すす》んでいったときの、喜《よろこ》びと希望《きぼう》はすさまじく、まるで夢《ゆめ》の中《なか》にいるような気分《きぶん》だった。

5月17日の偉人

医学

　みなさんは「ワクチン」というものを知《し》っていますか？　きっとみなさん、はしかや、おたふくかぜ、インフルエンザなどのワクチンを、打《う》ったことがあると思《おも》います。ワクチンというのは、病気《びょうき》の菌《きん》を弱《よわ》くしたもののことです。それを注《ちゅう》射《しゃ》すると、その病気《びょうき》にかからないようになるのです。注射《ちゅうしゃ》は痛《いた》いかもしれませんが、病気《びょうき》にかかって大変《たいへん》な目《め》にあうことにくらべたら、はるかにいいですよね？　私《わたし》は天然痘《てんねんとう》という病気《びょうき》のワクチンをつくり、世界《せかい》じゅうの人《ひと》たちの役《やく》に立《た》ったのです。

　天然痘《てんねんとう》はとてもこわい病気《びょうき》です。人《ひと》から人《ひと》へ、あっというまにうつり、病気《びょうき》がうつると、高熱《こうねつ》が出《で》て、全身《ぜんしん》にうみができてくさっていき、ひどくなると死《し》んでしまうのです。病気《びょうき》になったら半分近《はんぶんちか》くの人《ひと》が死《し》ぬので、悪魔《あくま》の病気《びょうき》とまでいわれていました。

　私《わたし》は、イギリスのいなかの医者《いしゃ》でした。私《わたし》が住《す》んでいたところは、牛《うし》をかっている農家《のうか》が多《おお》く、あるいい伝《つた》えがあったのです。それは「牛痘《ぎゅうとう》（牛《うし》の天然痘《てんねんとう》）という病気《びょうき》にかかった人《ひと》は、天然痘《てんねんとう》にはかからない」というものでした。たしかに、乳《ちち》しぼりの仕事《しごと》をしている人《ひと》で、天然痘《てんねんとう》にかかる人《ひと》はいなかったのです。私《わたし》はとにかく、実験《じっけん》してたしかめるしかないと思《おも》いました。牛痘《ぎゅうとう》は天然痘《てんねんとう》にくらべると、弱《よわ》く、命《いのち》を落《お》とすような病気《びょうき》ではありません。そこで、私《わたし》は、牛痘《ぎゅうとう》にかかったしるしである水《みず》ぶくれから中《なか》の液体《えきたい》をとって、その一部《いちぶ》を少《すこ》しずつ人《ひと》に接種《せっしゅ》していきました。何度《なんど》も接種《せっしゅ》して、これで免疫《めんえき》がついたと思《おも》われたころ、天然痘《てんねんとう》を接種《せっしゅ》したのです。結果《けっか》は――病気《びょうき》にはなりませんでした。

　私《わたし》は、無料《むりょう》でこの予防接種《よぼうせっしゅ》をおこない、多《おお》くの人《ひと》を救《すく》いました。そして、私《わたし》がつくったワクチンは世界《せかい》じゅうで使《つか》われるようになり、天然痘《てんねんとう》の死亡者《しぼうしゃ》はどんどんへっていったのです。

　私《わたし》はこのようにしてたくさんの人《ひと》を救《すく》うことができました。でも、世界《せかい》にはまだまだ、予防法《よぼうほう》や治療法《ちりょうほう》のない病気《びょうき》がたくさんあります。その方法《ほうほう》を見《み》つけるのは、みなさんなのですよ。

この日《ひ》に生《う》まれた有名人《ゆうめいじん》

デニス・ホッパー（俳優《はいゆう》）／安部譲二《あべじょうじ》（作家《さっか》）／アラン・ケイ（コンピュータ科学者《かがくしゃ》）
坂井真紀《さかいまき》（女優《じょゆう》）／井ノ原快彦《いのはらよしひこ》《V6》（タレント）

20世紀《せいき》を代表《だいひょう》する思想家《しそうか》

バートランド・ラッセル

（1872～1970年　イギリス）

戦争《せんそう》は誰《だれ》が正《ただ》しいかを決《き》めるのではない。誰《だれ》が生《い》き残《のこ》るかを決《き》めるのだ。

5月
18日
の偉人

思想

私《わたし》はイギリスの貴族《きぞく》の家《いえ》に生《う》まれた。幼《おさな》いころ、母《はは》、姉《あね》、父《ちち》をあいついで亡《な》くし、祖母《そぼ》にきびしく育《そだ》てられた。祖母《そぼ》は熱心《ねっしん》なキリスト教信者《きょうしんじゃ》で、私《わたし》にもキリスト教《きょう》を信《しん》じるようおしつけてきたのだが、私《わたし》は、神《かみ》さまなんてそんなふたしかなものを信《しん》じられず、もやもやした気持《きも》ちでいたものだった。そんな私《わたし》が11歳《さい》になったとき、兄《あに》から幾何学《きかがく》を教《おそ》わって、これだ、と思《おも》ったよ。論理《ろんり》でわりきれる世界《せかい》はすばらしい、と。そのとき、私《わたし》は数学《すうがく》の道《みち》に進《すす》もうと決《き》めたのだ。

ケンブリッジ大学《だいがく》で、数学《すうがく》や論理学《ろんりがく》、哲学《てつがく》を学《まな》んだのち、学校《がっこう》に残《のこ》って、学生《がくせい》に勉強《べんきょう》を教《おし》えながら研究《けんきゅう》をつづけた。「ラッセル・パラドックス」という数学《すうがく》の基礎《きそ》をゆるがす問題《もんだい》を発見《はっけん》したのもこのころだね（この問題《もんだい》はとてもむずかしいので、高校《こうこう》や大学《だいがく》にいってから調《しら》べてみてくれたまえ）。

そんなとき、世界《せかい》じゅうをまきこんだ第《だい》1次世界大戦《じせかいたいせん》が始《はじ》まったのだ。私《わたし》は良心《りょうしん》にしたがい、兵隊《へいたい》になって戦争《せんそう》にいくことを拒《こば》んだため、6か月《げつ》のあいだ牢屋《ろうや》に入《い》れられた。大学《だいがく》もクビになった。第《だい》2次世界大戦《じせかいたいせん》では、人間《にんげん》を人間《にんげん》とも思《おも》わない政治《せいじ》をしていた敵国《てきこく》のリーダー、ヒトラーをたおさないかぎり、平和《へいわ》はありえないと考《かんが》えたため、戦争《せんそう》に反対《はんたい》はしなかった。でも、戦争《せんそう》がいいと思《おも》ったわけではないし、平和《へいわ》がなによりだいじだという考《かんが》えに変《か》わりはなかったよ。

戦争《せんそう》が終《お》わると、核兵器《かくへいき》の反対運動《はんたいうんどう》を一生懸命《いっしょうけんめい》におこなった。核兵器《かくへいき》をもっていても、なにひとついいことはないんだ。イギリスの核兵器《かくへいき》に関《かん》する政策《せいさく》に反対《はんたい》して、役所《やくしょ》の前《まえ》で座《すわ》りこみをしたために、また牢屋《ろうや》に入《い》れられた。88歳《さい》のときだ。もうすぐ90歳《さい》になろうとする老人《ろうじん》が牢屋《ろうや》に入《い》れられたというニュースをきいて、平和《へいわ》のために立《た》ちあがってくれた若者《わかもの》もいたようだから、牢屋《ろうや》に入《はい》ったかいもあったというものさ。

この日《ひ》に生《う》まれた有名人《ゆうめいじん》

フレッド・ペリー（テニス選手《せんしゅ》）／寺尾聰《てらおあきら》（俳優《はいゆう》）／東尾修《ひがしおおさむ》（野球選手《やきゅうせんしゅ》・監督《かんとく》）／槙原敬之《まきはらのりゆき》（ミュージシャン）／大迫勇也《おおさこゆうや》（サッカー選手《せんしゅ》）

日本《にほん》を代表《だいひょう》する哲学者《てつがくしゃ》

西《にし》田《だ》幾《き》多《た》郎《ろう》

（1870～1945年　日本）

人《ひと》は人《ひと》　われはわれなり
とにかくに　われゆく道《みち》を　われはゆくなり。

5月
19日
の偉人

思想

みなさんは京都《きょうと》に「哲学《てつがく》の道《みち》」とよばれている道《みち》があるのを知《し》っていますか？　この道《みち》は、哲学者《てつがくしゃ》であった私《わたし》が、好《この》んで歩《ある》いていたことからそうよばれるようになったんです。

哲学《てつがく》とは、世界《せかい》や人間《にんげん》についての知恵《ちえ》や原理《げんり》を考《かんが》える学問《がくもん》です。私《わたし》は、見《み》たり、さわったり、じっさいにやってみたりする経験《けいけん》こそが人間《にんげん》のいちばんだいじな部分《ぶん》だと考《かんが》えていました。

私《わたし》は石川県《いしかわけん》の裕福《ゆうふく》な農家《のうか》に生《う》まれました。小《ちい》さいころから勉強《べんきょう》が好《す》きで、よく土蔵《どぞう》の中《なか》にこもって、本《ほん》を読《よ》んでいたものです。夢中《むちゅう》になって時間《じかん》を忘《わす》れてしまい、夕飯《ゆうはん》の時間《じかん》に家族《かぞく》がさがしにくることもしょっちゅうでした。高校《こうこう》では、規則《きそく》だらけの校風《こうふう》に反抗《はんこう》し、退学《たいがく》させられましたが、勉強《べんきょう》をあきらめはしませんでした。1年後《ねんご》、東京大学《とうきょうだいがく》に入学《にゅうがく》。哲学《てつがく》を学《まな》びはじめます。卒業《そつぎょう》してからは、故郷《こきょう》の中学校《ちゅうがっこう》や高校《こうこう》で先生《せんせい》をしました。このころ、禅《ぜん》に出会《であ》い、打《う》ちこむようになりました。禅《ぜん》というのは、姿勢《しせい》を正《ただ》して座《すわ》り、精神《せいしん》を集中《しゅうちゅう》して、自分《じぶん》の心《こころ》のありようをさがすことです。私《わたし》はその禅《ぜん》の考《かんが》えを哲学《てつがく》にとりいれたのです。いつもなにかを考《かんが》えていたので、生徒《せいと》たちからは「デンケンデンケン先生《せんせい》」とよばれていましたね。デンケンというのは、ドイツ語《ご》で「考《かんが》える」という意味《いみ》です。

しばらくのち、私《わたし》は京都大学《きょうとだいがく》の教授《きょうじゅ》となって、学生《がくせい》に哲学《てつがく》を教《おし》えるようになりました。このころが、哲学者《てつがくしゃ》としていちばんいろいろ考《かんが》えた時期《じき》です。本《ほん》もたくさん書《か》きました。中《なか》でも、『善《ぜん》の研究《けんきゅう》』という本《ほん》は、明治時代《めいじじだい》の学生《がくせい》のあいだで大《だい》ベストセラーとなったのですよ。哲学《てつがく》の道《みち》を歩《ある》いたのもこのころです。上《うえ》に書《か》かれていることばは、哲学《てつがく》の道《みち》のとちゅうにある碑《ひ》にもきざまれています。「人《ひと》は人《ひと》、自分《じぶん》は自分《じぶん》、いずれにせよ、自分《じぶん》が進《すす》まなければならない道《みち》を、私《わたし》はゆくだけである」という意味《いみ》です。みなさんも、自分《じぶん》の進《すす》むべき道《みち》をまっすぐに歩《あゆ》んでくださいね。

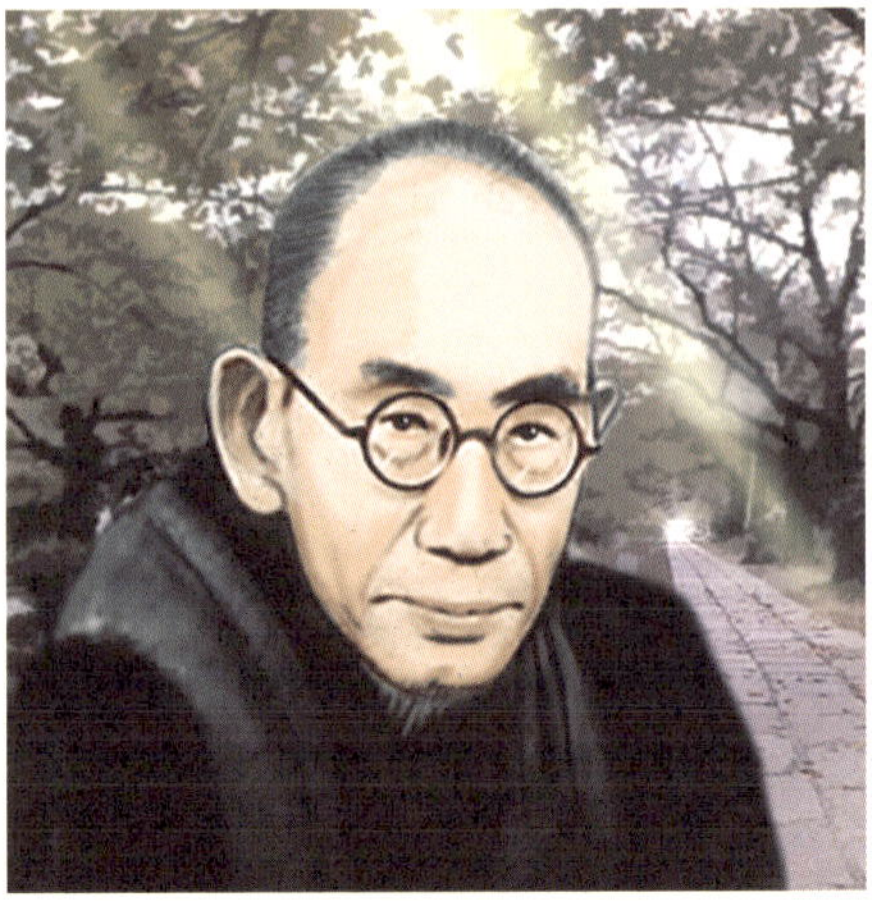

この日《ひ》に生《う》まれた有名人《ゆうめいじん》

ヨハン・ゴットリープ・フィヒテ（思想家《しそうか》）／ホー・チ・ミン（初代《しょだい》ベトナム大統領《だいとうりょう》）
マルコムX（黒人運動指導者《こくじんうんどうしどうしゃ》）／澤部佑《さわべゆう》《ハライチ》（お笑《わら》い芸人《げいにん》）／神木隆之介《かみきりゅうのすけ》（俳優《はいゆう》）

近代小説《きんだいしょうせつ》の生《う》みの親《おや》

オノレ・ド・バルザック

（1799〜1850年　フランス）

最悪《さいあく》の不幸《ふこう》など、おこるものではない。たいてい、不幸《ふこう》を予期《よき》するから悲惨《ひさん》な目《め》にあうのだ。

5月20日の偉人

文化

おれは、フランスのまんなかあたりにある町《まち》で生《う》まれた。生《う》まれてすぐ、乳母《うば》にあずけられて、そのあとは8歳《さい》から寄《き》宿学校《しゅくがっこう》に入《い》れられた。母親《ははおや》はめったに会《あ》いにもこなかった。だから、おれは母親《ははおや》の愛《あい》を知《し》らない。大人《おとな》になってからもずいぶんうらんだものだ。だが、考《かんが》えてみれば、そんな経験《けいけん》が、小説《しょうせつ》に生《い》かされたともいえる。

大学《だいがく》では法律《ほうりつ》を学《まな》んだが、文学《ぶんがく》の道《みち》に進《すす》んだ。親《おや》は法律関係《ほうりつかんけい》の仕事《しごと》についてほしかったようだが、そんなの関係《かんけい》ない。パリのみすぼらしい屋根裏部屋《やねうらべや》に住《す》みながら、小説《しょうせつ》を書《か》いていたよ。小説《しょうせつ》を書《か》いていないときは、おいしいものをたらふく食《た》べ、友人《ゆうじん》と楽《たの》しくすごした。お金《かね》もたくさん使《つか》った。といって、そんなにお金《かね》をかせげたわけではなかったから、借《しゃっ》金《きん》をずいぶんしたね。おれはそうやって人生《じんせい》を思《おも》いきり楽《たの》しみ、それをかてに小《しょう》説《せつ》を書《か》いていたんだよ。

おれの小説《しょうせつ》を読《よ》んだことはきっとないだろう。おれの小説《しょうせつ》は、社会《しゃかい》と人間《にんげん》、その両方《りょうほう》が描《えが》かれているといわれていた。社会《しゃかい》という大《おお》きなものと、人間《にんげん》という小《ち》さなもの。社会《しゃかい》を広《ひろ》く見《み》る視点《してん》と、人間《にんげん》の内側《うちがわ》を深《ふか》く見《み》る視点《してん》。そうしたふたつの見方《みかた》で描《えが》かれているとね。おれは、この世《よ》の中《なか》を描《えが》きたかった。だから、この世界《せかい》にいるあらゆる人間《にんげん》の、あらゆる場《ば》面《めん》を描《えが》こうと思《おも》って、『人間喜劇《にんげんきげき》』という作品《さくひん》を書《か》きはじめたんだ。それは、約《やく》90編《ぺん》の小説《しょうせつ》でなりたつ作品《さくひん》で、なんと作《さく》品《ひん》の中《なか》の登場人物《とうじょうじんぶつ》は、2000人以上《にんいじょう》だ。これは革命《かくめい》から半世紀《はんせいき》にわたるフランスの風俗《ふうぞく》・政治《せいじ》・社会史《しゃかいし》ともいわれている。もっとも、おれがとちゅうで死《し》んでしまったので、『人間喜劇《にんげんきげき》』は完成《かんせい》していないんだがね。

この日《ひ》に生《う》まれた有名人《ゆうめいじん》

ジョン・スチュアート・ミル（思想家《しそうか》・経済学者《けいざいがくしゃ》）／島秀雄《しまひでお》（鉄道技術者《てつどうぎじゅつしゃ》）
相田《あいだ》みつを（書家《しょか》・詩人《しじん》）／王貞治《おうさだはる》（野球選手《やきゅうせんしゅ》・監督《かんとく》）／河村隆一《かわむらりゅういち》（ミュージシャン）

日曜画家《にちようがか》から偉大《いだい》な芸術家《げいじゅつか》になった

アンリ・ルソー

（1844〜1910年　フランス）

やさしさよりすばらしい知恵《ちえ》はない。

5月21日の偉人

芸術

　私《わたし》は、長《なが》いあいだ「日曜画家《にちようがか》」でした。「日曜大工《にちようだいく》」と同《おな》じように、仕事《しごと》がお休《やす》みの日《ひ》にだけ絵《え》を描《か》いていたのです。美《び》術《じゅつ》の教育《きょういく》をうけたこともありません。ただ、好《す》きで描《か》いていただけです。

　なにしろ、小《ち》さいときから、ずっと貧《びん》乏《ぼう》だったのです。父《ちち》は商売《しょうばい》がうまくいかず、私《わたし》も高等学校《こうとうがっこう》へ進《すす》まないで働《はたら》かなければいけませんでした。そうして、働《はたら》きながら、絵《え》を描《か》いていたのです。24歳《さい》のとき、生《う》まれ育《そだ》った町《まち》をはなれてパリへ出《で》て、税関《ぜいかん》で仕事《しごと》をしながら、仕事《しごと》のあいまに絵《え》を描《か》く生活《せいかつ》をつづけていました。お休《やす》みの日《ひ》には、ルーブル美術館《びじゅつかん》にいって、かざってある絵《え》をうつしたり、植物《しょくぶつ》園《えん》にいって、いろいろな草花《くさばな》を観察《かんさつ》して描《か》きました。誰《だれ》に教《おし》えてもらうこともなく、ただひたすら描《か》いていたのです。

　私《わたし》がはじめて絵《え》を発表《はっぴょう》したのは、41歳《さい》のとき。アンデパンダン展《てん》という展覧会《てんらんかい》に作品《さくひん》を出《だ》したのです。ところが、私《わたし》の作品《さくひん》は、「子《こ》どもが喜《よろこ》んで描《か》くような絵《え》」と、さんざんな評価《ひょうか》しかもらえませんでした。でも、私《わたし》はくじけませんでした。絵《え》を描《か》くことが、心《こころ》から好《す》きだったからです。49歳《さい》で私《わたし》は税関《ぜいかん》の仕事《しごと》をやめ、絵《え》を描《か》くことに集中《しゅうちゅう》しました。それから17年《ねん》、死《し》ぬまで絵《え》を描《か》きつづけたのです。でも、最後《さいご》まで、世《よ》の中《なか》の人《ひと》からは「いい」とはいってもらえませんでした。私《わたし》の絵《え》が評価《ひょうか》されるようになるのは、私《わたし》が死《し》んでしばらくしてからです。

　私《わたし》の絵《え》は、とても独特《どくとく》で、一度《いちど》見《み》たら、忘《わす》れられないと思《おも》います。ジャングルなどのような自然《しぜん》を描《えが》いていることが多《おお》いのですが、植物《しょくぶつ》などはすべて想像上《そうぞうじょう》のものです。植物園《しょくぶつえん》で見《み》た草花《くさばな》を組《く》みあわせて、とても幻想的《げんそうてき》な世界《せかい》を描《か》いているのです。葉《は》っぱの1枚《まい》1枚《まい》までていねいに、細《こま》かく描《か》きこんであるのですよ。どこかで私《わたし》の絵《え》を見《み》る機会《きかい》があったら、ぜひたしかめてみてください。

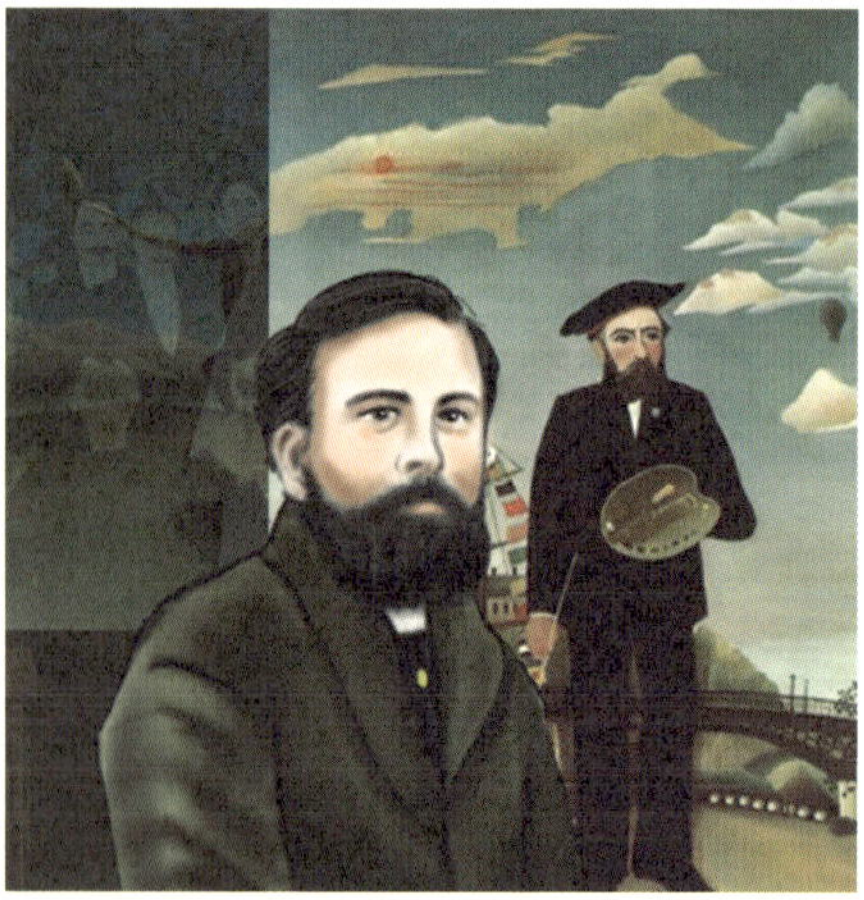

この日《ひ》に生《う》まれた有名人《ゆうめいじん》

アルブレヒト・デューラー（画家《がか》）／フェリペ2世《せい》（カスティーリャ王国《おうこく》・アラゴン王国国王《おうこくこくおう》）／松旭斎天勝《しょうきょくさいてんかつ》（マジシャン）／米良美一《めらよしかず》（カウンターテナー歌手《かしゅ》）／梨花《りんか》（モデル・タレント）

日本《にほん》の近代小説《きんだいしょうせつ》の基礎《きそ》をつくった

坪内逍遥《つぼうちしょうよう》

（1859〜1935年　日本）

知識《ちしき》をあたえるより、感銘《かんめい》をあたえよ。感銘《かんめい》するより、実践《じっせん》せよ。

5月22日の偉人

文化

　私《わたし》は、明治時代《めいじじだい》に生《い》きた作家《さっか》であり、翻訳家《はんやくか》であり、評論家《ひょうろんか》です。小説《しょうせつ》はどういうものであるべきかを考《かんが》えてまとめ、それを実践《じっせん》しました。

　私《わたし》は小《ちい》さいころから、小説《しょうせつ》を読《よ》むのが好《す》きでした。そのころは、貸本屋《かしほんや》というのがあって（本《ほん》の値段《ねだん》がまだ高《たか》かったですし、図書館《としょかん》というものもなかったので、お金《かね》を払《はら》って、本《ほん》をかりていたのです）、よく江戸時代《えどじだい》のお話《はなし》や歌集《かしゅう》などをかりては読《よ》んだものです。

　東京大学文学部《とうきょうだいがくぶんがくぶ》に進《すす》んだ私《わたし》は、そこでさまざまな文学《ぶんがく》にふれました。とくに外国《がいこく》の小説《しょうせつ》はたくさん読《よ》んで、翻訳《はんやく》もやってみたりしたのです。卒業後《そつぎょうご》も、文学《ぶんがく》の研究《けんきゅう》をつづけ、28歳《さい》のとき、『小説神髄《しょうせつしんずい》』という本《ほん》を書《か》きました。これは、小説《しょうせつ》とはどういうものであるべきかを書《か》いた本《ほん》です。私《わたし》は、「小説《しょうせつ》とは、人情《にんじょう》や人《ひと》の心《こころ》と、社会《しゃかい》やものごとのありようを、そのままの姿《すがた》で書《か》くべきだ」と考《かんが》えました。そのころは、西洋《せいよう》の考《かんが》えや文化《ぶんか》がどっと日本《にほん》に入《はい》ってきた時期《じき》で、小説《しょうせつ》もその影響《えいきょう》をうけていました。そして「人《ひと》はどう生《い》きるべきか」とか「社会《しゃかい》はこうあるべきだ」といった考《かんが》えが小説《しょうせつ》にもりこまれるようになっていたのです。道徳《どうとく》をおしつけてくるような小説《しょうせつ》など、私《わたし》は読《よ》みたいとは思《おも》いませんでした。私《わたし》が読《よ》みたいのは、人間《にんげん》のウソのない感情《かんじょう》がきちんと描《えが》かれた小説《しょうせつ》です。その考《かんが》えにしたがって『当世書生気質《とうせいしょせいかたぎ》』という小説《しょうせつ》を書《か》きました。

　それからは、何作品《なんさくひん》か書《か》いたあとで小説《しょうせつ》はやめ、お芝居《しばい》の脚本《きゃくほん》と翻訳《はんやく》にとりくみました。イギリスの大作家《だいさっか》、シェイクスピアの全集《ぜんしゅう》40巻《かん》をひとりで訳《やく》し、それをお芝居《しばい》にしたりして、演劇《えんげき》でも新《あたら》しい道《みち》をひらいたのですよ。

　みなさんはどんな小説《しょうせつ》が好《す》きですか？　大笑《おおわら》いしてしまうようなこっけいな小説《しょうせつ》、心《こころ》がふるえて泣《な》きたくなるような話《はなし》、ずっしり重《おも》い気分《きぶん》になる話《はなし》……いろいろな小説《しょうせつ》を読《よ》んだら、きっと自分《じぶん》の好《この》みにあったものが見《み》つかるはずですよ。

この日《ひ》に生《う》まれた有名人《ゆうめいじん》

リヒャルト・ワーグナー（作曲家《さっきょくか》）／アーサー・コナン・ドイル（推理作家《すいりさっか》）
ローレンス・オリヴィエ（俳優《はいゆう》）／庵野秀明《あんのひであき》（アニメ演出家《えんしゅつか》）／田中麗奈《たなかれな》（女優《じょゆう》）

植物《しょくぶつ》を観察《かんさつ》して分類学《ぶんるいがく》をつくりあげた

カール・フォン・リンネ

（1707〜1778年　スウェーデン）

石《いし》は育《そだ》つ。植物《しょくぶつ》は育《そだ》ち、生《い》きる。
動物《どうぶつ》は育《そだ》ち、生《い》き、感《かん》じる。

5月 23日 の偉人

科学

私《わたし》は、幼《おさな》いときから草花《くさばな》が好《す》きで、近《きん》所《じょ》で新《あたら》しい草花《くさばな》を見《み》つけると、かならず父《ちち》に名前《なまえ》をたずねたものでした。父《ちち》は牧《ぼく》師《し》だったのですが、植物《しょくぶつ》が好《す》きで、よく研究《けんきゅう》していたので、いろいろ教《おし》えてもらえたのです。私《わたし》が1回《かい》教《おし》えてもらった名《な》前《まえ》を忘《わす》れて、またしつこくきいたりすると、父《ちち》にとても怒《おこ》られました。だから、私《わたし》は、草花《くさばな》の名前《なまえ》を必死《ひっし》におぼえたのです。

ほんとうは父《ちち》のあとをついで牧師《ぼくし》になることを期待《きたい》されていたのですが、私《わたし》は好《す》きだった植物《しょくぶつ》について勉強《べんきょう》したくて、大学《だいがく》では植物学《しょくぶつがく》を学《まな》びました。そして、そのまま植物学《しょくぶつがく》の先生《せんせい》となり、研究《けんきゅう》をつづけたのです。

私《わたし》の研究《けんきゅう》でいちばん有名《ゆうめい》でみとめられたのは、分類《ぶんるい》の方法《ほうほう》を考《かんが》えたことです。私《わたし》は、おしべとめしべの数《かず》や形《かたち》のちがいをもとにして、植物《しょくぶつ》をわける方法《ほうほう》を考《かんが》えだしました。私《わたし》が始《はじ》めたこの植物分類《しょくぶつぶんるい》の方法《ほうほう》は、動物《どうぶつ》の分類《ぶんるい》にも使《つか》われるようになり、やがて博物学《はくぶつがく》（自然《しぜん》のものを整理《せいり》して、分類《ぶんるい》する学問《がくもん》）のすべてにとりいれられるようになったのです。おかげで、私《わたし》は「分類学《ぶんるいがく》の父《ちち》」ともよばれるようになりました。

新《あたら》しく発見《はっけん》された植物《しょくぶつ》の名前《なまえ》をつける方法《ほうほう》も、考《かんが》えました。2名法《めいほう》という方法《ほうほう》で、たとえば、セイヨウタンポポの生物《せいぶつ》学上《がくじょう》の名前《なまえ》は、「タラクサクム・オフフィキナーレ」というのですが、これは、「属名《ぞくめい》」タラクサクム（苦《にが》いものという意味《いみ》）のあとに、「種《しゅ》」の名前《なまえ》、オフフィキナーレ（薬用《やくよう》になるという意味《いみ》）をつけたのです。このように、「属《ぞく》」と「種《しゅ》」ふたつの名前《なまえ》を組《く》みあわせて、植《しょく》物《ぶつ》の名前《なまえ》を決《き》めることにしたわけです。とてもかんたんで、わかりやすいでしょう？　それまでの名前《なまえ》のつけ方《かた》はわかりにくかったので、この考《かんが》えはとても便利《べんり》で、世界《せかい》じゅうに広《ひろ》まりました。この考《かんが》え方《かた》の基本《きほん》は今《いま》でもまだ使《つか》われているんですよ。

この日《ひ》に生《う》まれた有名人《ゆうめいじん》

オットー・リリエンタール（航空技術者《こうくうぎじゅつしゃ》）／サトウハチロー（詩人《しじん》）／川島隆太《かわしまりゅうた》（医学者《いがくしゃ》）／山口勝平《やまぐちかっぺい》（声優《せいゆう》）／ルーベンス・バリチェロ（F1ドライバー）

ロシアの農民《のうみん》の真実《しんじつ》を描《えが》いたノーベル賞作家《しょうさっか》

ミハイル・アレクサンドロビチ・ショーロホフ

（1905〜1984年　ロシア）

働《はたら》く人《ひと》たちのためにペンを使《つか》うことが、最高《さいこう》の栄誉《えいよ》であり、すばらしい自由《じゆう》なのだ。

5月
24日の偉人

文化

私《わたし》は、ロシアが、第《だい》1次《じ》世界大戦《せかいたいせん》にまきこまれたり、革命《かくめい》がおこって国内《こくない》でたくさん戦争《せんそう》があったころ活躍《かつやく》した小説家《しょうせつか》です。私《わたし》の『子馬《こうま》』という作品《さくひん》が、日本《にほん》の教科書《きょうかしょ》にのっているそうなので、もしかしたら、みなさんもそのうち私《わたし》の作品《さくひん》に出会《であ》うかもしれませんね。

私《わたし》は、ロシアのドン地方《ちほう》（南《みなみ》ロシア）のコサック村《むら》の商人《しょうにん》の家《いえ》に生《う》まれました。コサックというのは、400年《ねん》くらい前《まえ》に南《みなみ》ロシアに逃《に》げてきた農民《のうみん》やまずしい人《ひと》たちが集《あつ》まってできた部族《ぶぞく》のようなものです。馬《うま》にのって戦《たたか》う兵士《へいし》の部隊《ぶたい》が有名《ゆうめい》でした。コサックダンスという踊《おど》りを見《み》たことはありませんか？　中腰《ちゅうごし》になって、足《あし》を交互《こうご》にはねあげる、あの踊《おど》りです。コサックダンスは、コサックたちのあいだで踊《おど》られていたのですよ。

私《わたし》が中学《ちゅうがく》にかよっているときに、戦争《せんそう》がおこったため、私《わたし》も軍《ぐん》に加《くわ》わって、ドンで戦《たたか》いました。そして、戦争《せんそう》が終《お》わったとき、この体験《たいけん》を物語《ものがたり》として表現《ひょうげん》したいと思《おも》ったのです。作家《さっか》になろうと決意《けつい》した私《わたし》は、モスクワに出《で》て、働《はたら》くかたわら文学《ぶんがく》の勉強《べんきょう》をしました。『ほくろ』でデビューし、短編集《たんぺんしゅう》『ドン物語《ものがたり》』と『るり色《いろ》の曠野《こうや》』を発表《はっぴょう》して作家《さっか》としてみとめられるようになりました。その後《ご》、私《わたし》はドンへ帰《かえ》り、代表作《だいひょうさく》の『静《しず》かなドン』を書《か》くことに専念《せんねん》したのです。『静《しず》かなドン』は、15年《ねん》かけて書《か》きあげました。

これは、ドンにすむ農民《のうみん》の主人公《しゅじんこう》が、内《ない》戦《せん》のさなか、自分《じぶん》ではどうしようもない大《おお》きな流《なが》れにまきこまれていく姿《すがた》を描《えが》いた物語《ものがたり》です。この主人公《しゅじんこう》は戦争《せんそう》に参加《さんか》するのですが、なにか大《おお》きな目標《もくひょう》や考《かんが》えがあって、戦《たたか》うわけではありません。自分《じぶん》でも、自分《じぶん》がどちらの側《がわ》の人間《にんげん》なのかわからないのです。戦争《せんそう》をめぐる物語《ものがたり》で、そんな主人公《しゅじんこう》が出《で》てくることはそれまでありませんでした。

でも、そういう姿《すがた》こそ、人間《にんげん》の真実《しんじつ》ではないでしょうか？　歴史《れきし》の大《おお》きな流《なが》れの中《なか》の人間《にんげん》がよく描《えが》けていると評価《ひょうか》されて、私《わたし》はノーベル文学賞《ぶんがくしょう》をもらいました。

この日《ひ》に生《う》まれた有名人《ゆうめいじん》

ヴィクトリア（イギリス女王《じょおう》）／横溝正史《よこみぞせいし》（推理作家《すいりさっか》）
ボブ・ディラン（ミュージシャン）／田村亮《たむらりょう》（俳優《はいゆう》）／哀川翔《あいかわしょう》（俳優《はいゆう》）

日本《にほん》のアンデルセンといわれた童話作家《どうわさっか》

浜田広介《はまだひろすけ》

（1893〜1973年　日本）

ドコマデモキミノトモダチ

5月 25日の偉人

文化

　あれは私《わたし》がまだほんとうに小《ちい》さいころでした。土手《どて》を母《はは》と散歩中《さんぽちゅう》に、1ぴきの毛虫《けむし》を見《み》つけました。黒《くろ》くてざわざわ動《うご》くようすが気持《きも》ち悪《わる》くて、ふみつぶそうとしたそのとき、母《はは》は「この虫《むし》がやがて蝶《ちょう》になって、おまえといっしょに遊《あそ》んでくれるんだよ」といって私《わたし》を止《と》めました。母《はは》はそんなふうに、私《わたし》に生《い》き物《もの》の命《いのち》の大《たい》切《せつ》さや、ほかのものを思《おも》いやる心《こころ》を教《おし》えてくれました。昔話《むかしばなし》もたくさんきかせてくれました。私《わたし》は母《はは》から、物語《ものがたり》のおもしろさや、物語《ものがたり》がもっている力《ちから》を教《おそ》わったのだと思《おも》います。

　少年《しょうねん》のころから、私《わたし》は物語《ものがたり》を書《か》くようになりました。懸賞《けんしょう》にも応募《おうぼ》して、賞《しょう》をもらっていたりしたのですよ。大学《だいがく》に進《すす》んでからも、ずっと書《か》きつづけました。農家《のうか》だった実家《じっか》はとてもまずしかったので、懸賞《けんしょう》でとった賞金《しょうきん》を学費《がくひ》や生活費《せいかつひ》にあてていました。童話《どうわ》を書《か》くようになったのは、このころです。

　私《わたし》の童話《どうわ》は「ひろすけ童話《どうわ》」とよばれ、たくさんの人《ひと》に愛《あい》されました。1000編《ぺん》くらい、書《か》いたでしょうか。私《わたし》の作品《さくひん》には『むく鳥《どり》のゆめ』『りゅうの目《め》のなみだ』『泣《な》いた赤《あか》おに』などがあります。『泣《な》いた赤《あか》おに』は、みなさんももしかしたら読《よ》んだことがあるかもしれませんね。上《うえ》に出《で》ていることばは、『泣《な》いた赤《あか》おに』の最後《さいご》で、村《むら》を出《で》ていく青《あお》おにが赤《あか》おにへの手紙《てがみ》の中《なか》に書《か》いたことばです。

　村《むら》の人《ひと》たちと友《とも》だちになりたくてたまらなかった赤《あか》おにのために、青《あお》おには自分《じぶん》が悪者《わるもの》になりました。村《むら》の人《ひと》たちにわざと乱暴《らんぼう》して、赤《あか》おにに村人《むらびと》を助《たす》けさせたのです。おかげで、赤《あか》おには村人《むらびと》たちと仲《なか》よくなれましたが、悪者《わるもの》になった青《あお》おには、もう村《むら》にはいられません。青《あお》おには、赤《あか》おにに手紙《てがみ》を残《のこ》して、村《むら》を出《で》ていったのです。この童話《どうわ》には、青《あお》おにの赤《あか》おにを思《おも》う気持《きも》ちがあふれています。おそろしいと思《おも》われている「おに」にだって、こんなに深《ふか》い愛情《あいじょう》とやさしさがある——私《わたし》は、人間《にんげん》がかならずもっている善《よ》き心《こころ》や思《おも》いやりの気持《きも》ちを、童話《どうわ》をとおして伝《つた》えたかったのです。

この日《ひ》に生《う》まれた有名人《ゆうめいじん》

荒木経惟《あらきのぶよし》（写真家《しゃしんか》）／小倉智昭《おぐらともあき》（キャスター）／江川卓《えがわすぐる》（野球選手《やきゅうせんしゅ》・解説者《かいせつしゃ》）／石田《いしだ》ひかり（女優《じょゆう》）／上野樹里《うえのじゅり》（女優《じょゆう》）

日本《にほん》の哲学《てつがく》をきずいた思想家《しそうか》

谷川徹三《たにかわてつぞう》

（1895〜1989年　日本）

他人《たにん》によって傷《きず》つけられるものは、自分《じぶん》のエゴイズムだけである。

5月26日の偉人

思想

私《わたし》は、最初《さいしょ》、今《いま》の東京大学教養学部《とうきょうだいがくきょうようがくぶ》へ入《はい》ったのですが、哲学者《てつがくしゃ》の西田幾多郎《にしだきたろう》さんの考《かんが》えやことばに心《こころ》をひかれて西田《にしだ》さんが教《おし》えている京都大学《きょうとだいがく》の哲学科《てつがくか》へ入学《にゅうがく》しなおしました。そこから、私《わたし》の哲学人《てつがくじん》生《せい》が始《はじ》まったのです。卒業後《そつぎょうご》は、いくつかの大学《だいがく》で教《おし》えながら、研究《けんきゅう》をつづけました。

本《ほん》も50冊以上書《さついじょうか》きましたが、雑誌《ざっし》の編集《へんしゅう》にもずいぶんかかわりました。『思想《しそう》』や『心《こころ》』『婦人公論《ふじんこうろん》』……『世界《せかい》』は創刊《そうかん》にかかわったのです（『心《こころ》』以外《いがい》は今《いま》でも刊行《かんこう》されています）。そうした雑誌《ざっし》で、自分《じぶん》の考《かんが》えたことを発表《はっぴょう》していったのです。私《わたし》の文章《ぶんしょう》は、誰《だれ》にでもわかるふつうのことばで書《か》かれているとよくいわれます。哲学《てつがく》というと、むずかしいことばがたくさん出《で》てくるイメージがありますが、そういうわけでもないのですよ。やはり、人《ひと》にちゃんと伝《つた》わることばを使《つか》わなければだめなのです。それはきっと、哲学者《てつがくしゃ》にかぎったことではないのでしょうね。

哲学《てつがく》を学《まな》ぶには、世界《せかい》を見《み》なければなりません。はるか昔《むかし》の時代《じだい》から、今《いま》にいたるまで、日本《にほん》だけでなく、アメリカ、アジア、ヨーロッパ、アフリカなどあらゆる地域《ちいき》を、見《み》なければいけません。政《せい》治《じ》も、社会《しゃかい》も、文化《ぶんか》、宗教《しゅうきょう》、歴史《れきし》もすべて知《し》ったうえで、人間《にんげん》のあるべき姿《すがた》を考《かんが》えつづけるのが、哲学《てつがく》なのです。ですから、哲学《てつがく》を学《まな》ぶと、終《お》わりがないのですよ。じっさい、私《わたし》は94歳《さい》で亡《な》くなる直前《ちょくぜん》まで、仕事《しごと》をしていました。

私《わたし》はことばを使《つか》う仕事《しごと》をしていましたが、息子《むすこ》もことばを使《つか》う仕事《しごと》をするようになりました。私《わたし》は哲学《てつがく》でしたが、息子《むすこ》は詩《し》です。谷川俊太郎《たにかわしゅんたろう》という人《ひと》が書《か》いた詩《し》を読《よ》んだことはありませんか？　教科《きょうか》書《しょ》にもたくさんのっているそうですから、読《よ》んでみるといいと思《おも》います。なかなかおもしろい詩《し》を書《か》いていますから。

この日《ひ》に生《う》まれた有名人《ゆうめいじん》

イサドラ・ダンカン（ダンサー）／モンキー・パンチ（漫画家《まんがか》）／レニー・クラヴィッツ（ミュージシャン）
TAKURO《GLAY》（ミュージシャン）／つるの剛士《たけし》（俳優《はいゆう》）

新《あたら》しい宗教画《しゅうきょうが》を生《う》みだした

ジョルジュ・ルオー

（1871〜1958年　フランス）

キャンバスの前《まえ》に立《た》つ芸術家《げいじゅつか》は、すべての理屈《りくつ》をすて、なにもかも忘《わす》れなくてはいけない。

私《わたし》は、家具職人《かぐしょくにん》の子《こ》としてパリに生《う》まれました。最初《さいしょ》は近所《きんじょ》の学校《がっこう》にいったのですが、勉強《べんきょう》がうまくいかなくて、14歳《さい》のときにステンドグラス職人《しょくにん》の弟子《でし》となりました。ステンドグラスというものがどんなものか、知《し》らない人《ひと》もいるかもしれませんね。教会《きょうかい》の窓《まど》に、絵《え》が描《えが》かれたきれいなガラスがはまっているのを見《み》たことがありませんか？　あれが、ステンドグラスです。色《いろ》のついたガラスを小《ちい》さく切《き》って、それを鉛《なまり》でつなぎあわせてつくるのです。

私《わたし》は、昼間《ひるま》はステンドグラスをつくり、夜《よる》はデッサンの勉強《べんきょう》をするようになりました。小《ちい》さいころから絵《え》が好《す》きだったので、苦《く》にはなりませんでした。そもそも、私《わたし》が絵《え》が好《す》きなことを知《し》っていた母《はは》が、ステンドグラス職人《しょくにん》に弟子入《でしい》りできるよう、口《くち》をきいてくれたのです。

ですが、私《わたし》は絵《え》をもっと勉強《べんきょう》したかった。そこで、19歳《さい》のときにステンドグラスの仕事《しごと》をやめて、国立高等美術学校《こくりつこうとうびじゅつがっこう》に入学《にゅうがく》しました。その学校《がっこう》で、ギュスターヴ・モローという有名《ゆうめい》な画家《がか》の先生《せんせい》に絵《え》を学《まな》びました。学《まな》べるものはなんでも学《まな》びとった時期《じき》でした。

私《わたし》は、神《かみ》さまを深《ふか》く信《しん》じていました。そして、絵《え》で、その信仰《しんこう》を表現《ひょうげん》しようとしました。私《わたし》の絵《え》は、神《かみ》さまや弱《よわ》い人々《ひとびと》をテーマにしたものがほとんどです。打《う》ちひしがれる者《もの》の悲《かな》しみや、弱《よわ》い者《もの》へのいつくしみ、そして静《しず》かな安《やす》らぎなどを、絵《え》に描《えが》いたのです。ただ、私《わたし》は、昔《むかし》からある宗教画《しゅうきょうが》を描《か》くつもりはありませんでした。昔《むかし》からあるような宗教画《しゅうきょうが》にとらわれてはいけないという思《おも》いが、心《こころ》の底《そこ》からわきあがっていたのです。私《わたし》は強《つよ》い思《おも》いにつきうごかされて、新《あたら》しい絵《え》に挑戦《ちょうせん》しました。機会《きかい》があったら、みなさんも私《わたし》の絵《え》を見《み》てみてください。きっと私《わたし》が挑戦《ちょうせん》していたことを、絵《え》から感《かん》じとってもらえると思《おも》います。

この日《ひ》に生《う》まれた有名人《ゆうめいじん》

ワイルド・ビル・ヒコック（西部開拓時代《せいぶかいたくじだい》のガンマン）／中曽根康弘《なかそねやすひろ》（第《だい》71〜73代内閣総理大臣《だいないかくそうりだいじん》）／村上信夫《むらかみのぶお》（シェフ）／内藤剛志《ないとうたけし》（俳優《はいゆう》）／いっこく堂《どう》（腹話術師《ふくわじゅつし》）

狂牛病《きょうぎゅうびょう》の謎《なぞ》の病原体《びょうげんたい》をつきとめた

スタンリー・プルシナー

（1942年～　アメリカ）

科学者《かがくしゃ》にとってだいじなのは、
みずから進《すす》んでまちがいをみとめること。

5月
28日
の偉人

医学

　私《わたし》は、アメリカのアイオワ州《しゅう》で生《う》まれました。幼《おさな》いころから科学《かがく》に興味《きょうみ》があって、高校生《こうこうせい》のとき、みんなから嫌《きら》われているカメムシによくきく虫《むし》よけを発明《はつめい》、「小《ちい》さな天才《てんさい》」とよばれていたのですよ。

　大学《だいがく》で医学《いがく》を学《まな》び、カリフォルニア大《だい》学《がく》の教授《きょうじゅ》となって研究《けんきゅう》をつづけました。そんなあるとき、自分《じぶん》の患者《かんじゃ》がクロイツフェルト・ヤコブ病《びょう》というおそろしい病《びょう》気《き》にかかって死亡《しぼう》したのです。それをきっかけに、この病気《びょうき》の研究《けんきゅう》を始《はじ》めました。

　何度《なんど》も研究《けんきゅう》を重《かさ》ね、ついに病原体《びょうげんたい》（病《びょう》気《き》の原因《げんいん》となるもの）を発見《はっけん》することができました。そして、それをプリオンと名《な》づけたのです。この病原体《びょうげんたい》が脳《のう》に入《はい》りこむと、細胞《さいぼう》がどんどん死《し》んでしまい、脳《のう》がまるでスポンジのように穴《あな》だらけになって、やがて死《し》んでしまいます。牛《うし》の脳《のう》に入《はい》りこむと狂牛病《きょうぎゅうびょう》になり、人間《にんげん》の脳《のう》に入《はい》りこむとクロイツフェルト・ヤコブ病《びょう》になるのです。おそろしいことに、この病原体《びょうげんたい》は、たんぱく質《しつ》の一種《いっしゅ》で、今《いま》までのどんな消毒法《しょうどくほう》も、殺菌法《さっきんほう》もききませんでした。

　私《わたし》はさらに、この病原体《びょうげんたい》がいったいなんなのか、研究《けんきゅう》しました。そしてついに、病原体《びょうげんたい》のたんぱく質《しつ》は、人間《にんげん》の体《からだ》にふつうにあるたんぱく質《しつ》と同《おな》じ――ただ形《かたち》が少《すこ》しちがうだけだとつきとめたのです。この研究《けんきゅう》で、私《わたし》はノーベル生理学《せいりがく》・医学《いがく》賞《しょう》をもらいました。ですが、病原体《びょうげんたい》の正《しょう》体《たい》はつきとめたものの、どうして人間《にんげん》の体《からだ》にあるふつうのたんぱく質《しつ》が、おそろしい異常《いじょう》なたんぱく質《しつ》に変《か》わってしまうのか、その謎《なぞ》はまだわかっていません。

　私《わたし》はなんとかそれをつきとめて、早《はや》くこの病気《びょうき》を予防《よぼう》して治《なお》せるようにしたいと、毎日《まいにち》、研究《けんきゅう》をつづけています。治療法《ちりょうほう》が発見《はっけん》されていないおそろしい病気《びょうき》はまだまだ世界《せかい》じゅうにたくさんあるのです。ゆっくり休《やす》んでいるひまなどないのですよ。

この日《ひ》に生《う》まれた有名人《ゆうめいじん》

イアン・フレミング（作家《さっか》）／立花隆《たちばなたかし》（ジャーナリスト）／ルドルフ・ジュリアーニ（ニューヨーク市市長《ししちょう》）／辛島美登里《からしまみどり》（ミュージシャン）／黒木《くろき》メイサ（女優《じょゆう》）

命《いのち》をかけて平和《へいわ》をめざした、悲劇《ひげき》の大統領《だいとうりょう》

ジョン・F・ケネディ

（1917～1963年　アメリカ）

人類《じんるい》は戦争《せんそう》を終《お》わらせないといけない。
さもなければ、戦争《せんそう》が人類《じんるい》を終《お》わらせることになるだろう。

5月 29日 の偉人

政治

ケネディ大統領《だいとうりょう》という名前《なまえ》をきいたことがある人《ひと》も多《おお》いかもしれません。私《わたし》は、アメリカ合衆国《がっしゅうこく》第《だい》35代《だい》大統領《だいとうりょう》――史上最《しじょうさい》年少《ねんしょう》の大統領《だいとうりょう》です。

小《ちい》さいころは病弱《びょうじゃく》で、学校《がっこう》にいけないことも多《おお》かった私《わたし》は、ベッドの上《うえ》で本《ほん》をむさぼり読《よ》みました。とくに歴史《れきし》の本《ほん》は好《す》きでした。この経験《けいけん》は、大統領《だいとうりょう》になってから役立《やくだ》ったと思《おも》っています。高校《こうこう》でも大学《だいがく》でも、成績《せいせき》はとくにいいほうではありませんでしたが、政治《せいじ》だけは興味《きょうみ》をもって、熱心《ねっしん》に学《まな》びました。

その後《ご》、私《わたし》は海軍《かいぐん》をへて、議員《ぎいん》になり、そして大統領《だいとうりょう》に選《えら》ばれました。そのときの演説《えんぜつ》で打《う》ちだしたのが「ニューフロンティア政策《せいさく》」です。フロンティアというのは開拓地《かいたくち》――これから新《あら》たに、可能性《かのうせい》を求《もと》めて切《き》りひらいていく地《ち》という意味《いみ》です。地図《ちず》の上《うえ》ではフロンティアはもうなくなってしまったけれど、アメリカにはまだ、戦争《せんそう》や偏見《へんけん》、貧困《ひんこん》、差別《さべつ》など問《もん》題《だい》はたくさんありました。こうした問題《もんだい》をみんなで開拓《かいたく》していきましょうとよびかけたのが、ニューフロンティア政策《せいさく》でした。

ニューフロンティア政策《せいさく》にそって、私《わたし》はさまざまな問題《もんだい》を解決《かいけつ》していきました。

いちばん大《おお》きかった問題《もんだい》は「キューバ危《き》機《き》」でしょう。キューバというのはアメリカの南《みなみ》にある国《くに》です。アメリカから近《ちか》いその国《くに》に、ソ連《れん》（今《いま》のロシアなど）がミサイルを配備《はいび》したのです。アメリカとソ連《れん》はそのとき仲《なか》が悪《わる》く、いつ戦争《せんそう》がおきてもおかしくない状況《じょうきょう》でした。ですからこのミサイルの配備《はいび》が全面核戦争《ぜんめんかくせんそう》につながる危機《きき》となったのです。このとき、私《わたし》は、ソ連《れん》と、アメリカ国内《こくない》の戦争《せんそう》をしたい人《ひと》たちを説得《せっとく》。ミサイルを撤去《てっきょ》させて、戦争《せんそう》をふせぎました。その後《ご》も、核《かく》兵器《へいき》の実験《じっけん》を禁止《きんし》する条約《じょうやく》をむすび、アメリカとソ連《れん》がともに平和《へいわ》にくらせる時《じ》代《だい》へ、一歩《いっぽ》ふみだしました。残念《ざんねん》ながら、その後《ご》まもなく私《わたし》は暗殺《あんさつ》されてしまいましたが、私《わたし》の意志《いし》は、たくさんの人《ひと》に引《ひ》きつがれているのですよ。

この日《ひ》に生《う》まれた有名人《ゆうめいじん》

野口雨情《のぐちうじょう》（詩人《しじん》・作詞家《さくしか》）／芦屋雁之助《あしやがんのすけ》（俳優《はいゆう》・歌手《かしゅ》）／美空《みそら》ひばり（歌手《かしゅ》）
大鵬幸喜《たいほうこうき》（第《だい》48代横綱《だいよこづな》）／片山右京《かたやまうきょう》（F1ドライバー・登山家《とざんか》）

てってい的《てき》に近代化《きんだいか》を進《すす》めたロシア皇帝《こうてい》

ピョートル1世《せい》

（1672～1725年　ロシア）

私《わたし》は祖国《そこく》のためなら命《いのち》をおしまなかったし、
これからもおしまないつもりだ。

5月
30日
の偉人

政治

私《わたし》は、10歳《さい》のときにロシアの皇帝《こうてい》（ツァーリ）になった。だが、そんな子どもに政治《せいじ》ができるわけがない。だから、それから10年《ねん》ちょっと、姉《あね》がかわりに政治《せいじ》をしてくれていたんだ。じっさいに私《わたし》がほんとうの意味《いみ》で皇帝《こうてい》になったのは、24歳《さい》のときだ。

そのころ、ヨーロッパでは、新《あたら》しい考《かんが》えや技術《ぎじゅつ》がつぎつぎに生《う》まれていた。ロシアの未来《みらい》はヨーロッパとともにあると、私《わたし》は直感《ちょっかん》した。だから、身分《みぶん》をいつわって、なにがおきているのかたしかめに、1年半近《ねんはんちか》くもヨーロッパを見《み》てまわった。そして、たくさんの新《あたら》しい技術《ぎじゅつ》やモノをおみやげに、帰《かえ》ってきた。船《ふね》をつくる技術《ぎじゅつ》（私《わたし》は船大工《ふなだいく》に身《み》をやつし、じっさいに船《ふね》をつくって技術《ぎじゅつ》を学《まな》んだのだぞ）や、歯《は》の治療技術《ちりょうぎじゅつ》、消火用《しょうかよう》ホースやたくさんの武器《ぶき》をもちかえって、ロシアの近代化《きんだいか》に役立《やくだ》てたのだ。

ロシアには首都《しゅと》もなかったから、建築家《けんちくか》をやとって、海《うみ》のそばの町《まち》にサンクトペテルブルクという首都《しゅと》をつくらせた。つぎに、海軍《かいぐん》を強《つよ》くして、港《みなと》をたくさん手《て》に入《い》れた。新《あたら》しい知識《ちしき》を使《つか》って、工業《こうぎょう》をどんどん発展《はってん》させた。とにかく、ロシアに力《ちから》をつけて、豊《ゆた》かにするために、なんでもやった。

なんと私《わたし》は、ロシアの近代化《きんだいか》のために、ヒゲに税金《ぜいきん》までかけたのだ。昔《むかし》、ロシア人《じん》はヒゲをのばしにのばしていた。だが、ほかのヨーロッパの人《ひと》たちはヒゲなどのばしていなかった。ヒゲは時代遅《じだいおく》れだと思《おも》った私《わたし》は、さっそくヒゲをそるよう役人《やくにん》たちに命《めい》じ、そのあと、ヒゲに税金《ぜいきん》をかけた。ロシアの伝統的《でんとうてき》な服装《ふくそう》も禁止《きんし》した。どうだ、てっていしているだろう？

そうして私《わたし》はロシア帝国《ていこく》をつくりあげ、「大帝《たいてい》」とよばれるようになった。未来《みらい》を見《み》すえて、今《いま》なにをすることが必要《ひつよう》か考《かんが》えたおかげだよ。

この日《ひ》に生《う》まれた有名人《ゆうめいじん》

安岡章太郎《やすおかしょうたろう》（作家《さっか》）／ヒロ・ヤマガタ（画家《がか》）／18代目中村勘三郎《だいめなかむらかんざぶろう》（歌舞伎役者《かぶきやくしゃ》）
矢口史靖《やぐちしのぶ》（映画監督《えいがかんとく》）／福士蒼汰《ふくしそうた》（俳優《はいゆう》）

アメリカの詩《し》の神《かみ》さま

ウォルト・ホイットマン

（1819～1892年　アメリカ）

私《わたし》にも、誰《だれ》にも、あなたにかわって道《みち》を歩《ある》くことはできない。自分《じぶん》の道《みち》は自分《じぶん》でいくほかないのだ。

5月 31日 の偉人

文化

おれは、「アメリカが生《う》んだ最初《さいしょ》の民衆詩人《みんしゅうしじん》」とよばれ、おれぬきではアメリカを語《かた》れないとまでいわれていた。

幼《おさな》いころはとてもまずしかったので、小学校《しょうがっこう》を中退《ちゅうたい》して、11歳《さい》ごろから仕事《しごと》を始《はじ》めた。それこそ、なんだってやったさ。医者《いしゃ》の使《つか》い走《ばし》りや、レストランでの給仕《きゅうじ》、印刷工《いんさつこう》……印刷工《いんさつこう》はけっこう長《なが》くやった。おかげで、印刷《いんさつ》や本《ほん》をつくることにはくわしくなって、あとで役《やく》に立《た》つことになるんだがね。少《すこ》し大《おお》きくなると、新聞《しんぶん》の編集《へんしゅう》なんかもした。そして、仕事《しごと》のあいまに、聖書《せいしょ》や古典《こてん》などの作品《さくひん》を読《よ》んで、勉強《べんきょう》していたんだ。

その後《ご》、新聞記者《しんぶんきしゃ》となり、政治《せいじ》にかかわるようになった。そして、社会《しゃかい》のいろいろな立場《たちば》にいる人《ひと》たちとふれあう中《なか》で、アメリカで生《い》きている人《ひと》たちの詩《し》を、アメリカで生活《せいかつ》しているふつうの人《ひと》たちに読《よ》んでもらえるように書《か》こうと思《おも》うようになったのさ。おれの代表作《だいひょうさく》『草《くさ》の葉《は》』はそんなふうにして生《う》まれたんだ。『草《くさ》の葉《は》』は12編《へん》の詩《し》からなる、わずか95ページの詩集《ししゅう》だ。自分《じぶん》でお金《かね》を出《だ》して、795部《ぶ》、印刷《いんさつ》して、出版《しゅっぱん》した。「こんな詩集《ししゅう》、くずだ」という人《ひと》たちもいたが、すばらしいと絶賛《ぜっさん》してくれる人《ひと》たちもいて、詩集《ししゅうひょうばん》は評判《ひょうばん》になった。そして、その後《ご》、数年《すうねん》おきに少《すこ》し手直《てなお》ししては、印刷《いんさつ》をくりかえし、たくさんの人《ひと》に読《よ》んでもらえたんだ。

そんなことをしているうちに、奴隷解放《どれいかいほう》のための南北戦争《なんぼくせんそう》がおこってね。おれは看護兵《かんごへい》として戦争《せんそう》に参加《さんか》した。戦《たたか》いで傷《きず》ついて血《ち》を流《なが》しているやつらを見《み》たら、じっとしていられなくなったのさ。その体験《たいけん》をもとに「軍鼓《ぐんこ》の響《ひび》き」や「偉大《いだい》なる病人軍《びょうにんぐん》」を書《か》いた。

おれは、詩《し》をとおして、自分《じぶん》が信《しん》じる思《おも》い、民主主義《みんしゅしゅぎ》や自由《じゆう》、平和《へいわ》、平等《びょうどう》を表現《ひょうげん》した。自分《じぶん》の思《おも》いを自由《じゆう》に表現《ひょうげん》するというのは、悪《わる》くないやり方《かた》だと思《おも》うよ。

この日《ひ》に生《う》まれた有名人《ゆうめいじん》

伊福部昭《いふくべあきら》（作曲家《さっきょくか》）／クリント・イーストウッド（俳優《はいゆう》・映画監督《えいがかんとく》）
東八郎《あずまはちろう》（お笑《わら》い芸人《げいにん》）／鈴木京香《すずききょうか》（女優《じょゆう》）／有吉弘行《ありよしひろいき》（お笑《わら》い芸人《げいにん》）

6月《がつ》生《う》まれの偉《い》人《じん》

アメリカを代表《だいひょう》する美《うつく》しき大《だい》スター

マリリン・モンロー

（1926〜1962年　アメリカ）

誰《だれ》もがスターなの。
みんな、かがやく権利《けんり》をもっているのよ。

6月1日の偉人

文化

　私《わたし》はノーマ・ジーンという、茶色《ちゃいろ》い髪《かみ》をしたふつうの少女《しょうじょ》だった。ふつう？　いいえ、ふつうよりずっと不幸《ふしあわ》せだったかもしれない。私《わたし》が生《う》まれてすぐ、両親《りょうしん》は離婚《りこん》。父親《ちちおや》はどこかにいってしまい、お母《かあ》さんは心《こころ》をこわしてしまったわ。けっきょく、9歳《さい》のときに孤児院《こじいん》に入《い》れられて、そのあとは、いろいろな家《いえ》をたらいまわしにされて育《そだ》ったの。暴力《ぼうりょく》をふるわれたこともあったし、満足《まんぞく》にごはんを食《た》べさせてもらえなかったこともあった。ほかの子《こ》たちがしているようなふつうの生活《せいかつ》がしたい――そのころの私《わたし》の望《のぞ》みはそれだけだった。

　16歳《さい》で、知《し》りあいからすすめられた整備工《せいびこう》のジムと結婚《けっこん》したのよ。ああ、これでまともな生活《せいかつ》を送《おく》れると思《おも》って、うれしかった。でも、19歳《さい》のとき、工場《こうじょう》で働《はたら》いている姿《すがた》をとった1枚《まい》の写真《しゃしん》が、私《わたし》の人生《じんせい》を変《か》えることになったの。その写真《しゃしん》が雑誌《ざっし》にのって、それを見《み》た人《ひと》から、モデルにならないかと声《こえ》をかけられたのよ。自分《じぶん》がなにかでみとめてもらえるなんて、はじめてだった。私《わたし》はすぐにモデルになることを決《き》めたわ。そして、髪《かみ》を金色《きんいろ》にそめて、「マリリン・モンロー」になった。

　ジムは私《わたし》がモデルの仕事《しごと》をすることをゆるしてくれなかったわ。離婚《りこん》した私《わたし》は、とにかく成功《せいこう》しなくちゃいけないと思《おも》って、必死《ひっし》で努力《どりょく》した。どういう立《た》ち方《かた》をすればきれいに見《み》えるか、どういうふうに歩《ある》けばすてきか、笑《わら》い方《かた》や話《はな》し方《かた》はどうすればいいか……そうやって、「マリリン・モンロー」をつくりあげていったの。私《わたし》はモデルから、わき役《やく》の女優《じょゆう》へ、そして、主役《しゅやく》を演《えん》じる女優《じょゆう》になることができた。

　なんのとりえもなかった女《おんな》の子《こ》がスター女優《じょゆう》になれたのよ。誰《だれ》にだって、かがやく力《ちから》があるわ――その力《ちから》を自分《じぶん》で引《ひ》っぱりだせばいいの。

この日《ひ》に生《う》まれた有名人《ゆうめいじん》

チャールズ・ケイ・オグデン（言語学者《げんごがくしゃ》・思想家《しそうか》）／モーガン・フリーマン（俳優《はいゆう》）
九重親方《ここのえおやかた》（千代の富士《ちよのふじ》）（第《だい》58代横綱《だいよこづな》）／山下泰裕《やましたやすひろ》（柔道家《じゅうどうか》）／坂上忍《さかがみしのぶ》（俳優《はいゆう》）

ナイト（騎士《きし》）の称号《しょうごう》をもらった大作曲家《だいさっきょくか》

エドワード・エルガー

（1857～1934年　イギリス）

音楽《おんがく》は私《わたし》たちのまわりに――空気《くうき》の中《なか》にある。世界《せかい》は音楽《おんがく》であふれているのだ。

6月2日の偉人

芸術

私《わたし》は楽器屋《がっきや》の家《いえ》に生《う》まれました。父《ちち》は教会《きょうかい》でオルガンをひいていましたし、ピアノの調律師《ちょうりつし》もやっていたので、私《わたし》のまわりには生《う》まれたときから音楽《おんがく》があったのです。ですから、うちの子《こ》どもたちはみんな、小《ちい》さいころから楽器《がっき》を習《なら》っていて、私《わたし》もピアノとバイオリンを学《まな》んでいました。とはいっても、正式《せいしき》な音楽教育《おんがくきょういく》をうけたことはありません。私《わたし》の音楽《おんがく》は教会《きょうかい》で学《まな》んだものと、8歳《さい》から10歳《さい》ごろにかけて、図書館《としょかん》からかりてきた本《ほん》で学《まな》んだものでした。ほんとうは外国《がいこく》へ留学《りゅうがく》して、音楽《おんがく》を学《まな》びたかったのですが、うちにはそんなお金《かね》はありませんでした。15歳《さい》で学校《がっこう》を卒業《そつぎょう》した私《わたし》は、その後《ご》、小《ちい》さな楽団《がくだん》でバイオリンをひいたり、指揮《しき》をしたりしながら、少《すこ》しずつ作曲《さっきょく》をするようになりました。

曲《きょく》はつくっても、みとめられない日々《ひび》でした。お金《かね》もない日々《ひび》でしたが、32歳《さい》のとき、8歳年上《さいとしうえ》のアリスと結婚《けっこん》します。アリスは、まだ無名《むめい》だった私《わたし》の才能《さいのう》を信《しん》じ、心《こころ》のささえとなってくれました。アリスのささえがなかったら、私《わたし》は音楽《おんがく》をあきらめていたかもしれません。その後《ご》もぱっとしない日々《ひび》がつづき、バイオリン教師《きょうし》をするお金《かね》で生活《せいかつ》していました。

そのうち、少《すこ》しずつ、つくった曲《きょく》がみとめられて、楽譜《がくふ》が売《う》れるようになり、ついに42歳《さい》で、「エニグマ変奏曲《へんそうきょく》」が大《おお》きな評判《ひょうばん》となり、有名作曲家《ゆうめいさっきょくか》の仲間入《なかまい》りをはたすことができたのです。

そして、数年後《すうねんご》に作曲《さっきょく》した行進曲《こうしんきょく》「威風堂々《いふうどうどう》」もまたたくまに人気《にんき》となりました。イギリス国王《こくおう》にも気《き》に入《い》られ、とくに第《だい》1番《ばん》の中間部《ちゅうかんぶ》のメロディは、イギリス第《だい》2の国歌《こっか》とよばれるほどになり、私《わたし》はナイト（騎士《きし》）の称号《しょうごう》をもらいました。私《わたし》が成功《せいこう》できたのは、アリスが私《わたし》を信《しん》じてささえてくれたからです。自分《じぶん》を信《しん》じて、ささえてくれる人《ひと》がいたら、人間《にんげん》はすごい力《ちから》を出《だ》せるものなのですよ。

この日《ひ》に生《う》まれた有名人《ゆうめいじん》

トーマス・ハーディ（作家《さっか》・詩人《しじん》）／フェリックス・ワインガルトナー（指揮者《しきしゃ》）／平泉成《ひらいずみせい》（俳優《はいゆう》）／アントニオ・ホドリゴ・ノゲイラ（格闘家《かくとうか》）／末續慎吾《すえつぐしんご》（陸上選手《りくじょうせんしゅ》）

日本《にほん》の美《うつく》しい心《こころ》を後世《こうせい》に伝《つた》えた

佐《さ》佐《さ》木《き》信《のぶ》綱《つな》

（1872～1963年　日本）

われはわが身《み》のあるじなのである。

6月3日の偉人

文化

みなさんは、『万葉集《まんようしゅう》』を知《し》っていますか？　『万葉集《まんようしゅう》』とは、日本《にほん》でいちばん古《ふる》い歌集《かしゅう》で、今《いま》から1200年《ねん》ぐらい前《まえ》にまとめられました。ここでいう歌《うた》というのは、日本固有《にほんこゆう》の歌《うた》「和歌《わか》」のことで、5音《おん》と7音《おん》からできたことばでつくられています。『万葉集《まんようしゅう》』に入《はい》っている大部分《だいぶぶん》は短歌《たんか》といわれるものです。短歌《たんか》は、5・7・5・7・7の31文字《もじ》でできています。『万葉集《まんようしゅう》』には、天皇《てんのう》から一《いっ》般《ぱん》の人《ひと》まで500人近《にんちか》くの歌人《かじん》の歌《うた》が4500首以上《しゅいじょう》、入《はい》っているのですよ。

私《わたし》は、東京大学《とうきょうだいがく》で古典《こてん》（和歌《わか》のような、古《ふる》い時代《じだい》の文学《ぶんがく》）を学《まな》びました。もともと、父親《ちちおや》が歌人《かじん》だったので、私《わたし》はことばを話《はな》しだしてまもなくから、『万葉集《まんようしゅう》』の歌《うた》を暗唱《あんしょう》させられていたのです。5歳《さい》のときにはもう自分《じぶん》で短歌《たんか》をつくっていたのですよ。私《わたし》が歌《うた》の道《みち》に進《すす》み、『万葉集《まんようしゅう》』の研究《けんきゅう》をすることになるなんて、まさに「三《み》つ子《ご》の魂百《たましいひゃく》まで」というところでしょう。大学卒業後《だいがくそつぎょうご》は、歌集《かしゅう》を出《だ》して、歌《うた》の世界《せかい》を世《よ》の中《なか》に広《ひろ》めることと、『万葉集《まんようしゅう》』の研究《けんきゅう》に打《う》ちこみました。

とくに『万葉集《まんようしゅう》』の研究《けんきゅう》では、『校本《こうほん》万葉集《まんようしゅう》』をまとめたことが、高《たか》く評価《ひょうか》されました。『万葉集《まんようしゅう》』ができたのは、1200年《ねん》ほども前《まえ》。長《なが》い歴史《れきし》のあいだに、手《て》を入《い》れられたところがあったり、なくなったところがあったりして、どれが完全《かんぜん》な形《かたち》かわからなくなっていました。『万葉集《まんようしゅう》』という名前《なまえ》で残《のこ》っているものをすべて集《あつ》めて、同《おな》じところ・ちがっているところをぜんぶ書《か》き出《だ》したものが「校本《こうほん》」です。校本《こうほん》をつくるのは、ほんとうに大変《たいへん》で、一生《いっしょう》をかけた大仕事《おおしごと》なのです。『校本万葉集《こうほんまんようしゅう》』ができたことは、日本文化《にほんぶんか》をきちんと残《のこ》していくという意味《いみ》でも、研究《けんきゅう》を進《すす》めるという意味《いみ》でも、とても大《おお》きいことでした。

短歌《たんか》はたった31文字《もじ》であらゆることを表現《ひょうげん》しようとします。これは、すばらしい文学《ぶんがく》なのですよ。機会《きかい》があったら、ぜひ短歌《たんか》の世界《せかい》にふれてみてほしいと思《おも》います。

この日《ひ》に生《う》まれた有名人《ゆうめいじん》

ランサム・E・オールズ（オールズモビル創業者《そうぎょうしゃ》）／唐沢寿明《からさわとしあき》（俳優《はいゆう》）
川崎宗則《かわさきむねのり》（野球選手《やきゅうせんしゅ》）／ラファエル・ナダル（テニス選手《せんしゅ》）／長澤《ながさわ》まさみ（女優《じょゆう》）

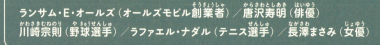

100年先《ねんさき》を見《み》すえた日本《にほん》の羅針盤《らしんばん》

後藤新平《ごとうしんぺい》

（1857～1929年　日本）

人《ひと》は、日本《にほん》の歴史《れきし》に50ページ書《か》いてもらうより、世界《せかい》の歴史《れきし》に1ページ書《か》いてもらうことを心《こころ》がけなくてはいけない。

6月
4日
の偉人

政治

私《わたし》は今《いま》の岩手県《いわてけん》に生《う》まれました。子《こ》どものころから政治《せいじ》に興味《きょうみ》があったのですが、まわりから医者《いしゃ》になれといわれてね。というのも、私《わたし》の大《おお》おじさんに高野長英《たかのちょうえい》という人《ひと》がいて、そのおじさんが幕末《ばくまつ》、幕府《ばくふ》に刃《は》むかって牢屋《ろうや》に入《い》れられたうえ、脱獄《だつごく》した罪《つみ》で殺《ころ》されたため、政治《せいじ》はやめておけ、ということになったのです。私《わたし》はしかたなく医学校《いがっこう》へ進《すす》み、愛知県《あいちけん》で医者《いしゃ》をやることになりました。

そんなある日《ひ》、岐阜《ぎふ》で刺客《しかく》におそわれケガをした自由党《じゆうとう》のリーダー板垣退助《いたがきたいすけ》の手当《てあて》をすることになりました。治療《ちりょう》を終《お》えると、私《わたし》の応対《おうたい》からなにかを感《かん》じとったのか、板垣《いたがき》さんは「君《きみ》が政治家《せいじか》でないのがおしい」といったのです。そのことばがきっかけとなり、私《わたし》は前《まえ》からやりたかった政治《せいじ》の世界《せかい》に入《はい》ることを決《き》めたのです。

私《わたし》はまず、病院《びょういん》や衛生問題《えいせいもんだい》をあつかう役所《やくしょ》の官僚《かんりょう》となりました。その仕事《しごと》ぶりがみとめられて、当時《とうじ》植民地《しょくみんち》だった台湾《たいわん》や、中国《ちゅうごく》・満州《まんしゅう》の鉄道経営《てつどうけいえい》など、さまざまな仕事《しごと》をまかされるようになり、内務《ないむ》大臣《だいじん》にまでのぼりつめたのです。

そんなとき、関東大震災《かんとうだいしんさい》がおこり、東《とう》京《きょう》はひどい被害《ひがい》をうけました。私《わたし》は、内《ない》務《む》大臣《だいじん》として復興計画《ふっこうけいかく》をつくりあげました。ほんとうに復興《ふっこう》をめざすなら、東京《とうきょう》をもとにもどすだけではだめだ、と私《わたし》は考《かんが》えました。私《わたし》たち日本人《にほんじん》は、東京《とうきょう》を、人《ひと》のくらしを守《まも》る人間中心《にんげんちゅうしん》の都市《とし》に——世界《せかい》に通用《つうよう》する偉大《いだい》な都市《とし》にしなくてはいけないと考《かんが》えたのです。

私《わたし》の計画《けいかく》があまりに壮大《そうだい》だったので（なにしろ国《くに》の予算《よさん》1年分《ねんぶん》と同《おな》じ金額《きんがく》がかかる計画《けいかく》でした）、私《わたし》は「大《おお》ぶろしき」などとからかわれました。けれど、そのとき私《わたし》が考《かんが》えたアイデアは、それから100年後《ねんご》にも通用《つうよう》するものだったのですよ。人間《にんげん》、ときにははるか先《さき》を見《み》て、大《おお》ぶろしきを広《ひろ》げなければいけないのです。

この日《ひ》に生《う》まれた有名人《ゆうめいじん》

大山倍達《おおやまますたつ》（空手家《からてか》）／梓《あずさ》みちよ（歌手《かしゅ》）／庄司陽子《しょうじようこ》（漫画家《まんがか》）／和泉元彌《いずみもとや》（狂言師《きょうげんし》）／アンジェリーナ・ジョリー（女優《じょゆう》）

今《いま》の経済学《けいざいがく》の基礎《きそ》をつくりあげた

アダム・スミス

（1723〜1790年　イギリス）

人間《にんげん》とはとりひきする動物《どうぶつ》だ。犬《いぬ》は骨《ほね》を交換《こうかん》しない。

6月
5日
の偉人

思想

　みなさんは、経済《けいざい》ということばを知《し》っていますか？　ニュースなどでとりあげられているから、きいたことはあるかもしれませんね。経済《けいざい》とは、生活《せいかつ》していくために、モノやサービスを交換《こうかん》するしくみのことです。私《わたし》たちのくらしには、モノやサービスが必要《ひつよう》です。でも、生活《せいかつ》に必要《ひつよう》なモノをすべて自分《じぶん》でつくるのは大《たい》変《へん》ですよね。そこで、みんながつくったモノやサービスを交換《こうかん》しあうのです。そうすれば、おたがいに満足《まんぞく》のいくくらしができるようになります。つまり、つくられたモノやサービスが、人《ひと》から人《ひと》へわたっていくことで、人々《ひとびと》のくらしはなりたっているわけです。

　私《わたし》は、『諸国民《しょこくみん》の富《とみ》の性質《せいしつ》と原因《げんいん》に関《かん》する研究《けんきゅう》（国富論《こくふろん》）』という本《ほん》を書《か》いて有名《ゆうめい》になりました。私《わたし》はこの本《ほん》の中《なか》で、経済《けいざい》でも自由《じゆう》が大切《たいせつ》だと書《か》きました。たとえば、パン屋《や》さんがパンを売《う》るのも、お菓子屋《かしや》さんがお菓子《かし》を売《う》るのも、自由《じゆう》にしておけば、店同士《みせどうし》が競争《きょうそう》しあって、安《やす》くてよいものを売《う》るようになるでしょう。そんなふうに、経済《けいざい》の世界《せかい》では、自《し》然《ぜん》に調整《ちょうせい》する力《ちから》がはたらくのです。モノの値段《ねだん》やつくられる量《りょう》も、自然《しぜん》に調節《ちょうせつ》されて、最後《さいご》には必要《ひつよう》なモノが必要《ひつよう》な分《ぶん》だけつくられるようになるでしょう。そうした調整《ちょうせい》は、まるで神《かみ》さまがみちびいているようにおこなわれると、私《わたし》は考《かんが》えたのです。その考《かんが》えは、「神《かみ》の見《み》えざる手《て》」とよばれるようになりました。

『国富論《こくふろん》』によって、学問《がくもん》としての経済《けいざい》学《がく》の土台《どだい》がきずかれたといわれています。私《わたし》がこの本《ほん》を書《か》いたのは250年《ねん》も前《まえ》ですが、ここに書《か》かれていることは、今《いま》でもじゅうぶん通用《つうよう》するのですよ。

　みなさんも、買《か》い物《もの》をするときに、お金《かね》やモノがどんなふうに動《うご》いているのか、交換《こうかん》されているのか考《かんが》えてみると、経済《けいざい》のしくみがわかっておもしろいと思《おも》いますよ。

この日《ひ》に生《う》まれた有名人《ゆうめいじん》

ジョン・メイナード・ケインズ（経済学者《けいざいがくしゃ》）／ルース・ベネディクト（文化人類学者《ぶんかじんるいがくしゃ》）／ガッツ石松《いしまつ》（タレント・プロボクサー）／檀《だん》ふみ（女優《じょゆう》）／中嶋朋子《なかじまともこ》（女優《じょゆう》）

栄光《えいこう》と悲劇《ひげき》の探検家《たんけんか》

ロバート・ファルコン・スコット

（1868〜1912年　イギリス）

私《わたし》はこの探検《たんけん》をけっして後悔《こうかい》しない。

6月6日の偉人

社会

　私《わたし》はイギリスの探検家《たんけんか》です。それまで誰《だれ》もいったことのなかった南極点《なんきょくてん》をめざして探検《たんけん》にいきました。

　最初《さいしょ》に探検《たんけん》に出《で》たのは、１９０１年《ねん》、33歳《さい》のときです。イギリスの王立協会《おうりつきょうかい》が南極探検隊《なんきょくたんけんたい》をつくって、南極《なんきょく》の調査《ちょうさ》をすることになり、私《わたし》がその隊長《たいちょう》になったのでした。私《わたし》たちはディスカバリー号《ごう》で南《なん》極《きょく》にいき、世界《せかい》ではじめて南極大陸《なんきょくたいりく》の奥《おく》深《ふか》くまで探検《たんけん》しました。南極点《なんきょくてん》まではいけませんでしたが、大陸《たいりく》にすむ生《い》き物《もの》の調《ちょう》査《さ》ができたので、探検《たんけん》はいちおう成功《せいこう》したのです。

　でも、私《わたし》はやっぱり南極点《なんきょくてん》までいきたかった。１９１０年《ねん》、私《わたし》はふたたび南《なん》極《きょく》にむかいました。今度《こんど》の探検《たんけん》は、国《くに》が計画《けいかく》したものではなく、私《わたし》が計画《けいかく》し、実《じっ》行《こう》したのです。ちょうど同《おな》じころ、ノルウェーの探検家《たんけんか》アムンゼンと日本《にほん》の白瀬《しらせ》も南極点《なんきょくてん》にむかったという情報《じょうほう》が入《はい》りました。私《わたし》たちは必死《ひっし》で南極点《なんきょくてん》へといそぎました。エンジンつきのそりが故障《こしょう》して、人間《にんげん》や馬《うま》がそりをひかなくてはならなくなりました。その馬《うま》もあまりの寒《さむ》さにたおれました。けっきょく、最終的《さいしゅうてき》に南極《なんきょく》点《てん》にむかったのは、私《わたし》をふくめた5人《にん》だけ。

　１９１２年《ねん》1月《がつ》17日《にち》、ついに私《わたし》たちは南極点《なんきょくてん》に到達《とうたつ》しました。そのときに見《み》たものは……1か月前《げつまえ》に南極点《なんきょくてん》に到達《とうたつ》していたアムンゼン隊《たい》が残《のこ》したノルウェーの国旗《こっき》でした。私《わたし》たちは、心底《しんそこ》がっかりして、南極点《なんきょくてん》をあとにしました。けれど、もどるとちゅう、猛吹雪《もうふぶき》にあって一歩《いっぽ》も動《うご》けなくなってしまったのです。燃料《ねんりょう》がなくなり、食料《しょくりょう》がなくなり、ひとり、またひとりと息《いき》を引《ひ》きとりました。そして最後《さいご》には全滅《ぜんめつ》してしまったのです。大量《たいりょう》の燃料《ねんりょう》と食料《しょくりょう》を用意《ようい》している基地《きち》まで、あとわずか18キロメートルというところでした。

　上《うえ》に出《で》ていることばは、私《わたし》が残《のこ》した遺《い》書《しょ》に書《か》いたことばです。探検《たんけん》は成功《せいこう》とはいえなかったかもしれない。でも、やりとげたという喜《よろこ》びはたしかにあったのですよ。

この日《ひ》に生《う》まれた有名人《ゆうめいじん》

トーマス・グラバー（貿易商人《ぼうえきしょうにん》）／トーマス・マン（作家《さっか》）
大滝秀治《おおたきひでじ》（俳優《はいゆう》）／山田太一《やまだたいち》（脚本家《きゃくほんか》）／SHIHO（モデル）

文明《ぶんめい》におかされないこの世《よ》の楽園《らくえん》を絵《え》にした

ポール・ゴーギャン

（1848〜1903年　フランス）

見《み》るために、私《わたし》は目《め》をとじる。

6月7日の偉人

芸術

私《わたし》の絵《え》といえば、タヒチでしょう。タヒチは、南太平洋《みなみたいへいよう》の楽園《らくえん》とよばれている島《しま》です。かぎりなく透明《とうめい》で美《うつく》しい海《うみ》と、緑《みどり》あふれる木々《きぎ》、色《いろ》あざやかな花々《はなばな》、生命力《せいめいりょく》にあふれる人々《ひとびと》……そうしたものを絵《え》にして、私《わたし》は有名《ゆうめい》になりました。

私《わたし》が絵《え》を描《か》きはじめたのは、大人《おとな》になってからです。若《わか》いころは船員《せんいん》をして、世界《せかい》の海《うみ》を航海《こうかい》していました。そのあと、株式取引店《かぶしきとりひきてん》の店員《てんいん》をしながら、趣味《しゅみ》で絵《え》を描《か》きはじめました。25歳《さい》のころです。別《べつ》に画家《がか》になるつもりなどなかったのですが、ほかの画家《がか》の絵《え》を見《み》たり、展覧会《てんらんかい》に応募《おうぼ》したりするうちに、本格的《ほんかくてき》に絵《え》を描《か》きたいと思《おも》うようになったのです。けっきょく、35歳《さい》で仕事《しごと》をやめ、絵《え》に熱中《ねっちゅう》しました。

絵《え》を習《なら》ったことはありませんでしたから、ほかの画家《がか》の描《か》き方《かた》をまねたりしながら、自分《じぶん》の絵《え》というものをさがしました。でも、絵《え》はまったく売《う》れず、まずしいくらしがつづきました。

そんな日々《ひび》をすごす中《なか》で、私《わたし》は、自由《じゆう》で自然《しぜん》なくらしをしながら絵《え》を描《か》きたいと思《おも》うようになったのです。ヨーロッパの文明《ぶんめい》や人工的《じんこうてき》なものから、逃《のが》れたいと思《おも》うようになったのです。そうして、私《わたし》はタヒチにわたりました。

タヒチで、私《わたし》は自分《じぶん》の絵《え》をつくりあげました。私《わたし》の絵《え》を見《み》たことはありますか？　力強《ちからづよ》いりんかくの線《せん》とだいたんな色使《いろづか》いで、タヒチの自然《しぜん》と人々《ひとびと》を描《えが》いています。日本《にほん》の浮世絵《うきよえ》にとても影響《えいきょう》をうけているのですよ。けっきょく、私《わたし》はタヒチに移《うつ》りすみ、そこで死《し》ぬまで絵《え》を描《か》きつづけました。私《わたし》の絵《え》がみとめられるようになったのは、死《し》ぬほんの数年前《すうねんまえ》でした。

もし私《わたし》の絵《え》を見《み》る機会《きかい》があったら、そのあと目《め》をとじてみてください。そして、タヒチの空《そら》を、海《うみ》を、木々《きぎ》を、人々《ひとびと》を想像《そうぞう》してみてください。

この日《ひ》に生《う》まれた有名人《ゆうめいじん》

プリンス（ミュージシャン）／小林武史《こばやしたけし》（ミュージシャン）
和田秀樹《わだひでき》（精神科医《せいしんかい》）／荒木飛呂彦《あらきひろひこ》（漫画家《まんがか》）／手塚理美《てづかさとみ》（女優《じょゆう》）

アイヌの文化《ぶんか》と誇《ほこ》りをとりもどさせた少女《しょうじょ》

知里幸恵《ちりゆきえ》

（1903〜1922年　日本）

アイヌだから、それで人間《にんげん》でないということもない。同《おな》じ人間《にんげん》ではないか。私《わたし》は涙《なみだ》を知《し》っている。

6月8日の偉人

社会

「銀《ぎん》のしずく降《ふ》る降《ふ》るまわりに、金《かね》のしずく降《ふ》る降《ふ》るまわりに」

これは、私《わたし》が翻訳《はんやく》、編集《へんしゅう》した『アイヌ神謡集《カムイユカラしゅう》』の詩《し》の一部《いちぶ》です。アイヌというのがなにか知《し》っていますか？　アイヌはずっと前《まえ》から北海道《ほっかいどう》に住《す》んでいる民族《みんぞく》のことです。明治時代《めいじじだい》、日本《にほん》の本州《ほんしゅう》に住《す》んでいた大和民族《やまとみんぞく》は、本格的《ほんかくてき》に北海道《ほっかいどう》を開拓《かいたく》して、移《うつ》りすんできました。そして、アイヌは追《お》われて、居場所《いばしょ》を失《うしな》っていったのです。

私《わたし》が生《い》きていた明治時代《めいじじだい》の終《お》わり、アイヌはまずしさと日本人《にほんじん》からの差別《さべつ》に苦《くる》しんでいました。「アイヌは劣《おと》った民族《みんぞく》」と思《おも》いこまされ、誇《ほこ》りを失《うしな》っていました。私《わたし》もそんなひとりでした。でも、アイヌ語《ご》を研究《けんきゅう》していた金田一京助《きんだいちきょうすけ》さんと出会《であ》ったことで、その考《かんが》えは変《か》わりました。金田一《きんだいち》さんは、アイヌはすばらしい民族《みんぞく》だといってくれたのです。

私《わたし》は、アイヌ文化《ぶんか》のすばらしさをみんなに伝《つた》えたいという金田一《きんだいち》さんに協力《きょうりょく》して『アイヌ神謡集《カムイユカラしゅう》』をつくることにしました。アイヌ語《ご》は文字《もじ》をもちません。ですから、昔《むかし》から伝《つた》わる物語《ものがたり》も、口伝《くちづた》えで、文字《もじ》として残《のこ》っていなかったのです。私《わたし》はそれを日本語《にほんご》に翻訳《はんやく》して、文字《もじ》として残《のこ》そうと思《おも》ったのです。じつは、私《わたし》は心臓病《しんぞうびょう》をわずらっていて、本《ほん》をつくっているあいだ、どんどん具合《ぐあい》が悪《わる》くなりました。でも、どうしてもこの作品《さくひん》を世《よ》に残《のこ》したい、書《か》かなければならないという思《おも》いが私《わたし》に力《ちから》をくれました。

『アイヌ神謡集《カムイユカラしゅう》』を完成《かんせい》させたその日《ひ》に、私《わたし》はわずか19歳《さい》でこの世《よ》を去《さ》ることになりました。けれど、この本《ほん》は、アイヌの誇《ほこ》りをとりもどし、アイヌ文化《ぶんか》を見《み》なおすきっかけとなりました。

世界《せかい》には、たくさんの民族《みんぞく》がいて、それぞれに独自《どくじ》のことばや文化《ぶんか》があります。それは、民族《みんぞく》の誇《ほこ》りなのです。それぞれの文化《ぶんか》や考《かんが》え方《かた》をおたがいに尊重《そんちょう》しあうことがほんとうの豊《ゆた》かさにつながると、私《わたし》は信《しん》じています。

この日《ひ》に生《う》まれた有名人《ゆうめいじん》

ジョヴァンニ・カッシーニ（天文学者《てんもんがくしゃ》）／ロベルト・シューマン（作曲家《さっきょくか》）／フランク・ロイド・ライト（建築家《けんちくか》）／三村《みむら》マサカズ《さまぁ〜ず》（お笑《わら》い芸人《げいにん》）／TERU《GLAY》（ミュージシャン）

機関車《きかんしゃ》を実用化《じつようか》させた鉄道《てつどう》の父《ちち》

ジョージ・スティーブンソン

（1781～1848年　イギリス）

鉄道《てつどう》は将来《しょうらい》、あらゆる輸送機関《ゆそうきかん》にとってかわるだろう。困難《こんなん》ははかりしれないが、鉄道《てつどう》が世界《せかい》に広《ひろ》がることは、私《わたし》が生《い》きているということと同《おな》じくらい確実《かくじつ》なのだ。

6月
9日
の偉人

社会

私《わたし》はちょうど、イギリスで産業革命《さんぎょうかくめい》がおころうとしているときに、炭鉱《たんこう》の町《まち》で生《う》まれました。炭鉱《たんこう》というのは、石炭《せきたん》がある山《やま》のことです。昔《むかし》は石炭《せきたん》がいちばんだいじな燃料《ねんりょう》でした。私《わたし》の父《ちち》は、炭鉱《たんこう》で働《はたら》いていました。水《みず》をくみあげるポンプの蒸気機関《じょうききかん》の管理《かんり》をしていたのです。私《わたし》は機械《きかい》が動《うご》くのを見《み》るのが好《す》きで、よく父《ちち》にくっついて仕事場《しごとば》にいっていました。そのうち、仕事《しごと》を手伝《てつだ》って、機械《きかい》をいじるようになりました。蒸気機関《じょうききかん》のしくみについて、炭鉱《たんこう》で学《まな》んだわけです。

機械《きかい》をいじるうちに、機械《きかい》について、もっと知《し》りたいと思《おも》うようになりました。でも、家《いえ》はとてもまずしかったので、私《わたし》は学校《がっこう》にいったことがなく、文字《もじ》を書《か》くことも、読《よ》むこともできませんでした。本《ほん》を読《よ》みたくても読《よ》めないのです。どうしても勉強《べんきょう》したかった私《わたし》は、炭鉱《たんこう》での手《て》伝《つだ》いが終《お》わってから、週《しゅう》3日《か》だけ、夜《よる》、読《よ》み書《か》きを習《なら》いに学校《がっこう》にいきました。そして、蒸気機関《じょうききかん》について、本《ほん》からも学《まな》ぶことができるようになったのです。

炭鉱《たんこう》でもどんどん昇進《しょうしん》して、機械《きかい》の整備《せいび》などをおこなう責任者《せきにんしゃ》になりました。整備《せいび》をするだけでなく、たとえば、安全《あんぜん》なランプのような、炭鉱《たんこう》で働《はたら》く人《ひと》たちがもっと仕事《しごと》をしやすくなる道具《どうぐ》も発明《はつめい》しました。その中《なか》のひとつが、とった石炭《せきたん》を運《はこ》ぶための蒸気機関車《じょうききかんしゃ》です。はじめてつくった機関車《きかんしゃ》は、ゆっくりしたスピードではありましたが、30トンもの石炭《せきたん》を、上《のぼ》り坂《ざか》で運《はこ》ぶことができました。私《わたし》より先《さき》に蒸気機関車《じょうききかんしゃ》をつくっていた人《ひと》はいましたが、じっさいに仕事《しごと》や生活《せいかつ》に使《つか》える機関車《きかんしゃ》をつくったのは、私《わたし》がはじめてです。

その後《ご》、私《わたし》は炭鉱《たんこう》から川《かわ》まで石炭《せきたん》を運《はこ》ぶ鉄道《てつどう》の建設《けんせつ》にかかわり、みごとにつくりあげました。それをきっかけに、国《くに》じゅうでおこなわれる鉄道建設《てつどうけんせつ》にかかわるようになるのです。このとき、私《わたし》が考《かんが》えたレールの幅《はば》（約《やく》1・4メートル）は世《せ》界標準《かいひょうじゅん》となって、今《いま》でもたくさんの国《くに》のたくさんの鉄道《てつどう》で使《つか》われているのですよ。

この日《ひ》に生《う》まれた有名人《ゆうめいじん》

曲亭馬琴《きょくていばきん》（作家《さっか》）／柳田邦男《やなぎだくにお》（作家《さっか》）／マイケル・J・フォックス（俳優《はいゆう》）／ジョニー・デップ（俳優《はいゆう》）／薬師丸《やくしまる》ひろ子《こ》（女優《じょゆう》）

さきの副将軍《ふくしょうぐん》水戸《みと》光圀公《みつくにこう》にあらせられるぞ

徳川光圀《とくがわみつくに》

（1628〜1701年　日本）

苦《く》は楽《たの》しみの種《たね》、楽《らく》は苦《く》の種《たね》と知《し》るべし。

6月10日の偉人

政治

わしは江戸《えど》時代《じだい》、水戸藩《みとはん》（今《いま》の茨城県《いばらきけん》）の藩主《はんしゅ》だった。徳川光圀《とくがわみつくに》というより「水戸《みと》の黄門《こうもん》さま」といったほうがみなにはわかるかな。テレビのドラマなどで、わしが全国《ぜんこく》を歩《ある》いてまわっては悪者《わるもの》を成敗《せいばい》する話《はなし》が語《かた》られておるようだが、あれは嘘《うそ》だ。わしは関東《かんとう》から外《そと》に出《で》たことがない（日本人《にはんじん》ではじめてラーメンを食《た》べたという伝説《でんせつ》はほんとうだ）。

わしは、若《わか》いときは、遊《あそ》んでばかりの不良《ふりょう》だった。まわりにも迷惑《めいわく》ばかりかけておった。けれどある日《ひ》、中国《ちゅうごく》の『史記《しき》』という本《ほん》を読《よ》んで、えらく感動《かんどう》したのだ。その本《ほん》には、とても気高《けだか》い王子《おうじ》の兄弟《きょうだい》のことが書《か》かれていた。兄弟《きょうだい》はつねに正《ただ》しいことをしようと努力《どりょく》していたが、最後《さいご》にそのせいで飢《う》え死《じ》にしてしまう。わしはその話《はなし》を読《よ》んで、それまでの自分《じぶん》を恥《は》じた。そして、これからは一生懸命《いっしょうけんめい》勉強《べんきょう》して、人《ひと》に対《たい》する思《おも》いやりの心《こころ》を深《ふか》めようと決心《けっしん》したのだ。

34歳《さい》で水戸《みと》の藩主《はんしゅ》となったわしは、人々《ひとびと》のためにつくし、名君《めいくん》（すぐれた殿《との》さま）といわれるようになった。また、『史記《しき》』に影響《えいきょう》をうけていたこともあって、歴史《れきし》を記《しる》して残《のこ》すのはとても大切《たいせつ》だと思《おも》っていたので、日本《にはん》の歴史《れきし》をまとめようと思《おも》いたった。そこで、『大日本史《だいにほんし》』という歴史書《れきししょ》の作成《さくせい》にとりかかったのだ。わしは、彰考館《しょうこうかん》という、歴史書《れきししょ》をつくるための部署《ぶしょ》をつくり、数十人《すうじゅうにん》を雇《やと》った。水戸藩《みとはん》からはそのおかげで、いい学者《がくしゃ》がたくさん育《そだ》っていったのだ。わしは死《し》ぬまで『大日本史《だいにほんし》』づくりにかかわりつづけたが、生《い》きているあいだに完成《かんせい》はしなかった。ほんとうに完成《かんせい》するのは、わしが死《し》んでからなんと250年《ねん》もあとのことだ。わしが始《はじ》めたこの歴史《れきし》の研究《けんきゅう》は、その後《ご》、水戸藩《みとはん》にずっとうけつがれ、「水戸学《みとがく》」とまでいわれるようになったのだ。

もし『史記《しき》』という本《ほん》に出会《であ》っていなかったら、わしが歴史《れきし》に名《な》を残《のこ》すようなことはなかったかもしれん。みなも、たくさんの本《ほん》に出会《であ》い、たくさんのことを学《まな》んでおくれ。

この日《ひ》に生《う》まれた有名人《ゆうめいじん》

稲尾和久《いなおかずひさ》（野球選手《やきゅうせんしゅ》・監督《かんとく》）／いとうあさこ（お笑《わら》い芸人《げいにん》）
松《まつ》たか子《こ》（女優《じょゆう》）／本橋麻里《もとはしまり》（カーリング選手《せんしゅ》）／細貝萌《ほそがいはじめ》（サッカー選手《せんしゅ》）

かがやかしく壮大《そうだい》な交響詩《こうきょうし》を生《う》みだした

リヒャルト・シュトラウス

（1864～1949年　ドイツ）

私《わたし》は一流《いちりゅう》の作曲家《さっきょくか》ではないかもしれないが、二流《にりゅう》の作曲家《さっきょくか》としては最高《さいこう》だ。

6月11日の偉人

芸術

私《わたし》は、ドイツの音楽家《おんがくか》の家《いえ》に生《う》まれました。父《ちち》はとても有名《ゆうめい》なホルン奏者《そうしゃ》で、私《わたし》は幼《おさな》いころから、音楽《おんがく》の教育《きょういく》をうけたのです。まず、4歳《さい》からピアノを、8歳《さい》からバイオリンを習《なら》い、それぞれすぐにうまくなりました。6歳《さい》のときに、教会《きょうかい》の付属学校《ふぞくがっこう》に入《はい》り、楽器《がっき》をひくだけでなく、作曲《さっきょく》もするようになったのです。

ただ、学校《がっこう》では、音楽《おんがく》だけでなく、歴《れき》史《し》や文学《ぶんがく》も好《す》きで、学《まな》びました。大学《だいがく》では、哲学《てつがく》も勉強《べんきょう》したのです。じつは、こうした勉強《べんきょう》が、その後《ご》とても役《やく》に立《た》つようになるのですよ。

学業《がくぎょう》を終《お》えると、楽団《がくだん》で指揮《しき》をしたり、楽器《がっき》を演奏《えんそう》したりしながら、作曲《さっきょく》をしていました。そんなとき、私《わたし》はワーグナーという作曲家《さっきょくか》のつくったオペラをきき、ひきつけられたのです。ワーグナーはまるで物語《ものがたり》をつむぐように、音楽《おんがく》を組《く》みたて、つくっていきます。ワーグナーの音《おん》楽《がく》はまるで物語《ものがたり》のようなのです。私《わたし》の父《ちち》はワーグナーの音楽《おんがく》が大嫌《だいきら》いで、それまで私《わたし》にきかせないようにしていました。そんなワーグナーの音楽《おんがく》に私《わたし》が夢中《むちゅう》になったのですから、おかしなものですね。

ワーグナーに影響《えいきょう》をうけた私《わたし》は、それから交響詩《こうきょうし》という音楽《おんがく》をつくるようになりました。交響詩《こうきょうし》というのは、歌《うた》のない音《おん》楽《がく》で物語《ものがたり》を表現《ひょうげん》するものです。私《わたし》は『ドン・キホーテ』や『ツァラトゥストラはかく語《かた》りき』『ドン・ファン』など、文《ぶん》学作品《がくさくひん》をもとに交響詩《こうきょうし》をつくり、これがとても人気《にんき》になりました。その後《ご》、交響《こうきょう》詩《し》で表現《ひょうげん》することに限界《げんかい》を感《かん》じて、オペラをつくるようになりました。それこそ、死《し》ぬまで作曲《さっきょく》をやめませんでした。

けっきょく、私《わたし》は60年《ねん》ものあいだ、第《だい》一線《いっせん》で音楽《おんがく》をつくりつづけました。ジャンルも、管弦楽《かんげんがく》から室内楽《しつないがく》、交響曲《こうきょうきょく》、交《こう》響詩《きょうし》、オペラといろいろです。これほど幅広《はばひろ》い音楽《おんがく》をつくれたのも、私《わたし》が音楽《おんがく》だけでなく、文学《ぶんがく》や哲学《てつがく》、歴史《れきし》など、ほかの学問《がくもん》から、多《おお》くのことを学《まな》んだからなのですよ。

この日《ひ》に生《う》まれた有名人《ゆうめいじん》

ジャン・アレジ（F1ドライバー）／沢口靖子《さわぐちやすこ》（女優《じょゆう》）
チェ・ジウ（女優《じょゆう》）／山口《やまぐち》もえ（タレント）／新垣結衣《あらがきゆい》（女優《じょゆう》）

けっして絶望《ぜつぼう》しなかったユダヤの少女《しょうじょ》

アンネ・フランク

（1929～1945年　ドイツ）

私《わたし》はずっとさがしているんです。こうなりたいと思《おも》っている自分《じぶん》にどうやったらなれるのか、その方法《ほうほう》をずっとさがしているんです。きっとそうなれるはずだと思《おも》うから。

6月
12日
の偉人

社会

『アンネの日記《にっき》』という本《はん》を知《し》っていますか？　あれは、私《わたし》が13歳《さい》になった誕生《たんじょう》日《び》から2年間《ねんかん》、書《か》きつづけた日記《にっき》です。日記《にっき》は1944年《ねん》8月《がつ》1日《ついたち》でとつぜん終《お》わります。そのページから先《さき》はまっ白《しろ》なのですよ。

私《わたし》はドイツで生《う》まれました。お父《とう》さん、お母《かあ》さん、3つ上《うえ》のお姉《ねえ》ちゃんの4人家《にんか》族《ぞく》です。私《わたし》たちは平和《へいわ》で幸《しあわ》せな毎日《まいにち》を送《おく》っていました。ところが、「ナチス」という政党《せいとう》がドイツを支配《しはい》するようになったとたん、生活《せいかつ》がめちゃくちゃになったのです。

ナチスはヒトラーという男《おとこ》をリーダーにしていました。そのヒトラーは、自分《じぶん》たちがいちばんすぐれていると考《かんが》えていて、自分《じぶん》たちと「ちがう」ものは生《い》きている価値《かち》がないといったのです。肌《はだ》の色《いろ》が白《しろ》くない人《ひと》、ことばがすらすらしゃべれない人《ひと》、そして、私《わたし》たちユダヤ人《じん》も。

私《わたし》たちは、自由《じゆう》に学校《がっこう》へいけなくなり、お店《みせ》で買《か》い物《もの》ができなくなり、公園《こうえん》で遊《あそ》べなくなり……ついには強制収容所《きょうせいしゅうようじょ》というところに入《い》れられて、そこでつらい仕《し》事《ごと》をさせられたり、殺《ころ》されたりするようになったのです。

私《わたし》たち家族《かぞく》は、ナチスにつかまらないように、隠《かく》れ家《が》に身《み》をひそめてくらすことにしました。ちょうど私《わたし》が13歳《さい》の誕生《たんじょう》日《び》をむかえたころです。足音《あしおと》を立《た》てないよう、大声《おおごえ》を出《だ》さないよう、1日《にち》じゅう気《き》を使《つか》って生活《せいかつ》しました。窓《まど》もないせまい部屋《へや》で、たくさんの人《ひと》といっしょにすごす生活《せいかつ》は苦《くる》しくてしかたありませんでした。でも、生《い》きているだけでいい、生《い》きていれば、希望《きぼう》はあると思《おも》って、がまんしました。

けれど、1944年《ねん》8月《がつ》1日《ついたち》、ナチスが隠《かく》れ家《が》にやってきて、私《わたし》たちはつかまりました。上《うえ》に出《で》ていることばは、その3日前《かまえ》に日記《にっき》に書《か》いたものです。つかまったあと、私《わたし》は収容所《しゅうようじょ》に送《おく》られて、そこで死《し》んでしまいますが、希望《きぼう》は忘《わす》れませんでした。私《わたし》は最後《さいご》まで明日《あす》のことを考《かんが》えていたのですよ。

この日《ひ》に生《う》まれた有名人《ゆうめいじん》

ヨハンナ・シュピリ（作家《さっか》）／デヴィッド・ロックフェラー（実業家《じつぎょうか》）
ジョージ・H・W・ブッシュ（第《だい》41代《だい》アメリカ大統領《だいとうりょう》）／松井秀喜《まついひでき》（野球選手《やきゅうせんしゅ》）／釈由美子《しゃくゆみこ》（女優《じょゆう》）

小《ちい》さいころからの夢《ゆめ》をかなえた探検家《たんけんか》

白瀬矗《しらせのぶ》

（1861〜1946年　日本）

人生困苦《じんせいこんく》の味《あじ》を知《し》らない人《ひと》はまことに幸福《こうふく》である。そして、不幸《ふこう》である。

6月13日の偉人

社会

私《わたし》は、秋田県《あきたけん》の寺《てら》の子《こ》として生《う》まれた。小《ちい》さいころは、絵《え》に描《か》いたようなガキ大将《だいしょう》だった。うちの犬《いぬ》をかみ殺《ころ》したオオカミを鎌《かま》でたいじしたり、船《ふね》の底《そこ》まですもぐりをして死《し》にかけたり、とにかくあばれていたよ。そんな子《こ》どもだった11歳《さい》のとき、かよっていた塾《じゅく》の先生《せんせい》から、北極《ほっきょく》の話《はなし》をきいた。北極点《ほっきょくてん》にはまだ誰《だれ》もいったことがないときいたんだ。そのときだ。私《わたし》はいつか自分《じぶん》が北極《ほっきょく》にいってやる！と決《き》めたのさ。

坊《ぼう》さんになったら、探検《たんけん》などできないから、18歳《さい》のとき、軍隊《ぐんたい》に入《はい》ることにした。軍隊《ぐんたい》で、将来《しょうらい》の探検《たんけん》にそなえて訓練《くんれん》したんだ。けれど、そんなことをしているうちに、アメリカの探検家《たんけんか》ピアリーが北極点到達《ほっきょくてんとうたつ》に成功《せいこう》してしまった。あのときはほんとうにがっかりしたよ。

しかし、そこでへこたれる私《わたし》ではない。私《わたし》は目標《もくひょう》を南極点《なんきょくてん》に変更《へんこう》した。政府《せいふ》にお願《ねが》いして少《すこ》しばかりの支援金《しえんきん》をもらったほか、多《おお》くの人《ひと》たちから援助《えんじょ》してもらい、ついに南極探検《なんきょくたんけん》に出発《しゅっぱつ》したんだ（それでも足《た》りなかったので、たくさん借金《しゃっきん》をすることになったのだけれどね）。隊員《たいいん》29人《にん》で、わずか200トンあまりの小《ちい》さな船《ふね》での出発《しゅっぱつ》だった。

南極探検《なんきょくたんけん》は、イギリスのスコット隊《たい》と、ノルウェーのアムンゼン隊《たい》との競争《きょうそう》になった。われわれは残念《ざんねん》ながら、南極点《なんきょくてん》まであともう少《すこ》しのところで猛吹雪《もうふぶき》にはばまれ、とちゅうで引《ひ》きかえさなければならなくなった。私《わたし》はその場所《ばしょ》を「大和雪《やまとゆき》原《はら》」と名《な》づけて帰国《きこく》した。そんなわれわれを、日本《にほん》じゅうの人々《ひとびと》が祝《いわ》ってくれてね、あれはうれしかったよ。

そのあとは、借金《しゃっきん》をかえすため、ただひたすら働《はたら》いた。幸《しあわ》せな生活《せいかつ》ではなかったかもしれない。だが、私《わたし》は小《ちい》さいときからの夢《ゆめ》をかなえられて、満足《まんぞく》しているよ。

誰《だれ》もなしとげたことのないことに挑戦《ちょうせん》するには、とても勇気《ゆうき》がいる。しかし、挑戦《ちょうせん》しただけの喜《よろこ》びをえることはできるんだ。

この日《ひ》に生《う》まれた有名人《ゆうめいじん》

ジェイムズ・マクスウェル（物理学者《ぶつりがくしゃ》）／ウィリアム・バトラー・イェイツ（詩人《しじん》）
森口博子《もりぐちひろこ》（歌手《かしゅ》・タレント）／伊調馨《いちょうかおる》（レスリング選手《せんしゅ》）／本田圭佑《ほんだけいすけ》（サッカー選手《せんしゅ》）

日本《にほん》ではじめてのノーベル文学賞作家《ぶんがくしょうさっか》

川《かわ》端《ばた》康《やす》成《なり》

（1899～1972年　日本）

一生《いっしょう》のあいだにひとりの人間《にんげん》でも幸福《こうふく》にすることができれば、自分《じぶん》の幸福《こうふく》なのだ。

6月
14日
の偉人

文化

国境《こっきょう》の長《なが》いトンネルをぬけると、雪国《ゆきぐに》であった――みなさんはこの文章《ぶんしょう》をきいたことがありますか？　これは、『雪国《ゆきぐに》』という、私《わたし》が書《か》いた小説《しょうせつ》の最初《さいしょ》の部分《ぶぶん》です。

私《わたし》は父《ちち》と母《はは》を早《はや》くに亡《な》くしました。そのため、幼《おさな》いころから祖父母《そふぼ》に育《そだ》てられました。姉《ねえ》さんがひとりいたのですが、祖父母《そふぼ》ではなくおじさんの家《いえ》にあずけられたので、ほとんど会《あ》えませんでした。

小学校《しょうがっこう》へ入学《にゅうがく》したときは、それまでそんなにたくさんの子《こ》どもを見《み》たことがなかったので、びっくりしました。もともと人《ひと》ごみにいるのが嫌《きら》いだったので、学校《がっこう》も嫌《きら》いで、よく休《やす》んでいました。勉強《べんきょう》は祖父《そふ》に教《おし》えてもらっていたので、成績《せいせき》はよかったです。作文《さくぶん》もじょうずでした。本《ほん》を読《よ》むのも好《す》きで、学校《がっこう》の図書館《としょかん》の本《ほん》は1冊残《さつのこ》らず読《よ》んだのですよ。

文学《ぶんがく》が好《す》きだった私《わたし》は、中学《ちゅうがく》3年《ねん》のころから、自分《じぶん》でも短《みじか》い小説《しょうせつ》を書《か》くようになり、もう作家《さっか》になると決《き》めていました。

18歳《さい》のころでしょうか、私《わたし》はふらりと伊豆《いず》に旅《たび》に出《で》ました。そのころ入《はい》っていた大学《だいがく》の寮《りょう》の人《ひと》たちとなかなかなじめず、気持《きも》ちがふさぎこんでいたのです。伊豆《いず》で、私《わたし》は旅芸人《たびげいにん》の一座《いちざ》と会《あ》いました。そこにいた14歳《さい》の踊《おど》り子《こ》の少女《しょうじょ》の純粋《じゅんすい》な気《き》持《も》ちに、心《こころ》がしんからいやされました（この経験《けいけん》が、8年後《ねんご》『伊豆《いず》の踊《おど》り子《こ》』という小説《しょうせつ》になるのです）。東京《とうきょう》に帰《かえ》ってからは、すっきりした気持《きも》ちで文学《ぶんがく》に打《う》ちこみました。

大学《だいがく》を卒業《そつぎょう》してからは、雑誌《ざっし》を出《だ》しながら、自分《じぶん》の小説《しょうせつ》を書《か》きつづけました。『雪国《ゆきぐに》』『千羽鶴《せんばづる》』『山《やま》の音《おと》』『みづうみ』『古都《こと》』……たくさんの作品《さくひん》を発表《はっぴょう》し、人気作家《にんきさっか》になっていきました。そして69歳《さい》のとき、日本人《にほんじん》としてはじめてのノーベル文学賞《ぶんがくしょう》を受賞《じゅしょう》したのです。

私《わたし》の小説《しょうせつ》は、心《こころ》をきれいにしてくれる、日本《にほん》の美《うつく》しさを感《かん》じさせてくれるといわれています。どうなのでしょうね、一度《いちど》読《よ》んでたしかめてみてください。

この日《ひ》に生《う》まれた有名人《ゆうめいじん》

シャルル・ド・クーロン（物理学者《ぶつりがくしゃ》）／チェ・ゲバラ（革命家《かくめいか》）
椎名誠《しいなまこと》（作家《さっか》）／シュテフィ・グラフ（テニス選手《せんしゅ》）／溝端淳平《みぞばたじゅんぺい》（俳優《はいゆう》）

真言宗《しんごんしゅう》をひらいて救《すく》いの道《みち》をさししめした

空海《くうかい》

（774〜835年　日本）

ものの道理《どうり》を見《み》る目《め》があいていれば、身《み》のまわりのものすべてがだいじなものだとわかる。

6月
15日
の偉人

思想

私《わたし》は１２００年《ねん》以上《いじょう》も前《まえ》に讃岐国《さぬきのくに》（今《いま》の香川県《かがわけん》）に生《う》まれました。14歳《さい》のときにおじさんにつれられて京都《きょうと》へいき、18歳《さい》で大学《だいがく》へ入学《にゅうがく》しました。大学《だいがく》といっても、今《いま》の大学《だいがく》とはもちろんちがいますよ。この時代《じだい》の大学《だいがく》とは、役人《やくにん》を育《そだ》てるための教育機関《きょういくきかん》でした。そのままだったら、役人《やくにん》になっていたことでしょう。

しかし、大学《だいがく》でいくら勉強《べんきょう》しても、自《じ》分《ぶん》の求《もと》めるものは見《み》つかりませんでした。だから、大学《だいがく》をやめて、修行《しゅぎょう》に出《で》たのです。そんなあるとき、ひとりのお坊《ぼう》さんから、虚空蔵求聞持法《こくうぞうぐもんじほう》の真言《しんごん》（呪文《じゅもん》のようなもの）を１００万回《まんかい》となえれば、あらゆる仏《ほとけ》の教《おし》えを記憶《きおく》できるといわれました。それをきっかけに、仏《ほとけ》の道《みち》に入《はい》ることを決《き》めました。

私《わたし》は密教《みっきょう》の教《おし》えに興味《きょうみ》をもちました。密教《みっきょう》というのは、秘密《ひみつ》の教《おし》えということです。ほかの仏教《ぶっきょう》は、ことばや文章《ぶんしょう》で教《おし》えを書《か》き、人々《ひとびと》に伝《つた》えますが、密教《みっきょう》はことばで教《おし》えを伝《つた》えないのです。師《し》から教《おし》えを伝《つた》えてもらうしかないので、「秘密《ひみつ》の教《おし》え」といわれたのですよ。私《わたし》は密教《みっきょう》を学《まな》ぶために、唐《とう》（中国《ちゅうごく》）にわたります。2年間《ねんかん》、中国《ちゅうごく》で密教《みっきょう》の教《おし》えを学《まな》んだあと、日本《にほん》に帰《かえ》り、高野山《こうやさん》で真言宗《しんごんしゅう》をひらいたのです。

その後《ご》、京都《きょうと》の東寺《とうじ》を、朝廷《ちょうてい》からもらい、真言宗《しんごんしゅう》の道場《どうじょう》にしました。また、亡《な》くなったあとは、天皇《てんのう》から「弘法大師《こうぼうだいし》」という名前《なまえ》をさずかりました。弘法大師《こうぼうだいし》というと、「弘法《こうぼう》も筆《ふで》のあやまり」ということわざが有名《ゆうめい》ですね。これは、天皇《てんのう》からのリクエストで額《がく》を書《か》くことになったときに、「應《おう》」のいちばん上《うえ》の点《てん》を書《か》き忘《わす》れ、まだれをがんだれにしてしまったことがきっかけでできました（このとき、私《わたし》は額《がく》をおろさずに筆《ふで》を投《な》げつけて書《か》きなおしたのです）。このことわざは今《いま》、「どんなに立派《りっぱ》な人《ひと》であってもまちがいはある」という意味《いみ》だけで使《つか》われていますが、ほんとうは「さすが大師《だいし》、書《か》きなおし方《かた》さえも、ふつうの人《ひと》とはちがう」というほめことばの意味《いみ》もあるのですよ。

この日《ひ》に生《う》まれた有名人《ゆうめいじん》

藤山寛美《ふじやまかんび》（喜劇俳優《きげきはいゆう》）／伊東四朗《いとうしろう》（俳優《はいゆう》）／大林素子《おおばやしもとこ》（バレーボール選手《せんしゅ》）
オリバー・カーン（サッカー選手《せんしゅ》）／上田桃子《うえだももこ》（プロゴルファー）

動《うご》く遺伝子《いでんし》を発見《はっけん》した情熱《じょうねつ》の科学者《かがくしゃ》

バーバラ・マクリントック

（1902〜1992年　アメリカ）

自分《じぶん》が正《ただ》しい道《みち》を歩《あゆ》んでいることが自分《じぶん》でわかっているなら、誰《だれ》がなんといおうと、止《と》まる必要《ひつよう》はありません。

6月16日の偉人

科学

私《わたし》は、遺伝子《いでんし》の研究《けんきゅう》で、ノーベル賞《しょう》を受賞《じゅしょう》した科学者《かがくしゃ》です。でも、ノーベル賞《しょう》をもらうまでには、長《なが》い長《なが》い道《みち》のりがありました。

私《わたし》の両親《りょうしん》は、私《わたし》を女《おんな》の子《こ》としてではなく、ひとりの人間《にんげん》として育《そだ》ててくれました。私《わたし》が自分《じぶん》の好《す》きなことを見《み》つけられるよう、自由《じゆう》にさせてくれました。学校《がっこう》の宿題《しゅくだい》をやらなくても怒《おこ》られませんでしたし、学校《がっこう》にいきたくなければいかなくてもよいといってくれました。大学《だいがく》にいきたいといったときも、いかせてくれました。そのころ、女《おんな》の子《こ》が大学《だいがく》にいくことはとてもめずらしく、女《おんな》の子《こ》に学歴《がくれき》は必要《ひつよう》ないといわれていましたし、うちはそれほど裕福《ゆうふく》ではなかったのに、私《わたし》の気《き》持《も》ちを第一《だいいち》に考《かんが》えてくれたのです。

大学《だいがく》では、とにかく研究《けんきゅう》に熱中《ねっちゅう》しました。すべての情熱《じょうねつ》を生物学《せいぶつがく》にそそいだのです。遺伝学《いでんがく》に興味《きょうみ》をもった私《わたし》は、トウモロコシを使《つか》って、遺伝子《いでんし》について調《しら》べていました。遺伝子《いでんし》がどのようにひとつの代《だい》からつぎの代《だい》へ、情報《じょうほう》をうけついでいくのか、調《しら》べたのです。卒業《そつぎょう》したあとも、大学《だいがく》で教師《きょうし》の仕事《しごと》をしながら、研究《けんきゅう》をつづけました。そして、その中《なか》で「動《うご》く遺伝子《いでんし》」を発見《はっけん》したのです。

けれど、この発見《はっけん》をみとめてくれる人《ひと》は誰《だれ》もいませんでした。科学者《かがくしゃ》の集《あつ》まりで発表《はっぴょう》したときも、ばかにされるようなしまつでした。なにしろ、「遺伝子《いでんし》が動《うご》く」なんて、誰《だれ》ひとり想像《そうぞう》もつかなかったのです。この「遺伝子《いでんし》が動《うご》く」現象《げんしょう》がみとめられるようになったのは、私《わたし》の発見《はっけん》から、およそ30年後《ねんご》のことです。そして、私《わたし》は81歳《さい》でノーベル賞《しょう》をもらいました。

性別《せいべつ》にこだわらない自由《じゆう》な生《い》き方《かた》が、私《わたし》のノーベル賞受賞《しょうじゅしょう》につながったのです。男《おとこ》の子《こ》らしく、女《おんな》の子《こ》らしく、ではなく、その人《ひと》らしく生《い》きることが、大切《たいせつ》なのだと思《おも》いますよ。

この日《ひ》に生《う》まれた有名人《ゆうめいじん》

ジェロニモ（アメリカ・アパッチ族《ぞく》の指導者《しどうしゃ》）／武論尊《ぶろんそん》（漫画原作者《まんがげんさくしゃ》）／ねじめ正一《しょういち》（詩人《しじん》）／Char（ミュージシャン）／ほんこん《130R》（お笑《わら》い芸人《げいにん》）

美《うつく》しく優雅《ゆうが》なオペラをのちの世《よ》に残《のこ》した

シャルル・フランソワ・グノー

（1818〜1893年　フランス）

音楽《おんがく》のアイデアは、蝶《ちょう》のように心《こころ》の中《なか》にまいこんでくる。私《わたし》はちょっと手《て》をのばして、それをつかまえるだけだ。

6月17日の偉人

芸術

私《わたし》は『ファウスト』や『シバの女王《じょおう》』『ロミオとジュリエット』などのオペラを作《さっ》曲《きょく》したことで有名《ゆうめい》な作曲家《さっきょくか》です。オペラを見《み》る機会《きかい》はまだそんなにないと思《おも》いますが、私《わたし》のオペラの中《なか》に出《で》てくる曲《きょく》のいくつかは、今《いま》でもあちこちで流《なが》れているので、きいたことがあると思《おも》います。たとえば、「アベ・マリア」や「セレナーデ（夜《よる》の調《しら》べ）」などは、どこかで耳《みみ》にしているのではないでしょうか。「アベ・マリア」はとくに、名曲中《めいきょくちゅう》の名曲《めいきょく》として知《し》られているのですよ。

私《わたし》の母《はは》はピアノの先生《せんせい》でした。私《わたし》もほんとうに小《ちい》さいころから、母《はは》にピアノを習《なら》い、ぐんぐんうまくなりました。「この子《こ》には音楽《おんがく》の才能《さいのう》がある」といわれ、音楽学校《おんがくがっこう》に進《すす》むことになりました。そして、学校《がっこう》にいるときにつくった曲《きょく》が賞《しょう》をとって、イタリアに留学《りゅうがく》までしたのです。

ただ、私《わたし》は最初《さいしょ》、作曲家《さっきょくか》になるつもりはありませんでした。留学《りゅうがく》からもどってきたあとは、教会《きょうかい》でオルガンをひいたり、楽隊《がくたい》の指揮《しき》をしたりしながら、聖職者《せいしょくしゃ》になる勉強《べんきょう》をしていたのです。聖職者《せいしょくしゃ》のほうが、作曲家《さっきょくか》より、地位《ちい》も高《たか》いですし、安定《あんてい》していますから。けれど、まもなく聖職者《せいしょくしゃ》になろうという直前《ちょくぜん》で、私《わたし》は考《かんが》えを変《か》えました。やっぱり音楽《おんがく》が好《す》きだったのです。

本格的《ほんかくてき》に作曲《さっきょく》をするようになってから、オペラをたくさんつくりました。なかなかヒットには恵《めぐ》まれませんでしたが、41歳《さい》のときに作曲《さっきょく》したオペラ『ファウスト』が大成功《だいせいこう》をおさめました。『ファウスト』は世界《せかい》じゅうでもっとも有名《ゆうめい》なオペラのひとつとなり、今《いま》でもあちこちで上演《じょうえん》されています。時間《じかん》をこえて、みなさんに楽《たの》しんでもらえる作品《さくひん》を残《のこ》せたことを、ほんとうに誇《ほこ》りに思《おも》います。41歳《さい》までくじけずに音楽《おんがく》をつづけたかいがあったというものです。

この日《ひ》に生《う》まれた有名人《ゆうめいじん》

原節子《はらせつこ》（女優《じょゆう》）／山寺宏一《やまでらこういち》（声優《せいゆう》・俳優《はいゆう》）／城彰二《じょうしょうじ》（サッカー選手《せんしゅ》）
ヴィーナス・ウィリアムズ（テニス選手《せんしゅ》）／二宮和也《にのみやかずなり》《嵐《あらし》》（タレント）

日本《にほん》に動物学《どうぶつがく》の礎《いしずえ》をきずいた

エドワード・シルヴェスター・モース

（1838〜1925年　アメリカ）

他国民《たこくみん》を研究《けんきゅう》する場合《ばあい》は、できれば色《いろ》メガネをかけないで対象《たいしょう》を見《み》るべきだ。それができないなら、偏見《へんけん》のすすで汚《よご》れたメガネではなく、バラ色《いろ》のメガネをかけることだ。

6月18日の偉人

社会

私《わたし》はアメリカで、貝《かい》の研究《けんきゅう》をしていた動物学者《どうぶつがくしゃ》です。幼《おさな》いころから貝《かい》が好《す》きでね、ひろったり、とってきたりして、ずっと集《あつ》めていました。根気《こんき》がない子《こ》だとよくいわれたのですが、貝集《かいあつ》めだけは根《こん》気《き》よくつづけられました。そのコレクションのおかげで、貝《かい》に対《たい》する知識《ちしき》がみとめられ、大学《だいがく》にいってもいないのに、大《だい》学《がく》の教授《きょうじゅ》になれたのです。人生《じんせい》ってわからないものですよね。

貝《かい》の研究《けんきゅう》をする中《なか》で、東《ひがし》アジアに生息《せいそく》するというシャミセンガイという貝《かい》に興《きょう》味《み》をもちました。それで、日本《にほん》で調査《ちょうさ》しようと、訪日《ほうにち》することになったのです。日本《にほん》では、江《え》ノ島《しま》に実験所《じっけんじょ》をたてて、海《うみ》の生《い》き物《もの》の調査《ちょうさ》・研究《けんきゅう》をしていましたが、政府《せいふ》からたのまれて、東京大学《とうきょうだいがく》で動物学《どうぶつがく》や生物学《せいぶつがく》を教《おし》えることになりました。授《じゅ》業《ぎょう》をするだけでなく、いい教師《きょうし》を外国《がいこく》からまねいたり、図書館《としょかん》を整備《せいび》したりと、教育《きょういく》のためにいろいろ力《ちから》をつくしました。

そうそう、「大森貝塚《おおもりかいづか》」を発見《はっけん》したのも、私《わたし》なのですよ。貝塚《かいづか》というのは、昔《むかし》の人々《ひとびと》が食《た》べた貝《かい》のからがつみかさなってできた遺跡《いせき》のことで、骨《ほね》や土器《どき》、石器《せっき》など、生活《せいかつ》のあとが残《のこ》っているので、その時代《じだい》の生活《せいかつ》のようすを知《し》る手《て》がかりになります。私《わたし》は、船《ふね》でアメリカからやってきたので、横浜港《よこはまこう》につきました。横浜《よこはま》から、汽車《きしゃ》に乗《の》り、東京《とうきょう》までいったのですが、その車中《しゃちゅう》、窓《まど》から、大森駅《おおもりえき》をすぎたあたりにあった崖《がけ》に、貝《かい》がらの層《そう》が見《み》えたのです。私《わたし》はすぐに、あれは古代《こだい》の遺《い》跡《せき》にちがいないと気《き》づきました。貝塚《かいづか》は世界各地《せかいかくち》にあるのですが、日本《にほん》で貝塚《かいづか》の研究《けんきゅう》をしたのは、私《わたし》がはじめてでした。この発見《はっけん》が、日本《にほん》の考古学《こうこがく》・人類学《じんるいがく》の幕《まく》をあけたのです。

貝《かい》を集《あつ》めるのが好《す》きなだけだった少年《しょうねん》が、大学《だいがく》で教授《きょうじゅ》になり、さらに遠《とお》い異国《いこく》で、学問《がくもん》の扉《とびら》をひらく手助《てだす》けをすることになったのです。好《す》きという気持《きも》ちはだいじなものなのですよ。

この日《ひ》に生《う》まれた有名人《ゆうめいじん》

ジョージ・マロリー（登山家《とざんか》）／レイモン・ラディゲ（作家《さっか》）／横山光輝《よこやまみつてる》（漫画家《まんがか》）
ポール・マッカートニー（ミュージシャン）／三沢光晴《みさわみつはる》（プロレスラー）

時代《じだい》をこえて圧倒的《あっとうてき》な人気《にんき》を誇《ほこ》る作家《さっか》

太宰治《だざいおさむ》

（1909〜1948年　日本）

笑《わら》われて、笑《わら》われて、つよくなる。

6月19日の偉人

文化

『走《はし》れメロス』というお話《はなし》を知《し》っていますか？　友情《ゆうじょう》の美《うつく》しさを描《えが》いたこのお話《はなし》は、国語《こくご》の教科書《きょうかしょ》にのっていることもあるので、読《よ》んだ人《ひと》も多《おお》いでしょう。私《わたし》はそのお話《はなし》を書《か》いた作家《さっか》です。

私《わたし》は、青森県《あおもりけん》の大地主《おおじぬし》の家《いえ》に生《う》まれました。中学生時代《ちゅうがくせいじだい》に作家《さっか》をめざすようになり、そのころから小説《しょうせつ》を書《か》きはじめました。文学《ぶんがく》の勉強《べんきょう》をしたかったので、東京大学《とうきょうだいがく》に進《すす》み、そこで作家《さっか》の井伏鱒二《いぶせますじ》先生《せんせい》の弟子《でし》になりました。家《いえ》が金持《かねも》ちだったので、東京《とうきょう》でも豊《ゆた》かな生活《せいかつ》を送《おく》れたのですが、ほかの学生《がくせい》とちがう優雅《ゆうが》なくらしをする自分《じぶん》がいやでたまりませんでした。

大学《だいがく》も、留年《りゅうねん》がつづいたせいで、退学《たいがく》させられてしまいました。なにもかもいやになった私《わたし》は、カフェでウエイトレスをしていた女性《じょせい》と心中《しんじゅう》（いっしょに自殺《じさつ》すること）をしますが、私《わたし》ひとりだけ生《い》きのこってしまいます。そのあとも、ことあるごとに、私《わたし》は自殺《じさつ》をくわだてます。最後《さいご》の1回《かい》だけをのぞいて、いつも死《し》にきれずに、生《い》きつづけることになってしまうのですが、死《し》にたくなるほどの絶望《ぜつぼう》を経験《けいけん》していくことで、本《ほん》を書《か》く力《ちから》がついていったのかもしれません。

そうして、『富嶽百景《ふがくひゃっけい》』『走《はし》れメロス』『ヴィヨンの妻《つま》』『斜陽《しゃよう》』など、つぎつぎと人気《にんき》となった小説《しょうせつ》が生《う》まれていったのです。けれど、『人間失格《にんげんしっかく》』を書《か》きおえてまもなく、私《わたし》はまた心中《しんじゅう》をはかり、亡《な》くなりました。

私《わたし》の人気《にんき》は今《いま》でもおとろえず、『人間失格《にんげんしっかく》』は1年《ねん》で10万部《まんぶ》も売《う》れているそうですし、命日《めいにち》には1000人近《にんちか》くの人《ひと》がお墓《はか》まいりにきてくれます。私《わたし》の魂《たましい》の戦《たたか》い・苦《くる》しみから生《う》まれた作品《さくひん》には、やはり人《ひと》の心《こころ》に訴《うった》えるなにかがあるのでしょう。

この日《ひ》に生《う》まれた有名人《ゆうめいじん》

ブレーズ・パスカル（数学者《すうがくしゃ》・思想家《しそうか》）／ルー・ゲーリッグ（野球選手《やきゅうせんしゅ》）
アウン・サン・スー・チー（ミャンマー民主化運動指導者《みんしゅかうんどうしどうしゃ》）／温水洋一《ぬくみずよういち》（俳優《はいゆう》）／宮里藍《みやざとあい》（プロゴルファー）

フランス・オペレッタの開拓者《かいたくしゃ》

ジャック・オッフェンバック

（1819～1880年　ドイツ）

このオペラを完成《かんせい》させて初演《しょえん》をむかえられるなら、私《わたし》のすべてをさしだそう。

6月20日の偉人

芸術

私《わたし》はオペレッタの作品《さくひん》をたくさんつくった作曲家《さっきょくか》です。オペレッタというのは「小《ちい》さいオペラ（歌劇《かげき》）」のことで、オペラより軽《かる》い感《かん》じの劇《げき》です。私《わたし》はオペレッタが大好《だいす》きでした。

私《わたし》はドイツで生《う》まれました。父《ちち》がバイオリン奏者《そうしゃ》だったので、小《ちい》さいころからチェロを習《なら》いました。13歳《さい》で父《ちち》といっしょにフランスのパリにいき、音楽《おんがく》の勉強《べんきょう》をしながら、楽団《がくだん》で演奏《えんそう》をするようになりました。母国《ぼこく》のドイツにもどることはありませんでした。

演奏者《えんそうしゃ》としてオペラにかかわるようになって、私《わたし》はオペラがとても好《す》きになり、自分《じぶん》でも作曲《さっきょく》を始《はじ》めました。そして、小《ちい》さな劇場《げきじょう》で、短《みじか》く軽《かる》いオペラを上演《じょうえん》するようになったのです。それが、またたくまに人気《にんき》になりました。

私《わたし》がつくるオペレッタはどれも、明《あか》るく陽気《ようき》で、皮肉《ひにく》や風刺《ふうし》がきいていました。その人気《にんき》ぶりはすさまじく、王侯貴族《おうこうきぞく》などの高《たか》い地位《ちい》の人《ひと》たちがわざわざ馬車《ばしゃ》で小《ちい》さな劇場《げきじょう》までかけつけるほどでした。私《わたし》のもとには、オペレッタをつくってほしいという注文《ちゅうもん》が殺到《さっとう》しました。私《わたし》が生涯《しょうがい》でつくった作品《さくひん》の数《かず》は１００以上《いじょう》にのぼります。外国《がいこく》でもたくさん上演《じょうえん》されて、のちの多《おお》くの作曲家《さっきょくか》に大《おお》きな影響《えいきょう》をあたえました。

私《わたし》の音楽《おんがく》は、かろやかで、生《い》き生《い》きとして、親《した》しみやすいものが多《おお》いと思《おも》います。そのため、低俗《ていぞく》だという批判《ひはん》もたくさんされました。でも、一般《いっぱん》の人《ひと》たちはその音楽《おんがく》がとてもいいといってくれましたし、私《わたし》の音楽《おんがく》はたくさんの人《ひと》たちに笑顔《えがお》と元気《げんき》をあたえたのです。

そうそう、みなさんも私《わたし》のつくった曲《きょく》をきいたことがあるはずです。運動会《うんどうかい》のかけっこで、よく使《つか》われている「天国《てんごく》と地獄《じごく》」です。あれは『地獄《じごく》のオルフェ』というオペレッタの中《なか》の1曲《きょく》です。低俗《ていぞく》でくだらないといわれた作品《さくひん》が、こうして今《いま》でも愛《あい》されてきいてもらっているのですから、人《ひと》の批判《ひはん》なんてあてにならないということですね。

この日《ひ》に生《う》まれた有名人《ゆうめいじん》

フレデリック・ホプキンズ（生化学者《せいかがくしゃ》）／石坂浩二《いしざかこうじ》（俳優《はいゆう》）
ライオネル・リッチー（ミュージシャン）／ニコール・キッドマン（女優《じょゆう》）／相武紗季《あいぶさき》（女優《じょゆう》）

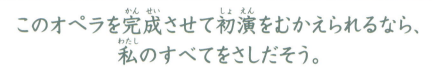

人間《にんげん》とはなにかを考《かんが》えつづけた哲学者《てつがくしゃ》

ジャン・ポール・サルトル

（1905〜1980年　フランス）

自分《じぶん》がすることを全員《ぜんいん》がしたらどうなるか、問《と》え。

6月21日の偉人

思想

私《わたし》は、2歳《さい》のときに父《ちち》を亡《な》くし、母方《ははかた》の祖父《そふ》に育《そだ》てられました。教授《きょうじゅ》をしていた祖父《そふ》は、私《わたし》に学問《がくもん》のおもしろさを教《おし》え、私《わたし》に文学《ぶんがく》への扉《とびら》をひらかせた人《ひと》でもありました。その後《ご》、私《わたし》は、高校《こうこう》の教師《きょうし》となりました。生徒《せいと》たちに哲学《てつがく》を教《おし》えながら、ずっと人間《にんげん》について考《かんが》えつづけていました。

38歳《さい》のとき、それまでに考《かんが》えたことを1冊《さつ》の本《ほん》にまとめました。『存在《そんざい》と無《む》』というタイトルでひっそりと出版《しゅっぱん》したのですが、その本《ほん》がとても評判《ひょうばん》になったのです。本《ほん》の中《なか》で私《わたし》が書《か》いた考《かんが》え方《かた》は「実存主義《じつぞんしゅぎ》」とよばれ、フランスに、それから世界《せかい》じゅうに一大《いちだい》ブームをまきおこしました。

実存主義《じつぞんしゅぎ》というのは、「今《いま》ここにいる自分《じぶん》」がなにより大切《たいせつ》なのだという考《かんが》え方《かた》です。人《ひと》は、性別《せいべつ》や年齢《ねんれい》、職業《しょくぎょう》、生立《おいた》ち、出身地《しゅっしんち》などによって、生《う》まれつき決《き》められるわけではないという考《かんが》え方《かた》です。たとえば、「人間《にんげん》は生《う》まれつき、善《い》い生《い》き物《もの》です」とか「女性《じょせい》はやさしい生《い》き物《もの》です」ということはないのです。今《いま》、ここにいる私《わたし》たちは、なににでもなれるのです。自由《じゆう》なのです。私《わたし》たちは、セリフも知《し》らず、なにをしたらよいかさえ知《し》らないで舞台《ぶたい》に立《た》たされている役者《やくしゃ》のようなものなのです。自分《じぶん》でどんな自分《じぶん》になるか、決《き》められるのです。というより、自分《じぶん》で決《き》めなければいけないのです。

自由《じゆう》だなんて、とてもいいじゃないかと思《おも》いますか？　でも、それは、じつはとても大変《たいへん》なことなのですよ。自由《じゆう》に自分《じぶん》で決《き》めていいということは、自分《じぶん》でぜんぶ責任《せきにん》をとらなくてはいけないわけです。ですから私《わたし》は「人間《にんげん》は自由《じゆう》という刑《けい》に処《しょ》せられている」といいました。自由《じゆう》だからこそ、自分《じぶん》がなにをするのか、そうした行動《こうどう》ひとつひとつにも責任《せきにん》がともなうのですよ。

この日《ひ》に生《う》まれた有名人《ゆうめいじん》

ミシェル・プラティニ（サッカー選手《せんしゅ》）／青山剛昌《あおやまごうしょう》（漫画家《まんがか》）／朝原宣治《あさはらのぶはる》（陸上選手《りくじょうせんしゅ》）
ウィリアム・マウントバッテン・ウィンザー（イギリス・チャールズ皇太子《こうたいし》の長男《ちょうなん》）／手嶌葵《てしまあおい》（歌手《かしゅ》）

戦争反対《せんそうはんたい》の本《ほん》が世界的大《せかいてきだい》ベストセラーに

エリッヒ・マリア・レマルク

（1898〜1970年　ドイツ）

戦死《せんし》はただ汚《きたな》く、無惨《むざん》だ。
国《くに》のためになど、死《し》んではならない。

私《わたし》は18歳《さい》のとき、学校《がっこう》の友《とも》だちと兵隊《へいたい》に志願《しがん》して、戦争《せんそう》にいきました。そのころ、たくさんの国《くに》をまきこんだ第《だい》1次世《じせ》界大戦《かいたいせん》がおこっていました。私《わたし》は、ドイツという国《くに》を守《まも》るんだ、という気持《きも》ちにつきうごかされて、兵隊《へいたい》になったのです。

けれど、戦地《せんち》で見《み》たもの、きいたもの、経験《けいけん》したことが、私《わたし》の考《かんが》えを変《か》えました。私《わたし》はたった1か月《げつ》で大《おお》ケガをして病院《びょういん》に送《おく》られ、国《くに》にもどってきました。そして、戦争《せんそう》で経験《けいけん》したことをもとに、『西部戦《せいぶせん》線異状《せんいじょう》なし』という本《ほん》を書《か》いたのです。本《ほん》はたちまち大《だい》ベストセラーになり、25か国語《こくご》に翻訳《ほんやく》されて、世界《せかい》じゅうで読《よ》まれるようになりました。

この本《ほん》で、私《わたし》は戦争《せんそう》の残酷《ざんこく》さや、戦争《せんそう》が人間《にんげん》を変《か》えてしまうことについて書《か》きました。主人公《しゅじんこう》は、18歳《さい》の少年《しょうねん》です。少《しょう》年《ねん》は、愛国心《あいこくしん》のある先生《せんせい》にすすめられて、第《だい》1次世界大戦《じせかいたいせん》にいくことにします。そして、戦《たたか》いをくりかえすうちに、心《こころ》をこわしていくのです。戦場《せんじょう》でだいじなのは、「殺《ころ》される前《まえ》に殺《ころ》すこと」。一瞬《いっしゅん》でも迷《まよ》ったら、殺《ころ》されてしまうからです。殺《ころ》さなければいけない敵《てき》は、悪者《わるもの》なのでしょうか？　いいえ、敵《てき》も、自分《じぶん》たちと同《おな》じような、なにもわからないまま戦争《せんそう》にかりだされた学生《がくせい》や農民《のうみん》、誰《だれ》かの父親《ちちおや》や、誰《だれ》かの息子《むすこ》なのです。少年《しょうねん》はどんどん変《か》わっていきます。思《おも》いやりもなくなり、疑《うたが》い深《ぶか》くなり、野蛮《やばん》になり……そして最後《さいご》に、自分《じぶん》のことを「もう人間《にんげん》としては価《か》値《ち》のないものになってしまった」と感《かん》じるのです。

私《わたし》が経験《けいけん》した戦争《せんそう》とはそういうものでした。そのあとで、また世界《せかい》では大《おお》きな戦争《せんそう》がおこります。私《わたし》の本《ほん》は「よくない本《ほん》」だとされて、すべて焼《や》かれ、私《わたし》も国《くに》にいられなくなって、アメリカに逃《に》げました。でも、私《わたし》は戦争《せんそう》に反対《はんたい》する本《ほん》を書《か》きつづけました。それが、戦争《せんそう》を体験《たいけん》した者《もの》の責任《せきにん》だからです。

6月
22日
の偉人
文化

この日《ひ》に生《う》まれた有名人《ゆうめいじん》

山本周五郎《やまもとしゅうごろう》（作家《さっか》）／シンディー・ローパー（ミュージシャン）
阿部寛《あべひろし》（俳優《はいゆう》）／斉藤和義《さいとうかずよし》（ミュージシャン）／柳美里《ゆうみり》（作家《さっか》）

たくさんの童謡《どうよう》を子《こ》どもたちに贈《おく》った

三《み》木《き》露《ろ》風《ふう》

（1889〜1964年　日本）

自然《しぜん》とは、ことばである。

6月
23日
の偉人

文化

夕《ゆう》やけこやけの　赤《あか》とんぼ
おわれて見《み》たのは　いつの日《ひ》か

みなさんもこの歌《うた》を知《し》っているだろうか。「赤《あか》とんぼ」という童謡《どうよう》だよ。私《わたし》はこの歌《うた》の歌詞《かし》を書《か》いた詩人《しじん》なのだ。

私《わたし》は小《ちい》さいころから詩《し》や俳句《はいく》が好《す》きで、小学生《しょうがくせい》のときにもう自分《じぶん》でつくっていた。5歳《さい》のときに両親《りょうしん》が離婚《りこん》して、そのあとは祖父《そふ》に引《ひ》きとられたので、さびしい気《き》持《も》ちを、詩《し》を書《か》くことにぶつけていたのかもしれない。大学《だいがく》へ進《すす》んだあとも、卒《そつ》業《ぎょう》したあとも、詩《し》を書《か》きつづけて、そのうち子《こ》どもたちのために童謡《どうよう》を書《か》くようになった。

「赤《あか》とんぼ」の詩《し》は、私《わたし》の小《ちい》さいときの思《おも》い出《で》なのだ。童謡《どうよう》を書《か》くようになったころ、ある日《ひ》の夕方《ゆうがた》、窓《まど》の外《そと》を見《み》ていたら、赤《あか》とんぼが目《め》にとまった。静《しず》かな空《くう》気《き》と光《ひかり》の中《なか》、さおの先《さき》に、じっととまっていたのだ。それが、かなり長《なが》いあいだ、飛《と》びさろうとしなくてね。ずっと見《み》ているうちに、小《ちい》さかったころの記憶《きおく》がよみがえったんだ。昔《むかし》、私《わたし》の家《いえ》には子守《こも》りをする娘《むすめ》がいた。私《わたし》はその子《こ》にいつもおぶってもらっていたのだが、いつものようにおぶってもらっていたある日《ひ》、夕《ゆう》やけの中《なか》を赤《あか》とんぼが飛《と》んでいるのが見《み》えた。

そのうち、いつも私《わたし》をおぶってくれていた娘《むすめ》はいなくなった。どこかの家《いえ》のお嫁《よめ》さんになったと、あとできいた——そんなことをいっきに思《おも》い出《だ》した。そうして、詩《し》ができあがった。たった1ぴきの赤《あか》とんぼが、そんなふうに私《わたし》の中《なか》でイメージを広《ひろ》げてくれたのだ。私《わたし》はそれをそのままことばにしただけだ。

みなさんは、この歌詞《かし》をきいて、どんな気《き》持《も》ちになるだろうか？　背中《せなか》におぶわれていた子《こ》どもの気《き》持《も》ちが伝《つた》わってくるだろうか。

この日《ひ》に生《う》まれた有名人《ゆうめいじん》
河合隼雄《かわいはやお》（心理学者《しんりがくしゃ》）／妹尾河童《せのおかっぱ》（舞台美術家《ぶたいびじゅつか》）／筑紫哲也《ちくしてつや》（ジャーナリスト）
南野陽子《みなみのようこ》（女優《じょゆう》）／ジネディーヌ・ジダン（サッカー選手《せんしゅ》）

日本《にほん》が誇《ほこ》る名城《めいじょう》熊本城《くまもとじょう》をきずいた

加《か》藤《とう》清《きよ》正《まさ》

（1562〜1611年　日本）

表《おもて》と裏《うら》、両目《りょうめ》の心《こころ》がけ、どれもおろそかにしてはいけない。

6月24日の偉人

政治

わしは、今《いま》から500年《ねん》ばかり前《まえ》の戦国時代《せんごくじだい》を生《い》きた侍《さむらい》だ。

幼《おさな》いころから、豊臣秀吉《とよとみひでよし》さまにつかえることになった。というのも、秀吉《ひでよし》さまは母《はは》のほうの親《しん》せきだったのだ。秀吉《ひでよし》さまには最初《さいしょ》からかわいがってもらえた。だから、わしもなんとか役《やく》に立《た》ちたくて、戦《いくさ》に出《で》ては手柄《てがら》を立《た》てた。ヤリが得意《とくい》でな、ヤリをもたせたら、わしの右《みぎ》に出《で》る者《もの》は誰《だれ》もいなかったものだ。

わしの名前《なまえ》をいうと、戦《いくさ》で敵《てき》をばたばたたおしたとか、朝鮮《ちょうせん》の山《やま》の中《なか》でうじゃうじゃいたトラを退治《たいじ》したとか、武勇伝《ぶゆうでん》ばかりが有名《ゆうめい》だが、じつはそんなことはないのだよ。

わしは肥後国《ひごのくに》（今《いま》の熊本県《くまもとけん》）をまかされて、熊本城《くまもとじょう》をきずき、城下町《じょうかまち》をつくった。じつは、わしは城《しろ》づくりがうまいのだ。名古屋城《なごやじょう》や江戸城《えどじょう》づくりにもかかわっているのだぞ。

熊本城《くまもとじょう》をきずくときもそうであったが、わしは農民《のうみん》たちをだいじにしたことでも有名《ゆうめい》なのだ。城《しろ》をきずくには、たくさんの人手《ひとで》が必要《ひつよう》だ。農民《のうみん》たちの手《て》をかりないと、城《しろ》をきずくことはできないわけだ。もちろん命令《めいれい》すれば、農民《のうみん》たちはしたがうだろう。武将《ぶしょう》はただ命令《めいれい》するだけだろう。だが、わしは気持《きも》ちよく働《はたら》いてもらいたかった。

肥後国《ひごのくに》では、わしがおさめるようになる前《まえ》に、政治《せいじ》に対《たい》する不満《ふまん》から反乱《はんらん》がおきていたから、とくに心《こころ》くばりが必要《ひつよう》だった。だからわしは、農業《のうぎょう》がひまな時期《じき》だけ、しかも給料《きゅうりょう》を払《はら》って、働《はたら》いてもらったのだ。農業《のうぎょう》のほうでも、水《みず》をうまく利用《りよう》できて、洪水《こうずい》もおこしにくいシステムをつくったり、とれた作物《さくもつ》を外国《がいこく》に売《う》る方法《ほうほう》を考《かんが》えたり、さまざまな手《て》を打《う》った。だから、国《くに》の人々《ひとびと》は、わしのことをしたってくれて、政治《せいじ》もやりやすくなったのだ。わしは、戦《たたか》ってばかりの人間《にんげん》ではないのだよ。

そうそう、熊本城《くまもとじょう》は、日本《にほん》3名城《めいじょう》のひとつになっているそうだ。日本《にほん》の城《しろ》らしい、りっぱな城《しろ》だから、ぜひいって、わしの工夫《くふう》のあとを見《み》てほしい。

この日《ひ》に生《う》まれた有名人《ゆうめいじん》

アルプレヒト・ベルブリンガー（発明家《はつめいか》・航空研究家《こうくうけんきゅうか》）／ジェフ・ベック（ギタリスト）
六角精児《ろっかくせいじ》（俳優《はいゆう》）／中村俊輔《なかむらしゅんすけ》（サッカー選手《せんしゅ》）／リオネル・メッシ（サッカー選手《せんしゅ》）

独創性《どくそうせい》にあふれた世界的《せかいてき》な建築家《けんちくか》

アントニ・ガウディ

（1852〜1926年　スペイン）

役《やく》に立《た》たない人《ひと》などいない。たとえ、同《おな》じ能力《のうりょく》がなくても、誰《だれ》だって役《やく》に立《た》つのだ。

私《わたし》は、今《いま》から160年《ねん》くらい前《まえ》、スペインで生《う》まれました。父《ちち》は銅板器具《どうばんきぐ》をつくる職人《しょくにん》で、母《はは》のほうの祖父《そふ》も同《おな》じ仕事《しごと》をしていました。銅板《どうばん》の職人《しょくにん》は、板《いた》から立体《りったい》をつくります。板《いた》が立体《りったい》になっていくようすを想像《そうぞう》できなければいけないのです。空間《くうかん》をつかむ力《ちから》とでもいいましょうか。私《わたし》には代々《だいだい》うけつがれた、そのような力《ちから》があったのではないかと思《おも》います。銅板器具《どうばんきぐ》の職人《しょくにん》の息子《むすこ》ということに、私《わたし》は大《おお》きな誇《ほこ》りを感《かん》じているのですよ。

病気《びょうき》で体《からだ》が弱《よわ》かった私《わたし》は、幼《おさな》いころからなにかをつくる工作《こうさく》が大好《だいす》きでした。そして、その気持《きも》ちをもったまま、建築《けんちく》の学校《がっこう》に進《すす》みます。家《いえ》がまずしかったので、アルバイトをしながら勉強《べんきょう》しました。建築《けんちく》の図面《ずめん》を描《か》いたり、職人《しょくにん》の工房《こうぼう》で手《て》伝《つだ》いをしたり……卒業《そつぎょう》したあとも、同《おな》じような仕事《しごと》をしていました。そんなとき、パリの万国博覧会《ばんこくはくらんかい》に出品《しゅっぴん》する手袋《てぶくろ》を入《い》れるショーケースをつくることになりました。そして、私《わたし》がつくったショーケースを、バルセロナを代表《だいひょう》するお金持《かねも》ちのグエルさんが気《き》に入《い》ってくれたのです。グエルさんはその後《ご》、私《わたし》にさまざまな建築《けんちく》物《ぶつ》のデザインをさせてくれました。お屋《や》敷《しき》や、教会《きょうかい》、公園《こうえん》……私《わたし》にとっては、大《おお》きなチャンスでした。けれど、もっと大《おお》きいチャンスが31歳《さい》のときにやってきます。サグラダ・ファミリアという大聖堂《だいせいどう》をつくる責任者《せきにんしゃ》に任命《にんめい》されたのです。私《わたし》はその後《ご》、死《し》ぬまで40年《ねん》ものあいだ、この聖堂《せいどう》をつくるために、身《み》も心《こころ》もささげて働《はたら》きました。

サグラダ・ファミリアの工事《こうじ》は、1882年《ねん》に始《はじ》まりました。完成《かんせい》するまで300年《ねん》かかるだろうといわれたほど壮《そう》大《だい》なデザインです。今《いま》も、私《わたし》が考《かんが》えていたイメージをさぐりながら、工事《こうじ》はつづいています。完成《かんせい》するのは2026年《ねん》の予定《よてい》だそうです。ひとりの建築家《けんちくか》が情《じょう》熱《ねつ》をかけてデザインし、何百人《なんびゃくにん》もの人《ひと》が完成《かんせい》を夢見《ゆめみ》てがんばってきた聖堂《せいどう》——みなさんはその完成《かんせい》を見《み》ることができるのですよ。なんとうらやましいことでしょう。

6月25日の偉人

芸術

この日《ひ》に生《う》まれた有名人《ゆうめいじん》

エリック・カール（絵本作家《えほんさっか》）／愛川欽也《あいかわきんや》（俳優《はいゆう》・司会者《しかいしゃ》）／本宮《もとみや》ひろ志《し》（漫画家《まんがか》）
沢田研二《さわだけんじ》（歌手《かしゅ》）／ジョージ・マイケル（ミュージシャン）

明治維新《めいじいしん》3傑《けつ》のひとり。「知《ち》」の代表《だいひょう》

木戸孝允《きどたかよし》（桂小五郎《かつらこごろう》）

（1833～1877年　日本）

おのれの生《い》き方《かた》にかかわるような大問題《だいもんだい》を、他人《たにん》にきくな。

6月26日の偉人

政治

私《わたし》は江戸《えど》時代《じだい》の終《お》わり、日本《にほん》に新《あたら》しい時代《じだい》をむかえさせるため、幕府《ばくふ》をたおそうとしていた。その中《なか》で、多《おお》くの者《もの》たちが、新選組《しんせんぐみ》のような幕府《ばくふ》の手《て》の者《もの》におそわれて、命《いのち》を失《うしな》っていった。文字《もじ》どおり、命《いのち》がけの戦《たたか》いだったのだ。

私《わたし》は長州藩《ちょうしゅうはん》（今《いま》の山口県《やまぐちけん》）出身《しゅっしん》だった。長州《ちょうしゅう》は幕府《ばくふ》をたおそうという運動《うんどう》にいちばん力《ちから》を入《い》れていた藩《はん》だ。薩摩藩《さつまはん》（今《いま》の鹿児島県《かごしまけん》）もがんばっていたが、長州《ちょうしゅう》と薩摩《さつま》は仲《なか》が悪《わる》かった。それを仲《なか》なおりさせたのが、坂本龍馬《さかもとりょうま》と西郷隆盛《さいごうたかもり》、そして私《わたし》だ。薩摩《さつま》と長州《ちょうしゅう》が力《ちから》をあわせた結果《けっか》、幕府《ばくふ》はたおれ、江戸《えど》が終《お》わって明治《めいじ》という新《あたら》しい時代《じだい》が始《はじ》まったのだ。

明治《めいじ》時代《じだい》になって、私《わたし》は政府《せいふ》で政治《せいじ》をおこなうようになった（ついでに名前《なまえ》を桂小五郎《かつらこごろう》から木戸孝允《きどたかよし》に変《か》えた）。日本《にほん》をよくするために、さまざまな提案《ていあん》をしては、実行《じっこう》に移《うつ》していった。

たとえば、「5箇条《かじょう》のご誓文《せいもん》」を考《かんが》え、発表《はっぴょう》させた。これは新《あたら》しく国《くに》をつくっていくうえでの5つの心《こころ》がまえのようなものだ。すなわち、①政治《せいじ》のことは、会議《かいぎ》をひらき、みんなの意見《いけん》をきいて決《き》める、②みんなが心《こころ》を合《あ》わせて、国《くに》の政策《せいさく》をおこなう、③みんなの目標《もくひょう》がかなえられるようにする、④これまでのよくないしきたりを改《あらた》める、⑤新《あたら》しい知識《ちしき》を世界《せかい》から学《まな》び、国《くに》を栄《さか》えさせる、というものだ。

またそれまであった全国《ぜんこく》の藩《はん》を府《ふ》や県《けん》におきかえる廃藩置県《はいはんちけん》などもおこなった。

ヨーロッパやアメリカを見《み》てまわって、外国《がいこく》の制度《せいど》や文化《ぶんか》を研究《けんきゅう》したりもした。とにかく、日本《にほん》をいい国《くに》にする――それをめざしていたのだ。

私《わたし》は「情《じょう》の西郷《さいごう》」や「意《い》の大久保《おおくぼ》」に対《たい》して「知《ち》の木戸《きど》」といわれていた。剣《けん》の使《つか》い手《て》としても有名《ゆうめい》だったが、死《し》ぬまで人《ひと》を切《き》ることはなかった。暴力《ぼうりょく》に暴力《ぼうりょく》で対抗《たいこう》して、よい国《くに》がつくれるわけがないではないか。だいじなのは、知恵《ちえ》だよ、知恵《ちえ》。

この日《ひ》に生《う》まれた有名人《ゆうめいじん》
ウィリアム・トムソン（ケルビン卿《きょう》）（物理学者《ぶつりがくしゃ》）／パール・S・バック（作家《さっか》）／具志堅用高《ぐしけんようこう》（プロボクサー）／許斐剛《このみたけし》（漫画家《まんがか》）／デレク・ジーター（野球選手《やきゅうせんしゅ》）

3重苦《じゅうく》を乗《の》りこえて、世界《せかい》に勇気《ゆうき》をあたえた

ヘレン・ケラー

（1880～1968年　アメリカ）

うつむかないで、いつも顔《かお》をあげていなさい。そして、世界《せかい》をまっすぐ見《み》つめるのです。

6月
27日
の偉人

社会

　私《わたし》は1歳《さい》7か月《げつ》で熱病《ねつびょう》にかかり、目《め》が見《み》えず、耳《みみ》もきこえなくなりました。光《ひかり》も音《おと》も感《かん》じられなくなって、ずっと暗闇《くらやみ》の中《なか》にいるようでした。そんな私《わたし》を闇《やみ》の底《そこ》から救《すく》いだしてくれたのが、家庭教師《かていきょうし》のサリバン先生《せんせい》でした。

　サリバン先生《せんせい》は私《わたし》が7歳《さい》のときに、うちにやってきました。そのときの私《わたし》ときたら、わがままのしほうだい。両親《りょうしん》があまやかしていたからです。食事《しょくじ》のときはテーブルのまわりを歩《ある》きまわって、人《ひと》のお皿《さら》から食《た》べ物《もの》をとっては食《た》べていました。そんな私《わたし》をサリバン先生《せんせい》はゆるしませんでした。私《わたし》は先生《せんせい》にかみついたり、たたいたり、床《ゆか》をけったりして抵抗《ていこう》しましたが、先生《せんせい》は私《わたし》をしかりつづけ、いすに座《すわ》らせました。先生《せんせい》は私《わたし》をひとりの人間《にんげん》としてあつかってくれたのです。

　その日《ひ》から、私《わたし》と先生《せんせい》との勉強《べんきょう》が始《はじ》まりました。先生《せんせい》が文字《もじ》を手《て》のひらに書《か》いて教《おし》えてくれるのですが、ことばというものを知《し》らない私《わたし》は、なかなかその意味《いみ》がわかりませんでした。ところがある日《ひ》、先生《せんせい》は私《わたし》の手《て》を流《なが》れる水《みず》にさわらせながら、「みず」ということばをもういっぽうの手《て》のひらに書《か》いたのです。私《わたし》は先生《せんせい》の指《ゆび》の動《うご》きに全神経《ぜんしんけい》を集中《しゅうちゅう》しました。そして、ようやくわかったのです――「みず」という文字《もじ》が、自分《じぶん》の手《て》の上《うえ》を流《なが》れるものを意味《いみ》しているのだと。

　私《わたし》は指《ゆび》を動《うご》かして会話《かいわ》する方法《ほうほう》や、タイプライターで読《よ》み書《か》きする方法《ほうほう》を学《まな》びました。死《し》にものぐるいで勉強《べんきょう》して、大学《だいがく》にもいったのです。その後《ご》は、視力障害者《しりょくしょうがいしゃ》のための団体《だんたい》で働《はたら》き、世界《せかい》じゅうをまわって、障害《しょうがい》のある多《おお》くの人《ひと》たちを助《たす》けるために力《ちから》をつくしました。どんなに不可能《ふかのう》に思《おも》えることでも、やってやろうという気持《きも》ちさえあれば（そして真剣《しんけん》に思《おも》いやってくれる人《ひと》が近《ちか》くにいればなおさら）、なんだってできるものなのですよ。

この日《ひ》に生《う》まれた有名人《ゆうめいじん》

オーガスタス・ド・モルガン（数学者《すうがくしゃ》）／小泉八雲《こいずみやくも》（ラフカディオ・ハーン）（作家《さっか》）／横尾忠則《よこおただのり》（美術家《びじゅつか》）／トニー・レオン（俳優《はいゆう》）／片岡篤史《かたおかあつし》（野球選手《やきゅうせんしゅ》）

フランス革命《かくめい》の基盤《きばん》をつくった偉大《いだい》な思想家《しそうか》

ジャン・ジャック・ルソー

（1712〜1778年　スイス）

生《い》きるということは呼吸《こきゅう》することではない。行動《こうどう》することだ。

6月
28日
の偉人

思想

　私《わたし》はジュネーブの時計職人《とけいしょくにん》の家《いえ》に生《う》まれました。が、私《わたし》が生《う》まれるのと同時《どうじ》に母《はは》は亡《な》くなり、さらに、13歳《さい》のときに、一家《いっか》は離散《りさん》。私《わたし》は牧師《ぼくし》さんにあずけられ、生《い》きていくためにいろいろな仕事《しごと》をするようになりました。その牧師《ぼくし》さんのところも、3年《ねん》で出《で》て、あとはずっと放浪生《ほうろうせい》活《かつ》をするようになったのです。あちこちでさまざまな仕事《しごと》をしながら、自分《じぶん》の進《すす》むべき道《みち》をさがしつづけました。7年《ねん》ほど、貴族《きぞく》のお屋敷《やしき》に世話《せわ》になり、そのあいだに、本《ほん》をとにかくたくさん読《よ》みました。本《ほん》から知識《ちしき》を吸収《きゅうしゅう》し、ひとりでいろいろ考《かんが》えていたのです。

　その後《ご》、パリに出《で》た私《わたし》は、たてつづけに本《ほん》を書《か》きました。『人間不平等起源論《にんげんふびょうどうきげんろん》』に『社会契約論《しゃかいけいやくろん》』『新《しん》エロイーズ』『エミール』——どれも、歴史的《れきしてき》にすぐれた本《ほん》だといわれています。

『人間不平等起源論《にんげんふびょうどうきげんろん》』では、不平等《ふびょうどう》な社《しゃ》会《かい》と、そこで生《い》きる人間《にんげん》のあり方《かた》を批判《ひはん》しました。

　その考《かんが》えをつきすすめて書《か》いた本《ほん》が、『社会契約論《しゃかいけいやくろん》』です。この本《ほん》の中《なか》で、私《わたし》は、ありとあらゆる不平等《ふびょうどう》をなくして、平等《びょうどう》な社会《しゃかい》をつくるためには、どうすればいいかを考《かんが》えました。そして、社会《しゃかい》にいるすべての人《ひと》がつねに政治《せいじ》に参加《さんか》できるしくみをつくることが、不平等《ふびょうどう》をなくすことにつながると、書《か》いたのです。この本《ほん》は、パリだけでなく、スイスでも、キリスト教《きょう》の教《おし》えに反《はん》するという理由《りゆう》で、読《よ》んだり売《う》ったりすることを禁止《きんし》されました。私《わたし》にも逮捕状《たいほじょう》が出《で》たので、私《わたし》はその後《ご》、逃亡生活《とうぼうせいかつ》をしなくてはいけなくなったのです。

　ですが、『社会契約論《しゃかいけいやくろん》』はのちにフランス革命《かくめい》の大《おお》きな柱《はしら》になりました。いえ、フランス革命《かくめい》だけでなく、現代《げんだい》までにおこったありとあらゆる革命《かくめい》に影響《えいきょう》をおよぼしているのですよ。人々《ひとびと》がほんとうに求《もと》めているもの、時代《じだい》が必要《ひつよう》としているものは、禁止《きんし》したくらいでは消《け》しさることはできないのです。

この日《ひ》に生《う》まれた有名人《ゆうめいじん》

ピーテル・パウル・ルーベンス（画家《がか》）／三波伸介《みなみしんすけ》（喜劇俳優《きげきはいゆう》）／佐野洋子《さのようこ》（作家《さっか》）／遠藤憲一《えんどうけんいち》（俳優《はいゆう》）／藤原紀香《ふじわらのりか》（女優《じょゆう》）

世界《せかい》一《いち》有名《ゆうめい》な王子《おうじ》さまの物語《ものがたり》を書《か》いた作家《さっか》

アントワーヌ・ド・サン・テグジュペリ

（1900～1944年　フランス）

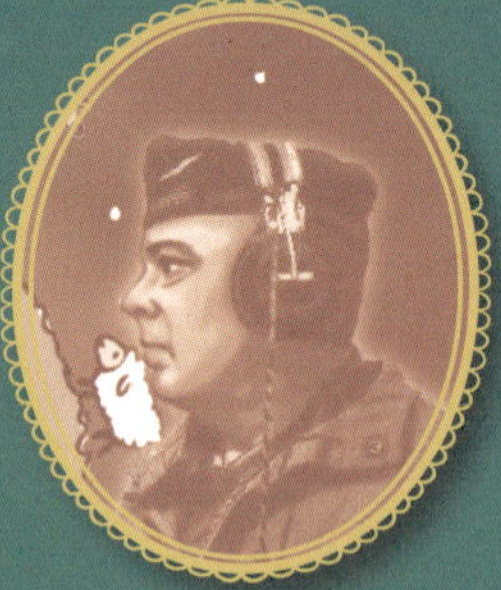

ものごとは心《こころ》で見《み》なくちゃいけない。
大切《たいせつ》なものは、目《め》に見《み》えないんだよ。

6月 29日 の偉人

文化

私《わたし》はフランスのいなかの貴族《きぞく》の家《いえ》に生《う》まれました。小《ちい》さいときはわんぱくで、しじゅう走《はし》りまわっているような子《こ》どもでした。だからでしょうか、机《つくえ》にむかって勉強《べんきょう》するのが苦手《にがて》で、学校《がっこう》ではダメな生徒《せいと》でした。仕事《しごと》をするようになってからも、うまくいきませんでした。

そんなとき、航空郵便《こうくうゆうびん》の飛行士《ひこうし》を募集《ぼしゅう》しているのを知《し》って、応募《おうぼ》したのです。フランスから、アフリカ、そして南米《なんべい》へ。大空《おおぞら》は私《わたし》をやさしくうけいれてくれました。そのときの体験《たいけん》を、『南方郵便機《なんぽうゆうびんき》』と『夜間飛行《やかんひこう》』という小説《しょうせつ》に書《か》いたら、それがベストセラーとなりました。

やがて、第《だい》2次世界大戦《じせかいたいせん》が始《はじ》まりました。私《わたし》も軍隊《ぐんたい》に召集《しょうしゅう》されて、空軍《くうぐん》に配属《はいぞく》されました。地上《ちじょう》から発射《はっしゃ》される砲弾《ほうだん》をよけながら、低空《ていくう》で偵察飛行《ていさつひこう》をしたものです。ところが、パリがドイツ軍《ぐん》に占領《せんりょう》されてしまい、私《わたし》はしかたなくアメリカに逃《に》げました。

アメリカにいるあいだに書《か》いたのが『星《ほし》の王子《おうじ》さま』です。あのときは、心《こころ》も体《からだ》もぼろぼろでした。アメリカに逃《に》げてきたフランス人《じん》たちのあいだで、グループごとのあらそいやかけひきがあって、そうしたことがにがてな私《わたし》は、仲間《なかま》はずれにされていたのです。そんなところにいるのがいやで、私《わたし》はまた戦場《せんじょう》にいきました。そして、また偵察飛行《ていさつひこう》に出《で》たときに、敵機《てっき》にうちおとされ、この世《よ》を去《さ》りました。

上《うえ》に出《で》ていることばは、『星《ほし》の王子《おうじ》さま』で、よその星々《ほしぼし》を旅《たび》してまわっていた王子《おうじ》さまが自分《じぶん》の星《ほし》に帰《かえ》ろうと決《き》めたあと、友《とも》だちになったキツネから、別《わか》れのまぎわにいわれたことばです。王子《おうじ》さまは大切《たいせつ》なものを見《み》つけることができたのでしょうか。だいじな自分《じぶん》の星《ほし》へ帰《かえ》ることができたのでしょうか。それは、ぜひ本《ほん》を読《よ》んでたしかめてみてください。

この日《ひ》に生《う》まれた有名人《ゆうめいじん》

野村克也《のむらかつや》（野球選手《やきゅうせんしゅ》・監督《かんとく》）／清水《しみず》アキラ（ものまねタレント）／2代目引田天功《だいめひきたてんこう》（プリンセス・テンコー）（マジシャン）／神尾葉子《かみおようこ》（漫画家《まんがか》）／橋下徹《はしもととおる》（弁護士《べんごし》・大阪府知事《おおさかふちじ》）

幕末《ばくまつ》を生《い》きたイギリス人外交官《じんがいこうかん》

アーネスト・サトウ

（1843〜1929年　イギリス）

ひと言《こと》も英語《えいご》など知《し》らない日本人《にほんじん》を相手《あいて》に、日本語《にほんご》を勉強《べんきょう》したのだ。文章《ぶんしょう》の意味《いみ》を知《し》る方法《ほうほう》は、暗号解読《あんごうかいどく》と変《か》わらなかった。

6月30日の偉人

社会

　私《わたし》の名前《なまえ》を見《み》た人《ひと》は、私《わたし》のことをハーフかなにかと思《おも》うようですが、私《わたし》はイギリス人《じん》です。サトウというのも、スラブ系《けい》イギリス人《じん》の名字《みょうじ》で「佐藤《さとう》」ではないのです（もっとも、私《わたし》はのちに「佐藤愛《さとうあい》之助《のすけ》」という日本名《にほんめい》をつくりましたが）。

　私《わたし》はイギリスのロンドンで生《う》まれました。14歳《さい》のとき、兄《あに》が図書館《としょかん》からかりてきた『支那日本訪問見聞録《しなにほんほうもんけんぶんろく》』という本《ほん》を読《よ》んで、東《ひがし》のほうに自分《じぶん》が知《し》らない文明《ぶんめい》国《こく》があることを知《し》り、とてもおどろきました。そして、未知《みち》の国《くに》「日本《にほん》」に興味《きょうみ》をもったのです。とくに私《わたし》が心《こころ》をひかれたのは、日本語《にほんご》、そして漢字《かんじ》でした。私《わたし》は、日本語《にほんご》の通訳《つうやく》になることを決意《けつい》します。そして、18歳《さい》のとき、念願《ねんがん》がかなって、日本語通訳生《にほんごつうやくせい》に選《えら》ばれ、日本《にほん》にいけることになったのです。

　ふつう、今《いま》、語学《ごがく》を学《まな》ぶときは、まず教科書《きょうかしょ》や参考書《さんこうしょ》などを使《つか》いますね。ところが、その時代《じだい》、もちろん日本語《にほんご》の教科《きょうか》書《しょ》などありません。現地《げんち》にいって、直接《ちょくせつ》勉強《べんきょう》するしかなかったのです。私《わたし》が日本《にほん》についたのは、ちょうど幕末《ばくまつ》で、開国《かいこく》に反対《はんたい》する運動《うんどう》がおこっているころでした。外国人《がいこくじん》にとっては、居心地《いごこち》が悪《わる》い時代《じだい》でした。私《わたし》がついてまもなく、イギリス人《じん》が侍《さむらい》にきりころされるという「生麦事《なまむぎじ》件《けん》」がおこります。その事件《じけん》の解決《かいけつ》のために、私《わたし》が通訳《つうやく》をしようとしましたが、日本語《にほんご》をほとんどわからない私《わたし》に、そんな大役《たいやく》がつとまるわけはありませんでした。

　私《わたし》はそれから必死《ひっし》に勉強《べんきょう》しました。日《に》本《ほん》には、オランダ語《ご》がわかる人《ひと》はいましたが、英語《えいご》がわかる人《ひと》はいなかったので、コミュニケーションをとるのはほんとうに大変《たいへん》でした。でも、日本語《にほんご》を学《まな》び、日本人《にほんじん》と話《はなし》をするのは楽《たの》しかった。幕末《ばくまつ》という時代《じだい》に、時代《じだい》が大《おお》きく動《うご》いていくようすを見守《みまも》り、そこにかかわれたことは、私《わたし》の人生《じんせい》の宝《たから》だったと思《おも》っています。

この日《ひ》に生《う》まれた有名人《ゆうめいじん》

ラッシャー木村《きむら》（プロレスラー）／南伸坊《みなみしんぼう》（イラストレーター）
マイク・タイソン（プロボクサー）／マイケル・フェルプス（競泳選手《きょうえいせんしゅ》）／中尾明慶《なかおあきよし》（俳優《はいゆう》）

イスラム教《きょう》をおこした

ムハンマド

（570〜632年　アラビア半島）

番外編

思想

人間《にんげん》の真《しん》の富《とみ》は、この世《よ》でおこなわれる善行《ぜんこう》である。

みなさんは、イスラム教《きょう》という宗教《しゅうきょう》を知《し》っていますか。イスラム教《きょう》は、仏教《ぶっきょう》とキリスト教《きょう》とならんで、世界《せかい》3大宗教《だいしゅうきょう》のひとつです。そのイスラム教《きょう》をおこしたのが、ムハンマドでした。

ムハンマドは、今《いま》から1400年《ねん》以上《いじょう》も前《まえ》に、アラビア半島《はんとう》の町《まち》、メッカで生《う》まれました。小《ちい》さいころに両親《りょうしん》を亡《な》くし、商人《しょうにん》をしていたおじさんに育《そだ》てられました。そして、ムハンマド自身《じしん》も、商人《しょうにん》になるのです。

ムハンマドは幼《おさな》いころから、まずしい者《もの》と豊《ゆた》かな者《もの》がいること、お金《かね》ばかりが大切《たいせつ》に思《おも》われることに、疑問《ぎもん》をもっていました。ですから、商売《しょうばい》をしながら、まずしい人《ひと》たちを助《たす》けたのですが、40歳《さい》になったある日《ひ》、神《かみ》からのお告《つ》げをうけます。そして、神《かみ》からのことばを人々《ひとびと》に伝《つた》えるのが、自分《じぶん》の使命《しめい》なのだと考《かんが》えるようになったのです。

ゆいいつの神《かみ》アッラーのもと、人間《にんげん》はみんな平等《びょうどう》だ――それが、ムハンマドが説《と》いたことでした。富《とみ》はひとり占《じ》めしてはいけないもので、みんなでわけあわなければいけないと、いってまわったのです。とうぜん、お金持《かねも》ちや権力《けんりょく》のある人《ひと》たちはそんな意見《いけん》には大反対《だいはんたい》です。ムハンマドは町《まち》から追《お》いだされてしまいました。けれど、ムハンマドはかくれながら、みずからの教《おし》えを広《ひろ》げつづけました。この教《おし》えは、イスラム教《きょう》とよばれるようになります。イスラムとは、「神《かみ》に服従《ふくじゅう》する」という意味《いみ》です。

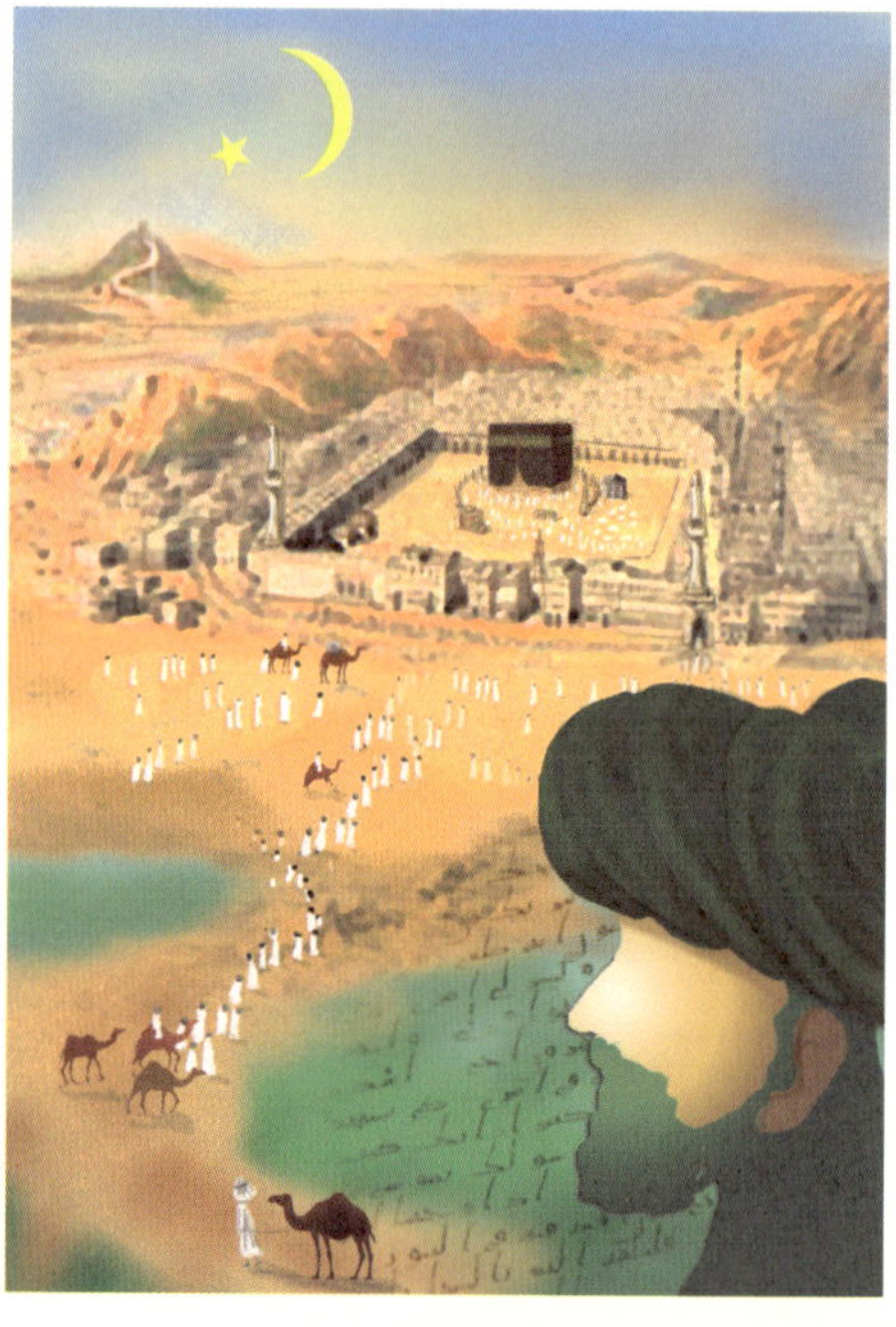

ムハンマドのことばを信《しん》じる人《ひと》たちは少《すこ》しずつふえていきました。そして、ついにムハンマドは大勢《おおぜい》の信者《しんじゃ》とともに、イスラム教《きょう》を迫害《はくがい》した人《ひと》たちに戦《たたか》いをいどみ（信仰《しんこう》を守《まも》るためのこうした戦《たたか》いは聖戦《せいせん》とよばれます）、メッカをとりもどすことに成功《せいこう》しました。その後《ご》、イスラム教《きょう》の教《おし》えは世界《せかい》じゅうに広《ひろ》がっていったのです。

＊ムハンマドの誕生日《たんじょうび》は、ヒジュラ暦《れき》という暦《こよみ》の第《だい》3月《がつ》12日《にち》と17日《にち》のふたつの説《せつ》があります。ヒジュラ暦《れき》は、私《わたし》たちが今使《いまつか》っている暦《こよみ》と1年《ねん》に10日《か》くらいの差《さ》が出《で》てしまうため、ムハンマドの誕生日《たんじょうび》は毎年《まいとし》ちがう日《ひ》に祝《いわ》われているのです。

7月《がつ》生《う》まれの偉《い》人《じん》

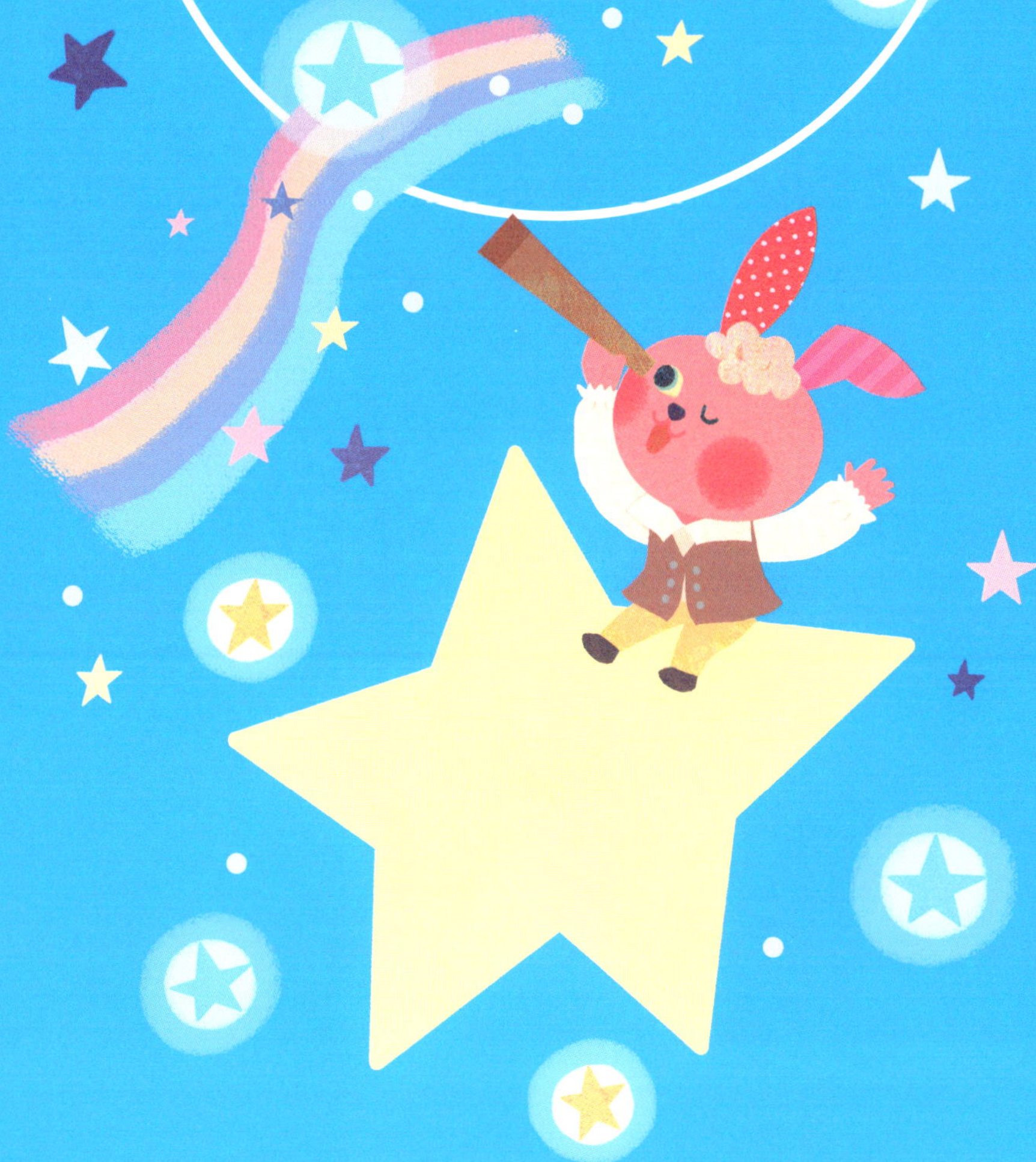

女性《じょせい》の生《い》き方《かた》を世《よ》に問《と》うた

ジョルジュ・サンド

（1804～1876年　フランス）

あるがままに生《い》きよう。
そして、感動《かんどう》を忘《わす》れないように。

7月1日の偉人

文化

　私《わたし》のほんとうの名前《なまえ》は、オーロール・デュパンといいます。ジョルジュ・サンドというのは、本《ほん》を書《か》くときのペンネーム。しかも、それは男性《だんせい》の名前《なまえ》なのです。日本《にほん》でいえば、太郎《たろう》とか勇太《ゆうた》とか、そんな名前《なまえ》です。どうして男《おとこ》の名前《なまえ》にしたのかって？　それは、私《わたし》が生《い》きていた時代《じだい》の考《かんが》え方《かた》に、抗議《こうぎ》したかったからです。

　私《わたし》が生《い》きていた時代《じだい》、女性《じょせい》の権利《けんり》はまったくみとめられていませんでした。女《じょ》性《せい》は、少女《しょうじょ》のころは父親《ちちおや》の、結婚《けっこん》してからは夫《おっと》のいうことをきいて、ただただそれにしたがわなければいけなかったのです。私《わたし》はそんな考《かんが》え方《かた》に、ノー！といいたかったのです。そして、小《ち》さなころから好《す》きだった文学《ぶんがく》の道《みち》で、自分《じぶん》の考《かんが》えを書《か》いていこうと決《き》めたのです。

　貴族《きぞく》の家《いえ》に生《う》まれた私《わたし》は、18歳《さい》で9歳《さい》年上《としうえ》の貴族《きぞく》の男性《だんせい》と結婚《けっこん》しました。けれど、古《ふる》い考《かんが》え方《かた》にとらわれた夫《おっと》との生活《せいかつ》はうまくはいきませんでした。つみかさなったがまんが限界《げんかい》にたっしたとき、私《わたし》は、自分《じぶん》のために生《い》きていこうと決心《けっしん》しました。そして、豪華《ごうか》なドレスをぬぎすてて、男《おとこ》のかっこうをしました。ズボンをはけば、女性《じょせい》の出入《でい》りを禁《きん》じられていた場所《ばしょ》にもいけますし、男《おとこ》ものの靴《くつ》なら、どんなところでもぐんぐん歩《ある》けましたから。

　それから、私《わたし》は46年間《ねんかん》、毎日《まいにち》（ほんとうに毎日《まいにち》）1日《にち》も休《やす》まずに物語《ものがたり》やエッセイなどを書《か》きつづけました。生涯《しょうがい》で書《か》いた作品《さくひん》の数《かず》は109にものぼります。当時《とうじ》、本《ほん》を書《か》くことだけで生活《せいかつ》していける人《ひと》はとても少《すく》なかったのですが、私《わたし》は女性《じょせい》としてはじめてそれをなしとげました。

　今《いま》の時代《じだい》、女性《じょせい》はどんなふうに生《い》きていますか。誰《だれ》のものでもない自分《じぶん》の人生《じんせい》を、自由《じゆう》に生《い》きられるようになっていれば、私《わたし》もとてもうれしく思《おも》います。

この日《ひ》に生《う》まれた有名人《ゆうめいじん》

ゴットフリート・ライプニッツ（哲学者《てつがくしゃ》・数学者《すうがくしゃ》）／浅井慎平《あさいしんぺい》（写真家《しゃしんか》）
明石家《あかしや》さんま（お笑《わら》い芸人《げいにん》）／ダイアナ（イギリス皇太子妃《こうたいしひ》）／カール・ルイス（陸上選手《りくじょうせんしゅ》）

第1回芥川賞を受賞した社会派作家《だい かい あくたがわしょう じゅしょう しゃかいは さっか》

石川達三《いしかわたつぞう》

（1905～1985年　日本）

幸福《こうふく》はけっして怠惰《たいだ》の中《なか》にはない。幸福《こうふく》はつねに努力《どりょく》する生活《せいかつ》の中《なか》にある。

私《わたし》は12人兄弟《にんきょうだい》の3男《なん》として、生《う》まれました。父《ちち》は中学校《ちゅうがっこう》の教員《きょういん》で、母《はは》は私《わたし》が9歳《さい》のころ亡《な》くなりました。なにしろ兄弟《きょうだい》が多《おお》かったので、くらしはそれほど豊《ゆた》かではなく、私《わたし》も大学《だいがく》に進《すす》むのをあきらめていました。ところが、運《うん》よく「大阪朝日新聞《おおさかあさひしんぶん》」の懸賞《けんしょう》に応募《おうぼ》していた小説《しょうせつ》が入賞《にゅうしょう》。その賞金《しょうきん》で、大学《だいがく》に進《すす》むことができたのです。もっとも、学費《がくひ》がつづかなくて、大学《だいがく》は1年《ねん》で退学《たいがく》することになってしまいましたが。

その後《ご》、働《はたら》きながら、小説《しょうせつ》を書《か》きつづけました。そして、移民《いみん》としてブラジルにわたった人《ひと》たちのことを書《か》いた小説《しょうせつ》『蒼氓《そうぼう》』で、第《だい》1回芥川賞《かいあくたがわしょう》をとりました。

「蒼氓《そうぼう》」なんてことば、きっときいたことがないでしょうね。これは、「ちっぽけな人々《ひとびと》」という意味《いみ》のことばです。この物語《ものがたり》は、神戸《こうべ》の移民収容所《いみんしゅうようじょ》の1週間《しゅうかん》を書《か》いたものです。当時《とうじ》、政府《せいふ》はブラジルへの移民政策《いみんせいさく》を進《すす》めていました。日本《にほん》では食《た》べていけない人《ひと》たちをブラジルへ出《で》かせぎにいかせていたわけです。移民収容所《いみんしゅうようじょ》には、これからブラジルへ出発《しゅっぱつ》しようというまずしい人《ひと》たちが全国《ぜんこく》から集《あつ》まってきていました。私《わたし》はその人《ひと》たちのことを、物語《ものがたり》にしたのです。

私《わたし》の作品《さくひん》は、こうした社会《しゃかい》の問題《もんだい》をテーマにしているのが特徴《とくちょう》で、私《わたし》は「社会派《しゃかいは》」の作家《さっか》とよばれていました。日中戦争中《にっちゅうせんそうちゅう》には、南京《なんきん》（中国《ちゅうごく》の街《まち》）で見《み》た日本軍《にほんぐん》の残虐《ざんぎゃく》な行為《こうい》をつぶさに書《か》いた『生《い》きている兵隊《へいたい》』を雑誌《ざっし》に発表《はっぴょう》して、罪《つみ》にとわれ、禁固《きんこ》4か月《げつ》の刑《けい》をいいわたされました。けれど、私《わたし》は、戦争《せんそう》というもののあるがままの姿《すがた》を国民《こくみん》に知《し》らせることがぜったいにだいじだと信《しん》じていたのです。その信念《しんねん》はその後《ご》も変《か》わることはなく物語《ものがたり》を書《か》きつづけ、のちには菊池寛賞《きくちかんしょう》も受賞《じゅしょう》しました。長《なが》いあいだ、社会派文学《しゃかいはぶんがく》を書《か》きつづけた努力《どりょく》をみとめられたのです。

7月
2日
の偉人《いじん》

文化

この日《ひ》に
生《う》まれた
有名人《ゆうめいじん》

ヘルマン・ヘッセ（作家《さっか》）／岡鹿之助《おかしかのすけ》（画家《がか》）／浅丘《あさおか》ルリ子《こ》（女優《じょゆう》）
西川《にしかわ》きよし（漫才師《まんざいし》・政治家《せいじか》）／三宅健《みやけけん》《V6》（タレント）

世《よ》の不条理《ふじょうり》を書《か》いてみせた

フランツ・カフカ

（1883〜1924年　チェコ）

すべての人間《にんげん》が真実《しんじつ》を見《み》られるわけではないが、真実《しんじつ》であることはできる。

みなさんは、朝《あさ》おきたとき、自分《じぶん》が1ぴきの巨大《きょだい》な虫《むし》になっていたらどうしますか？　私《わたし》の書《か》いた物語《ものがたり》『変身《へんしん》』とは、そういうお話《はなし》です。

私《わたし》は、チェコにすむユダヤ人《じん》の家《いえ》に生《う》まれました。父《ちち》は成功《せいこう》した商人《しょうにん》で、私《わたし》にも同《おな》じような道《みち》を歩《あゆ》んでほしいと思《おも》っていたようです。私《わたし》は小《ちい》さいころから本《ほん》を読《よ》むのが好《す》きな、内気《うちき》な子《こ》どもだったので、父《ちち》とは気《き》があいませんでした。ほんとうは大学《だいがく》でも哲学《てつがく》を勉強《べんきょう》したかったのですが、父《ちち》に反対《はんたい》され、法学《ほうがく》を学《まな》びました。法学《ほうがく》には最後《さいご》まで興味《きょうみ》がもてずに、大学《だいがく》では、好《す》きな本《ほん》を読《よ》んだり、読書《どくしょ》サークルのようなものに顔《かお》を出《だ》したり、自《じ》分《ぶん》で小説《しょうせつ》を書《か》いたりする生活《せいかつ》を送《おく》っていたものです。

卒業後《そつぎょうご》は、役人《やくにん》として保険局《ほけんきょく》の仕事《しごと》をしながら、作品《さくひん》を書《か》きつづけていました。少《すこ》しずつ雑誌《ざっし》などで発表《はっぴょう》できるようになりました。けれど、34歳《さい》のときに肺結核《はいけっかく》というおそろしい病気《びょうき》になってしまいます（そのころ、肺結核《はいけっかく》はほとんど治《なお》らない病気《びょうき》だったのです）。

病気《びょうき》にかかってからも小説《しょうせつ》は書《か》きつづけましたが、私《わたし》は、自分《じぶん》の作品《さくひん》に満足《まんぞく》していませんでした。ですから、亡《な》くなるとき、すべての作品《さくひん》を焼《や》きすててくれと友人《ゆうじん》にいいのこしたのです。しかし、そういいのこされた友人《ゆうじん》は、私《わたし》の遺言《ゆいごん》を無《む》視《し》しました。それだけ私《わたし》の作品《さくひん》をみとめてくれていたのだと思《おも》います。

けっきょく、死《し》んでから発表《はっぴょう》された作《さく》品《ひん》が、第《だい》2次世界大戦後《じせかいたいせんご》にフランスとアメリカで高《たか》く評価《ひょうか》されて、私《わたし》は20世紀《せいき》のヨーロッパ文学《ぶんがく》を代表《だいひょう》する作家《さっか》とみとめられるようになりました。もし、友人《ゆうじん》が遺言《ゆいごん》を守《まも》っていたら、私《わたし》の作品《さくひん》は世《よ》に出《で》ることはなかったわけです。なんという不条理《ふじょうり》（常識《じょうしき》や予測《よそく》をはずれたこと）でしょう。でも、私《わたし》はその「不条理《ふじょうり》」を作《さく》品《ひん》で書《か》きつづけていたのですから、いかにも私《わたし》らしい顛末《てんまつ》なのかもしれません。

この日《ひ》に生《う》まれた有名人《ゆうめいじん》

深作欣二《ふかさくきんじ》（映画監督《えいがかんとく》）／戸田奈津子《とだなつこ》（映画字幕翻訳者《えいがじまくほんやくしゃ》）／トム・クルーズ（俳優《はいゆう》）
岡村隆史《おかむらたかし》《ナインティナイン》（お笑《わら》い芸人《げいにん》）／ヴァンダレイ・シウバ（格闘家《かくとうか》）

アメリカ民謡《みんよう》の父《ちち》

スティーブン・フォスター

（1826～1864年　アメリカ）

同《おな》じ黒人《こくじん》たちならわかるだろう。
ふるさとの人々《ひとびと》から遠《とお》くはなれてくらす、
この悲《かな》しみが。

私《わたし》はアメリカではじめてプロのソングライターとなった音楽家《おんがくか》です。10人兄弟《にんきょうだい》の9番目《ばんめ》の子《こ》として生《う》まれた私《わたし》は、小《ちい》さいころから音楽《おんがく》が大好《だいす》きで、笛《ふえ》やギター、フルートなどを、姉《あね》たちから教《おし》えてもらっていました。作曲《さっきょく》にも興味《きょうみ》があって、モーツァルトやベートーヴェンのような有名《ゆうめい》な作曲家《さっきょくか》の曲《きょく》をくりかえしきいて勉強《べんきょう》していました。ちゃんとした音楽教育《おんがくきょういく》をうけたことはなかったのですが、そのうち、自分《じぶん》で曲《きょく》をつくれるようになって、仲間《なかま》とつくった合唱団《がっしょうだん》で、オリジナルの曲《きょく》を歌《うた》ったりしていたのです。

学校《がっこう》を卒業《そつぎょう》すると、兄《あに》が経営《けいえい》する汽船《きせん》会社《がいしゃ》で働《はたら》きました。この会社《かいしゃ》があったのが、オハイオ川《がわ》ぞいのシンシナティというところでね、川《かわ》のむこうがわは黒人《こくじん》の奴隷《どれい》をもつことをみとめている地域《ちいき》だったのです。川《かわ》をわたって、黒人《こくじん》たちが歌《うた》う歌《うた》がよくきこえてきたものでした。それが私《わたし》のつくる曲《きょく》にとても大《おお》きな影響《えいきょう》をあたえたのですよ。

私《わたし》がつくる曲《きょく》の多《おお》くは、黒人《こくじん》のことを歌《うた》っています。そのころのアメリカで黒《こく》人《じん》が登場《とうじょう》する楽曲《がっきょく》といえば、かれらのおろかさをあざ笑《わら》うものばかりでした。けれど、私《わたし》は黒人労働者《こくじんろうどうしゃ》をそのようにあざ笑《わら》えませんでした。だから、かれらの心《こころ》によりそった曲《きょく》を書《か》いたのです。

そのうち、私《わたし》の作曲《さっきょく》した「おお、スザンナ」が大《だい》ヒットしました。5000部《ぶ》楽譜《がくふ》が売《う》れればヒットといわれていたときに、「おお、スザンナ」の楽譜《がくふ》は10万部《まんぶ》も売《う》れたのです。私《わたし》は、仕事《しごと》をやめ、作《さっ》曲《きょく》を職業《しょくぎょう》にすることを決《き》めました。アメリカで、プロのソングライター第《だい》1号《ごう》でした。その後《ご》は、「故郷《こきょう》の人々《ひとびと》（スワニーリバー）」「ケンタッキーの我《わ》が家《や》」「主人《しゅじん》は冷《つめ》たい土《つち》の下《した》に」などたくさんの名曲《めいきょく》をとんとん拍子《びょうし》に世《よ》に送《おく》りだしました。私《わたし》のつくった楽曲《がっきょく》は、285曲《きょく》にもなります。そして今《いま》でも、アメリカ民《みん》謡《よう》として歌《うた》いつがれているのです。

7月4日の偉人

芸術

この日《ひ》に生《う》まれた有名人《ゆうめいじん》

ジョージ・エベレスト（探検家《たんけんか》）／ナサニエル・ホーソーン（作家《さっか》）／ケンドーコバヤシ（お笑《わら》い芸人《げいにん》）／GACKT（ミュージシャン）／加藤大治郎《かとうだいじろう》（オートバイレーサー）

あらゆる芸術《げいじゅつ》のかるわざ師《し》

ジャン・コクトー

（1889〜1963年　フランス）

ユーモアを失《うしな》わないように戦《たたか》わなければいけない。ユーモアの欠如《けつじょ》は愚《ぐ》の骨頂《こっちょう》だ。

私《わたし》はフランスのとても裕福《ゆうふく》な家《いえ》に生《う》まれました。おじいさんはよく音楽家《おんがくか》を家《いえ》にまねき、自分《じぶん》もいっしょに演奏《えんそう》していました。そんな芸術的《げいじゅつてき》な環境《かんきょう》にいたせいでしょう、私《わたし》は小《ちい》さいときから芸術《げいじゅつ》に対《たい》する感覚《かんかく》をみがいていったのです。

学生《がくせい》のころから、詩《し》や小説《しょうせつ》を愛《あい》し、夢《む》中《ちゅう》になって読《よ》んでいました。学校《がっこう》の勉強《べんきょう》はたいくつで、まったく身《み》が入《はい》りませんでした。おかげで、大学《だいがく》の受験《じゅけん》に失敗《しっぱい》。私《わたし》は大学《だいがく》にいくことをあきらめて、詩《し》や小説《しょうせつ》を書《か》きはじめました。

そして、20歳《さい》のとき『アラジンのランプ』という詩集《ししゅう》を出《だ》して、デビューをはたしました。これは自費出版《じひしゅっぱん》でした。無《む》名《めい》の若者《わかもの》が書《か》いた詩集《ししゅう》など出《だ》してくれる出版社《しゅっぱんしゃ》はありませんでしたから。その後《ご》は、詩《し》だけではなく、小説《しょうせつ》をはじめ、音《おん》楽論《がくろん》、演劇《えんげき》の脚本《きゃくほん》まで書《か》き、さらに絵画《かいが》も描《か》くようになりました。映画《えいが》の原作《げんさく》や脚本《きゃくほん》、監督《かんとく》にも挑戦《ちょうせん》しました。そして、どの分野《ぶんや》でも成功《せいこう》して、才能《さいのう》をみとめられたのです。ただ、私自身《わたしじしん》はあくまで詩《し》人《じん》で、そのほかの分野《ぶんや》は、詩《し》の別《べつ》の表現《ひょうげん》手段《しゅだん》と考《かんが》えていました。ですから、「フランスの詩《し》の王《おう》」という称号《しょうごう》をもらったときはうれしかったですね。

私《わたし》は大学《だいがく》にはいきませんでしたが、そのかわりに、作家《さっか》や画家《がか》、芸術家《げいじゅつか》たちとの交流《こうりゅう》をつうじて、さまざまなことを学《まな》んだのです。作家《さっか》ではマルセル・プルーストやサルトル、ボーヴォワール、バレエ界《かい》ではニジンスキー、画家《がか》では、ピカソやモディリアーニ、ダリ、音楽《おんがく》のほうでは、サティやストラヴィンスキー、映《えい》画界《がかい》では、トリュフォーやゴダール……ココ・シャネルとも仲《なか》よくしてもらいました。そうした人脈《じんみゃく》にささえられたから、幅広《はばひろ》い分野《ぶんや》で活躍《かつやく》できたのです。私《わたし》はかけがえのない友人《ゆうじん》たちから、芸術《げいじゅつ》と人生《じんせい》を教《おし》えてもらったのですよ。

7月
5日
の偉人

文化

この日《ひ》に生《う》まれた有名人《ゆうめいじん》

セシル・ローズ（政治家《せいじか》）／エルンスト・マイヤー（生物学者《せいぶつがくしゃ》）
ジョルジュ・ポンピドゥ（政治家《せいじか》）／杉山愛《すぎやまあい》（テニス選手《せんしゅ》）／大谷翔平《おおたにしょうへい》（野球選手《やきゅうせんしゅ》）

命《いのち》がけで世界平和《せかいへいわ》を訴《うった》える僧侶《そうりょ》

ダライ・ラマ14世《せい》

（1935年～　チベット）

もしあなたが「自分《じぶん》にはたいしたことができない」と思《おも》ってしまったら、それは世界《せかい》にとって大《おお》きな損失《そんしつ》です。

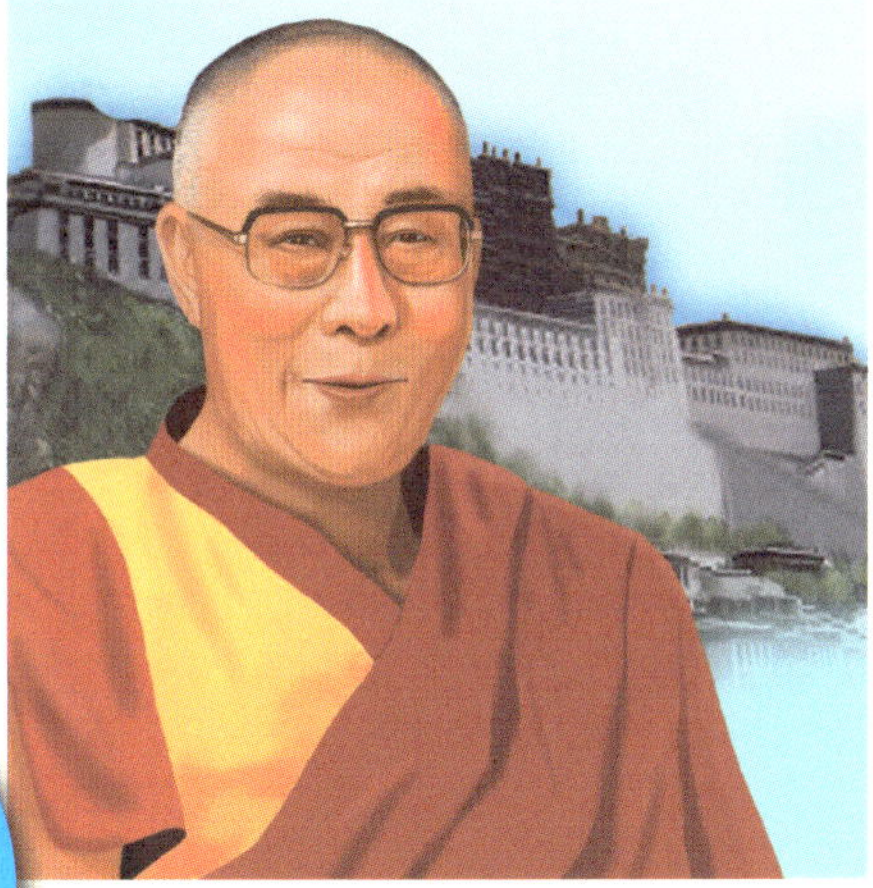

7月
6日
の偉人

思想

ダライ・ラマというのは、チベット仏《ぶっ》教《きょう》の長《ちょう》であり、観音菩薩《かんのんぼさつ》の生《う》まれ変《か》わりといわれています。私《わたし》はその14代目《だいめ》というわけです。

私《わたし》が生《う》まれたのは、チベットの山奥《やまおく》の農村《のうそん》でした。ごくごくふつうの農家《のうか》の子《こ》として生《う》まれたのです。4歳《さい》のとき、ダライ・ラマ13世《せい》が亡《な》くなって、つぎのダライ・ラマをさがす人《ひと》たちが、お告《つ》げにしたがって、村《むら》にやってきました。お告《つ》げは、私《わたし》がつぎのダライ・ラマだといっていたのです。

そうして、私《わたし》は14代《だい》ダライ・ラマとして、さまざまな教育《きょういく》をうけ、チベット民《みん》族《ぞく》のリーダーとしてチベットをおさめるようになりました。ところが、1949年《ねん》に、中華人民共和国《ちゅうかじんみんきょうわこく》ができると、中国《ちゅうごく》がチベットを自分《じぶん》の国《くに》に入《い》れようと、軍《ぐん》隊《たい》を送《おく》ってくるようになったのです。軍《ぐん》隊《たい》に侵略《しんりゃく》されて、チベットは中国《ちゅうごく》に組《く》みこまれてしまいました。中国《ちゅうごく》のやり方《かた》に、チベット民族《みんぞく》は反対《はんたい》して、抵抗運動《ていこううんどう》がおきました。すると、中国《ちゅうごく》の軍隊《ぐんたい》は抵抗運《ていこううん》動《どう》をする人《ひと》たちに銃《じゅう》をむけ、つぎつぎに殺《ころ》していったのです。このときに犠牲《ぎせい》になったチベット民族《みんぞく》の数《かず》は、120万《まん》人《にん》といわれています。チベット民族《みんぞく》の5分《ぶん》の1が、殺《ころ》されたのです。

私《わたし》の命《いのち》もあぶなくなったので、私《わたし》はインドに逃《に》げ、そこで「チベット亡命政《ぼうめいせい》府《ふ》」をつくりました。チベットから遠《とお》くはなれた場所《ばしょ》ですが、そこからチベットの人《ひと》たちに働《はたら》きかけ、心《こころ》のささえになっているのです。そして、世界平和《せかいへいわ》を訴《うった》えているのです。

そうした活動《かつどう》がみとめられて、私《わたし》はノーベル平和賞《へいわしょう》をもらいました。でも、チベットにもどれる日《ひ》がくるまで、喜《よろこ》ぶことはできません。異《こと》なる民族《みんぞく》が仲《なか》よくやっていくのはむずかしいかもしれない。けれど、不可能《ふかのう》なことではないはずです。みなさんもぜひ、その方法《ほうほう》をいっしょに考《かんが》えてください。

この日《ひ》に生《う》まれた有名人《ゆうめいじん》

佐藤紅緑《さとうこうろく》（作家《さっか》）／ミヤコ蝶々《ちょうちょう》（女優《じょゆう》・漫才師《まんざいし》）／ウラディーミル・アシュケナージ（ピアニスト・指揮者《しきしゃ》）
シルヴェスター・スタローン（俳優《はいゆう》・映画監督《えいがかんとく》）／崔洋一《さいよういち》（映画監督《えいがかんとく》）

不平等条約《ふびょうどうじょうやく》を解消《かいしょう》したカミソリ大臣《だいじん》

陸《む》奥《つ》宗《むね》光《みつ》

（1844～1897年　日本）

人《ひと》より苦労《くろう》しないで人《ひと》よりたくさん利益《りえき》をえようとするのは、意志《いし》が弱《よわ》く、ものごとを決断《けつだん》して実行《じっこう》する力《ちから》がないからだ。

7月
7日
の偉人

政治

　私《わたし》は幕末《ばくまつ》に紀州藩《きしゅうはん》（今《いま》の和歌山県《わかやまけん》）で生《う》まれました。父《ちち》は藩《はん》の重臣《じゅうしん》（地位《ちい》が高《たか》い役人《やくにん》）だったのですが、私《わたし》が小《ちい》さいときに、権力闘争《けんりょくとうそう》に負《ま》けて、地位《ちい》を追《お》われてしまったために、くらしはとてもまずしく、苦《くる》しくなったのです。ですから、私《わたし》は小《ちい》さいときから自分自身《じぶんじしん》の力《ちから》で勉強《べんきょう》するしかありませんでした。自分《じぶん》なりに努力《どりょく》して、いろんな知識《ちしき》を身《み》につけていったのです。

　その後《ご》、江戸《えど》に出《で》た私《わたし》は、坂本龍馬《さかもとりょうま》さんや桂小五郎《かつらこごろう》さんといった志士《しし》と親《した》しくなりました。そして、坂本《さかもと》さんのつくった海援隊《かいえんたい》に入《い》れてもらったのです。そのころ、これからは英語《えいご》が必要《ひつよう》になると考《かんが》え、外国人居留地《がいこくじんきょりゅうち》に住《す》む外国人《がいこくじん》の使用人《しようにん》として、住《す》みこみで働《はたら》きながら、生《い》きた英語《えいご》を勉強《べんきょう》しました。このときにつちかった英語力《えいごりょく》は、あとで私《わたし》を助《たす》けてくれました。

　明治《めいじ》になってからは政府《せいふ》の仕事《しごと》をし、外交《がいこう》をまかされました。外交《がいこう》とは、外国《がいこく》とうまくつきあい、自分《じぶん》の国《くに》に有利《ゆうり》なように交渉《こうしょう》をしていくことです。ただ仲《なか》よくすればいいというものではありません。むしろ、戦《たたか》いです。国《くに》と国《くに》が武力《ぶりょく》でなく頭脳《ずのう》で戦《たたか》うのです。私《わたし》は語学力《ごがくりょく》を生《い》かし、イギリスとの不平等条約《ふびょうどうじょうやく》であった治外法権《ちがいほうけん》（日本《にほん》で外国人《がいこくじん》が犯罪《はんざい》をおかしても日本《にほん》の法律《ほうりつ》でさばくことができない権利《けんり》）をなくし、独立国日本《どくりつこくにほん》としての立場《たちば》を獲得《かくとく》したのです。幕末《ばくまつ》に、日本《にほん》はそうした不平等条約《ふびょうどうじょうやく》を、イギリスだけでなく、アメリカやドイツなど15か国《こく》とのあいだでむすんでいました。私《わたし》はそれをぜんぶ、変《か》えたのです。その外交《がいこう》のやり方《かた》は「陸《む》奥外交《つがいこう》」とよばれて、高《たか》く評価《ひょうか》されました。

　そうしたことをやりとげられたのは、もちろん英語力《えいごりょく》があったからだけではありません。大国《たいこく》を相手《あいて》にものおじせず、どうどうと自分《じぶん》のいいたいことを主張《しゅちょう》できたからです。ときにははったりをきかせることもだいじなのですよ。

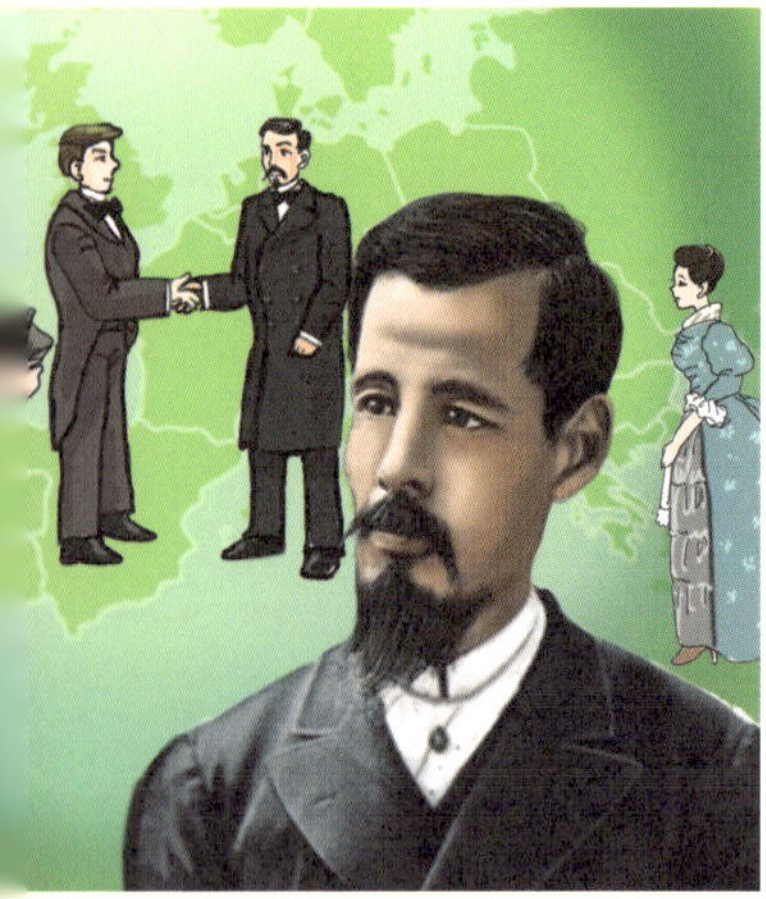

この日《ひ》に生《う》まれた有名人《ゆうめいじん》

グスタフ・マーラー（作曲家《さっきょくか》）／マルク・シャガール（画家《がか》）
円谷英二《つぶらやえいじ》（特撮監督《とくさつかんとく》）／リンゴ・スター（ミュージシャン）／堤真一《つつみしんいち》（俳優《はいゆう》）

アメリカ産業界《さんぎょうかい》の王《おう》さま

ジョン・ロックフェラー

（1839～1937年　アメリカ）

すべての権利《けんり》は責任《せきにん》を、すべてのチャンスは拘束《こうそく》を、すべての所有《しょゆう》は義務《ぎむ》をともなうものだ。

7月 8日 の偉人

社会

　私《わたし》の父《ちち》は、行商《ぎょうしょう》のようなことをしていて、めったに家《いえ》に帰《かえ》ってきませんでした。どこかにうまいもうけ話《ばなし》がころがっていないかと、かんたんにお金《かね》もうけをする方法《ほうほう》をいつもさがしているような人《ひと》で、私《わたし》たち子《こ》どもと母《はは》はまずしい生活《せいかつ》をしていたのです。私《わたし》も母《はは》を手伝《てつだ》って、家事《かじ》をしたり、うちでとれた野菜《やさい》を売《う》って歩《ある》いたりしていました。

　16歳《さい》のとき、商業学校《しょうぎょうがっこう》にかよい、商売《しょうばい》に必要《ひつよう》な計算《けいさん》や法律《ほうりつ》の勉強《べんきょう》をしました。その後《ご》、会社《かいしゃ》で事務《じむ》の仕事《しごと》をしながら、商売《しょうばい》の方法《ほうほう》を学《まな》んでいきました。そのときの給料《きゅうりょう》は、1日《にち》50セント。今《いま》のお金《かね》にしたら、だいたい1500円《えん》ぐらいです。わずかなお金《かね》でしたが、私《わたし》は給料《きゅうりょう》をもらうと、かならず教会《きょうかい》に寄付《きふ》をしました。これは信心深《しんじんぶか》かった母《はは》の影響《えいきょう》です。

母《はは》からは、「無駄使《むだづか》いをしないこと」と「人《ひと》を助《たす》けることの尊《とうと》さ」、そして「働《はたら》くこと」を教《おそ》わりました（父《ちち》からは、「人《ひと》と取引《とりひき》するときは、かならず自分《じぶん》に有利《ゆうり》になるようにしろ」ということを教《おそ》わりました）。

　20歳《さい》になったとき、私《わたし》は友人《ゆうじん》と会社《かいしゃ》をつくりました。最初《さいしょ》は食料品《しょくりょうひん》の売《う》り買《か》いをしていたのですが、それから先《さき》、石油《せきゆ》が貴重《きちょう》なものになると思《おも》った私《わたし》は、石油《せきゆ》をあつかうことにしました。この予測《よそく》が大《おお》あたり。石油《せきゆ》はどんどん必要《ひつよう》とされるようになり、私《わたし》の会社《かいしゃ》はぐんぐん売《う》りあげをのばしました。私《わたし》はライバル会社《がいしゃ》をけちらして、ついに「石油王《せきゆおう》」といわれる大金持《おおがねも》ちになりました。

　その後《ご》、私《わたし》は58歳《さい》で仕事《しごと》の第一線《だいいっせん》から引退《いんたい》し、残《のこ》りの人生《じんせい》を慈善事業《じぜんじぎょう》にささげました。ロックフェラー財団《ざいだん》というものをつくり、まずしい人々《ひとびと》を助《たす》けるために、病院《びょういん》や大学《だいがく》などへたくさんのお金《かね》を寄付《きふ》しました。

　お金《かね》はときに、自分自身《じぶんじしん》をほろぼしてしまいます。お金《かね》は、自分《じぶん》のためだけではなく、人《ひと》を助《たす》けるために使《つか》うものなんですよ。

この日《ひ》に生《う》まれた有名人《ゆうめいじん》

フェルディナント・フォン・ツェッペリン（発明家《はつめいか》）／東山魁夷《ひがしやまかいい》（画家《がか》）
三枝成彰《さえぐさしげあき》（作曲家《さっきょくか》）／三谷幸喜《みたにこうき》（脚本家《きゃくほんか》・演出家《えんしゅつか》）／谷原章介《たにはらしょうすけ》（俳優《はいゆう》）

日本《にほん》が世界《せかい》に誇《ほこ》る指揮者《しきしゃ》

朝《あさ》比《ひ》奈《な》隆《たかし》

（1908〜2001年　日本）

誰《だれ》かの心《こころ》を動《うご》かそうとするのであれば、まず自分《じぶん》の心《こころ》に相手《あいて》よりも強《つよ》い意志《いし》が必要《ひつよう》になります。

みなさんはオーケストラというものを知《し》っていますか。オーケストラとは、バイオリンのような弦楽器《げんがっき》と、トランペットなどの管楽器《かんがっき》、そして、木琴《もっきん》やティンパニーなどの打楽器《だがっき》を組《く》みあわせて音楽《おんがく》を演奏《えんそう》するグループです。オーケストラにはかならず、演奏者《えんそうしゃ》をまとめる指揮者《しきしゃ》がいます。指揮者《しきしゃ》はオーケストラでいちばんだいじな役割《やくわり》をしています。同《おな》じオーケストラが同《おな》じ曲《きょく》を演奏《えんそう》しても、指揮《しき》者《しゃ》がちがうと、まったくちがったものになるのです。私《わたし》はその指揮者《しきしゃ》で、世界《せかい》で活躍《かつやく》しました。

でも、私《わたし》は、きちんとした音楽教育《おんがくきょういく》はうけていません。小学校《しょうがっこう》のころから、音《おん》楽《がく》は大好《だいす》きでした。親《しん》せきの家《いえ》に入《い》りびたっては、レコードをきいていたのです。そして、高校《こうこう》のとき、バイオリンと出会《であ》います。親《しん》せきのお兄《にい》さんがバイオリンをひいていたのです。生《なま》の音《おと》をきいたとき、私《わたし》はその音色《ねいろ》に夢中《むちゅう》になりました。そのようすを見《み》ていた祖母《そぼ》が、中古《ちゅうこ》のバイオリンを買《か》ってきてくれました。それが、私《わたし》の音楽人生《おんがくじんせい》のスタートでした。

私《わたし》はバイオリンを習《なら》いながら、友人《ゆうじん》と小《ちい》さな楽団《がくだん》をつくり、ベートーベンやモーツァルトなどをひたすら演奏《えんそう》しました。もちろん、ろくにひくことなどできませんでしたが、とにかく演奏《えんそう》しまくったのです。そして、京都大学《きょうとだいがく》のオーケストラに入《はい》りたいと思《おも》いたち、京都大学《きょうとだいがく》の法学《ほうがく》部《ぶ》に進《すす》みます。大学《だいがく》のオーケストラで、バイオリンと指揮《しき》のレッスンをうけました。卒業後《そつぎょうご》は、阪急電鉄《はんきゅうでんてつ》や音楽学校《おんがくがっこう》で働《はたら》きながら、演奏活動《えんそうかつどう》をつづけ、32歳《さい》のときに指揮者《しきしゃ》としてデビュー。その7年後《ねんご》、関西交響楽団《かんさいこうきょうがくだん》（のちの大阪《おおさか》フィルハーモニー交響楽団《こうきょうがくだん》）をつくりました。そして、日本《にほん》だけでなく、世界《せかい》じゅうでみとめられるほどになったのです。

まわり道《みち》をしたように見《み》えますが、音《おん》楽家《がくか》に必要《ひつよう》なのは音楽《おんがく》の知識《ちしき》や技術《ぎじゅつ》だけではありません。まわり道《みち》をしたから、私《わたし》はいい指揮者《しきしゃ》になれたのだと思《おも》いますよ。

7月

9日

の偉人

芸術

この日《ひ》に生《う》まれた有名人《ゆうめいじん》

清水幾太郎《しみずいくたろう》（社会学者《しゃかいがくしゃ》）／細野晴臣《ほそのはるおみ》（ミュージシャン）
トム・ハンクス（俳優《はいゆう》）／久本雅美《ひさもとまさみ》（タレント）／草彅剛《くさなぎつよし》《SMAP》（タレント）

20世紀《せいき》を代表《だいひょう》する大作家《だいさっか》

マルセル・プルースト

（1871〜1922年　フランス）

苦《くる》しみはとことん苦《くる》しみぬくことでしかいやされない。

私《わたし》は、フランスのとても裕福《ゆうふく》な家《いえ》に生《う》まれ、両親《りょうしん》や祖母《そぼ》からほんとうに愛《あい》されて育《そだ》ちました。ただ、小《ちい》さいころから病弱《びょうじゃく》で、とくに10歳《さい》のときにぜんそくの発作《ほっさ》をおこしてからは、野山《のやま》にいったり、外《そと》で思《おも》いきり遊《あそ》ぶことができなくなりました。

学校《がっこう》も休《やす》みがちだったので、学業《がくぎょう》の成績《せいせき》はいまひとつだったのですが、文学《ぶんがく》は好《す》きで、友人《ゆうじん》たちと雑誌《ざっし》をつくり、自分《じぶん》の作品《さくひん》を発表《はっぴょう》したりしていました。パリ大学《だいがく》に進《すす》んだあとも書《か》くことはつづけていました。が、私《わたし》の大学生活《だいがくせいかつ》は、社交《しゃこう》に明《あ》けくれたものでした。私《わたし》はパリの社交《しゃこう》界《かい》に入《い》りびたりました。そこで貴族《きぞく》や有《ゆう》名《めい》な芸術家《げいじゅつか》たちと親《した》しくなっていったのです。

大学《だいがく》を卒業《そつぎょう》しても、私《わたし》はまともに働《はたら》きませんでした。お金《かね》はじゅうぶんあったので、働《はたら》く必要《ひつよう》もなかったのです。20代《だい》後半《こうはん》は、図書館《としょかん》で助手《じょしゅ》をしていましたが、休《やす》んでばかりで、ちゃんと働《はたら》いたとはいえません。そのころから、私《わたし》は小説《しょうせつ》を書《か》くことに熱中《ねっちゅう》するようになっていたのです。

その後《ご》、あれだけ私《わたし》のことを愛《あい》してくれた両親《りょうしん》が亡《な》くなりました。ショックでなにもできないでいる私《わたし》に、さらに追《お》いうちをかけるように、持病《じびょう》のぜんそくがひどくなりました。それをきっかけに、私《わたし》は、窓《まど》とカーテンをしめきって、壁《かべ》にコルクをはった、まっ暗《くら》で音《おと》のしない部《へ》屋《や》にほとんどこもりきりになりました。

そして、それまで見《み》たりきいたりしたことを書《か》きためた約《やく》20冊《さつ》の手帳《てちょう》を資料《しりょう》に、大作《たいさく》『失《うしな》われた時《とき》を求《もと》めて』を15年間《ねんかん》書《か》きつづけたのです。7巻分《かんぶん》の原稿《げんこう》を書《か》きあげ、5巻《かん》のとちゅうまで修正《しゅうせい》していたとき、病気《びょうき》が悪化《あっか》して、私《わたし》は亡《な》くなりました。けれど、私《わたし》の死後《しご》、弟《おとうと》によって、7巻《かん》はすべて出版《しゅっぱん》され、フランスの心理《しんり》小説中《しょうせつちゅう》の最高傑作《さいこうけっさく》といわれるようになりました。なにもしていなかったように見《み》える時期《じき》、私《わたし》は小説《しょうせつ》の種《たね》を育《そだ》てていたのですよ。

7月
10日
の偉人

文化

この日《ひ》に生《う》まれた有名人《ゆうめいじん》

ニコラ・テスラ（発明家《はつめいか》）／ジョルジョ・デ・キリコ（画家《がか》）
沢村一樹《さわむらいっき》（俳優《はいゆう》）／小泉孝太郎《こいずみこうたろう》（俳優《はいゆう》）／前田敦子《まえだあつこ》（タレント）

日本初《にほんはつ》の法学博士《ほうがくはくし》、明治民法《めいじみんぽう》の父《ちち》

穂積陳重《ほづみのぶしげ》

（1855～1926年　日本）

難解《なんかい》な法文《ほうぶん》は専制《せんせい》の表徴《ひょうちょう》である。
平易《へいい》な法文《ほうぶん》は民権《みんけん》の保障《ほしょう》である。

7月 11日 の偉人

社会

私《わたし》は、今《いま》の愛媛県《えひめけん》、宇和島《うわじま》で、江戸時代《えどじだい》の終《お》わりに生《う》まれました。父《ちち》は国学者《こくがくしゃ》で、私《わたし》も勉強《べんきょう》ができたものですから、明治時代《めいじじだい》になってから藩《はん》の推薦《すいせん》をうけて、東京《とうきょう》の大学南校《だいがくなんこう》に入学《にゅうがく》します。大学南校《だいがくなんこう》というのは、明治政府《めいじせいふ》が、外国《がいこく》の知識《ちしき》や技術《ぎじゅつ》を学《まな》ばせるためにつくった学校《がっこう》で、それがのちの東京大学《とうきょうだいがく》になるわけです。そこで6年《ねん》ほど勉強《べんきょう》したのち、文部省《もんぶしょう》の留学生《りゅうがくせい》として、イギリスとドイツにわたることになりました。まずイギリスで4年間《ねんかん》、そしてドイツで1年間《ねんかん》、てってい的《てき》に法律学《ほうりつがく》を学《まな》んだのです。

イギリスにいたときは、年《ねん》1回《かい》の学力《がくりょく》試験《しけん》で1番《ばん》の成績《せいせき》をとって、奨学金《しょうがくきん》（能力《のうりょく》をのばすために、優秀《ゆうしゅう》な生徒《せいと》にあたえられる学費《がくひ》）を獲得《かくとく》し、日本人《にほんじん》の優秀《ゆうしゅう》さをしめしました。私《わたし》と同《おな》じくイギリスで学《まな》んでいた日本《にほん》の仲間《なかま》たちは大喜《おおよろこ》びでした。

勉強《べんきょう》が終《お》わって、帰国《きこく》すると、私《わたし》は27歳《さい》で東京大学教授《とうきょうだいがくきょうじゅ》・法学部長《ほうがくぶちょう》になりました。そして、33歳《さい》で日本《にほん》ではじめての法学博士《ほうがくはくし》となったのです。

ちょうどそのころ、明治政府《めいじせいふ》は、新《あたら》しい時代《じだい》になった日本《にほん》にふさわしい法律《ほうりつ》をつくろうとしていました。私《わたし》は、法典調《ほうてんちょう》査会《さかい》の委員《いいん》になり、ほかの法律家《ほうりつか》と協力《きょうりょく》して、新《あたら》しい法律《ほうりつ》をつくり、新《あたら》しい時代《じだい》の枠組《わくぐ》みを明《あき》らかにしました。法律《ほうりつ》をつくるときに、私《わたし》が大切《たいせつ》にしていたのは、「法《ほう》は国民《こくみん》の意思《いし》であり、国民《こくみん》の権利《けんり》を守《まも》るためのものである」という考《かんが》えでした。ですから、法《ほう》をあらわす文章《ぶんしょう》は一般《いっぱん》の国民《こくみん》にとってわかりやすいものでなくてはいけない――そう肝《きも》にめいじて、法律《ほうりつ》をつくっていきました。そのため、私《わたし》は「明治民法《めいじみんぽう》の生《う》みの親《おや》」といわれるようになったのです。

みなさんは、法律《ほうりつ》というと、やぶると罰《ばっ》せられる、こわいものと思《おも》っていませんか？　でもほんとうは、法律《ほうりつ》というものは、誰《だれ》もが安心《あんしん》してくらせるよう、みなさんを守《まも》るためのものなんですよ。

この日《ひ》に生《う》まれた有名人《ゆうめいじん》

ロバート1世《せい》（スコットランド国王《こくおう》）／ジョルジオ・アルマーニ（ファッションデザイナー）／藤井《ふじい》フミヤ（ミュージシャン）／アーネスト・ホースト（格闘家《かくとうか》）／加藤《かとう》シゲアキ《NEWS》（タレント）

女王陛下《じょおうへいか》の陶器職人《とうきしょくにん》

ジョサイア・ウェッジウッド

（1730～1795年　イギリス）

人《ひと》には選《えら》ぶ権利《けんり》がある。
まちがったものを選《えら》ぶ権利《けんり》もあるのだ。

7月
12日
の偉人

文化

ウェッジウッドという名前《なまえ》をきいたことがありますか？　私《わたし》の名前《なまえ》、ウェッジウッドは陶器《とうき》のブランドとして有名《ゆうめい》です。コーヒーカップやお皿《さら》など、ウェッジウッドのマークがついている陶器《とうき》は今《いま》でもとても人気《にんき》なんですよ。

私《わたし》は、今《いま》からおよそ280年前《ねんまえ》、代々《だいだい》陶器《とうき》をつくってきた家《いえ》に生《う》まれました。9歳《さい》のときに陶芸家《とうげいか》だった父《ちち》が亡《な》くなると、私《わたし》は学校《がっこう》にかようことすらできなくなり、19歳《さい》まで兄《あに》のもとで陶芸《とうげい》を学《まな》びながら働《はたら》きつづけました。

その後《ご》、独立《どくりつ》して、新《あたら》しい陶器《とうき》づくりにとりくみます。陶器《とうき》に使《つか》う土《つち》や、上《うえ》にぬる上《うわ》ぐすり、色《いろ》や形《かたち》……私《わたし》は少《すこ》しでもよい陶器《とうき》をつくろうと、実験《じっけん》に実験《じっけん》をかさねました。苦労《くろう》をおしまず努力《どりょく》する者《もの》には、かならずその苦労《くろう》がむくわれる日《ひ》がくる――そう信《しん》じていたのです。

そのうち、私《わたし》が新《あたら》しくつくった乳白色《にゅうはくしょく》の陶器《とうき》が評判《ひょうばん》になりました。そのころ白《しろ》い陶器《とうき》をつくるのはとてもむずかしかったのですが、私《わたし》は実験《じっけん》と改良《かいりょう》をくりかえした結果《けっか》、すばらしくきれいな白《しろ》い陶器《とうき》をつくることに成功《せいこう》したのです。その陶《とう》器《き》はイギリス女王《じょおう》のシャーロットさまに気《き》に入《い》られて、私《わたし》は「女王陛下《じょおうへいか》の陶工《とうこう》」という称号《しょうごう》をちょうだいしました。

でも、私《わたし》はそれで満足《まんぞく》しませんでした。私《わたし》はまた新《あたら》しい陶器《とうき》づくりに挑戦《ちょうせん》し、陶《とう》器《き》と磁器《じき》のあいだの半磁器《はんじき》「ジャスパーウェア」を完成《かんせい》させたのです。ギリシャ神話《しんわ》や花《はな》などのもようをはりつけた「ジャスパーウェア」は大人気《だいにんき》となり、イギリス王室《おうしつ》のみならずロシアの女帝《じょてい》エカテリーナ2世《せい》など、ヨーロッパの王侯貴族《おうこうきぞく》から注文《ちゅうもん》が殺到《さっとう》しました。

その後《ご》、「質《しつ》の高《たか》いものを、より多《おお》くの人《ひと》の手《て》に」を合言葉《あいことば》に工場《こうじょう》を発展《はってん》させ、ウェッジウッドの陶器《とうき》は誰《だれ》でも手《て》に入《い》れられるものになったのです。そして、ウェッジウッドは世界《せかい》に誇《ほこ》れる名前《なまえ》になりました。私《わたし》の苦労《くろう》は、ちゃんとむくわれたのですよ。

この日《ひ》に生《う》まれた有名人《ゆうめいじん》

ミハイル・ロマノフ（モスクワ大公《たいこう》・ロマノフ朝創始者《ちょうそうししゃ》）／アメデオ・モディリアーニ（画家《がか》）
中村玉緒《なかむらたまお》（女優《じょゆう》）／荒俣宏《あらまたひろし》（作家《さっか》）／イ・ビョンホン（俳優《はいゆう》）

日本《にほん》の学校制度《がっこうせいど》の基礎《きそ》をつくった

森有礼《もりありのり》

（1847〜1889年　日本）

他人《たにん》の幸福《こうふく》に手《て》をかすのは、自分《じぶん》が幸福《こうふく》になる道《みち》であり、自分《じぶん》が道理《どうり》を守《まも》るのは、他人《たにん》に道理《どうり》を守《まも》らせる道《みち》である。

私《わたし》がまだ10代《だい》の若者《わかもの》だったころ、私《わたし》の生《う》まれた薩摩藩《さつまはん》（今《いま》の鹿児島県《かごしまけん》）がイギリスと戦争《せんそう》をするという事件《じけん》がありました。

そのあと、薩摩藩《さつまはん》は、外国《がいこく》に負《ま》けない強《つよ》い日本《にほん》をつくるためには、外国《がいこく》の進《すす》んだ知識《ちしき》を身《み》につけなければいけないと考《かんが》えて、十数人《じゅうすうにん》の若者《わかもの》を、幕府《ばくふ》にないしょで留学《りゅうがく》させることにしました。18歳《さい》だった私《わたし》はその留学生《りゅうがくせい》のひとりになったのです。私《わたし》はイギリスとアメリカにいって、社会《しゃかい》のありようや生活《せいかつ》をしっかり見《み》て学《まな》び、3年後《ねんご》、明治《めいじ》という新《あたら》しい時代《じだい》になった日本《にほん》に帰《かえ》ってきました。

日本《にほん》に帰《かえ》ってからは、語学《ごがく》を生《い》かし、外交官《がいこうかん》として活躍《かつやく》しました。そうして外国《がいこく》と交渉《こうしょう》する仕事《しごと》をしているうちに、進《すす》んだ技術《ぎじゅつ》をもった強《つよ》い国《くに》と対等《たいとう》にわたりあうためには、教育《きょういく》が大切《たいせつ》だと考《かんが》えるようになりました。そして、そのためには国《くに》が中心《ちゅうしん》となって学校制度《がっこうせいど》をつくることがなによりも必要《ひつよう》だと考《かんが》えたのです。

そのころの学校《がっこう》は、江戸《えど》から明治《めいじ》へと時代《じだい》が急《きゅう》に変《か》わったこともあって、あまりよいものとはいえませんでした。教科書《きょうかしょ》は外国《がいこく》のものを翻訳《ほんやく》したもので、授業料《じゅぎょうりょう》も高《たか》く、先生《せんせい》も育《そだ》っていなかったのです。

念願《ねんがん》がかなって、38歳《さい》のとき、私《わたし》は文部大臣《もんぶだいじん》になることができました。私《わたし》はさっそくよく年《とし》、小学校令《しょうがっこうれい》を出《だ》し、国民全員《こくみんぜんいん》が学校《がっこう》で学《まな》べる制度《せいど》をつくりました。これが、義務教育《ぎむきょういく》です。まずしい家《いえ》の子《こ》は、授業料《じゅぎょうりょう》をただにしました。教科書《きょうかしょ》の検査《けんさ》をして、一定《いってい》の基準《きじゅん》をみたさないものは教科書《きょうかしょ》としてみとめないことにしました。修身《しゅうしん》の授業《じゅぎょう》は、忠誠心《ちゅうせいしん》や愛国心《あいこくしん》をおしつけるものとして、中学校《ちゅうがっこう》の授業《じゅぎょう》からはずしました。ところが、まだ教育改革《きょういくかいかく》をしているとちゅうで、私《わたし》は、日本《にほん》の西洋化《せいようか》に反対《はんたい》する男《おとこ》に暗殺《あんさつ》されてしまいました。

よりよい未来《みらい》をつくるには、なにより教育《きょういく》がだいじなのです。これからの教育《きょういく》がどうなっていくのか、それはみなさんにかかっているのですよ。

この日《ひ》に生《う》まれた有名人《ゆうめいじん》

ユリウス・カエサル（政治家《せいじか》）／ハリソン・フォード（俳優《はいゆう》）／関口宏《せきぐちひろし》（タレント）
エルノー・ルービック（建築学者《けんちくがくしゃ》・ルービックキューブ発明者《はつめいしゃ》）／遠藤章造《えんどうしょうぞう》《ココリコ》（お笑《わら》い芸人《げいにん》）

日本《にほん》近代《きんだい》医学《いがく》の父《ちち》

緒方《おがた》洪庵《こうあん》

（1810〜1863年　日本）

人《ひと》に対《たい》しては、ただその人《ひと》を見《み》るのがよい。身分《みぶん》や経済力《けいざいりょく》を見《み》てはいけない。

私《わたし》は江戸《えど》の終《お》わりのころ、今《いま》の岡山県《おかやまけん》で生《う》まれました。武家《ぶけ》の子《こ》でしたが、子《こ》どものころから体《からだ》が弱《よわ》く、医者《いしゃ》になることを志《こころざ》します。16歳《さい》で塾《じゅく》に入《はい》り、医学《いがく》を学《まな》びはじめ、26歳《さい》のときに長崎《ながさき》に出《で》て、オランダ人《じん》医師《いし》のもとで医術《いじゅつ》をきわめました。そして、その2年後《ねんご》、大阪《おおさか》で病院《びょういん》をひらきました。あわせて、若者《わかもの》に医学《いがく》や西洋《せいよう》の知識《ちしき》を教《おし》える塾《じゅく》「適塾《てきじゅく》」をひらいたのです。

この適塾《てきじゅく》には、オランダ語《ご》を通《つう》じて西洋《せいよう》の事情《じじょう》や兵学《へいがく》を知《し》ろうとする若者《わかもの》が全国《ぜんこく》から集《あつ》まってきました。門下生《もんかせい》はなんと、1000人《にん》をこえるほどでした。その中《なか》から橋本左内《はしもとさない》、福沢諭吉《ふくざわゆきち》など、その後《ご》の日本《にほん》をつくり、ささえた人《ひと》がたくさん出《で》たんですよ。

適塾《てきじゅく》での教育《きょういく》はとてもうまくいっていましたが、医者《いしゃ》としての活動《かつどう》にも力《ちから》をそそぎました。当時《とうじ》は、天然痘《てんねんとう》という伝染病《でんせんびょう》がはやっていました。天然痘《てんねんとう》は、病気《びょうき》にかかった人《ひと》の半数近《はんすうちか》くが命《いのち》を落《お》としてしまうというおそろしい病気《びょうき》でした。ちょうどイギリスで、天然痘《てんねんとう》にきく予防《よぼう》ワクチンがつくられたので、私《わたし》はそれを手《て》に入《い》れ、日本《にほん》でも接種《せっしゅ》できるようにしたのです。ワクチンを接種《せっしゅ》する、特別《とくべつ》の場所《ばしょ》をつくったり、予防《よぼう》ワクチンの効果《こうか》をわかりやすく説明《せつめい》した絵入《えい》りのビラをつくり、人々《ひとびと》にその重要性《じゅうようせい》を訴《うった》えたりしました。また、コレラが大流行《だいりゅうこう》したときにも、予防方法《よぼうほうほう》などをまとめた冊子《さっし》をつくり、医師《いし》たちにくばりました。

ドイツの医学書《いがくしょ》30巻《かん》のオランダ語版《ごばん》を、日本語《にほんご》に翻訳《ほんやく》するという大仕事《おおしごと》にもとりくみました。これは日本《にほん》の近代《きんだい》医学《いがく》の発展《はってん》に、とても役《やく》に立《た》ちました。その巻末《かんまつ》に、こういうことばがあります――人《ひと》のために生活《せいかつ》して、自分《じぶん》のために生活《せいかつ》しないのが、医学《いがく》である。私《わたし》はそのことばを、じっさいにやってみせたのです。

7月14日の偉人

医学

この日《ひ》に生《う》まれた有名人《ゆうめいじん》

ウィリアム・ハンナ（アニメーター）／久米宏《くめひろし》（キャスター）
水谷豊《みずたにゆたか》（俳優《はいゆう》）／椎名桔平《しいなきっぺい》（俳優《はいゆう》）／桜庭和志《さくらばかずし》（格闘家《かくとうか》）

自然主義文学《しぜんしゅぎぶんがく》の先駆者《せんくしゃ》

国《くに》木《き》田《だ》独《どっ》歩《ぽ》

（1871～1908年　日本）

実行《じっこう》しない思《おも》いつきは空想《くうそう》、または妄想《もうそう》という。

7月
15日
の偉人

文化

「武蔵野《むさしの》に散歩《さんぽ》する人《ひと》は、道《みち》に迷《まよ》うことを苦《く》にしてはならない。ただこの路《みち》をぶらぶら歩《ある》いて思《おも》いつきしだいに右《みぎ》し左《ひだり》すれば、随所《ずいしょ》にわれらを満足《まんぞく》さするものがある。」

これは、私《わたし》の書《か》いた『武蔵野《むさしの》』という作品《さくひん》の中《なか》の一文《いちぶん》です。自然《しぜん》の美《うつく》しさや風《ふ》情《ぜい》を生《い》き生《い》きと描《えが》いている小説《しょうせつ》として、私《わたし》の代表作《だいひょうさく》になりました。

私《わたし》は、千葉県銚子《ちばけんちょうし》に生《う》まれましたが、父親《ちちおや》の転勤《てんきん》にともなって、広島《ひろしま》や山口《やまぐち》を転々《てんてん》としながら育《そだ》ちました。高校《こうこう》を出《で》ると、父親《ちちおや》の反対《はんたい》をおしきって東京専門学《とうきょうせんもんがっ》校《こう》（のちの早稲田大学《わせだだいがく》）に入学《にゅうがく》、幕末《ばくまつ》の志士《しし》たちに興味《きょうみ》をもち、学生運動《がくせいうんどう》に参加《さんか》するようになります。が、すぐに、イギリスの思想家《しそうか》カーライルや詩人《しじん》のワーズワースに影響《えいきょう》をうけ、作家《さっか》を志《こころざ》すようになりました。キリスト教《きょう》の洗礼《せんれい》をうけ、熱心《ねっしん》なキリスト教信者《きょうしんじゃ》となったのもこのころです。

その後《ご》、大学《だいがく》をやめて、いなかで教師《きょうし》などをしながら、小説《しょうせつ》を書《か》いていましたが、しばらくすると国民新聞社《こくみんしんぶんしゃ》の記者《きしゃ》になりました。日清戦争《にっしんせんそう》では記者《きしゃ》として戦《せん》地《ち》にいき、戦地《せんち》のようすを記事《きじ》にして連《れん》載《さい》。その記事《きじ》でとても注目《ちゅうもく》されるようになったのです。

そして、このころ、大《おお》きな恋《こい》をしました。相手《あいて》は裕福《ゆうふく》な医者《いしゃ》の家《いえ》のおじょうさま、信子《のぶこ》さんでした。親《おや》に大反対《だいはんたい》されましたが、私《わたし》たちは無理《むり》やり結婚《けっこん》します。けれど、結婚《けっこん》後《ご》の生活《せいかつ》はとてもまずしかったので、豊《ゆた》かな生活《せいかつ》しかしてこなかった信子《のぶこ》さんは、がまんできずに実家《じっか》に帰《かえ》ってしまいました。残《のこ》された私《わたし》は、絶望《ぜつぼう》の底《そこ》につきおとされました。立《た》ちなおるまでにずいぶん時間《じかん》がかかりましたが、そのあと、『源叔父《みなもとおじ》』や、『武蔵野《むさしの》』『忘《わす》れえぬ人々《ひとびと》』など、自然《しぜん》の中《なか》に人間同士《にんげんどうし》のつながりを表現《ひょうげん》した新《あたら》しい形《かたち》の小説《しょうせつ》をつぎつぎと発表《はっぴょう》し、有名《ゆうめい》になっていったのです。あの失恋《しつれん》と絶望《ぜつぼう》があったから、きっといい小説《しょうせつ》が書《か》けたのでしょう。どんな不幸《ふこう》の底《そこ》にあったとしても、未来《みらい》へつうじる道《みち》はあるのですよ。

この日《ひ》に生《う》まれた有名人《ゆうめいじん》

レンブラント・ファン・レイン（画家《がか》）／ミル・マスカラス（プロレスラー）
瀬古利彦《せことしひこ》（マラソン選手《せんしゅ》）／上橋菜穂子《うえはしなほこ》（児童文学作家《じどうぶんがくさっか》）／永瀬正敏《ながせまさとし》（俳優《はいゆう》）

人類《じんるい》ではじめて南極点《なんきょくてん》にいった探検家《たんけんか》

ロアール・アムンセン

（1872～1928年　ノルウェー）

冒険《ぼうけん》とはまずい計画《けいかく》のことだ。

ノルウェーの船乗《ふなの》りの息子《むすこ》だった私《わたし》は、少年《しょうねん》のころ、ジョン・フランクリンが書《か》いた『北極探検記《ほっきょくたんけんき》』を読《よ》んで心《こころ》を打《う》たれ、探検家《たんけんか》になることを志《こころざ》しました。けれど、母親《ははおや》が私《わたし》を医者《いしゃ》にさせたがったので、大学《だいがく》は医学部《いがくぶ》へ進《すす》みます。大学《だいがく》にいるときに、母《はは》が亡《な》くなったので、私《わたし》はすぐに大学《だいがく》をやめました。

そして、小《ちい》さいころからの夢《ゆめ》を実現《じつげん》するために、まず船乗《ふなの》りになったのです。漁船《ぎょせん》などに乗《の》って航海術《こうかいじゅつ》を身《み》につけるとともに、気象学《きしょうがく》や地磁気学《ちじきがく》などを学《まな》びました。そうやって修行《しゅぎょう》をつみながら、北極《ほっきょく》や南極《なんきょく》を探検《たんけん》するチャンスをうかがっていました。そして、25歳《さい》のとき、ついにベルギーの南極探検隊《なんきょくたんけんたい》に加《くわ》わることができたのです。運《うん》が悪《わる》いことに、私《わたし》たちが乗《の》った船《ふね》は、流氷《りゅうひょう》にかこまれて身動《みうご》きがとれなくなってしまい、私《わたし》たちは南極《なんきょく》で冬《ふゆ》をこすことになりました。これが私《わたし》の最初《さいしょ》の極地探検《きょくちたんけん》の経験《けいけん》でした。この経験《けいけん》が、のちの南極点探検《なんきょくてんたんけん》にとても役立《やくだ》つことになるのです。

その後《ご》、北極点到達《ほっきょくてんとうたつ》を計画《けいかく》したのですが、アメリカの探検家《たんけんか》、ピアリーに先《さき》をこされてしまったため、私《わたし》は計画《けいかく》を変《か》えて、南極点《なんきょくてん》への到達《とうたつ》をめざすことにしました。計画《けいかく》を変《か》えたことは誰《だれ》にもいわないまま、1910年《ねん》、出発《しゅっぱつ》します。探検隊《たんけんたい》には船《ふね》の中《なか》で発表《はっぴょう》したのですが、みんな計画《けいかく》の変更《へんこう》に賛成《さんせい》してくれました。そして、よく年《とし》の12月《がつ》14日《か》、私《わたし》たちは人類《じんるい》としてはじめて南極点《なんきょくてん》に到達《とうたつ》することができたのです。

私《わたし》たちが成功《せいこう》したのは、以前《いぜん》の探検《たんけん》から学《まな》んだことを生《い》かしたからです。私《わたし》は、まず長《なが》い距離《きょり》を移動《いどう》できるよう、そりを軽《かる》くして、寒《さむ》さに強《つよ》い犬《いぬ》に引《ひ》かせました。さらに、水《みず》をよくはじくアザラシの毛皮《けがわ》で服《ふく》をつくりました。過去《かこ》の失敗《しっぱい》から学《まな》んで、しっかり計画《けいかく》を立《た》てたこと――これが成功《せいこう》のひけつなのですよ。

7月

16日

の偉人

社会

この日《ひ》に生《う》まれた有名人《ゆうめいじん》

トリグブ・リー（初代国連事務総長《しょだいこくれんじむそうちょう》）／6代目《だいめ》桂文枝《かつらぶんし》（落語家《らくごか》）／松本隆《まつもとたかし》（作詞家《さくしか》）
児嶋一哉《こじまかずや》《アンジャッシュ》（お笑《わら》い芸人《げいにん》）／諸見里《もろみざと》しのぶ（プロゴルファー）

戦死《せんし》した者《もの》たちの魂《たましい》のために戦《たたか》った

竹《たけ》山《やま》道《みち》雄《お》

（1903〜1984年　日本）

あんなあぶないものは、ビルマの坊《ぼう》さんにでもあずけておくのがいちばんいいだろう。

私《わたし》は、戦後《せんご》、「赤《あか》とんぼ」という雑誌《ざっし》に連載《れんさい》した『ビルマの竪琴《たてごと》』という物語《ものがたり》で有名《ゆうめい》です。この物語《ものがたり》は、第《だい》2次世界大《じせかいたい》戦《せん》で命《いのち》を落《お》としたたくさんの兵士《へいし》たちのために書《か》きました。

私《わたし》は、戦争《せんそう》の前《まえ》から、第一高等学校《だいいちこうとうがっこう》で教師《きょうし》をしていました。学生《がくせい》たちととても楽《たの》しくすごしていました。そんな中《なか》、戦《せん》争《そう》がおきて、私《わたし》が教《おし》えていた学生《がくせい》たちが、戦地《せんち》へとかりだされていきました。戦争《せんそう》が終《お》わり、もどってきた者《もの》もいましたが、もどってこない者《もの》も大勢《おおぜい》いました。また、もどってきた兵士《へいし》たちも、重《おも》いケガをしていたり、心《こころ》に深《ふか》い傷《きず》をおっていたのです。意味《いみ》のない戦争《せんそう》で命《いのち》を失《うしな》った兵士《へいし》の魂《たましい》をなぐさめ、あの戦争《せんそう》をふりかえらなければいけない――私《わたし》はそう決意《けつい》して、『ビルマの竪琴《たてごと》』を書《か》いたのです。

物語《ものがたり》はこんなふうです。

第《だい》2次世界大戦《じせかいたいせん》で日本《にほん》は負《ま》けました。けれど、ビルマという国《くに》には、戦争《せんそう》に負《ま》けたことを知《し》らずにまだ戦《たたか》っている兵士《へいし》がいました。敗戦《はいせん》を知《し》った部隊《ぶたい》の兵士《へいし》、水島《みずしま》は、ほかのところで戦《たたか》っていた日本《にほん》兵《へい》に降伏《こうふく》をすすめるため戦地《せんち》にむかいますが、そのとちゅうで、たくさんの日本《にほん》兵《へい》の死体《したい》を見《み》るのです。そして、あるとき、イギリス人《じん》の看護師《かんごし》たちが、死《し》んだ日本兵《にほんへい》たちを埋葬《まいそう》して、祈《いの》りをささげているところを目撃《もくげき》しました。敵国《てきこく》の人《ひと》たちが、日本人《にほんじん》の死《し》をいたみ、祈《いの》ってくれているというのに、自分《じぶん》は日本兵《にほんへい》の死体《したい》を見《み》ても、なにもしてこなかった……水《みず》島《しま》は自分自身《じぶんじしん》を心《こころ》からはずかしく思《おも》ったのです。そして、お坊《ぼう》さんになってビルマに残《のこ》り、死《し》んだ兵士《へいし》たちの魂《たましい》をなぐさめようと決意《けつい》したのでした。

私《わたし》はこの物語《ものがたり》を書《か》いたあと、教師《きょうし》をやめ、作家《さっか》になりました。そして、「あの戦争《せんそう》はいったいなんだったのか」を日本《にほん》人《じん》に問《と》う作品《さくひん》を書《か》きつづけ、戦《たたか》いつづけました。上《うえ》に出《で》ていることばは、核兵器《かくへいき》について私《わたし》がいったことばです。核兵器《かくへいき》のゆいいつの被害者《ひがいしゃ》として、私《わたし》たち日本《にほん》人《じん》は戦《たたか》いつづけなければいけないのではないでしょうか。

7月17日の偉人

文化

この日《ひ》に生《う》まれた有名人《ゆうめいじん》

C・W・ニコル（作家《さっか》）／アンゲラ・メルケル（第《だい》8代《だい》ドイツ連邦共和国首相《れんぽうきょうわこくしゅしょう》）
大竹《おおたけ》しのぶ（女優《じょゆう》）／ウォン・カーウァイ（映画監督《えいがかんとく》）／北村一輝《きたむらかずき》（俳優《はいゆう》）

アパルトヘイトを廃止《はいし》した平和《へいわ》の人《ひと》

ネルソン・マンデラ

（1918～2013年　南アフリカ共和国）

生《う》まれたときから肌《はだ》の色《いろ》や育《そだ》ち、宗教《しゅうきょう》で、他人《たにん》を憎《にく》む人《ひと》などいない。人《ひと》は憎《にく》むことを学《まな》ぶのだ。

7月18日の偉人

政治

みなさんは、アパルトヘイトということばを知《し》っていますか？　アパルトヘイトとは、アフリカのことばで「区別《くべつ》」という意味《いみ》です。アフリカ大陸《たいりく》のいちばん南《みなみ》にある南《みなみ》アフリカ共和国《きょうわこく》では、1948年《ねん》から、アパルトヘイトという政策《せいさく》がとられました。それは、かんたんにいうと、白人《はくじん》と白人《はくじん》以外《いがい》の人種《じんしゅ》（とくに黒人《こくじん》）を「区別《くべつ》」する政策《せいさく》です。住《す》む地域《ちいき》、働《はたら》ける場所《ばしょ》、もらえるお給料《きゅうりょう》、学校《がっこう》など、すべて白人《はくじん》と白人《はくじん》以外《いがい》でわけられました。もちろん、白人《はくじん》が圧倒的《あっとうてき》に有利《ゆうり》なのですよ。黒人《こくじん》は義務教育《ぎむきょういく》がうけられなくなり、選挙権《せんきょけん》もなくなりました。選挙権《せんきょけん》がなければ、ルールを変《か》えたくても、変《か》えられません。

南《みなみ》アフリカに昔《むかし》から住《す》んでいたのは黒人《こくじん》でしたが、白人《はくじん》たちがどんどん侵入《しんにゅう》してきて、黒人《こくじん》を支配《しはい》し、差別《さべつ》してきました。それをさらにおしすすめたのが、アパルトヘイトだったのです。差別《さべつ》ではなく、「区別《くべつ》」。みなさんもおかしいと思《おも》うでしょう？　私《わたし》もおかしいと思《おも》い、強《つよ》く反対《はんたい》しました。南《みなみ》アフリカにいる白人《はくじん》の割合《わりあい》は15%だけ。民主主義《みんしゅしゅぎ》がきちんと働《はたら》けば、アパルトヘイトなど、すぐになくすことができるはずです。私《わたし》たちは、「非暴力《ひぼうりょく》」で反対運動《はんたいうんどう》をおこないました。「非暴力《ひぼうりょく》」というのは、文字《もじ》どおり、暴力《ぼうりょく》をふるわないということです。ところが、1960年《ねん》、そうした抗議活動《こうぎかつどう》をしていた人《ひと》たちに、警官《けいかん》が発砲《はっぽう》。多《おお》くの犠牲者《ぎせいしゃ》が出《で》たのです。もう非暴力《ひぼうりょく》などといってはいられない。そう思《おも》った私《わたし》は、武装《ぶそう》して戦《たたか》おうと、みんなによびかけました。ですが、そのよびかけをした罪《つみ》で逮捕《たいほ》され、それから27年間《ねんかん》、牢屋《ろうや》に入《い》れられたのです。

世界《せかい》じゅうの人《ひと》が、私《わたし》を牢屋《ろうや》から出《だ》せと声《こえ》をあげてくれたおかげで、私《わたし》は1990年《ねん》に釈放《しゃくほう》されました。さらに、全人種選挙《ぜんじんしゅせんきょ》をおこなえることになったのです。ぜんぶの人種《じんしゅ》で選挙《せんきょ》をした結果《けっか》、私《わたし》は大統領《だいとうりょう》に選《えら》ばれました。人《ひと》は、生《い》きていく中《なか》で憎《にく》むことを学《まな》びます。でも同時《どうじ》に、ゆるすことも学《まな》ぶのではないでしょうか。

この日《ひ》に生《う》まれた有名人《ゆうめいじん》

ロバート・フック（博物学者《はくぶつがくしゃ》）／ヘンドリック・ローレンツ（物理学者《ぶつりがくしゃ》）
板尾創路《いたおいつじ》《130R》（お笑《わら》い芸人《げいにん》）／ザ・グレート・サスケ（プロレスラー）／広末涼子《ひろすえりょうこ》（女優《じょゆう》）

伝統《でんとう》と新《あたら》しいものがとけあった絵《え》を残《のこ》した

エドガー・ドガ

（1834〜1917年　フランス）

誰《だれ》でも25歳《さい》のときは才能《さいのう》をもっている。問題《もんだい》は、50歳《さい》までそれをもちつづけることができるかどうかだ。

私《わたし》は、フランス、パリのそこそこお金《かね》持《も》ちの家《いえ》に生《う》まれました。小《ちい》さいころから絵《え》は好《す》きで、家《いえ》の一室《いっしつ》をアトリエにして絵《え》を描《か》いたりしていたのですが、銀行《ぎんこう》家《か》だった父《ちち》から、法律家《ほうりつか》になるようすすめられて、大学《だいがく》の法学部《ほうがくぶ》に進《すす》みました。でも、その後《ご》、大好《だいす》きだった画家《がか》から、もっと描《か》いてみるといいといわれたのをきっかけに、国立美術学校《こくりつびじゅつがっこう》に入《はい》りなおします。そこで、伝統的《でんとうてき》な絵画《かいが》の勉強《べんきょう》をしました。

最初《さいしょ》は、歴史画《れきしが》や宗教画《しゅうきょうが》などを描《か》いていたのですが、ほとんど評価《ひょうか》されませんでした。そんなときに、父《ちち》が亡《な》くなり、弟《おとうと》にばく大《だい》な借金《しゃっきん》があることがわかります。私《わたし》はその借金《しゃっきん》を返《かえ》すために、財産《ざいさん》を投《な》げだし、絵《え》を描《か》きつづけました。売《う》るために絵《え》を描《か》くのははじめてでした。でもそれがよかったのかもしれません。このころから、バレエの踊《おど》り子《こ》たちの絵《え》をたくさん描《えが》くようになり、人気《にんき》も出《で》てきたのです。

私《わたし》の代表作《だいひょうさく》といえば、まさに「踊《おど》り子《こ》」というタイトルの絵《え》なのですが、この絵《え》は、人物《じんぶつ》の動《うご》きの瞬間《しゅんかん》をうまくとらえたものとして有名《ゆうめい》になりました。正確《せいかく》なデッサン（線《せん》だけの下絵《したえ》のこと）とするどい線《せん》、あざやかな色彩《しきさい》で、私《わたし》の絵《え》はしだいに知《し》られるようになっていきました。そうそう、私《わたし》は、日本《にほん》の有名《ゆうめい》な画家《がか》、葛飾北斎《かつしかほくさい》も研究《けんきゅう》していて、そのポーズや色《いろ》の使《つか》い方《かた》にはとても影響《えいきょう》をうけたのですよ。

踊《おど》り子《こ》たち以外《いがい》にも、私《わたし》はパリの日常《にちじょう》生活《せいかつ》の絵《え》をたくさん描《か》きました。生活《せいかつ》の中《なか》のさりげないしぐさを一瞬《いっしゅん》切《き》りとって、絵《え》にするのが得意《とくい》だったのです。踊《おど》り子《こ》の絵《え》でも、練習《れんしゅう》のあいまの一瞬《いっしゅん》を描《えが》いています。同《おな》じテーマが多《おお》いのですが、私《わたし》は10回《かい》でも１００回《かい》でも同《おな》じテーマで描《か》くことを心《こころ》がけていました。そうしないと、見《み》えてこないものもあるのです。

この日《ひ》に生《う》まれた有名人《ゆうめいじん》

三波春夫《みなみはるお》（歌手《かしゅ》）／近藤真彦《こんどうまさひこ》（タレント）／杉本彩《すぎもとあや》（タレント）
宮藤官九郎《くどうかんくろう》（脚本家《きゃくほんか》・俳優《はいゆう》）／藤木直人《ふじきなおひと》（俳優《はいゆう》）

遺伝学《いでんがく》を切《き》りひらいた情熱《じょうねつ》の司祭《しさい》

グレゴール・ヨハン・メンデル

（1822～1884年　オーストリア）

もう少《すこ》ししたら、世界《せかい》じゅうが私《わたし》の研究結果《けんきゅうけっか》をみとめるようになるはずだ。

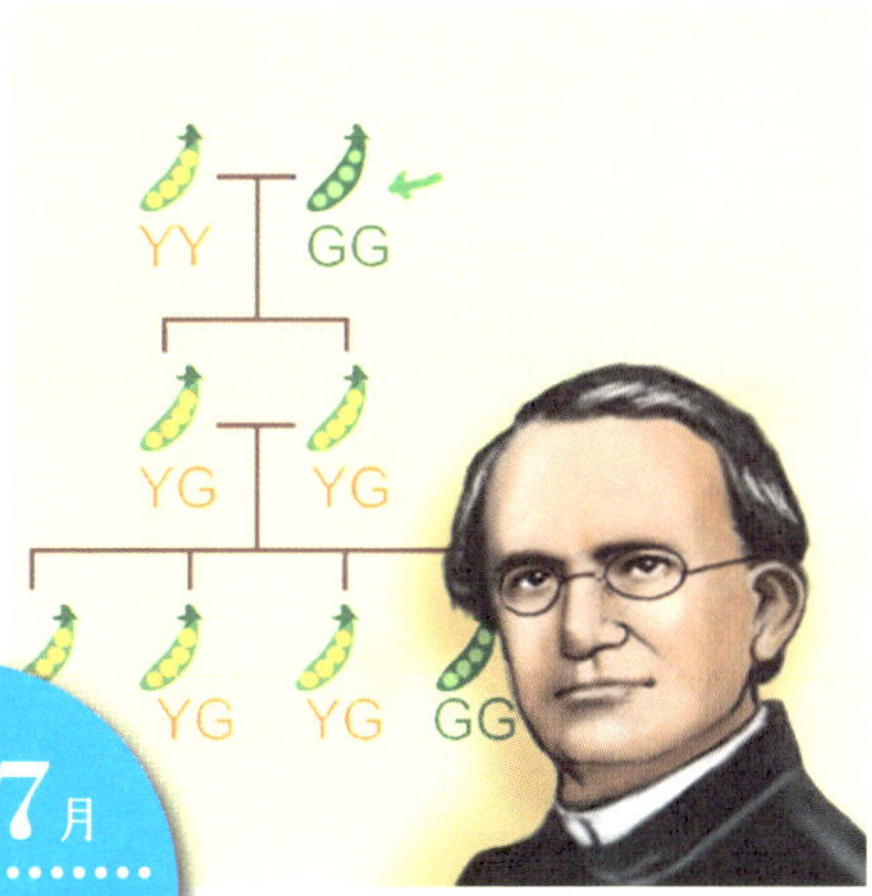

7月20日の偉人

科学

　私《わたし》は、オーストリアの小《ちい》さな村《むら》の農家《のうか》の子《こ》として生《う》まれました。そしてブリュン（現在《げんざい》のチェコ共和国《きょうわこく》ブルノ）にあった修道院《しゅうどういん》に入《はい》りました。修道院《しゅうどういん》ときくと、礼拝《れいはい》や宗教《しゅうきょう》の修行《しゅぎょう》だけするところのように思《おも》うかもしれませんが、今《いま》から200年《ねん》くらい前《まえ》の修道院《しゅうどういん》は、学校《がっこう》のような場所《ばしょ》でもあったのです。とくに私《わたし》が入《はい》った修道院《しゅうどういん》は、学問《がくもん》と科学《かがく》の中心《ちゅうしん》といわれていて、哲学者《てつがくしゃ》や数学者《すうがくしゃ》、植物学者《しょくぶつがくしゃ》などたくさんの学者《がくしゃ》が研究《けんきゅう》や教育《きょういく》をおこなっていました。私《わたし》もそこで、科学《かがく》を学《まな》び、研究《けんきゅう》したのです。

　25歳《さい》のときに司祭《しさい》になった私《わたし》は、授業《じゅぎょう》をするかたわら研究《けんきゅう》にはげみました。そのうち遺伝《いでん》に興味《きょうみ》が出《で》てきて、ある実験《じっけん》を思《おも》いつきました。修道院《しゅうどういん》の庭《にわ》にエンドウを植《う》えて、遺伝《いでん》のしくみを調《しら》べようという実験《じっけん》です。7年間《ねんかん》で、2万《まん》8000本《ぼん》以上《いじょう》ものエンドウをくわしく調《しら》べ、私《わたし》はあるルールを発見《はっけん》しました。

　みなさんは、お父《とう》さんやお母《かあ》さんに似《に》ていますよね。私《わたし》の発見《はっけん》した法則《ほうそく》とは、親《おや》のもつ性質《せいしつ》は遺伝子《いでんし》によって、あるルールにのっとって子《こ》や孫《まご》に伝《つた》わるというものなんですよ。私《わたし》は3つ、基本《きほん》のルールを発見《はっけん》しましたが、ここではひとつだけ説明《せつめい》してみましょう。みなさんは自分《じぶん》の血液型《けつえきがた》を知《し》っていますか。血液型《けつえきがた》も遺《い》伝子《でんし》によって決《き》まります。たとえば、両《りょう》親《しん》ともA型《がた》だったら、子《こ》どもはA型《がた》かO型《がた》です。じつは血液《けつえき》は2種類《しゅるい》の遺伝《いでん》子《し》によって決《き》まるしくみで、A型《がた》でもAAの人《ひと》とAOの人《ひと》がいるのです。AOの場合《ばあい》、Aのほうが表《おもて》に出《で》やすい（優性《ゆうせい》）遺伝子《いでんし》なので、A型《がた》になるわけです。ですから、親《おや》がAOなのかAAなのかによって、子《こ》どもも、AAかAOかOOになるのです。

　私《わたし》の発見《はっけん》は当時《とうじ》、世間《せけん》からみとめられませんでした。学会《がっかい》に完全《かんぜん》に無視《むし》されたのです。学会《がっかい》にようやくみとめられたのは、私《わたし》の死後《しご》16年《ねん》たってから。その後《ご》、一躍有名《いちやくゆうめい》になり、「メンデルの法則《ほうそく》」とよばれるようになったのですよ。

この日《ひ》に生《う》まれた有名人《ゆうめいじん》

緒形拳《おがたけん》（俳優《はいゆう》）／ナタリー・ウッド（女優《じょゆう》）／間寛平《はざまかんぺい》（お笑《わら》い芸人《げいにん》）
松坂慶子《まつざかけいこ》（女優《じょゆう》）／石橋凌《いしばしりょう》（俳優《はいゆう》）

アメリカを代表《だいひょう》する作家《さっか》であり、ヒーロー

アーネスト・ヘミングウェイ

（1899〜1961年　アメリカ）

毎日《まいにち》が新《あたら》しい日《ひ》なのだ。

7月21日の偉人

文化

おれはアメリカのかたいなかで生《う》まれて、幼《おさな》いときから、アウトドア派《は》だった父《ちち》から、釣《つ》りや猟《りょう》の手《て》ほどきをうけた。古《ふる》きよきアメリカの、伝統的《でんとうてき》な少年《しょうねん》だったのさ。

大《おお》きくなってからは、雑誌記者《ざっしきしゃ》をしていたんだが、ちょうど第《だい》1次世界大戦《じせかいたいせん》が始《はじ》まってね。おれは赤十字《せきじゅうじ》のスタッフになって、ケガをした兵士《へいし》を運《はこ》ぶ仕事《しごと》についた。そうしたら、仕事中《しごとちゅう》に攻撃《こうげき》されて、全身《ぜんしん》に200個以上《こいじょう》も爆弾《ばくだん》の破片《はへん》がささったんだ。死《し》ぬような思《おも》いをしたものだよ。

戦争《せんそう》が終《お》わってから、パリにいったおれは、スタインという作家《さっか》と知《し》りあった。スタインのところには、作家《さっか》や画家《がか》、いろんな人《ひと》たちがきていてね。そこで強《つよ》い刺激《しげき》をうけたおれは、戦争《せんそう》で経験《けいけん》したことをもとに、本格的《ほんかくてき》に小説《しょうせつ》を書《か》くようになったんだ。

スペインで内戦《ないせん》が始《はじ》まったときも、映《えい》画監督《がかんとく》といっしょにスペインにいって、ドキュメンタリー映画《えいが》をとって、人民戦《じんみんせん》線軍《せんぐん》を手助《てだす》けしたり、第《だい》2次世界大戦《じせかいたいせん》が始《はじ》まったときは、新聞記者《しんぶんきしゃ》として戦場《せんじょう》にいった。このとき、軍人《ぐんじん》でもないのに軍《ぐん》事行動《じこうどう》をとったということで、軍《ぐん》からこっぴどく怒《おこ》られた。おれはそうやって、自分《じぶん》の目《め》で見《み》て、耳《みみ》できいて、肌《はだ》で感《かん》じてから、小説《しょうせつ》にしていったんだ。『武器《ぶき》よさらば』とか『誰《た》がために鐘《かね》は鳴《な》る』という物語《ものがたり》は、そんなふうに生《う》まれた。

代表作《だいひょうさく》の『老人《ろうじん》と海《うみ》』も、キューバの港《みなと》にいた漁師《りょうし》にきいた話《はなし》から、アイデアをえたものだ。この小説《しょうせつ》は、老《お》いさらばえた漁師《りょうし》とカジキ、そして少年《しょうねん》の話《はなし》だ。漁《りょう》師《し》はカジキとの戦《たたか》いに勝《か》ち、そして、負《ま》ける。負《ま》けてもなお、くじけることはない。ただ誇《ほこ》りをもって生《い》きつづける――そんな物語《ものがたり》だ。この小説《しょうせつ》は出《だ》したとたん、ベストセラーになって、世界《せかい》じゅうで読《よ》まれたんだ。そして、おれはノーベル文《ぶん》学賞《がくしょう》をもらった。『老人《ろうじん》と海《うみ》』はとても短《みじか》い物語《ものがたり》だ。ぜひ読《よ》んでみてほしい。

初世野村萬斎《しょせいのむらまんさい》（狂言師《きょうげんし》）／ロビン・ウィリアムズ（俳優《はいゆう》）
杉本哲太《すぎもとてった》（俳優《はいゆう》）／はるな愛《あい》（タレント）／藤川球児《ふじかわきゅうじ》（野球選手《やきゅうせんしゅ》）

華麗《かれい》なる左腕《ひだりうで》のピアニスト

ゲザ・ジチー

（1849〜1924年　ハンガリー）

ひとつの手《て》で10本《ほん》の力強《ちからづよ》い指《ゆび》に対抗《たいこう》するのは大変《たいへん》だった。

7月22日の偉人《いじん》

芸術

私《わたし》の名前《なまえ》を知《し》っている人《ひと》はほとんどいないでしょう。私《わたし》は左手《ひだりて》だけでピアノをひくピアニストです。

おとなしくて夢見《ゆめみ》がちだった私《わたし》は、小《ちい》さいころから音楽《おんがく》が好《す》きで、ピアノを習《なら》っていました。そんな中《なか》、信《しん》じがたい不幸《ふこう》が私《わたし》をおそいます。14歳《さい》のある日《ひ》、私《わたし》は狩《か》りに出《で》かけていました。獲物《えもの》を見《み》つけて、ライフルをとろうとしたとき、銃《じゅう》が暴発《ぼうはつ》したのです。私《わたし》は右腕《みぎうで》に大《おお》ケガをおい、肩《かた》から下《した》を切断《せつだん》しなくてはいけなくなりました。

でも、私《わたし》は絶望《ぜつぼう》しませんでした。なんとしてでも、残《のこ》った手《て》で、大好《だいす》きなピアノをひいてやる。そう決意《けつい》して、ピアノの練習《れんしゅう》を始《はじ》めたのです。そのとき、私《わたし》はこういう手紙《てがみ》を書《か》いて残《のこ》していました。

「1年後《ねんご》の今日《きょう》、ほかの人《ひと》がふたつの手《て》でできることを、私《わたし》がひとつの手《て》でできるようになっていなかったら、私《わたし》の頭《あたま》をうちぬいてください」

私《わたし》は、ピアノをひかせたら世界一《せかいいち》と名高《なだか》かったフランツ・リスト先生《せんせい》に教《おし》えてもらい、死《し》にものぐるいで練習《れんしゅう》しました。自分《じぶん》の体《からだ》がもっている機能《きのう》を最大限《さいだいげん》に生《い》かし、自分《じぶん》の中《なか》に流《なが》れる音楽《おんがく》を、ピアノをとおして表現《ひょうげん》しようとしたのです。

ふたたびピアノとむきあうことができた私《わたし》は、ピアニストとなり、慈善公演《じぜんこうえん》などで、ヨーロッパじゅうをめぐるようになりました。リスト先生《せんせい》といっしょに演奏《えんそう》したことが1回《かい》あったのですが、そのときのお客《きゃく》さんの熱狂《ねっきょう》はすごかったです。きびしいことで評判《ひょうばん》の評論家《ひょうろんか》でさえ、「今《いま》の時代《じだい》、ピアノの演奏《えんそう》でもっともすばらしいものをきかせてくれた」と書《か》いてくれました。

「左手《ひだりて》だけでピアノがひけるの？」と思《おも》う人《ひと》も多《おお》いかもしれませんが、まずは、私《わたし》の音楽《おんがく》をきいてみてください。きっとおどろきます。人間《にんげん》の能力《のうりょく》の可能性《かのうせい》ははかりしれないのですよ。

この日《ひ》に生《う》まれた有名人《ゆうめいじん》

原辰徳《はらたつのり》（野球選手《やきゅうせんしゅ》・監督《かんとく》）／森公美子《もりくみこ》（オペラ歌手《かしゅ》・タレント）／内村光良《うちむらてるよし》《ウッチャンナンチャン》（お笑《わら》い芸人《げいにん》）／薬師寺保栄《やくしじやすえい》（プロボクサー）／吉高由里子《よしたかゆりこ》（女優《じょゆう》）

勤勉《きんべん》と工夫《くふう》で、苦難《くなん》を乗《の》りこえた

二宮尊徳《にのみやそんとく》（金治郎《きんじろう》）

（1787～1856年　日本）

きゅうりを植《う》えてきゅうりとちがうものが収穫《しゅうかく》できると思《おも》うな。
人《ひと》は自分《じぶん》の植《う》えたものを収穫《しゅうかく》するのだ。

みなさんの学校《がっこう》には、まきのたばを背《せ》負《お》い、歩《ある》きながら本《ほん》を読《よ》んでいる銅像《どうぞう》がありませんか。あの銅像《どうぞう》は私《わたし》をモデルにしているのですよ。

私《わたし》は、今《いま》から230年《ねん》くらい前《まえ》の江《え》戸《ど》時代《じだい》、小田原藩《おだわらはん》（今《いま》の神奈川県《かながわけん》小田原《おだわら》市《し》）の農家《のうか》に生《う》まれました。5歳《さい》のときに、大《おお》きな嵐《あらし》がきて、近《ちか》くの川《かわ》がはんらん。私《わたし》の家《いえ》の田畑《たはた》が流《なが》されてしまいます。父《ちち》と母《はは》はなんとかくらしを立《た》てなおそうと、必死《ひっし》に働《はたら》き、それがたたって、数年《すうねん》後《ご》に、あいついで亡《な》くなってしまいました。

10代《だい》のなかばになっていた私《わたし》は、おじさんの家《いえ》に身《み》をよせながら、荒《あ》れた土地《とち》をたがやし、作物《さくもつ》を植《う》えました。朝《あさ》まだ暗《くら》いうちから、夜《よる》も日《ひ》が落《お》ちるまで、どろまみれになって働《はたら》きました。そして、少《すこ》しでもあいた時間《じかん》があれば、本《ほん》を読《よ》み、勉強《べんきょう》したのです。あるとき、夜《よる》おそくまで、明《あ》かりをつけて本《ほん》を読《よ》んでいたら、明《あ》かりに使《つか》っている油代《あぶらだい》がもったいないと、おじさんにしかられたことがありました。そこで私《わたし》は、たがやした土地《とち》に、菜種《なたね》を植《う》えて、菜種《なたね》から油《あぶら》をとったのです。

そうやって、できた作物《さくもつ》を売《う》り、手《て》に入《い》れたお金《かね》で、田畑《たはた》を買《か》いました。そして24歳《さい》のときには、家《いえ》を再興《さいこう》できたのです。すると、その実力《じつりょく》を見《み》こまれて、藩《はん》の仕事《しごと》をたのまれるようになりました。

そのころは、飢《き》きんがつづいていて、藩《はん》の財政《ざいせい》もよくありませんでしたし、農作《のうさく》物《もつ》がとれなくて、困《こま》っている農民《のうみん》がたくさんいたのです。私《わたし》は、自分《じぶん》が経験《けいけん》から学《まな》んだことを農民《のうみん》たちに教《おし》え、多《おお》くの農《のう》村《そん》を救《すく》いました。

私《わたし》たち人間《にんげん》は、私《わたし》たちをとりまくあらゆるものの世話《せわ》になりながら生《い》きていきます。そのことを忘《わす》れずに、まわりに感謝《かんしゃ》し、うけた恩《おん》を返《かえ》せるように生《い》きていくことがだいじなのです。私《わたし》はその考《かんが》えを実践《じっせん》していたのです。

7月
23日
の偉人

社会

この日《ひ》に生《う》まれた有名人《ゆうめいじん》

レイモンド・チャンドラー（作家《さっか》）／浅丘雪路《あさおかゆきじ》（女優《じょゆう》）
松方弘樹《まつかたひろき》（俳優《はいゆう》）／モーリス・グリーン（陸上選手《りくじょうせんしゅ》）／ダニエル・ラドクリフ（俳優《はいゆう》）

美《び》を追求《ついきゅう》した明治《めいじ》・昭和《しょうわ》の大文豪《だいぶんごう》

谷《たに》崎《ざき》潤《じゅん》一《いち》郎《ろう》

（1886〜1965年　日本）

私《わたし》という人間《にんげん》の心《こころ》は、ただひとり、私《わたし》よりほかに知《し》る人《ひと》はいない。

　私《わたし》は、東京《とうきょう》の日本橋《にほんばし》に生《う》まれました。生《う》まれたとき家《いえ》は裕福《ゆうふく》だったのですが、私《わたし》が小学校《しょうがっこう》にかよっているころには、まずしくなって、私《わたし》も、家庭教師《かていきょうし》などをしながら学費《がくひ》をかせいでいました。

　私《わたし》はとにかく勉強《べんきょう》がよくできましてね。神童《しんどう》とよばれていました、高校《こうこう》のときは、「飛《と》び級《きゅう》」といって、ひとつ上《うえ》の学年《がくねん》に進《すす》ませてもらったほどでした。このころから、私《わたし》はひまつぶしに小説《しょうせつ》を書《か》いていて、文章《ぶんしょう》のうまさは有名《ゆうめい》だったのです。じつは、小学校《しょうがっこう》のときに、先生《せんせい》が仏教《ぶっきょう》や哲学《てつがく》など小学生《しょうがくせい》にはむずかしい書物《しょもつ》を読《よ》みきかせてくれて、私《わたし》はおもしろくきいていたのですが、そうしたことも、文章《ぶんしょう》を書《か》いてみようというきっかけになったのかもしれません。

　大学《だいがく》は国文科《こくぶんか》に進《すす》み、『誕生《たんじょう》』『刺青《いれずみ》』など、つぎつぎと作品《さくひん》を発表《はっぴょう》しました。最初《さいしょ》はまったく相手《あいて》にしてもらえず、心《こころ》をこわしそうになったこともありました。大学《だいがく》をやめて書《か》くことに集中《しゅうちゅう》しはじめたころ、小説家《しょうせつか》の永井荷風先生《ながいかふうせんせい》が私《わたし》の作品《さくひん》をほめてくださり、少《すこ》しずつまわりにみとめられるようになりました。

　その後《ご》、1923年《ねん》の関東大震災《かんとうだいしんさい》をきっかけに京都《きょうと》に移《うつ》り、そこで関西《かんさい》の風《ふう》土《ど》と日本《にほん》の古典文化《こてんぶんか》に夢中《むちゅう》になりました。このころから、「耽美主義《たんびしゅぎ》」（美《び》になによりも価値《かち》をおき、いちばんだいじなものとする考《かんが》え方《かた》）の小説《しょうせつ》を書《か》くようになり、『卍《まんじ》』『吉野葛《よしのくず》』『春琴抄《しゅんきんしょう》』などを発表《はっぴょう》しました。第《だい》2次世界大戦中《じせかいたいせんちゅう》、「美《うつく》しい物《もの》語《がたり》など戦争中《せんそうちゅう》にふさわしくない」という軍《ぐん》の反対《はんたい》をおしきってまで書《か》きあげた『細雪《ささめゆき》』は、私《わたし》の代表作《だいひょうさく》のひとつになっています。

　私《わたし》はさまざまなテーマでさまざまな小《しょう》説《せつ》を書《か》きましたが、やはりなにより高《たか》く評価《ひょうか》されているのは文章《ぶんしょう》の美《うつく》しさです。日本語《にほんご》の究極《きゅうきょく》の形《かたち》とまでいわれているのですよ。ちょっと読《よ》んでみて、日本語《にほんご》の美《うつく》しさを味《あじ》わってみてください。

7月24日の偉人

文化

この日《ひ》に生《う》まれた有名人《ゆうめいじん》

アレクサンドル・デュマ・ペール（作家《さっか》）／久保田利伸《くぼたとしのぶ》（ミュージシャン）
バリー・ボンズ（野球選手《やきゅうせんしゅ》）／ジェニファー・ロペス（女優《じょゆう》）／魁皇博之《かいおうひろゆき》（力士《りきし》）

世界《せかい》じゅうの子《こ》どもに音楽《おんがく》の楽《たの》しさを教《おし》えた

フェルディナント・バイエル

（1806〜1863年　ドイツ）

母《はは》たちに捧《ささ》げる。

私《わたし》はドイツで活躍《かつやく》した作曲家《さっきょくか》でありピアニストです。ピアノを習《なら》ったことがある人《ひと》は、もしかしたら、「バイエル」という名前《なまえ》にききおぼえがあるかもしれません。

私《わたし》が活躍《かつやく》していた時代《じだい》、音楽《おんがく》を練習《れんしゅう》するための子《こ》ども用《よう》の教科書《きょうかしょ》はありませんでした。子《こ》どもたちはみんな、大人《おとな》と同《おな》じ教科書《きょうかしょ》を使《つか》って勉強《べんきょう》していたのです。そのため、音楽《おんがく》の勉強《べんきょう》をあきらめてしまう子《こ》たちもたくさんいました。

そんなとき、私《わたし》は、教育者《きょういくしゃ》であるペスタロッチという人《ひと》の「勉強《べんきょう》は子《こ》どもがわかりやすいように教《おし》えるべきだ」という考《かんが》えをきいて、なるほど、と思《おも》いました。私《わたし》がピアノを始《はじ》めたころ、教《おし》えてくれたのは母《はは》でした。教会《きょうかい》でオルガンをひいていた母《はは》が、ていねいにやさしく教《おし》えてくれたのです。

そんなふうに、誰《だれ》もが子《こ》どもに教《おし》えられるようになればいい——そう考《かんが》えた私《わたし》はまず、どうすれば子《こ》どもたちが楽《たの》しくピアノを勉強《べんきょう》できるかを研究《けんきゅう》しました。その結果《けっか》、鍵盤《けんばん》にさわること→楽譜《がくふ》の読《よ》み方《かた》→指《ゆび》の動《うご》かし方《かた》、といったように、かんたんなものから少《すこ》しずつむずかしいものに挑戦《ちょうせん》する方法《ほうほう》がいちばん効果的《こうかてき》だということに気《き》がつきました。小《ちい》さなステップを少《すこ》しずつこなしていけば、かならずうまくなっていくのです。私《わたし》はそうして、106曲《きょく》の練習曲《れんしゅうきょく》で段階的《だんかいてき》に学《まな》べるようにした『バイエル』という教則《きょうそく》本《ぼん》を完成《かんせい》させたのです。

『バイエル』のまえがきにはこう書《か》いてあります。「音楽《おんがく》が好《す》きな両親《りょうしん》が、子《こ》どもがまだほんとうに幼《おさな》いとき、本格的《ほんかくてき》な先生《せんせい》につける前《まえ》に、まず自分《じぶん》で教《おし》えるときの手引《てび》きとして役立《やくだ》ててください。」『バイエル』の曲《きょく》には、親《おや》の愛情《あいじょう》がこめられているのです。『バイエル』で、子《こ》どもたちがピアノや音楽《おんがく》の楽《たの》しさにふれることができたなら、私《わたし》にとってこんなにうれしいことはありません。

7月
25日
の偉人

文化

この日《ひ》に生《う》まれた有名人《ゆうめいじん》

フランク・スプレイグ（発明家《はつめいか》）／小磯良平《こいそりょうへい》（画家《がか》）
ジャガー横田《よこた》（プロレスラー）／高島礼子《たかしまれいこ》（女優《じょゆう》）／リカルド・ロペス（プロボクサー）

イギリスで不動《ふどう》の人気《にんき》を誇《ほこ》る劇作家《げきさっか》

ジョージ・バーナード・ショー

（1856～1950年　アイルランド）

まちがいをしてばかりの人生《じんせい》は、なにもしなかった人生《じんせい》より誇《ほこ》り高《たか》いし役《やく》に立《た》つ。

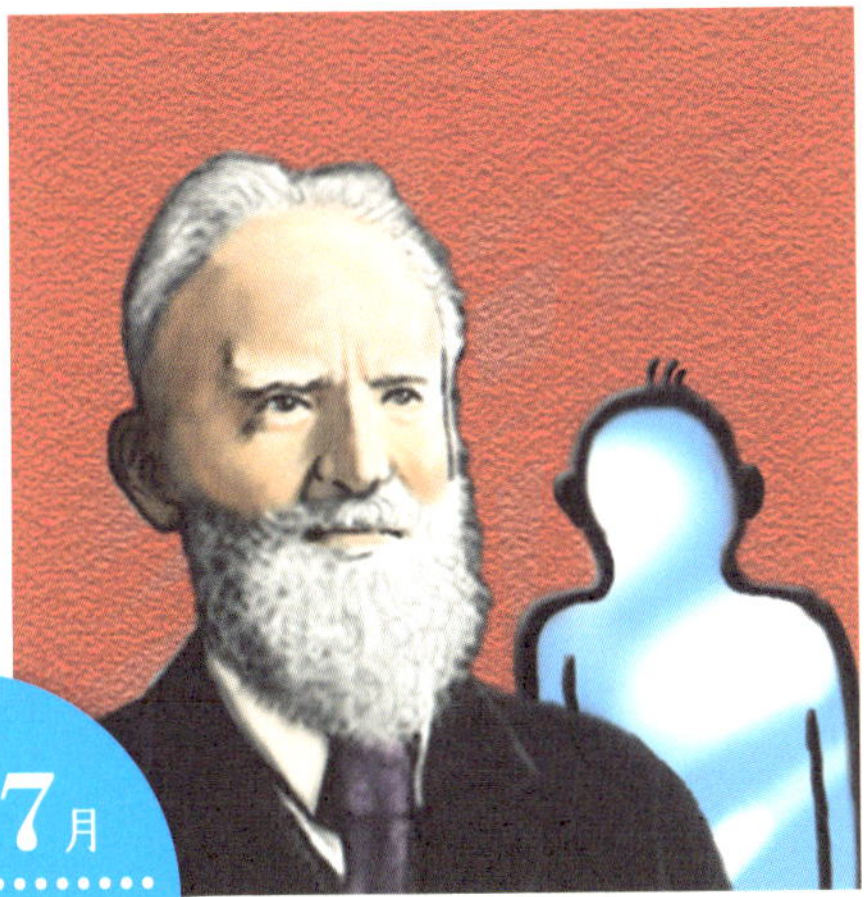

私《わたし》は、学校教育《がっこうきょういく》は好《す》きではありませんでした。みんなで同《おな》じ授業《じゅぎょう》をうけるなんて、意味《いみ》がないと思《おも》っていました。だから、私《わたし》は15歳《さい》ぐらいまでしか学校《がっこう》にいっていません。あとは自分《じぶん》で勉強《べんきょう》し、音楽《おんがく》や文学《ぶんがく》、演劇《えんげき》に興味《きょうみ》をもつようになりました。美術館《びじゅつかん》や劇場《げきじょう》が、学校《がっこう》のかわりに、私《わたし》にさまざまなことを教《おし》えてくれたのです。

学校《がっこう》をやめてからは生《う》まれ故郷《こきょう》のダブリンで働《はたら》いていましたが、20歳《さい》のとき、ロンドンに出《で》て作家《さっか》になろうと決意《けつい》しました。その4年《ねん》ほど前《まえ》に、父《ちち》と母《はは》は離《り》婚《こん》していて、母《はは》がロンドンで音楽《おんがく》の先生《せんせい》をしていたので、母《はは》をたよっていったのです。お金《かね》をかせぐすべがほとんどありませんでしたから、母《はは》のお金《かね》にたよる生《せい》活《かつ》でした。毎日《まいにち》、大英博物館《だいえいはくぶつかん》や美術館《びじゅつかん》にいって、あらゆることを吸収《きゅうしゅう》しようとしました。そして、大英博物館《だいえいはくぶつかん》の読書室《どくしょしつ》で、はじめての小説《しょうせつ》を書《か》きあげたのです。

ところが、書《か》いた小説《しょうせつ》はどの出版社《しゅっぱんしゃ》にもっていっても、ことわられました。そのあともいくつか書《か》きましたが、ことごとく失敗《しっぱい》します。私《わたし》は食《た》べていくために、雑誌《ざっし》に、絵《え》や音楽《おんがく》、お芝居《しばい》の批評《ひひょう》を書《か》くようになりました。今《いま》まで見《み》たりきいたりしてきたものが役《やく》に立《た》ったというわけです。そのうち、お芝居《しばい》の台本《だいほん》を書《か》くことになり、最初《さいしょ》の作品《さくひん》『やもめの家《いえ》』をかわきりに、つぎつぎと作品《さくひん》を発表《はっぴょう》しました。

20年《ねん》くらいはヒットもなく、評価《ひょうか》もされませんでしたが、『ピグマリオン』という作品《さくひん》が大《だい》ヒットして、私《わたし》はたちまち人気作家《にんきさっか》になりました。あのシェイクスピア以来最大《いらいさいだい》のイギリスの劇作家《げきさっか》といわれ、ノーベル文学賞《ぶんがくしょう》までもらったのですよ。ちなみに、この作品《さくひん》は『マイ・フェア・レディ』というタイトルで、ハリウッドで映画《えいが》にもなっています。

博物館《はくぶつかん》や美術館《びじゅつかん》で、自分《じぶん》の興味《きょうみ》のあるものをしっかり、じっくり見《み》てきたことが、私《わたし》の人生《じんせい》をつくってくれたのです。自分《じぶん》の教育《きょういく》は自分《じぶん》でするものなのですよ。

7月
26日
の偉人

文化

この日《ひ》に生《う》まれた有名人《ゆうめいじん》

カール・グスタフ・ユング（心理学者《しんりがくしゃ》）／スタンリー・キューブリック（映画監督《えいがかんとく》）／ミック・ジャガー《ザ・ローリング・ストーンズ》（ミュージシャン）／萩原健一《はぎはらけんいち》（俳優《はいゆう》）／サンドラ・ブロック（女優《じょゆう》）

波瀾万丈《はらんばんじょう》の人生《じんせい》を生《い》きた大蔵大臣《おおくらだいじん》

高《たか》橋《はし》是《これ》清《きよ》

（1854～1936年　日本）

人間《にんげん》がこの世《よ》に生《せい》をうけた以上《いじょう》、
自分《じぶん》のことは自分《じぶん》で処分《しょぶん》し、始末《しまつ》すべきである。

7月
27日
の偉人

政治

私《わたし》は、江戸《えど》時代《じだい》の終《お》わりに、江戸《えど》で生《う》まれたのですが、すぐに仙台藩《せんだいはん》（今《いま》の宮《みや》城県《ぎけん》）の下級武士《かきゅうぶし》の家《いえ》に養子《ようし》に出《だ》されました。13歳《さい》のとき、藩《はん》の命令《めいれい》で、横浜《よこはま》にいき、英語《えいご》を習《なら》い、その後《ご》、アメリカに留学《りゅうがく》しました。ところが、アメリカいきの費用《ひよう》がぬすまれたり、アメリカについたらついたで、奴隷《どれい》として売《う》られてしまったりと、大変《たいへん》な目《め》にあったのです。もっとも、そうしたトラブルがあったおかげで、生《い》きた英語力《えいごりょく》がついたのかもしれません。

1年《ねん》くらいで帰国《きこく》してからは、英語教師《えいごきょうし》をするかたわら、文部省《もんぶしょう》や農商務省《のうしょうむしょう》などで働《はたら》いたり、特許局長《とっきょきょくちょう》などをまかされたりしました。安定《あんてい》した生活《せいかつ》を送《おく》っていたのですが、新《あたら》しいことに挑戦《ちょうせん》したくなった私《わたし》は、仕事《しごと》をやめ、ペルーの銀山開《ぎんざんかい》発《はつ》に乗《の》りだします。これが大失敗《だいしっぱい》でね、買《か》った銀山《ぎんざん》はすでに廃坑《はいこう》になっていて、私《わたし》はすべての財産《ざいさん》を失《うしな》ってしまいました。

無一文《むいちもん》になって帰国《きこく》した私《わたし》は、日本銀《にほんぎん》行《こう》に入《い》れてもらい、そこで活躍《かつやく》。56歳《さい》のときついに日本銀行総裁《にほんぎんこうそうさい》（日本《にほん》の中央銀《ちゅうおうぎん》行機関《こうきかん》の長《ちょう》）となります。そのあとは、政治《せいじ》の世界《せかい》に進《すす》み、大蔵大臣《おおくらだいじん》に就任《しゅうにん》したのをきっかけに、首相《しゅしょう》を1回《かい》、大臣《だいじん》を7回経験《かいけいけん》しました。ニックネームは「ダルマ」で、なかなか人気《にんき》があったんですよ。私《わたし》がいちばん力《ちから》をはっきしたのは、大蔵《おおくら》大臣《だいじん》をしていたときです。とくに、世界《せかい》的《てき》に経済《けいざい》がだめになったとき、いち早《はや》く日本《にほん》の経済《けいざい》を立《た》ちなおらせた手腕《しゅわん》は、高《たか》く評価《ひょうか》されました。

私《わたし》はかなりの年齢《ねんれい》になっても、首相《しゅしょう》にたのまれて、大蔵大臣《おおくらだいじん》をつづけていたのですが、1936年《ねん》2月《がつ》26日《にち》、政治《せいじ》に対《たい》する考《かんが》えのちがいから、陸軍部隊《りくぐんぶたい》によって殺害《さつがい》されてしまいました。この事件《じけん》が歴史《れきし》の教科書《きょうかしょ》に出《で》てくる、「2・26事《じ》件《けん》」とよばれるものです。いや、ほんとうにいろいろあった、全力投球《ぜんりょくとうきゅう》の人生《じんせい》でしたよ。

この日《ひ》に生《う》まれた有名人《ゆうめいじん》

ヨハン・ベルヌーイ（数学者《すうがくしゃ》）／田沼意次《たぬまおきつぐ》（江戸幕府老中《えどばくふろうじゅう》）／山本有三《やまもとゆうぞう》（作家《さっか》）
渡嘉敷勝男《とかしきかつお》（プロボクサー）／アレックス・ロドリゲス（野球選手《やきゅうせんしゅ》）

社会貢献《しゃかいこうけん》を第一《だいいち》に考《かんが》えた理念《りねん》の実業家《じつぎょうか》

大原孫三郎《おおはらまごさぶろう》

（1880〜1943年　日本）

子孫《しそん》は先祖《せんぞ》の誤《あやま》りを正《ただ》すためにある。

私《わたし》は、岡山県《おかやまけん》の大地主《おおじぬし》で大金持《おおがねも》ちのあとつぎとして、わがまま放題《ほうだい》に育《そだ》てられました。東京《とうきょう》の専門学校《せんもんがっこう》にいかせてもらいましたが、授業《じゅぎょう》には出《で》ないで、遊《あそ》びざんまいの生活《せいかつ》をして、今《いま》のお金《かね》でいえば1億円《おくえん》くらいを使《つか》いこみました。さすがに怒《おこ》った親《おや》に、岡山《おかやま》につれもどされ、しばらく謹慎《きんしん》させられます。

そんなとき、全財産《ぜんざいさん》をなげうって、身《み》よりのない子《こ》どもたちのために孤児院《こじいん》をつくった石井十次《いしいじゅうじ》さんと出会《であ》います。私《わたし》は、石井《いしい》さんの行動《こうどう》に感動《かんどう》しました。そして、財産《ざいさん》は神《かみ》さまからあたえられているものなのだから、自分《じぶん》のためにではなく、人々《ひとびと》のために使《つか》うものだと気《き》づいたのです。

それからは、父《ちち》の会社《かいしゃ》に入《はい》り、一生懸命働《いっしょうけんめいはたら》きました。会社《かいしゃ》で働《はたら》いている人《ひと》たちの多《おお》くがまともに学校《がっこう》を出《で》ていないときくと、会社《かいしゃ》の中《なか》に学校《がっこう》をつくりました。まずしくて学校《がっこう》にいけない子《こ》のために、奨学金《しょうがくきん》も出《だ》しました。会社《かいしゃ》の社長《しゃちょう》になってからは、従業員《じゅうぎょういん》の生活《せいかつ》を豊《ゆた》かにすることに努《つと》めました。しばらくすると、日露《にちろ》戦争《せんそう》が始《はじ》まって、たくさんの子《こ》どもが親《おや》を亡《な》くしたので、孤児院《こじいん》づくりに協力《きょうりょく》しました。もちろん、社員《しゃいん》は反対《はんたい》しましたよ。ばく大《だい》なお金《かね》がかかりますからね。でも私《わたし》は「私《わたし》の目《め》には10年先《ねんさき》が見《み》えるのだ」といって、反対《はんたい》をおしきって、自分《じぶん》が信《しん》じることをやりつづけたのです。

農業《のうぎょう》の分野《ぶんや》でも研究所《けんきゅうじょ》をつくって、岡《おか》山名産《やまめいさん》となるマスカットや白桃《はくとう》を開発《かいはつ》したり、日本最初《にほんさいしょ》の西洋美術館《せいようびじゅつかん》である大原《おおはら》美術館《びじゅつかん》もつくったりしたのですよ。

こうして私《わたし》は、さまざまな社会《しゃかい》・文化《ぶんか》事業《じぎょう》に力《ちから》をそそぎ、若《わか》いころに決《き》めた理《り》想《そう》の道《みち》をつきすすみました。私《わたし》がやってきたことはまちがっていませんでした。たしかに私《わたし》の目《め》には10年先《ねんさき》が見《み》えていたのです。

7月
28日
の偉人

社会

この日《ひ》に生《う》まれた有名人《ゆうめいじん》

渡瀬恒彦《わたせつねひこ》（俳優《はいゆう》）／セルジオ越後《えちご》（サッカー選手《せんしゅ》・解説者《かいせつしゃ》）
大瀧詠一《おおたきえいいち》（ミュージシャン）／高橋陽一《たかはしよういち》（漫画家《まんがか》）／スガシカオ（ミュージシャン）

戦争《せんそう》と飢《う》えを書《か》いてノーベル文学賞受賞《ぶんがくしょうじゅしょう》

エイヴィンド・ユーンソン

(1900〜1976年　スウェーデン)

まだドアがひらいているうちに逃《に》げだせ!

7月29日の偉人

文化

私《わたし》は、スウェーデンの北《きた》のほう、北極《ほっきょく》に近《ちか》い村《むら》の石工《いしく》の子《こ》として生《う》まれました。4歳《さい》のときに父《ちち》が病気《びょうき》になってしまったので、おじさんの家《いえ》にあずけられるのですが、とてもまずしかったので、14歳《さい》で家《いえ》を出《で》ます。それから19歳《さい》になるまで、食《た》べるためにいろんな仕事《しごと》をしました。製材所《せいざいしょ》の作業員《さぎょういん》やれんが工《こう》のお手伝《てつだ》い、劇場《げきじょう》のチケット売《う》りや案内係《あんないがかり》、映写係《えいしゃがかり》をしていたこともありました。配管工《はいかんこう》の助手《じょしゅ》や電気工《でんきこう》の手伝《てつだ》い、機関車《きかんしゃ》の掃除係《そうじがかり》、冬《ふゆ》のあいだは貨車《かしゃ》の機関員《きかんいん》、秋《あき》になったら農場《のうじょう》で干《ほ》し草《くさ》づくり……とにかく自分《じぶん》にできる仕事《しごと》はなんでもしました。得意《とくい》なことも、技術《ぎじゅつ》や知識《ちしき》もありませんでしたから、体《からだ》を使《つか》った仕事《しごと》をするしかなかったのです。

それから、ジャーナリストをめざしてストックホルムに出《で》るのですが、なかなか仕事《しごと》が見《み》つからず、その後《ご》、ベルリンに、そしてパリにわたりました。そのあいだ、食《た》べ物《もの》もほとんどなく、死《し》にそうになりながらくらします。でも、この経験《けいけん》が、小説《しょうせつ》を書《か》くときにとても役《やく》に立《た》ったのです。

パリでは、スウェーデン人《じん》むけの新聞《しんぶん》に記事《きじ》を書《か》きながら、セメント工《こう》やホテルで皿洗《さらあら》いなどをしていました。そしてようやく、第《だい》1次《じ》世界大戦後《せかいたいせんご》のヨーロッパのようすを描《えが》いた小説《しょうせつ》『見知《みし》らぬ4人《にん》』を書《か》いて作家《さっか》デビューをはたします。この小説《しょうせつ》には、自分《じぶん》が経験《けいけん》したこと——食《た》べるものがなくて、とにかく飢《う》えていたあの経験《けいけん》を書《か》きました。

その後《ご》、自分《じぶん》の人生《じんせい》をもとにして書《か》いた『ウーロフ物語《ものがたり》』で有名《ゆうめい》になり、戦争《せんそう》を批判《ひはん》した小説《しょうせつ》や長編歴史小説《ちょうへんれきししょうせつ》をつぎつぎと発表《はっぴょう》、最後《さいご》にはノーベル文学賞《ぶんがくしょう》も受賞《じゅしょう》したのですよ。

食《た》べるためにただただ体《からだ》を使《つか》って仕事《しごと》をしていたつらい時期《じき》がなかったら、私《わたし》はけっして作家《さっか》として成功《せいこう》しなかったでしょう。人生《じんせい》とはそういうものなのだと思《おも》います。

この日《ひ》に生《う》まれた有名人《ゆうめいじん》

アルマウェル・ハンセン(医学者《いがくしゃ》)／ベニート・ムッソリーニ(政治家《せいじか》)
重光葵《しげみつまもる》(外交官《がいこうかん》・政治家《せいじか》)／秋吉久美子《あきよしくみこ》(女優《じょゆう》)／フェルナンド・アロンソ(F1ドライバー)

世界《せかい》の自動車王《じどうしゃおう》

ヘンリー・フォード

（1863〜1947年　アメリカ）

失敗《しっぱい》はもう一度《いちど》始《はじ》めるためのチャンスである。

私《わたし》は、アメリカのまずしい農家《のうか》に生《う》まれました。小《ちい》さいころから、機械《きかい》いじりが好《す》きで、よく時計《とけい》を分解《ぶんかい》して遊《あそ》んでいました。16歳《さい》のときに家《いえ》を出《で》て、機械工《きかいこう》場《じょう》の工員《こういん》として働《はたら》きました。長男《ちょうなん》だったので、ほんとうなら農家《のうか》をつぐはずだったのですが、私《わたし》は農作業《のうさぎょう》が嫌《きら》いでした。それに、農業《のうぎょう》をつづけても、未来《みらい》に希望《きぼう》があるとは思《おも》えなかったのです。機械工《きかいこう》場《じょう》をいくつか変《か》わりながら、知識《ちしき》と技術《ぎじゅつ》を身《み》につけていきました。その後《ご》、エジソン電気会社《でんきがいしゃ》で、エンジニアとして働《はたら》くようになります。最初《さいしょ》は電気《でんき》の知識《ちしき》など、まったくありませんでした。というより、電気《でんき》について学《まな》びたかったから、その会《かい》社《しゃ》に入《はい》ったのです。私《わたし》はどんどん知識《ちしき》と技術《ぎじゅつ》を吸収《きゅうしゅう》し、すぐにエンジニア長《ちょう》になりました。

けれど、私《わたし》がいちばん興味《きょうみ》があったのは、自動車《じどうしゃ》です。ちょうど、自動車《じどうしゃ》の研《けん》究《きゅう》があちこちでされている時代《じだい》でした。私《わたし》も、仲間《なかま》といっしょに、自動車《じどうしゃ》の製造《せいぞう》を始《はじ》めました。33歳《さい》のときにはじめて車《くるま》を完成《かんせい》させ、その後《ご》どんどん改良《かいりょう》をしたおかげで、レースにも優勝《ゆうしょう》するほどのすばらしい車《くるま》をつくれるようになりました。しかし、私《わたし》はそれで満足《まんぞく》しませんでした。なぜなら、私《わたし》がやりたかったのは、まずしい人《ひと》にも買《か》える安《やす》い車《くるま》をつくること、自動車《じどうしゃ》を、世界《せかい》じゅうの誰《だれ》もが自由《じゆう》に使《つか》える交通手段《こうつうしゅだん》にすることだったからです。

そして、私《わたし》は自分《じぶん》の会社《かいしゃ》をつくり、研《けん》究《きゅう》を重《かさ》ねて、45歳《さい》のときに「T型《がた》フォード」を完成《かんせい》させます。部品《ぶひん》を統一《とういつ》したこの車《くるま》は、値段《ねだん》を安《やす》くできたために、よく売《う》れました。その後《ご》、流《なが》れ作業《さぎょう》でつくる方法《ほうほう》をとりいれたことで、一度《いちど》にたくさん車《くるま》をつくれるようになり、値段《ねだん》を大《おお》幅《はば》に引《ひ》きさげることができたのです。

もし私《わたし》が、お金《かね》もうけのことだけを考《かんが》えていたら、どうだったでしょうか。きっと成功《せいこう》しなかったでしょう。誰《だれ》もが乗《の》れる車《くるま》をつくりたいという気持《きも》ち——それが私《わたし》を成功《せいこう》にみちびいてくれたのです。

7月
30日
の偉人

社会

この日《ひ》に生《う》まれた有名人《ゆうめいじん》

エミリー・ブロンテ（作家《さっか》）／ヘンリー・ムーア（彫刻家《ちょうこくか》）／新美南吉《にいみなんきち》（児童文学作家《じどうぶんがくさっか》）
アーノルド・シュワルツェネッガー（俳優《はいゆう》）／ジャン・レノ（俳優《はいゆう》）

日本《にほん》の民俗学《みんぞくがく》を生《う》みだした

柳田國男《やなぎたくにお》

（1875～1962年　日本）

われわれが空想《くうそう》で描《えが》いてみる世界《せかい》よりも、かくれた現実《げんじつ》のほうがはるかにもの深《ふか》い。

　私《わたし》は小《ちい》さいころから本《ほん》を読《よ》むのが好《す》きで、図書館《としょかん》に入《い》りびたっては読書《どくしょ》に夢中《むちゅう》になっていました。文学《ぶんがく》に興味《きょうみ》があったので、はじめは作家《さっか》をめざしていたのですが、東京大学《とうきょうだいがく》を卒業後《そつぎょうご》は農商務省《のうしょうむしょう》に入《はい》りました。幼《おさな》いときに、まずしいくらしを体験《たいけん》していたので、社会《しゃかい》の役《やく》に立《た》つ仕《し》事《ごと》をしようと思《おも》ったのです。

　仕事《しごと》を始《はじ》めると、地方《ちほう》の農村《のうそん》にいく機《き》会《かい》が多《おお》く、農民《のうみん》の生活《せいかつ》や風習《ふうしゅう》にふれるようになりました。そして、宮崎県《みやざきけん》のある村《むら》に滞在《たいざい》したとき、村長《そんちょう》さんから、古《ふる》くからその地域《ちいき》に伝《つた》わるいろいろな話《はなし》をききました。狩《か》りの話《はなし》、焼畑《やきはた》の話《はなし》、名前《なまえ》の話《はなし》……私《わたし》は日本人《にほんじん》がじっさいにどのように生《い》きてきたか、どのようにくらしてきたかを知《し》るには、こうした話《はなし》を集《あつ》めないとわからないのではないかと考《かんが》えました。そして、民俗学《みんぞくがく》の世界《せかい》に興味《きょうみ》をもつようになったのです。民俗学《みんぞくがく》というのは、ふつうの人《ひと》たちのくらしの歴史《れきし》を、口《くち》から口《くち》へ伝《つた》わってきたお話《はなし》・民話《みんわ》をもとに調《しら》べていく学問《がくもん》です。じっさいの生活《せいかつ》のようすだけでなく、たとえば、カッパや天《てん》狗《ぐ》の伝説《でんせつ》なども研究《けんきゅう》したりするのです。

　私《わたし》がそんな興味《きょうみ》をもっていたとき、岩《いわ》手《て》県遠野出身《けんとおのしゅっしん》の若者《わかもの》が家《いえ》をたずねてきました。かれは自分《じぶん》のふるさとに伝《つた》わる話《はなし》をいっぱい知《し》っていて、私《わたし》に話《はな》してきかせてくれたのです。私《わたし》はさっそくよく年《とし》、遠野《とおの》を訪問《ほうもん》し、昔話《むかしばなし》を集《あつ》めてまわりました。それを『遠野物語《とおのものがたり》』という本《ほん》にまとめたところ、大変《たいへん》な評判《ひょうばん》になったのです。この本《ほん》は、日本《にほん》に民俗学《みんぞくがく》の世界《せかい》を切《き》りひらきました。

　日本人《にほんじん》はなに者《もの》なのか——私《わたし》はずっとそれを考《かんが》えていました。それを知《し》るために、全国《ぜんこく》を歩《ある》きまわり、人々《ひとびと》のあいだに伝《つた》わるお話《はなし》を集《あつ》めたのです。みなさんも、自分《じぶん》の地方《ちほう》に昔《むかし》から伝《つた》わる話《はなし》を調《しら》べてみませんか。日本人《にほんじん》というものがなんなのか、少《すこ》し見《み》えてくるかもしれませんよ。

7月31日の偉人

文化

この日《ひ》に生《う》まれた有名人《ゆうめいじん》

ウィリアム・スミス・クラーク（教育者《きょういくしゃ》）／ミルトン・フリードマン（経済学者《けいざいがくしゃ》）／古谷徹《ふるやとおる》（声優《せいゆう》）／J・K・ローリング（作家《さっか》）／中山秀征《なかやまひでゆき》（タレント）

8月《がつ》生《う》まれの偉《い》人《じん》

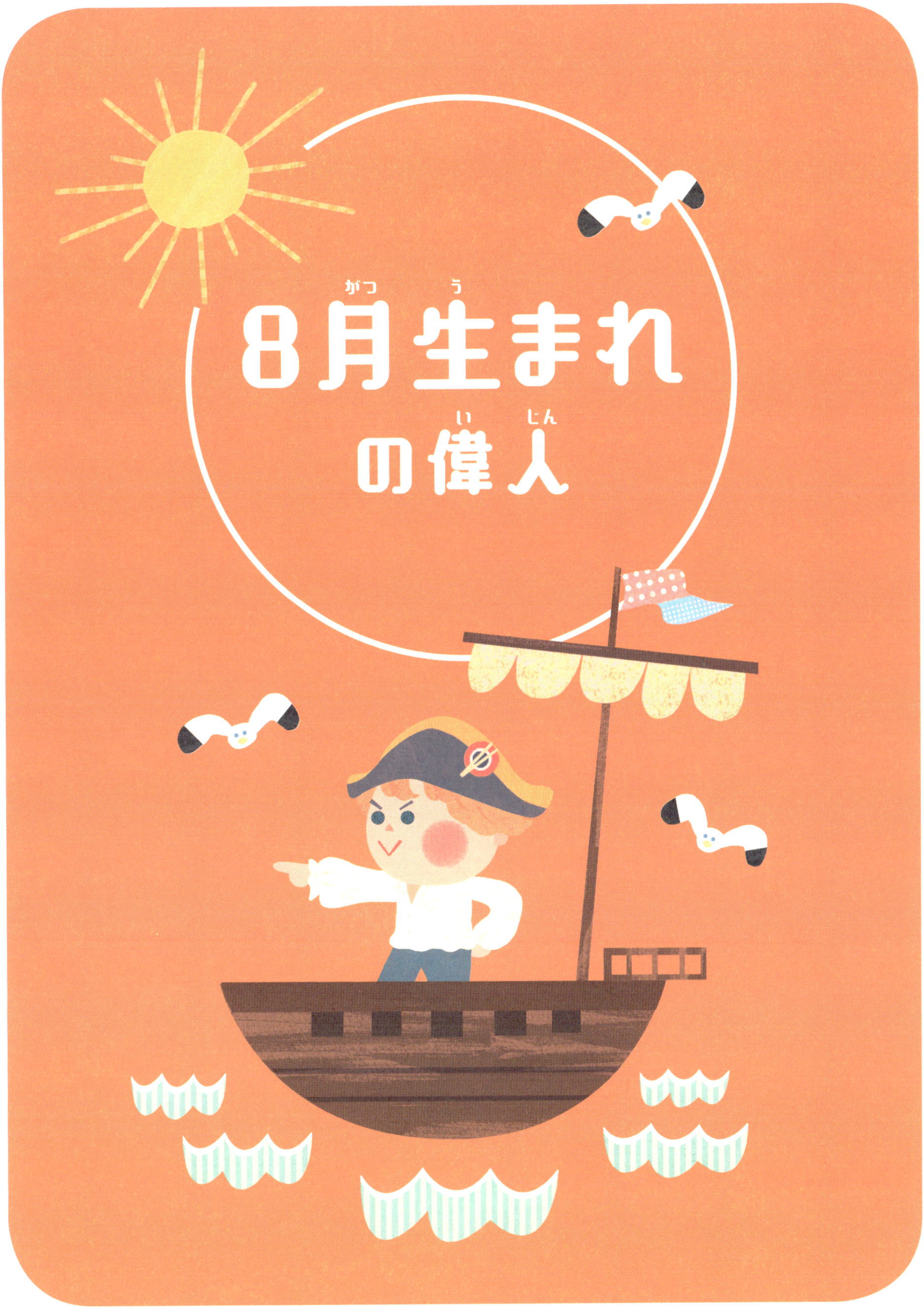

死後《しご》はじめてみとめられたアメリカの文豪《ぶんごう》

ハーマン・メルヴィル

（1819〜1891年　アメリカ）

人《ひと》のまねをして成功《せいこう》するより、自分《じぶん》らしさを追求《ついきゅう》して失敗《しっぱい》するほうがいい。

私《わたし》は、ニューヨークで古《ふる》くから栄《さか》えた貿易商《ぼうえきしょう》の家《いえ》に生《う》まれました。けれど、小《ち》さいころに、父《ちち》が仕事《しごと》に失敗《しっぱい》。私《わたし》は学校《がっこう》をやめて、13歳《さい》から働《はたら》きはじめます。それでも、生活《せいかつ》はずっと苦《くる》しいままで、とうとう、借金《しゃっきん》とりから逃《に》げるように、私《わたし》はニューヨークをあとにするのです。

その後《ご》、水夫《すいふ》として捕鯨船《ほげいせん》に乗《の》りこみました。捕鯨船《ほげいせん》というのは、遠《とお》い海《うみ》までいって、クジラをとる船《ふね》のことです。捕《ほ》鯨船《げいせん》での生活《せいかつ》はとてもつらくて、たえられなくなった私《わたし》はとちゅうでよった島《しま》で、船《ふね》から逃亡《とうぼう》しました。そのあとも島《しま》でケンカにまきこまれて逮捕《たいほ》されたり、さんざんな目《め》にあいます。ようやくアメリカにもどれたのは、4年後《ねんご》でした。

アメリカに帰《かえ》った私《わたし》は、小説《しょうせつ》を書《か》きはじめました。捕鯨船《ほげいせん》に乗《の》って航海《こうかい》していたときの体験《たいけん》をもとに、冒険物語《ぼうけんものがたり》を書《か》いたのです。まず、南太平洋《みなみたいへいよう》の島々《しまじま》を舞台《ぶたい》にした『タイピー』と『オムー』、ファンタジー作品《さくひん》の『マーディ』、航海《こうかい》をテーマにした『レッドバーン』『白《しろ》ジャケット』など、つぎつぎに作品《さくひん》を発表《はっぴょう》していきました。そして、１８５１年《ねん》に代表《だいひょう》作《さく》となる『白鯨《はくげい》』を書《か》きました。『白鯨《はくげい》』は、捕鯨船《ほげいせん》の船長《せんちょう》とモービー・ディックとよばれる巨大《きょだい》な白《しろ》クジラとの戦《たたか》いを描《えが》いた物語《ものがたり》です。

作品《さくひん》はたくさん出《だ》したのですが、どれも評価《ひょうか》されませんでしたし、まったく売《う》れませんでした。ですから、私《わたし》はずっと税関《ぜいかん》で働《はたら》いていました。作品《さくひん》が評価《ひょうか》されるようになったのは、私《わたし》が死《し》んで30年《ねん》もたってからです。私《わたし》は、アメリカを代表《だいひょう》する作家《さっか》といわれるようになり、『白鯨《はくげい》』は映画《えいが》にもなったのですよ。

思《おも》えば、波瀾万丈《はらんばんじょう》の人生《じんせい》でした。つらく苦《くる》しいことが多《おお》かった人生《じんせい》かもしれません。でも、その苦《くる》しさを物語《ものがたり》の中《なか》にそそぎこめたからこそ、多《おお》くの人《ひと》たちの心《こころ》を打《う》つ作品《さくひん》が生《う》まれたのでしょう。

8月1日の偉人

文化

この日《ひ》に生《う》まれた有名人《ゆうめいじん》

室生犀星《むろうさいせい》（詩人《しじん》）／イヴ・サン・ローラン（ファッションデザイナー）
田村正和《たむらまさかず》（俳優《はいゆう》）／若田光一《わかたこういち》（宇宙飛行士《うちゅうひこうし》）／米倉涼子《よねくらりょうこ》（女優《じょゆう》）

独自《どくじ》の自然哲学《しぜんてつがく》を生《う》みだした

三浦梅園《みうらばいえん》

（1723〜1789年　日本）

枯《か》れ木《き》に花《はな》さくことをおどろくより、生木《なまき》に花《はな》さくことをおどろけ。

私《わたし》は豊後国《ぶんごのくに》（今《いま》の大分県《おおいたけん》）に生《う》まれました。代々《だいだい》つづく医者《いしゃ》の家《いえ》に生《う》まれたので、私《わたし》も医者《いしゃ》になりました。ですが、医《い》者《しゃ》をするかたわら、世界《せかい》のなりたちを考《かんが》えつづけ、条理学《じょうりがく》という新《あたら》しい哲学《てつがく》を生《う》みだしました。

私《わたし》は幼《おさな》いときから、見《み》るもの、きくもの、ふれるもの、すべてに疑問《ぎもん》を感《かん》じ、本《ほん》を読《よ》みあさっては、自分《じぶん》でその疑問《ぎもん》を解《と》きあかそうとしていました。15歳《さい》のころ、中国《ちゅうごく》の本《ほん》を読《よ》んでいたときは、意味《いみ》がわからないことばを調《しら》べるために、1週間《しゅうかん》に1回《かい》、家《いえ》から山《やま》ひとつこえたところのお寺《てら》にあった辞書《じしょ》を使《つか》いにいっていました。自然現象《しぜんげんしょう》に関心《かんしん》をもち、20歳《さい》のころには中国《ちゅうごく》の星学《せいがく》（宇宙《うちゅう》のつくりや天《てん》体《たい》の運動《うんどう》などを研究《けんきゅう》する学問《がくもん》）の本《ほん》を読《よ》み、天球儀《てんきゅうぎ》（天体《てんたい》の小《ちい》さいもけい）を自《じ》分《ぶん》でつくって研究《けんきゅう》に熱中《ねっちゅう》しました。

また、中国《ちゅうごく》の古典《こてん》をきちんと理解《りかい》するために、古代中国《こだいちゅうごく》の占《うらな》いである「易《えき》」を学《まな》びました。「易《えき》」というのは、中国《ちゅうごく》が周《しゅう》とよばれていた時代《じだい》に「周易《しゅうえき》」とよばれていたもので、生活《せいかつ》の知恵《ちえ》が集《あつ》められた非常《ひじょう》に奥《おく》の深《ふか》いものなのですよ。

そして、30歳《さい》のころ、自然現象《しぜんげんしょう》のおこり方《かた》にはある条理《じょうり》（物事《ものごと》のすじみち）があることを知《し》り、それを本《ほん》に書《か》きあらわしました。『玄語《げんご》』『贅語《ぜいご》』『敢語《かんご》』という本《ほん》を書《か》いたのですが、『玄語《げんご》』だけで8巻《かん》もあり、この本《ほん》は生《い》きているあいだに完成《かんせい》させることができませんでした。この3巻《かん》の本《ほん》は、私《わたし》が死《し》んで、100年《ねん》もたってから世《よ》の中《なか》にみとめられ、「梅園三語《ばいえんさんご》」とよばれるようになりました。

私《わたし》は少年時代《しょうねんじだい》から、いつもなにかを考《かんが》えていました。なにかを考《かんが》えはじめるきっかけは、疑問《ぎもん》をもつことなんです。みなさんも疑問《ぎもん》に思《おも》ったことを深《ふか》く考《かんが》えてみると、なにかが見《み》えてくるかもしれませんよ。

8月
2日
の偉人

思想

フレデリク・バルトルディ（彫刻家《ちょうこくか》）／木下順二《きのしたじゅんじ》（劇作家《げきさっか》）
鴻上尚史《こうかみしょうじ》（劇作家《げきさっか》・演出家《えんしゅつか》）／渡辺久信《わたなべひさのぶ》（野球選手《やきゅうせんしゅ》）／友近《ともちか》（お笑《わら》い芸人《げいにん》）

世界一有名《せかいいちゆうめい》なサラリーマン

田中耕一《たなかこういち》

（1959年～　日本）

失敗《しっぱい》からはかならず新《あら》たな発見《はっけん》がある。最近《さいきん》は、失敗《しっぱい》するのが楽《たの》しくなってきました。

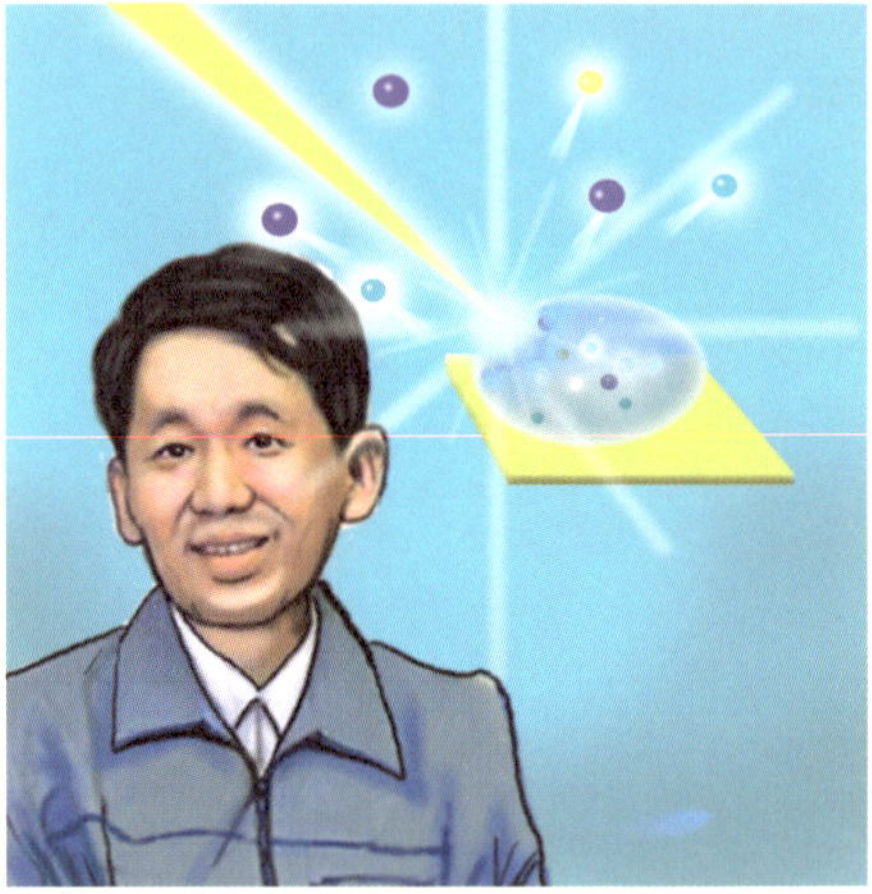

私《わたし》は、大学《だいがく》で電気工学《でんきこうがく》を学《まな》び、卒業《そつぎょう》してから、島津製作所《しまづせいさくしょ》という会社《かいしゃ》に入《はい》りました。そこで、たんぱく質《しつ》の研究《けんきゅう》にとりくむことになりました。たんぱく質《しつ》は、人間《にんげん》の体《からだ》をつくっている、とても重要《じゅうよう》な成分《せいぶん》です。人間《にんげん》の細胞《さいぼう》の中《なか》には、数十万《すうじゅうまん》個《こ》をこえるたんぱく質《しつ》があって、それぞれ栄養《えいよう》を運《はこ》んだり、細胞《さいぼう》をつくったりと、さまざまな役割《やくわり》をしています。ですから、薬《くすり》をつくったり、病気《びょうき》の検査《けんさ》をするときに、たんぱく質《しつ》を調《しら》べる必要《ひつよう》があるのですが、たんぱく質《しつ》は、それまでの技術《ぎじゅつ》では調《しら》べるのがむずかしかったのです。

私《わたし》は、たんぱく質《しつ》の重《おも》さを調《しら》べる機械《きかい》を開発《かいはつ》する研究《けんきゅう》をしていました。たんぱく質《しつ》の重《おも》さはレーザーをあててはかるのですが、レーザーをあてるとたんぱく質《しつ》がこわれてしまうのです。レーザーをあててもたんぱく質《しつ》をこわさない方法《ほうほう》を、私《わたし》は考《かんが》えていたのです。そして、「ソフトレーザー脱着法《だっちゃくほう》」という方法《ほうほう》を開発《かいはつ》し、たんぱく質《しつ》の重《おも》さをかんたんに、正確《せいかく》に調《しら》べられるようにしたのです。

この方法《ほうほう》を発見《はっけん》したのは、あるひとつの失敗《しっぱい》がきっかけでした。私《わたし》はあるとき、別々《べつべつ》の実験《じっけん》で使《つか》うはずの金属《きんぞく》の粉末《ふんまつ》を、まちがってまぜてしまったのです。ほんとうなら、まぜあわせた粉末《ふんまつ》はすててしまうところなのですが、私《わたし》はそれを実験《じっけん》に使《つか》ってみました。そうしたら、レーザーをあててもたんぱく質《しつ》がこわれない方法《ほうほう》が見《み》つかったのです。

この成果《せいか》がみとめられ、私《わたし》は日本人《にほんじん》で12人目《にんめ》のノーベル賞受賞者《しょうじゅしょうしゃ》になりました。学者《がくしゃ》でもない会社員《かいしゃいん》がノーベル賞《しょう》をもらったので、「世界《せかい》でいちばん有名《ゆうめい》なサラリーマン」といわれるようになりました。

私《わたし》が成功《せいこう》したのは、失敗《しっぱい》をおそれなかったから。そして、失敗《しっぱい》したからといって、そこで立《た》ち止《ど》まらないで、失敗《しっぱい》から新《あら》たな道《みち》をさぐったからなのです。

8月3日の偉人

科学

この日《ひ》に生《う》まれた有名人《ゆうめいじん》

豊臣秀頼《とよとみひでより》（豊臣秀吉《とよとみひでよし》の子《こ》）／徳川家綱《とくがわいえつな》（第《だい》4代江戸幕府将軍《だいえどばくふしょうぐん》）
行定勲《ゆきさだいさお》（映画監督《えいがかんとく》）／安住紳一郎《あずみしんいちろう》（アナウンサー）／伊藤英明《いとうひであき》（俳優《はいゆう》）

明治維新《めいじいしん》の師《し》

吉田松陰《よしだしょういん》

（1830～1859年　日本）

みだりに人《ひと》の師《し》となるべからず。
みだりに人《ひと》を師《し》とすべからず。

私《わたし》は江戸《えど》時代《じだい》の終《お》わりに、長州藩《ちょうしゅうはん》（今《いま》の山口県《やまぐちけん》）に生《う》まれた。幼《おさな》いころから、塾《じゅく》をやっていたおじさんから山鹿流《やまがりゅう》兵学《へいがく》を学《まな》んでいた。父《ちち》や兄《あに》からも、家《いえ》でみっちり教《おし》えられてね、11歳《さい》のときには殿《との》さまに講義《こうぎ》をしてほめられるまでになっていたよ。

だが、そんなとき、「アヘン戦争《せんそう》」というものが、となりの清国《しんこく》とイギリスのあいだでおこって、清国《しんこく》が負《ま》けてしまった。清国《しんこく》といえば、大国《たいこく》だ。あんな大国《たいこく》が負《ま》けるのか、と私《わたし》はショックをうけた。山鹿流《やまがりゅう》の兵学《へいがく》なんて、時代遅《じだいおく》れで役《やく》に立《た》たないということを思《おも》い知《し》った。

だから、私《わたし》は西洋《せいよう》の兵学《へいがく》を学《まな》ぼうと、全国《ぜんこく》を旅《たび》して知識《ちしき》をえることにしたのだ。そのあいだに、ちょうど浦賀《うらが》にやってきたアメリカ人《じん》ペリーの船《ふね》を見《み》て、おどろいた。なにしろ、すごい船《ふね》だったからね。ああいう技術《ぎじゅつ》を学《まな》ばないと、日本《にほん》はそのうち、外国《がいこく》にほろぼされてしまうだろう——そう思《おも》った私《わたし》は、つぎにペリーがやってきたとき、こっそり船《ふね》に乗《の》って、アメリカにわたってやろうとした。すぐに見《み》つかって、ふるさとの萩《はぎ》に送《おく》りかえされてしまったがね。

萩《はぎ》では、おじさんがやっていた「松下《しょうか》村塾《そんじゅく》」を引《ひ》きついで、若者《わかもの》たちに、世界《せかい》のようすや日本《にほん》の実情《じつじょう》を教《おし》え、今《いま》の危機《きき》にどう行動《こうどう》するべきかを話《はな》しあった。教《おし》えるというよりは、いっしょに考《かんが》えていた感《かん》じだね。この松下村塾《しょうかそんじゅく》からは、新《あたら》しい時代《じだい》を切《き》りひらいた高杉晋作《たかすぎしんさく》、久坂玄瑞《くさかげんずい》、伊藤博文《いとうひろぶみ》などたくさんの人材《じんざい》が巣立《すだ》っていったよ。

その後《ご》、私《わたし》は、幕府《ばくふ》を牛耳《ぎゅうじ》っていた大老《たいろう》、井伊直弼《いいなおすけ》の政治《せいじ》のやり方《かた》に反対《はんたい》したため罰《ばっ》せられ（安政《あんせい》の大獄《たいごく》）、首《くび》を切《き》られる刑《けい》に処《しょ》されてしまったが、私《わたし》の志《こころざし》は、弟子《でし》たちによって実現《じつげん》されていったのだ。

8月
4日
の偉人

思想

この日《ひ》に生《う》まれた有名人《ゆうめいじん》

ルイ・ヴィトン（かばん職人《しょくにん》）／バラク・オバマ（第《だい》44代《だい》アメリカ大統領《だいとうりょう》）
ロジャー・クレメンス（野球選手《やきゅうせんしゅ》）／水田《みずた》わさび（声優《せいゆう》）／加藤清史郎《かとうせいしろう》（俳優《はいゆう》）

リアルを追求《ついきゅう》したフランスの大作家《だいさっか》

ギイ・ド・モーパッサン

（1850～1893年　フランス）

たとえ人《ひと》を殺《ころ》し、苦《くる》しめ、牢獄《ろうごく》につなぐことはできても、他人《たにん》の心《こころ》を自由《じゆう》に支配《しはい》することはけっしてできない。

私《わたし》は、フランス北西部《ほくせいぶ》の裕福《ゆうふく》な家《いえ》に生《う》まれました。少年時代《しょうねんじだい》はごくふつうの教《きょう》育《いく》をうけて、大学《だいがく》では法学《ほうがく》を学《まな》びました。20歳《さい》のときに、フランスと、ドイツ・プロイセンのあいだに戦争《せんそう》がおこり、私《わたし》も兵隊《へいたい》として戦争《せんそう》にいきました。この経験《けいけん》が私《わたし》の人生《じんせい》をずいぶん変《か》えたのです。戦《せん》地《ち》で、私《わたし》は人間《にんげん》のおろかさとみにくさを見《み》せつけられました。相手《あいて》を殺《ころ》さなければ、自分《じぶん》が殺《ころ》されるという状態《じょうたい》に追《お》いつめられたとき、人間《にんげん》はひどく残酷《ざんこく》になります。自分自身《じぶんじしん》のことしか考《かん》えられなくなるのです。この経験《けいけん》は、生涯《しょうがい》、私《わたし》の心《こころ》からはなれませんでした。そして、私《わたし》が書《か》く物語《ものがたり》の重要《じゅうよう》なテーマになりました。

戦争《せんそう》から帰《かえ》った私《わたし》は、海軍省《かいぐんしょう》や文部省《もんぶしょう》で役人《やくにん》の仕事《しごと》をしながら、詩《し》や物語《ものがたり》を書《か》くようになりました。私《わたし》の母《はは》は有名《ゆうめい》な物《もの》語《がたり》『ボヴァリー夫人《ふじん》』を書《か》いた作家《さっか》フローベールの親友《しんゆう》の妹《いもうと》だったので、運《うん》のよいことに、母《はは》をとおして、フローベールから文学《ぶんがく》の手《て》ほどきをうけることができたのです。

30歳《さい》のとき『脂肪《しぼう》の塊《かたまり》』という作品《さくひん》でデビューし、一躍有名《いちやくゆうめい》になりました。この小説《しょうせつ》は、私《わたし》がいった戦争《せんそう》について書《か》いたもので、小説《しょうせつ》の先生《せんせい》だったフローベールにも、「正真正銘《しょうしんしょうめい》の傑作《けっさく》」とほめてもらえたのです。

それからあとの13年間《ねんかん》で300をこえる小説《しょうせつ》を書《か》きあげました。私《わたし》は短《みじか》い小《しょう》説《せつ》を得意《とくい》としていましたが、ある不幸《ふしあわ》せな女性《じょせい》の一生《いっしょう》を描《えが》いた長《なが》い小説《しょうせつ》『女《おんな》の一《いっ》生《しょう》』は大人気《だいにんき》で、私《わたし》の代表作《だいひょうさく》になりました。

私《わたし》の作品《さくひん》のほとんどは、人間《にんげん》をテーマにしています。ごくふつうの市民《しみん》や役人《やくにん》、農民《のうみん》や漁師《りょうし》、社交界《しゃこうかい》の人々《ひとびと》……どれも私《わたし》自身《じしん》がじかに観察《かんさつ》したものなんです。ありふれているように見《み》える人間《にんげん》の一生《いっしょう》というものが、じつはいちばん奥深《おくぶか》いものなんですよ。

8月5日の偉人

文化

この日《ひ》に生《う》まれた有名人《ゆうめいじん》

玄宗《げんそう》（第《だい》6代唐皇帝《だいとうこうてい》）／壺井栄《つぼいさかえ》（作家《さっか》）／ニール・アームストロング（宇宙飛行士《うちゅうひこうし》）
マイケル富岡《とみおか》（タレント）／柴咲《しばさき》コウ（女優《じょゆう》）

医学《いがく》を劇的《げきてき》に発展《はってん》させた医者《いしゃ》

サー・アレクサンダー・フレミング

（1881〜1955年　イギリス）

さがしていたものではないものを見《み》つけることは、しばしばあるものだ。

私《わたし》は、ペニシリンという抗生物質《こうせいぶっしつ》を発見《はっけん》した医者《いしゃ》です。

みなさんは、「抗生物質《こうせいぶっしつ》」ということばをきいたことがありますか？　抗生物《こうせいぶっ》質《しつ》とは細菌《さいきん》やウイルスがふえたり、活動《かつどう》するのをさまたげる物質《ぶっしつ》のことで、病気《びょうき》を治《なお》すのにとても役《やく》に立《た》ち、薬《くすり》などに使《つか》われています。

私《わたし》はインフルエンザの研究《けんきゅう》をしていました。研究《けんきゅう》をする中《なか》でブドウ球菌《きゅうきん》という菌《きん》をお皿《さら》で育《そだ》てていたのですが、きちんと管理《かんり》していなかったために、お皿《さら》にカビの菌《きん》が入《はい》って、青《あお》カビが生《は》えてしまったのです。研究者《けんきゅうしゃ》として、やってはいけないミスだったのですが、私《わたし》はそのカビのまわりでブドウ球菌《きゅうきん》が死《し》んでいることに気《き》づきました。もしかしたら……そう思《おも》った私《わたし》は実験《じっけん》をくりかえし、そのカビからとった液体《えきたい》に細菌《さいきん》を消《け》す力《ちから》があることを発見《はっけん》したのです。これが、ペニシリンです。

残念《ざんねん》ながら、私《わたし》がとりだした液体《えきたい》には、ペニシリン以外《いがい》の成分《せいぶん》が入《はい》っていて、病《びょう》気《き》の治療《ちりょう》に使《つか》うことはできなかったのですが、ペニシリンの発見《はっけん》から10年後《ねんご》、私《わたし》の論文《ろんぶん》を読《よ》んだ化学者《かがくしゃ》チェインとヒートリーが純粋《じゅんすい》なペニシリンをつくることに成功《せいこう》して、病気《びょうき》の治療《ちりょう》に使《つか》えるようにしてくれました。そして、その後《ご》、ペニシリンは、以前《いぜん》だったら治《なお》しようがないといわれていた病気《びょうき》を治《なお》し、たくさんの人《ひと》の命《いのち》を救《すく》ったのです。

みなさんも、もしかしたら、ぐうぜんに、すばらしい発見《はっけん》に出会《であ》うかもしれません。でも、人《ひと》は、自分《じぶん》が見《み》たいと思《おも》っているもの、見《み》ようとしていることしか、見《み》ないものなのです。なにかを観察《かんさつ》するときは、思《おも》いこみをなくして、なるべくまっさらな気持《きも》ちで見《み》ることがだいじです。みなさんも、小《ちい》さな発見《はっけん》を見《み》のがすことなく、大《おお》きな成果《せいか》につなげてくださいね。

8月
6日
の偉人

医学

この日《ひ》に生《う》まれた有名人《ゆうめいじん》

アンディ・ウォーホル（画家《がか》）／堺正章《さかいまさあき》（タレント）／12代目市川團十郎《だいめいちかわだんじゅうろう》（歌舞伎役者《かぶきやくしゃ》）／古田敦也《ふるたあつや》（野球選手《やきゅうせんしゅ》）／さかなクン（タレント・イラストレーター）

日本《にほん》を代表《だいひょう》する国民的作家《こくみんてきさっか》

司馬遼太郎《しばりょうたろう》

（1923〜1996年　日本）

勇気《ゆうき》と決断《けつだん》と、行動力《こうどうりょく》さえもちあわせていれば、あとのことは天《てん》にまかせればよい。

みなさんは私《わたし》が書《か》いた物語《ものがたり》を読《よ》んだことがあるでしょうか。私《わたし》は歴史小説《れきししょうせつ》をたくさん書《か》いた作家《さっか》です。私《わたし》が書《か》いた物語《ものがたり》は、たくさんテレビドラマや映画《えいが》になっているので、本《ほん》で読《よ》んでいなくても、知《し》っているお話《はなし》はあるかもしれません。

私《わたし》はとにかく本《ほん》が大好《だいす》きでした。中学生《ちゅうがくせい》のころから、図書館《としょかん》に入《い》りびたって、かたっぱしから本《ほん》を読《よ》みまくりました。私《わたし》は活字中毒《かつじちゅうどく》ということばがありますが、私はまさにそれでした。本《ほん》は好《す》きでしたが、勉強《べんきょう》はだめで、高校《こうこう》の受験《じゅけん》には失敗《しっぱい》しました。けっきょく外国語学校《がいこくごがっこう》にいくのですが、語学《ごがく》をやるつもりはなくて、図書館《としょかん》にいっては本《ほん》を読《よ》む毎日《まいにち》でした。

その後《ご》、第《だい》2次世界大戦《じせかいたいせん》が始《はじ》まると、私《わたし》も兵士《へいし》として戦地《せんち》にかりだされました。満州《まんしゅう》にいっていたのですが、いよいよ日《に》本《ほん》の本土《ほんど》に敵《てき》が攻《せ》めこんでくるかもしれないとなったとき、栃木県《とちぎけん》に配属《はいぞく》になり、そこにいるときに、戦争《せんそう》は終《お》わりました。戦場《せんじょう》で戦争《せんそう》を体験《たいけん》して、私《わたし》が思《おも》ったのは、「日本人《にほんじん》はどうしてこんなばかな戦争《せんそう》をしたのだろう」ということでした。日本《にほん》の歴史《れきし》の中《なか》には、すばらしい人物《じんぶつ》がいたし、すばらしい時代《じだい》もあったのに、どうして日本人《にほんじん》はおろかになってしまったのか……そうした思《おも》いから、歴史《れきし》を見《み》るようになったのです。

戦後《せんご》は、新聞社《しんぶんしゃ》で記者《きしゃ》をしながら、小《しょう》説《せつ》を書《か》きはじめました。そして、36歳《さい》のときに『梟《ふくろう》の城《しろ》』で直木賞《なおきしょう》を受賞《じゅしょう》し、『風神《ふうじん》の門《もん》』などの忍者小説《にんじゃしょうせつ》で人気作家《にんきさっか》となりました。

その後《ご》は、坂本龍馬《さかもとりょうま》の一生《いっしょう》を描《えが》いた『竜《りょう》馬《ま》がゆく』をはじめ、歴史上《れきしじょう》の事実《じじつ》をもとに、創作《そうさく》や現代的《げんだいてき》な解釈《かいしゃく》をくわえた新《あたら》しい歴史小説《れきししょうせつ》を書《か》いていきました。私《わたし》の小説《しょうせつ》はフィクション、つまりつくったお話《はなし》で、ほんとうにあった事実《じじつ》とはちょっとちがいます。でも、登場人物《とうじょうじんぶつ》たちは、じっさいも、小説《しょうせつ》の中《なか》と同《おな》じように人《ひと》としての魅力《みりょく》にあふれていたと思《おも》いますよ。

8月7日の偉人

文化

この日《ひ》に生《う》まれた有名人《ゆうめいじん》

カール・リッター（地理学者《ちりがくしゃ》）／ジェルマン・アンリ・ヘス（化学者《かがくしゃ》）
アベベ・ビキラ（マラソン選手《せんしゅ》）／増岡弘《ますおかひろし》（声優《せいゆう》）／ジミー・ウェールズ（ウィキペディア創始者《そうししゃ》）

横綱《よこづな》の中《なか》の横綱《よこづな》

谷風梶之助《たにかぜかじのすけ》

（1750～1795年　日本）

土俵《どひょう》の上《うえ》でわれをたおすことはできない。
たおれているところを見《み》たいなら、
われが風邪《かぜ》をひいたときにこい。

われは、江戸時代《えどじだい》の大横綱《だいよこづな》、つまりすもうとりだ。

われは、すもうの長《なが》い歴史《れきし》の中《なか》でも、すぐれた力士《りきし》のひとりと評価《ひょうか》されるほどでな。とくに強《つよ》さでいったら、すもう史《し》上《じょう》、雷電《らいでん》とわれで、1位《い》2位《い》をあらそっている。雷電《らいでん》というのは、われの弟子《でし》で、史上最強《しじょうさいきょう》のすもうとりとして有名《ゆうめい》だ。あまりに強《つよ》いから、日本軍《にほんぐん》の戦闘機《せんとうき》の名前《なまえ》にもなっているのだぞ。

われは小《ちい》さいころから、力《ちから》もちだった。7歳《さい》のときには、75キログラムの米《こめ》が入《はい》った俵《たわら》をもちあげることができたほどだ。その力《ちから》もちぶりがみとめられて、力士《りきし》になった。力士《りきし》になってからの成績《せいせき》は、幕《まく》内《うち》44場所《ばしょ》で、258勝《しょう》14敗《はい》36分《わけ》だ。それに、なんと63連勝《れんしょう》という記録《きろく》も残《のこ》しておる。この記録《きろく》は150年間《ねんかん》やぶられなかった。それに、連勝《れんしょう》は63でストップしてしまったが、1回負《かいま》けただけで、そのあとまた43連勝《れんしょう》したのだぞ。このひとつの負《ま》けをめぐって、落語《らくご》までできた。落語《らくご》の中《なか》で、われは、重《おも》い病気《びょうき》の母親《ははおや》をかかえた力士《りきし》のために、わざと勝負《しょうぶ》に負《ま》けてやるのだ。もちろんこれはつくり話《ばなし》だが、そんな落語《らくご》ができるほど、われの人気《にんき》はすごかったのだ。「谷風《たにかぜ》の前《まえ》に谷《たに》風《かぜ》なく、谷風《たにかぜ》のあとに谷風《たにかぜ》なし」といわれたものだよ。

強《つよ》いからというだけで人気《にんき》があったわけではない。親思《おやおも》いの力士《りきし》のためにわざと負《ま》けてやるというような落語《らくご》がつくられるほど、われの人柄《ひとがら》は評判《ひょうばん》だった。だから、横綱《よこづな》の中《なか》の横綱《よこづな》といわれたし、今《いま》でも横綱《よこづな》の手本《てほん》になっているのだ。

たしかに、われは、身長《しんちょう》189センチメートル、体重《たいじゅう》169キログラムという体格《たいかく》を生《い》かして、圧倒的《あっとうてき》な強《つよ》さを見《み》せつけてやった。でも、ほんとうの強《つよ》さとは、力《ちから》や体《からだ》だけのものではない。心《こころ》の強《つよ》さや大《おお》きさもともなわないと、ほんとうに強《つよ》いとはいえないのだよ。

8月
8日
の偉人

スポーツ

この日《ひ》に生《う》まれた有名人《ゆうめいじん》

新渡戸稲造《にとべいなぞう》（農学者《のうがくしゃ》・教育者《きょういくしゃ》）／ダスティン・ホフマン（俳優《はいゆう》）
ナイジェル・マンセル（F1ドライバー）／天海祐希《あまみゆうき》（女優《じょゆう》）／東野幸治《ひがしのこうじ》（お笑《わら》い芸人《げいにん》）

化学《かがく》の重要《じゅうよう》な法則《ほうそく》を発見《はっけん》した法律家《ほうりつか》

アメデオ・アボガドロ

（1776～1856年　イタリア）

同《おな》じ温度《おんど》、圧力《あつりょく》、体積《たいせき》の気体《きたい》には、すべて同《おな》じ数《かず》の分子《ぶんし》がある。

私《わたし》は、今《いま》から240年《ねん》くらい前《まえ》に、イタリアのトリノの貴族《きぞく》の家《いえ》に生《う》まれました。父《ちち》が法律家《ほうりつか》だったので、私《わたし》も最初《さいしょ》は法律《ほうりつ》を学《まな》び、弁護士《べんごし》になりましたが、24歳《さい》のころから数学《すうがく》と物理学《ぶつりがく》に興味《きょうみ》をもつようになったのです。弁護士《べんごし》をするかたわら、ひとりで勉強《べんきょう》するようになり、電気工学《でんきこうがく》の論文《ろんぶん》を書《か》いて、学会《がっかい》で発表《はっぴょう》するまでになりました。そして、32歳《さい》のとき、ついに物理学《ぶつりがく》の大学教授《だいがくきょうじゅ》となったのです。

思《おも》う存分《ぞんぶん》、研究《けんきゅう》ができるようになった私《わたし》は、熱心《ねっしん》に物理《ぶつり》の問題《もんだい》にとりくみました。そして、「同《おな》じ温度《おんど》、同《おな》じ圧力《あつりょく》、同《おな》じ体積《たいせき》のすべての気体《きたい》は、同《おな》じ数《かず》の分子《ぶんし》をもつ」という法則《ほうそく》をみちびきだし、論《ろん》文《ぶん》に書《か》きました。これがのちに「アボガドロの法則《ほうそく》」とよばれるものです。

私《わたし》はこの論文《ろんぶん》をフランスの学会《がっかい》に送《おく》ったのですが、まったく相手《あいて》にしてもらえませんでした。私《わたし》はけっきょく、死《し》ぬまで無名《むめい》のまま、研究《けんきゅう》をつづけたのです。

私《わたし》が発見《はっけん》したこの法則《ほうそく》が正《ただ》しく理解《りかい》され、学者《がくしゃ》のあいだでみとめられるようになったのは、1860年《ねん》の国際科学者会議《こくさいかがくしゃかいぎ》でした。私《わたし》がこの世《よ》を去《さ》ってから、4年《ねん》の月日《つきひ》がたっていました。私《わたし》が外国人《がいこくじん》で、しかも無名《むめい》だったから、論文《ろんぶん》をまともにとりあってもらえなかったのかもしれませんが、新《あたら》しい発見《はっけん》が世《よ》の中《なか》にみとめられるには時間《じかん》がかかるものなのでしょう。

私《わたし》はさらに、水素《すいそ》や、酸素《さんそ》、窒素《ちっそ》などの気体《きたい》は分子《ぶんし》というものからできていて、その分子《ぶんし》は2個《こ》の原子《げんし》からつくられていることも明《あき》らかにしたんですよ。みなさんには、まだむずかしいかもしれませんね。でも、化学《かがく》の授業《じゅぎょう》をうけるようになると、私《わたし》の発見《はっけん》した法則《ほうそく》は、いちばん最《さい》初《しょ》に勉強《べんきょう》するはずです。この法則《ほうそく》は、それだけだいじで、化学《かがく》の基礎《きそ》をなすものなのです。

8月 9日の偉人

科学

この日《ひ》に生《う》まれた有名人《ゆうめいじん》

源《みなもとのさねとも》　実朝（第《だい》3代鎌倉幕府将軍《だいかまくらばくふしょうぐん》）／トーベ・ヤンソン（児童文学作家《じどうぶんがくさっか》）
黒柳徹子《くろやなぎてつこ》（タレント）／池上彰《いけがみあきら》（ジャーナリスト）／ホイットニー・ヒューストン（歌手《かしゅ》）

新政府《しんせいふ》を引《ひ》っぱった明治維新《めいじいしん》の3傑《けつ》

大久保利通《おおくぼとしみち》

（1830～1878年　日本）

かれはかれ、われはわれでいこうよ。

私《わたし》は、江戸時代《えどじだい》の終《お》わりに、薩摩藩《さつまはん》（今《いま》の鹿児島県《かごしまけん》）に生《う》まれた藩士《はんし》だ。

江戸幕府《えどばくふ》がもう力《ちから》を失《うしな》って、ろくな政治《せいじ》ができなくなったとき、私《わたし》は、同《おな》じ薩摩藩出身《さつまはんしゅっしん》の西郷隆盛《さいごうたかもり》とともに、長州藩《ちょうしゅうはん》（今《いま》の山口県《やまぐちけん》）の木戸孝允《きどたかよし》と同盟《どうめい》をむすび、幕府《ばくふ》をたおした。そして、明治《めいじ》という新《あたら》しい時代《じだい》をつくったのだ。私《わたし》たち3人《にん》は「情《じょう》の西郷《さいごう》」「意《い》の大久保《おおくぼ》」「知《ち》の木戸《きど》」と、明治維新《めいじいしん》の3傑《けつ》とよばれたものだ。ほかのふたりがいたからこそ、私《わたし》も自分《じぶん》の能力《のうりょく》をじゅうぶんに発揮《はっき》することができたのだろう。

明治新政府《めいじしんせいふ》ができてからは、リーダーとして新政府《しんせいふ》の中心《ちゅうしん》となり、外国《がいこく》に対抗《たいこう》できるだけの強《つよ》い国《くに》をつくりあげようと必死《ひっし》だった。だが、西郷《さいごう》が板垣退助《いたがきたいすけ》たちといっしょになって、日本《にほん》の新政府《しんせいふ》と国交《こっこう》をむすぶことを拒否《きょひ》していた朝鮮《ちょうせん》を武力《ぶりょく》で開国《かいこく》させようといいだして、私《わたし》たちは意見《いけん》が対立《たいりつ》。私《わたし》は西郷《さいごう》たちを政府《せいふ》から追《お》いだすことになってしまった。その後《ご》、西郷《さいごう》は九州《きゅうしゅう》で政府《せいふ》に対《たい》して反乱《はんらん》をおこし、けっきょく政府軍《せいふぐん》に負《ま》け、自決《じけつ》する。西郷《さいごう》が死《し》んだという知《し》らせをきいたとき、私《わたし》は涙《なみだ》を止《と》めることができなかった。私《わたし》は西郷《さいごう》の分《ぶん》も、日本《にほん》を、外国《がいこく》に負《ま》けない強《つよ》い国《くに》にしなければいけないと、ちかったのだ。

私《わたし》は、内務省《ないむしょう》というものをつくり、その長《ちょう》になった。政府《せいふ》でいちばん大《おお》きな権力《けんりょく》をにぎったのだ。そして、「富国強兵《ふこくきょうへい》」をスローガンにして、外国《がいこく》の新《あたら》しい技術《ぎじゅつ》をとりいれて産業《さんぎょう》を発展《はってん》させる政治《せいじ》をおこなった。公共事業《こうきょうじぎょう》もたくさんおこなった。費用《ひよう》が足《た》りなくなったときは、自分《じぶん》の財産《ざいさん》をなげうって、お金《かね》を出《だ》した。それでも足《た》りなくなると、個人《こじん》で借金《しゃっきん》をした。私《わたし》はこのあと、私《わたし》の政治《せいじ》が気《き》に入《い》らない元武士《もとぶし》たちに暗殺《あんさつ》されてしまうのだが、そのとき、残《のこ》っていた借金《しゃっきん》は8000円《えん》（今《いま》のお金《かね》の価値《かち》にすると、10億円《おくえん》ぐらい）だった。私《わたし》はそれだけ、本気《ほんき》でこの国《くに》のことを考《かんが》えていたんだ。

8月
10日
の偉人《いじん》

政治

この日《ひ》に生《う》まれた有名人《ゆうめいじん》

ハーバート・フーヴァー（第《だい》31代《だい》アメリカ大統領《だいとうりょう》）／角野卓造《かどのたくぞう》（俳優《はいゆう》）
三國清三《みくにきよみ》（料理人《りょうりにん》）／北澤豪《きたざわつよし》（サッカー選手《せんしゅ》）／速水《はやみ》もこみち（俳優《はいゆう》）

世界《せかい》に誇《ほこ》れる平和憲法《へいわけんぽう》を考《かんが》えた

幣原喜重郎《しではらきじゅうろう》

（1872〜1951年　日本）

世界《せかい》の共通《きょうつう》の敵《てき》は戦争《せんそう》それ自体《じたい》である。
文明《ぶんめい》と戦争《せんそう》はけっきょく、両立《りょうりつ》しえないものである。

1922年《ねん》、第《だい》1次世界大戦《じせかいたいせん》が終《お》わったあと、アメリカのワシントンで、そのあとの世界《せかい》の政治《せいじ》をどうするか話《はな》しあう会議《かいぎ》がひらかれ、日本《にほん》からも数名《すうめい》、参加《さんか》した。その中《なか》のひとりが、外務次官《がいむじかん》をしていた僕《ぼく》だ。そのとき決《き》まっただいじなことのひとつが、「中国《ちゅうごく》の権利《けんり》をおかさない」ということだった。

僕《ぼく》の考《かんが》えも、「どんな理由《りゆう》があろうとも、日本《にほん》やほかの国々《くにぐに》が中国《ちゅうごく》の国内《こくない》の問題《もんだい》にかかわることはさけるべきであり、中国《ちゅうごく》の成長《せいちょう》を見守《みまも》ることが必要《ひつよう》だ」というものだった。だから、その後《ご》、外務大臣《がいむだいじん》になったときも、僕《ぼく》はその考《かんが》えを守《まも》りとおした。でも、国内《こくない》からは「軟弱外交《なんじゃくがいこう》」と非難《ひなん》をうけ、軍《ぐん》からも攻撃《こうげき》され、けっきょくうまくいかなかった。僕《ぼく》が外務大臣《がいむだいじん》をやめたあと、軍《ぐん》は外交《がいこう》にまで口《くち》を出《だ》し、日本《にほん》は戦争《せんそう》へ突入《とつにゅう》していくことになったんだ。

戦争《せんそう》に負《ま》けたあと、僕《ぼく》は、たのまれて首相《しゅしょう》となった。そのとき、「戦争放棄《せんそうほうき》」を組《く》みこんだ憲法案《けんぽうあん》をつくって、提案《ていあん》したんだ。軍隊《ぐんたい》のない丸裸《まるはだか》のところへ敵《てき》が攻《せ》めてきたら、どうするんだという批判《ひはん》はもちろんあった。でもね、よく考《かんが》えてごらん。核兵器《かくへいき》というものがある今《いま》、つぎに大《おお》きな戦争《せんそう》がおこったら、小《ちい》さな国《くに》などあっというまにつぶされてしまうだろう。世界《せかい》は真剣《しんけん》に戦争《せんそう》をやめることを考《かんが》えなければいけない。そして戦争《せんそう》をやめるには武器《ぶき》をもたないことがいちばんの保証《ほしょう》になるんだ。非武装宣言《ひぶそうせんげん》が狂気《きょうき》の沙汰《さた》だというなら、すばらしい狂人《きょうじん》だと思《おも》うよ。日本《にほん》が世界史《せかいし》の扉《とびら》をひらく狂人《きょうじん》の役割《やくわり》をはたしてやるのだ——僕《ぼく》はそう信《しん》じて、憲法案《けんぽうあん》を提出《ていしゅつ》した。

僕《ぼく》を決心《けっしん》させたものは僕《ぼく》の一生《いっしょう》のさまざまな体験《たいけん》ではなかったかと思《おも》う。なんのために戦争《せんそう》に反対《はんたい》し、なんのために命《いのち》をかけて平和《へいわ》を守《まも》ろうとしてきたのか。今《いま》こそ平和《へいわ》のために立《た》つときだ——だから、僕《ぼく》は批判《ひはん》を覚悟《かくご》で、平和憲法《へいわけんぽう》をおしすすめたのだ。平和憲法《へいわけんぽう》は、世界《せかい》に類《るい》を見《み》ない、すばらしい憲法《けんぽう》なのだよ。

この日《ひ》に生《う》まれた有名人《ゆうめいじん》

吉川英治《よしかわえいじ》（作家《さっか》）／岸恵子《きしけいこ》（女優《じょゆう》）／中尾彬《なかおあきら》（俳優《はいゆう》）
孫正義《そんまさよし》（実業家《じつぎょうか》・ソフトバンク創業者《そうぎょうしゃ》）／槙原寛己《まきはらひろみ》（野球選手《やきゅうせんしゅ》）

量子力学《りょうしりきがく》を大《おお》きく発展《はってん》させてノーベル賞受賞《しょうじゅしょう》

エルヴィン・シュレーディンガー

（1887〜1961年　オーストリア）

だいじなのは、まだ誰《だれ》も見《み》ていないものを見《み》ることではなく、誰《だれ》もが見《み》ているものについて、誰《だれ》も考《かんが》えたことがないことを考《かんが》えることだ。

私《わたし》は、量子力学《りょうしりきがく》の発展《はってん》に力《ちから》をつくしたということで、ノーベル物理学賞《ぶつりがくしょう》を受賞《じゅしょう》しました。量子力学《りょうしりきがく》とは、とてもかんたんにいうと、電子《でんし》や原子《げんし》など、目《め》で見《み》ることができないほど小《ちい》さな物質《ぶっしつ》（量子《りょうし》）について考《かんが》える学問《がくもん》です。

そのようなきわめて小《ちい》さな世界《せかい》では、私《わたし》たちの身《み》のまわりにある物理《ぶつり》の法則《ほうそく》は通用《つうよう》しません。量子《りょうし》特有《とくゆう》のとてもふしぎな法則《ほうそく》にしたがっています。この量子《りょうし》の動《うご》きを数学的《すうがくてき》な式《しき》であらわしたものを、「シュレーディンガーの方程式《ほうていしき》」といいます。私《わたし》が考《かんが》えついたので、私《わたし》の名前《なまえ》がついているのです。

そうそう、私《わたし》の名前《なまえ》がついているものに、「シュレーディンガーの猫《ねこ》」という

おもしろい思考実験《しこうじっけん》があります。思考実《しこうじっ》験《けん》というのは、じっさいに実験《じっけん》するわけではなく、想像《そうぞう》の中《なか》でおこなう実験《じっけん》のことです。「ある箱《はこ》の中《なか》に、1ぴきの猫《ねこ》と、毒《どく》ガスを発生《はっせい》させる装置《そうち》が入《はい》っています。毒《どく》ガスはいろいろな条件《じょうけん》がそろわないと発生《はっせい》しません。その発生確率《はっせいかくりつ》は50％です。毒《どく》ガスが発生《はっせい》したら、もちろん猫《ねこ》は死《し》にます。箱《はこ》をあけてたしかめるまで、毒《どく》ガスが発生《はっせい》して猫《ねこ》が死《し》んだか、それとも毒《どく》ガスは発生《はっせい》しないで猫《ねこ》が生《い》きているかはわかりません。毒《どく》ガスが発生《はっせい》する確率《かくりつ》は50％なので、猫《ねこ》が死《し》んでいる確率《かくりつ》も生《い》きている確率《かくりつ》も50％です。ですから、箱《はこ》をあけるまで、死《し》んだ猫《ねこ》と生《い》きている猫《ねこ》は半々《はんはん》の割合《わりあい》でまざっているわけで、ふたをあけた瞬間《しゅんかん》、どちらかに決《き》まります」――これが実験《じっけん》の内容《ないよう》です。なにをいっているかわからないかもしれませんね。

これは、実験《じっけん》の結果《けっか》は観測《かんそく》することによって決《き》められてしまうという問題《もんだい》（そのとき観測《かんそく》しなかった、別《べつ》の結果《けっか》があるかもしれないという問題《もんだい》）を指摘《してき》した実験《じっけん》なのです。それまでこんなことを考《かんが》えた人《ひと》はいませんでした。私《わたし》はこうしたことを考《かんが》えつづけて、量子力学《りょうしりきがく》を発展《はってん》させていったのです。

8月
12日
の偉人

科学

この日《ひ》に生《う》まれた有名人《ゆうめいじん》

ロバート・サウジー（詩人《しじん》）／淡谷《あわや》のり子《こ》（歌手《かしゅ》）
陣内孝則《じんないたかのり》（俳優《はいゆう》）／吉岡秀隆《よしおかひでたか》（俳優《はいゆう》）／貴乃花光司《たかのはなこうじ》（第《だい》65代横綱《だいよこづな》）

神《かみ》といわれた天才《てんさい》映画監督《えいがかんとく》

アルフレッド・ヒッチコック

（1899〜1980年　イギリス）

映画《えいが》とは、退屈《たいくつ》な部分《ぶぶん》がカットされた人生《じんせい》である。

8月13日の偉人

文化

私《わたし》はイギリスの八百屋《やおや》の家《いえ》に生《う》まれました。ちょっと変《か》わった子《こ》で、ひとりで遊《あそ》ぶのが好《す》きでしたね。時刻表《じこくひょう》を見《み》るのが好《す》きで、イギリスの時刻表《じこくひょう》だったら、暗唱《あんしょう》できるまで読《よ》みこみました。お話《はなし》を考《かんが》えるのも好《す》きでした。短《みじか》いあらすじを書《か》いて、その順番《じゅんばん》をいれかえたりして遊《あそ》んでいました。私《わたし》には、楽《たの》しいゲームだったんです。

学校《がっこう》はあまり好《す》きではありませんでしたが、成績《せいせき》はいいほうでした。でも、14歳《さい》のときに父《ちち》が病気《びょうき》になったので、早《はや》く働《はたら》いてお金《かね》をかせがなくてはいけなくなったのです。私《わたし》は中学《ちゅうがく》をやめ、家《いえ》の仕事《しごと》を手伝《てつだ》いながら、電気工学《でんきこうがく》の学校《がっこう》にかよいました。手《て》に技術《ぎじゅつ》があれば、仕事《しごと》をさがしやすいですからね。

学校《がっこう》を卒業《そつぎょう》したあとは、ケーブル会社《がいしゃ》で働《はたら》きました。でも、私《わたし》は、なにかをつくる仕事《しごと》、表現《ひょうげん》する仕事《しごと》をしたかったので、働《はたら》きながらロンドン大学《だいがく》で絵《え》の勉強《べんきょう》を始《はじ》めました。映画館《えいがかん》にかよいつめて、映画《えいが》もたくさん見《み》ました。そして、社内《しゃない》でくばる雑誌《ざっし》に、短《みじか》いお話《はなし》を書《か》くようにもなりました。物語《ものがたり》は私《わたし》の中《なか》から、どんどんわいてきたのです。

21歳《さい》になったころ、映画会社《えいがかいしゃ》で、映画《えいが》の字幕《じまく》デザインをする仕事《しごと》を見《み》つけました。それから5年《ねん》かけて、脚本家《きゃくほんか》、助監督《じょかんとく》、そして監督《かんとく》にまでのぼりつめていったのです。26歳《さい》ではじめて映画《えいが》を監督《かんとく》すると、つぎからつぎに新作《しんさく》を撮《と》りつづけました。『下宿人《げしゅくにん》』『三十九夜《さんじゅうきゅうや》』『バルカン超特急《ちょうとっきゅう》』……私《わたし》の撮《と》る映画《えいが》は評判《ひょうばん》になり、ついに映画《えいが》の聖地《せいち》ハリウッドから映画《えいが》を撮《と》らないかと声《こえ》がかかったのです。

ハリウッドでの初映画《はつえいが》『レベッカ』はアカデミー最優秀作品賞《さいゆうしゅうさくひんしょう》をとり、その後《ご》もどんどん傑作《けっさく》をつくっていきました。『サイコ』や『鳥《とり》』は、とても有名《ゆうめい》な場面《ばめん》があるので、みなさんも見《み》たことがあるかもしれません。緊張《きんちょう》と恐怖《きょうふ》をだんだんもりあげていくやり方《かた》は、のちの映画《えいが》に大《おお》きな影響《えいきょう》をあたえたのですよ。

この日《ひ》に生《う》まれた有名人《ゆうめいじん》

乾隆帝《けんりゅうてい》（第《だい》6代中国清朝皇帝《こうてい》）／フィデル・カストロ（革命家《かくめいか》）／高橋《たかはし》ジョージ《THE虎舞竜《とらぶりゅう》》（ミュージシャン）／伊藤《いとう》みどり（フィギュアスケート選手《せんしゅ》）／篠原涼子《しのはらりょうこ》（女優《じょゆう》）

野生動物《やせいどうぶつ》の世界《せかい》を世《よ》の中《なか》に紹介《しょうかい》した

アーネスト・トンプソン・シートン

（1860〜1946年　イギリス）

野生動物《やせいどうぶつ》はつねに悲劇的《ひげきてき》な最期《さいご》をむかえる。

みなさんは、私《わたし》の名前《なまえ》がついた『シートン動物記《どうぶつき》』を読《よ》んだことがありますか。私《わたし》は動物《どうぶつ》を研究《けんきゅう》する博物学者《はくぶつがくしゃ》で、動物《どうぶつ》のことを子《こ》どもたちにわかりやすく紹介《しょうかい》した本《ほん》を書《か》きました。

私《わたし》が5歳《さい》になったときに、私《わたし》たち家族《かぞく》は、イギリスから新《あたら》しい土地《とち》カナダにわたり、五大湖《ごだいこ》がある森林地帯《しんりんちたい》に家《いえ》を買《か》って、住《す》みつきました。生活《せいかつ》はけっして楽《らく》なものではありませんでしたが、私《わたし》はそこで育《そだ》つあいだに、美《うつく》しい自然《しぜん》や、森《もり》や山《やま》に生《い》きる動物《どうぶつ》たちとともに、たくましく成長《せいちょう》していきました。

私《わたし》はそのころから博物学者《はくぶつがくしゃ》になりたいと思《おも》っていたのですが、父《ちち》のすすめで、美術《びじゅつ》の学校《がっこう》にいくことになりました。なにしろきびしい父《ちち》だったので、いいつけにそむくことなどできなかったのです。そして、19歳《さい》のときに、ロンドンに絵《え》を勉強《べんきょう》しにいきました。ロンドンでは、大英博物館《だいえいはくぶつかん》にかよいつめました。ここでまた、博物学者《はくぶつがくしゃ》への夢《ゆめ》がよみがえったのです。

その後《ご》、カナダにもどった私《わたし》は、野生動物《やせいどうぶつ》を観察《かんさつ》して記録《きろく》したり、雑誌《ざっし》に動物《どうぶつ》の絵《え》を描《か》いたりしていました。博物学《はくぶつがく》の本《ほん》も出《だ》したのですよ。すると、ある日《ひ》、アメリカの牧場主《ぼくじょうぬし》から、牧場《ぼくじょう》の牛《うし》がオオカミにおそわれて困《こま》っているから知恵《ちえ》をかしてほしいという手紙《てがみ》がとどきました。私《わたし》はさっそく、牧場《ぼくじょう》にいきました。これが、オオカミ王《おう》ロボとの出会《であ》いです。このあと、私《わたし》はロボの話《はなし》をはじめ、今《いま》まで出会《であ》った動物《どうぶつ》の話《はなし》を本《ほん》にしました。それが大人《おとな》からも子《こ》どもからも愛《あい》されるベストセラーとなったのです。

野生動物《やせいどうぶつ》の世界《せかい》は、ふしぎにあふれています。動物《どうぶつ》の世界《せかい》を知《し》れば知《し》るほど、動物《どうぶつ》たちの生《い》きる力《ちから》のすばらしさに感動《かんどう》します。ぜひみなさんも、動物《どうぶつ》の世界《せかい》にふれてみてください。

8月
14日
の偉人

文化

ゴーマン美智子《みちこ》（マラソン選手《せんしゅ》）／桂歌丸《かつらうたまる》（落語家《らくごか》）／杉良太郎《すぎりょうたろう》（俳優《はいゆう》）
マジック・ジョンソン（バスケットボール選手《せんしゅ》）／サラ・ブライトマン（歌手《かしゅ》）

フランスの華麗《かれい》なる皇帝《こうてい》

ナポレオン・ボナパルト

（1769〜1821年　フランス）

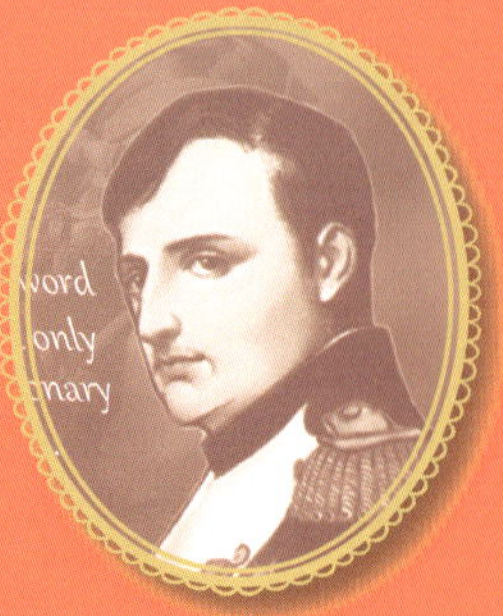

私《わたし》の辞書《じしょ》に不可能《ふかのう》という文字《もじ》はない。

私《わたし》の名《な》を知《し》らない者《もの》はいないだろう。私《わたし》は、フランスの皇帝《こうてい》だ。

私《わたし》はイタリアに近《ちか》いコルシカ島《とう》で生《う》まれた。10歳《さい》のときに島《しま》を出《で》て、フランスの本土《ほんど》にある陸軍《りくぐん》の学校《がっこう》に入《はい》った。その後《ご》、順調《じゅんちょう》に軍《ぐん》の士官学校《しかんがっこう》に進《すす》み、砲兵《ほうへい》を勉強《べんきょう》した。砲兵《ほうへい》というのは、大砲《たいほう》を使《つか》った戦《たたか》い方《かた》だ。フランスの陸軍《りくぐん》といえば、騎兵《きへい》。馬《うま》に乗《の》って戦《たたか》うのが伝統《でんとう》で、人気《にんき》も高《たか》かった。が、私《わたし》は騎兵《きへい》は選《えら》ばなかった。これからは騎兵《きへい》の戦《たたか》い方《かた》では通用《つうよう》しないとわかっていたからさ。

ふつうなら4年《ねん》かかる学校《がっこう》を11か月《がつ》で卒業《そつぎょう》し、私《わたし》はめでたくフランス軍《ぐん》の砲兵《ほうへい》隊《たい》に入《はい》った。それからしばらくして、フランス革命《かくめい》がおこったのだ。私《わたし》は革命《かくめい》をさまたげようとしたイギリスの軍隊《ぐんたい》をやぶり、25歳《さい》で少将《しょうしょう》となった。さらに、イタリア遠征《えんせい》、エジプト遠征《えんせい》と、つぎつぎに勝利《しょうり》をおさめ、地位《ちい》をどんどんあげていった。そして、ついにはフランス皇帝《こうてい》となったのだ。

皇帝《こうてい》になると、フランス革命《かくめい》の改革《かいかく》をうけついで、フランス民法《みんぽう》（ナポレオン法典《ほうてん》）をつくったり、産業《さんぎょう》の発展《はってん》に力《ちから》をそそいだり、学校《がっこう》の制度《せいど》をあらためたりと、国《くに》のルールをいろいろ変《か》えていった。とくにナポレオン法典《ほうてん》は、「すべての人《ひと》は法《ほう》の前《まえ》では平等《びょうどう》であること」「政府《せいふ》は特定《とくてい》の宗教《しゅうきょう》の権力《けんりょく》に支配《しはい》されないこと」「宗教《しゅうきょう》は自由《じゆう》に信《しん》じられること」「経済活動《けいざいかつどう》は自由《じゆう》におこなえること」など、新《あたら》しい価値観《かちかん》をとりいれていて、そのあとの法《ほう》に大《おお》きな影響《えいきょう》をあたえたのだ。

私《わたし》の活躍《かつやく》はすさまじかった。だが、成功《せいこう》は長《なが》つづきしなかった。私《わたし》はその後《ご》つぎつぎと戦《たたか》いに負《ま》けて、最後《さいご》には皇帝《こうてい》の地位《ちい》をうばわれることになる。だが、私《わたし》はまわりの国《くに》からフランスと、フランス革命《かくめい》がだいじにしていた考《かんが》えを守《まも》りぬくことができたのだよ。

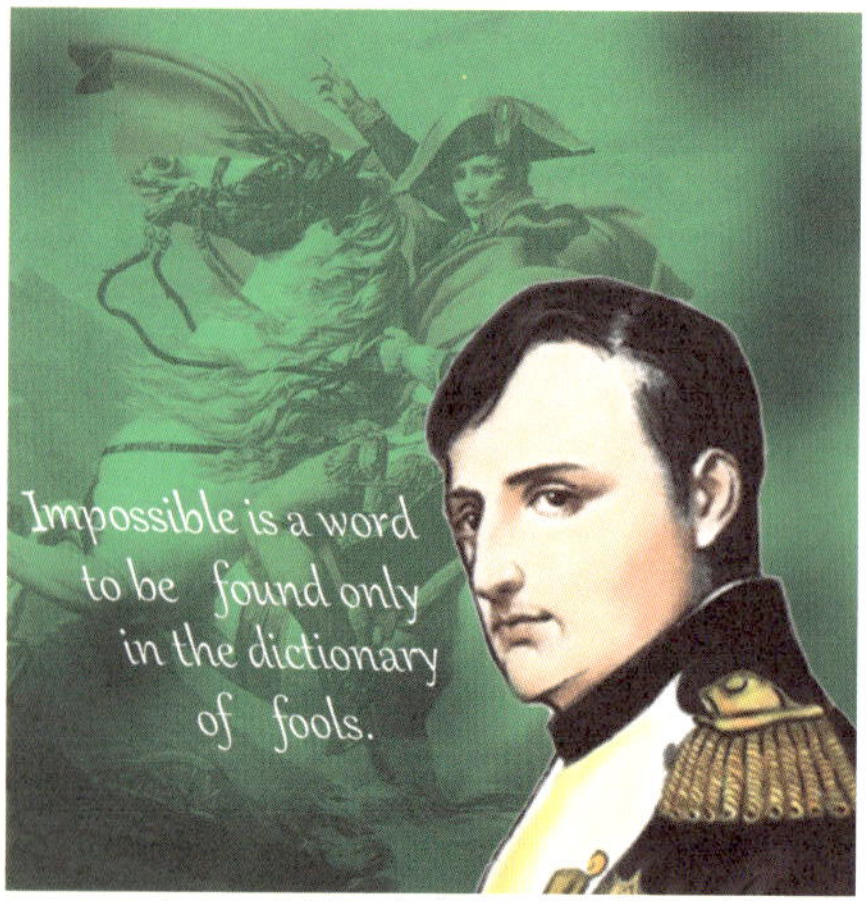

8月

15日

の偉人

政治

この日《ひ》に生《う》まれた有名人《ゆうめいじん》

オーロビンド・ゴーシュ（インドの反英独立運動家《はんえいどくりつうんどうか》）／レフ・テルミン（物理学者《ぶつりがくしゃ》）
アン王女《おうじょ》（イギリス王女《おうじょ》）／川口能活《かわぐちよしかつ》（サッカー選手《せんしゅ》）／岡田将生《おかだまさき》（俳優《はいゆう》）

人《ひと》の生《い》きる道《みち》を考《かんが》え、教《おし》えた

山鹿素行《やまがそこう》

（1622～1685年　日本）

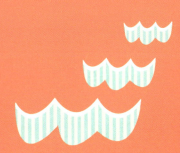

天地《てんち》や、この世《よ》にあるすべてのものが師《し》である。

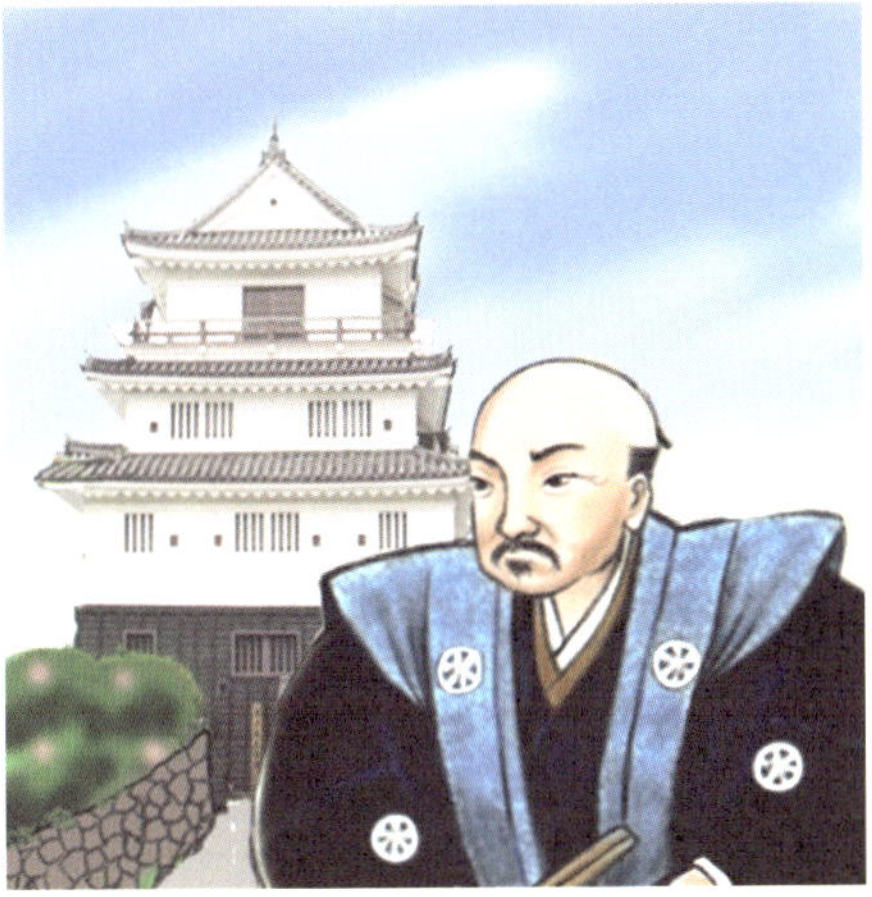

私《わたし》は、江戸《えど》のはじめに、会津《あいづ》で生《う》まれました。6歳《さい》で父《ちち》といっしょに江戸《えど》に出《で》て、9歳《さい》のときから朱子学《しゅしがく》を、15歳《さい》から兵学《へいがく》を学《まな》びました。さらに神道《しんとう》、歌学《かがく》、老子《ろうし》の教《おし》えや荘子《そうし》の教《おし》え、仏教学《ぶっきょうがく》などについても学《まな》びました。ほとんどすべての学問《がくもん》を学《まな》んだといってもいいでしょう。

さまざまなことを勉強《べんきょう》したあと、私《わたし》は、そのとき幕府《ばくふ》がすすめていた朱子学《しゅしがく》という学問《がくもん》に疑問《ぎもん》をもちました。そのときの朱子学《しゅしがく》は、ただ知識《ちしき》をふやすためだけの教育《きょういく》をしていたのです。学問《がくもん》のための学《がく》問《もん》といえばいいでしょうか。私《わたし》は朱子学《しゅしがく》を批判《ひはん》しました。するとそれを怒《おこ》った幕《ばく》府《ふ》は、罰《ばつ》として私《わたし》を赤穂《あこう》（今《いま》の兵庫県《ひょうごけん》）の浅野家《あさのけ》にとじこめたのです。

しかし、浅野家《あさのけ》では、私《わたし》を師《し》として、もてなしてくれました。私《わたし》は赤穂藩《あこうはん》の人々《ひとびと》に、山鹿流《やまがりゅう》という、私《わたし》の考《かんが》えた兵学《へいがく》を教《おし》えました。みなさんは『忠臣蔵《ちゅうしんぐら》』というお話《はなし》を知《し》っていますか？　赤穂《あこう》の浅《あさ》野家《のけ》の家臣《かしん》たちが殿《との》さまの仇《かたき》うちをする話《はなし》です。あの仇《かたき》うちでリーダーをしていた大石内蔵助《おおいしくらのすけ》は、私《わたし》の弟子《でし》でした。

その後《ご》、私《わたし》は幕府《ばくふ》にゆるされて江戸《えど》に帰《かえ》り、自分《じぶん》の考《かんが》えた学問《がくもん》を教《おし》えました。武士《ぶし》のあるべき姿《すがた》「士道《しどう》」を考《かんが》え、武士《ぶし》社会《しゃかい》に大《おお》きな影響《えいきょう》をあたえました。幕末《ばくまつ》に活躍《かつやく》した吉田松陰《よしだしょういん》も山鹿流《やまがりゅう》を学《まな》んでいたのですよ。

私《わたし》は、学校《がっこう》とはただ読《よ》み書《か》きを習《なら》うところではなく、人《ひと》としての道《みち》を教《おし》え、人《にん》間《げん》をつくるところであると考《かんが》えていました。そして、学問《がくもん》は、学校《がっこう》だけでするものでもないと考《かんが》えていました。天地《てんち》をはじめ、この世《よ》にあるすべてのものが先生《せんせい》なのです。テストでいい点数《てんすう》をとることだけが勉強《べんきょう》ではないのです。みなさんも、学校《がっこう》で、家《いえ》で、公園《こうえん》で、街《まち》で、あらゆるところで、いろいろなことを学《まな》んでくださいね。

8月
16日
の偉人

思想

この日《ひ》に生《う》まれた有名人《ゆうめいじん》

ヴィルヘルム・ヴント（生理学者《せいりがくしゃ》・心理学者《しんりがくしゃ》）／菅原文太《すがわらぶんた》（俳優《はいゆう》）
ジェームズ・キャメロン（映画監督《えいがかんとく》）／マドンナ（歌手《かしゅ》）／ダルビッシュ有《ゆう》（野球選手《やきゅうせんしゅ》）

数学界最大《すうがくかいさいだい》の謎《なぞ》を生《う》みだした

ピエール・ド・フェルマー

（1601～1665年　フランス）

この定理《ていり》についてすばらしい証明《しょうめい》を発見《はっけん》したが、この余白《よはく》はせますぎて証明《しょうめい》を書《か》ききれない。

私《わたし》は、フランスの地方議会《ちほうぎかい》につとめる役人《やくにん》で、平穏《へいおん》な人生《じんせい》を送《おく》りました。仕事《しごと》でなにかをなしとげたわけではありません。ただ、私《わたし》は趣味《しゅみ》で数学《すうがく》の研究《けんきゅう》をしていました。専門家《せんもんか》としてではなく、しろうととして、いろいろな数学《すうがく》の問題《もんだい》を解《と》いていくのが楽《たの》しかったのです。

ですから、研究結果《けんきゅうけっか》は、手紙《てがみ》で友人《ゆうじん》に伝《つた》えたり、読《よ》んだ本《ほん》の中《なか》に書《か》きこんだりするだけで、発表《はっぴょう》はしませんでした。私《わたし》が考《かんが》えた理論《りろん》や数式《すうしき》が世《よ》の中《なか》の人《ひと》に知《し》られたのは、私《わたし》が死《し》んだあと、息子《むすこ》が私《わたし》のメモを出版《しゅっぱん》したからです。

それからのち、多《おお》くの人《ひと》が私《わたし》のことを評価《ひょうか》して、「17世紀最大《せいきさいだい》の数学者《すうがくしゃ》」とまでいってくれたそうです。

私《わたし》の名前《なまえ》がそれほど有名《ゆうめい》になったのは、「フェルマーの定理《ていり》」のせいだと思《おも》います。これは私《わたし》が愛読《あいどく》していた『算術《さんじゅつ》』という本《ほん》のあいたところに、書《か》きこんだものです。この本《ほん》に、私《わたし》は48個《こ》の問題《もんだい》・定《てい》理《り》を書《か》きこんでいました。この「フェルマーの定理《ていり》」は2番《ばん》目《め》の書《か》きこみでした。ほかの47個《こ》は、のちの研究者《けんきゅうしゃ》が証明《しょうめい》したり、解《と》いたりしたのですが、これだけは長《なが》いあいだ証明《しょうめい》できないでいたのです。

フェルマーの定理《ていり》とは、「$x^n+y^n=z^n$という数式《すうしき》で、nが3以上《いじょう》の数《かず》のとき、x、y、zにあてはまる整数《せいすう》はない」というものです。私《わたし》はこの問題《もんだい》の横《よこ》に、上《うえ》に出《で》ていることばを書《か》きつけていました。私《わたし》が証明《しょうめい》を発見《はっけん》したと書《か》き残《のこ》しているのに、誰《だれ》もそれを見《み》つけることができなかったのです。この定理《ていり》を証明《しょうめい》できたのは、1995年《ねん》。証明《しょうめい》したイギリスの数学《すうがく》者《しゃ》アンドリュー・ワイルズさんは、10歳《さい》のときにこの定理《ていり》のことを知《し》って、数学《すうがく》の道《みち》に進《すす》む決心《けっしん》をしたそうです。

専門家《せんもんか》でもない人間《にんげん》が考《かんが》えた問題《もんだい》が、360年《ねん》ものあいだ、数学界《すうがくかい》の謎《なぞ》になっていたなんて、おもしろいと思《おも》いませんか。数学《すうがく》の世界《せかい》はほんとうに興味深《きょうみぶか》いのですよ。

8月17日の偉人

科学

この日《ひ》に生《う》まれた有名人《ゆうめいじん》

江沢民《こうたくみん》（第《だい》5代《だい》中華人民共和国国家主席《ちゅうかじんみんきょうわこくこっかしゅせき》）／ロバート・デ・ニーロ（俳優《はいゆう》）
笠谷幸生《かさやゆきお》（スキージャンプ選手《せんしゅ》）／蒼井優《あおいゆう》（女優《じょゆう》）／戸田恵梨香《とだえりか》（女優《じょゆう》）

人々《ひとびと》のことを考《かんが》えつづけた天台宗《てんだいしゅう》の開祖《かいそ》

最澄《さいちょう》

（767〜822年　日本）

ほんのかたすみでも照《て》らそうと努力《どりょく》する人《ひと》こそ、国《くに》の宝《たから》である。

私《わたし》は、近江国《おうみのくに》（今《いま》の滋賀県《しがけん》）に生《う》まれ、12歳《さい》のときに、人々《ひとびと》を救《すく》う仏《ほとけ》の道《みち》に入《はい》りました。しかし、当時《とうじ》の仏教《ぶっきょう》の世界《せかい》は、出世《しゅっせ》したい人《ひと》たち同士《どうし》のあらそいがあり、欲《よく》におかされた人《ひと》が多《おお》く、私《わたし》のめざすものとちがっていました。

そこで、私《わたし》は19歳《さい》のとき、ふるさとに近《ちか》い比叡山《ひえいざん》にこもり、仏《ほとけ》をこの身《み》に感《かん》じるまで修行《しゅぎょう》をつもうとちかったのです。私《わたし》は、17年《ねん》ものあいだ、修行《しゅぎょう》をつづけました。その後《ご》、34歳《さい》のとき、桓武天皇《かんむてんのう》から、中国《ちゅうごく》にわたって仏教《ぶっきょう》を学《まな》んでいらっしゃいという命令《めいれい》がくだり、私《わたし》は中国《ちゅうごく》にむかいます。そして、天台山《てんだいさん》というところで、仏《ほとけ》の道《みち》を学《まな》んだのです。

帰国後《きこくご》は、中国《ちゅうごく》で学《まな》んだ天台宗《てんだいしゅう》という教《おし》えを人々《ひとびと》に伝《つた》えました。「人間《にんげん》は誰《だれ》でも仏《ほとけ》になることができる」という教《おし》えです。私《わたし》はまた、それまでのお坊《ぼう》さんが都《みやこ》の中《なか》の寺《てら》に住《す》み、じゅうぶんな修行《しゅぎょう》をしていないのもよくないと思《おも》っていました。ですから比叡山《ひえいざん》の山中《さんちゅう》に延暦寺《えんりゃくじ》をたて、修行《しゅぎょう》の場所《ばしょ》にしました。

私《わたし》はこの寺《てら》にこもり、弟子《でし》たちに、お坊《ぼう》さんは人々《ひとびと》の手本《てほん》になり、人々《ひとびと》のためにつくさねばならないと教《おし》えました。そのためには、一心《いっしん》に学問《がくもん》にはげみ、修行《しゅぎょう》をつまねばならないと教《おし》えたのです。

私《わたし》は亡《な》くなるまぎわも、「わがために仏《ほとけ》をつくることなかれ、わがために経《きょう》を写《うつ》すことなかれ、わが志《こころざし》をのべよ」と弟子《でし》たちにいい残《のこ》しました。私《わたし》がこの世《よ》を去《さ》っても、それをおしむのではなく、私《わたし》の思《おも》いをついでほしいと願《ねが》ったのです。

私《わたし》が息《いき》を引《ひ》きとったとき、比叡山《ひえいざん》には暗雲《あんうん》がたれこみ、あやしい光《ひかり》が谷《たに》を照《て》らし、動物《どうぶつ》たちが悲《かな》しみの声《こえ》をあげ、草木《くさき》がことごとく枯《か》れたといい伝《つた》えられているのですよ。

8月18日の偉人

思想

この日《ひ》に生《う》まれた有名人《ゆうめいじん》

アントニオ・サリエリ（作曲家《さっきょくか》）／ロバート・レッドフォード（俳優《はいゆう》）
吉川晃司《きっかわこうじ》（ミュージシャン）／中居正広《なかいまさひろ》《SMAP》（タレント）／成海璃子《なるみりこ》（女優《じょゆう》）

世界《せかい》でいちばん有名《ゆうめい》なブランドをつくった

ココ・シャネル

（1883〜1971年　フランス）

私《わたし》の人生《じんせい》は楽《たの》しくなかった。
だから、私《わたし》は自分《じぶん》の人生《じんせい》を創造《そうぞう》したの。

　私《わたし》はフランスのいなか町《まち》で、まずしい両親《りょうしん》のもとに生《う》まれたわ。12歳《さい》のころ母《はは》親《おや》を亡《な》くし、父親《ちちおや》にすてられて、修道院《しゅうどういん》の孤児院《こじいん》で育《そだ》ったの。そこで、お針子《はりこ》の仕事《しごと》をするようになった。お針子《はりこ》なんて、みなさんは知《し》らないかしら。お針子《はりこ》というのは、洋服《ようふく》などを縫《ぬ》ってつくる人《ひと》のこと。私《わたし》はこのとき、洋服《ようふく》を縫《ぬ》う技術《ぎじゅつ》や、デザインなどを自然《しぜん》と学《まな》んだの。

　私《わたし》はほんとうは歌手《かしゅ》になりたかった。だから、18歳《さい》のころから、お針子《はりこ》の仕事《しごと》をするかたわら、酒場《さかば》の舞台《ぶたい》で歌《うた》ったりしていたわ。でも、歌手《かしゅ》としてはぱっとしなかった。ちょうどそのころ、恋人《こいびと》だったとてもお金持《かねも》ちの将校《しょうこう》にさそわれて、かれの大邸宅《だいていたく》でくらすことになったの。大邸宅《だいていたく》には、上流階級《じょうりゅうかいきゅう》の人《ひと》たちがたくさん遊《あそ》びにきて、私《わたし》もその人《ひと》たちと話《はなし》をしたり、遊《あそ》ぶようになったわ。そして、ひまつぶしに帽子《ぼうし》をデザインしてつくってみたら、とても評判《ひょうばん》になってね。当時《とうじ》、上流階級《じょうりゅうかいきゅう》の女性《じょせい》がかぶっていた帽子《ぼうし》は、大《おお》きくて、大《おお》げさなかざりがついたものばかり。私《わたし》はかぶりやすく、シンプルでおしゃれなデザインの帽子《ぼうし》をつくったの。

　そうして、私《わたし》はパリで帽子屋《ぼうしや》をオープンしたのよ。その後《ご》、帽子《ぼうし》だけでなく、洋服《ようふく》やアクセサリー、香水《こうすい》までつくるようになったわ。私《わたし》が求《もと》めたのは、女性《じょせい》が活動的《かつどうてき》で美《うつく》しくあるためのファッションだった。「どうして女《おんな》はきゅうくつな服《ふく》装《そう》をしなければいけないの？」という疑《ぎ》問《もん》が、私《わたし》のデザインの原点《げんてん》なのよ。

　その後《ご》、ウエストをぎゅうぎゅうにしめつけて、高《たか》いヒールをはくようなスタイルがはやったときは、ほんとうに頭《あたま》にきたわ。だから、エレガントだけれどシンプルで動《うご》きやすいデザインの「シャネル・スーツ」を発表《はっぴょう》したら、大《だい》ブームになったというわけ。

　今《いま》は、シャネルといえば高価《こうか》なブランドというイメージが強《つよ》いけれど、私《わたし》は別《べつ》に高《たか》い服《ふく》をつくりたかったわけじゃない。私《わたし》が服《ふく》にこめた女性《じょせい》の自由《じゆう》と自立《じりつ》の精神《せいしん》もきちんとみとめてほしいものだわ。

8月19日の偉人

文化

この日《ひ》に生《う》まれた有名人《ゆうめいじん》

オービル・ライト（ライト兄弟《きょうだい》の弟《おとうと》）／降旗康男《ふるはたやすお》（映画監督《えいがかんとく》）／9代目松本幸四郎《だいめまつもとこうしろう》（歌舞伎役者《かぶきやくしゃ》）
ビル・クリントン（第《だい》42代《だい》アメリカ大統領《だいとうりょう》）／立浪和義《たつなみかずよし》（野球選手《やきゅうせんしゅ》）

幕末一《ばくまついち》の熱血漢《ねっけつかん》

高杉晋作《たかすぎしんさく》

（1839～1867年　日本）

おもしろきこともなき世《よ》をおもしろく。

おれは、江戸時代《えどじだい》の終《お》わりに長州藩《ちょうしゅうはん》（今《いま》の山口県《やまぐちけん》）に生《う》まれた。17歳《さい》のときに、吉田松陰先生《よしだしょういんせんせい》の松下村塾《しょうかそんじゅく》に入門《にゅうもん》し、多《おお》くのことを教《おそ》わった。教《おそ》わっただけでなく、政治《せいじ》のこと、これから日本《にほん》が進《すす》むべき道《みち》について、先生《せんせい》や仲間《なかま》と熱《あつ》く議論《ぎろん》したものだ。

その後《ご》、藩《はん》の命令《めいれい》で清《しん》（中国《ちゅうごく》）の上海《しゃんはい》へわたり、アヘン戦争《せんそう》でイギリスに負《ま》けた清《しん》の悲惨《ひさん》な姿《すがた》を見《み》たのだ。おれは、今《いま》のままでは日本《にほん》もあぶない、外国《がいこく》にいいようにされてしまうと強《つよ》く思《おも》った。だから、日本《にほん》に帰《かえ》り、開国《かいこく》を進《すす》めようとしていた幕府《ばくふ》をたおすために動《うご》きはじめたんだ。

おれはまず、江戸《えど》でイギリス公使《こうし》の館《やかた》を焼《や》きうちにしてやった。今《いま》でいえば、大使館《たいしかん》のようなものだな。だが、藩《はん》から過激《かげき》な行為《こうい》をいさめられて、長州《ちょうしゅう》によびもどされてしまった。もどったころ、ちょうど長州藩《ちょうしゅうはん》と、長州《ちょうしゅう》の沖《おき》をいく外国船《がいこくせん》とのあいだに戦《たたか》いがおこったんだ（長州藩《ちょうしゅうはん》が勝手《かって》に外国船《がいこくせん》を攻撃《こうげき》して始《はじ》まった戦《たたか》いだ）。おれはさっそく、奇兵隊《きへいたい》という戦闘《せんとう》グループをつくった。奇兵隊《きへいたい》には、武士《ぶし》だけではなく、農民《のうみん》や町民《ちょうみん》も参加《さんか》できるようにした。

もっとも、この外国相手《がいこくあいて》の戦《たたか》いには負《ま》けてしまった。さらに、同《おな》じころ京都《きょうと》で長州藩《ちょうしゅうはん》の志士《しし》が会津藩相手《あいづはんあいて》に戦争《せんそう》をしかけたことに対《たい》する罰《ばつ》として、幕府軍《ばくふぐん》が長州《ちょうしゅう》に攻《せ》めいってくることになった。このときには、1000人《にん》の奇兵隊《きへいたい》を指揮《しき》して、2万人《まんにん》の幕府軍《ばくふぐん》と戦《たたか》った。そして、勝《か》ったんだ。たったひとつの藩《はん》に、幕府《ばくふ》軍《ぐん》が負《ま》けたんだよ。これが幕府《ばくふ》の権威《けんい》を落《お》としたのさ。つぎの年《とし》、幕府《ばくふ》は政権《せいけん》を朝廷《ちょうてい》に返《かえ》すことになるが、長州《ちょうしゅう》の勝利《しょうり》がそれをあとおししたことはまちがいない。おれたちは歴史《れきし》を動《うご》かしたんだ。

残念《ざんねん》ながら、おれはその前《まえ》に病気《びょうき》で死《し》んだので、幕府《ばくふ》がたおれるのを見《み》ることはできなかった。だが、悔《く》いのない一生《いっしょう》だった。この世《よ》は、おもしろかったよ。

8月

20日

の偉人

思想

この日《ひ》に生《う》まれた有名人《ゆうめいじん》

白川英樹《しらかわひでき》（化学者《かがくしゃ》・ノーベル化学賞受賞《かがくしょうじゅしょう》）／五味太郎《ごみたろう》（絵本作家《えほんさっか》）／ピーター・バラカン（音楽評論家《おんがくひょうろんか》）／アグネス・チャン（歌手《かしゅ》・日本《にほん》ユニセフ協会大使《きょうかいたいし》）／森山未來《もりやまみらい》（俳優《はいゆう》）

漂流《ひょうりゅう》を乗《の》りきって新《あたら》しい人生《じんせい》にふみだした

浜田彦蔵《はまだひこぞう》

（1837〜1897年　日本）

心《こころ》の中《なか》はもううれしくて、楽《たの》しくて、なにしろ子《こ》どもなので、胸《むね》をわくわくさせるばかりだった。

私《わたし》は、播磨国《はりまのくに》（今《いま》の兵庫県《ひょうごけん》）に生《う》まれました。父《ちち》は幼《おさな》いときに亡《な》くなり、母《はは》も13歳《さい》のときに亡《な》くなってしまいます。母《はは》が亡《な》くなったあと、船乗《ふなの》りにあこがれていた私《わたし》は、船《ふね》で江戸《えど》にいきました。その帰《かえ》り、嵐《あらし》がきて、乗《の》っていた船《ふね》が難破《なんぱ》して遭難《そうなん》してしまうのです。

私《わたし》はどうしようもなく、ほかの数名《すうめい》といっしょに太平洋《たいへいよう》を漂流《ひょうりゅう》しました。そして、52日後《にちご》、ようやく船《ふね》に救助《きゅうじょ》され、アメリカについたのです。はじめて見《み》るアメリカに、私《わたし》は興奮《こうふん》が止《と》まりませんでした。上《うえ》に出《で》ていることばは、そのときの私《わたし》の気持《きも》ちをあらわしています。

アメリカで、私《わたし》は、税関長《ぜいかんちょう》だったサンダースさんに引《ひ》きとられ、教育《きょういく》をうけさせてもらいました。サンダースさんの秘書《ひしょ》のような仕事《しごと》をさせてもらったので、ニューヨークやワシントンなど、いろいろな場所《ばしょ》にいきました。アメリカの大統領《だいとうりょう》に会《あ》わせてもらったこともあります。私《わたし》はいろいろな経験《けいけん》をさせてもらって、見聞《けんぶん》を広《ひろ》めていったのです。

そのうち、日本《にほん》が開国《かいこく》したという知《し》らせが届《とど》きました。私《わたし》はジョセフ・ヒコと改名《かいめい》して、日本人《にほんじん》ではじめてアメリカ国籍《こくせき》をとり、アメリカ人《じん》として日本《にほん》へ帰国《きこく》したのです。そして、アメリカの領事館《りょうじかん》で通訳《つうやく》として働《はたら》いて、日本《にほん》とアメリカの関係《かんけい》がうまくいくよう、努《つと》めたのです。

通訳《つうやく》をしながら、貿易《ぼうえき》の仕事《しごと》も始《はじ》めました。また、海外《かいがい》のようすを日本《にほん》の人《ひと》たちに知《し》ってもらいたかったので、英語《えいご》の新聞《しんぶん》を私《わたし》が訳《やく》して、日本最初《にほんさいしょ》の民間新聞《みんかんしんぶん》「海外新聞《かいがいしんぶん》」を出《だ》しました。おかげで、私《わたし》は「新聞《しんぶん》の父《ちち》」といわれるようになったのです。

長《なが》い漂流《ひょうりゅう》のあと、まったくことばも通《つう》じない国《くに》についたとき、不安《ふあん》と心配《しんぱい》におしつぶされていたら、私《わたし》がこんな活躍《かつやく》をすることはなかったでしょう。その先《さき》に待《ま》ちうけていることを楽《たの》しむ気持《きも》ちがあったから、いい人生《じんせい》を送《おく》れたのだと、私《わたし》は思《おも》います。

8月
21日
の偉人

社会

この日《ひ》に生《う》まれた有名人《ゆうめいじん》

ウィリアム・マードック（発明家《はつめいか》）／オーブリー・ビアズリー（画家《がか》）
関根勤《せきねつとむ》（タレント）／野口健《のぐちけん》（登山家《とざんか》）／ウサイン・ボルト（陸上選手《りくじょうせんしゅ》）

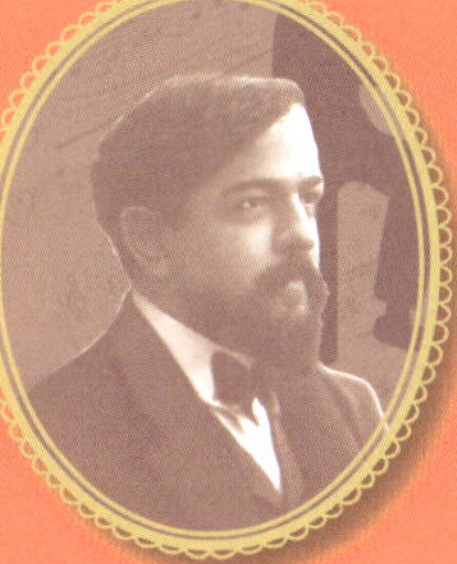

西洋音楽《せいようおんがく》に革命《かくめい》をもたらした作曲家《さっきょくか》

クロード・ドビュッシー

(1862～1918年　フランス)

ことばで表現《ひょうげん》できなくなったとき、音楽《おんがく》がはじまる。

ぼくの家《いえ》はとてもまずしくて、ぼくは小学校《しょうがっこう》にもろくにいけない子《こ》ども時代《じだい》をすごしました。父《ちち》は陶器《とうき》を売《う》っていたのですが、商売《しょうばい》に失敗《しっぱい》してしまったのです。おかげで、あちこち引《ひ》っこしてばかりでした。けれど、父《ちち》の姉《あね》であるおばさんがぼくのめんどうを見《み》てくれるようになりました。そして、ピアノの才能《さいのう》に気《き》づいて、ピアノの勉強《べんきょう》をさせてくれたのです。

さらに、ぼくが9歳《さい》のとき、ショパンの弟子《でし》でもあるモーテ夫人《ふじん》と出会《であ》い、無《む》料《りょう》で1日《にち》8時間《じかん》もピアノの練習《れんしゅう》をみてもらえるようになりました。

おかげでぼくは、なんと10歳《さい》でパリ音《おん》楽院《がくいん》に入学《にゅうがく》することができたのです。多《おお》くの人《ひと》の助《たす》けがなければ、そんなことはできなかったでしょう。

入学《にゅうがく》してしばらくは、学校《がっこう》のピアノ・コンクールでいつも入賞《にゅうしょう》していましたが、15歳《さい》くらいになると、落選《らくせん》がつづきました。母《はは》にも、落《お》ちこぼれだとののしられるありさまでした。自分《じぶん》はピアニストになれるほど才能《さいのう》はないのだと、ぼくはそのときピアノをあきらめました。そして、ピアノ科《か》からピアノ伴奏科《ばんそうか》へ、その後《ご》、作曲科《さっきょくか》へと移《うつ》ったのです。

それからは、つぎつぎに曲《きょく》をつくっていきました。22歳《さい》のときには、「放蕩息子《ほうとうむすこ》」という曲《きょく》でローマ大賞《たいしょう》を受賞《じゅしょう》します。

また、27歳《さい》のときに、パリの万国博覧会《ばんこくはくらんかい》で耳《みみ》にしたガムラン(インドネシアの伝統的《でんとうてき》な音楽《おんがく》)の調《しら》べに、私《わたし》は強《つよ》く心《こころ》をひかれました。そのときにうけた強《つよ》い衝撃《しょうげき》は、のちの作曲《さっきょく》にとても大《おお》きい影響《えいきょう》をあたえ、「アラベスク」や「月《つき》の光《ひかり》」「亜麻《あま》色《いろ》の髪《かみ》の乙女《おとめ》」といった名曲《めいきょく》が生《う》まれていったのです。

私《わたし》の曲《きょく》は、形《かたち》や規則《きそく》にしばられずに自《じ》由《ゆう》で、それまであった音楽《おんがく》を打《う》ちこわしたといわれました。それに、まるで絵画《かいが》のように色彩豊《しきさいゆた》かで、やわらかな光《ひかり》が感《かん》じられるそうです。ほんとうにそうかどうか、今度《こんど》きいてみてください。

8月22日の偉人

芸術

この日《ひ》に生《う》まれた有名人

足利義満《あしかがよしみつ》(第《だい》3代《だい》室町幕府《むろまちばくふ》将軍《しょうぐん》)／鄧小平《とうしょうへい》(政治家《せいじか》)

レイ・ブラッドベリ(作家《さっか》)／タモリ(タレント)／北川景子《きたがわけいこ》(女優《じょゆう》)

昭和《しょうわ》を代表《だいひょう》する詩人《しじん》

三《み》好《よし》達《たつ》治《じ》

（1900～1964年　日本）

いいえ、昨日《きのう》はありません。今日《きょう》を打《う》つのは今日《きょう》の時計《とけい》。昨日《きのう》の時計《とけい》はありません。

私《わたし》は大阪《おおさか》の、印刷屋《いんさつや》の息子《むすこ》として生《う》まれました。少年時代《しょうねんじだい》の私《わたし》は、病弱《びょうじゃく》なこともあり、よく学校《がっこう》を休《やす》んでいました。かわりに、図書館《としょかん》にいっては本《ほん》を読《よ》んだり、俳句《はいく》をつくったり、文章《ぶんしょう》を書《か》いたりするのが好《す》きでした。

15歳《さい》のとき、中学《ちゅうがく》の学費《がくひ》が払《はら》えなくなって、学費《がくひ》のいらない陸軍幼年学校《りくぐんようねんがっこう》に入学《にゅうがく》しました。さらに陸軍士官学校《りくぐんしかんがっこう》へと進学《しんがく》し、軍人《ぐんじん》への道《みち》を進《すす》みはじめました。しかし、文学《ぶんがく》の道《みち》をあきらめきれなかった私《わたし》は、士官学校《しかんがっこう》を脱走《だっそう》。そのあと中退《ちゅうたい》し、おばさんに学費《がくひ》を出《だ》してもらって、東京帝国大学文学部仏文科《とうきょうていこくだいがくぶんがくぶふつぶんか》に入学《にゅうがく》したのです。

大学《だいがく》では、文学《ぶんがく》を志《こころざ》すたくさんの友《とも》だちとめぐりあいました。のちに有名《ゆうめい》な作家《さっか》になる梶井基次郎《かじいもとじろう》や萩原朔太郎《はぎわらさくたろう》といっしょに雑誌《ざっし》をつくりながら、自分《じぶん》でも詩《し》を書《か》きはじめました。こうして、私《わたし》は詩人《しじん》への道《みち》を歩《あゆ》みはじめたのです。

30歳《さい》のときにはじめての詩集《ししゅう》『測量船《そくりょうせん》』を発表《はっぴょう》。少《すこ》し切《せつ》なさを感《かん》じさせて心《こころ》をゆさぶる私《わたし》の詩《し》は、すぐに人気《にんき》となり、私《わたし》は昭和《しょうわ》のはじめ、文学界《ぶんがくかい》の中心的《ちゅうしんてき》な存在《そんざい》といわれるようになったのです。そのあと、1～2年《ねん》おきに1冊《さつ》、詩集《ししゅう》を出《だ》しつづけました。

私《わたし》の詩《し》は、国語《こくご》の教科書《きょうかしょ》にも使《つか》われているんですよ。

太郎《たろう》をねむらせ、
太郎《たろう》の屋根《やね》に雪《ゆき》ふりつむ
次郎《じろう》をねむらせ、
次郎《じろう》の屋根《やね》に雪《ゆき》ふりつむ

これは、「雪《ゆき》」という詩《し》です。たった2行《ぎょう》の詩《し》なのです。みなさんはこの詩《し》からどんなことを感《かん》じますか？　しんとした感《かん》じでしょうか。家《いえ》の中《なか》のあたたかさでしょうか。それとも雪《ゆき》の冷《つめ》たさでしょうか。正解《せいかい》なんてありません。なにを感《かん》じたっていいのです。それが詩《し》というものなのです。上《うえ》に出《で》ていることばも、「昨日《きのう》はどこにもありません」という詩《し》の一部《いちぶ》です。『測量船《そくりょうせん》』という詩集《ししゅう》に入《はい》っているので、ぜひぜんぶ読《よ》んでみてください。

8月
23日
の偉人

文化

この日《ひ》に生《う》まれた有名人《ゆうめいじん》

ルイ16世《せい》（フランス国王《こくおう》）／遠山金四郎《とおやまきんしろう》（江戸町奉行《えどまちぶぎょう》）／エレフテリオス・ヴェニゼロス（政治家《せいじか》）
ディック・ブルーナ（絵本作家《えほんさっか》）／コービー・ブライアント（バスケットボール選手《せんしゅ》）

短《みじか》い人生《じんせい》を生《い》きぬいた悲劇《ひげき》の天才作曲家《てんさいさっきょくか》

滝廉太郎《たきれんたろう》

（1879〜1903年　日本）

憾《うらみ》

私《わたし》は、明治時代《めいじじだい》のはじめに、東京《とうきょう》で生《う》まれました。父《ちち》は地方《ちほう》を担当《たんとう》する官僚《かんりょう》だったので、私《わたし》は小《ちい》さいうちから、富山《とやま》、大分《おおいた》、東京《とうきょう》と、引《ひ》っこしと転校《てんこう》をくりかえしました。友《とも》だちもなかなかできない生活《せいかつ》に、私《わたし》はいやけがさしていました。でも、大分《おおいた》の竹田《たけた》という町《まち》にいたとき、渡辺先生《わたなべせんせい》という音楽《おんがく》の先生《せんせい》と出会《であ》い、音楽《おんがく》のおもしろさを知《し》ったのです。

15歳《さい》になったとき、私《わたし》は本格的《ほんかくてき》に音楽《おんがく》を勉強《べんきょう》したいと思《おも》うようになりました。東京《とうきょう》にいたいとこの家《いえ》にお世話《せわ》になりながら、東京音楽学校入学《とうきょうおんがくがっこうにゅうがく》をめざして、先生《せんせい》についてていてい的《てき》に受験勉強《じゅけんべんきょう》をしました。このとき、西洋《せいよう》の音楽《おんがく》をみっちりたたきこまれたのです。そして、私《わたし》はぶじに東京音楽学校《とうきょうおんがくがっこう》に合格《ごうかく》。それからは一生懸命《いっしょうけんめい》、ピアノと作曲《さっきょく》にはげみました。

音楽学校《おんがくがっこう》にいるとき、文部省《もんぶしょう》が、中学校《ちゅうがっこう》むけの唱歌《しょうか》を募集《ぼしゅう》しました。それまでの日本《にほん》の唱歌《しょうか》は、西洋《せいよう》の音楽《おんがく》に日本語《にほんご》の訳詞《やくし》をつけたものばかりで、とても歌《うた》いにくいものでした。日本人《にほんじん》が口《くち》ずさめる新《あたら》しい歌《うた》をつくりたい——そう思《おも》った私《わたし》は、その募集《ぼしゅう》に応募《おうぼ》します。そのときつくったのが、「荒城《こうじょう》の月《つき》」「豊太閤《ほうたいこう》」「箱根八里《はこねはちり》」でした。それまでの日本《にほん》の曲《きょく》は、ファとシの音《おと》がないのがつねでした。ですが、私《わたし》は「荒城《こうじょう》の月《つき》」でファの音《おと》を使《つか》ってみました。つぎにつくった「花《はな》」では、ファもシも使《つか》いました。こうして私《わたし》は西洋《せいよう》の曲《きょく》のつくり方《かた》を日本《にほん》の歌《うた》にとりいれて、新《あたら》しい唱歌《しょうか》をつくったのです。

そのよく年《とし》、私《わたし》は文部省《もんぶしょう》からの命令《めいれい》で、ドイツへ音楽留学《おんがくりゅうがく》をすることになりました。ところが、ドイツについてからおよそ半年《はんとし》で、結核《けっかく》という病気《びょうき》にかかり、ほとんどなにも勉強《べんきょう》できないまま、日本《にほん》に帰国《きこく》します。帰国《きこく》してからも、病気《びょうき》はどんどん悪《わる》くなり、私《わたし》は23歳《さい》という若《わか》さで、この世《よ》を去《さ》りました。「憾《うらみ》」というのは、私《わたし》が死《し》の直前《ちょくぜん》に作曲《さっきょく》した曲《きょく》のタイトルです。憾《うらみ》というのは、心残《こころのこ》りとか無念《むねん》という意味《いみ》です。私《わたし》はもっと生《い》きたかった。生《い》きて、もっと日本人《にほんじん》の歌《うた》をつくりたかったのです。

この日《ひ》に生《う》まれた有名人《ゆうめいじん》

若山牧水《わかやまぼくすい》（歌人《かじん》）／ヤーセル・アラファート（PLO議長《ぎちょう》・政治家《せいじか》）
三池崇史《みいけたかし》（映画監督《えいがかんとく》）／カル・リプケン（野球選手《やきゅうせんしゅ》）／吉田麻也《よしだまや》（サッカー選手《せんしゅ》）

才能《さいのう》にあふれた最後《さいご》の幕臣《ばくしん》

榎本武揚《えのもとたけあき》

（1836～1908年　日本）

学《まな》んだあとで、足《た》らないことがわかる。

　私《わたし》は、江戸時代《えどじだい》の終《お》わり、幕府《ばくふ》につかえていた武士《ぶし》です。幕府《ばくふ》がひらいた学校《がっこう》「昌平坂学問所《しょうへいざかがくもんじょ》」で学《まな》び、そのあとアメリカから帰国《きこく》したジョン万次郎先生《まんじろうせんせい》のもとで英語《えいご》を勉強《べんきょう》しました。さらに、長崎《ながさき》で海軍《かいぐん》の学校《がっこう》に入《はい》り、船《ふね》のつくり方《かた》や、航海《こうかい》するときの方角《ほうがく》や距離《きょり》の見方《みかた》、船《ふね》を動《うご》かす技術《ぎじゅつ》などを学《まな》んだのです。オランダにも留学《りゅうがく》しました。当時《とうじ》、航海《こうかい》や海軍《かいぐん》の学問《がくもん》では、オランダがとても進《すす》んでいたので、新《あたら》しい知識《ちしき》と技術《ぎじゅつ》を3年《ねん》かけて学《まな》びました。

　日本《にほん》に帰国《きこく》すると、幕府《ばくふ》の海軍奉行《かいぐんぶぎょう》になりました。けれど、すぐに幕府《ばくふ》が政権《せいけん》を朝廷《ちょうてい》に返《かえ》し、新《あたら》しい政府《せいふ》ができてしまいます。私《わたし》はそれが納得《なっとく》できませんでした。朝廷《ちょうてい》に政権《せいけん》を返《かえ》したなんて、たてまえだけで、じっさいは、薩摩《さつま》（今《いま》の鹿児島県《かごしまけん》）と長州《ちょうしゅう》（今《いま》の山口県《やまぐちけん》）の志士《しし》たちが勝手《かって》に政治《せいじ》をして、幕府《ばくふ》の味方《みかた》をしていた武士《ぶし》にしかえししているにすぎないと思《おも》ったからです。

　私《わたし》は、ほかの幕臣《ばくしん》たちといっしょに、新政府《しんせいふ》に抵抗《ていこう》してやろうと、北海道《ほっかいどう》へむかいました。8隻《せき》の軍艦《ぐんかん》をひきいて、函館《はこだて》に入《はい》り、五稜郭《ごりょうかく》をとりでにして最後《さいご》まで戦《たたか》いましたが、敗《やぶ》れてしまいました。

　とらえられた私《わたし》はとうぜん、死刑《しけい》を覚悟《かくご》していました。ですが、新政府軍《しんせいふぐん》のリーダーだった黒田清隆《くろだきよたか》さんが、私《わたし》の態度《たいど》や能力《のうりょく》に感銘《かんめい》をうけて、私《わたし》を助《たす》けてくれたのです。私《わたし》は黒田《くろだ》さんの恩《おん》にむくいるため、新政府《しんせいふ》で働《はたら》くようになりました。そして、ロシアの公使《こうし》、海軍卿《かいぐんきょう》逓信大臣《ていしんだいじん》、文部大臣《もんぶだいじん》、外務大臣《がいむだいじん》、農商務大臣《のうしょうむだいじん》などをつとめて、新《あたら》しい日本《にほん》づくりをささえました。

　薩摩《さつま》と長州出身《ちょうしゅうしゅっしん》の者《もの》ばかりの新政府《しんせいふ》で、最後《さいご》まで幕臣《ばくしん》だった人間《にんげん》が重要《じゅうよう》な仕事《しごと》をさせてもらえたのはとてもめずらしいことでした。でも、一度《いちど》すてた命《いのち》を日本《にほん》のために使《つか》うことができて、私《わたし》は満足《まんぞく》です。

8月
25日
の偉人

政治

この日《ひ》に生《う》まれた有名人《ゆうめいじん》

レナード・バーンスタイン（指揮者《しきしゃ》・作曲家《さっきょくか》）／ショーン・コネリー（俳優《はいゆう》）
コシノジュンコ（ファッションデザイナー）／岡田武史《おかだたけし》（サッカー監督《かんとく》）／ティム・バートン（映画監督《えいがかんとく》）

傷《きず》ついた人《ひと》のそばによりそいつづけた聖女《せいじょ》

マザー・テレサ

（1910〜1997年　インド）

私《わたし》たちは、大《おお》きなことはできません。ただ、小《ちい》さなことを大《おお》きな愛《あい》でおこなうだけです。

私《わたし》は東《ひがし》ヨーロッパのマケドニアに生《う》まれました。小《ちい》さいときから両親《りょうしん》につれられて教会《きょうかい》へかよっていたので、12歳《さい》になるころには、将来《しょうらい》は修道女《しゅうどうじょ》になって、まずしい人《ひと》や弱《よわ》い人《ひと》たちの役《やく》に立《た》ちたいと思《おも》っていました。そして、18歳《さい》になったとき、修道女《しゅうどうじょ》となって、遠《とお》くはなれたインドへいくことを決《き》めたのです。一度《いちど》外国《がいこく》の修道院《しゅうどういん》にいったら、もうふるさとへ帰《かえ》ってくることはできません。家族《かぞく》とも二度《にど》と会《あ》えないのです。別《わか》れはとてもつらかったけれど、私《わたし》は信念《しんねん》をつらぬきました。

インドではコルカタという町《まち》のスラム（とくにまずしい地区《ちく》）にある修道院《しゅうどういん》で働《はたら》きました。修道院《しゅうどういん》にやってくる子《こ》どもたちに勉強《べんきょう》を教《おし》えたり、病気《びょうき》の人《ひと》の世話《せわ》をしたりしたのです。でも、修道院《しゅうどういん》には決《き》まりがあって、修道女《しゅうどうじょ》は外《そと》に出《で》て活動《かつどう》してはいけないのでした。一歩《いっぽ》修道院《しゅうどういん》の外《そと》に出《で》たら、道《みち》ばたでのたれ死《じ》ぬ人《ひと》や、食《た》べるものもなくてガリガリにやせた人《ひと》たちがたくさんいるのに……。私《わたし》は、「これでいいのだろうか？　修道院《しゅうどういん》という囲《かこ》いの中《なか》で、やってくる人《ひと》たちを助《たす》けているだけでいいのだろうか？」と思《おも》うようになりました。

そして、ついにコルカタについてから20年後《ねんご》、私《わたし》は修道院《しゅうどういん》をひとりで出《で》て、町《まち》でくらしはじめたのです。まず空《あ》き地《ち》を見《み》つけて、そこでスラムの子《こ》どもたちに勉強《べんきょう》を教《おし》えました。町《まち》を歩《ある》き、たおれた人《ひと》がいれば介抱《かいほう》したり、病院《びょういん》に運《はこ》んだりしました。そんなことをしているうちに、私《わたし》に手《て》をかしてくれる人《ひと》が、つぎつぎにあらわれたのです。2年近《ねんちか》くたったころ、私《わたし》は「神《かみ》の愛《あい》の宣教者会《せんきょうしゃかい》」という修道会《しゅうどうかい》を仲間《なかま》の修道女《しゅうどうじょ》とつくりました。目的《もくてき》は、おなかをすかせた人《ひと》、家《いえ》がない人《ひと》、体《からだ》の不自由《ふじゆう》な人《ひと》、病気《びょうき》の人《ひと》、誰《だれ》からも世話《せわ》をしてもらえない人《ひと》のために働《はたら》くこと。この活動《かつどう》は世界《せかい》じゅうに広《ひろ》がっていきました。

私《わたし》がしたのは、ほんの「小《ちい》さなこと」でした。でも、その小《ちい》さなことがつみかさなり、どんどん広《ひろ》がって、世界《せかい》を変《か》えることができたのです。

社会

この日《ひ》に生《う》まれた有名人《ゆうめいじん》

ロバート・ウォルポール（初代《しょだい》イギリス首相《しゅしょう》）／ジョセフ・モンゴルフィエ（発明家《はつめいか》）
アントワーヌ・ラヴォアジエ（化学者《かがくしゃ》）／いがらしゆみこ（漫画家《まんがか》）／マコーレー・カルキン（俳優《はいゆう》）

人《ひと》を愛《あい》し、人《ひと》から愛《あい》された文学者《ぶんがくしゃ》

宮沢賢治《みやざわけんじ》

（1896～1933年　日本）

僕《ぼく》たちといっしょにいこう。僕《ぼく》たちはどこまでだっていける切符《きっぷ》をもっているんだ。

私《わたし》は、今《いま》から１２０年《ねん》ほど前《まえ》、岩手県《いわてけん》花巻《はなまき》のお金持《かねも》ちの質屋《しちや》に生《う》まれました。生活《せいかつ》に困《こま》った農民《のうみん》が、だいじなものを売《う》りにくる姿《すがた》を見《み》て、育《そだ》ったのです。だからでしょうか、小《ちい》さいころから、困《こま》っている人《ひと》を見《み》ると助《たす》けずにいられない性格《せいかく》でした。小学校《しょうがっこう》のとき、いたずらをした同《おな》じクラスの子《こ》が、罰《ばつ》として、水《みず》がなみなみと入《はい》ったちゃわんを胸《むね》の前《まえ》でもたされ、廊下《ろうか》に立《た》たされたことがありました。その子《こ》がとてもつらそうだったので、私《わたし》はそのちゃわんの水《みず》を飲《の》みほしてしまったのですよ。

成長《せいちょう》した私《わたし》は、農学校《のうがっこう》の先生《せんせい》になりました。そこで、教《おし》え子たちをとおして、農民《のうみん》のつらくきびしい現実《げんじつ》を知《し》り、学校《がっこう》をやめ、農民《のうみん》の生活《せいかつ》をよくするために働《はたら》くようになったのです。農家《のうか》のくらしをよくするには、米《こめ》や麦《むぎ》がたくさんとれることが必要《ひつよう》です。私《わたし》は、土《つち》や肥料《ひりょう》、天気《てんき》などの研究《けんきゅう》をおこない、そこでわかったことを、あちこちの村《むら》に教《おし》えにいきました。

そのいっぽうで、詩《し》や童話《どうわ》を書《か》くことにも熱中《ねっちゅう》していました。「春《はる》と修羅《しゅら》」「注文《ちゅうもん》の多《おお》い料理店《りょうりてん》」「やまなし」「グスコーブドリの伝記《でんき》」「雨《あめ》ニモマケズ」「銀河鉄道《ぎんがてつどう》の夜《よる》」「風《かぜ》の又三郎《またさぶろう》」「セロ弾《ひ》きのゴーシュ」……ほかにもまだまだありますが、どれか読《よ》んだことはありますか？　私《わたし》の作品《さくひん》には、自然《しぜん》や植物《しょくぶつ》、動物《どうぶつ》と人間《にんげん》がいっしょになって生《い》きていく姿《すがた》が描《えが》かれています。そして、未来《みらい》への希望《きぼう》がこめられています。

私《わたし》は働《はたら》きすぎて病気《びょうき》になり、37歳《さい》でこの世《よ》を去《さ》りました。生《い》きているあいだに本《ほん》にできたのは『春《はる》と修羅《しゅら》』と『注文《ちゅうもん》の多《おお》い料理店《りょうりてん》』の2冊《さつ》だけです。でも、私《わたし》が死《し》んでから、仲間《なかま》が一生懸命《いっしょうけんめい》私《わたし》の作品《さくひん》を紹介《しょうかい》してくれて、世《よ》の中《なか》にみとめられるようになりました。私《わたし》はもうこの世《よ》にいませんが、作品《さくひん》は今《いま》でも生《い》きつづけているのです。

この日《ひ》に生《う》まれた有名人《ゆうめいじん》

ゲオルク・ヴィルヘルム・フリードリヒ・ヘーゲル（哲学者《てつがくしゃ》）／下村脩《しもむらおさむ》（生物学者《せいぶつがくしゃ》・ノーベル化学賞受賞者《かがくしょうじゅしょうしゃ》）
田中星児《たなかせいじ》（歌手《かしゅ》）／津田寛治《つだかんじ》（俳優《はいゆう》）／剛力彩芽《ごうりきあやめ》（女優《じょゆう》）

たくさんの格言《かくげん》を残《のこ》した多才《たさい》な詩人《しじん》

ヨハン・ヴォルフガング・フォン・ゲーテ

（1749〜1832年　ドイツ）

あなたにできること、あるいはできると夢見《ゆめみ》ていることがあれば、やってごらんなさい。むこうみずは天才《てんさい》であり、力《ちから》であり、魔法《まほう》です。

私《わたし》は、ドイツの裕福《ゆうふく》な家《いえ》に生《う》まれました。父《ちち》がとても教育熱心《きょういくねっしん》だったので、まだほんの小《ち》さいころから、高《たか》い教育《きょういく》をうけました。大学《だいがく》では法律《ほうりつ》を学《まな》び、卒業後《そつぎょうご》は、弁護士《べんごし》になって、事務所《じむしょ》もひらきました。でも、弁護士《べんごし》の仕事《しごと》は、私《わたし》のやりたいことではなかったのです。

私《わたし》は学生《がくせい》のころから、文学《ぶんがく》が好《す》きでした。ほんとうは大学《だいがく》も文学部《ぶんがくぶ》に進《すす》みたかったのですが、父《ちち》に反対《はんたい》されたのです。私《わたし》は弁護士《べんごし》の仕事《しごと》をほとんどしないで、詩《し》や物語《ものがたり》を書《か》いていました。そして、24歳《さい》のときに『ゲッツ・フォン・ベルリヒンゲン』を自費出版《じひしゅっぱん》し、よく年《ねん》『若《わか》きウェルテルの悩《なや》み』を出版《しゅっぱん》しました。この2作品《さくひん》はすぐに評判《ひょうばん》になりました。とくに『若《わか》きウェルテルの悩《なや》み』は若者《わかもの》たちを夢中《むちゅう》にしました。主人公《しゅじんこう》の服装《ふくそう》がはやったり、若者《わかもの》の自殺《じさつ》がふえたりして、社会《しゃかい》に大《おお》きな影響《えいきょう》をあたえました。その影響《えいきょう》はドイツにとどまらず、ヨーロッパじゅうに広《ひろ》がったのです。

私《わたし》はこうして、「シュトゥルム・ウント・ドラング」運動《うんどう》の中心作家《ちゅうしんさっか》となりました。「シュトゥルム・ウント・ドラング（疾《しっ》風怒濤《ぷうどとう》）」というのは、はげしく吹《ふ》きあれる風《かぜ》とはげしく打《う》ちよせる波《なみ》という意味《いみ》です。これは文学《ぶんがく》の運動《うんどう》で、かんたんにいうと「形《かたち》や理屈《りくつ》にとらわれず、感情《かんじょう》や生命力《せいめいりょく》をほとばしらせろ」というものです。

このころから、『ファウスト』という長《なが》い戯曲《ぎきょく》（お芝居用《しばいよう》の物語《ものがたり》）を書《か》きはじめました。『ファウスト』は悪魔《あくま》メフィストに魂《たましい》を売《う》りわたした男《おとこ》の一生《いっしょう》を描《えが》いた物語《ものがたり》です。私《わたし》は一生《いっしょう》をかけてこの物語《ものがたり》を書《か》きつづけ、死《し》ぬ直前《ちょくぜん》に完成《かんせい》させました。『ファウスト』は世界《せかい》の文学史《ぶんがくし》に残《のこ》る名作《めいさく》といわれています。

『ファウスト』を書《か》きあげたつぎの年《とし》、私《わたし》は82年《ねん》の生涯《しょうがい》をとじました。最後《さいご》のことばは「もっと光《ひかり》を！」で、このことばものちにとても有名《ゆうめい》になったのです。

8月
28日
の偉人

文化

この日《ひ》に生《う》まれた有名人《ゆうめいじん》

シェリダン・レ・ファニュ（作家《さっか》）／ターシャ・テューダー（絵本作家《えほんさっか》）／美樹本晴彦《みきもとはるひこ》（漫画家《まんがか》・アニメーター）／デヴィッド・フィンチャー（映画監督《えいがかんとく》）／伊野波雅彦《いのはまさひこ》（サッカー選手《せんしゅ》）

幸《しあわ》せとはなにか、つきつめて物語《ものがたり》にした作家《さっか》

モーリス・メーテルリンク

（1862～1949年　ベルギー）

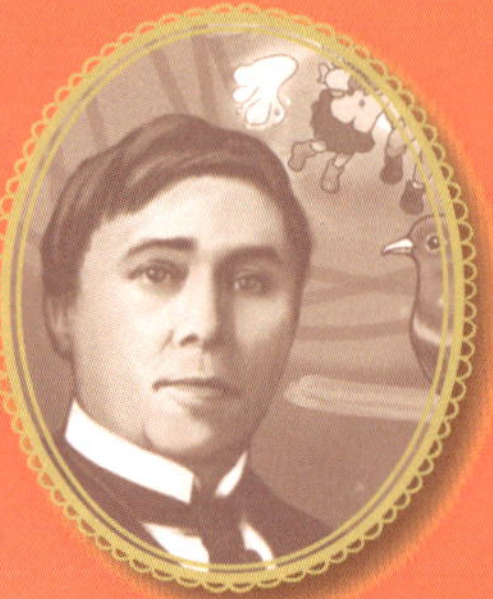

幸《しあわ》せと不幸《ふこう》のちがいっていうのは、その人《ひと》が人生《じんせい》を楽《たの》しんで見《み》ているか、敵意《てきい》をいだいて見《み》ているかのちがいでしかない。

私《わたし》はベルギー出身《しゅっしん》の作家《さっか》です。『青《あお》い鳥《とり》』という物語《ものがたり》を書《か》いて、ノーベル文学《ぶんがく》賞《しょう》を受賞《じゅしょう》しました。

私《わたし》は大学《だいがく》で法律《ほうりつ》を学《まな》んだのですが、法《ほう》律関係《りつかんけい》の仕事《しごと》にはつかず、パリに出《で》て、詩《し》や物語《ものがたり》を書《か》くようになりました。その後《ご》27歳《さい》で、はじめて戯曲《ぎきょく》（お芝居《しばい》のための物語《ものがたり》）『マレーヌ姫《ひめ》』を発表《はっぴょう》しました。たった30部《ぶ》しか印刷《いんさつ》しなかったのですが、そのうちの1冊《さつ》が、運《うん》よくフランスの有《ゆう》名《めい》な文芸評論家《ぶんげいひょうろんか》のもとに届《とど》きました。そして、『マレーヌ姫《ひめ》』は一流《いちりゅう》の新聞《しんぶん》フィガロ紙《し》の文芸欄《ぶんげいらん》で大《おお》きくとりあげられ、「第《だい》2のシェイクスピアの登場《とうじょう》だ」と絶《ぜっ》賛《さん》されたのです。それから、私《わたし》はつぎつぎに詩《し》や戯曲《ぎきょく》を書《か》き、発表《はっぴょう》し、人気作家《にんきさっか》となりました。そしてついに46歳《さい》のとき、代表作《だいひょうさく》となる童話劇《どうわげき》『青《あお》い鳥《とり》』を発表《はっぴょう》したのです。これは、チルチルとミチルという子《こ》どもたちが、幸《しあわ》せの青《あお》い鳥《とり》をさがして旅《たび》するお話《はなし》です。少《すこ》し内容《ないよう》をお話《はな》ししましょう。

チルチルとミチルはまずしいきこりの家《いえ》の子《こ》どもです。クリスマスの日《ひ》、ツリーもごちそうもなくてしょんぼりしていると、おばあさんがやってきて、青《あお》い鳥《とり》をさがしなさいといいました。青《あお》い鳥《とり》がいれば幸《しあわ》せになれるというのです。ふたりはさっそく出発《しゅっぱつ》して、「思《おも》い出《で》の国《くに》」や「夜《よる》の国《くに》」「幸《しあわ》せの国《くに》」とまわりますが、青《あお》い鳥《とり》を見《み》つけることはできません。でも、その「幸《しあわ》せの国《くに》」にいるとき、たくさんの子《こ》どもがやってきて、「私《わたし》たちはみんな、あなたの家《いえ》にいる幸《しあわ》せです」といったのです。そして、「働《はたら》ける幸《しあわ》せ」「勉強《べんきょう》ができる幸《しあわ》せ」「青空《あおぞら》の幸《しあわ》せ」「歌《うた》を歌《うた》う幸《しあわ》せ」とつぎつぎに自己紹介《じこしょうかい》しました。そのとき、ふたりは「おきなさい！」というお母《かあ》さんの声《こえ》で目《め》をさまします。びっくりしておきると、そこは自分《じぶん》の家《いえ》で、すぐそばに太陽《たいよう》の光《ひかり》をあびて青色《あおいろ》に見《み》える山《やま》バトがいたのです。

ね、ほんとうの幸《しあわ》せというのは、自分《じぶん》たちの生活《せいかつ》の中《なか》にあるものなのですよ。

8月《がつ》29日《にち》の偉人

文化

この日《ひ》に生《う》まれた有名人《ゆうめいじん》

ジョン・ロック（思想家《しそうか》）／イングリッド・バーグマン（女優《じょゆう》）／市川雷蔵《いちかわらいぞう》（俳優《はいゆう》）
マイケル・ジャクソン（歌手《かしゅ》）／ペ・ヨンジュン（俳優《はいゆう》）

原子物理学《げんしぶつりがく》の父《ちち》

アーネスト・ラザフォード

（1871～1937年　イギリス）

物理《ぶつり》の原理《げんり》をバーのウエイトレスに説明《せつめい》して、わかってもらえなければ、それはウエイトレスではなく、その原理《げんり》に問題《もんだい》があるのだ。

私《わたし》は、太平洋《たいへいよう》の島《しま》ニュージーランドの農家《のうか》で生《う》まれました。12人《にん》もいた子《こ》どもの4番目《ばんめ》でしたが、両親《りょうしん》は私《わたし》に学問《がくもん》の才《さい》能《のう》があることに気《き》づき、それほど裕福《ゆうふく》な家《いえ》ではなかったのに、高《たか》い教育《きょういく》をうけさせてくれました。私《わたし》は奨学金《しょうがくきん》（成績《せいせき》がいい生徒《せいと》に、政府《せいふ》や学校《がっこう》などからあたえられる学費《がくひ》）をもらいながら、大学《だいがく》へ進《すす》みました。大学《だいがく》にいるときに、電波検知機《でんぱけんちき》を発明《はつめい》したりもしています。

私《わたし》はその後《ご》、研究《けんきゅう》に熱中《ねっちゅう》し、イギリスの有名《ゆうめい》な研究所《けんきゅうじょ》に留学《りゅうがく》することができました。そして、つぎつぎに重要《じゅうよう》な発見《はっけん》をしていくのです。ラジウムから、α線《アルファせん》とβ線《ベータせん》という2種類《しゅるい》の放射線《ほうしゃせん》が出《で》ていることや、放射性物質《ほうしゃせいぶっしつ》には寿命《じゅみょう》があること、放射能《ほうしゃのう》は原子《げんし》がこわれるときに生《う》まれることなど、数《かぞ》えあげたらきりがありません。そして、私《わたし》のそうした発見《はっけん》に対《たい》し、ノーベル化学賞《かがくしょう》があたえられました。

ですが、私《わたし》のいちばん大《おお》きな発見《はっけん》は、そのあと、原子《げんし》の中心《ちゅうしん》に「核《かく》」を見《み》つけたことなのです。私《わたし》はこの発見《はっけん》をもとに、原子《げんし》のもけいをつくりました。まんなかに核《かく》があって、そのまわりを数個《すうこ》の電子《でんし》がまわっているのです。まんなかに太陽《たいよう》があって、そのまわりを惑星《わくせい》がまわっている姿《すがた》ににているので、惑星《わくせい》もけいともよばれています。じつはこのもけいは正《せい》確《かく》な原子《げんし》の姿《すがた》ではなかったのですが、今《いま》でも、国際原子力機関《こくさいげんしりょくきかん》の旗《はた》など、原子《げんし》をあらわすシンボルとして、あちこちで使《つか》われています。

私《わたし》は自分《じぶん》の研究《けんきゅう》だけでなく、研究者《けんきゅうしゃ》を育《そだ》てることにも熱心《ねっしん》にとりくみました。生涯《しょうがい》をつうじてすぐれた研究者《けんきゅうしゃ》を育《そだ》てました。私《わたし》の研究室《けんきゅうしつ》からは、なんと、12人《にん》ものノーベル賞受賞者《しょうじゅしょうしゃ》が出《で》たのです。私《わたし》が「原子物理学《げんしぶつりがく》の父《ちち》」とよばれているのには、そんな理由《りゆう》もあるのですよ。

8月30日の偉人

科学

この日《ひ》に生《う》まれた有名人《ゆうめいじん》

井上陽水《いのうえようすい》（ミュージシャン）／小谷実可子《こたにみかこ》（シンクロナイズドスイミング選手《せんしゅ》）
キャメロン・ディアス（女優《じょゆう》）／内藤大助《ないとうだいすけ》（プロボクサー）／松本潤《まつもとじゅん》《嵐《あらし》》（タレント）

世界《せかい》じゅうで支持《しじ》された教育法《きょういくほう》の生《う》みの親《おや》

マリア・モンテッソーリ

（1870～1952年　イタリア）

自由《じゆう》と規律《きりつ》はコインの表《おもて》と裏《うら》。

私《わたし》が生《う》まれたのは、今《いま》からおよそ150年前《ねんまえ》。そのころはまだ女性《じょせい》が高《たか》い教育《きょういく》をうけたり、社会《しゃかい》に出《で》て仕事《しごと》をしたりすることがめずらしい時代《じだい》でした。けれど、私《わたし》の両親《りょうしん》は、私《わたし》に教育《きょういく》の機会《きかい》をたくさんあたえてくれました。

私《わたし》は弱《よわ》い人《ひと》・困《こま》った人《ひと》を救《すく》いたいと思《おも》って、医者《いしゃ》になろうと決《き》めましたが、医《い》学《がく》はそれこそ男性《だんせい》のみの学問《がくもん》と考《かんが》えられていました。大学《だいがく》の医学部《いがくぶ》に進《すす》んだ女性《じょせい》は、イタリアでは私《わたし》がはじめてでした。授業《じゅぎょう》でも、女《おんな》であるというだけで、不利《ふり》なことがたくさんありました。でも、差《さ》別《べつ》やハンディキャップを乗《の》りこえて、私《わたし》はイタリアで最初《さいしょ》の女性医師《じょせいいし》になれたのです。

ただ、医者《いしゃ》になったものの、私《わたし》をやとってくれる病院《びょういん》はありませんでした。あちこちの病院《びょういん》をさがしまわった結果《けっか》、私《わたし》は自分《じぶん》の専門《せんもん》とはまったく関係《かんけい》ない精神《せいしん》科《か》の病院《びょういん》に就職《しゅうしょく》しました。そこで、障害《しょうがい》のある子《こ》どもたちの治療《ちりょう》にかかわるようになったのです。そのとき、知能《ちのう》の発達《はったつ》がまったく見《み》こめないといわれていた子《こ》でも、その子《こ》にあった教《おし》え方《かた》をすれば、知能《ちのう》がのびていくことを発見《はっけん》しました。まずしくて教育《きょういく》をうけられなかった子《こ》どもにも同《おな》じ方法《ほうほう》をためしてみたら、ぐんぐん能力《のうりょく》がのびたのです。

私《わたし》は子《こ》どもたちの教育《きょういく》に興味《きょうみ》をもつようになりました。医者《いしゃ》をやめ、教育《きょういく》について、一《いち》から学《まな》びなおしました。そして、子《こ》どもたちが本来《ほんらい》もっている力《ちから》をのばすための教育《きょういく》を考《かんが》えだしたのです。その後《ご》、私《わたし》の教育法《きょういくほう》は、世界《せかい》じゅうに広《ひろ》がって、モンテッソーリ教育《きょういく》の学校《がっこう》がつくられていきました。

子《こ》どもは、自分《じぶん》で成長《せいちょう》する力《ちから》をもって生《う》まれてきます。私《わたし》たちにできるのは、子《こ》どもが力《ちから》を自由《じゆう》に発揮《はっき》できるように環《かん》境《きょう》をととのえること、そして子《こ》どもがみずからしようとすることを見守《みまも》ることだけなのです。

8月31日の偉人

社会

この日《ひ》に生《う》まれた有名人《ゆうめいじん》

エドワード・ソーンダイク（心理学者《しんりがくしゃ》）／青木功《あおきいさお》（プロゴルファー）
リチャード・ギア（俳優《はいゆう》）／3代目中村橋之助《だいめなかむらはしのすけ》（歌舞伎役者《かぶきやくしゃ》）／野茂英雄《のもひでお》（野球選手《やきゅうせんしゅ》）

9月《がつ》生《う》まれの偉《い》人《じん》

世界《せかい》へ飛《と》びだして自分《じぶん》の道《みち》を見《み》つけた

国吉康雄《くによしやすお》

（1889～1953年　日本）

芸術《げいじゅつ》は天《てん》から降《ふ》ってくるわけではない、人間性《にんげんせい》そのものなのだ。

9月1日の偉人

芸術

私《わたし》は、今《いま》から130年《ねん》ぐらい前《まえ》に岡山県《おかやまけん》で生《う》まれました。父《ちち》は人力車引《じんりきしゃび》きで、美術《びじゅつ》にはまったく縁《えん》のない環境《かんきょう》で育《そだ》ったのです。中学《ちゅうがく》を卒業《そつぎょう》してからは、工業高校《こうぎょうこう》で染色《せんしょく》を学《まな》んでいたのですが、17歳《さい》のときに中退《ちゅうたい》。ひとりでアメリカにわたります。とくになにかしたいことがあったわけではありません。ただ広《ひろ》い世界《せかい》というものを見《み》てみたかったのでしょう。英語《えいご》を勉強《べんきょう》しながら、むこうで仕事《しごと》をすれば思《おも》っていました。

しかし、英語《えいご》がまったく話《はな》せなかったので、ほんとうに苦労《くろう》しました。ロサンゼルスで鉄道工夫《てつどうこうふ》をしたり、ホテルで雑用係《ざつようがかり》をしたり、農場《のうじょう》で働《はたら》いたり、とにかくいろいろな仕事《しごと》をしました。そうやってことばもつうじない異国《いこく》の地《ち》で働《はたら》いているうちに、絵《え》というものに興味《きょうみ》が出《で》てきたのです。ことばではつうじないことでも、絵《え》ならつうじるという思《おも》いもありました。

仕事《しごと》をしながら、美術学校《びじゅつがっこう》にかよい、絵《え》を学《まな》びました。数年後《すうねんご》にはニューヨークに引《ひ》っこし、本格的《ほんかくてき》に絵画《かいが》を学《まな》び、画家《がか》になることに決《き》めたのです。

その後《ご》、私《わたし》はつぎつぎに絵《え》を描《か》いていきました。ヨーロッパにわたって、さらに絵《え》の勉強《べんきょう》もしました。そのうち私《わたし》の絵《え》はみとめられ、数々《かずかず》の賞《しょう》をもらうようになります。40歳《さい》のときには、「19人《にん》の現存《げんそん》アメリカ作家展《さっかてん》」のひとりに選《えら》ばれました。

私《わたし》には、日本《にほん》とアメリカ、ふたつの祖国《そこく》があります。私《わたし》の絵《え》も、日本的《にほんてき》なものとアメリカ的《てき》なものがまじりあっているといわれています。ふるさとの美《うつく》しい自然《しぜん》の中《なか》で育《そだ》った私《わたし》の感性《かんせい》が、アメリカの自由《じゆう》で壮大《そうだい》な風土《ふうど》の中《なか》ではぐくまれていったのでしょう。

絵《え》を見《み》て、美《うつく》しいと感《かん》じる心《こころ》はどの国《くに》の人《ひと》も同《おな》じです。芸術《げいじゅつ》に国境《こっきょう》はありません。芸術《げいじゅつ》は万国共通《ばんこくきょうつう》のことばなのです。

この日《ひ》に生《う》まれた有名人《ゆうめいじん》

エドガー・ライス・バローズ（作家《さっか》）／幸田文《こうだあや》（作家《さっか》）／小澤征爾《おざわせいじ》（指揮者《しきしゃ》）
ビリー・ブランクス（エクササイズ指導者《しどうしゃ》）／土田晃之《つちだてるゆき》（お笑《わら》い芸人《げいにん》）

日本《にほん》で最初《さいしょ》の総理大臣《そうりだいじん》

伊《い》藤《とう》博《ひろ》文《ぶみ》

（1841～1909年　日本）

柔軟《じゅうなん》な人《ひと》こそおそれるべきだ。どんなに強《つよ》く見《み》えても、言動《げんどう》に余裕《よゆう》と味《あじ》のない人《ひと》は、たいしたことはできない。

9月 2日 の偉人

政治

わしは、江戸時代《えどじだい》の終《お》わりに、長州藩《ちょうしゅうはん》（今《いま》の山口県《やまぐちけん》）の農民《のうみん》の子《こ》として生《う》まれた。家《いえ》はまずしかったから、小《ちい》さいころから、働《はたら》きに出《だ》されていたよ。その後《ご》、武士《ぶし》の家《いえ》の養子《ようし》になった。もっとも、武《ぶ》士《し》の中《なか》でもいちばん身分《みぶん》が低《ひく》い「足軽《あしがる》」だったがね。青年《せいねん》になると、松下村塾《しょうかそんじゅく》に入門《にゅうもん》して、政治《せいじ》を学《まな》び、国《くに》をどうするか、みんなと考《かんが》えたものだ。そのころの長州《ちょうしゅう》はみんな尊王攘夷《そんのうじょうい》（天皇《てんのう》をうやまい、外《がい》国《こく》を追《お》いはらおうという考《かんが》え）で、私《わたし》もそうだった。だが、23歳《さい》のとき、イギリスにわたる機会《きかい》があってね、外国《がいこく》のようすを見《み》て、意見《いけん》を変《か》えた。外国《がいこく》の文明《ぶんめい》は日本《にほん》よりはるかに進《すす》んでいたのだ。こんな相手《あいて》と戦《たたか》っても、勝《か》てるわけがない。私《わたし》たちは、外国《がいこく》の進《すす》んだ文明《ぶんめい》を学《まな》ばせてもらうべきだ、とね。

日本《にほん》に帰《かえ》ってからは、外国《がいこく》と積極的《せっきょくてき》に交流《こうりゅう》をもつべきだし、時代遅《じだいおく》れの幕府《ばくふ》はたおすべきだという信念《しんねん》をもって、仲間《なかま》たちといっしょに戦《たたか》った。そして、長州《ちょうしゅう》藩《はん》と薩摩藩《さつまはん》（今《いま》の鹿児島県《かごしまけん》）で手《て》を組《く》んで、幕府《ばくふ》をたおすことに成功《せいこう》したのだ。

こうして、日本《にほん》は明治《めいじ》という新《あたら》しい時《じ》代《だい》に入《はい》った。私《わたし》は長州藩《ちょうしゅうはん》のやり手《て》の志士《しし》として、明治政府《めいじせいふ》の中心《ちゅうしん》で働《はたら》くようになった。ふたたびヨーロッパにいって、プロイセン（現在《げんざい》のドイツ）の憲法《けんぽう》を学《まな》び、それを手本《てほん》にして、わが国最初《くにさいしょ》の憲法《けんぽう》である大日本帝国憲法《だいにっぽんていこくけんぽう》の基本的《きほんてき》な考《かんが》え方《かた》をつくった。さらに、現在《げんざい》のような政治《せいじ》のしくみをつくり、日本《にほん》で最初《さいしょ》の総理大臣《そうりだいじん》となったのだ。その後《ご》、3回《かい》、総理大臣《そうりだいじん》をつとめたのだよ。

1905年《ねん》に、日本《にほん》は韓国《かんこく》を監督《かんとく》することになり、私《わたし》はそのときの初代統監《しょだいとうかん》（監督官《かんとくかん》）になった。だが、韓国《かんこく》を支配《しはい》するような日本《にほん》のやり方《かた》は、韓国《かんこく》の人《ひと》たちのいかりをかってね、私《わたし》は満州《まんしゅう》（中国《ちゅうごく》の東北部《とうほくぶ》）のハルビン駅《えき》で、安重根《あんじゅうこん》という韓国人《かんこくじん》に暗殺《あんさつ》されてしまった。私《わたし》は、日本《にほん》をほかの国《くに》に負《ま》けない豊《ゆた》かな国《くに》にしようと、力《ちから》をつくしてきた。できれば、あともう少《すこ》し、役《やく》に立《た》ちたかったものだ。

この日《ひ》に生《う》まれた有名人《ゆうめいじん》

吉良義央《きらよしひさ》（江戸時代前期《えどじだいぜんき》の高家肝煎《こうけきもいり》）／中原誠《なかはらまこと》（将棋棋士《しょうぎきし》）／原哲夫《はらてつお》（漫画家《まんがか》）
キアヌ・リーブス（俳優《はいゆう》）／林修《はやしおさむ》（予備校教師《よびこうきょうし》）／国分太一《こくぶんたいち》《TOKIO》（タレント）

世《よ》の中《なか》の価値観《かちかん》にとらわれない気骨《きこつ》の研究者《けんきゅうしゃ》

野《の》依《より》良《りょう》治《じ》

（1938年～　日本）

独創的《どくそうてき》であればあるほど孤立無援《こりつむえん》になります。生《い》きにくいかもしれないし、いじめられるかもしれない。それでも少数派《しょうすうは》であることを誇《ほこ》りに、やりつづけるしかありません。

9月3日の偉人

科学

私《わたし》は、ノーベル化学賞《かがくしょう》を受賞《じゅしょう》した化学者《かがくしゃ》です。日本人《にほんじん》としては10人目《にんめ》、化学賞《かがくしょう》を受賞《じゅしょう》した日本人《にほんじん》としては3人目《にんめ》でした。

私《わたし》が化学者《かがくしゃ》になろうと思《おも》ったのは、中学生《ちゅうがくせい》のときでした。化学製品《かがくせいひん》をつくっている会社《かいしゃ》につとめていた父親《ちちおや》につれられていった発表会《はっぴょうかい》で、「ナイロンは空気《くうき》と水《みず》と石炭《せきたん》からできている」ときいて、おどろいたことがきっかけです。みなさんも、ナイロンはわかりますよね？　あれのもとが、空気《くうき》と水《みず》と石炭《せきたん》だなんて、すごいと思《おも》いませんか？　私《わたし》はそのふしぎに、感動《かんどう》したのです。

その後《ご》、京都大学《きょうとだいがく》の工学部《こうがくぶ》に進《すす》み、卒業《そつぎょう》してからも、大学《だいがく》に残《のこ》って助手《じょしゅ》になりました。実験《じっけん》にあけくれる毎日《まいにち》でした。あるとき、実験中《じっけんちゅう》にフラスコをのぞきこんだとたん、大爆発《だいばくはつ》がおきましてね、顔面《がんめん》をめちゃめちゃにやられました。18針《はり》も縫《ぬ》う大《おお》ケガでした。それでも3日後《かご》には、包帯《ほうたい》をしたまま実験《じっけん》をしたんですよ。私《わたし》のてっていした研究《けんきゅう》ぶりは有名《ゆうめい》で、私《わたし》のとおったあとにはぺんぺん草《ぐさ》もはえないとまでいわれていました。

私《わたし》がノーベル賞《しょう》をとったのは、「不斉《ふせい》合成触媒《ごうせいしょくばい》」の研究《けんきゅう》をして成果《せいか》をあげたからです。ことばがむずかしくて、わかりにくいですよね。世界《せかい》には、同《おな》じ種類《しゅるい》の、同《おな》じ数《かず》の原子《げんし》でできていても、その原子《げんし》のならび方《かた》がちがうだけで、性質《せいしつ》がまったくちがうものがあります。でも、性質《せいしつ》がちがうふたつのものを人工的《じんこうてき》につくりわけることが、それまではできませんでした。私《わたし》はそのつくりわけの方法《ほうほう》を発見《はっけん》したのです。このおかげで、薬《くすり》や化学物質《かがくぶっしつ》を安全《あんぜん》につくることができるようになりました。

人々《ひとびと》の生活《せいかつ》に役立《やくだ》つことが科学《かがく》の基本《きほん》であるべきなのです。これから未来《みらい》をつくっていく若者《わかもの》にも、ぜひ社会《しゃかい》に役立《やくだ》つ研究《けんきゅう》をしてほしいと思《おも》います。そして、そのためには、「いい子《こ》」でいるだけでなく、変人《へんじん》・奇人《きじん》の部分《ぶぶん》を10％ぐらいもっていてほしいものです。

この日《ひ》に生《う》まれた有名人《ゆうめいじん》

フェルディナント・ポルシェ（自動車設計者《じどうしゃせっけいしゃ》）／家永三郎《いえながさぶろう》（歴史家《れきしか》）
フレディ・キング（ギタリスト）／楳図《うめず》かずお（漫画家《まんがか》）／吉田秀彦《よしだひでひこ》（柔道家《じゅうどうか》・格闘家《かくとうか》）

出《で》遅《おく》れたけれど大《おお》きく成功《せいこう》した音楽家《おんがくか》

ヨーゼフ・アントン・ブルックナー

（1824～1896年　オーストリア）

これまでとはちがう曲《きょく》を書《か》いてほしいといわれれば、もちろん書《か》ける。だが、私《わたし》はぜったいに書《か》かない。

9月4日の偉人

芸術

私《わたし》は、今《いま》から190年《ねん》くらい前《まえ》に、オーストリアのいなかで生《う》まれました。父《ちち》が教会《きょうかい》のオルガン弾《ひ》きだったこともあって、幼《おさな》いころからバイオリンやオルガンを演奏《えんそう》して、教会《きょうかい》の合唱隊《がっしょうたい》にも参加《さんか》していました。楽器《がっき》はとてもじょうずで、10歳《さい》のときに、もう父《ちち》のかわりに教会《きょうかい》でオルガンをひいたりしていたのです。その後《ご》も、修道院《しゅうどういん》の聖歌隊《せいかたい》に入《はい》り、音楽《おんがく》の勉《べん》強《きょう》をつづけました。

ですが、音楽家《おんがくか》になろうとは思《おも》っていませんでした。16歳《さい》で先生《せんせい》を育《そだ》てるための学校《がっこう》に入学《にゅうがく》して、そのまま先生《せんせい》になりました。そして、30歳《さい》をすぎるまで、いなかの学校《がっこう》で先生《せんせい》をしながら、地元《じもと》の教《きょう》会《かい》でオルガンをひいていました。音楽《おんがく》に没頭《ぼっとう》したいという気持《きも》ちはありましたが、安定《あんてい》した生活《せいかつ》を手《て》ばなせないでいたのです。そんなとき、友人《ゆうじん》たちから、リンツという街《まち》の教会《きょうかい》がオルガン奏者《そうしゃ》を募集《ぼしゅう》しているから、応募《おうぼ》するべきだとすすめられました。私《わたし》は思《おも》いきって応募《おうぼ》し、みごと合格《ごうかく》。このときから、オルガン奏者《そうしゃ》として、本格的《ほんかくてき》に作曲《さっきょく》の勉強《べんきょう》を始《はじ》めたのです。

そして、42歳《さい》で「交響曲第《こうきょうきょくだい》1番《ばん》」を作《さっ》曲《きょく》、発表《はっぴょう》しました。その後《ご》も、たくさんの交響曲《こうきょうきょく》や「テ・デウム」をはじめとした教会音楽《きょうかいおんがく》、オルガン曲《きょく》などをつくりつづけ、私《わたし》は高《たか》い評判《ひょうばん》と名声《めいせい》を手《て》に入《い》れたのです。

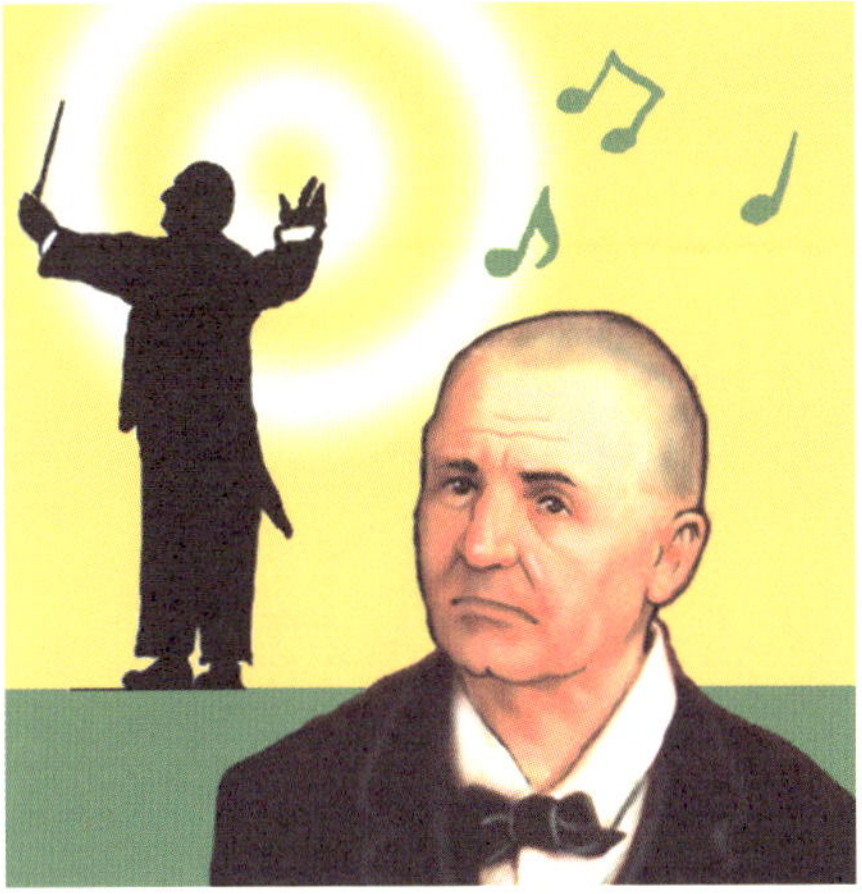

世《よ》の中《なか》にみとめられるまでの私《わたし》は、とにかく自信《じしん》がない小心者《しょうしんもの》でした。いなかのなまりもぬけず、やぼったいかっこうをしていて、洗練《せんれん》されたほかの音楽家《おんがくか》たちを前《まえ》にすると気《き》おくれしていたものです。でも、自分《じぶん》がそれまでの経験《けいけん》でつちかってきたものを信《しん》じ、いいと思《おも》った音《おん》楽《がく》をつづけていたら、世界《せかい》はちゃんとみとめてくれました。なにかをするのにおそすぎるということはないのです。必要《ひつよう》なのは、始《はじ》めようと思《おも》う気持《きも》ち、それと自分《じぶん》を信《しん》じる気持《きも》ちなんですよ。

この日《ひ》に生《う》まれた有名人《ゆうめいじん》

ウイリアム・ライオンズ（ジャガー創業者《そうぎょうしゃ》）／丹下健三《たんげけんぞう》（建築家《けんちくか》）
梶原一騎《かじわらいっき》（漫画原作者《まんがげんさくしゃ》）／小林薫《こばやしかおる》（俳優《はいゆう》）／ビヨンセ・ノウルズ（歌手《かしゅ》）

日本人最初《にほんじんさいしょ》のノーベル生理学《せいりがく》・医学賞受賞者《いがくしょうじゅしょうしゃ》

利根川進《とねがわすすむ》

（1939年～　日本）

なにをやるかより、なにをやらないかが大切《たいせつ》だ。

みなさんは、自分《じぶん》の体《からだ》が、いろいろな病気《びょうき》のもとになるウイルスから身《み》を守《まも》るしくみをもっていることを知《し》っていますか。たとえば、風邪《かぜ》がはやっているとき、ウイルスが体《からだ》の中《なか》に入《はい》ってきても、そんなにかんたんには風邪《かぜ》がうつりませんよね。あれは、体《からだ》の中《なか》で、ウイルスを撃退《げきたい》するしくみが働《はたら》いているからです。では、そのしくみはどういうふうにできているのでしょう？　私《わたし》はそのしくみを明《あき》らかにすることに成功《せいこう》したのです。

私《わたし》は学生《がくせい》のころから化学《かがく》が好《す》きで、好《す》きという気持《きも》ちだけで、京都大学《きょうとだいがく》の化学《かがく》科《か》に進《すす》みました。ほかの人《ひと》と同《おな》じことをやりたくなかったので、もうできあがっている分野《ぶんや》には関心《かんしん》がありませんでした。なにを研究《けんきゅう》すればいいかさがしていたとき、分子生物学《ぶんしせいぶつがく》という新《あたら》しい分野《ぶんや》がアメリカで研究《けんきゅう》されはじめているという話《はなし》をきいたのです。分子生物学《ぶんしせいぶつがく》というのは、生物《せいぶつ》や生命《せいめい》のしくみを分子《ぶんし》という小《ちい》さいレベルで解《と》きあかしていく学問《がくもん》です。なんておもしろそうな学問《がくもん》なんだろうと、私《わたし》はわくわくしました。

さっそくアメリカにわたり、そこで3年《ねん》、そのあとはスイスの研究所《けんきゅうじょ》で10年《ねん》、研究《けんきゅう》をつづけました。私《わたし》が研究《けんきゅう》したのは、「抗体《こうたい》」とよばれるたんぱく質《しつ》についてです。抗体《こうたい》はウイルスや細菌《さいきん》が体《からだ》に入《はい》ってくると攻撃《こうげき》する強力《きょうりょく》な武器《ぶき》です。抗体《こうたい》の種類《しゅるい》は、どんなウイルスが入《はい》ってくるかでちがっていて、その数《かず》は１００億《おく》種類以上《しゅるいいじょう》にもなると考《かんが》えられています。私《わたし》はそんなにたくさんの種類《しゅるい》の抗体《こうたい》がどんなふうにつくられるのかを研究《けんきゅう》して、しくみを発見《はっけん》しました。そして日本人《にほんじん》としてはじめてノーベル生理学《せいりがく》・医学賞《いがくしょう》を受賞《じゅしょう》することができたのです。

顕微鏡《けんびきょう》で見《み》てもわからないような小《ちい》さな世界《せかい》の中《なか》では、奇跡《きせき》のようなことがおこっているのです。みなさんの体《からだ》の中《なか》には、まだ解《と》きあかされていないふしぎなことがたくさんあるのですよ。

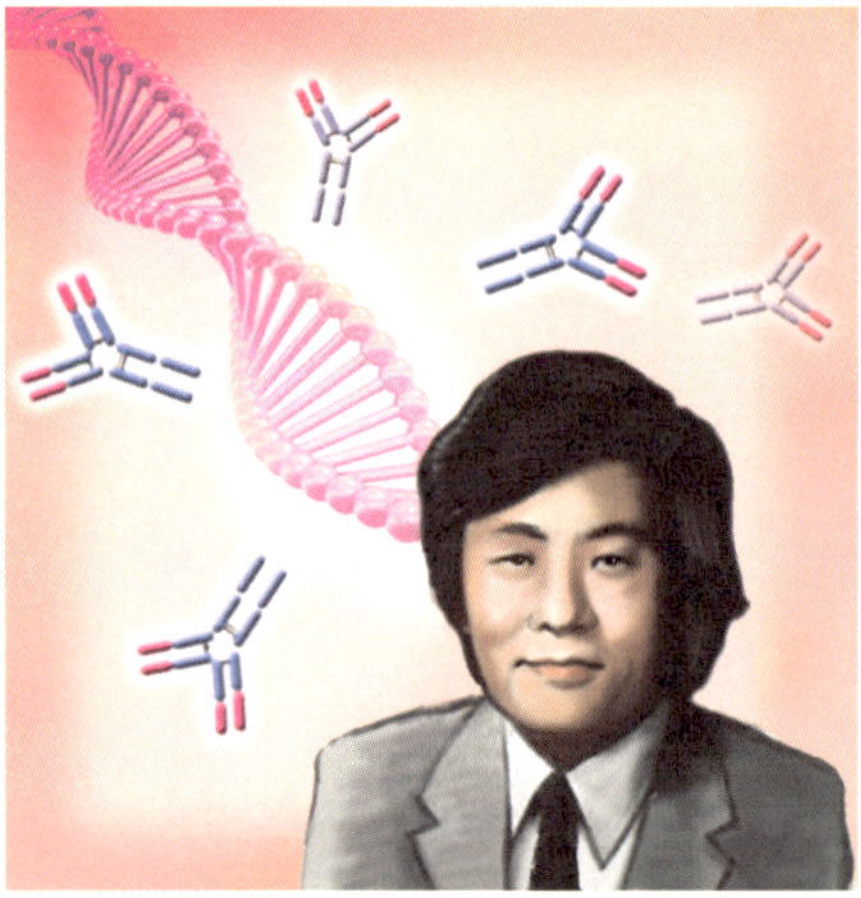

この日《ひ》に生《う》まれた有名人《ゆうめいじん》

ルイ14世《せい》（フランス国王《こくおう》）／棟方志功《むなかたしこう》（版画家《はんがか》）／ジョン・ケージ（作曲家《さっきょくか》）
フレディ・マーキュリー（歌手《かしゅ》）／キム・ヨナ（フィギュアスケート選手《せんしゅ》）

独学《どくがく》で原子説《げんしせつ》にたどりついた

ジョン・ドルトン

（1766〜1844年　イギリス）

正《ただ》しい考《かんが》えも、いうべき時《とき》をまちがえては意味《いみ》がない。

9月
6日
の偉人

科学

私《わたし》は今《いま》から２５０年《ねん》ほど前《まえ》に、イギリスの小《ちい》さな村《むら》で生《う》まれました。家《いえ》がまずしかったため、村《むら》の小学校《しょうがっこう》を卒業《そつぎょう》したあとは、きちんとした教育《きょういく》をうけることができず、ひとりで勉強《べんきょう》をつづけていました。そして、わずか12歳《さい》で学校《がっこう》の先生《せんせい》になったのです。

15歳《さい》のとき、兄《あに》といっしょに村《むら》を出《で》て、町《まち》にいき、学校《がっこう》をつくりました。そのとき、ジョン・ガフという博物学者《はくぶつがくしゃ》と知《し》りあい、その先生《せんせい》から、勉強《べんきょう》を教《おそ》わることができたのです。そのうち、私《わたし》は空《そら》や天《てん》気《き》に関心《かんしん》をもちはじめました。そして、自分《じぶん》で気温《きおん》や気圧《きあつ》をはかる器具《きぐ》をつくり、天気《てんき》の観測《かんそく》を毎日《まいにち》して、記録《きろく》するようになったのです。21歳《さい》のときに始《はじ》めたこの観測《かんそく》は、77歳《さい》で死《し》ぬ前《まえ》の日《ひ》までつづけました。

はじめは天気《てんき》や大気《たいき》の現象《げんしょう》について研《けん》究《きゅう》していましたが、その後《ご》、大気《たいき》をつくっている気体《きたい》そのものに興味《きょうみ》が出《で》てきました。観察《かんさつ》や実験《じっけん》をくりかえした結果《けっか》、「すべての物質《ぶっしつ》は、これ以上《いじょう》こわすことも、わけることもできない小《ちい》さな粒《つぶ》からできている」という考《かんが》え方《かた》を発表《はっぴょう》しました。そして、このいちばん小《ちい》さな粒《つぶ》を私《わたし》は「原子《げんし》（アトム）」と名《な》づけたのです。私《わたし》はまた、物質《ぶっしつ》をつくっているもっとも基《き》本的《ほんてき》なものが原子《げんし》であると考《かんが》えました。私《わたし》の発表《はっぴょう》は話題《わだい》にはなりましたが、世《よ》の中《なか》にみとめられるまでにはずいぶん時間《じかん》がかかりました。だから、死《し》ぬまでお金《かね》には恵《めぐ》まれず、ずっと小学校《しょうがっこう》で先生《せんせい》をしていたのです。イギリスの学者《がくしゃ》の団体《だんたい》「王立協会《おうりつきょうかい》」の会員《かいいん》にならないかとさそわれたときも、お金《かね》がなくてことわったほどでした。

私《わたし》たちの体《からだ》や身《み》のまわりにあるもの、つまりこの世《よ》のすべては原子《げんし》でできています。わずか１００種類《しゅるい》の原子《げんし》がいろいろな組《く》みあわさり方《かた》をして、たくさんのものをつくりだしているのです。物質《ぶっしつ》の正体《しょうたい》を知《し》ることは人間《にんげん》の大《おお》きな夢《ゆめ》でした。私《わたし》はその最初《さいしょ》の扉《とびら》をひらいたのですよ。

この日《ひ》に生《う》まれた有名人《ゆうめいじん》

星新一《ほししんいち》（作家《さっか》）／西村京太郎《にしむらきょうたろう》（推理作家《すいりさっか》）／永井豪《ながいごう》（漫画家《まんがか》）
谷亮子《たにりょうこ》（柔道家《じゅうどうか》）／氷川《ひかわ》きよし（歌手《かしゅ》）

伝説《でんせつ》になったイギリス女王《じょおう》

エリザベス1世《せい》

（1533〜1603年　イギリス）

私《わたし》はイギリスと結婚《けっこん》したのです。

9月
7日
の偉人

政治

私《わたし》は、大英帝国《だいえいていこく》の基礎《きそ》をきずいた女王《じょおう》です。1558年《ねん》、25歳《さい》のとき、私《わたし》は女王《じょおう》の座《ざ》につきました。ですが、女王《じょおう》にいたるまでの道《みち》のりはきびしいものだったのですよ。私《わたし》の母《はは》は、私《わたし》をうんだあと、王《おう》をつぐべき男《おとこ》の子《こ》をうめなかったため、王《おう》を裏切《うらぎ》ったという無実《むじつ》の罪《つみ》をきせられて、処刑《しょけい》されました。私《わたし》も王室《おうしつ》から追《お》いだされ、一時《いちじ》は処刑《しょけい》されそうになったのですが、王位《おうい》をついだ人《ひと》たちがつぎつぎと病《やまい》にたおれ、王《おう》の座《ざ》が私《わたし》にころがりこんできたのです。

若《わか》く美《うつく》しいだけでなく、フランス語《ご》、イタリア語《ご》、ラテン語《ご》、ギリシャ語《ご》を自由《じゆう》に話《はな》せるという知性《ちせい》の面《めん》からも、私《わたし》は国民《こくみん》から愛《あい》されました。そして、国《くに》じゅうで私《わたし》の戴冠《たいかん》（女王《じょおう》になった証《あかし》として、はじめて冠《かんむり》を頭《あたま》にのせること）を祝《いわ》ってくれました。

女王《じょおう》となってからは、まず、私《わたし》の父《ちち》ヘンリー8世《せい》のときからつづいていた宗教《しゅうきょう》のあいだのあらそいをおさめました。

1588年《ねん》には、ドーバー海峡《かいきょう》でスペインの無敵艦隊《むてきかんたい》をやぶりました。当時《とうじ》、イギリスはまだ小《ちい》さい国《くに》でした。反対《はんたい》に、スペインは誰《だれ》もが知《し》る大国《たいこく》で、無敵《むてき》といわれていた海軍《かいぐん》をもっていました。小《ちい》さな国《くに》が大国《たいこく》スペインに大勝利《だいしょうり》するというすごいことをなしとげたのです。私《わたし》はスペイン、フランスをはじめとした国々《くにぐに》からおそれられる存在《そんざい》となったのです。さらに、1600年《ねん》には、東《ひがし》インド会社《がいしゃ》をつくり、イギリスが海外《かいがい》へ進出《しんしゅつ》する基《き》礎《そ》をつくりました。

こうして私《わたし》は、国民《こくみん》に自信《じしん》をあたえ、イングランドの栄光時代《えいこうじだい》をきずき、「よき女王《じょおう》」とよばれるようになりました。私《わたし》は生涯《しょうがい》、結婚《けっこん》しませんでした。私《わたし》はただ、私《わたし》をささえてくれた国民《こくみん》を愛《あい》していたのです。そして国民《こくみん》は、私《わたし》に愛《あい》を返《かえ》してくれたのです。

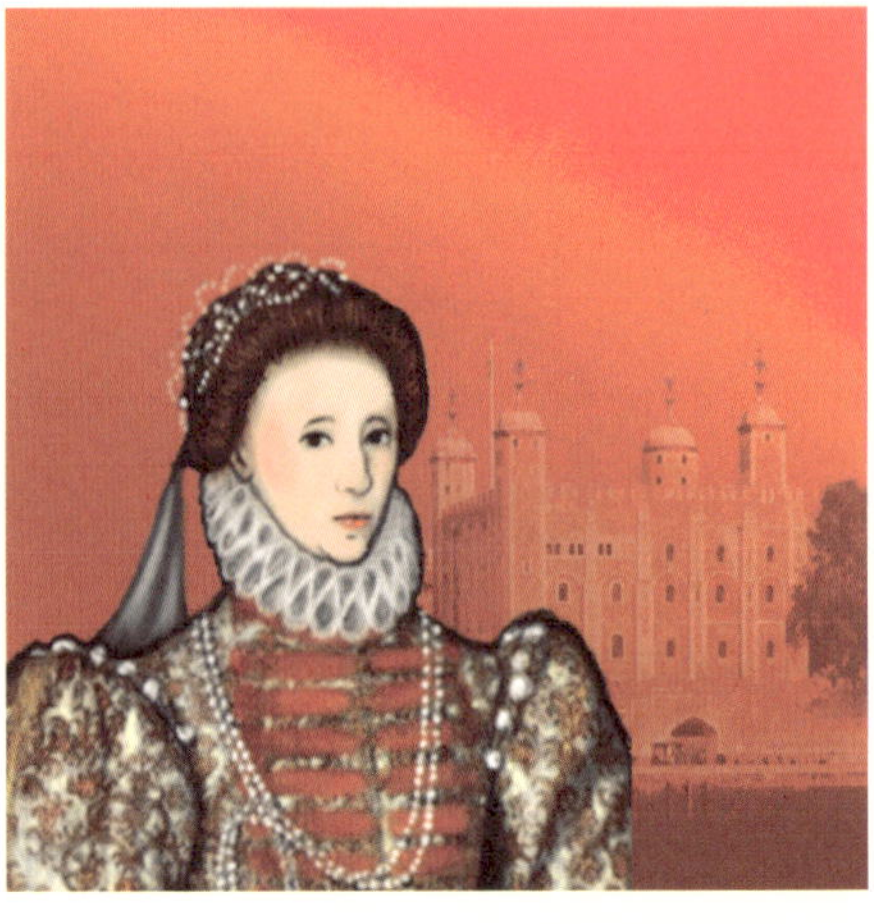

この日《ひ》に
生《う》まれた
有名人《ゆうめいじん》

伊藤清《いとうきよし》（数学者《すうがくしゃ》）／ローラ・アシュレイ（ファッションデザイナー）／ソニー・ロリンズ（ジャズサックス奏者《そうしゃ》）／長渕剛《ながぶちつよし》（ミュージシャン）／岡崎朋美《おかざきともみ》（スピードスケート選手《せんしゅ》）

鉄道《てつどう》オタクの大作曲家《だいさっきょくか》

アントニン・ドヴォルザーク

（1841～1904年　チェコスロバキア）

機関車《きかんしゃ》を発明《はつめい》できるなら、私《わたし》がこれまでつくった交響曲《こうきょうきょく》ぜんぶをさしだそう。

9月8日の偉人

芸術

私《わたし》は今《いま》から180年《ねん》ほど前《まえ》にチェコスロバキアの町《まち》で生《う》まれました。家《いえ》は肉《にく》屋《や》をやっていて、私《わたし》は長男《ちょうなん》だったので、小《ちい》さいときから肉屋《にくや》のあとをつぐように修行《しゅぎょう》をしていました。小学校《しょうがっこう》で楽器《がっき》を習《なら》うと、めきめきうまくなり、まわりの人《ひと》たちが「この子《こ》は音楽《おんがく》の才能《さいのう》があるよ」といってくれたのですが、家《いえ》がまずしかったこともあって、父《ちち》は私《わたし》を肉屋《にくや》にさせたがっていました。しかし、私《わたし》は音楽《おんがく》の道《みち》に進《すす》んでみたかった。私《わたし》の思《おも》いと才能《さいのう》をみとめてくれたおじさんがお金《かね》を出《だ》してくれて、私《わたし》はプラハという町《まち》にあった音楽学校《おんがくがっこう》に入《はい》ることができました。

それからは、一生懸命《いっしょうけんめい》勉強《べんきょう》しました。学校《がっこう》を卒業《そつぎょう》すると、劇場《げきじょう》のオーケストラで演奏《えんそう》したり、指揮《しき》をしたりしながら、作曲《さっきょく》を始《はじ》めます。作曲《さっきょく》を始《はじ》めたころは、なかなかいい曲《きょく》ができませんでした。作《さっ》曲《きょく》に専念《せんねん》できる時間《じかん》をとるために、私《わたし》は30歳《さい》でオーケストラをやめ、本格的《ほんかくてき》に曲《きょく》づくりにとりかかりました。そうして、少《すこ》しずつ、世《よ》の中《なか》にみとめられる曲《きょく》をつくれるようになっていきました。そしてついに、チェコの人々《ひとびと》の誇《ほこ》りとなるような音楽《おんがく》をつくろうと作曲《さっきょく》した「スラブ舞《ぶ》曲《きょく》」が大《だい》ヒットとなり、チェコはおろか、ヨーロッパじゅうから絶賛《ぜっさん》されたのです。ニューヨークの音楽学校《おんがくがっこう》から招待《しょうたい》されて、アメリカにいっていた時期《じき》もありました。このときできたのが、私《わたし》の代表曲《だいひょうきょく》となる「新世界《しんせかい》より」です。この曲《きょく》は音楽《おんがく》の授《じゅ》業《ぎょう》でもよくとりあげられるので、きいたことがある人《ひと》もいるのではないでしょうか。曲《きょく》の最初《さいしょ》のほうを、よくきいてみてください。まるで汽車《きしゃ》が走《はし》りだすときのようでしょう？　私《わたし》はじつは鉄道《てつどう》オタクで、ひまがあれば、鉄道《てつどう》を見《み》にいっていました。時刻表《じこくひょう》や列車《れっしゃ》の番号《ばんごう》も暗記《あんき》していたほどです。上《うえ》に出《で》ていることばは、私《わたし》の本心《ほんしん》です。それだけ鉄道《てつどう》が大好《だいす》きだったのですよ。

この日《ひ》に生《う》まれた有名人《ゆうめいじん》

リチャード1世《せい》（獅子心王《しししんおう》）（イギリス国王《こくおう》）／池田菊苗《いけだきくなえ》（化学者《かがくしゃ》）／堀江謙一《ほりえけんいち》（ヨット冒険家《ぼうけんか》）
鈴木亜久里《すずきあぐり》（F1ドライバー）／松本人志《まつもとひとし》《ダウンタウン》（お笑《わら》い芸人《げいにん》）

いなかにひらいた1軒《けん》の店《みせ》を世界《せかい》に広《ひろ》げた

カーネル・サンダース

（1890〜1980年　アメリカ）

私《わたし》はたくさん失敗《しっぱい》をしてきましたが、どの失敗《しっぱい》も、もう一度《いちど》やりなおして、新《あたら》しいことに挑戦《ちょうせん》するチャンスをくれました。

9月 9日の偉人

社会

私《わたし》の名前《なまえ》や私《わたし》の顔《かお》は、みなさんもよく知《し》っているのではないですか。そう、私《わたし》はフライドチキンのお店《みせ》を始《はじ》めた白《しろ》ひげにメガネのおじさんです。

私《わたし》は今《いま》から１３０年《ねん》ほど前《まえ》に、アメリカのまんなかあたりで生《う》まれました。6歳《さい》のときに父《ちち》が亡《な》くなってしまったので、それからは母《はは》がひとりで、私《わたし》と兄《あに》、妹《いもうと》を育《そだ》てながら、働《はたら》かなくてはいけなくなったのです。母《はは》は昼間《ひるま》は缶詰工場《かんづめこうじょう》で働《はたら》き、夜《よる》は家《いえ》で縫《ぬ》い物《もの》の内職《ないしょく》をしていました。だから、弟《おとうと》と妹《いもうと》のめんどうを見《み》るのと、ふたりにごはんをつくって食《た》べさせるのは、私《わたし》の仕事《しごと》でした。大変《たいへん》でしたけれど、つくったものをおいしいといって食《た》べてもらえるのは、とてもうれしかったものです。

学費《がくひ》も払《はら》えなかったので、私《わたし》は10歳《さい》から農場《のうじょう》で働《はたら》きはじめました。小学校《しょうがっこう》を卒《そつ》業《ぎょう》すると、上《うえ》の学校《がっこう》にはいかず、フルタイムで働《はたら》きました。市電《しでん》の車掌《しゃしょう》や、鉄道《てつどう》の機関士助手《きかんしじょしゅ》、保険《ほけん》のセールスなど、いろいろな仕事《しごと》につきました。でも、どの仕事《しごと》もうまくいかなかったのです。その後《ご》、タイヤのセールスをしていたときに知《し》りあった石油会社《せきゆがいしゃ》の人《ひと》からすすめられて、ガソリンスタンドを始《はじ》めました。最《さい》初《しょ》はうまくいくかに見《み》えたのですが、アメリカが大《おお》きな不況《ふきょう》にみまわれたせいで、ガソリンが値《ね》あがりし、お客《きゃく》さんからお金《かね》を回収《かいしゅう》できなくなって、倒産《とうさん》してしまいます。このとき、私《わたし》はもう30代後半《だいこうはん》でした。

それから数年後《すうねんご》、私《わたし》はケンタッキー州《しゅう》でまたガソリンスタンドを始《はじ》めました。スタンドの物置《ものおき》に席《せき》を6つおいてカフェにして、私《わたし》の手料理《てりょうり》を出《だ》すようにしました。そうしたら、メニューの中《なか》のフライドチキンが大評判《だいひょうばん》になり、行列《ぎょうれつ》ができるほどになったのです。あまりにもすごい人気《にんき》だったので、私《わたし》は、自分《じぶん》の店《みせ》でもチキンを売《う》りたいという人《ひと》たちに、秘伝《ひでん》のレシピを教《おし》えるかわりに、売《う》りあげの一《いち》部《ぶ》をもらうという「フランチャイズ制《せい》」を考《かんが》えました。おかげで、私《わたし》のおいしいチキンは世界《せかい》じゅうで食《た》べられるようになったのです。

この日《ひ》に生《う》まれた有名人《ゆうめいじん》

副島種臣《そえじまたねおみ》（外務卿《がいむきょう》）／塩田剛三《しおたごうぞう》（武道家《ぶどうか》・養神館合気道開祖《ようしんかんあいきどうかいそ》）
デニス・リッチー（UNIXの開発者《かいはつしゃ》）／弘兼憲史《ひろかねけんし》（漫画家《まんがか》）／大塚愛《おおつかあい》（ミュージシャン）

病気《びょうき》の人《ひと》を助《たす》けることを使命《しめい》にした医者《いしゃ》

トマス・シデナム

（1624〜1689年　イギリス）

ありったけの技術《ぎじゅつ》、知識《ちしき》、エネルギーを、自分《じぶん》の利益《りえき》や野心《やしん》のためではなく、人類《じんるい》の幸福《こうふく》のために使《つか》わなくてはいけない。

9月10日の偉人

医学

みなさんは、医者《いしゃ》の仕事《しごと》はどのようなものだと思《おも》いますか？　医者《いしゃ》にもいろいろなタイプがあります。将来《しょうらい》、病気《びょうき》になるかもしれないたくさんの人々《ひとびと》を救《すく》うために、病気《びょうき》の原因《げんいん》をつきとめようとする医者《いしゃ》、病気《びょうき》の治療法《ちりょうほう》や予防法《よぼうほう》を研究《けんきゅう》する医者《いしゃ》、薬《くすり》を開発《かいはつ》しようとする医者《いしゃ》、それから、目《め》の前《まえ》の病人《びょうにん》をひとりでも多《おお》く救《すく》おうと努《つと》める医者《いしゃ》、どれもすばらしい医者《いしゃ》の姿《すがた》です。

私《わたし》は、研究《けんきゅう》よりも、じっさいに病気《びょうき》になった人《ひと》を治《なお》すことを優先《ゆうせん》した医者《いしゃ》でした。えらい先生《せんせい》が書《か》いた本《ほん》や、研究室《けんきゅうしつ》で考《かんが》えられた理論《りろん》は重《おも》んじず、じっさいに病気《びょうき》で苦《くる》しんでいる患者《かんじゃ》さんのようすをくわしく観察《かんさつ》することを第一《だいいち》に考《かんが》えたのです。

まず、私《わたし》は患者《かんじゃ》さんがどんな症状《しょうじょう》に苦《くる》しんでいるか、症状《しょうじょう》のうつりかわりをつぶさに観察《かんさつ》して、書《か》きとめていきました。そして、病気《びょうき》のようすや原因《げんいん》などで、分《ぶん》類《るい》したのです。たとえば、体《からだ》の不調《ふちょう》から引《ひ》きおこされる病気《びょうき》なのかどうかとか、急性《きゅうせい》の病気《びょうき》なのか慢性《まんせい》の病気《びょうき》なのかとか、流行《りゅうこう》するものかどうか、などでわけて、治療法《ちりょうほう》をまとめたのです。私《わたし》は人間《にんげん》が生《う》まれながらにしてもっている病気《びょうき》を治《なお》す力《ちから》を生《い》かしたかったので、その力《ちから》を利用《りよう》した治療法《ちりょうほう》を考《かんが》えました。

私《わたし》のやり方《かた》は、当時《とうじ》の医者仲間《いしゃなかま》にはなかなかみとめられませんでしたが、たくさんの人《ひと》が私《わたし》を「イギリスのヒポクラテス」とよんでくれました。ヒポクラテスというのは、古代《こだい》ギリシャの医者《いしゃ》で「医《い》学《がく》の父《ちち》」ともいわれています。私《わたし》と同《おな》じように、病気《びょうき》の人《ひと》を観察《かんさつ》して病気《びょうき》を治《なお》そうとしていた人《ひと》です。

薬《くすり》をいっぱいつんだ20頭《とう》のロバが町《まち》にやってくるより、たったひとりのピエロがきてくれたほうが、町《まち》の人々《ひとびと》を健康《けんこう》にします。じつは、笑顔《えがお》がいちばんの薬《くすり》なんですよ。

この日《ひ》に生《う》まれた有名人《ゆうめいじん》

アーノルド・パーマー（プロゴルファー）／山田康雄《やまだやすお》（声優《せいゆう》）／クリス・コロンバス（映画監督《えいがかんとく》）
ランディ・ジョンソン（野球選手《やきゅうせんしゅ》）／松田翔太《まつだしょうた》（俳優《はいゆう》）

ささやかな人々《ひとびと》のささやかな人生《じんせい》を描《えが》いた

オー・ヘンリー

（1862〜1910年　アメリカ）

人間《にんげん》にとって大切《たいせつ》なのは、この世《よ》に何年《なんねん》生《い》きているかではない。この世《よ》でどれだけ価値《かち》のあることをするかだ。

みなさんは、『最後《さいご》の一葉《いちよう》』というお話《はなし》を知《し》っていますか。まもなく冬《ふゆ》になるころ、肺炎《はいえん》という病気《びょうき》にかかってベッドで寝《ね》たきりになった少女《しょうじょ》が主人公《しゅじんこう》のお話《はなし》です。少女《しょうじょ》は、窓《まど》から見《み》えるツタの葉《は》に自分《じぶん》の命《いのち》を重《かさ》ねていました。ツタの葉《は》が1枚《まい》、また1枚《まい》と落《お》ちていくにつれ、少女《しょうじょ》はもう自分《じぶん》も死《し》ぬのだと思《おも》いこんで、弱《よわ》っていくのです。ツタの葉《は》があと1枚《まい》だけになったとき、同《おな》じアパートに住《す》んでいた老人《ろうじん》が、少女《しょうじょ》のために、嵐《あらし》の中《なか》、壁《かべ》にツタの葉《は》の絵《え》を描《えが》きます。たった1枚《まい》になっても落《お》ちないで残《のこ》っている葉《は》っぱに勇気《ゆうき》をもらい、少女《しょうじょ》は元気《げんき》になるのですが、ずっと嵐《あらし》の中《なか》にいた老人《ろうじん》は……。

私《わたし》はその物語《ものがたり》を書《か》いた作家《さっか》です。

人生《じんせい》には悲《かな》しいこともありますが、楽《たの》しいこともあります。ですが、私《わたし》の人生《じんせい》は悲《かな》しいことのほうが多《おお》かったかもしれません。私《わたし》は15歳《さい》から働《はたら》きはじめ、作家《さっか》をめざしながら、いろいろな職業《しょくぎょう》につきました。そのうち、結婚《けっこん》もして、記者《きしゃ》としての仕事《しごと》も少《すこ》し始《はじ》められるようになりました。ですが、そんなとき、働《はたら》いていた銀行《ぎんこう》でお金《かね》がなくなり、私《わたし》が盗《と》ったのだといわれ、つかまったのです。そのあいだに、病気《びょうき》だった妻《つま》が亡《な》くなってしまい、私《わたし》は人生《じんせい》に絶望《ぜつぼう》して、裁判《さいばん》でもなにもいわずに、刑務所《けいむしょ》に入《い》れられました。

そして刑務所《けいむしょ》にいるあいだに、物語《ものがたり》を書《か》きはじめたのです。刑務所《けいむしょ》から出《で》た私《わたし》は本格的《ほんかくてき》に物語《ものがたり》を書《か》いて出版《しゅっぱん》するようになり、たちまち人気作家《にんきさっか》になりました。

私《わたし》が書《か》いた物語《ものがたり》は、今《いま》でもたくさんの人《ひと》に読《よ》みつがれています。そのほとんどが、ふつうの人《ひと》が人生《じんせい》で味《あじ》わうささやかな喜《よろこ》びや悲《かな》しみなどを描《えが》いています。そう、私《わたし》の物語《ものがたり》には人生《じんせい》がつまっているのです。人生《じんせい》はけっしてあまいものではありません。けれど、けっしてすてたものでもないのですよ。

この日《ひ》に生《う》まれた有名人《ゆうめいじん》

後白河天皇《ごしらかわてんのう》（第《だい》77代天皇《だいてんのう》）／竹中半兵衛《たけなかはんべえ》（武将《ぶしょう》）／フランツ・ベッケンバウアー（サッカー選手《せんしゅ》）／文仁親王妃紀子《ふみひとしんのうひきこ》（皇族《こうぞく》）／小籔千豊《こやぶかずとよ》（お笑《わら》い芸人《げいにん》）

人間《にんげん》の幸福《こうふく》と科学《かがく》の発展《はってん》に命《いのち》をかけた

イレーヌ・ジョリオ・キュリー

(1897〜1956年　フランス)

未来《みらい》は人間《にんげん》の手《て》の中《なか》に。

9月12日の偉人

科学

私《わたし》は、ラジウムを発見《はっけん》し、ノーベル賞《しょう》をもらったキュリー夫妻《ふさい》の娘《むすめ》です。実験《じっけん》にあけくれる両親《りょうしん》は研究室《けんきゅうしつ》にこもっていることが多《おお》く、小《ちい》さいころの私《わたし》は少《すこ》しさびしい思《おも》いをしていたものです。でも私《わたし》は、母《はは》と科学《かがく》の話《はなし》をするのが好《す》きでした。母《はは》は、自分《じぶん》の好《す》きな道《みち》に進《すす》みなさいといってくれましたが、きたない実験室《じっけんしつ》で一生懸命《いっしょうけんめい》に研究《けんきゅう》する両親《りょうしん》の姿《すがた》を見《み》て、いつしか私《わたし》も科学者《かがくしゃ》になろうと思《おも》うようになりました。

17歳《さい》で、私《わたし》は母《はは》の助手《じょしゅ》となります。ちょうど第《だい》1次世界大戦《じせかいたいせん》がおこっているときでした。母《はは》が戦場《せんじょう》にX線治療《せんちりょう》をおこなう車《くるま》をはこんでいって、ケガをした兵士《へいし》の治療《ちりょう》にあたったので、私《わたし》もそれを手伝《てつだ》ったのです。

戦争《せんそう》が終《お》わると、母《はは》の助手《じょしゅ》として研究《けんきゅう》をするようになりました。28歳《さい》のとき、やはり母《はは》の助手《じょしゅ》をしていたジョリオと結婚《けっこん》し、協力《きょうりょく》して研究《けんきゅう》を進《すす》めていきます。そして、8年後《ねんご》、人工《じんこう》で放射線《ほうしゃせん》をとりだす方法《ほうほう》を発見《はっけん》するのです。大《おお》きな発見《はっけん》に、私《わたし》たちは大喜《おおよろこ》びしました。私以上《わたしいじょう》に、母《はは》は喜《よろこ》んでくれました。ガラス管《かん》に入《はい》った人工《じんこう》の放射性元素《ほうしゃせいげんそ》をうれしそうに見《み》る母《はは》の顔《かお》は、今《いま》でも忘《わす》れられません。でも、その5か月後《げつご》、母《はは》は白血病《はっけつびょう》で亡《な》くなってしまいました。私《わたし》と夫《おっと》がノーベル賞《しょう》を受賞《じゅしょう》したのは、そのよく年《とし》でした。

私《わたし》たちが発見《はっけん》した人工《じんこう》の放射線《ほうしゃせん》は、病気《びょうき》の治療《ちりょう》に役立《やくだ》てられるようになりました。でもその半面《はんめん》、核爆弾《かくばくだん》というおそろしい兵器《へいき》にも利用《りよう》されるようになったのです。第《だい》2次世界大戦《じせかいたいせん》では、日本《にほん》に原子爆弾《げんしばくだん》がふたつも落《お》とされてしまいました。

その後《ご》、私《わたし》はフランスの原子力委員会《げんしりょくいいんかい》に参加《さんか》して、核兵器《かくへいき》に反対《はんたい》しつづけました。上《うえ》に出《で》ていることばは、アメリカが太平洋《たいへいよう》で水爆実験《すいばくじっけん》をしたときに、その実験《じっけん》に反対《はんたい》していったことばです。科学《かがく》は、未来《みらい》の子《こ》どもたちのために使《つか》われなければいけない——それだけはぜったい的《てき》な真実《しんじつ》なのです。

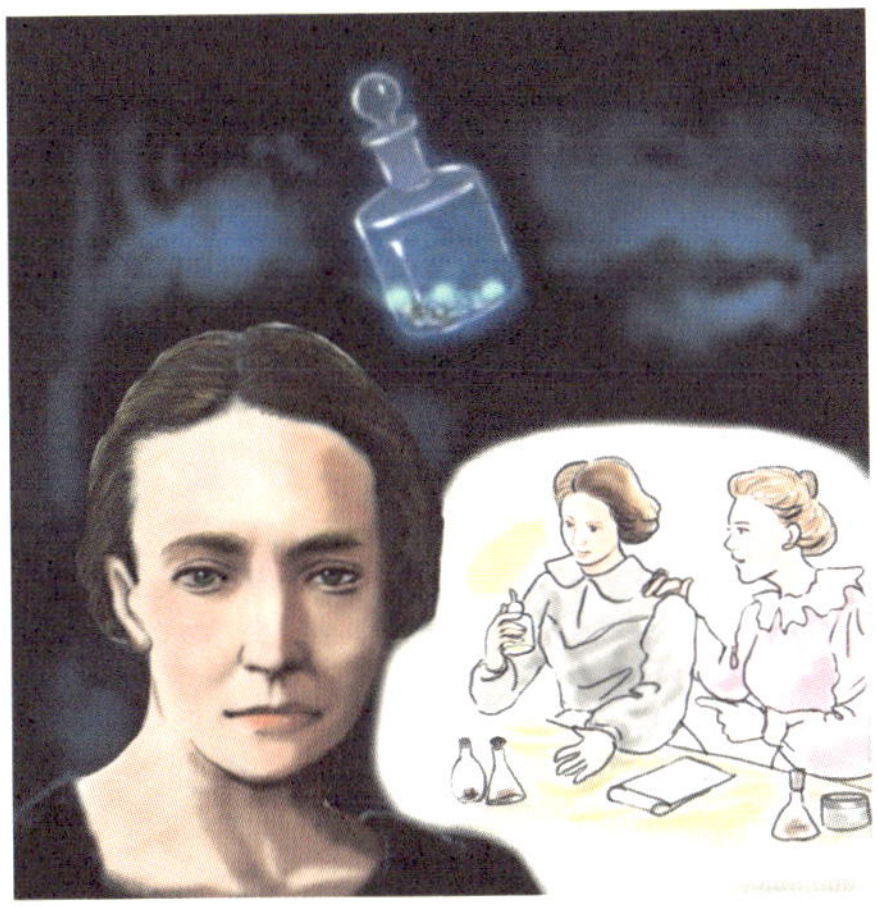

この日《ひ》に生《う》まれた有名人《ゆうめいじん》

2代目尾上松之助《だいめおのえまつのすけ》(歌舞伎役者《かぶきやくしゃ》)／スタニスワフ・レム(作家《さっか》)／戸田恵子《とだけいこ》(声優《せいゆう》・女優《じょゆう》)／丸山茂樹《まるやましげき》(プロゴルファー)／長友佑都《ながともゆうと》(サッカー選手《せんしゅ》)

日本《にほん》の医学《いがく》を大《おお》きく前進《ぜんしん》させた

杉田玄白《すぎたげんぱく》

（1733～1817年　日本）

昨日《きのう》の失敗《しっぱい》をくよくよ思《おも》いなやむな。明日《あす》、考《かんが》えればいい。

9月13日の偉人

医学

私《わたし》は、江戸時代《えどじだい》の中《なか》ごろに、若狭国《わかさのくに》（今《いま》の福井県《ふくいけん》）の医者《いしゃ》の息子《むすこ》として、江《え》戸《ど》で生《う》まれました。そして、父《ちち》と同《おな》じ道《みち》に進《すす》み、医者《いしゃ》となりました。

江戸《えど》で医者《いしゃ》をしていた38歳《さい》のとき、死《し》刑《けい》になった罪人《ざいにん》の死体《したい》の腑《ふ》わけ（解剖《かいぼう》）を見学《けんがく》することになりました。そのころ、解剖《かいぼう》なんてめったにされていなかったので（というより、死体《したい》を切《き》りきざむなど、表《おもて》だってできないことでしたから）、それはとても幸運《こううん》なことだったのです。私《わたし》は『ターヘル・アナトミア』というオランダの医学書《いがくしょ》を手《て》に入《い》れて、その本《ほん》をもちこんで、解剖《かいぼう》を見学《けんがく》しました。

解剖《かいぼう》されていく死体《したい》と本《ほん》を見《み》くらべて、おどろきました。なにしろ、本《ほん》に書《か》かれていることと、じっさいに見《み》る人間《にんげん》の体《からだ》の中《なか》が、同《おな》じなのです！　本《ほん》に書《か》かれていることの正確《せいかく》さに、私《わたし》は心《こころ》から感動《かんどう》しました。そして、いっしょに解剖《かいぼう》を見学《けんがく》していた前野良沢《まえのりょうたく》さんという医者《いしゃ》と、『ターヘル・アナトミア』を日本語《にほんご》にしようと決《き》めたのです。

日本語《にほんご》にしようと決《き》めたのはよかったのですが、当時《とうじ》はオランダ語《ご》の辞書《じしょ》などありませんでしたから、翻訳《ほんやく》はまるで暗《あん》号《ごう》を読《よ》みといていくようなものでした。前後《ぜんご》の文章《ぶんしょう》から意味《いみ》を推理《すいり》したりすることもありました。眉毛《まゆげ》について説明《せつめい》したたった1行《ぎょう》のオランダ語《ご》を理解《りかい》して、日《に》本語《ほんご》にするのに、1日《にち》かかったこともありました。そうして、3年《ねん》かけて、翻訳《ほんやく》をしたのです。翻訳《ほんやく》をするときに、新《あら》たにつくったことばもたくさんあります。軟骨《なんこつ》、動脈《どうみゃく》、神経《しんけい》などがそうです。十二《じゅうに》指腸《しちょう》というのもそうで、これは、男性《だんせい》の親指《おやゆび》12本分《ほんぶん》の長《なが》さがある腸《ちょう》ということなのですよ。

翻訳《ほんやく》したものは、『解体新書《かいたいしんしょ》』いう本《ほん》にまとめて発表《はっぴょう》しました。これは、わが国《くに》におけるはじめての西洋医学書《せいよういがくしょ》です。『解体新書《かいたいしんしょ》』はたちまち評判《ひょうばん》となり、医《い》者《しゃ》たちのあいだに広《ひろ》がりました。そして、日本《にほん》の近代医学《きんだいいがく》が、この本《ほん》によって大《おお》きく一歩《いっぽ》進《すす》んだのです。

この日《ひ》に生《う》まれた有名人《ゆうめいじん》

クララ・シューマン（ピアニスト）／大宅壮一《おおやそういち》（ジャーナリスト）／山田洋次《やまだようじ》（映画監督《えいがかんとく》）／安藤忠雄《あんどうただお》（建築家《けんちくか》）／松坂大輔《まつざかだいすけ》（野球選手《やきゅうせんしゅ》）

犬《いぬ》を使《つか》った実験《じっけん》でノーベル賞《しょう》を受賞《じゅしょう》

イワン・ペトロヴィッチ・パブロフ

（1849〜1936年　ロシア）

頂上《ちょうじょう》をめざす前《まえ》に、ABCを学《まな》べ。

9月14日の偉人

医学

みなさんは「パブロフの犬《いぬ》」という実《じっ》験《けん》を知《し》っていますか？　犬《いぬ》を使《つか》った条件《じょうけん》反射《はんしゃ》・無条件反射《むじょうけんはんしゃ》の実験《じっけん》です。私《わたし》がこの実験《じっけん》をしたので、私《わたし》の名前《なまえ》をとって、そうよばれるようになったのです。

私《わたし》は、ロシアの軍医大学校《ぐんいだいがっこう》で、生理学《せいりがく》の研究《けんきゅう》をしていました。とくに、消化《しょうか》の働《はたら》きについて調《しら》べていました。消化《しょうか》の中《なか》でも、つばの働《はたら》きや出《で》るしくみを、犬《いぬ》を実験台《じっけんだい》にして研究《けんきゅう》していたのです。ある日《ひ》、私《わたし》は、飼育係《しいくがかり》の人《ひと》が歩《ある》いてくる足音《あしおと》がきこえてきただけで、犬《いぬ》がつばを出《だ》したのに気《き》づきました。そして、実験《じっけん》を思《おも》いついたのです。

私《わたし》は、犬《いぬ》にベルの音《おと》をきかせてから、えさを食《た》べさせました。えさを食《た》べると、もちろんつばが出《で》ますね。この反応《はんのう》は生《う》まれつきのもので、「無条件反射《むじょうけんはんしゃ》」といいます。ベルをきかせてから、えさを食《た》べさせるということを、しばらくくりかえしていたら、犬《いぬ》はベルの音《おと》をきいただけで、つばを出《だ》すようになったのです。ベルが鳴《な》るとえさがもらえることを学習《がくしゅう》したから、つばが出《で》るようになったわけです。この反応《はんのう》は、生《う》まれつきのものではありません。これが「条件反射《じょうけんはんしゃ》」です。

私《わたし》はこの実験《じっけん》もふくめ、消化《しょうか》の生理《せいり》に関《かん》する研究《けんきゅう》がみとめられて、ノーベル生理《せいり》学《がく》・医学賞《いがくしょう》を受賞《じゅしょう》しました。ロシア人《じん》としては、はじめてのノーベル賞《しょう》でした。

人間《にんげん》にも条件反射《じょうけんはんしゃ》はあります。わかりやすいものだと、梅干《うめぼ》しを食《た》べることを想像《そうぞう》しただけで、つばが出《で》てきますよね。あれは条件反射《じょうけんはんしゃ》です。これから注射《ちゅうしゃ》をされると考《かんが》えただけで、どきどきしてくるのも、そうです。勉強《べんきょう》をして、ほめられることがつづくと勉強《べんきょう》をするだけでほめられた気分《きぶん》になったり、逆《ぎゃく》にしかられることがつづくと、勉強《べんきょう》を始《はじ》めようとするだけでいやな気分《きぶん》になったりするというのも、条件反射《じょうけんはんしゃ》といえるかもしれません。だから条件反射《じょうけんはんしゃ》を活用《かつよう》し、いい習慣《しゅうかん》を身《み》につけるといいのですよ。

この日《ひ》に生《う》まれた有名人《ゆうめいじん》

アレクサンダー・フォン・フンボルト（博物学者《はくぶつがくしゃ》）／赤塚不二夫《あかつかふじお》（漫画家《まんがか》）
矢沢永吉《やざわえいきち》（ミュージシャン）／2代目中村獅童《だいめなかむらしどう》（歌舞伎役者《かぶきやくしゃ》）／上戸彩《うえとあや》（女優《じょゆう》）

幕末《ばくまつ》に活躍《かつやく》したゆいいつのお公家《くげ》さま

岩《いわ》倉《くら》具《とも》視《み》

（1825～1883年　日本）

たとえ失敗《しっぱい》して死《し》んだとしても、後世《こうせい》に恥《はじ》はない。

9月

15日

の偉人

政治

私《わたし》は江戸《えど》時代《じだい》の終《お》わりに、公家《くげ》の家《いえ》に生《う》まれた。公家《くげ》というのは、朝廷《ちょうてい》につかえる貴族《きぞく》や上級《じょうきゅう》の役人《やくにん》のことだ。朝廷《ちょうてい》というのもよくわからないかな。江戸《えど》時代《じだい》は、武家《ぶけ》である徳川《とくがわ》の将軍《しょうぐん》が幕府《ばくふ》をつくって、江戸《えど》で政治《せいじ》をおこなっていた。だが、武家《ぶけ》が力《ちから》をもつ前《まえ》は、天皇《てんのう》をリーダーにした朝廷《ちょうてい》が、政治《せいじ》をおこなっていたのだよ。武家《ぶけ》が力《ちから》をもつようになると、政治《せいじ》をする権利《けんり》を幕府《ばくふ》にゆずって、京都《きょうと》に引《ひ》っこんでいたのだ。

私《わたし》は、天皇中心《てんのうちゅうしん》の政治《せいじ》・朝廷《ちょうてい》がおこなう政治《せいじ》をめざして活動《かつどう》した。世《よ》の中《なか》に、幕府《ばくふ》をたおしてやろうという志士《しし》がふえ、幕府《ばくふ》の力《ちから》がどんどん弱《よわ》っていったのを利《り》用《よう》して、天皇中心《てんのうちゅうしん》の時代《じだい》をつくろうとしたのだ。

そして、期待《きたい》どおり、徳川幕府《とくがわばくふ》は朝廷《ちょうてい》に政権《せいけん》を返上《へんじょう》、新《あたら》しい時代《じだい》が幕《まく》をあけた。私《わたし》は新政府《しんせいふ》の中心《ちゅうしん》に入《はい》り、重要《じゅうよう》な仕事《しごと》をしていくことになった。まず、欧米《おうべい》使節《しせつ》団《だん》の団長《だんちょう》として、日本《にほん》と外国《がいこく》でむすんでいた不平等《ふびょうどう》な約束《やくそく》ごとをあらためようと、アメリカ、イギリス、フランス、ドイツなど12もの外国《がいこく》を訪問《ほうもん》しにいった。

外国《がいこく》のじっさいの姿《すがた》を見《み》て、私《わたし》はひどくショックをうけた。外国《がいこく》は予想《よそう》よりずっと進《すす》んでいた。こんな国々《くにぐに》とくらべたら、日本《にほん》はまるで赤《あか》ん坊《ぼう》だ。日本《にほん》もしっかりしなければ外国《がいこく》にやられてしまうだろうと考《かんが》えた。そこで、私《わたし》は各国《かっこく》に、日《に》本《ほん》からの留学生《りゅうがくせい》をうけつけて新《あたら》しい知識《ちしき》を学《まな》ばせてほしいと交渉《こうしょう》してまわった。使節団《しせつだん》の目的《もくてき》がとちゅうで変《か》わってしまったようなものだ。

だが、外国《がいこく》の姿《すがた》をじっさいに見《み》て、いいところを学《まな》ばせてもらったことは、やがて日本《にほん》の産業《さんぎょう》や教育《きょういく》に大《おお》きく生《い》かされることになった。たとえ最初《さいしょ》に考《かんが》えていた予定《よてい》とはちがったとしても、そのときどきにあわせてほんとうに必要《ひつよう》なことをする——そういう決断《けつだん》はだいじなのだよ。

この日《ひ》に生《う》まれた有名人《ゆうめいじん》

朱子《しゅし》（朱子学《しゅしがく》の祖《そ》）／アガサ・クリスティ（推理作家《すいりさっか》）／今村昌平《いまむらしょうへい》（映画監督《えいがかんとく》）／オリバー・ストーン（映画監督《えいがかんとく》）／アンジェラ・アキ（ミュージシャン）

政治《せいじ》の世界《せかい》と絵《え》の世界《せかい》で未来《みらい》を切《き》りひらいた

渡辺崋山《わたなべかざん》

（1793～1841年　日本）

志《こころざし》、強《つよ》ければ、画《え》もみにくく、浅《あさ》ければ、画《え》も低俗《ていぞく》になる。

9月16日の偉人

政治

私《わたし》は江戸時代《えどじだい》の中《なか》ごろ、三河国《みかわのくに》（今《いま》の愛知県《あいちけん》）田原藩《たはらはん》の役人《やくにん》の長男《ちょうなん》として、江戸《えど》で生《う》まれました。田原藩《たはらはん》はお金《かね》のない藩《はん》で、家来《けらい》の給料《きゅうりょう》をへらしていたため、うちはとても貧乏《びんぼう》で、食《た》べるものにも困《こま》るほどでした。おまけに11人《にん》も家族《かぞく》がいたので、弟《おとうと》や妹《いもうと》たちはつぎつぎに奉公《ほうこう》（ほかの家《いえ》に雇《やと》われて、住《す》みこみで働《はたら》くこと）に出《だ》されていきました。絵《え》がうまかった私《わたし》は、絵《え》を習《なら》いながら、描《か》いた絵《え》を売《う》って、家《いえ》をささえていたのです。

そんなまずしい生活《せいかつ》をしていた12歳《さい》のとき、いそいで道《みち》を歩《ある》いていた私《わたし》は、ある大名行列《だいみょうぎょうれつ》にぶつかってしまいます。そして、侍《さむらい》たちにつきとばされ、暴行《ぼうこう》されました。その大名行列《だいみょうぎょうれつ》は、自分《じぶん》と年《とし》も変《か》わらないような若殿《わかとの》さまの行列《ぎょうれつ》でした。それを知《し》った私《わたし》は、世《よ》の中《なか》の不平等《ふびょうどう》というものに腹《はら》が立《た》ち、もっと勉強《べんきょう》して立派《りっぱ》になってやろうと決《き》めたのです。

その後《ご》、えらい先生《せんせい》のもとで勉強《べんきょう》し、立派《りっぱ》な藩《はん》の役人《やくにん》になりました。田原藩《たはらはん》は小《ちい》さくまずしい藩《はん》ですから、いい政治《せいじ》をしないと、人々《ひとびと》はすぐに食《た》べていけなくなってしまいます。私《わたし》は、飢《き》きんにそなえて倉《くら》をつくったり、サトウキビの栽培《さいばい》をして糖《とう》づくりを始《はじ》めたりして、農民《のうみん》のくらしをよくするための政策《せいさく》を進《すす》めました。その結果《けっか》、「天保《てんぽう》の大飢《だいき》きん」とよばれる食料不足《しょくりょうぶそく》のときも、飢《う》えによる死《し》者《しゃ》をひとりも出《だ》さないですんだのです。

絵《え》のほうでも、活躍《かつやく》をつづけていました。西洋《せいよう》の絵《え》のテクニックをとりいれて、新《あたら》しい日本画《にほんが》の世界《せかい》を切《き》りひらいたのです。私《わたし》が考《かんが》え、おこなうことは、さまざまな分野《ぶんや》で成功《せいこう》をおさめていました。ところが、外国《がいこく》の知識《ちしき》や学問《がくもん》をとりいれようとしていた私《わたし》は、幕府《ばくふ》から、にらまれてしまいます。幕府《ばくふ》の鎖国《さこく》（国《くに》をとざして外国《がいこく》と交流《こうりゅう》しないこと）を批判《ひはん》したからです。その結果《けっか》、私《わたし》は処罰《しょばつ》され（「蛮社《ばんしゃ》の獄《ごく》」とよばれています）命《いのち》を落《お》としました。

私《わたし》は、不平等《ふびょうどう》な世《よ》の中《なか》を変《か》えることはできませんでした。でも、自分《じぶん》にできることはせいいっぱいやりきったと思《おも》っています。

この日《ひ》に生《う》まれた有名人《ゆうめいじん》

小村壽太郎《こむらじゅたろう》（政治家《せいじか》）／竹久夢二《たけひさゆめじ》（画家《がか》）／デヴィッド・カッパーフィールド（マジシャン）
内野聖陽《うちのせいよう》（俳優《はいゆう》）／宮川大輔《みやがわだいすけ》（お笑《わら》い芸人《げいにん》）

俳句《はいく》に革命《かくめい》をおこした若《わか》き闘士《とうし》

正岡子規《まさおかしき》

（1867～1902年　日本）

さとりとは、どんな場合《ばあい》でも平気《へいき》で死《し》ねることだと思《おも》っていたのはまちがいで、どんな場合《ばあい》でも平気《へいき》で生《い》きていることであった。

「柿食《かきく》えば　鐘《かね》が鳴《な》るなり　法隆寺《ほうりゅうじ》」という俳句《はいく》を知《し》っていますか。私《わたし》がこの句《く》をつくった正岡子規《まさおかしき》です。子規《しき》というのはペンネームです。私《わたし》はじつはペンネームを100個《こ》ぐらいもっていました。ペンネームの多《おお》さでいったら、日本一《にほんいち》かもしれません。子規《しき》というのは、ホトトギスのことです。ホトトギスは、中国《ちゅうごく》の昔《むかし》の話《はなし》の中《なか》で「鳴《な》いて血《ち》をはく鳥《とり》」といわれています。私《わたし》は、学生《がくせい》のころ結核《けっかく》という病気《びょうき》になり、血《ち》をはいたのです。そのようすをホトトギスになぞらえて、「子《し》規《き》」というペンネームをつけたわけです。

私《わたし》は、大学《だいがく》にいたころから俳句《はいく》を勉強《べんきょう》し、書《か》いていました。その後《ご》、新聞社《しんぶんしゃ》に入《はい》り、記者《きしゃ》の仕事《しごと》をするようになりましたが、俳句《はいく》を書《か》きつづけました。私《わたし》には、昔《むかし》からのやり方《かた》で書《か》かれた俳句《はいく》がいいとは思《おも》えませんでした。だから、新《あたら》しい俳《はい》句《く》をつくる運動《うんどう》をおこしたのです。私《わたし》が考《かんが》える新《あたら》しい俳句《はいく》とは――月《つき》なみな表現《ひょうげん》をしないこと、理性《りせい》ではなく心《こころ》に響《ひび》くこと、外国語《がいこくご》でもなんでも、どんなことばでも使《つか》うこと、流派《りゅうは》をつくらないこと、という条件《じょうけん》をそなえたものでした。こうして、私《わたし》は、俳句《はいく》の世界《せかい》を新《あたら》しく生《う》まれ変《か》わらせたのです。

けれど、学生《がくせい》のころからわずらっていた結核《けっかく》はどんどん悪《わる》くなっていきました。そして、28歳《さい》ごろからはほとんど寝《ね》たきりの生活《せいかつ》を送《おく》らなければならなくなってしまったのです。私《わたし》は寝《ね》たきりの生活《せいかつ》の中《なか》、俳句《はいく》をつくりつづけ、『ホトトギス』という雑誌《ざっし》を創刊《そうかん》して、そこで作品《さくひん》を発《はっ》表《ぴょう》しました。

上《うえ》に出《で》ていることばは、病《やまい》が悪化《あっか》して寝《ね》たきりになっているときに書《か》いたものです。当時《とうじ》、結核《けっかく》は不治《ふじ》の病《やまい》でした。私《わたし》は最初《さいしょ》に血《ち》をはいたときからずっと、死《し》を意識《いしき》して生《い》きていました。そうやって苦《くる》しみながら生《い》きた末《すえ》にたどりついたのが、このことばだったのです。

この日《ひ》に生《う》まれた有名人《ゆうめいじん》

ベルンハルト・リーマン（数学者《すうがくしゃ》）／曽野綾子《そのあやこ》（作家《さっか》）／蝶野正洋《ちょうのまさひろ》（プロレスラー）
なかやまきんに君《くん》（お笑《わら》い芸人《げいにん》）／石川遼《いしかわりょう》（プロゴルファー）

日本画《にほんが》の世界《せかい》の巨匠《きょしょう》

横山大観《よこやまたいかん》

（1868～1958年　日本）

おのれがまずしければ、そこに描《か》く富士《ふじ》もまずしい。

9月
18日
の偉人

芸術

私《わたし》はちょうど江戸《えど》が明治《めいじ》に変《か》わるころ、水戸藩《みとはん》（今《いま》の茨城県《いばらきけん》）で生《う》まれた。父《ちち》が測量《そくりょう》の仕事《しごと》をしていたので、私《わたし》も建築《けんちく》の仕事《しごと》でもしようかと思《おも》って、東京《とうきょう》の大学《だいがく》に進《すす》もうとしたんだ。学科《がっか》をふたつうけたら、それがけしからんということで、不合格《ふごうかく》になった。そんなくだらないことで不合格《ふごうかく》にするような学校《がっこう》など、こちらから願《ねが》いさげだ。私《わたし》はけっきょく英語学校《えいごがっこう》に進《すす》むことにした。

卒業《そつぎょう》が近《ちか》づいてきたころ、絵《え》に興味《きょうみ》が出《で》てきてね。鉛筆画《えんぴつが》の先生《せんせい》に、半年《はんとし》くらい絵《え》を学《まな》んだ。そうしたら、東京美術学校《とうきょうびじゅつがっこう》というのができるというじゃないか。私《わたし》はそこに進《すす》みたいと思《おも》った。それからが大変《たいへん》だ。きちんと絵《え》の勉強《べんきょう》をしたことなどなかったから、評判《ひょうばん》のいい先生《せんせい》ふたりに、絵《え》を教《おし》えてもらうことにした。試験《しけん》まであと2~3か月《げつ》というころだった。

さて、試験当日《しけんとうじつ》。試験《しけん》は鉛筆画《えんぴつが》か毛筆《もうひつ》画《が》、どちらかでうけることになっていて、私《わたし》は鉛筆画《えんぴつが》で登録《とうろく》していた。受験《じゅけん》する人間《にんげん》は300人《にん》はいただろうか。きけば、そのうちの200人《にん》ぐらいが鉛筆画《えんぴつが》で受験《じゅけん》して、ほとんどの者《もの》が何年《なんねん》も絵《え》を学《まな》んでいるという。このままだと勝《か》ち目《め》はないな。そう思《おも》った私《わたし》は、急《きゅう》きょお願《ねが》いして、毛筆画《もうひつが》に変《か》えてもらった。結果《けっか》はめでたく合格《ごうかく》。こうして私《わたし》の画家《がか》としての人生《じんせい》が始《はじ》まった。

画家《がか》になってからも、経験《けいけん》のなさが足《あし》を引《ひ》っぱって、苦労《くろう》した。でも私《わたし》は、自分《じぶん》にしか描《か》けない絵《え》をさがしつづけ、「線《せん》を描《か》かない」画風《がふう》にたどりついた。あまりにめずらしい描《か》き方《かた》だったから、当時《とうじ》のおえらい画家《がか》たちからは、ぼんやりとした「もうろう体《たい》」だと批判《ひはん》されたものだ。だが、そのあと、私《わたし》の絵《え》が海外《かいがい》で絶賛《ぜっさん》されるようになると、日本《にほん》での評価《ひょうか》も変《か》わった。今《いま》では「もうろう体《たい》」はほめことばになっているのだから、おかしなものさ。

この日《ひ》に生《う》まれた有名人《ゆうめいじん》

レオン・フーコー（物理学者《ぶつりがくしゃ》）／藤島武二《ふじしまたけじ》（画家《がか》）
神谷明《かみやあきら》（声優《せいゆう》）／土井隆雄《どいたかお》（宇宙飛行士《うちゅうひこうし》）／井原正巳《いはらまさみ》（サッカー選手《せんしゅ》）

カミオカンデの実験《じっけん》で世界的《せかいてき》な発見《はっけん》をした

小柴昌俊《こしばまさとし》

（1926年～　日本）

100人《にん》のうち99人《にん》がこうだといっても、ひとりのほうが正《ただ》しいことがある。

9月19日の偉人

科学

　小《ちい》さいころ、私《わたし》には、音楽家《おんがくか》か、軍人《ぐんじん》になりたいという夢《ゆめ》がありました。けれど、中学《ちゅうがく》1年生《ねんせい》のとき、小児《しょうに》まひという病気《びょうき》にかかってしまいます。小児《しょうに》まひというのは、手足《てあし》にまひが残《のこ》り、動《うご》かしにくくなる病気《びょうき》で、私《わたし》も後遺症《こういしょう》が残《のこ》ってしまったので、将来《しょうらい》の夢《ゆめ》をあきらめなければなりませんでした。でも、その病気《びょうき》は、私《わたし》と物理学《ぶつりがく》を出会《であ》わせてもくれました。私《わたし》が入院《にゅういん》しているとき、担任《たんにん》の先生《せんせい》が、アインシュタインの本《ほん》『物理学《ぶつりがく》はいかに創《つく》られたか』をおみまいにもってきてくれたのです。

　私《わたし》はその後《ご》、がんばって勉強《べんきょう》して、東《とう》京大学《きょうだいがく》の物理学科《ぶつりがっか》に入《はい》りました。でも、家《いえ》が裕福《ゆうふく》ではなかったので、大学時代《だいがくじだい》は学費《がくひ》をかせぐためにずっとアルバイトをしていました。週《しゅう》に1日《にち》しか学校《がっこう》にかよえないときもあったのですよ。そのせいか、成績《せいせき》はとても悪《わる》くてね、学年《がくねん》でビリだったといってもおかしくないです。なんとか優《ゆう》をもらったのは、物理《ぶつり》の実験《じっけん》だけでした。

　でも、私《わたし》は物理《ぶつり》の道《みち》をつづけたかった。ですから、アメリカの大学《だいがく》にいって、最《さい》速《そく》で博士号《はかせごう》をとり、東京大学《とうきょうだいがく》にもどってくると、教授《きょうじゅ》として研究《けんきゅう》をつづけたのです。

　私《わたし》が研究《けんきゅう》していたのは、素粒子《そりゅうし》でした。素粒子《そりゅうし》というのは、原子《げんし》より小《ちい》さい、物《ぶっ》質《しつ》をつくっている最小《さいしょう》の粒《つぶ》です。私《わたし》は素《そ》粒子《りゅうし》の動《うご》きを観察《かんさつ》するために、岐阜県《ぎふけん》の神岡町《かみおかちょう》の地下《ちか》1000メートルに「カミオカンデ」という実験装置《じっけんそうち》をつくりました。これは巨大《きょだい》な水《すい》そうで、素粒子《そりゅうし》が入《はい》ってくると水中《すいちゅう》の電子《でんし》にぶつかって、光《ひかり》を発《はっ》するようにしたのです。そうして、素粒子《そりゅうし》の動《うご》きがわかるようにしたわけです。

　1987年《ねん》宇宙《うちゅう》のはるかかなたで、超新星《ちょうしんせい》が爆発《ばくはつ》しました。私《わたし》たちは、そこから飛《と》んできた「ニュートリノ」という素粒子《そりゅうし》を、カミオカンデで検出《けんしゅつ》することに成功《せいこう》しました。これは世界《せかい》ではじめての快挙《かいきょ》で、私《わたし》はノーベル物理学賞《ぶつりがくしょう》をもらうことができたのです。

この日《ひ》に生《う》まれた有名人《ゆうめいじん》

澤田美喜《さわだみき》（社会事業家《しゃかいじぎょうか》）／加藤周一《かとうしゅういち》（評論家《ひょうろんか》・医学博士《いがくはくし》）／エミール・ザトペック（陸上選手《りくじょうせんしゅ》）／高山善廣《たかやまよしひろ》（プロレスラー）／西川貴教《にしかわたかのり》《T.M.Revolution》（ミュージシャン）

はじめてズボンをはいて服装革命《ふくそうかくめい》をおこした

エリザベス・ミラー

（1822〜1911年　アメリカ）

問題《もんだい》は、どんなふうに見《み》えるかではなく、女性《じょせい》がどう感《かん》じるかなのです。

私《わたし》は今《いま》からおよそ200年前《ねんまえ》に、アメリカで生《う》まれました。そのころ、アメリカにはまだ奴隷《どれい》の制度《せいど》があって、奴隷《どれい》がたくさんいました。父《ちち》は奴隷制度《どれいせいど》に反対《はんたい》で、ひどい目《め》にあっている奴隷《どれい》を逃《に》がす手助《てだす》けをしていて、家《いえ》には逃《に》げるとちゅうの奴隷《どれい》がよくやってきていました。私《わたし》は、その人《ひと》たちがどんな経験《けいけん》をしてきたのか、話《はなし》をずっときいていたのです。そのころから、私《わたし》は人間《にんげん》が自由《じゆう》に生《い》きる権利《けんり》について考《かんが》えていたのかもしれません。

私《わたし》はごくふつうに結婚《けっこん》し、ごくふつうのくらしをしていました。庭仕事《にわしごと》をするのが好《す》きで、よく草花《くさばな》の手入《てい》れをしていたのですが、だんだんいらいらするようになりました。というのも、そのころの女性《じょせい》の服装《ふくそう》は、くるぶしまである長《なが》いスカートと決《き》まっていて、とにかく動《うご》きにくかったのです。それでもずっとがまんして、長《なが》いスカートで作業《さぎょう》をしていましたが、ある日《ひ》、がまんの緒《お》がぷっつり切《き》れました。

もうこんな足《あし》かせのついたような服《ふく》にはたえられない！

私《わたし》はついに、長《なが》いスカートをぬぐことを決《き》めたのです。そして、以前見《いぜんみ》たことのある、トルコ風《ふう》のふんわりしたズボンにひざくらいまでのスカートを組《く》みあわせた服《ふく》をつくり、身《み》につけました。この服装《ふくそう》だったら、庭仕事《にわしごと》はもちろん、赤《あか》ちゃんをだいて階段《かいだん》をのぼりおりするのだって、楽々《らくらく》とできます。この新《あたら》しいスタイルは友人《ゆうじん》たちも気《き》に入《い》ってくれました。その中《なか》のひとり、アメリア・ブルマーが自分《じぶん》の雑誌《ざっし》『リリー』に、この服《ふく》の記事《きじ》を書《か》いたところ、とても評判《ひょうばん》になり、世《よ》の中《なか》にいっきに広《ひろ》がっていったのです。そして、この服《ふく》は彼女《かのじょ》の名前《なまえ》をとって、ブルマーとよばれるようになりました（体育《たいいく》のときにはくブルマーの元祖《がんそ》です）。

ブルマーはたくさんの女性《じょせい》の支持《しじ》を集《あつ》めましたが、へんな服装《ふくそう》だとあざ笑《わら》う人《ひと》もいて、数年《すうねん》たつとすたれてしまいました。でも私《わたし》はそのあともブルマーをはきつづけ、女性《じょせい》の権利《けんり》のために戦《たたか》いつづけたのです。

この日《ひ》に生《う》まれた有名人《ゆうめいじん》

本因坊秀栄《ほんいんぼうしゅうえい》（囲碁棋士《いごきし》）／ソフィア・ローレン（女優《じょゆう》）
小田和正《おだかずまさ》（ミュージシャン）／一青窈《ひととよう》（歌手《かしゅ》）／安室奈美恵《あむろなみえ》（歌手《かしゅ》）

SFというジャンルをつくりあげた

ハーバート・ジョージ・ウェルズ

（1866〜1946年　イギリス）

私《わたし》たちはみんなタイムマシーンをもっている。
昔《むかし》にもどらせてくれるのは思《おも》い出《で》で、
未来《みらい》へつれていってくれるのは、夢《ゆめ》だ。

9月21日の偉人

文化

みなさんは、SF小説《しょうせつ》を読《よ》んだことがありますか。SFというのは、サイエンス・フィクションの略《りゃく》で、科学的《かがくてき》な空想《くうそう》にもとづいた物語《ものがたり》という意味《いみ》です。たとえば、映画《えいが》の『スター・ウォーズ』や『スパイダーマン』はSFですし、『風《かぜ》の谷《たに》のナウシカ』や『仮面《かめん》ライダー』もそうです。『ドラえもん』だって、SFなのですよ。

私《わたし》は、そのSF小説《しょうせつ》を書《か》き、SFというジャンルをつくりあげました。『透明《とうめい》人間《にんげん》』『タイムマシン』『月世界旅行《げっせかいりょこう》』『地底探検《ちていたんけん》』など、未知《みち》の世界《せかい》へ冒険《ぼうけん》するあこがれを描《えが》いた小説《しょうせつ》は今《いま》でも世界《せかい》じゅうで読《よ》まれています。

私《わたし》は8歳《さい》のころ、足《あし》の骨《ほね》をおって入院《にゅういん》していたとき、たくさんの本《ほん》を読《よ》んだのがきっかけで、物語《ものがたり》を書《か》くことに興味《きょうみ》をもちました。けれど、11歳《さい》のとき、クリケット選手《せんしゅ》だった父《ちち》が体《からだ》をこわして仕事《しごと》をつづけられなくなり、私《わたし》も働《はたら》かなければいけなくなったのです。洋服屋《ようふくや》に住《す》みこんで、1日《にち》13時間《じかん》、働《はたら》きました。そんな生活《せいかつ》が何年《なんねん》もつづきました。でも、私《わたし》は勉強《べんきょう》がしたかったのです。17歳《さい》になったとき、私《わたし》はとうとうがまんできなくなって、仕事《しごと》をやめさせてもらえるように、親《おや》にたのみます。そして、よく年《とし》、奨学金《しょうがくきん》をもらって、科学師範学校《かがくしはんがっこう》に入学《にゅうがく》、生物学《せいぶつがく》を学《まな》ぶことができました。学校《がっこう》で学《まな》んだ科学《かがく》の知識《ちしき》は、物語《ものがたり》を書《か》くもととなったのです。

学生時代《がくせいじだい》から物語《ものがたり》を書《か》いていた私《わたし》は、29歳《さい》のとき最初《さいしょ》の作品《さくひん》『タイムマシン』を発表《はっぴょう》し、大評判《だいひょうばん》になりました。時間《じかん》をこえて旅《たび》をするという「タイムマシン」のアイデアはその後《ご》ずっと使《つか》われつづけています。

私《わたし》の書《か》く物語《ものがたり》は、ただの空想《くうそう》ではなく、科学的知識《かがくてきちしき》に裏《うら》づけされていました。だからこそ、ほんとうにおこりそうで、人々《ひとびと》から愛《あい》されたのだと思《おも》います。そして、SFというジャンルをしっかりつくりあげることができたのでしょう。

この日《ひ》に生《う》まれた有名人《ゆうめいじん》

ヘイケ・カメルリング・オネス（物理学者《ぶつりがくしゃ》）／グスターヴ・ホルスト（作曲家《さっきょくか》）／ジェリー・ブラッカイマー（映画《えいが》プロデューサー）／スティーブン・キング（ホラー小説作家《しょうせつさっか》）／松田優作《まつだゆうさく》（俳優《はいゆう》）

製本屋《せいほんや》の小僧《こぞう》から世界《せかい》の科学者《かがくしゃ》へ

マイケル・ファラデー

（1791～1867年　イギリス）

自分《じぶん》たちが正《ただ》しいと思《おも》っている
人《ひと》たちほどおそろしいものはない。

9月
22日
の偉人

科学

僕《ぼく》は今《いま》から230年《ねん》ほど前《まえ》、ロンドンの下町《したまち》のまずしい鍛冶屋《かじや》に生《う》まれました。小《ちい》さいころは父《ちち》の仕事《しごと》を手伝《てつだ》い、13歳《さい》ぐらいからは製本屋《せいほんや》で働《はたら》くようになりました。仕事《しごと》をしながら、製本《せいほん》のためにもちこまれた科学書《かがくしょ》を盗《ぬす》み読《よ》んでいたら、親方《おやかた》が本《ほん》を読《よ》む時間《じかん》をくれてね、うれしかったものです。こうして、製本屋《せいほんや》が、教育《きょういく》をうけられなかった僕《ぼく》にとっての学校《がっこう》になりました。

そんなとき、ハンフリー・デービーがとくべつに公開講座《こうかいこうざ》をひらくという話《はなし》を、製本屋《せいほんや》にきたお客《きゃく》さんからきいたのです。お客《きゃく》さんは僕《ぼく》にそのチケットまでくれました。僕《ぼく》が科学《かがく》にとても興味《きょうみ》があって、本《ほん》を読《よ》んでは勉強《べんきょう》していたのを知《し》っていたからです。デービーはそのときイギリスでいちばん有名《ゆうめい》な科学者《かがくしゃ》でした。はじめて、本《ほん》ではなく、科学者《かがくしゃ》の生《なま》の声《こえ》で、話《はなし》がきけるのです。僕《ぼく》はわくわくする気《き》持《も》ちをおさえられませんでした。デービーは話《はなし》だけでなく、電気分解《でんきぶんかい》の実験《じっけん》までしてくれました。僕《ぼく》はひとつもききのがすまいと、実験《じっけん》をスケッチし、講演《こうえん》の内容《ないよう》をノートにとりました。僕《ぼく》はこのとき、科学者《かがくしゃ》になることを決《き》めたのです。

そして、家《いえ》に帰《かえ》ってから、ノートを清書《せいしょ》して、手紙《てがみ》といっしょにデービーに送《おく》りました。そのことがきっかけとなり、僕《ぼく》はデービーの助手《じょしゅ》になることができたのです。最初《さいしょ》はほんとうに実験《じっけん》の手伝《てつだ》いをするだけでしたが、そのうち、実験《じっけん》を改良《かいりょう》したり、新《あたら》しい方法《ほうほう》を考《かんが》えたりするようになりました。そうして、白分《じぶん》の研究《けんきゅう》をするようになり、電磁気《でんじき》に関《かん》する法則《ほうそく》（ファラデーの法則《ほうそく》）を発見《はっけん》したのです。また電磁気《でんじき》を使《つか》って動《うご》く電動機《でんどうき》も発明《はつめい》して、電気《でんき》で動《うご》くしくみを生《う》みだしました。

製本屋《せいほんや》で本《ほん》をむさぼり読《よ》んでいただけの少年《しょうねん》が、人類《じんるい》の未来《みらい》を変《か》えるような発見《はっけん》をしたのです。どんなに不可能《ふかのう》に見《み》えることでも可能《かのう》にできる力《ちから》が、人間《にんげん》にはあるのですよ。

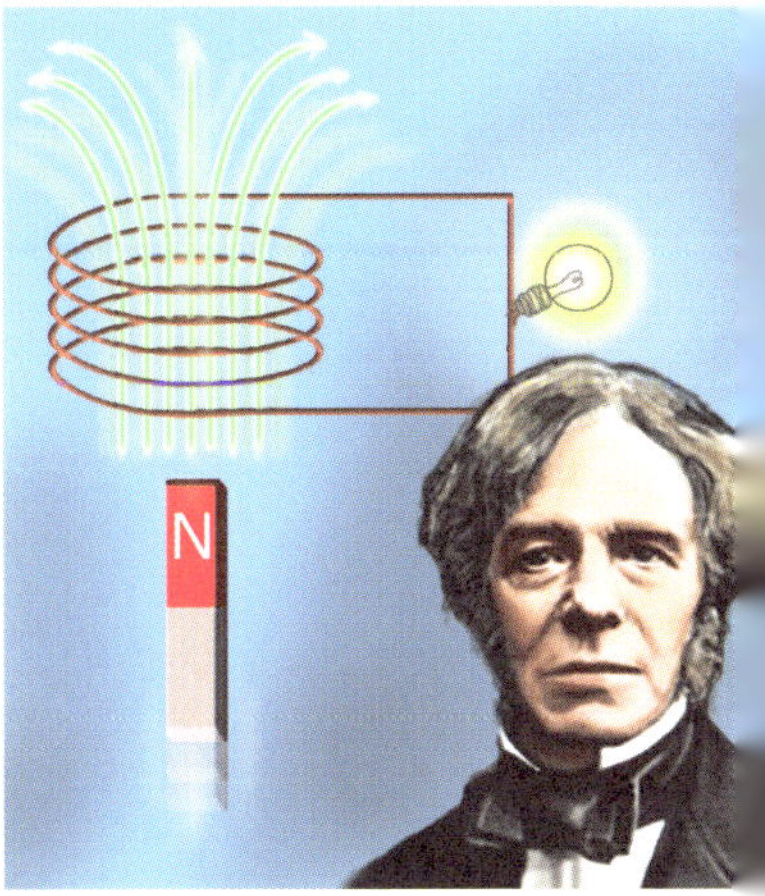

この日《ひ》に生《う》まれた有名人《ゆうめいじん》
明治天皇《めいじてんのう》（第《だい》122代天皇《だいてんのう》）／吉田茂《よしだしげる》（第《だい》45・48～51代内閣総理大臣《だいないかくそうりだいじん》）／鈴木雅之《すずきまさゆき》（歌手《かしゅ》）／ロナウド（サッカー選手《せんしゅ》）／北島康介《きたじまこうすけ》（競泳選手《きょうえいせんしゅ》）

日本《にほん》が世界《せかい》に誇《ほこ》る史上最高《しじょうさいこう》の画家《がか》

葛飾北斎《かつしかほくさい》

（1760〜1849年　日本）

天《てん》が私《わたし》をもう5年《ねん》、いや、10年《ねん》だけ生《い》かしておいてくれたら、ほんものの絵描《えか》きになってみせたものを。

9月23日の偉人

芸術

私《わたし》は江戸時代《えどじだい》の中《なか》ごろ、武蔵国《むさしのくに》（今《いま》の東京都墨田区《とうきょうとすみだく》）の農家《のうか》に生《う》まれた。まずしかったから、ほんの小《ちい》さいうちに彫刻師《ちょうこくし》のところに奉公《ほうこう》(住《す》みこみで働《はたら》くこと)に出《だ》されて、彫《ほ》り物《もの》をしていた。そのうち絵《え》そのものに興味《きょうみ》が出《で》て、自分《じぶん》で絵《え》を描《か》くようになったのさ。

18歳《さい》のときに、浮世絵《うきよえ》の先生《せんせい》に弟子入《でしい》りして、絵《え》を描《か》いた。でも、浮世絵《うきよえ》だけじゃつまらなくてね。先生《せんせい》にないしょで浮世絵《うきよえ》じゃない日本画《にほんが》や西洋画《せいようが》の描《か》き方《かた》をとりいれた絵《え》を描《か》いていた。そうしたら、それが先生《せんせい》にばれて、破門《はもん》だ。それからは生活《せいかつ》していくために、とにかくなんでも描《か》いたよ。本《ほん》の挿絵《さしえ》でも、役者《やくしゃ》の絵《え》でも、美人画《びじんが》でも、すもうとりの絵《え》でも、たのまれればなんでも描《か》いた。飢《う》え死《じ》にしたって、絵《え》はつづけてやる――そう思《おも》っていた。朝《あさ》は暗《くら》いうちから夜《よる》おそくまで、ずっと描《か》いていたよ。絵《え》を描《か》く以外《いがい》のことはしなかった。ごはんもつくらなかったし(店《みせ》に出前《でまえ》してもらったり、誰《だれ》かにつくってもらった)、客《きゃく》がきても世間話《せけんばなし》はしなかったし、そうじもしなかった。ゴミはそのへんにほっておいて、家《いえ》の中《なか》に足《あし》のふみ場《ば》がなくなったら引《ひ》っこした。だから、一生《いっしょう》のうち93回《かい》も引《ひ》っこすはめになったのさ。お金《かね》もどうでもよかったから、絵《え》が売《う》れてもらったお金《かね》も数《かぞ》えないで、袋《ふくろ》に入《い》れたまま支払《しはら》いにあてていた。たくさん払《はら》いすぎていたんだろうが、それもどうでもいいことだ。だから、ずっとお金《かね》はなかったよ。

私《わたし》は死《し》ぬまでそうやって絵《え》を描《か》きつづけた。いちばん有名《ゆうめい》なのは70歳《さい》をすぎてから発表《はっぴょう》した「富嶽三十六景《ふがくさんじゅうろっけい》」だろう。発表《はっぴょう》したとたん、絶賛《ぜっさん》されたが、私《わたし》は満足《まんぞく》などしていなかった。6歳《さい》のころから、ものの姿《すがた》を絵《え》に写《うつ》してきた。50歳《さい》からはずいぶんたくさんの絵《え》を描《か》いたが、よく考《かんが》えてみると、70歳《さい》までに描《か》いたものにろくな絵《え》はない。70をすぎてどうやら、少《すこ》しわかってきた。上《うえ》のことばは、88歳《さい》のとき死《し》を目前《もくぜん》にしていったものだ。私《わたし》はね、もっと絵《え》を描《か》きたかったんだよ。

この日《ひ》に生《う》まれた有名人《ゆうめいじん》

アウグストゥス（初代《しょだい》ローマ皇帝《こうてい》）／幸徳秋水《こうとくしゅうすい》（評論家《ひょうろんか》・社会運動家《しゃかいうんどうか》）／ジョン・コルトレーン（ジャズサックス奏者《そうしゃ》）／稲葉浩志《いなばこうし》《B'z》（ミュージシャン）／中山雅史《なかやままさし》（サッカー選手《せんしゅ》）

細胞《さいぼう》のしくみと謎《なぞ》を解明《かいめい》した生化学者《せいかがくしゃ》

セヴェロ・オチョア

（1905〜1993年　スペイン）

ノーベル賞《しょう》は目的地《もくてきち》ではなく、新《あら》たな、そしてより困難《こんなん》な道《みち》の出発点《しゅっぱつてん》にすぎないのです。

9月24日の偉人

科学

みなさんは、自分《じぶん》の体《からだ》がどのようにできているか知《し》っていますか？　細胞《さいぼう》とよばれるものが集《あつ》まってできているのです。では、その細胞《さいぼう》はどのようなものでできているのでしょうか。

私《わたし》は、その細胞《さいぼう》のしくみを研究《けんきゅう》していて、ポリヌクレオチド・フォスフォリラーゼというものを発見《はっけん》したのです。そのおかげで、ノーベル賞《しょう》を受賞《じゅしょう》することができました。ポリヌクレオチド・フォスフォリラーゼなんて、舌《した》がこんがらがりそうな、むずかしい名前《なまえ》ですね。でも、これがあるおかげで、みなさんの体《からだ》は成《せい》長《ちょう》したり、元気《げんき》で若々《わかわか》しくいられたりするのです。

みなさんの体《からだ》はおよそ60兆個《ちょうこ》の細胞《さいぼう》でできています。そしてそのほとんどの細《さい》胞《ぼう》が、数《すう》か月《げつ》で生《う》まれ変《か》わるといわれています。細胞《さいぼう》がそんなふうにちょくちょく生《う》まれ変《か》わっているから、人間《にんげん》の体《からだ》は健康《けんこう》でいられるわけです。

その細胞《さいぼう》をつくるとき、役《やく》に立《た》っているのが、ポリヌクレオチド・フォスフォリラーゼなのです。じつは私《わたし》の発見《はっけん》は、ちがう実験《じっけん》をしていたとき、ぐうぜんに見《み》つけたものなのです。ぐうぜんに見《み》つけるということは、科学《かがく》の世界《せかい》ではよくあります。過去《かこ》の偉大《いだい》な発見《はっけん》にも、ぐうぜんがしばしば見《み》られます。それだけ、自然《しぜん》のなりたちは、人間《にんげん》には予測《よそく》したり想像《そうぞう》したりできないものだということができるのです。

ノーベル賞《しょう》をもらったあとも、私《わたし》は一《いっ》生懸命《しょうけんめい》、研究《けんきゅう》をつづけました。そして、たんぱく質《しつ》をつくる働《はたら》きをする成分《せいぶん》を人《じん》工的《こうてき》につくりだすことに成功《せいこう》したり、遺《い》伝子《でんし》の暗号《あんごう》を読《よ》みといたり、ノーベル賞《しょう》をもう1回《かい》もらってもおかしくないほどのことをなしとげたのですよ。

この日《ひ》に生《う》まれた有名人《ゆうめいじん》

ジェロラモ・カルダーノ（数学者《すうがくしゃ》）／朝倉義景《あさくらよしかげ》（戦国大名《せんごくだいみょう》）／大倉喜八郎《おおくらきはちろう》（実業家《じつぎょうか》）／ルーホッラー・ホメイニー（イランの革命指導者《かくめいしどうしゃ》）／筒井康隆《つついやすたか》（作家《さっか》）

中国文学《ちゅうごくぶんがく》と中国社会《ちゅうごくしゃかい》の改革者《かいかくしゃ》

魯迅《ろじん》

（1881〜1936年　中国）

希望《きぼう》とはもともとあるものともないものともいえない。それは地上《ちじょう》の道《みち》のようなものだ。地上《ちじょう》にはもともと道《みち》はない。歩《ある》く人《ひと》が多《おお》くなれば、それが道《みち》となる。

思想

今《いま》からおよそ140年前《ねんまえ》、私《わたし》が生《う》まれたころの中国《ちゅうごく》は、ヨーロッパの国々《くにぐに》に支《し》配《はい》されているような、なさけない状態《じょうたい》でした。

15歳《さい》のころ、父《ちち》が原因不明《げんいんふめい》の病気《びょうき》にかかり、あっというまに亡《な》くなりました。昔《むかし》ながらの医術《いじゅつ》しかほどこせない医者《いしゃ》たちにはなにもできませんでした。それを見《み》て、私《わたし》は西洋《せいよう》の医術《いじゅつ》を学《まな》ぼうと決意《けつい》したのです。そして、日本《にほん》へ留学《りゅうがく》し、医学《いがく》を学《まな》びはじめました。

けれど、日本《にほん》の大学《だいがく》で授業《じゅぎょう》をうけていたとき、ショッキングな映像《えいぞう》を見《み》て、考《かんが》えが変《か》わったのです。映像《えいぞう》の中《なか》では、ロシア軍《ぐん》のスパイを働《はたら》いた中国人《ちゅうごくじん》がとらえられ銃殺《じゅうさつ》されていました。それを、中国《ちゅうごく》人《じん》の群衆《ぐんしゅう》が歓声《かんせい》をあげながら見《み》ていたのです。私《わたし》はそれから、医学《いがく》など少《すこ》しも大《たい》切《せつ》なことではない、と考《かんが》えるようになりました。たとえ体《からだ》がどんなに健康《けんこう》で長生《ながい》きしようとも、あんなふうに見《み》せしめの材料《ざいりょう》になったり、その見物人《けんぶつにん》になったりしていては意味《いみ》がない。まずは、精神《せいしん》を変《か》えなければいけないのだと、考《かんが》えたのです。中国国民《ちゅうごくこくみん》の意識《いしき》を変《か》えなければいけないと考《かんが》えたのです。そのために、私《わたし》は文章《ぶんしょう》を書《か》くようになりました。

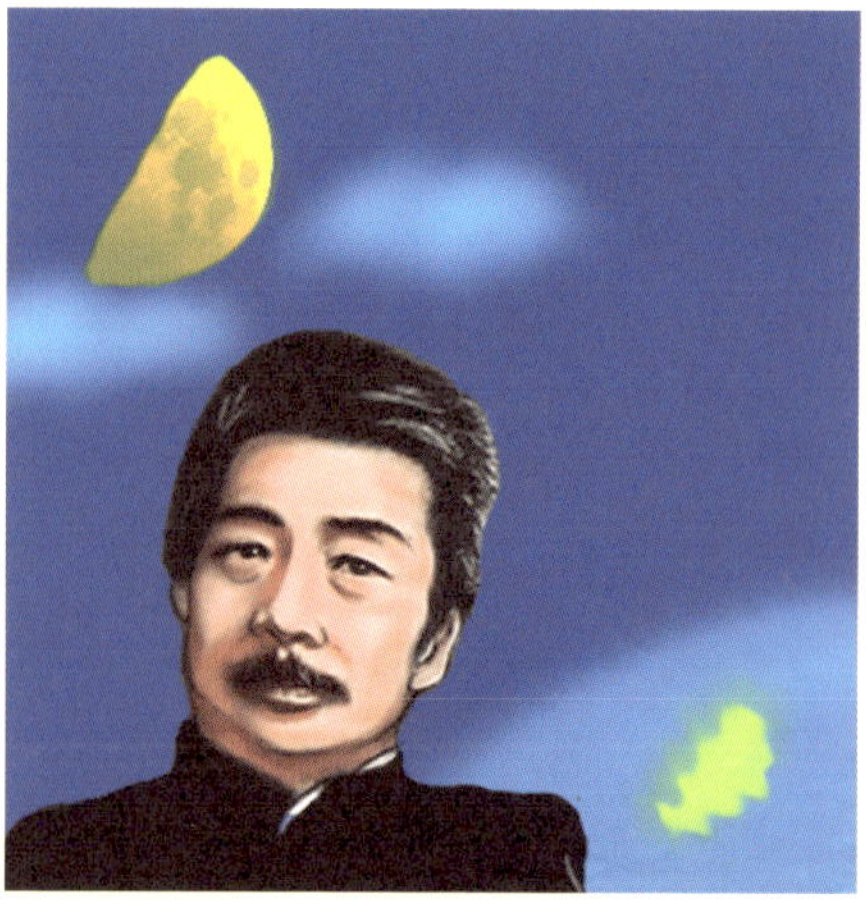

私《わたし》はその後《ご》、『狂人日記《きょうじんにっき》』を発表《はっぴょう》し、社会《しゃかい》のひどさを知《し》らせ、国《くに》を変《か》えようと国民《こくみん》に訴《うった》えました。さらに『故郷《こきょう》』『阿《あ》Q正伝《きゅうせいでん》』など、のちに代表作《だいひょうさく》といわれるようになった物語《ものがたり》を書《か》き、中国《ちゅうごく》の近代《きんだい》文学《ぶんがく》の扉《とびら》をひらいたのです。『阿《あ》Q正《きゅうせい》伝《でん》』は世界《せかい》でも有名《ゆうめい》になり、たくさんの人《ひと》に読《よ》まれました。『故郷《こきょう》』は、日本《にほん》でも、中学校《ちゅうがっこう》の国語《こくご》の教科書《きょうかしょ》に使《つか》われているので、知《し》っている人《ひと》もいるかもしれませんね。上《うえ》に出《で》ていることばは、『故郷《こきょう》』の中《なか》の文章《ぶんしょう》です。道《みち》がないところでも、最《さい》初《しょ》に誰《だれ》かが歩《ある》きだせば、道《みち》はできていきます。未来《みらい》はそうやってつくっていくものなのですよ。

この日《ひ》に生《う》まれた有名人《ゆうめいじん》

マイケル・ダグラス（俳優《はいゆう》）／スタニスラフ・ブーニン（ピアニスト）／ウィル・スミス（俳優《はいゆう》・ミュージシャン）
キャサリン・ゼタ・ジョーンズ（女優《じょゆう》）／浅田真央《あさだまお》（フィギュアスケート選手《せんしゅ》）

クラシックとポピュラー音楽《おんがく》を融合《ゆうごう》させた

ジョージ・ガーシュイン

（1898〜1937年　アメリカ）

なんでもないふつうの状態《じょうたい》でいるとき、音楽《おんがく》が指先《ゆびさき》からしたたりおちてくるんだ。

9月26日の偉人

芸術

私《わたし》は、ニューヨークのブルックリンで、まずしい仕立職人《したてしょくにん》の息子《むすこ》として生《う》まれました。小学生《しょうがくせい》のとき、学校《がっこう》でクラシック音楽《おんがく》や流行《りゅうこう》している歌《うた》をきくのがとても好《す》きで、だんだん音楽《おんがく》に興味《きょうみ》をもつようになりました。両親《りょうしん》も音楽好《おんがくず》きで、はじめは兄《あに》に学《まな》ばせようと、なんとかお金《かね》を用意《ようい》して、中古《ちゅうこ》のピアノを買《か》ったのですが、兄《あに》は本《ほん》を読《よ》んだり、勉強《べんきょう》するほうが好《す》きだったので、いつしか私《わたし》がピアノをひくようになったのです。もちろん、教室《きょうしつ》になんてかよえませんから、近所《きんじょ》からきこえてくる自動演奏《じどうえんそう》のピアノの音《おと》にあわせて、見《み》よう見《み》まねでひいていたのです。私《わたし》はどんどんうまくなりました。両親《りょうしん》も私《わたし》があまりにうまくなったことにおどろいて、音楽《おんがく》の先生《せんせい》のところにかよわせてくれるようになりました。

高校生《こうこうせい》のころは、ろくに学校《がっこう》にいかず、ティン・パン・アレイでずっとピアノをひいていました。ティン・パン・アレイとは、「ブリキのなべをたたく音《おと》が響《ひび》く街《まち》」という意味《いみ》で、ニューヨークの、楽譜《がくふ》を出版《しゅっぱん》する会社《かいしゃ》がたくさんあった地域《ちいき》のことです。私《わたし》はそこで、楽譜《がくふ》を買《か》いにきた人《ひと》たちに「この曲《きょく》はこんな曲《きょく》ですよ」とひいてきかせるピアニストとして働《はたら》いていたのです。

街角《まちかど》でピアノをひきながら、作曲《さっきょく》もするようになりました。21歳《さい》のときにつくった「スワニー」が大《だい》ヒット、私《わたし》はあっというまに人気作曲家《にんきさっきょくか》になりました。このレコードは225万枚《まんまい》も売《う》りあげたんですよ。そして、私《わたし》はクラシック音楽《おんがく》とジャズを合《あ》わせた曲《きょく》「ラプソディ・イン・ブルー」を発表《はっぴょう》しました。曲《きょく》をはじめて観客《かんきゃく》の前《まえ》で演奏《えんそう》したときの感動《かんどう》は忘《わす》れられません。曲《きょく》をきいて、観客《かんきゃく》は熱狂《ねっきょう》しました。最初《さいしょ》はばかにしたような顔《かお》できいていた批評家《ひひょうか》たちも、絶賛《ぜっさん》してくれました。こうして私《わたし》は、音楽《おんがく》の新《あたら》しいジャンルを開拓《かいたく》し、クラシックでもポピュラー音楽《おんがく》でも、一流《いちりゅう》の作曲家《さっきょくか》になったのです。

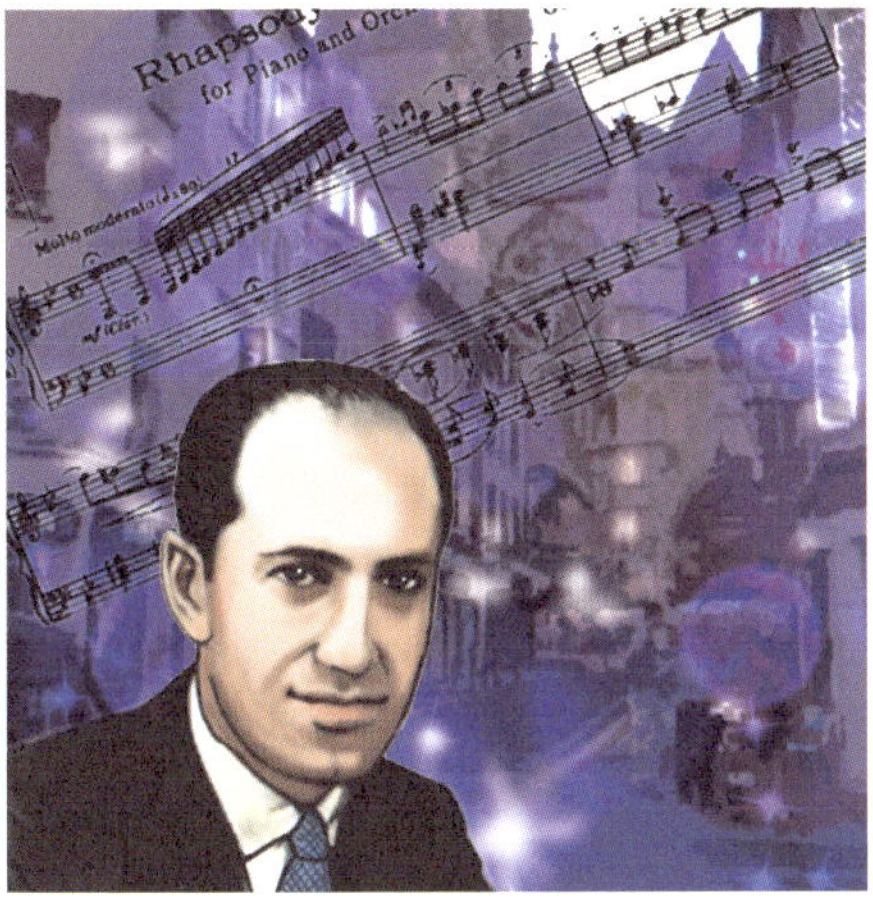

この日《ひ》に生《う》まれた有名人《ゆうめいじん》

T・S・エリオット（詩人《しじん》）／マルティン・ハイデッガー（思想家《しそうか》）
パウロ6世《せい》（第《だい》262代《だい》ローマ教皇《きょうこう》）／天童《てんどう》よしみ（歌手《かしゅ》）／セリーナ・ウィリアムズ（テニス選手《せんしゅ》）

反戦《はんせん》に命《いのち》をかけた哲学者《てつがくしゃ》

戸坂潤《とさかじゅん》

（1900〜1945年　日本）

人間《にんげん》は、人間《にんげん》であるという理由《りゆう》で、すべての者《もの》がジャーナリストにならなければいけない。

9月27日の偉人

思想

私《わたし》は、哲学者《てつがくしゃ》です。哲学《てつがく》というのは、人間《にんげん》とはなにか、世界《せかい》はどのようにできあがっているかなどを考《かんが》える学問《がくもん》です。すべての学問《がくもん》の基本《きほん》といっていいかもしれません。私《わたし》は京都《きょうと》大学《だいがく》と大学院《だいがくいん》で哲学《てつがく》を学《まな》び、卒業《そつぎょう》したあとは、さまざまな大学《だいがく》で教師《きょうし》をしながら、ものを考《かんが》え、文章《ぶんしょう》に書《か》いて発表《はっぴょう》していました。

私《わたし》が生《い》きていた時代《じだい》は、ちょうど日本《にほん》が大《おお》きな戦争《せんそう》にむかっていったときでした。軍部《ぐんぶ》が力《ちから》をもち、反対《はんたい》の意見《いけん》をもっている人《ひと》たちをおさえつけていた時代《じだい》だったのです。ロシアで革命《かくめい》がおきて、共《きょう》産主義《さんしゅぎ》の国《くに》ができたことで、軍部《ぐんぶ》はよけいおさえつけをきびしくしていました。共産主義《きょうさんしゅぎ》というのは、財産《ざいさん》をみんなでいっしょにもって、平等《びょうどう》にわけようという考《かんが》え方《かた》です。そんな考《かんが》えをもちこまれたら、日本《にほん》という国《くに》が引《ひ》っくりかえってしまうと考《かんが》えていたんでしょう。

私《わたし》はまず、共産主義者《きょうさんしゅぎしゃ》を家《いえ》にとめたことで、逮捕《たいほ》されました。このときはすぐに釈放《しゃくほう》されましたが、いよいよ中国《ちゅうごく》との戦争《せんそう》が始《はじ》まると「よくない思想《しそう》を広《ひろ》めている」という理由《りゆう》で、ふたたび逮捕《たいほ》されました。このころはもう、軍部《ぐんぶ》のやり方《かた》や、日本《にほん》という国《くに》のあり方《かた》をちょっとでも批判《ひはん》するようなことはゆるされなかったのです。そして、私《わたし》は終戦《しゅうせん》まであとちょっとというときに、牢獄《ろうごく》の中《なか》で、体《からだ》が弱《よわ》りきって命《いのち》を落《お》としました。牢獄《ろうごく》で死《し》んだ哲学者《てつがくしゃ》は、私《わたし》がはじめてでした。

日本《にほん》にも、自由《じゆう》にものを考《かんが》えたり、自《じ》由《ゆう》にものをいったりできない時代《じだい》があったのです。私《わたし》は、私《わたし》たち国民《こくみん》は、それぞれがジャーナリストにならなければいけないと考《かんが》えました。私《わたし》たちそれぞれが、知《し》らなければいけないし、きかなければいけないし、見《み》なければいけないし、考《かんが》えなければいけないし、発言《はつげん》しなければいけないし、伝《つた》えなければいけないのです。

この日《ひ》に生《う》まれた有名人《ゆうめいじん》

バド・パウエル（ジャズピアニスト）／岸谷五朗《きしたにごろう》（俳優《はいゆう》）／羽生善治《はぶよしはる》（将棋棋士《しょうぎきし》）／小野伸二《おのしんじ》（サッカー選手《せんしゅ》）／アヴリル・ラヴィーン（歌手《かしゅ》）

さまざまな顔《かお》をもった多才《たさい》な作家《さっか》

プロスペール・メリメ

（1803～1870年　フランス）

人間《にんげん》は、自分《じぶん》では気《き》がつかずに悪者《わるもの》になっているものです。

9月28日の偉人

文化

私《わたし》はフランスの裕福《ゆうふく》な家《いえ》に生《う》まれました。父《ちち》は画家《がか》としても化学者《かがくしゃ》としても有名《ゆうめい》な人物《じんぶつ》でした。母《はは》も絵《え》を描《か》くことが好《す》きだったので、その影響《えいきょう》からか、私《わたし》も幼《おさな》いころから、絵《え》や本《ほん》が好《す》きで、芸術《げいじゅつ》に興味《きょうみ》をもっていました。

ですが、パリ大学《だいがく》では法律《ほうりつ》を学《まな》びました。本格的《ほんかくてき》に絵《え》や文学《ぶんがく》をやろうとは、そのころは思《おも》っていなかったのです。大学《だいがく》を出《で》ると、役人《やくにん》になり、いくつかの役所《やくしょ》をまわったのちに、歴史記念物監督官《れきしきねんぶつかんとくかん》になりました。監督官《かんとくかん》として、あちこち地方《ちほう》にいっては、歴史《れきし》の記念物《きねんぶつ》を調査《ちょうさ》して、保存《ほぞん》しなければいけないものは保存《ほぞん》させたり、修復《しゅうふく》しなければいけないものは修復《ふく》させたりしたのです。私《わたし》は歴史《れきし》も好《す》きでしたから、いろいろなところへ旅行《りょこう》できるこの仕事《しごと》は、うってつけでした。

監督官《かんとくかん》の仕事《しごと》のひまを見《み》て、私《わたし》は物語《ものがたり》や評論《ひょうろん》などを書《か》きはじめました。歴史《れきし》にかかわる仕事《しごと》からえた知識《ちしき》や、仕事《しごと》の旅行先《りょこうさき》で見《み》たりきいたりしたことを、作品《さくひん》にとりこんでいったのです。はじめて発表《はっぴょう》したのは『クララ・ガスルの劇《げき》』という戯曲集《ぎきょくしゅう》です。そのあとたてつづけに作品《さくひん》を発表《はっぴょう》しますが、どれもペンネームや匿名《とくめい》で出《だ》しました。まだ本名《ほんみょう》で発表《はっぴょう》するだけの勇気《ゆうき》がなかったのです。発表《はっぴょう》した作品《さくひん》がだんだん評判《ひょうばん》になって、はじめて本名《ほんみょう》を出《だ》すようになり、さらに作品《さくひん》を書《か》きつづけました。『カルメン』という物語《ものがたり》はのちにオペラになり、世界《せかい》じゅうで上演《じょうえん》されるようになりました。映画《えいが》にも30回《かい》くらいされるほど、たくさんの人《ひと》に愛《あい》されたのですよ。

ただ、文学界《ぶんがくかい》で成功《せいこう》しても、歴史記念物監督官《れきしきねんぶつかんとくかん》の仕事《しごと》はずっとつづけました。私《わたし》は文学《ぶんがく》も好《す》きでしたが、歴史《れきし》も好《す》きだったのです。どちらかしかやらないと決《き》める必要《ひつよう》も感《かん》じませんでした。歴史記念物《れきしきねんぶつ》をあつかう考古学者《こうこがくしゃ》や美術史家《びじゅつしか》、小説家《しょうせつか》、挿絵画家《さしえがか》……いろいろな仕事《しごと》がそれぞれ影響《えいきょう》をあたえあって、すばらしい結果《けっか》を出《だ》せたのだと思《おも》います。

この日《ひ》に生《う》まれた有名人《ゆうめいじん》

シーモア・クレイ（スーパーコンピュータ設計者《せっけいしゃ》）／マルチェロ・マストロヤンニ（俳優《はいゆう》）
ブリジット・バルドー（女優《じょゆう》）／伊達公子《だてきみこ》（テニス選手《せんしゅ》）／吹石一恵《ふきいしかづえ》（女優《じょゆう》）

徳川家《とくがわけ》、最後《さいご》の将軍《しょうぐん》

徳川慶喜《とくがわよしのぶ》

（1837〜1913年　日本）

これからは、おまえの道《みち》をゆきなさい。

9月29日の偉人

政治

徳川家康《とくがわいえやす》がつくった江戸幕府《えどばくふ》は、第《だい》15代将軍《だいしょうぐん》の家康《いえやす》から、15代《だい》の私《わたし》まで、265年《ねん》もの長《なが》いあいだ、日本《にほん》をおさめていました。私《わたし》はその江戸幕府《えどばくふ》を終《お》わらせました。

私《わたし》が将軍《しょうぐん》になったのは1866年《ねん》。その13年前《ねんまえ》に、浦賀《うらが》にペリーひきいる黒《くろ》船《ふね》がやってきて、国《くに》をとじて外国《がいこく》との交《こう》流《りゅう》をたっていた日本《にほん》に、開国《かいこく》をせまりました。これまで見《み》たことがないほど立派《りっぱ》な船《ふね》が4せきもやってきたのは、大変《たいへん》な衝撃《しょうげき》でした。それ以来《いらい》、日本《にほん》は大変《たいへん》なさわぎにおちいりました。

そんな中《なか》、第《だい》13代将軍《だいしょうぐん》が亡《な》くなったのです。そのあとをついで、私《わたし》が14代将軍《だいしょうぐん》になるという話《はなし》もあったのですが、大老《たいろう》（江戸幕府最高《えどばくふさいこう》の重役《じゅうやく》）の井伊直弼《いいなおすけ》に反《はん》対《たい》され、井伊《いい》がおしていた徳川家茂《とくがわいえもち》が将《しょう》軍《ぐん》となりました。本音《ほんね》をいえば、私《わたし》は将《しょう》軍《ぐん》にはなりたくなかったので、安心《あんしん》したのですけれどね。

その後《ご》、井伊直弼《いいなおすけ》が、「桜田門外《さくらだもんがい》の変《へん》」で暗殺《あんさつ》され、家茂《いえもち》も亡《な》くなったため、私《わたし》はしかたなく将軍《しょうぐん》となりました。しかし、そのとき日本《にほん》では、徳川幕府《とくがわばくふ》と、それに反対《はんたい》する人々《ひとびと》とのあいだで戦争《せんそう》がおころうとしていたのです。日本《にほん》じゅうで戦《たたか》いがおこったら、大変《たいへん》です。それこそ、それをきっかけに、外国《がいこく》が攻《せ》めこんでくるかもしれません。私《わたし》は、幕府《ばくふ》をたおそうとする人《ひと》たちと戦《たたか》うことはせず、これまで徳川家《とくがわけ》がもっていた政治《せいじ》をおこなう権《けん》利《り》を朝廷《ちょうてい》に返《かえ》したのです。これを「大政《たいせい》奉還《ほうかん》」といいます。これによって、徳川《とくがわ》幕府《ばくふ》が終《お》わっただけではなく、鎌倉幕府《かまくらばくふ》以来約《いらいやく》700年《ねん》つづいた武家政治《ぶけせいじ》が終《しゅう》了《りょう》しました。上《うえ》に出《で》ていることばは、そのとき私《わたし》が、ずっと私《わたし》につかえてくれていた家臣《かしん》にいったことばです。

なにかを始《はじ》めるのも大変《たいへん》ですが、なにかを終《お》わらせるには、それよりもっと大《おお》きなエネルギーと決断力《けつだんりょく》が必要《ひつよう》です。でも、私《わたし》は、日本《にほん》と、そこにくらす人々《ひとびと》のことを考《かんが》えて、決断《けつだん》したのです。

この日《ひ》に生《う》まれた有名人《ゆうめいじん》

グナエウス・ポンペイウス（ローマの軍人《ぐんじん》・政治家《せいじか》）／ホレーショ・ネルソン（イギリス海軍提督《かいぐんていとく》）／鈴木三重吉《すずきみえきち》（児童文学作家《じどうぶんがくさっか》）／エンリコ・フェルミ（物理学者《ぶつりがくしゃ》）／中川李枝子《なかがわりえこ》（児童文学作家《じどうぶんがくさっか》）

分子《ぶんし》があることを証明《しょうめい》した不屈《ふくつ》の科学者《かがくしゃ》

ジャン・バティスト・ペラン

（1870～1942年　フランス）

今日《きょう》できないことも、明日《あす》できるようになるかもしれない。

9月30日の偉人

科学

みなさんは、「ブラウン運動《うんどう》」ということばをきいたことがありますか？　これは、液体《えきたい》の中《なか》で粒《つぶ》が、いつも動《うご》きまわっていることをさしたことばです。植物学者《しょくぶつがくしゃ》のロバート・ブラウンが顕微鏡《けんびきょう》で液体《えきたい》を観察《かんさつ》したときに見《み》つけたのですが、長《なが》いあいだ、なぜ生《い》きているわけでもない粒《つぶ》が動《うご》いているのか、理由《りゆう》はわかりませんでした。

その後《ご》、あの有名《ゆうめい》なアルベルト・アインシュタインが、粒《つぶ》は、まわりの液体《えきたい》の分子《ぶんし》にぶつかりつづけているから、ずっと動《うご》いているのではないかと考《かんが》えました。でも、それを証明《しょうめい》することはできないでいました。

そのころは、分子《ぶんし》などないのだと考《かんが》えている科学者《かがくしゃ》も多《おお》かったのです。分子《ぶんし》というのは、物質《ぶっしつ》をつくっているいちばん小《ちい》さい粒《つぶ》のことです。とても小《ちい》さいので、顕微鏡《けんびきょう》を使《つか》っても見《み》えません。ですから、ほんとうにあるかどうか、誰《だれ》も証明《しょうめい》できないでいたのです。

私《わたし》は、顕微鏡写真《けんびきょうしゃしん》を使《つか》って、ブラウン運動《うんどう》を何千回《なんぜんかい》も観測《かんそく》しました。粒《つぶ》を入《い》れた水《みず》1滴《てき》の中《なか》の粒《つぶ》の数《かず》を数《かぞ》え、その数《かず》の変化《へんか》を見《み》たり、粒《つぶ》の動《うご》きを30秒《びょう》ごとにスケッチしたり、さまざまな方法《ほうほう》で観察《かんさつ》したのです。気《き》の遠《とお》くなるような作業《さぎょう》でした。そして、ついにブラウン運動《うんどう》は、水《すい》中《ちゅう》の粒《つぶ》が水《みず》の分子《ぶんし》にぶつかって動《うご》いているからおこるのだとつきとめたのです。私《わたし》は、この発見《はっけん》でノーベル賞《しょう》を受賞《じゅしょう》することができました。

なにかをやりとげようと思《おも》ったら、とにかく根気《こんき》よく、つづけることがだいじです。1回《かい》でだめなら、2回《かい》、3回《かい》、それでもだめなら10回《かい》、１００回《かい》……と成功《せいこう》するまでつづけることです。あきらめずに最後《さいご》までつづけた人《ひと》だけにしかえられないものがあるんですよ。

この日《ひ》に生《う》まれた有名人《ゆうめいじん》

デボラ・カー（女優《じょゆう》）／トルーマン・カポーティ（作家《さっか》）／五木寛之《いつきひろゆき》（作家《さっか》）／石原慎太郎《いしはらしんたろう》（政治家《せいじか》・作家《さっか》）／東山紀之《ひがしやまのりゆき》（タレント）

偉人《いじん》からのことばの贈《おく》り物《もの》①

世界《せかい》には、ほかにも歴史《れきし》をつくった偉人《いじん》がたくさんいて、すてきなことばをたくさん残《のこ》しています。

メダルの色《いろ》は銅《どう》だったけど、「よくがんばったね」って、自分《じぶん》で自分《じぶん》をほめたいと思《おも》います。

有森裕子《ありもりゆうこ》

マラソン選手《せんしゅ》。バルセロナオリンピックで銀《ぎん》メダルをとったあと、病気《びょうき》で3年間走《ねんかんはし》れなくなる。そのあと、アトランタオリンピックでみごと銅《どう》メダル。

努力《どりょく》している人《ひと》を笑《わら》うこと。それは、なによりも最低《さいてい》な行為《こうい》である。

植村直己《うえむらなおみ》

登山家《とざんか》・冒険家《ぼうけんか》。もともと体力《たいりょく》がなかったことを訓練《くんれん》で克服《こくふく》し、世界初《せかいはつ》5大陸最高峰登頂《たいりくさいこうほうとうちょう》や、人類史上初《じんるいしじょうはつ》の単独北極圏到達《たんどくほっきょくけんとうたつ》、世界初《せかいはつ》マッキンリー冬期単独登頂《とうきたんどくとうちょう》を達成《たっせい》。

ほんとうの正義《せいぎ》というものは、けっしてかっこうのいいものではないし、そして、そのためにかならず自分《じぶん》も深《ふか》く傷《きず》つくものです。

やなせたかし

漫画家《まんがか》。戦争中《せんそうちゅう》の体験《たいけん》をもとに、困《こま》っている人《ひと》に食《た》べ物《もの》をわけることこそが絶対的《ぜったいてき》な正義《せいぎ》だと考《かんが》え、お腹《なか》をすかせた子《こ》どもに自分《じぶん》の頭《あたま》を食《た》べさせるヒーロー「アンパンマン」を生《う》みだした。

少《すく》なくとも、一度《いちど》は人《ひと》に笑《わら》われるようなアイデアでなければ、独創的《どくそうてき》な発想《はっそう》とはいえない。

ビル・ゲイツ

マイクロソフト社《しゃ》の創業者《そうぎょうしゃ》。高校時代《こうこうじだい》からコンピュータのプログラミングを始《はじ》め、友《とも》だちと会社《かいしゃ》を設立《せつりつ》。ハーバード大学《だいがく》に進《すす》んだあと、大学《だいがく》を休学《きゅうがく》して、マイクロソフト社《しゃ》を立《た》ちあげる。

本気《ほんき》ですれば、たいていのことはできる。本気《ほんき》ですれば、なんでもおもしろい。本気《ほんき》ですれば、誰《だれ》かが助《たす》けてくれる。

長嶋茂雄《ながしましげお》

野球選手《やきゅうせんしゅ》・監督《かんとく》。小学校《しょうがっこう》4年生《ねんせい》のときに、竹《たけ》でつくったバットと布《ぬの》でつくったボール、母親《ははおや》手《て》づくりのグラブで野球《やきゅう》を始《はじ》める。高校時代《こうこうじだい》に才能《さいのう》を開花《かいか》させ、大学野球《だいがくやきゅう》・プロ野球《やきゅう》で大活躍《だいかつやく》。

10月《がつ》生《う》まれの偉《い》人《じん》

史上最強《しじょうさいきょう》の元《もと》・大統領《だいとうりょう》

ジミー・カーター・ジュニア

（1924年〜　アメリカ）

なぜベストをつくさないのか？

10月1日の偉人

政治

私《わたし》は、第《だい》39代《だい》アメリカ合衆国《がっしゅうこく》大統領《だいとうりょう》です。大統領《だいとうりょう》をやめてから、平和活動《へいわかつどう》を地道《じみち》につづけたことで、ノーベル平和賞《へいわしょう》を受賞《じゅしょう》しました。

私《わたし》が生《う》まれたのは、アメリカのプレーンズという町《まち》の農場《のうじょう》です。大学《だいがく》を出《で》て、海軍《かいぐん》で働《はたら》いていたのですが、父《ちち》が亡《な》くなったことで、家業《かぎょう》のピーナッツ事業《じぎょう》をつぎ、毎日汗《まいにちあせ》を流《なが》してピーナッツをつくっていました。そのいっぽうで、私《わたし》は地域《ちいき》活動《かつどう》に参加《さんか》して、教育《きょういく》や人種《じんしゅ》のあいだの問題《もんだい》にとりくんでいました。私《わたし》の生《う》まれた地域《ちいき》は、まずしい家《いえ》や黒人《こくじん》の家《いえ》が多《おお》く、貧困《ひんこん》や人種差別《じんしゅさべつ》が大《おお》きな問題《もんだい》になっていたのです。まずしい人々《ひとびと》や差別《さべつ》をうけている人々《ひとびと》をなんとか助《たす》ける方法《ほうほう》はないものか——そんなことをずっと考《かんが》えていた私《わたし》は、政治家《せいじか》になって人々《ひとびと》のために働《はたら》きたいと思《おも》うようになりました。

私《わたし》はジョージア州知事《しゅうちじ》をへて、大統領《だいとうりょう》選挙《せんきょ》に立候補《りっこうほ》しました。しかし、政治家《せいじか》としての経験《けいけん》が少《すく》なかったため、私《わたし》のことを知《し》っている人《ひと》はとても少《すく》なく、「ジミー・カーターって誰《だれ》のこと？」などとばかにされたりもしました。それでも、私《わたし》は自分《じぶん》の信念《しんねん》を自分《じぶん》にできる方法《ほうほう》で少《すこ》しずつ国民《こくみん》に訴《うった》えつづけました。「自分《じぶん》のできることをひたすらつづける」——これは、私《わたし》が畑《はたけ》で汗《あせ》を流《なが》してピーナッツをつくっていたときに学《まな》んだことです。そして、１９７６年《ねん》、私《わたし》はみごと、大統《だいとう》領《りょう》に当選《とうせん》したのです。

大統領《だいとうりょう》になってからは「人権外交《じんけんがいこう》」をかかげて、人々《ひとびと》が平和《へいわ》にくらせるように、国《くに》と国《くに》がうまくつきあっていけるように、政治《せいじ》をおこないました。大統領《だいとうりょう》だったのは4年《ねん》だけだったのですが、そのあとも平和活動《へいわかつどう》をつづけました。

私《わたし》の夢《ゆめ》は、世界《せかい》のみんなが平和《へいわ》で楽《たの》しくくらせるようになるということでした。そして、その夢《ゆめ》を実現《じつげん》させるために、ベストをつくしました。みなさんは今《いま》、ベストをつくしていますか？

この日《ひ》に生《う》まれた有名人《ゆうめいじん》

ウィリアム・ボーイング（ボーイング創業者《そうぎょうしゃ》）／服部良一《はっとりりょういち》（作曲家《さっきょくか》）／3代目江戸家猫八《だいめえどやねこはち》（ものまね師《し》）／滝川《たきがわ》クリステル（キャスター）／神田沙也加《かんださやか》（歌手《かしゅ》・女優《じょゆう》）

非暴力《ひぼうりょく》で戦《たたか》いぬいた平和《へいわ》の人《ひと》

モハンダス・ガンジー

（1869～1948年　インド）

非暴力《ひぼうりょく》は人間《にんげん》にあたえられた最大《さいだい》の武器《ぶき》であり、人間《にんげん》が発明《はつめい》した最強《さいきょう》の武器《ぶき》よりも強《つよ》い力《ちから》をもつ。

10月
2日
の偉人

思想

昔《むかし》、インドはイギリスに支配《しはい》されていました。インドの人々《ひとびと》はイギリス人《じん》やヨーロッパの白人《はくじん》に差別《さべつ》され、苦《くる》しめられていました。私《わたし》はインドの人々《ひとびと》を救《すく》うため、人間《にんげん》らしく誇《ほこ》りをもって生《い》きられるようにするために、イギリスと戦《たたか》いました。

戦《たたか》ったといっても、武器《ぶき》をもって戦《たたか》ったわけではありません。私《わたし》の戦《たたか》いは、「非暴力《ひぼうりょく》・不服従《ふふくじゅう》」というものでした。つまり、相手《あいて》が暴力《ぼうりょく》を使《つか》っても、自分《じぶん》はけっして暴力《ぼうりょく》は使《つか》わない、また、差別《さべつ》する者《もの》のいいなりにはならないという態度《たいど》をつらぬいたのです。

「目《め》には目《め》を。歯《は》には歯《は》を」ということばを知《し》っていますか？　やられたらやりかえせという意味《いみ》のことばです。そんな考《かんが》え方《かた》をしていたら、問題《もんだい》はどんどんひどくなるだけでしょう。私《わたし》は、イギリス人《じん》が悪《わる》いのではなく、考《かんが》え方《かた》が悪《わる》いだけなのだと考《かんが》えました。ですから、話《はなし》をしつづければ、かならずわかってもらえるはずだと信《しん》じていたのです。

やがて私《わたし》の考《かんが》えと行動《こうどう》は、たくさんの人々《ひとびと》にうけいれられました。多《おお》くのインド人《じん》が私《わたし》と行動《こうどう》をともにしてくれました。そのせいで、私《わたし》は何度《なんど》もつかまり、牢屋《ろうや》に入《い》れられました。でも、私《わたし》はあきらめませんでした。インドの人々《ひとびと》もあきらめませんでした。

そして、私《わたし》がおこした非暴力《ひぼうりょく》・不服従《ふふくじゅう》の運動《うんどう》はインド全土《ぜんど》に広《ひろ》がって、ついにインドはイギリスからの独立《どくりつ》を勝《か》ちとるのです。その後《ご》、私《わたし》は、みんなから「マハトマ（偉大《いだい》な魂《たましい》）・ガンジー」とよばれるようになりました。

現在《げんざい》でも世界《せかい》のあちこちに差別《さべつ》があり、人種《じんしゅ》や宗教《しゅうきょう》のちがいによるあらそいがおこっています。でも、私《わたし》は信《しん》じています。いつか世界《せかい》にほんとうの平和《へいわ》がおとずれる日《ひ》がくることを。平和《へいわ》への道《みち》はありません。平和《へいわ》こそが道《みち》なのです。

この日《ひ》に生《う》まれた有名人《ゆうめいじん》

良寛《りょうかん》（僧侶《そうりょ》）／ウィリアム・ラムゼー（化学者《かがくしゃ》）／ダナ・キャラン（ファッションデザイナー）／スティング（ミュージシャン）／浜崎《はまさき》あゆみ（歌手《かしゅ》）

日本《にほん》を心《こころ》から愛《あい》した外交官《がいこうかん》

タウンゼント・ハリス

(1804〜1878年　アメリカ)

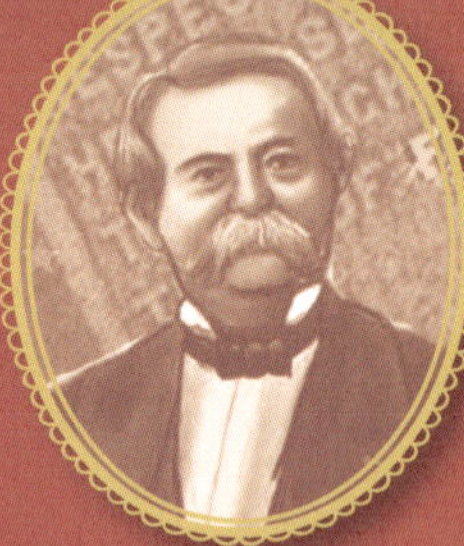

これがおそらく、人民《じんみん》のほんとうの幸福《こうふく》の姿《すがた》というものだろう。

10月3日の偉人

社会

私《わたし》の家《いえ》は陶磁器《とうじき》の貿易《ぼうえき》をしていました。あまりもうかっていなくて、ずっとまずしかったので、私《わたし》も13歳《さい》で学校《がっこう》をやめ、家《いえ》の手伝《てつだ》いを始《はじ》めました。ただ、勉強《べんきょう》はつづけたかったので、図書館《としょかん》にかよって本《ほん》を読《よ》み、フランス語《ご》、スペイン語《ご》、イタリア語《ご》を学《まな》びました。これは貿易《ぼうえき》の仕《し》事《ごと》にも役立《やくだ》ちましたし、その後《ご》の私《わたし》の人《じん》生《せい》を大《おお》きく変《か》えてくれたのですよ。

貿易商人《ぼうえきしょうにん》としてお金《かね》をかせげるようになってからは、ニューヨーク市《し》の教育委《きょういくい》員会《いんかい》の委員長《いいんちょう》もやりました。自分《じぶん》が教育《きょういく》をうけられなかった経験《けいけん》から、勉強《べんきょう》をしたくてもできない子《こ》どもたちの役《やく》に立《た》ちたかったのです。そして、授業料《じゅぎょうりょう》が無料《むりょう》の市立大学《しりつだいがく》(フリーアカデミー)をつくりました。この学校《がっこう》からは、のちにノーベル賞受賞者《しょうじゅしょうしゃ》がたくさん出《で》たのですよ。

その後《ご》、大統領《だいとうりょう》から、アメリカの外交《がいこう》官《かん》として、日本《にほん》にいって条約《じょうやく》をむすんできてほしいとたのまれました。貿易《ぼうえき》の仕《し》事《ごと》でよくアジアにいっていたので、日本《にほん》人《じん》と仲《なか》よくできると思《おも》われたのでしょう。私《わたし》も前《まえ》から日本《にほん》に興味《きょうみ》があったので、すぐに引《ひ》きうけました。

そして、1856年《ねん》に、初代駐日総領《しょだいちゅうにちそうりょう》事《じ》として、日本《にほん》にやってきたのです。そして、日米修好通商条約《にちべいしゅうこうつうしょうじょうやく》をむすび、神奈《かな》川《がわ》・長崎《ながさき》・新潟《にいがた》・兵庫《ひょうご》で自由《じゆう》に貿易《ぼうえき》ができるようにしたのです。私《わたし》はその後《ご》、さらに日本《にほん》の国際化《こくさいか》のために働《はたら》くようになりました。

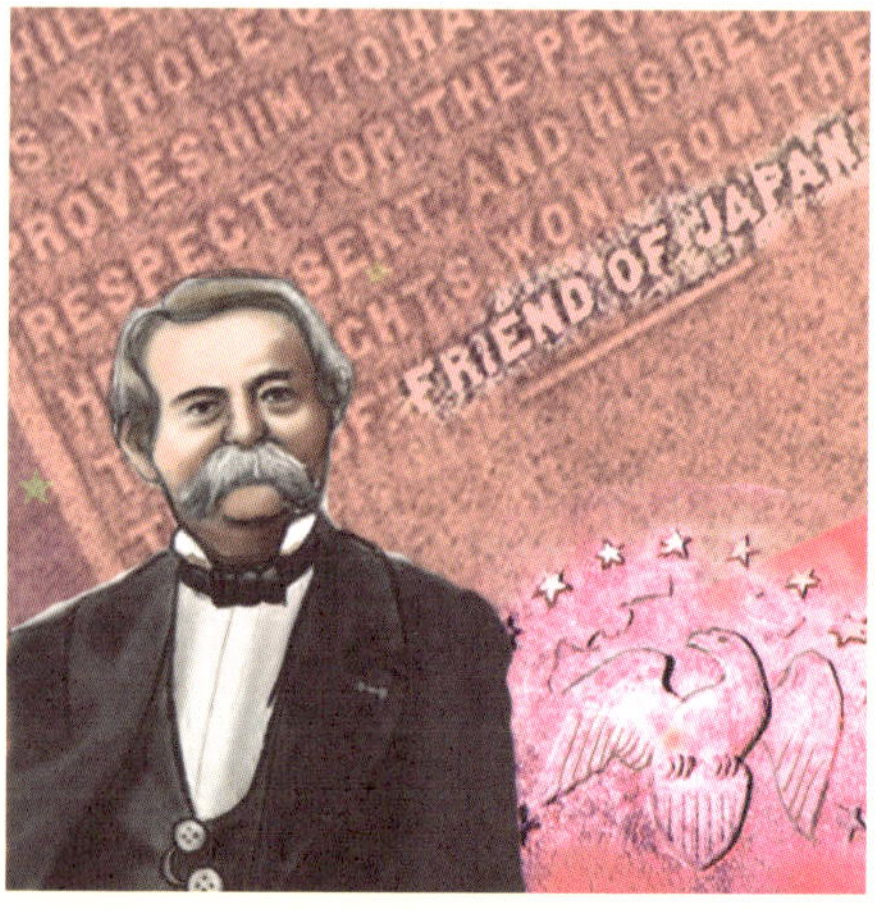

私《わたし》は日本《にほん》が大好《だいす》きでした。日本《にほん》の人《ひと》たちはけっしてぜいたくな生活《せいかつ》はしていませんでしたが、自然《しぜん》とともに、ていねいにくらしていました。人《ひと》は正直《しょうじき》であたたかく、私《わたし》は心《こころ》から感動《かんどう》したのです。日本《にほん》を開国《かいこく》させて外国《がいこく》の影響《えいきょう》をうけさせることが、この幸《しあわ》せな人《ひと》たちにとっていいことなのかどうか、わからなくなったほどです。それだけ、私《わたし》は日本人《にほんじん》を尊敬《そんけい》していたのですよ。私以外《わたしいがい》の人物《じんぶつ》が外交官《がいこうかん》だったら、日本《にほん》はアメリカの植民地《しょくみんち》になっていたかもしれないともいわれているそうです。

この日《ひ》に生《う》まれた有名人《ゆうめいじん》

山本耀司《やまもとようじ》(ファッションデザイナー)/白竜《はくりゅう》(俳優《はいゆう》)/石田《いしだ》ゆり子《こ》(女優《じょゆう》)/アレックス・ラミレス(野球選手《やきゅうせんしゅ》)/蛯原友里《えびはらゆり》(モデル)

農民《のうみん》の美《うつく》しさを絵《え》で表現《ひょうげん》した画家《がか》

ジャン・フランソワ・ミレー

（1814〜1875年　フランス）

ものを見《み》るのに、目《め》をひらいただけでは足《た》りない。
心《こころ》の動《うご》きがなくてはならない。

10月4日の偉人

芸術

私《わたし》は、フランスの農家《のうか》の長男《ちょうなん》として生《う》まれました。少年《しょうねん》のころから絵《え》を描《か》くのが好《す》きで、農業《のうぎょう》を手伝《てつだ》うあいまに、まわりの風景《ふうけい》を写生《しゃせい》していたものです。ほんとうなら、私《わたし》は農家《のうか》の仕事《しごと》をつぐはずでした。でも、絵《え》が好《す》きだった私《わたし》を祖母《そぼ》が応援《おうえん》してくれて、絵《え》の勉強《べんきょう》をすることをゆるしてもらったのです。19歳《さい》のときから、本格的《ほんかくてき》に絵《え》を勉強《べんきょう》するようになり、奨学金《しょうがくきん》をもらって、私《わたし》はパリの美術学校《びじゅつがっこう》に入《はい》ることができました。

でも、私《わたし》は、パリという大《おお》きな街《まち》にも、学校《がっこう》で教《おそ》わることにも、なじめませんでした。自分《じぶん》が描《か》きたい絵《え》は、ここでは教《おそ》わることができないと思《おも》いました。けっきょく2年《ねん》で学校《がっこう》をやめて、ひとりで絵《え》を描《か》きつづけることにしたのです。

そのうち、私《わたし》は自分《じぶん》がなにを描《か》きたいのか、気《き》づきました。私《わたし》は、農村生活《のうそんせいかつ》のすばらしさや、土《つち》といっしょに生《い》きる農《のう》民《みん》の姿《すがた》を描《か》きたかったのです。大地《だいち》との戦《たたか》いに明《あ》けくれる農民《のうみん》の生活《せいかつ》や、田《た》んぼや畑《はたけ》を、ありのままの姿《すがた》で描《えが》きたかったのです。

私《わたし》は、その後《ご》、農村《のうそん》や農民《のうみん》の姿《すがた》を描《えが》き、「晩鐘《ばんしょう》」や「落穂《おちぼ》ひろい」「種《たね》をまく人《ひと》」などの有名《ゆうめい》な作品《さくひん》を残《のこ》しました。とくに「落穂《おちぼ》ひろい」は教科書《きょうかしょ》にもよく出《で》ているので、見《み》たことがある人《ひと》もいるかもしれません。落穂《おちぼ》ひろいというのは、収穫《しゅうかく》が終《お》わった畑《はたけ》で、かりいれられずに落《お》ちた実《み》や穂《ほ》をひろうことです。この絵《え》では、手前《てまえ》に落穂《おちぼ》をひろっている3人《にん》の農民《のうみん》が描《えが》かれています。みすぼらしいぼろぼろの服《ふく》を着《き》た農民《のうみん》です。かれらは、畑《はたけ》のもち主《ぬし》に許可《きょか》をもらって、落《お》ちた穂《ほ》をひろわせてもらっている、もっともまずしい農民《のうみん》です。ずっと後《うし》ろのほうには、畑《はたけ》のもち主《ぬし》がいて、山《やま》とつまれた麦《むぎ》があります。私《わたし》は、このどうしようもなくまずしいけれど、必死《ひっし》に生《い》きている人《ひと》たちこそ、美《うつく》しいと思《おも》ったのです。パリのきらびやかな街《まち》のようすなどよりずっと、美《うつく》しいと思《おも》ったのです。もし私《わたし》の絵《え》を見《み》る機会《きかい》があったら、ぜひその美《うつく》しさを感《かん》じとってください。

バスター・キートン（喜劇俳優《きげきはいゆう》）／日野原重明《ひのはらしげあき》（医師《いし》）
エディ・タウンゼント（ボクシングトレーナー）／北島三郎《きたじまさぶろう》（歌手《かしゅ》）／辻仁成《つじじんせい》（作家《さっか》）

百科全書《ひゃっかぜんしょ》をつくりあげた思想家《しそうか》

ドニ・ディドロ

（1713～1784年　フランス）

けっして後悔《こうかい》せず、けっして他人《たにん》を非難《ひなん》するな。それが、知恵《ちえ》への第一歩《だいいっぽ》だ。

10月5日の偉人

思想

みなさんは、わからないことがあるとどうしますか？　そう、本《ほん》で調《しら》べたりしますね。とくに百科事典《ひゃっかじてん》にはいろいろなことが、関係《かんけい》があることがらでまとめられてのっていて、ほんとうに便利《べんり》です。百科事典《ひゃっかじてん》を見《み》ると、調《しら》べようと思《おも》ったことよりたくさんのことがわかったりするのです。

私《わたし》は、1745年《ねん》、あらゆる知識《ちしき》を文《ぶん》章《しょう》と図版《ずはん》にした「百科全書《ひゃっかぜんしょ》」をつくりはじめました。イギリス人《じん》がつくった百科《ひゃっか》全書《ぜんしょ》をフランス語《ご》に翻訳《ほんやく》してほしいと、仕事《しごと》を依頼《いらい》されたことがきっかけでした。百科全書《ひゃっかぜんしょ》といっても、たった2巻《かん》の本《ほん》でした。百科全書《ひゃっかぜんしょ》というものをつくるなら、あらゆることをのせるべきだ、知識《ちしき》をひとまとめにしたものであるべきだと思《おも》った私《わたし》は、ただ翻訳《ほんやく》をするだけではなく、もっと内容《ないよう》をふくらませて、フランス独《どく》自《じ》の百科全書《ひゃっかぜんしょ》をつくることにしたのです。

まず「学問《がくもん》」と「自由芸術《じゆうげいじゅつ》」と「機械《きかい》技術《ぎじゅつ》」という大《おお》きな分野《ぶんや》をつくって、それを著者《ちょしゃ》たちのグループにそれぞれ担当《たんとう》してもらって、最後《さいご》に私《わたし》がまとめるという形《かたち》で進《すす》めていきました。そして、当時《とうじ》のフランスでよりすぐりの思想家《しそうか》や知識《ちしき》人《じん》184人《にん》に原稿《げんこう》を書《か》いてもらうことにしました。

そのころのフランスはまだ王《おう》さまが支《し》配《はい》していて、知識《ちしき》は、貴族《きぞく》や教会《きょうかい》のえらい人《ひと》、上流階級《じょうりゅうかいきゅう》の一部《いちぶ》しかえられないものでした。けれど、百科全書《ひゃっかぜんしょ》があれば、誰《だれ》でも自由《じゆう》に知識《ちしき》を手《て》に入《い》れられます。百科全書《ひゃっかぜんしょ》の刊行《かんこう》は、社会《しゃかい》のしくみを引《ひ》っくりかえすことにつながるおそれがあるといわれて、出版《しゅっぱん》を禁止《きんし》された時期《じき》もありました。でも、私《わたし》たちはくじけずに本《ほん》づくりを進《すす》めて、ついに20年以上《ねんいじょう》かけて、文章《ぶんしょう》の巻《まき》17巻《かん》と、図版《ずはん》の巻《まき》11巻《かん》の、計《けい》28巻《かん》をつくりあげました。そして、この百《ひゃっ》科全書《かぜんしょ》が、フランス革命《かくめい》への扉《とびら》をあけたのです。知識《ちしき》や知恵《ちえ》を手《て》に入《い》れるということは、なによりも強《つよ》い武器《ぶき》を手《て》に入《い》れることなのですよ。

Never to repent and never to reproach others
these are the first step of wisdom.

この日《ひ》に生《う》まれた有名人《ゆうめいじん》

徳川家斉《とくがわいえなり》（第《だい》11代江戸幕府将軍《だいえどばくふしょうぐん》）／やしきたかじん（歌手《かしゅ》・タレント）
黒木瞳《くろきひとみ》（女優《じょゆう》）／ケイト・ウィンスレット（女優《じょゆう》）／吉田沙保里《よしださおり》（レスリング選手《せんしゅ》）

中国革命《ちゅうごくかくめい》の父《ちち》

孫文《そんぶん》

（1866〜1925年　中国）

人生《じんせい》すべて七転八倒《しちてんばっとう》だ。
大切《たいせつ》なのはあわてないことだ。

10月
6日
の偉人

政治

私《わたし》は、今《いま》から100年《ねん》くらい前《まえ》、中《ちゅう》国《ごく》が清《しん》という国《くに》だった時代《じだい》に、民衆《みんしゅう》のための新《あたら》しい国《くに》をつくろうと、革命《かくめい》をおこしました。

私《わたし》は清《しん》で生《う》まれましたが、ハワイで教《きょう》育《いく》をうけました。西洋《せいよう》の考《かんが》え方《かた》を学《まな》んで働《はたら》いたわけです。その後《ご》、医者《いしゃ》として働いていましたが、自分《じぶん》の母国《ぼこく》、清《しん》の乱《みだ》れた政治《せいじ》を見《み》て、国《くに》を変《か》えたいと思《おも》いはじめたのです。清《しん》という国《くに》は、満州族《まんしゅうぞく》という民族《みんぞく》に支配《しはい》されていました。満州族《まんしゅうぞく》が、ほかにもたくさんいる民族《みんぞく》の意見《いけん》を無視《むし》して、自分《じぶん》たちに都合《つごう》のいい政治《せいじ》をおこなっていたのです。私《わたし》は、この国《くに》をよくするには、満州族《まんしゅうぞく》の政治《せいじ》をやめさせるしかない、革命《かくめい》をおこすしかないと考《かんが》えました。

私《わたし》は、「三民主義《さんみんしゅぎ》」をとなえ、人々《ひとびと》の考《かんが》えを変《か》えるための運動《うんどう》を始《はじ》めました。三民主義《さんみんしゅぎ》というのは、「民族主義《みんぞくしゅぎ》」「民権《みんけん》主義《しゅぎ》」「民生主義《みんせいしゅぎ》」のことです。「民族主《みんぞくしゅ》義《ぎ》」とは、清《しん》を支配《しはい》していた満州族《まんしゅうぞく》から独立《どくりつ》することです。「民権主義《みんけんしゅぎ》」は、政《せい》治《じ》は国民《こくみん》によってなされるべきであるというもの。そして、「民生主義《みんせいしゅぎ》」は、貧《ひん》富《ぷ》の差《さ》をなくし、民衆《みんしゅう》が生《い》きるために必《ひつ》要《よう》な衣食住《いしょくじゅう》（着《き》るもの・食《た》べるもの・住《す》む場所《ばしょ》）を確保《かくほ》しようというものでした。

革命《かくめい》の道《みち》はかんたんではありませんでした。計画《けいかく》が清《しん》の政府《せいふ》にばれてつかまりそうになったり、世界《せかい》じゅうをまわってお金《かね》を集《あつ》めたり……それでも、私《わたし》の考《かんが》えに賛成《さんせい》してくれる仲間《なかま》はどんどんふえていったのです。

そして、ついに清《しん》がたおれる日《ひ》がやってきました。私《わたし》たちは、中華民国《ちゅうかみんこく》という国《くに》を立《た》ちあげました。ところが、すぐに、軍部《ぐんぶ》が力《ちから》をもち、国《くに》を動《うご》かすようになってしまい、私《わたし》はまたふたたび、ほんとうの人民《じんみん》のための国《くに》をつくるために、戦《たたか》いを始《はじ》めました。残念《ざんねん》なことに、夢《ゆめ》を実現《じつげん》する前《まえ》に私《わたし》は亡《な》くなりましたが、私《わたし》の考《かんが》えはその後《ご》も仲間《なかま》に引《ひ》きつがれて生《い》きつづけたのです。

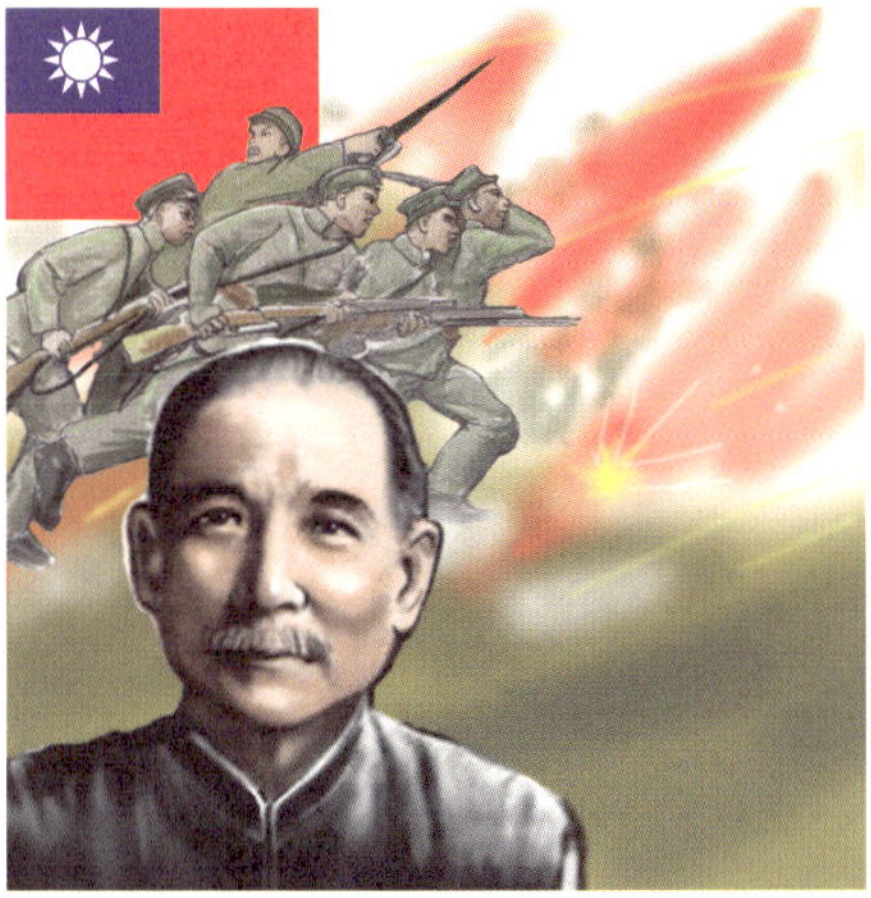

この日《ひ》に生《う》まれた有名人《ゆうめいじん》

カロル・シマノフスキ（作曲家《さっきょくか》）／ル・コルビュジエ（建築家《けんちくか》）
カトリン・ドーレ（マラソン選手《せんしゅ》）／リュ・シウォン（俳優《はいゆう》）／堀北真希《ほりきたまき》（女優《じょゆう》）

20世紀最大《せいきさいだい》の天才物理学者《てんさいぶつりがくしゃ》

ニールス・ボーア

（1885〜1962年　デンマーク）

10月
7日
の偉人

科学

エキスパートというのは、ごくかぎられた分野《ぶんや》でありとあらゆるまちがいを経験《けいけん》した人《ひと》のことだ。

　私《わたし》は、デンマークで生《う》まれました。父《ちち》は生理学《せいりがく》の学者《がくしゃ》で、祖父《そふ》も中学校《ちゅうがっこう》の校長《こうちょう》をしているような、学者《がくしゃ》の家庭《かてい》でした。だから、私《わたし》も幼《おさな》いころから、自然《しぜん》に科学《かがく》に興味《きょうみ》をもっていたのです。

　大学《だいがく》では物理学《ぶつりがく》を学《まな》んだのですが、そのころ、物理学《ぶつりがく》の世界《せかい》では、さまざまな発見《はっけん》があいついでされていて、日々《ひび》、進歩《しんぽ》していました。私《わたし》も、いつか大《おお》きな発見《はっけん》をしてやるぞ！と、心《こころ》をふるいたたせていたものです。

　私《わたし》が中《なか》でも興味《きょうみ》をもったのは、「原子《げんし》」でした。原子《げんし》とは、物質《ぶっしつ》をつくっている、とても小《ちい》さな単位《たんい》です。私《わたし》は、原子《げんし》がどういうふうにできているかが正確《せいかく》にわかれば、その原子《げんし》がつくっている物質《ぶっしつ》の性質《せいしつ》もわかるはずだと考《かんが》えました。そして、原子《げんし》を番号順《ばんごうじゅん》にならべたとき、その性質《せいしつ》がほぼ一定《いってい》の間隔《かんかく》で変化《へんか》するという法則《ほうそく》（周期律《しゅうきりつ》の理論《りろん》）を考《かんが》えて、ノーベル物《ぶつ》理学賞《りがくしょう》をもらいました。

　私《わたし》はその後《ご》、量子《りょうし》というものに興味《きょうみ》をもち、研究《けんきゅう》を始《はじ》めました。量子《りょうし》というのは、原子《げんし》よりさらに小《ちい》さな粒《つぶ》です。量子《りょうし》について多《おお》くの理論《りろん》を考《かんが》え、「量子学《りょうしがく》の育《そだ》ての親《おや》」とまでいわれるようになりました。ですが、量子《りょうし》についての研究《けんきゅう》が、「核反応《かくはんのう》」の研究《けんきゅう》へつながり、それがきっかけとなって、第《だい》2次世界大戦中《じせかいたいせんちゅう》、アメリカにわたって原子爆弾《げんしばくだん》をつくる計画《けいかく》に協力《きょうりょく》することになったのです。その結果《けっか》、私《わたし》たちがつくった原子爆弾《げんしばくだん》3つのうちふたつが、日本《にほん》に落《お》とされて、たくさんの人《ひと》の命《いのち》をうばい、多《おお》くの悲劇《ひげき》を生《う》みだしてしまったのです。

　戦後《せんご》、私《わたし》は、核兵器《かくへいき》がこれ以上使《いじょうつか》われることがないよう、努《つと》めました。原子力《げんしりょく》の平和利用《へいわりよう》の運動《うんどう》を指導《しどう》し、原子力平和《げんしりょくへいわ》利用国際会議《りようこくさいかいぎ》をひらきました。私《わたし》は誰《だれ》より、核兵器《かくへいき》のおそろしさを知《し》っていたのです。

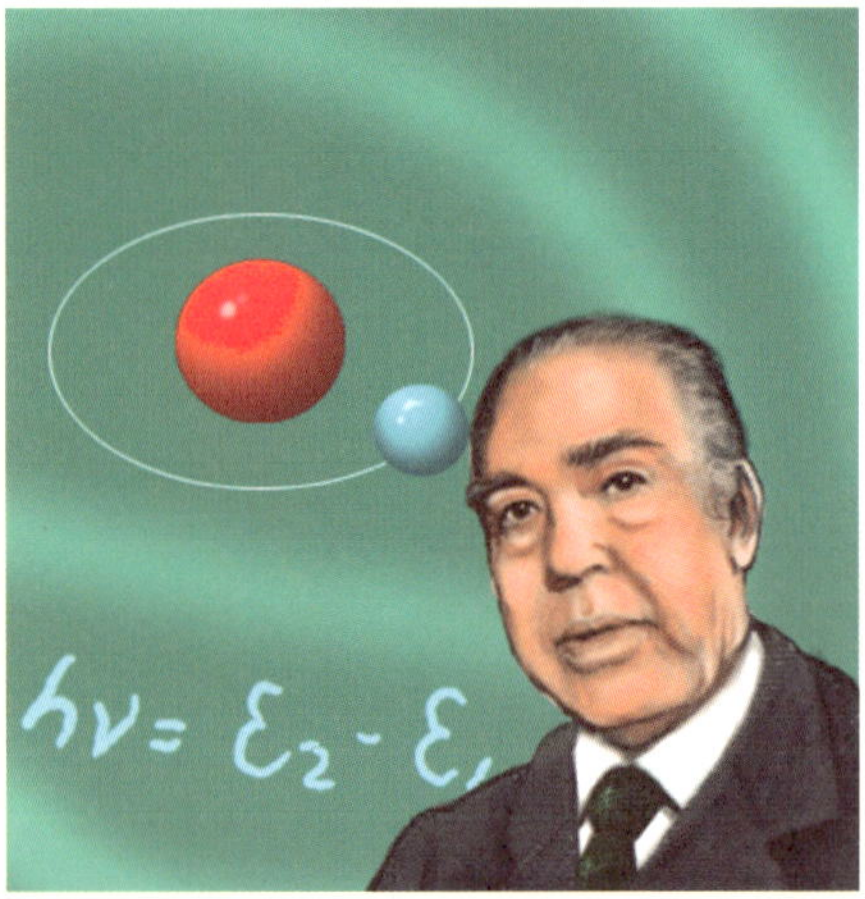

この日《ひ》に生《う》まれた有名人《ゆうめいじん》

坂田利夫《さかたとしお》（お笑《わら》い芸人《げいにん》）／ウラジーミル・プーチン（第《だい》2代《だい》ロシア大統領《だいとうりょう》）
ヨーヨー・マ（チェリスト）／氷室京介《ひむろきょうすけ》（ミュージシャン）／生田斗真《いくたとうま》（俳優《はいゆう》）

自分《じぶん》だけの音楽《おんがく》をつくって世界《せかい》に賞賛《しょうさん》された

武満徹《たけみつとおる》

（1930〜1996年　日本）

**ぼくは発音《はつおん》する音楽《おんがく》をつくりたいのです。
どんな石《いし》にも樹《き》にも、波《なみ》にも草《くさ》にも、発音《はつおん》させたいのです。**

10月 8日 の偉人

芸術

ぼくが学校《がっこう》にいっていたころは、ちょうど戦争《せんそう》で日本《にほん》が負《ま》けつづけているという大変《たいへん》な時期《じき》でした。だから、中学校《ちゅうがっこう》なんてろくにいけず、工場《こうじょう》などで働《はたら》かされていましたね。だいたい、学校《がっこう》というものはあまり好《す》きではありませんでした。音楽教育《おんがくきょういく》というものも、うけたことはありません。音楽学校《おんがくがっこう》にいこうと思《おも》って受験《じゅけん》したこともあったのですが、ぼくは作曲《さっきょく》をしたかったので、作曲《さっきょく》するのに学校《がっこう》で教《おそ》わることとなんかないなと、とちゅうで試験《しけん》をほうりだしてしまったくらいです。

だから、自分《じぶん》なりに音楽《おんがく》を学《まな》びました。そのころはピアノをもっていなかったので、町《まち》を歩《ある》いて、ピアノの音《おと》がきこえてくると、その家《いえ》の人《ひと》にたのんで、ピアノをひかせてもらったりしていたんですよ。ぼくの作曲《さっきょく》は、日々《ひび》の生活《せいかつ》の中《なか》で体験《たいけん》したことから、ヒントをえていました。まったくなにもないところからつくるのではなくて、すでにいろいろなところで鳴《な》ったり止《や》んだりしている音《おと》を組《く》みたてなおしていたのです。

たしかに、あるルールの上《うえ》になりたっている音楽《おんがく》もあります。けれどもそれはヨーロッパの音楽《おんがく》です。そのルールとは別《べつ》に、ぼくは音《おと》の中《なか》で生活《せいかつ》し、地下鉄《ちかてつ》の振動《しんどう》をみんなとともに感《かん》じつつ、作曲《さっきょく》のアイデアをえてきたのです。

じつは、ぼくは小《ちい》さなころから、なにかをしゃべろうとするとき、吃音《きつおん》といって、つっかえてしまうくせがありました。でも、それは、いいたいことがたくさんあるということ。想像力《そうぞうりょく》に発音《はつおん》が追《お》いつかないだけなのです。だからでしょうか、ぼくは発音《はつおん》する音楽《おんがく》をつくりたかったのです。

ぼくがつくった曲《きょく》は、海外《かいがい》でも高《たか》く評価《ひょうか》されて、独特《どくとく》の音楽《おんがく》は「タケミツ・トーン」とよばれました。そして、世界《せかい》じゅうでたくさんの人《ひと》に愛《あい》されたのですよ。

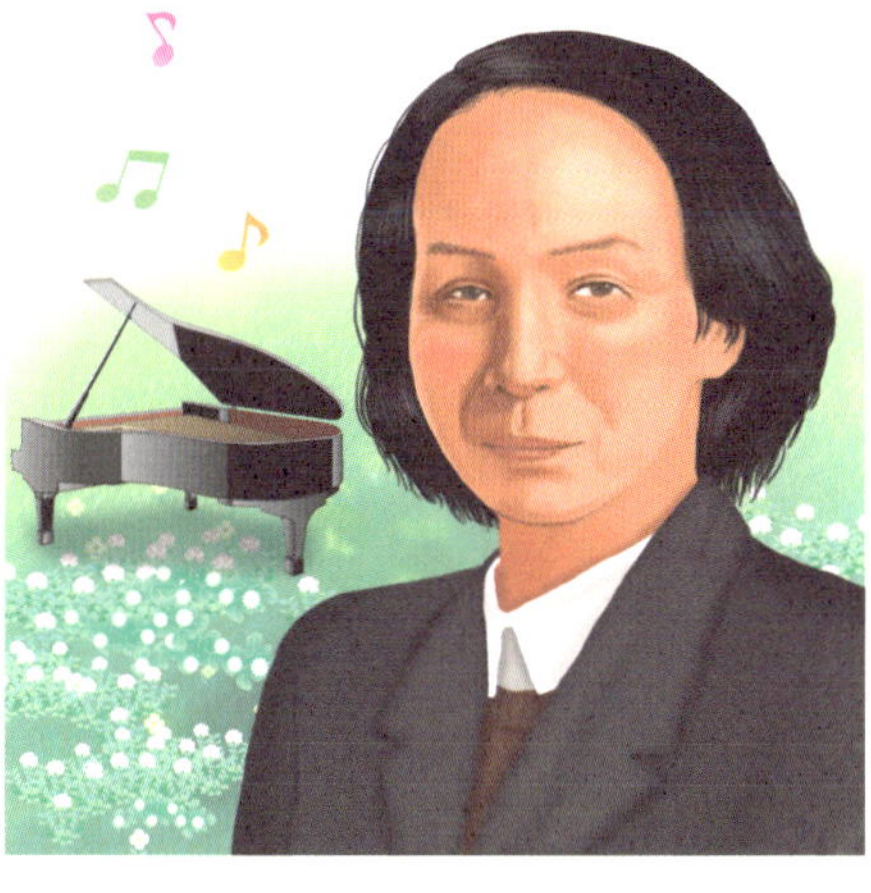

この日《ひ》に生《う》まれた有名人《ゆうめいじん》

ジョン・ヘイ（アメリカ国務長官《こくむちょうかん》）／宮沢喜一《みやざわきいち》（第《だい》78代内閣総理大臣《だいないかくそうりだいじん》）
マット・デイモン（俳優《はいゆう》）／室伏広治《むろふしこうじ》（ハンマー投《な》げ選手《せんしゅ》）／平野綾《ひらのあや》（声優《せいゆう》）

人々《ひとびと》の記憶《きおく》に残《のこ》るミュージシャン

ジョン・レノン

（1940〜1980年　イギリス）

**ひとりで見《み》る夢《ゆめ》はただの夢《ゆめ》、
みんなで見《み》る夢《ゆめ》は現実《げんじつ》になる。**

芸術

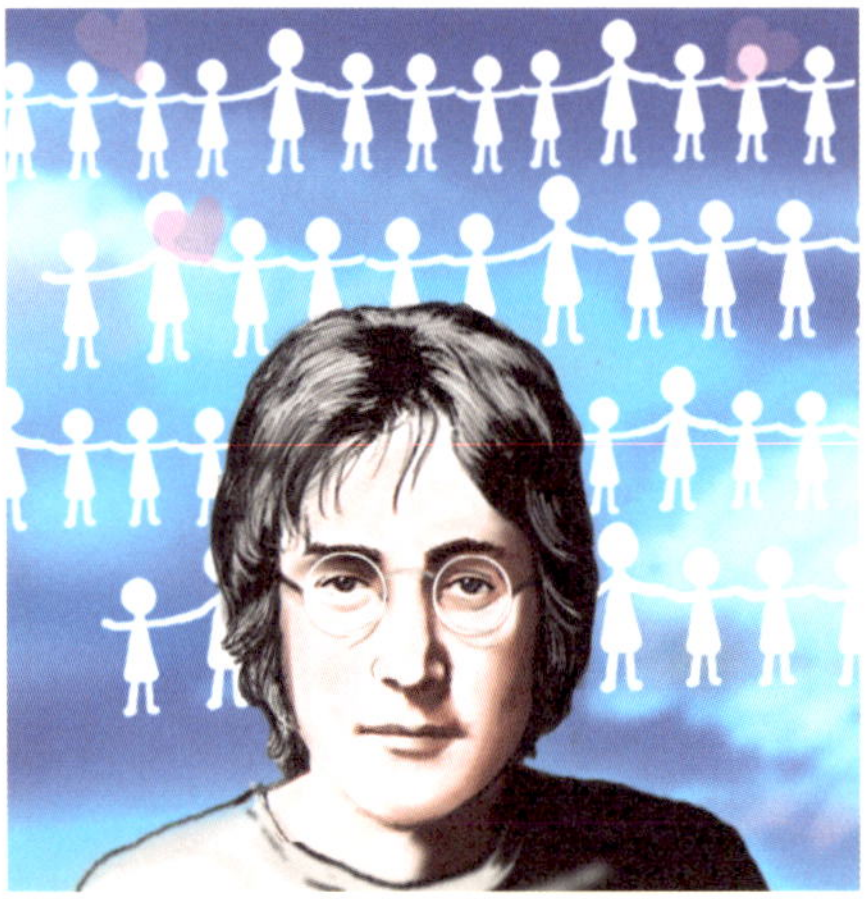

　僕《ぼく》は、イギリスのリヴァプールという町《まち》で生《う》まれた。父《ちち》は船乗《ふなの》りで、ほとんど家《いえ》に帰《かえ》ってこなかった。僕《ぼく》は母《はは》にも見《み》すてられて、おばさんに育《そだ》ててもらったんだ。あんまりいい環境《かんきょう》で育《そだ》ったとはいえないね。だからというわけじゃないけれど、学生《がくせい》のころは、かなり不良《ふりょう》だったよ。中学《ちゅうがく》でタバコもすったし、ケンカばかりしていた。先生《せんせい》にももちろん反抗《はんこう》していた。

　そんなとき、エルヴィス・プレスリーの音楽《おんがく》に出会《であ》ったんだ。ロックン・ロールという音楽《おんがく》さ。ロックン・ロールはとにかくかっこよかった。僕《ぼく》もロックン・ロールをやりたい。そう思《おも》った僕《ぼく》は、中学《ちゅうがく》の不良仲間《ふりょうなかま》とバンドを結成《けっせい》した。これが僕《ぼく》の音楽人生《おんがくじんせい》のはじまりだった。

　そして、教会《きょうかい》で演奏活動《えんそうかつどう》をしているときに、ポール・マッカートニーと出会《であ》った。僕《ぼく》たちはすぐに仲《なか》よくなって、いっしょに音楽活動《おんがくかつどう》をするようになったんだ。つづいて、ジョージ、リンゴがくわわり、1962年《ねん》10月《がつ》5日《か》に、「ザ・ビートルズ」としてデビューした。

　僕《ぼく》たちはすぐに有名《ゆうめい》になった。若《わか》い女《おんな》の子《こ》は僕《ぼく》たちに夢中《むちゅう》になった。コンサートをひらけば、失神《しっしん》する客《きゃく》がたくさん出《で》た。世界《せかい》が僕《ぼく》たちに夢中《むちゅう》になり、僕《ぼく》たちの音楽《おんがく》は世界《せかい》じゅうで流《なが》れるようになったんだ。そして、ビートルズはロックというジャンルをつくりあげたんだ。

　メンバー同士《どうし》の意見《いけん》が食《く》いちがうようになり、1970年《ねん》にビートルズは解散《かいさん》した。その後《ご》も、僕《ぼく》は音楽活動《おんがくかつどう》をつづけ、音楽《おんがく》をとおして、世界《せかい》に平和《へいわ》のメッセージを発信《はっしん》しつづけたんだ。人々《ひとびと》が、戦《たたか》うこともいがみあうこともなく、平和《へいわ》にくらしていける世界《せかい》をつくろうよと、よびかけたんだ。

この日《ひ》に生《う》まれた有名人《ゆうめいじん》

近藤勇《こんどういさみ》（新選組組長《しんせんぐみくみちょう》）／カミーユ・サン・サーンス（作曲家《さっきょくか》）
安田善次郎《やすだぜんじろう》（安田財閥創始者《やすだざいばつそうししゃ》）／大佛次郎《おさらぎじろう》（作家《さっか》）／夏川《なつかわ》りみ（歌手《かしゅ》）

数《かぞ》えきれない難民《なんみん》を救《すく》った冒険家《ぼうけんか》

フリチョフ・ナンセン

（1861〜1930年　ノルウェー）

人生《じんせい》でいちばん大切《たいせつ》なのは、自分《じぶん》を発見《はっけん》することだ。そのためには、ときにはひとりきりで静《しず》かに考《かんが》える時間《じかん》が必要《ひつよう》だ。

10月10日の偉人

社会

私《わたし》は、ノルウェーのいなかで生《う》まれました。まわりを自然《しぜん》にかこまれていたので、小《ちい》さいころから森《もり》や山《やま》が遊《あそ》び場《ば》でした。身近《みぢか》な自然《しぜん》のことをちゃんと知《し》りたかったので、その後《ご》、動物学《どうぶつがく》を学《まな》び、博《はく》物館《ぶつかん》で働《はたら》いていました。

ノルウェーはヨーロッパの北《きた》にある国《くに》です。私《わたし》は、さらに北《きた》にはどんな自然《しぜん》があって、どんな生《い》き物《もの》がいるのか見《み》てみたくなりました。そこで、グリーンランドをスキーで横断《おうだん》してみようと思《おも》いたったのです。この冒険《ぼうけん》は大成功《だいせいこう》して、私《わたし》は国民的英雄《こくみんてきえいゆう》になりました。

グリーンランドは自分《じぶん》の目《め》でたしかめることができました。では、そのつぎは……そうです、北極《ほっきょく》です。そのころ、北《ほっ》極《きょく》がどうなっているのか、よくわかっていませんでした。北極《ほっきょく》には陸地《りくち》があるのではないかと考《かんが》える人《ひと》もいました。でも、私《わたし》は、北極《ほっきょく》には海《うみ》しかないと考《かんが》えたのです。だから、船《ふね》でいけば、流氷《りゅうひょう》におしながされながら北極点《ほっきょくてん》までいけるんじゃないかと思《おも》ったのです。私《わたし》は数年分《すうねんぶん》の食料《しょくりょう》をのせて、船《ふね》で北極《ほっきょく》へ出発《しゅっぱつ》しました。あるところまでは船《ふね》でいけたのですが、2年近《ねんちか》く進《すす》んだあたりで、どうにも先《さき》にいけなくなり、とちゅうで帰《かえ》ってくることになりました。でも、北極《ほっきょく》に陸《りく》はないということははっきりさせることができたのです。

探検《たんけん》から帰《かえ》った私《わたし》は、政治《せいじ》にかかわるようになりました。そんなとき、第《だい》1次《じ》世界大戦《せかいたいせん》がおこり、それにつづく混乱《こんらん》で150万人《まんにん》もの難民《なんみん》（戦争《せんそう》や災害《さいがい》で、住《す》んでいた土地《とち》をはなれなければいけなくなった人《ひと》たち）が生《う》みだされたのです。国際連盟《こくさいれんめい》で働《はたら》くことになった私《わたし》は、難民《なんみん》を助《たす》けようと、力《ちから》をつくしました。そして、52か国《こく》の政府《せいふ》を説得《せっとく》して、難民《なんみん》が自《じ》由《ゆう》に国境《こっきょう》をこえられる証明書《しょうめいしょ》をつくりました。この証明書《しょうめいしょ》のおかげで、何十万人《なんじゅうまんにん》という難民《なんみん》が、住《す》む場所《ばしょ》を見《み》つけることができるようになったのです。この証明《しょうめい》書《しょ》はのちに、「ナンセン・パスポート」とよばれるようになったのですよ。

この日《ひ》に生《う》まれた有名人《ゆうめいじん》

ジュゼッペ・ヴェルディ（作曲家《さっきょくか》）／野坂昭如《のさかあきゆき》（作家《さっか》）／倉橋由美子《くらはしゆみこ》（作家《さっか》）
菅直人《かんなおと》（第《だい》94代内閣総理大臣《だいないかくそうりだいじん》）／高橋留美子《たかはしるみこ》（漫画家《まんがか》）

人間《にんげん》の心《こころ》の中《なか》を書《か》いてノーベル文学賞受賞《ぶんがくしょうじゅしょう》

フランソワ・モーリアック

（1885～1970年　フランス）

私《わたし》たちの人生《じんせい》は、それぞれが費《つい》やした努力《どりょく》だけの価値《かち》がある。

私《わたし》は、フランスのボルドーという町《まち》で生《う》まれました。母《はは》は熱心《ねっしん》なキリスト教徒《きょうと》だったので、私《わたし》も、心《こころ》の底《そこ》から神《かみ》さまを信《しん》じて育《そだ》ちました。地元《じもと》の大学《だいがく》に進《すす》んだあと、パリの国立古文書学校《こくりつこもんじょがっこう》に入学《にゅうがく》しましたが、文学《ぶんがく》にとても興味《きょうみ》があったので、学校《がっこう》をとちゅうでやめて、そのあと、詩《し》や小説《しょうせつ》を書《か》きはじめたのです。

そんな中《なか》、第《だい》1次世界大戦《じせかいたいせん》がおこります。私《わたし》は兵士《へいし》として戦場《せんじょう》にいきました。戦争《せんそう》が終《お》わり、フランスにもどってきてから、つぎつぎに小説《しょうせつ》を書《か》いて、みとめられるようになりました。戦争《せんそう》での体験《たいけん》、戦地《せんち》で見《み》た人間《にんげん》たちのようすが、私《わたし》に小説《しょうせつ》を書《か》く力《ちから》をあたえてくれたのかもしれません。そのあと、フランスは第《だい》2次世《じせ》界大戦《かいたいせん》にまきこまれました。となりの国《くに》のドイツでは、ナチスという政治《せいじ》グループがおそろしい政治《せいじ》をおこなっていて、フランスにまでその力《ちから》をのばしてきたのです。私《わたし》は、ナチス・ドイツに反対《はんたい》する運動《うんどう》に参加《さんか》して、戦《たたか》いながら、作品《さくひん》を書《か》きつづけました。そして、人間《にんげん》の心《こころ》の中《なか》に深《ふか》く入《はい》りこんで、人間《にんげん》というものをするどく描《えが》いてみせたという理由《りゆう》で、1952年《ねん》、ノーベル文学賞《ぶんがくしょう》を受賞《じゅしょう》しました。

私《わたし》は幼《おさな》いころから神《かみ》さまを深《ふか》く信《しん》じていました。だからよけい、人間《にんげん》の心《こころ》にひそむ「悪《あく》」というものがなんなのか、ずっと考《かんが》えていたのです。私《わたし》はそのことを、小説《しょうせつ》で書《か》いたのです。あるとき、読者《どくしゃ》から、「小説《しょうせつ》の中《なか》に出《で》てくる悪《わる》いものを、あなたはどこからさがしだしてくるのですか？」と質問《しつもん》をうけたことがありました。その質問《しつもん》に、私《わたし》は「それは私自身《わたしじしん》の中《なか》からです」と答《こた》えました。そう、人《ひと》の心《こころ》の中《なか》にはみにくいものがひそんでいるのです。でも、それと同時《どうじ》に、神《かみ》の救《すく》いもたしかに存在《そんざい》するのです。人《ひと》は正《ただ》しく生《い》きるために、美《うつく》しい心《こころ》とみにくい心《こころ》の両方《りょうほう》をもちあわせている必要《ひつよう》があるのではないでしょうか。両方《りょうほう》の心《こころ》があるからこそ、人《ひと》は正《ただ》しくいられるよう努力《どりょく》するのだと思《おも》います。

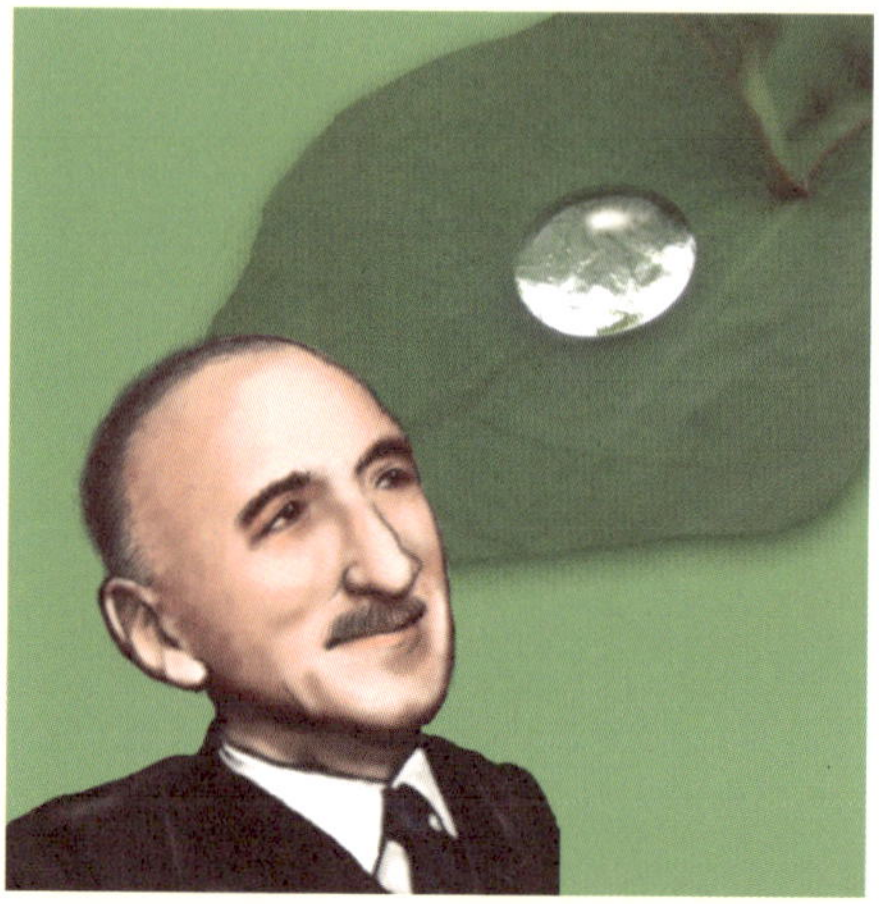

この日《ひ》に生《う》まれた有名人《ゆうめいじん》

エレノア・ルーズベルト（人権活動家《じんけんかつどうか》）／榎本健一《えのもとけんいち》（喜劇俳優《きげきはいゆう》）／川久保玲《かわくぼれい》（ファッションデザイナー）／秋川雅史《あきかわまさふみ》（テノール歌手《かしゅ》）／ミシェル・ウィー（プロゴルファー）

世界《せかい》でいちばん元気《げんき》なスーパー老人《ろうじん》

三《み》浦《うら》雄《ゆう》一《いち》郎《ろう》

（1932年～　日本）

自分《じぶん》の弱《よわ》さを乗《の》りこえたくて、ホラをふく。だが、ふいた以上《いじょう》はやりとげる。

10月12日の偉人

スポーツ

私《わたし》は80歳《さい》のとき、エベレストにのぼり、頂上《ちょうじょう》までいきました。エベレストは、標《ひょう》高《こう》8848メートルある、世界《せかい》でいちばん高《たか》い山《やま》です。80歳《さい》でエベレストにのぼったのは、史上最高年齢《しじょうさいこうねんれい》でした。私《わたし》は70歳《さい》からぜんぶで3回《かい》もエベレストにのぼったのですよ。

けれど、この挑戦《ちょうせん》は、みんなからむちゃだと思《おも》われていました。年齢《ねんれい》が高《たか》いからという理由《りゆう》もありますが、じつは、私《わたし》は65歳《さい》のときに、心臓《しんぞう》の発作《ほっさ》をおこして、病院《びょういん》でみてもらったら、あと3年《ねん》しか生《い》きられないと、医者《いしゃ》にいわれていたからです。

これじゃいかん。そう思《おも》って、私《わたし》はトレーニングを始《はじ》めました。重《おも》いリュックをせおって、足《あし》におもりをつけて歩《ある》くんです。なれてきたら、おもりを重《おも》くして、時間《じかん》を長《なが》くして。

そうするうちに、体《からだ》はどんどん元気《げんき》になって、冒険《ぼうけん》に挑戦《ちょうせん》できるまでになったわけです。

私《わたし》はそもそも、小《ちい》さいころから、よく病気《びょうき》をする子《こ》どもでした。学校《がっこう》も休《やす》みがちでね。ただ、スキーはとてもじょうずでした。だから、スキーができるからという理由《りゆう》で、北海道大学《ほっかいどうだいがく》に進《すす》んだんです。

大学《だいがく》では獣医学《じゅういがく》を勉強《べんきょう》して、獣医《じゅうい》として大学《だいがく》に残《のこ》って働《はたら》いていました。でも、26歳《さい》のとき、獣医《じゅうい》の仕事《しごと》をやめて、スキーに専念《せんねん》することにしたんですよ。

その後《ご》は、プロスキー選手《せんしゅ》になり、世界《せかい》のいろいろな大会《たいかい》でいい成績《せいせき》を残《のこ》しました。そして31歳《さい》のとき、富士山《ふじさん》の斜面《しゃめん》を、スキーですべりおりるという挑戦《ちょうせん》をしてから、だんだんスキー選手《せんしゅ》というより冒険家《ぼうけんか》の顔《かお》のほうが強《つよ》くなっていったのです。富士山《ふじさん》のあとは、エベレストをスキーですべりおり、最終的《さいしゅうてき》には、世界《せかい》7大陸最高峰《たいりくさいこうほう》（7つの大陸《たいりく》それぞれでいちばん高《たか》い山《やま》）ぜんぶで、スキー滑降《かっこう》をやりとげました。最後《さいご》にやりとげたのは、54歳《さい》のときです。

80歳《さい》でエベレストにのぼったときは、とても大変《たいへん》でしたが、私《わたし》の挑戦《ちょうせん》はまだまだつづきます。90になったら、またエベレストにのぼってやるつもりですよ。

この日《ひ》に生《う》まれた有名人《ゆうめいじん》

近衛文麿《このえふみまろ》（第《だい》34・38・39代内閣総理大臣《だいないかくそうりだいじん》）／秋山仁《あきやまじん》（数学者《すうがくしゃ》）
真田広之《さなだひろゆき》（俳優《はいゆう》）／ヒュー・ジャックマン（俳優《はいゆう》）／ともさかりえ（女優《じょゆう》）

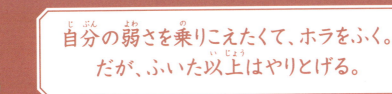

イギリスではじめて女性首相《じょせいしゅしょう》になった鉄《てつ》の女《おんな》

マーガレット・サッチャー

（1925～2013年　イギリス）

人生《じんせい》で戦《たたか》わなかった日《ひ》など、1日《にち》もありません。

10月
13日
の偉人

政治

　私《わたし》はイギリスのいなか町《まち》に生《う》まれました。父《ちち》は食料雑貨店《しょくりょうざっかてん》をしていて、まずしくはないけれど、裕福《ゆうふく》でもない――そんな家庭《かてい》でした。働《はたら》き者《もの》で、まじめで、勉強家《べんきょうか》だった父《ちち》を、私《わたし》は心《こころ》から尊敬《そんけい》していました。人生《じんせい》でだいじなことは、ぜんぶ父《ちち》から教《おそ》わったといってもいいほどです。まだ幼《おさな》かったときから、私《わたし》はふたつのことを守《まも》り、実行《じっこう》するように教《おし》えられました。それは、「なにごとにも自分《じぶん》の意志《いし》をもちなさい」、もうひとつは「ほかの人《ひと》がやっているからという理由《りゆう》だけで、なにかをやろうとするな」ということでした。つまり、「自分《じぶん》の考《かんが》えをしっかりもって生《い》きていけ」ということです。

　大学《だいがく》では化学《かがく》を学《まな》んでいましたが、友人《ゆうじん》たちと話《はなし》をするうちに、政治《せいじ》の世界《せかい》に興味《きょうみ》をもちました。ちょうどそのころ、父《ちち》が市長《しちょう》になったのです。市長《しちょう》として市民《しみん》のためにがんばる父《ちち》の姿《すがた》を見《み》て、私《わたし》も政治《せいじ》の道《みち》に進《すす》むことを決《き》めました。25歳《さい》ではじめて議員《ぎいん》に立候補《りっこうほ》したときは、落選《らくせん》。そのあと、結婚《けっこん》し、子《こ》どもも生《う》まれたのですが、どうしても政治《せいじ》をやりたいという思《おも》いをあきらめられずに、立候補《りっこうほ》をつづけました。そして、34歳《さい》でようやく当選《とうせん》しました。

　その後《ご》は、強《つよ》い意志《いし》で、自分《じぶん》がいいと思《おも》う政策《せいさく》を実行《じっこう》していきました。教育問題《きょういくもんだい》をまかされたときは、国《くに》が教育《きょういく》にかけるお金《かね》をへらさなければいけなかったので、子《こ》どもに無料《むりょう》でくばっていた牛乳《ぎゅうにゅう》をやめて、みんなから「牛乳《ぎゅうにゅう》どろぼう」とののしられました。でも、そのときはそれがいちばんいい政策《せいさく》だと信《しん》じて、人《ひと》になんといわれようとやりとげました。

　私《わたし》の政策《せいさく》と、政策《せいさく》をやりぬく力《ちから》がみとめられて、私《わたし》はイギリスではじめての女性首相《じょせいしゅしょう》になります。首相《しゅしょう》になってからも、私《わたし》は自分《じぶん》の信念《しんねん》をつらぬきとおし、「鉄《てつ》の女《おんな》」とよばれるようになったのです。

あまりいいよび名《な》ではありませんが、なにかをやりとげるためには、鉄《てつ》にならなければいけないときもあるのですよ。

この日《ひ》に生《う》まれた有名人《ゆうめいじん》

樋口久子《ひぐちひさこ》（プロゴルファー）／生瀬勝久《なませかつひさ》（俳優《はいゆう》）／松嶋菜々子《まつしまななこ》（女優《じょゆう》）
イアン・ソープ（競泳選手《きょうえいせんしゅ》）／深瀬慧《ふかせさとし》《SEKAI NO OWARI》（ミュージシャン）

国民《こくみん》に親《した》しまれ、愛《あい》された大統領《だいとうりょう》

ドワイト・デイヴィッド・アイゼンハワー

（1890～1969年　アメリカ）

人生《じんせい》は、もっとよい世界《せかい》を切《き》りひらこうとするとき はじめて、生《い》きがいのあるものになる。

10月14日の偉人

政治

私《わたし》は、アメリカのいなかの農場《のうじょう》で生《う》まれた。子《こ》どもが7人《にん》いるまずしい家《いえ》だった。小《ちい》さいころから、努力《どりょく》することの大《たい》切《せつ》さを教《おし》えられて育《そだ》った。母《はは》からはよく「おぼれたくなければ泳《およ》ぎなさい」といわれていたね。

大学《だいがく》にいけるお金《かね》がなかったから、私《わたし》は陸軍《りくぐん》の学校《がっこう》へいくことにした。軍《ぐん》の学《がっ》校《こう》は、学費《がくひ》がいらなかったんだ。このころは、大佐《たいさ》くらいになれたらいいなあと思《おも》っていた。人《ひと》の上《うえ》に立《た》ちたいとか、リーダーになりたいなどとは思《おも》っていなかった。大《おお》きな野心《やしん》をもつタイプじゃなかったんだ。私《わたし》はね、ごくふつうの人間《にんげん》だったんだよ。

学校《がっこう》を出《で》たあとは、陸軍《りくぐん》の軍人《ぐんじん》になったが、なかなか出世《しゅっせ》はできなかったね。46歳《さい》でようやく少佐《しょうさ》になれたぐらいだ。大《おお》きな仕事《しごと》をまかされるようなこともなかった。でも、私《わたし》はあまり気《き》にしないようにしていた。みとめてもらえないことをうらんだりしなかった。それが、のちの成功《せいこう》につながったのだろう。

私《わたし》は、その後《ご》、第《だい》2次世界大戦《じせかいたいせん》で、大《おお》きな役割《やくわり》をまかされた。最高司令官《さいこうしれいかん》として、大《おお》きな作戦《さくせん》を指揮《しき》し、連合軍《れんごうぐん》を勝利《しょうり》にみちびいたのだ。このときは、イギリス軍《ぐん》やフランス軍《ぐん》、そのほかの国《くに》の軍《ぐん》をうまくまとめる必要《ひつよう》があった。だから、ほかの人《ひと》の立場《たちば》や意見《いけん》を考《かんが》えながら、交渉《こうしょう》したり、一歩《いっぽ》ひいたりできる私《わたし》の能力《のうりょく》がみとめられたんだ。このときの活躍《かつやく》のおかげで、私《わたし》はアメリカの第《だい》34代大統領《だいだいとうりょう》となった。

大統領《だいとうりょう》になってからは、朝鮮戦争《ちょうせんせんそう》を早《はや》く終《お》わらせたり、原子力《げんしりょく》を世界平和《せかいへいわ》のために使《つか》おうと訴《うった》えて「国際原子力機関《こくさいげんしりょくきかん》」をつくったり、ソ連《れん》（今《いま》のロシアなど）と対話《たいわ》をして対立《たいりつ》をやわらげようとしたりした。ちょうどそのころは、アメリカとソ連《れん》の仲《なか》がいちばん悪《わる》くて、すぐに戦争《せんそう》になってしまうような雰囲気《ふんいき》があったんだ。私《わたし》は戦争《せんそう》を経験《けいけん》した軍人《ぐんじん》として、それだけはさけたかったんだよ。

この日《ひ》に生《う》まれた有名人《ゆうめいじん》

トニー谷《たに》（喜劇役者《きげきやくしゃ》）／ラルフ・ローレン（ファッションデザイナー）
堺雅人《さかいまさと》（俳優《はいゆう》）／岩沢厚治《いわさわこうじ》《ゆず》（ミュージシャン）／不動裕理《ふどうゆうり》（プロゴルファー）

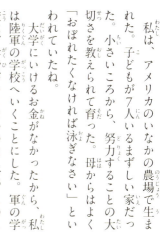

人間《にんげん》の生《い》き方《かた》を考《かんが》えつづけた

フリードリヒ・ヴィルヘルム・ニーチェ

（1844～1900年　ドイツ）

世界《せかい》には、きみ以外《いがい》には誰《だれ》も歩《あゆ》むことのできないゆいいつの道《みち》がある。道《みち》がどこにいきつくのか、問《と》うてはならない。ひたすら進《すす》め。

10月15日の偉人

思想

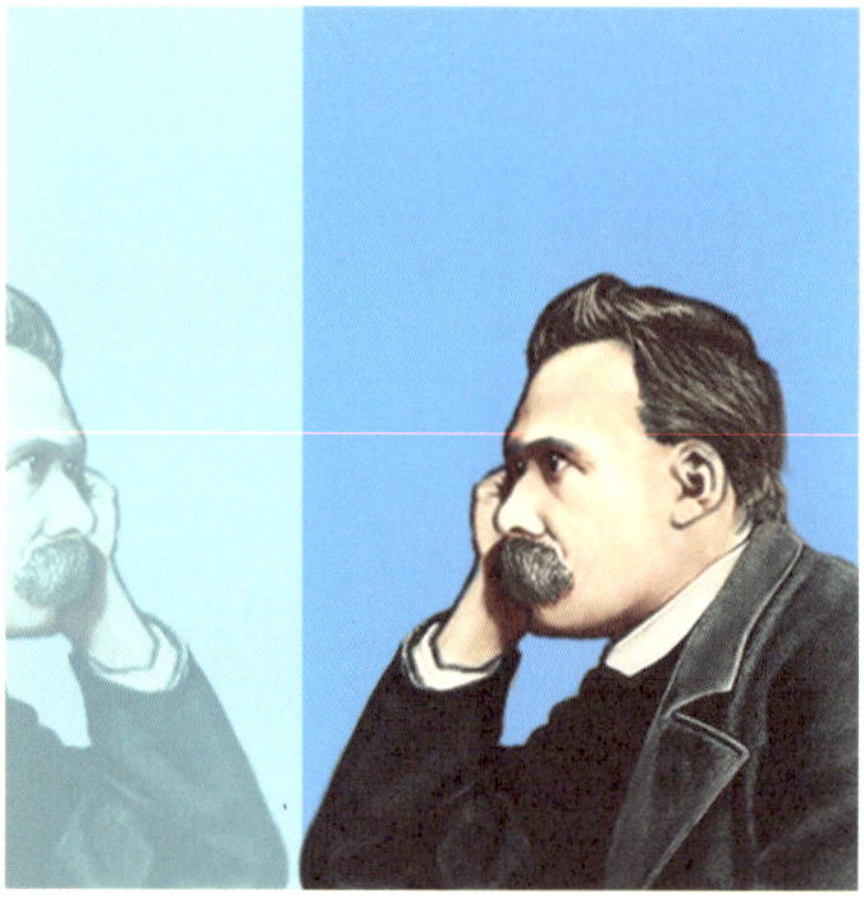

私《わたし》は、ドイツの牧師《ぼくし》の子《こ》として生《う》まれました。幼《おさな》いころ、牧師《ぼくし》だった父《ちち》は死《し》んでしまいますが、大学《だいがく》で神学《しんがく》を学《まな》びます。母《はは》が、私《わたし》には父《ちち》のような牧師《ぼくし》になってもらいたがっていたのです。けれど大学《だいがく》で勉強《べんきょう》するうちに、私《わたし》は、人間《にんげん》や世界《せかい》のことを考《かんが》える哲学《てつがく》に興味《きょうみ》をもち、神学科《しんがっか》をやめてしまいました。おかげで、母《はは》とは大《おお》ゲンカになってしまいましたけれど。

その後《ご》、私《わたし》は24歳《さい》という若《わか》さでスイスの大学《だいがく》の教授《きょうじゅ》になりました。学生《がくせい》たちを教《おし》えながら、考《かんが》え、文章《ぶんしょう》を書《か》いていました。ところがしばらくすると体調《たいちょう》をくずし、病気《びょうき》に悩《なや》まされるようになったのです。けっきょく10年《ねん》で大学《だいがく》をやめ、ヨーロッパ各地《かくち》を旅《たび》しながら、ひとりで深《ふか》くものごとを考《かんが》えるようになっていったのです。

そして1883年《ねん》、『ツァラトゥストラはかく語《かた》りき』という本《ほん》を出《だ》しました。この作品《さくひん》の中《なか》の「神《かみ》は死《し》んだ。」ということばは、世界《せかい》じゅうで有名《ゆうめい》になりました。そのころ、神《かみ》さまを否定《ひてい》する哲学者《てつがくしゃ》などいなかったのです。神《かみ》がいることを人間《にんげん》は信《しん》じられなくなっていると、私《わたし》は書《か》きました。科学《かがく》が発達《はったつ》して、世界《せかい》は神《かみ》がつくったわけではないということがもうわかっているのです。どうして、神《かみ》など信《しん》じられるでしょう。神《かみ》にみちびいてもらえないとしたら、人間《にんげん》はどうやって生《い》きていけばいいのだろう？　私《わたし》はそう自分《じぶん》に問《と》いかけ、「超人《ちょうじん》」という考《かんが》え方《かた》を生《う》みだしました。人間《にんげん》は、人間《にんげん》という枠《わく》をこえるほど強《つよ》くならなければいけないという考《かんが》え方《かた》です。ここで強《つよ》いというのは、力《ちから》があるかどうかということではありません。強《つよ》い人《ひと》というのは、ものごとのよしあしを、自分《じぶん》で考《かんが》えて決《き》められる人《ひと》のこと。そして、弱《よわ》い人《ひと》というのは、「みんながそういうから」と自分《じぶん》でよしあしを決《き》められない人《ひと》のことです。世界《せかい》に負《ま》けない自分自身《じぶんじしん》をもつこと――生《い》きていくには、それがだいじなのですよ。

この日《ひ》に生《う》まれた有名人《ゆうめいじん》

柳原白蓮《やなぎはらびゃくれん》（歌人《かじん》）／エドウィン・O・ライシャワー（歴史学者《れきしがくしゃ》・外交官《がいこうかん》）／蜷川幸雄《にながわゆきお》（演出家《えんしゅつか》）
岡野昭仁《おかのあきひと》《ポルノグラフィティ》（ミュージシャン）／真木《まき》よう子《こ》（女優《じょゆう》）

詩《し》と物語《ものがたり》をこよなく愛《あい》した

オスカー・ワイルド

（1854～1900年　イギリス）

すべての罪《つみ》の中《なか》で最悪《さいあく》なのは、おろかであることだ。

10月16日の偉人

文化

私《わたし》は、小《ちい》さいころ、女《おんな》の子《こ》の服装《ふくそう》をさせられ、女《おんな》の子《こ》として育《そだ》てられました。女《おんな》の子《こ》をほしかった母《はは》が、そのように育《そだ》てたのです。だから、私《わたし》はとてもおとなしい少年《しょうねん》で、外《そと》で走《はし》りまわるよりも、詩《し》やギリシャ古典《こてん》を読《よ》むのが好《す》きでした。

学校《がっこう》ではずっと成績優秀《せいせきゆうしゅう》で、奨学金《しょうがくきん》をもらって大学《だいがく》に進《すす》みました。大学《だいがく》に入《はい》ってから詩《し》をつくりはじめ、卒業後《そつぎょうご》はロンドンに住《す》み、詩人《しじん》、劇作家《げきさっか》、作家《さっか》として活躍《かつやく》するようになりました。

1888年《ねん》には、私《わたし》の代表作《だいひょうさく》でもある『幸《しあわ》せな王子《おうじ》』という童話集《どうわしゅう》を出版《しゅっぱん》しました。この童話集《どうわしゅう》は今《いま》でも世界《せかい》じゅうで愛《あい》され、読《よ》みつがれています。その中《なか》の物語《ものがたり》「幸《しあわ》せな王子《おうじ》」を少《すこ》し紹介《しょうかい》しますね。

ある町《まち》に、「幸《しあわ》せな王子《おうじ》」とよばれる王子《おうじ》の像《ぞう》がたっていました。王子《おうじ》の体《からだ》は金《きん》におおわれて、ふたつの目《め》には青《あお》くかがやくサファイアが、つるぎには大《おお》きなルビーが光《ひか》っていました。あるとき、南《みなみ》の国《くに》へむかうとちゅうのツバメが、王子《おうじ》の足《あし》もとにおりて、休《やす》もうとしました。すると王子《おうじ》の目《め》から涙《なみだ》が落《お》ちてきたのです。王子《おうじ》は高《たか》いところに立《た》っていたので、町《まち》の中《なか》のようすがよく見《み》えたのでした。

まずしくて食《た》べるものもない子《こ》、病気《びょうき》で苦《くる》しいのに、お金《かね》がなくてお医者《いしゃ》さんにみてもらえない人《ひと》、売《う》りもののマッチをどぶに落《お》として泣《な》いている女《おんな》の子《こ》……王《おう》子《じ》はツバメにたのんで、自分《じぶん》の目《め》やつるぎについている宝石《ほうせき》をもっていってもらいます。それでも足《た》りなくて、体《からだ》から金《きん》をはがしてもっていってもらうのです。

やがて、寒《さむ》い冬《ふゆ》がやってきてツバメはこごえ死《じ》に、王子《おうじ》の体《からだ》もぼろぼろになりました。それを見《み》ていた神《かみ》さまは、王子《おうじ》とツバメの心《こころ》の美《うつく》しさに感動《かんどう》し、天国《てんごく》によびよせたのでした。

私《わたし》は童話《どうわ》だけでなく、小説《しょうせつ》や詩《し》、評論《ひょうろん》もたくさん書《か》いていて、のちの作家《さっか》や詩《し》人《じん》に大《おお》きな影響《えいきょう》をあたえたのですよ。

この日《ひ》に生《う》まれた有名人《ゆうめいじん》

ノア・ウェブスター（辞書編纂者《じしょへんさんしゃ》）／黒田清隆《くろだきよたか》（第《だい》2代内閣総理大臣《だいないかくそうりだいじん》）
ユージン・オニール（劇作家《げきさっか》）／二階堂進《にかいどうすすむ》（政治家《せいじか》）／大山《おおやま》のぶ代《よ》（声優《せいゆう》）

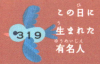

社会《しゃかい》の中《なか》で生《い》きていく人間《にんげん》を描《えが》いた劇作家《げきさっか》

アーサー・ミラー

（1915～2005年　アメリカ）

真実《しんじつ》はおそらく、われわれはみんな、たがいに見守《みまも》りながら、つながりがあるということなのだろう。木々《きぎ》でさえも。

10月17日の偉人

文化

私《わたし》は、アメリカの大都会《だいとかい》ニューヨークで生《う》まれ、めぐまれた家庭《かてい》で幸《しあわ》せに育《そだ》っていました。しかし14歳《さい》のとき、父親《ちちおや》がつとめていた会社《かいしゃ》が倒産《とうさん》してしまい、いっきに家《いえ》はまずしくなりました。私《わたし》も学校《がっこう》にいく前《まえ》にパンを配達《はいたつ》したりして、生活《せいかつ》をささえました。大学《だいがく》にいって勉強《べんきょう》したかったのですが、学費《がくひ》に使《つか》えるお金《かね》もありませんでしたし、成績《せいせき》がよくなかった私《わたし》は奨学金《しょうがくきん》ももらえませんでした。しかたないので、私《わたし》は自動車会社《じどうしゃがいしゃ》でしばらく働《はたら》いてお金《かね》をためてから、大学《だいがく》にいったのです。

大学《だいがく》に入《はい》ってから、お芝居用《しばいよう》の物語《ものがたり》を書《か》きはじめました。そのうちの喜劇《きげき》『芝生《しばふ》はまだ育《そだ》つ』で賞《しょう》をもらい、劇作家《げきさっか》をめざすようになりました。それから私《わたし》はつぎつぎに芝居用《しばいよう》の物語《ものがたり》を書《か》きつづけます。そして34歳《さい》のときに、『セールスマンの死《し》』という作品《さくひん》で、ピュリッツァー賞《しょう》とニューヨーク劇評家賞《げきひょうかしょう》を受賞《じゅしょう》したのです。この物語《ものがたり》は、幼《おさな》いころ自分《じぶん》が体験《たいけん》したことがもとになっています。私《わたし》の父親《おや》のような平凡《へいぼん》なサラリーマンが、幸《しあわ》せな生活《せいかつ》から、いっきに悲劇《ひげき》の主人公《しゅじんこう》となっていくさまを描《えが》いた物語《ものがたり》です。競争《きょうそう》ばかりの社会《しゃかい》、そこで負《ま》けてしまった父親《ちちおや》、自分《じぶん》のことしか考《かんが》えない子《こ》どもたち、わかりあえない親《おや》と子《こ》……さまざまな社会《しゃかい》の問題《もんだい》が描《えが》かれていることが、高《たか》く評価《ひょうか》されました。これは、私《わたし》の代表作《だいひょうさく》となっただけでなく、現代演劇《げんだいえんげき》の最高傑作《さいこうけっさく》とまでいわれました。今《いま》も、世界各国《せかいかっこく》で上演《じょうえん》されつづけているのですよ。

私《わたし》は、社会《しゃかい》と個人《こじん》の関係《かんけい》を、さまざまな形《かたち》で劇《げき》にしました。なにげない生活《せいかつ》の中《なか》にこそ、ドラマがあるのです。人生《じんせい》それぞれ、誰《だれ》もが主人公《しゅじんこう》なのです。みなさんはいったい、どんなドラマの主人公《しゅじんこう》になるのでしょうか。

この日《ひ》に生《う》まれた有名人《ゆうめいじん》

アンリ・ド・サン・シモン（社会主義思想家《しゃかいしゅぎしそうか》）／ヨハネ・パウロ1世《せい》（第《だい》262代《だい》ローマ教皇《きょうこう》）／武蔵《むさし》（格闘家《かくとうか》）／エミネム（ミュージシャン）／大島優子《おおしまゆうこ》（タレント）

ノーベル賞《しょう》を受賞《じゅしょう》したただひとりの哲学者《てつがくしゃ》

アンリ・ベルクソン

（1859～1941年　フランス）

自分《じぶん》の運命《うんめい》は自分《じぶん》でつくっていけるものだということを、人間《にんげん》はなかなかさとらないものだ。

10月
18日
の偉人

思想

　私《わたし》は、哲学者《てつがくしゃ》です。そして、ノーベル賞《しょう》を受賞《じゅしょう》しました。ノーベル賞《しょう》に哲学《てつがく》の部門《ぶもん》はないので、文学賞《ぶんがくしょう》を受賞《じゅしょう》したのですが、哲学者《てつがくしゃ》としてノーベル賞《しょう》をもらったのは、私《わたし》だけといってもいいかもしれません。

　私《わたし》の父《ちち》は、ユダヤ系《けい》のポーランド人《じん》でした。私《わたし》もユダヤ教《きょう》の教育《きょういく》をうけて育《そだ》ったのですが、13歳《さい》ぐらいのとき、ユダヤ教《きょう》を信《しん》じることをやめました。

　どうしてかって？　それは人間《にんげん》の進化《しんか》について学《まな》んだことがきっかけでした。私《わたし》たちは、神《かみ》さまが人間《にんげん》をつくったと教《おし》えられていましたが、じっさいは、人間《にんげん》はサルから進化《しんか》していたわけですからね。

　その後《ご》、私《わたし》は自然科学《しぜんかがく》や数学《すうがく》に興味《きょうみ》をもちました。高等学校《こうとうがっこう》にいたとき、科学《かがく》の研究《けんきゅう》で賞《しょう》をもらいましたし、むずかしい数学《すうがく》の問題《もんだい》を解《と》いて、その解《と》き方《かた》が出版《しゅっぱん》されたりしたのですよ。そのまま自然《しぜん》科学《かがく》を学《まな》ぶか、人間《にんげん》について考《かんが》えてみるか、私《わたし》は迷《まよ》いました。けっきょく、私《わたし》は人間《にんげん》や生命《せいめい》について考《かんが》えてみようと決《き》め、哲学《てつがく》の道《みち》を歩《ある》きはじめたのです。

　まず私《わたし》は、人間《にんげん》の自由《じゆう》というものについて考《かんが》え、『時間《じかん》と自由《じゆう》』という本《ほん》を書《か》きました。この本《ほん》はたちまち哲学者《てつがくしゃ》たちの高《たか》い関心《かんしん》を集《あつ》めたのです。そして『物《ぶっ》質《しつ》と記憶《きおく》』『笑《わら》い』『創造的進化《そうぞうてきしんか》』など、つぎつぎに出版《しゅっぱん》して、哲学者《てつがくしゃ》として名声《めいせい》を手《て》に入《い》れました。『創造的進化《そうぞうてきしんか》』は私《わたし》の本《ほん》の中《なか》でもいちばん有名《ゆうめい》で、生命《せいめい》の進《しん》化《か》について考《かんが》え、書《か》いたものです。

　私《わたし》の考《かんが》えは、その後《ご》の世界《せかい》じゅうの哲《てつ》学者《がくしゃ》や芸術家《げいじゅつか》、作家《さっか》に大《おお》きな影響《えいきょう》をあたえたといわれています。みなさんが大《おお》きくなって、自分《じぶん》がどこからやってきてどこへいくのか考《かんが》えてみたくなったら、ぜひ私《わたし》の本《ほん》を読《よ》んでみてください。

この日《ひ》に生《う》まれた有名人《ゆうめいじん》

チャック・ベリー（ミュージシャン）／三《み》ッ矢《や》雄二《ゆうじ》（声優《せいゆう》）／郷《ごう》ひろみ（歌手《かしゅ》）
マルチナ・ナブラチロワ（テニス選手《せんしゅ》）／辻本良三《つじもとりょうぞう》（ゲームクリエイター）

抗議《こうぎ》の文学《ぶんがく》で社会《しゃかい》を変《か》えた、戦《たたか》う作家《さっか》

ミゲル・アンヘル・アストゥリアス

（1899～1974年　グアテマラ）

立《た》ちあがれ、そして要求《ようきゅう》しろ。

みなさんは、グアテマラという国《くに》を知《し》っていますか？　アメリカ合衆国《がっしゅうこく》の南《みなみ》にある共和国《きょうわこく》で、古代《こだい》マヤ文明《ぶんめい》が栄《さか》えた地《ち》として知《し》られているところです。

私《わたし》の父《ちち》はインディオの血《ち》をひいており、母《はは》はインディオでした。インディオというのは、もともとアメリカ大陸《たいりく》に住《す》んでいた民族《みんぞく》のことです。スペインの探検家《たんけんか》コロンブスがアメリカ大陸《たいりく》にやってきたとき、インドについたとまちがえたため、そこに住《す》む人《ひと》たちをインディオ（インド人《じん》）とよんだのです。そのよび方《かた》がそのまま残《のこ》っているのですよ。だから、インディオというよび方《かた》は、じつはとても失《しつ》礼《れい》なのです。だって、インド人《じん》ではないのですから。今《いま》、もともとアメリカ大陸《たいりく》に住《す》んでいた人《ひと》たちは、先住民《せんじゅうみん》という意《い》味《み》の「インディヘナ」などとよばれています。

私《わたし》は幼《おさな》いころ、祖父《そふ》がいとなむ農場《のうじょう》でくらしていて、農場《のうじょう》で働《はたら》いていたインディヘナの家族《かぞく》と生活《せいかつ》をともにしました。そこで、マヤの神話《しんわ》や伝説《でんせつ》の世界《せかい》と親《した》しんだのです。それが、私《わたし》の文学《ぶんがく》の原点《げんてん》となりました。私《わたし》は大学《だいがく》の医学部《いがくぶ》に進学《しんがく》しましたが、文章《ぶんしょう》を書《か》くことに興味《きょうみ》が出《で》てきて、文学《ぶんがく》の道《みち》に進《すす》もうと決意《けつい》しました。そして、自分《じぶん》がそれまでに見《み》たり、きいたり、考《かんが》えたりしたことを文字《もじ》にしていったのです。

私《わたし》の作品《さくひん》は、大《おお》きくふたつ――「政治《せいじ》社会小説《しゃかいしょうせつ》」と「神話《しんわ》・伝説《でんせつ》」にわけられます。「政治社会小説《せいじしゃかいしょうせつ》」では、ひどい政《せい》治《じ》のせいで、人々《ひとびと》がとことん苦《くる》しんでいることを書《か》きました。

「神話《しんわ》・伝説《でんせつ》」のほうでは、『グアテマラ伝説集《でんせつしゅう》』というグアテマラの古《ふる》い話《はなし》を集《あつ》めた本《ほん》が絶賛《ぜっさん》されました。

私《わたし》が書《か》く文学《ぶんがく》は、「抗議《こうぎ》の文学《ぶんがく》」ともいわれています。社会《しゃかい》の中《なか》で、まずしさに苦《くる》しむ人々《ひとびと》、差別《さべつ》されている人《ひと》、そして、独裁政治《どくさいせいじ》の残酷《ざんこく》さを、私《わたし》は文字《もじ》を使《つか》って世《よ》の中《なか》に訴《うった》えかけたのです。

この日《ひ》に生《う》まれた有名人《ゆうめいじん》

酒井忠清《さかいただきよ》（江戸時代初期《えどじだいしょき》の大名《だいみょう》）／オーギュスト・リュミエール（リュミエール兄弟《きょうだい》の兄《あに》・映画《えいが》の発明者《はつめいしゃ》）／林家木久扇《はやしやきくおう》（落語家《らくごか》）／羽田圭介《はたけいすけ》（作家《さっか》）／木村文乃《きむらふみの》（女優《じょゆう》）

狂気《きょうき》をはらんだ若《わか》き天才詩人《てんさいしじん》

アルチュール・ランボー

（1854～1891年　フランス）

天才《てんさい》とは、思《おも》うまま子《こ》ども時代《じだい》にもどれることだ。

10月20日の偉人

文化

見《み》つかった。なにが？　永遠《えいえん》さ
それはいってしまった海《うみ》さ
太陽《たいよう》といっしょに

これは僕《ぼく》がつくった「永遠《えいえん》」という詩《し》さ。僕《ぼく》は10歳《さい》から詩《し》をつくりはじめ、「早熟《そうじゅく》の天才《てんさい》」とよばれていたんだ。

僕《ぼく》が生《う》まれたのは、フランスの軍人《ぐんじん》の家《いえ》だった。軍人《ぐんじん》だった父《ちち》はあまり家《いえ》に帰《かえ》ってこなかったので、僕《ぼく》は母《はは》に育《そだ》てられた。きびしい人《ひと》でね。口《くち》うるさくて、僕《ぼく》はうんざりしてたんだ。だから、16歳《さい》のころから、家出《いえで》をくりかえしていたんだよ。

ずっと詩《し》を書《か》きつづけていた僕《ぼく》は、16歳《さい》のときにはもう、「母音《ぼいん》」や「酔《よ》いどれ舟《ぶね》」などの傑作《けっさく》を書《か》いていた。だから、パリで活動《かつどう》していた詩人《しじん》ヴェルレーヌに手紙《てがみ》を送《おく》ってみた。そうしたら、僕《ぼく》の才《さい》能《のう》を見《み》ぬいたかれから返事《へんじ》がきて、僕《ぼく》はパリにいったんだ。パリで、僕《ぼく》はヴェルレーヌの家《いえ》にころがりこんで、詩《し》をつくりながら、自由気《じゆうき》ままな生活《せいかつ》をしたのさ。でも、そんな生活《せいかつ》は長《なが》くつづかなかった。20歳《さい》のとき、ヴェルレーヌとケンカして、銃《じゅう》でうたれたことをきっかけに、ふるさとにもどった。そして、『地獄《じごく》の季節《きせつ》』と『イリュミナション』いう2冊《さつ》の詩集《ししゅう》を出《だ》して、それきり詩《し》をやめたんだ。

そのあと、僕《ぼく》は放浪《ほうろう》の旅《たび》に出《で》た。放浪《ほうろう》のすえ、アフリカにたどりつき、そこで貿易商人《ぼうえきしょうにん》として、生《い》きることにした。僕《ぼく》がいなくなったあと、パリで僕《ぼく》の詩《し》の人《にん》気《き》がどんどん高《たか》くなったらしいけれど、もうどうでもいいことだった。僕《ぼく》が詩人《しじん》として活動《かつどう》していたのは、たった4年《ねん》。それでおしまいでよかったのさ。

僕《ぼく》はアフリカの地《ち》で、足《あし》にガンができて、いっぽうの足《あし》を切断《せつだん》することになった。それが悪化《あっか》して、命《いのち》を落《お》としたんだ。37歳《さい》だった。でも、僕《ぼく》が若《わか》いころ書《か》いた詩《し》は今《いま》でも世界《せかい》じゅうの人《ひと》に読《よ》まれ、研《けん》究《きゅう》されているというんだから、ふしぎなものだね。

この日《ひ》に生《う》まれた有名人《ゆうめいじん》

坂口安吾《さかぐちあんご》（作家《さっか》）／皇后美智子《こうごうみちこ》（皇族《こうぞく》）／茂木健一郎《もぎけんいちろう》（脳科学者《のうかがくしゃ》）
山口智子《やまぐちともこ》（女優《じょゆう》）／山田孝之《やまだたかゆき》（俳優《はいゆう》）

平和《へいわ》を祈《いの》りつづけた偉大《いだい》な発明家《はつめいか》

アルフレッド・ベルンハルド・ノーベル

（1833〜1896年　スウェーデン）

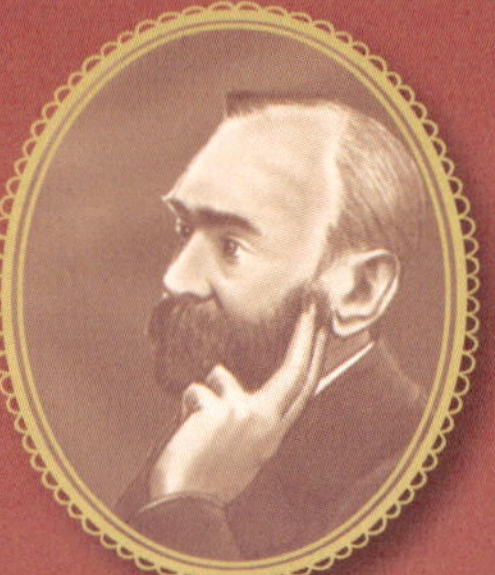

仕事《しごと》があれば、そこがわが祖国《そこく》。
仕事《しごと》はどこにいてもできるのです。

10月21日の偉人

科学

私《わたし》は今《いま》からおよそ200年前《ねんまえ》にスウェーデンで生《う》まれた発明家《はつめいか》です。父《ちち》も発明家《はつめいか》で、ロシアに工場《こうじょう》をつくって、機雷《きらい》など兵器《へいき》をつくっていました。私《わたし》は小《ちい》さいころから、父《ちち》の工場《こうじょう》でいろいろなものがつくられていくのを見《み》るのが好《す》きで、科学《かがく》に興味《きょうみ》をもつようになったのです。科学《かがく》や機械《きかい》のことをどんどん学《まな》んでいく私《わたし》を見《み》て、父《ちち》は家庭教師《かていきょうし》を雇《やと》い、私《わたし》に高《たか》い教育《きょういく》をうけさせてくれました。アメリカに留学《りゅうがく》までさせてくれたのですよ。

そんなふうに科学《かがく》の勉強《べんきょう》をしていると き、私《わたし》はニトログリセリンという爆薬《ばくやく》に出会《であ》いました。すごい威力《いりょく》がある爆薬《ばくやく》なのですが、ニトログリセリンは振動《しんどう》に弱《よわ》く、少《すこ》しでも刺激《しげき》をあたえると爆発《ばくはつ》してしまうとても危険《きけん》なものだったのです。

私《わたし》は、ニトログリセリンを使《つか》って、安全《あんぜん》で効果《こうか》の高《たか》い爆薬《ばくやく》をつくる研究《けんきゅう》を始《はじ》めました。最初《さいしょ》は失敗《しっぱい》ばかりでした。工場《こうじょう》が爆発《ばくはつ》でまるごとふっとんで、弟《おとうと》を亡《な》くしてしまったこともあります。小《ちい》さな爆《ばく》発《はつ》だったら、数《かぞ》えきれないくらいありました。それでも私《わたし》はあきらめずに研究《けんきゅう》をつづけました。そしてついに、ニトログリセリンを珪藻土《けいそうど》というとくべつな土《つち》にしみこませると、安全《あんぜん》にあつかえることを発見《はっけん》したのです。こうして、ダイナマイトは誕生《たんじょう》しました。ダイナマイトを使《つか》うと、それまでむずかしかった鉄道《てつどう》やトンネルの工事《こうじ》が楽《らく》にできるようになりました。ダイナマイトは、人間《にんげん》だったらこわすのに何日《なんにち》もかかる大岩《おおいわ》を一瞬《いっしゅん》でこわすことができたのです。

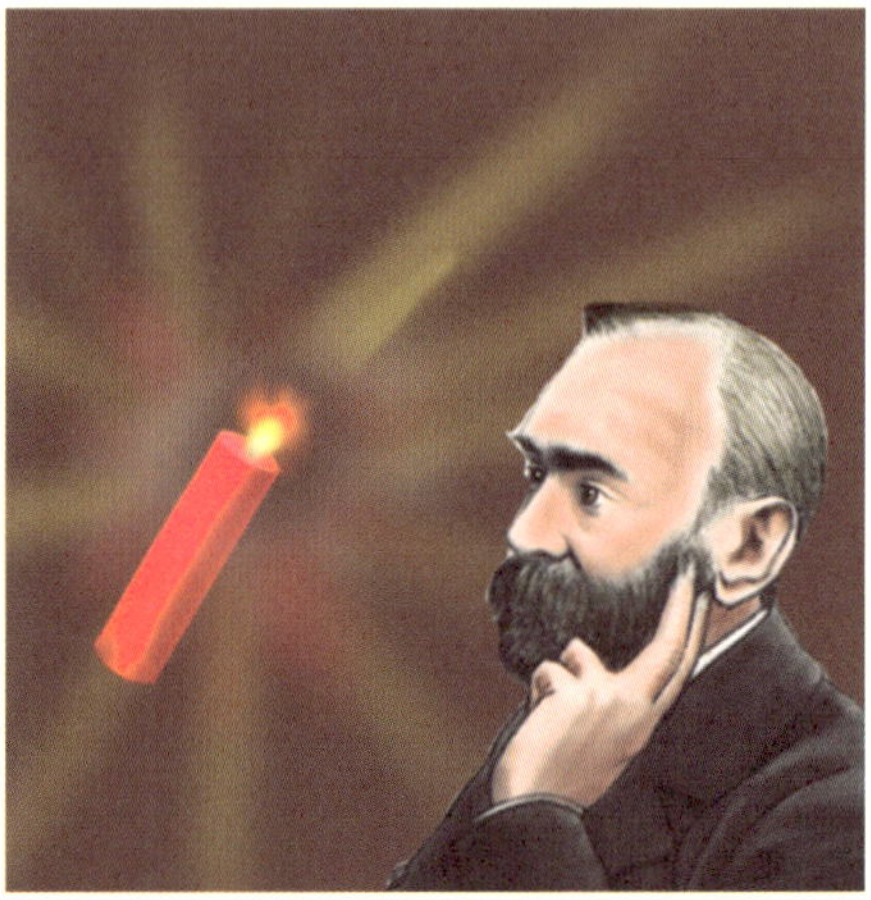

ところが、ダイナマイトはよくない目《もく》的《てき》でも使《つか》われるようになりました。戦争《せんそう》です。人《ひと》の命《いのち》をうばう道具《どうぐ》として使《つか》われたのです。私《わたし》は「死《し》の商人《しょうにん》」とよばれました。私《わたし》はダイナマイトを発明《はつめい》したことを後悔《こうかい》するようになりました。だから死《し》ぬときに、「ダイナマイトの発明《はつめい》によってえた財産《ざいさん》を、世界《せかい》の平和《へいわ》と人類《じんるい》の進歩《しんぽ》につくした人《ひと》たちへの賞金《しょうきん》にしてほしい」と遺言《ゆいごん》を残《のこ》したのです。こうしてノーベル賞《しょう》は生《う》まれたのですよ。

この日《ひ》に生《う》まれた有名人《ゆうめいじん》

徳川吉宗《とくがわよしむね》（第《だい》8代《だい》江戸幕府将軍《えどばくふしょうぐん》）／江戸川乱歩《えどがわらんぽ》（推理作家《すいりさっか》）
アーシュラ・K・ル・グウィン（ファンタジー・SF作家《さっか》）／蛭子能収《えびすよしかず》（漫画家《まんがか》）／渡辺謙《わたなべけん》（俳優《はいゆう》）

史上最高《しじょうさいこう》のピアノの魔術師《まじゅつし》

フランツ・リスト

（1811～1886年　ハンガリー）

私《わたし》をまねてはいけない。私《わたし》のやり方《かた》で私《わたし》は成功《せいこう》したが、あなたはきっと失敗《しっぱい》するだろう。

10月22日の偉人

芸術

私《わたし》は、音楽好《おんがくず》きな家庭《かてい》に育《そだ》ち、父《ちち》からピアノを教《おそ》わりました。私《わたし》はとにかく、ずばぬけたピアノの才能《さいのう》があったのです。ピアノを始《はじ》めると、ぐんぐん上達《じょうたつ》して、わずか9歳《さい》で演奏会《えんそうかい》をひらくほどでした。12歳《さい》のときには、あのベートーヴェンの前《まえ》で演奏《えんそう》して、とてもほめられたこともあるんですよ。

私《わたし》はその後《ご》、ウィーンで、有名《ゆうめい》な先生《せんせい》にピアノと作曲《さっきょく》を学《まな》び、ヨーロッパ各地《かくち》に演奏旅行《えんそうりょこう》にいくようになりました。私《わたし》はとても情熱的《じょうねつてき》ではげしい演奏《えんそう》をしていたので、とちゅうでピアノの弦《げん》が切《き》れてしまったり、鍵盤《けんばん》がこわれてしまったりすることもよくありました。あるときなど、3台《だい》ピアノをならべて、1台《だい》がこわれたら、となりのピアノ、またこわれたらとなりのピアノ、と移動《いどう》しながらひいたこともあるほどです。

20歳《さい》をすぎたころは、アイドルのような人気《にんき》がありました。演奏《えんそう》が始《はじ》まると気《き》絶《ぜつ》する人《ひと》、私《わたし》の髪《かみ》の毛《け》をひろう人《ひと》、忘《わす》れていった手袋《てぶくろ》をとりあう人《ひと》たちなどがたくさんいたのです。もっとも、演奏中《えんそうちゅう》に私《わたし》が気《き》を失《うしな》ってしまうこともありました。それだけ、演奏《えんそう》に熱中《ねっちゅう》していたわけです。私《わたし》の演奏会《えんそうかい》はどこにいっても大成功《だいせいこう》でした。私《わたし》はヨーロッパのピアニストの頂点《ちょうてん》に立《た》ったのです。

作曲《さっきょく》でも、名曲《めいきょく》といわれるものをたくさんつくりました。交響詩《こうきょうし》もたくさんつくりましたが、とくに有名《ゆうめい》なのは、ピアノ曲《きょく》でしょう。「ハンガリー狂詩曲《きょうしきょく》」「超《ちょう》絶技巧練習曲《ぜつぎこうれんしゅうきょく》」「ラ・カンパネラ」など、私《わたし》がもっているテクニックをぞんぶんに使《つか》った、はなやかで幻想的《げんそうてき》なピアノ曲《きょく》の数々《かずかず》は、ピアノをやっている人《ひと》なら、いつかひきこなしてみたいと思《おも》うのではないでしょうか。ピアノをひかない人《ひと》もぜひ一度《いちど》きいてみてください。私《わたし》は指《ゆび》が6本《ぽん》あるのではないかと冗談《じょうだん》でいわれていたのですが、たしかにそうきこえるかもしれませんよ。

この日《ひ》に生《う》まれた有名人《ゆうめいじん》

ロバート・キャパ（写真家《しゃしんか》）／クリストファー・ロイド（俳優《はいゆう》）／アーセン・ベンゲル（サッカー監督《かんとく》）
石橋貴明《いしばしたかあき》《とんねるず》（タレント）／イチロー（野球選手《やきゅうせんしゅ》）

日本最後《にほんさいご》の元老《げんろう》

西園寺公望《さいおんじきんもち》

（1849～1940年　日本）

いったいこの国《くに》をどこへもってゆくのや。

10月
23日
の偉人

政治

わしは、江戸時代《えどじだい》の終《お》わりに生《う》まれ、幕末《ばくまつ》を生《い》き、そして、明治《めいじ》、大正《たいしょう》、昭和《しょうわ》にまたがり、はげしい時代《じだい》の変化《へんか》を見《み》てきた。

わしは公家《くげ》といって、昔《むかし》から天皇《てんのう》や朝《ちょう》廷《てい》につかえてきた役人《やくにん》の家《いえ》に生《う》まれた。幕府《ばくふ》がたおれようとしていたときは、政《せい》府《ふ》軍《ぐん》と幕府軍《ばくふぐん》の戦《たたか》いに参加《さんか》したが、あまり活躍《かつやく》はしなかった。明治《めいじ》になり、しばらくは役人《やくにん》になって働《はたら》いていたが、フランスで勉強《べんきょう》をしてみたくてね。仕事《しごと》をやめて、留学《りゅうがく》させてもらったんだ。10年間《ねんかん》、法律《ほうりつ》や社会《しゃかい》のしくみなんかを学《まな》んだ。このとき、世界《せかい》という枠組《わくぐ》みの中《なか》で日本《にほん》を見《み》て、その将来《しょうらい》を考《かんが》えることができるようになったのだと思《おも》う。

帰国後《きこくご》は、伊藤博文《いとうひろぶみ》にさそわれて、国《こっ》会《かい》をつくる準備《じゅんび》をする組織《そしき》に入《はい》った。伊《い》藤《とう》が憲法制度《けんぽうせいど》を調《しら》べるためにヨーロッパへいったときも、いっしょにいったのだ。日本《にほん》の国《くに》のしくみをつくるために、憲法《けんぽう》や法律《ほうりつ》を学《まな》んだのだよ。その後《ご》、外交官《がいこうかん》や文部大臣《もんぶだいじん》をつとめた。文部大臣《もんぶだいじん》のときは、女子教育《じょしきょういく》の必要《ひつよう》を訴《うった》え、西洋《せいよう》の進《すす》んだ教育制度《きょういくせいど》をとりいれようと力《ちから》をつくした。そのあとで、首相《しゅしょう》にも2回《かい》なったのだよ。

そして、首相《しゅしょう》をしりぞいて、しばらくしたころ、大正天皇《たいしょうてんのう》から、元老《げんろう》に指名《しめい》された。当時《とうじ》、日本《にほん》の首相《しゅしょう》は、今《いま》のように国会《こっかい》で選《えら》ばれるわけではなく、天皇《てんのう》が指《し》名《めい》していた。といっても、天皇《てんのう》が勝手《かって》に指名《しめい》するわけではない。じっさいには政《せい》治《じ》にくわしい人間《にんげん》たちが決《き》めて、天皇《てんのう》は形式的《けいしきてき》に指名《しめい》しただけだ。その「政治《せいじ》にくわしい人間《にんげん》たち」というのが元老《げんろう》だ。首相《しゅしょう》を選《えら》べるというのだから、その力《ちから》はすごいものだ。影《かげ》の実力者《じつりょくしゃ》といったところだろう。元老《げんろう》は、私《わたし》が指名《しめい》されたときは9人《にん》いたが、年《とし》を追《お》うごとにへっていった。ついには、私《わたし》ひとりになってしまったが、最後《さいご》まで、私《わたし》は元老《げんろう》のつとめをはたそうとした。上《うえ》に出《で》ていることばは、私《わたし》が死《し》のまぎわに残《のこ》したことばなのだよ。

この日《ひ》に生《う》まれた有名人《ゆうめいじん》

華岡青洲《はなおかせいしゅう》（医師《いし》）／ペレ（サッカー選手《せんしゅ》）／矢部浩之《やべひろゆき》《ナインティナイン》（お笑《わら》い芸人《げいにん》）
はしのえみ（タレント）／松井稼頭央《まついかずお》（野球選手《やきゅうせんしゅ》）

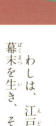

世界《せかい》ではじめて微生物《びせいぶつ》を見《み》た商人《しょうにん》

アントニ・ファン・レーウェンフック

（1632～1723年　オランダ）

なにかを達成《たっせい》しようというとき、人《ひと》はつねに、そのことで頭《あたま》をフル稼働《かどう》させていないといけない。

10月24日の偉人

科学

わしは、今《いま》から400年近《ねんちか》く前《まえ》にオランダで生《う》まれた。父《ちち》はカゴをつくって売《う》っていて、そこそこお金《かね》はあったから、わしも小《ちい》さいころは学校《がっこう》にかよわせてもらった。けれど、別《べつ》に学者《がくしゃ》になりたいとか、勉強《べんきょう》をもっとつづけたいと思《おも》っていたわけじゃない。

16歳《さい》になるころには、織物屋《おりものや》で働《はたら》くようになり、そのまま自分《じぶん》でお店《みせ》をひらいて、織物屋《おりものや》になった。わしは、ごくふつうの商人《しょうにん》だったんだ。

だが、趣味《しゅみ》で、レンズをいじっていた。なんでも大《おお》きく見《み》えるレンズだ。そのレンズを板《いた》のあいだにはさんで、目《め》の近《ちか》くに固定《こてい》して、見《み》たいものを観察《かんさつ》できる装置《そうち》をつくった。そう、顕微鏡《けんびきょう》というやつだよ。いろいろ工夫《くふう》してつくったから、最大倍率《さいだいばいりつ》は300倍近《ばいちか》くもあった。わしはそれを使《つか》って、身近《みぢか》なものを手《て》あたりしだい観察《かんさつ》してまわったんだ。

ウサギの耳《みみ》やカエルの足《あし》の水《みず》かきから、血液《けつえき》を1滴《てき》とって観察《かんさつ》したり、池《いけ》の水《みず》や雨水《あまみず》なんかも見《み》てみた。池《いけ》の水《みず》をのぞいてみると、肉眼《にくがん》ではぜったいに見《み》えない小《ちい》さなものがうろちょろ動《うご》きまわっている。それがなんなのか、教育《きょういく》をうけていないわしにはわからなかった。でも、生《い》きている動物《どうぶつ》なんだということはわかった。わしは、それを微小生物《びしょうせいぶつ》とよんで、てってい的に観察したんだ。そして、観《かん》察《さつ》したことをくわしく記録《きろく》した。そして、知《し》りあいが、学者《がくしゃ》に送《おく》ったほうがいいというので、イギリスの王立協会《おうりつきょうかい》というところに、観察記録《かんさつきろく》を送《おく》ってみたら、学者《がくしゃ》の先生《せんせい》たちはえらく興味《きょうみ》をもってくれてね。わしはそれからずっと、送《おく》りつづけて、しまいには、王立協会《おうりつきょうかい》の会員《かいいん》になったんだ。

わしが発見《はっけん》した生物《せいぶつ》は、原虫《げんちゅう》とか細菌《さいきん》という微生物《びせいぶつ》だった。微生物《びせいぶつ》を目《め》で見《み》たのは、わしがはじめてだったんだよ。わしは、死《し》ぬまで顕微鏡《けんびきょう》をのぞくのをやめなかった。つぎからつぎへと改良《かいりょう》し、この世《よ》を去《さ》るまでに250台《だい》もの顕微鏡《けんびきょう》をつくった。興味《きょうみ》のあるものをじっさいに見《み》て、知《し》る――こんなにおもしろいことはほかになかったからな。

この日《ひ》に生《う》まれた有名人《ゆうめいじん》

ヴィルヘルム・ウェーバー（物理学者《ぶつりがくしゃ》）／ダニエル・スワロフスキー（スワロフスキー創業者《そうぎょうしゃ》）／及川光博《おいかわみつひろ》（歌手《かしゅ》・俳優《はいゆう》）／木村《きむら》カエラ（歌手《かしゅ》・モデル）／ウェイン・ルーニー（サッカー選手《せんしゅ》）

ならぶもののない天才画家《てんさいがか》

パブロ・ピカソ

（1881〜1973年　スペイン）

10月25日の偉人

芸術

子《こ》どもは誰《だれ》でも芸術家《げいじゅつか》だ。問題《もんだい》は、大人《おとな》になっても芸術家《げいじゅつか》でいられるかどうかだ。

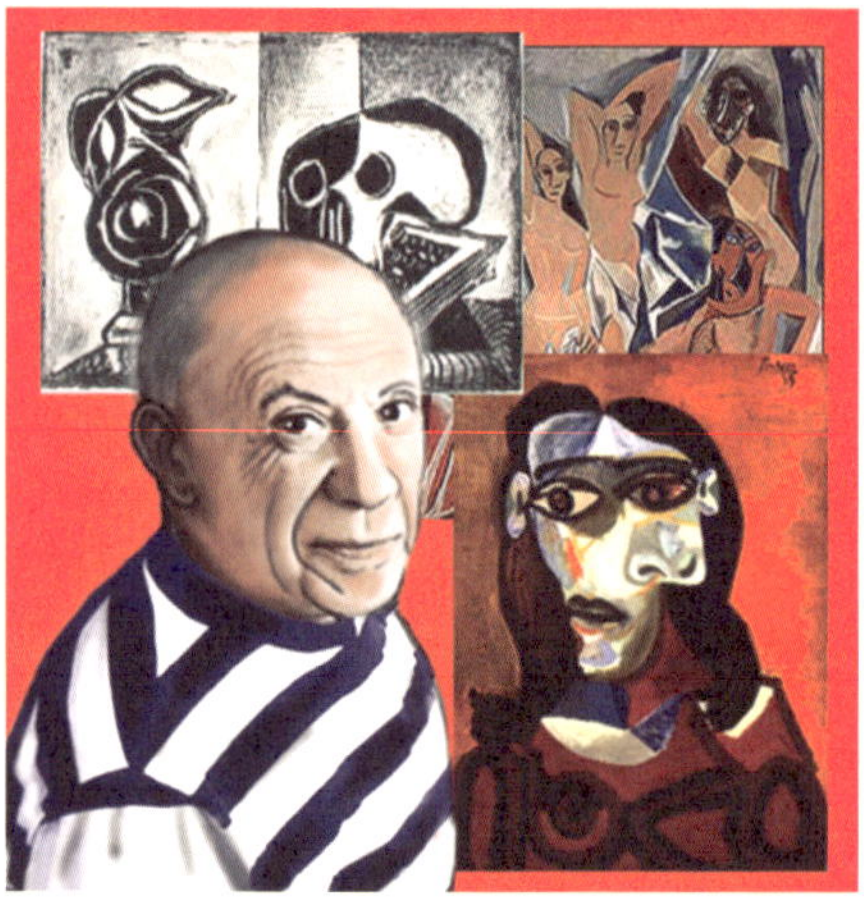

私《わたし》の名前《なまえ》は、パブロ・ディエゴ・ホセ・フランシスコ・デ・パウラ・ファン・ネポムセノ・マリア・デ・ロス・レメディオス・クリスピン・クリスピアノ・デ・ラ・サンテシマ・トリニダード・ルイス・イ・ピカソといいます。長《なが》いでしょう。だから、私《わたし》は省略《しょうりゃく》して、パブロ・ピカソと名《な》のることにしたのです。

私《わたし》は、スペインの美術教師《びじゅつきょうし》の息子《むすこ》として生《う》まれ、幼《おさな》いころから絵《え》を描《か》いていました。それがとてもうまくてね。8歳《さい》のときに描《か》いたリンゴの絵《え》があまりにじょうずだったので、それを見《み》た父《ちち》は、才能《さいのう》というものを思《おも》い知《し》らされて、絵《え》を描《か》くことをやめてしまったほどです。

私《わたし》は人生《じんせい》をとおして、ただずっと絵《え》を描《か》きつづけました。つねに新《あたら》しい表現《ひょうげん》の方法《ほうほう》を考《かんが》えていたので、私《わたし》の絵《え》は年代《ねんだい》とともにどんどん変《か》わっていき、それぞれ絵《え》の特徴《とくちょう》で名前《なまえ》をつけられています。たとえば、「青《あお》の時代《じだい》」では、絶望《ぜつぼう》や苦《くる》しみをテーマに、青《あお》をたくさん使《つか》った絵《え》を描《か》きました。「ばら色《いろ》の時代《じだい》」では明《あか》るい絵《え》を、「キュビズムの時代《じだい》」では顔《かお》が変形《へんけい》した人《ひと》や動物《どうぶつ》を描《か》きました。この「キュビズムの時代《じだい》」に描《か》いた絵《え》が、いちばん有名《ゆうめい》でしょう。ピカソの絵《え》というと、この時代《じだい》の絵《え》を思《おも》いうかべる人《ひと》が多《おお》いと思《おも》います。なにが描《か》いてあるのかわからないとか、理解《りかい》するのがむずかしいとか、子《こ》どもが描《か》いたみたいに下手《へた》だとか、思《おも》う人《ひと》もいるでしょうね。でも、私《わたし》は考《かんが》えに考《かんが》えぬいて、描《か》いているのですよ。モノをありのままに描《か》いて、いったいなにがおもしろいんだ？という考《かんが》えから、私《わたし》の絵《え》は生《う》まれています。そうして、私《わたし》は絵《え》の常識《じょうしき》を変《か》えたのです。

80歳《さい》になっても絵《え》を描《か》きたいという思《おも》いが消《き》えることなく、私《わたし》は死《し》ぬまで描《か》きつづけました。そして、生涯《しょうがい》で、約《やく》2万《まん》点《てん》もの作品《さくひん》を残《のこ》したのです。

この日《ひ》に生《う》まれた有名人《ゆうめいじん》

エヴァリスト・ガロア（数学者《すうがくしゃ》）／ヨハン・シュトラウス2世《せい》（作曲家《さっきょくか》）／徳富蘆花《とくとみろか》（作家《さっか》）／野沢雅子《のざわまさこ》（声優《せいゆう》）／ペドロ・マルティネス（野球選手《やきゅうせんしゅ》）

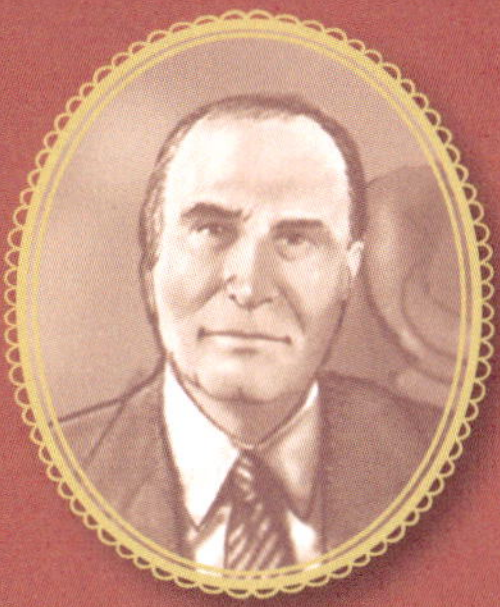

歴史《れきし》と勝負《しょうぶ》した大統領《だいとうりょう》

フランソワ・ミッテラン

（1916～1996年　フランス）

私《わたし》は、人間《にんげん》の心《こころ》――魂《たましい》の力《ちから》を信《しん》じる。

10月26日の偉人

政治

私《わたし》は、1981年《ねん》にフランスの大統領《だいとうりょう》になりました。けれど、それとほぼ同時《どうじ》に、ガンであることがわかりました。それからというもの、私《わたし》はずっと、自分《じぶん》の命《いのち》にかぎりがあることを意識《いしき》しながら、全力《ぜんりょく》で大統領《だいとうりょう》としての仕事《しごと》にとりくんだのです。

私《わたし》がおこなったことで、いちばん評価《ひょうか》されているのは、死刑《しけい》の廃止《はいし》です。フランスでは、フランス革命以来《かくめいいらい》ずっとギロチン（首《くび》を切《き》り落《お》とすこと）で死刑《しけい》がおこなわれていました。人《ひと》が人《ひと》の命《いのち》をうばうことはけっしてゆるされない――心《こころ》の底《そこ》からそう思《おも》っていた私《わたし》は、大統領《だいとうりょう》になってから、まっさきに死刑《しけい》を廃止《はいし》しました。

また、私《わたし》は第《だい》2次《じ》世界大戦《せかいたいせん》で戦《たたか》った経験《けいけん》や、戦争《せんそう》で愛《あい》する人《ひと》たちを亡《な》くした経験《けいけん》をとおして学《まな》んだことを、人々《ひとびと》に訴《うった》えつづけました。フランスはほとんどすべてのヨーロッパの国《くに》と戦争《せんそう》してきた国《くに》です。そのときどきで「敵《てき》」を変《か》えて、戦《たたか》ってきたのです。そこからわかるのは、「ほんとうの敵《てき》」などいないということです。

ドイツに占領《せんりょう》されていた時代《じだい》、ふだんはやさしくて親切《しんせつ》な人《ひと》でさえ、ドイツ人《じん》をてっていして憎《にく》んでいました。でも、私《わたし》はドイツ軍《ぐん》の捕虜《ほりょ》になってドイツの兵《へい》士《し》とせっしたとき、フランス人《じん》に親切《しんせつ》にしてくれるドイツ人《じん》もいると知《し》りました。そのころ、ドイツ人《じん》はみな冷《つめ》たくてフランス人《じん》を嫌《きら》っているといわれていましたが、それはただの偏見《へんけん》（根拠《こんきょ》もないのに他人《たにん》を悪《わる》く考《かんが》えること）だったのです。私《わたし》はそうした偏見《へんけん》をすてさって、平和《へいわ》な世界《せかい》をつくろうと訴《うった》えたのです。

私《わたし》は14年間《ねんかん》、大統領《だいとうりょう》の仕事《しごと》をまっとうし、退任《たいにん》したそのつぎの年《とし》、ガンで亡《な》くなりました。文字《もじ》どおり、命《いのち》がけで、フランスという国《くに》をよい国《くに》にしようと力《ちから》をつくし、仕事《しごと》をやりとげたのです。

この日《ひ》に生《う》まれた有名人《ゆうめいじん》

コンスタンチン・トーン（建築家《けんちくか》）／北方謙三《きたかたけんぞう》（作家《さっか》）
ヒラリー・クリントン（政治家《せいじか》）／千秋《ちあき》（タレント）／マツコ・デラックス（コラムニスト・タレント）

大航海時代《だいこうかいじだい》の名《めい》キャプテン

ジェイムズ・クック

（1728～1779年　イギリス）

「きみにはムリだ」といわれたことを
やってみるといい。そうすれば、そういう決《き》めつけを
二度《にど》と気《き》にしないですむようになるだろう。

私《わたし》は、通称《つうしょう》キャプテン・クックとよばれた。船長《せんちょう》であり、探検家《たんけんか》だ。

イギリスのまずしい農民《のうみん》の子《こ》として生《う》まれた私《わたし》は、小《ちい》さいころから父《ちち》の仕事《しごと》を手伝《てつだ》っていた。学校《がっこう》での教育《きょういく》はあまりうけていないんだ。16歳《さい》のころ、港町《みなとまち》の雑貨屋《ざっかや》に住《す》みこみで働《はたら》くことになって、行《い》き来《き》する船《ふね》を見《み》ているうちに、船乗《ふなの》りになりたくなった。まずは石炭《せきたん》を運《はこ》ぶ船《ふね》に、見習《みなら》いとして雇《やと》ってもらった。働《はたら》きながら、船《ふね》を動《うご》かすのに必要《ひつよう》な技術《ぎじゅつ》や、天気《てんき》を予測《よそく》する方法《ほうほう》や、方位《ほうい》を見《み》る方法《ほうほう》、測量《そくりょう》して海図《かいず》をつくる知識《ちしき》や技術《ぎじゅつ》などを学《まな》んでいったんだ。

むいていたのだろう、私《わたし》はすぐに航海術《こうかいじゅつ》を身《み》につけて、一人前《いちにんまえ》の船乗《ふなの》りになった。そして27歳《さい》でイギリス海軍《かいぐん》に入隊《にゅうたい》し、フランス軍《ぐん》との戦《たたか》いで、完《かん》ぺきな海図《かいず》を書《か》いてみせたことがみとめられて、わずか4年《ねん》で指揮官《しきかん》になったんだ。

そこから、私《わたし》の海《うみ》の冒険《ぼうけん》が始《はじ》まった。

そのころは、南《みなみ》のはてに、宝《たから》の山《やま》がある南方大陸《なんぽうたいりく》があると信《しん》じられていて、大陸《たいりく》発見《はっけん》をめざした探検《たんけん》がおこなわれていた。私《わたし》はその探検《たんけん》に乗《の》りだすことになった。

1回目《かいめ》の航海《こうかい》では、オーストラリアの東《とう》岸《がん》に、ヨーロッパ人《じん》としてはじめて到達《とうたつ》、上陸《じょうりく》した。カンガルーを見《み》たときはおどろいたよ。あんなおもしろい動物《どうぶつ》は、イギリスにはいなかったからね。カンガルーという名前《なまえ》は、私《わたし》がつけたんだよ。

2回目《かいめ》の航海《こうかい》では、さまざまな島《しま》を発見《はっけん》し、南極圏《なんきょくけん》まで到達《とうたつ》した。その先《さき》は、たとえ大陸《たいりく》があったとしても、人間《にんげん》は住《す》めないだろうから、私《わたし》はそこで探検《たんけん》をやめたんだ。3回目《かいめ》のときは、ハワイ島《とう》を発見《はっけん》した。ビタミンCが不足《ふそく》してかかる壊血病《かいけつびょう》というおそろしい病気《びょうき》の予防法《よぼうほう》(酢《す》につけたキャベツをたくさん船《ふね》につんで、それを食《た》べる）もあみだした。

こうした数々《かずかず》の航海《こうかい》でわかったこと、発見《はっけん》した島々《しまじま》や太平洋《たいへいよう》のようすは、そのあと太平洋《たいへいよう》を航海《こうかい》する者《もの》たちに、はかりしれないほど重要《じゅうよう》な資料《しりょう》になったのだよ。

この日《ひ》に
生《う》まれた
有名人《ゆうめいじん》

ニコロ・パガニーニ（作曲家《さっきょくか》）／セオドア・ルーズベルト（第《だい》26代《だい》アメリカ大統領《だいとうりょう》）
堀内孝雄《ほりうちたかお》（ミュージシャン）／高嶋政伸《たかしままさのぶ》（俳優《はいゆう》）／MAKIDAI（タレント）

日本《にほん》の体育《たいいく》の父《ちち》

嘉納治五郎《かのうじごろう》

（1860〜1938年　日本）

人生《じんせい》にはなによりも「なに、くそ」という精神《せいしん》が重要《じゅうよう》だ。

10月28日の偉人

スポーツ

私《わたし》は江戸時代《えどじだい》のほんとうの終《お》わりに生《う》まれて、新《あたら》しい時代《じだい》とともに成長《せいちょう》した。10代《だい》のはじめに、東京《とうきょう》という町《まち》に生《う》まれかわったばかりの江戸《えど》に出《で》て、寄宿舎《きしゅくしゃ》のある学校《がっこう》に入《はい》った。勉強《べんきょう》はできたが、体《からだ》が小《ちい》さかったので、寄宿舎《きしゅくしゃ》では、体《からだ》が大《おお》きくて力《ちから》の強《つよ》い先輩《せんぱい》や同級生《どうきゅうせい》にからかわれたり、いじめられたりしてね。なんとか強《つよ》く、たくましくなりたいと思《おも》った。

だから、体《からだ》が小《ちい》さくても大《おお》きな者《もの》をたおせるという柔術《じゅうじゅつ》に興味《きょうみ》をもった。だが、西洋化《せいようか》がはやっていた当時《とうじ》は、柔術《じゅうじゅつ》なんて人気《にんき》がなくて、教《おし》えてくれるところが、なかなか見《み》つからなかったんだ。ようやく先生《せんせい》をさがしあてたのは、東京大学《とうきょうだいがく》にかよっていた18歳《さい》のときだ。それからは、ひたすら稽古《けいこ》にはげみ、めきめき上達《じょうたつ》した。なにより、心意気《こころいき》がちがったからな。

大学《だいがく》を出《で》て、学習院《がくしゅういん》の教師《きょうし》になると、かせいだお金《かね》で、「講道館《こうどうかん》」という道場《どうじょう》をひらいた。そして、柔術《じゅうじゅつ》ではなく「柔道《じゅうどう》」を始《はじ》めたのだ。柔道《じゅうどう》では、体《からだ》や技術《ぎじゅつ》を育《そだ》てるだけでなく、心《こころ》も育《そだ》てる。だから、「術《じゅつ》」ではなく、「道《みち》」なのだよ。講《こう》道館《どうかん》柔道《じゅうどう》は、たった9人《にん》の門下生《もんかせい》、12畳《じょう》の道場《どうじょう》から始《はじ》まったのだが、武術大会《ぶじゅつたいかい》でその優秀《ゆうしゅう》さがみとめられ、数年《すうねん》のうちにどんどん大《おお》きくなっていった。

私《わたし》は、教育《きょういく》にも力《ちから》を入《い》れた。文部省《もんぶしょう》の仕事《しごと》にもたずさわったし、師範学校《しはんがっこう》の校長《こうちょう》として、これから先生《せんせい》になろうとする若者《わかもの》の教育《きょういく》にもとりくんだ。そこでもとくに、体育《たいいく》の教育《きょういく》に力《ちから》を入《い》れたのだよ。

その後《ご》は、柔道《じゅうどう》とその精神《せいしん》を世界《せかい》に広《ひろ》めようと、力《ちから》をつくした。国際《こくさい》オリンピック委員会《いいんかい》の委員《いいん》もつとめた。柔道《じゅうどう》はたしかに日本《にほん》の伝統的武術《でんとうてきぶじゅつ》だが、私《わたし》はつねに世界《せかい》に目《め》をむけていた。そしてついに、柔道《じゅうどう》は１９６４年《ねん》の東京《とうきょう》オリンピックで正式種目《せいしきしゅもく》としてみとめられ、その精神《せいしん》は世界《せかい》にはばたいたのだ。

この日《ひ》に生《う》まれた有名人《ゆうめいじん》

オーギュスト・エスコフィエ（料理人《りょうりにん》）／矢口高雄《やぐちたかお》（漫画家《まんがか》）
ビル・ゲイツ（マイクロソフト創業者《そうぎょうしゃ》）／ジュリア・ロバーツ（女優《じょゆう》）／倉木麻衣《くらきまい》（歌手《かしゅ》）

時代《じだい》を変《か》えた悪人《あくにん》か、ヒーローか

井伊直弼《いいなおすけ》

（1815〜1860年　日本）

重罪《じゅうざい》は、あまんじて、私《わたし》ひとりでうける決意《けつい》である。

10月29日の偉人

政治

わしの名前《なまえ》は、「安政《あんせい》の大獄《たいごく》」とか「桜田門外《さくらだもんがい》の変《へん》」という事件《じけん》といっしょに、かならず教科書《きょうかしょ》に出《で》てくるだろう。わしのことを、権力《けんりょく》をにぎって勝手《かって》な政治《せいじ》をした悪人《あくにん》と考《かんが》える人《ひと》もいるし、反対《はんたい》に、時代《じだい》の扉《とびら》をひらいたヒーローと考《かんが》える人《ひと》もいるのだよ。

わしは江戸時代《えどじだい》の終《お》わりに、近江国《おうみのくに》（今《いま》の滋賀県《しがけん》）彦根藩藩主《ひこねはんはんしゅ》の子《こ》として生《う》まれた。14番目《ばんめ》の男《おとこ》の子《こ》だったので、だいじには育《そだ》てられなかった。14番目《ばんめ》の子《こ》が藩主《はんしゅ》になるわけはなかったから、出世《しゅっせ》するつもりもないまま、勉学《べんがく》にはげんでいた。

そんなふうに政治《せいじ》とははなれた生活《せいかつ》を送《おく》っていたのだが、藩主《はんしゅ》をしていた兄《あに》が亡《な》くなり、彦根《ひこね》に残《のこ》っていたわしがあとをつぐことになった。それから藩主《はんしゅ》になるための勉強《べんきょう》を大急《おおいそ》ぎでしたのだよ。藩主《はんしゅ》として、わしはいろいろな改革《かいかく》をおこない、名君《めいくん》（いい殿《との》さま）といわれた。そんなとき、ペリーというアメリカ人《じん》が黒船《くろふね》でやってきて、外国《がいこく》との交流《こうりゅう》をしていなかった日本《にほん》に、国《くに》をひらけと要求《ようきゅう》したのだ。それからは日本《にほん》じゅうが大《おお》さわぎだ。黒船《くろふね》というばかでかい船《ふね》を見《み》て、わしは、今《いま》の日本《にほん》は外国《がいこく》にはかなわないだろうと思《おも》った。無駄《むだ》に戦《たたか》わずに、国《くに》をひらいたほうがいいと考《かんが》えたのだ。

だから、幕府《ばくふ》の大老《たいろう》（重役《じゅうやく》）になったわしは、日米修好通商条約《にちべいしゅうこうつうしょうじょうやく》をむすんで国《くに》をひらくことを決《き》めた。上《うえ》に出《で》ていることばは、開国《かいこく》を決《き》めたときにいったことばだ。だが、わしが天皇《てんのう》の許可《きょか》なく条約《じょうやく》をむすんだので、たくさんの武士《ぶし》がかんかんに怒《おこ》ってな。そんなやつらにさわぎをおこされたら、大変《たいへん》だ。外国《がいこく》がいつ攻《せ》めてくるかわからない。そこで、わしはわしの政策《せいさく》に反対《はんたい》するやつらをとらえて、罰《ばっ》した。これが「安政《あんせい》の大獄《たいごく》」だ。そして、それに怒《おこ》った武士《ぶし》たちに暗殺《あんさつ》されてしまった。これが「桜田門外《さくらだもんがい》の変《へん》」だよ。

さて、わしは悪人《あくにん》か、ヒーローか。そんな評価《ひょうか》は、のちの世《よ》の人《ひと》たちが勝手《かって》に決《き》めればいいことだ。わしはただ、そのときいちばんいいと思《おも》ったことをしただけなのだから。

この日《ひ》に生《う》まれた有名人《ゆうめいじん》

エドモンド・ハレー（天文学者《てんもんがくしゃ》）／高畑勲《たかはたいさお》（アニメ映画監督《えいがかんとく》）／周防正行《すおうまさゆき》（映画監督《えいがかんとく》）／高嶋政宏《たかしままさひろ》（俳優《はいゆう》）／つんく♂（ミュージシャン・音楽《おんがく》プロデューサー）

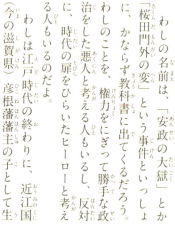

人間《にんげん》の残酷《ざんこく》さとすばらしさを描《えが》いた大文豪《だいぶんごう》

フョードル・ミハイロヴィチ・ドストエフスキー

（1821〜1881年　ロシア）

人間《にんげん》が不幸《ふこう》なのは、自分《じぶん》が幸福《こうふく》であることを知《し》らないから――ただそれだけだ。

10月30日の偉人

文化

私《わたし》は、ロシアがまだ皇帝《こうてい》におさめられていた時代《じだい》に、モスクワで生《う》まれました。父《ちち》はまずしい人《ひと》たちのための病院《びょういん》で、医《い》者《しゃ》をしていました。私《わたし》はよく病院《びょういん》の中庭《なかにわ》で遊《あそ》んでいたので、患者《かんじゃ》としてやってくる人《ひと》たち――ロシアでもっともまずしい人《ひと》たちを見《み》ていたのです。このとき見《み》た光景《こうけい》は、小《ちい》さい私《わたし》の心《こころ》に焼《や》きつきました。

物語《ものがたり》や文学《ぶんがく》には、幼《おさな》いころから親《した》しんでいました。両親《りょうしん》とも、文学《ぶんがく》が好《す》きだったので、私《わたし》にさまざまな本《ほん》を読《よ》んでくれたり、買《か》ってくれたりしたのです。ロシアの作家《さっか》だけでなく、ヨーロッパじゅうの作家《さっか》の本《ほん》を読《よ》みました。学校《がっこう》で、文学《ぶんがく》を学《まな》んだことはありません。小《ちい》さいときからしていた読書《どくしょ》が、私《わたし》の先生《せんせい》だったのです。

しだいに物語《ものがたり》を書《か》くようになった私《わたし》は、25歳《さい》のときに、最初《さいしょ》の作品《さくひん》『まずしき人々《ひとびと》』を発表《はっぴょう》しました。社会《しゃかい》の中《なか》でしいたげられた人《ひと》たちを描《えが》いたこの作品《さくひん》は、文学界《ぶんがくかい》の大御所《おおごしょ》からも絶賛《ぜっさん》され、私《わたし》は作《さっ》家《か》としてはなばなしいデビューをかざったのです。ところが、そのころ、私《わたし》は皇《こう》帝《てい》が支配《しはい》する国《くに》の制度《せいど》に反対《はんたい》して、運動《うんどう》をしていたため、逮捕《たいほ》されてしまいました。そして、なんと、死刑《しけい》をいいわたされてしまうのです。銃殺《じゅうさつ》される直前《ちょくぜん》に、刑《けい》がへらされて、命《いのち》は助《たす》かりましたが、シベリアというおそろしく寒《さむ》い地域《ちいき》に送《おく》られて、4年間《ねんかん》、朝《あさ》から晩《ばん》まで働《はたら》かされました。このときの、身《み》も心《こころ》もぼろぼろになった経験《けいけん》が、作家《さっか》としての私《わたし》をつくったのです。

33歳《さい》でモスクワにもどった私《わたし》は、その後《ご》、人間《にんげん》の心《こころ》の奥底《おくそこ》を描《えが》いた物語《ものがたり》をつづけて発表《はっぴょう》しました。

代表作《だいひょうさく》に『罪《つみ》と罰《ばつ》』『白痴《はくち》』『悪霊《あくりょう》』『カラマーゾフの兄弟《きょうだい》』などがあります。私《わたし》は、人間《にんげん》の残酷《ざんこく》さと弱《よわ》さを描《えが》きながらも、人間《にんげん》のすばらしさを信《しん》じていました。そして、人間《にんげん》の存在《そんざい》とはなにか、自分《じぶん》とはなにかを追求《ついきゅう》しつづけたのです。

この日《ひ》に生《う》まれた有名人《ゆうめいじん》

松平信綱《まつだいらのぶつな》（江戸幕府老中《えどばくふろうじゅう》）／ジョン・アダムズ（第《だい》2代《だい》アメリカ大統領《だいとうりょう》）
ポール・ヴァレリー（詩人《しじん》）／ディエゴ・マラドーナ（サッカー選手《せんしゅ》・監督《かんとく》）／仲間由紀恵《なかまゆきえ》（女優《じょゆう》）

中華民国《ちゅうかみんこく》をつくった革命家《かくめいか》

蒋介石《しょうかいせき》

（1887～1975年　中国）

以徳報恐《いとくほうきょう》——ひどい目《め》にあわされたとしても、しかえしをするのではなく、相手《あいて》をゆるし、恩《おん》をあたえる気持《きも》ちでいよう。

10月31日の偉人

政治

私《わたし》は、中国《ちゅうごく》がまだ清《しん》という国《くに》だったころ、裕福《ゆうふく》な商人《しょうにん》の家《いえ》に生《う》まれました。父《ちち》は早《はや》い時期《じき》に亡《な》くなってしまったのですが、母《はは》は苦労《くろう》して私《わたし》に高《たか》い教育《きょういく》をうけさせてくれました。私《わたし》は日本《にほん》に何度《なんど》も留学《りゅうがく》しているのですよ。

清《しん》という国《くに》は、満州族《まんしゅうぞく》という民族《みんぞく》によって支配《しはい》されていました。満州族《まんしゅうぞく》だけ得《とく》するような、とても不平等《ふびょうどう》な国《くに》でした。ですから、孫文《そんぶん》という人《ひと》が、清《しん》をたおして、新《あたら》しい平等《びょうどう》な国《くに》——民《たみ》の意見《いけん》がきちんと政府《せいふ》にとどくような国《くに》をつくろうと、革命《かくめい》をおこしたのです。私《わたし》も孫文《そんぶん》の意見《いけん》に賛成《さんせい》だったので、革命《かくめい》に参加《さんか》しました。

私《わたし》たちのおこした革命《かくめい》で、清《しん》はたおれ、新《あたら》しい国《くに》「中華民国《ちゅうかみんこく》」ができました。もちろん、かんたんではありませんでした。長《なが》い長《なが》い戦《たたか》いのすえ、ようやく勝《か》ちとったのです。孫文《そんぶん》が亡《な》くなってしまったので、私《わたし》がリーダーとなり、さあこれから、いい国《くに》をつくっていこうと思《おも》っていました。ところが、そんなとき、日本《にほん》が中国《ちゅうごく》に攻撃《こうげき》をしかけてきました。日中戦争《にっちゅうせんそう》が始《はじ》まったのです。私《わたし》たちは、アメリカやイギリスの力《ちから》をかりながら、日本軍《にほんぐん》と戦《たたか》いました。中国《ちゅうごく》が戦地《せんち》になってしまったので、犠牲者《ぎせいしゃ》もたくさん出《で》ました。

そして、1945年《ねん》、戦争《せんそう》が終《お》わりました。アメリカが原子爆弾《げんしばくだん》を落《お》として、日本《にほん》が降伏《こうふく》したのです。戦争《せんそう》が終《お》わったとき、中国《ちゅうごく》には200万人以上《まんにんいじょう》の日本人《にほんじん》がいました。私《わたし》は中国《ちゅうごく》のリーダーとして、日本人《にほんじん》をどのようにあつかうかを決《き》める力《ちから》をもっていました。

さて、私《わたし》はどうしたと思《おも》いますか？　私《わたし》は、日本《にほん》をゆるしました。「神《かみ》は愛《あい》なり、汝《なんじ》の敵《てき》を愛《あい》せよ。日本人《にほんじん》に危害《きがい》をくわえる者《もの》、また物資《ぶっし》をうばう者《もの》は死刑《しけい》に処《しょ》す」と宣言《せんげん》し、すぐさま日本《にほん》に帰国《きこく》させるよう手配《てはい》したのです。

その後《ご》、共産党《きょうさんとう》との戦《たたか》いにやぶれたので、私《わたし》たちは台湾《たいわん》にわたりました。そして台湾《たいわん》の地《ち》で、中華民国《ちゅうかみんこく》をつづけることになったのです。

この日《ひ》に生《う》まれた有名人《ゆうめいじん》

ヨハネス・フェルメール（画家《がか》）／ノロドム・シハヌーク（カンボジア国王《こくおう》）
ドゥンガ（サッカー選手《せんしゅ》・監督《かんとく》）／中村憲剛《なかむらけんごう》（サッカー選手《せんしゅ》）／2代目中村勘太郎《だいめなかむらかんたろう》（歌舞伎役者《かぶきやくしゃ》）

11月《がつ》生《う》まれの偉《い》人《じん》

新《あたら》しい形《かたち》の詩《し》をつくった孤高《ここう》の詩人《しじん》

萩原朔太郎《はぎわらさくたろう》

（1886～1942年　日本）

5月《がつ》の朝《あさ》の新緑《しんりょく》と薫風《くんぷう》は、私《わたし》の生活《せいかつ》を貴族《きぞく》にする。

私《わたし》は、近所《きんじょ》でも評判《ひょうばん》の医者《いしゃ》だった父《ちち》のもとに生《う》まれました。長男《ちょうなん》で朔日《さくじつ》（1日《にち》）生《う》まれということで「朔太郎《さくたろう》」と名《な》づけられたそうです。

少年時代《しょうねんじだい》は体《からだ》が弱《よわ》くて、学校《がっこう》でも、クラスメートたちとなじめませんでした。いつもひとりぼっちでいるうちに、文学《ぶんがく》に興味《きょうみ》をもつようになりました。短歌《たんか》や詩《し》をむさぼり読《よ》んだものです。そんなふうだったから、よけい、学校《がっこう》での勉強《べんきょう》がおろそかになりました。家《いえ》を出《で》たものの、学校《がっこう》にはいかないでサボることもたくさんありましたね。けっきょく、中学《ちゅうがく》・高《こう》校《こう》と、落第《らくだい》をくりかえし、大学《だいがく》に入《はい》ったはいいが、学業《がくぎょう》では使《つか》いものにならないといわれて、すぐに退学《たいがく》しました。

勉強《べんきょう》のほうはまったくだめでしたが、文学《ぶんがく》のほうは熱心《ねっしん》にやっていました。16歳《さい》のころから短歌《たんか》をつくりはじめ、雑誌《ざっし》に送《おく》っていました。歌人《かじん》の与謝野鉄幹《よさのてっかん》さんがつくっていた『明星《みょうじょう》』という雑誌《ざっし》に私《わたし》の短歌《たんか》がのったことも、何度《なんど》もあったのですよ。

大学《だいがく》での学業《がくぎょう》に失敗《しっぱい》してからは、放浪《ほうろう》生活《せいかつ》をしながら、詩《し》を書《か》きました。そのとき、有名《ゆうめい》な詩《し》の雑誌《ざっし》『朱欒《ざんぼん》』に投稿《とうこう》した詩《し》がみとめられ、本格的《ほんかくてき》に作詩活動《さくしかつどう》を始《はじ》めることになったのです。

私《わたし》のつくる詩《し》は、「口語自由詩《こうごじゆうし》」というものでした。どんな詩《し》かというと、口《こう》語《ご》、つまり話《はな》しことばを使《つか》い、5・7・5のような決《き》まった形《かたち》をもたない自由《じゆう》な詩《し》なのです。私《わたし》はその新《あたら》しい形《かたち》の詩《し》で、独自《どくじ》の世界《せかい》をつくりあげていきました。

みなさんは、詩《し》をどんなふうに読《よ》みますか。私《わたし》は、詩《し》の表面《ひょうめん》にあらわれたことがらを読《よ》みとるのではなく、内《うち》にある感《かん》情《じょう》にふれてほしいと思《おも》っています。私《わたし》の心《こころ》の悲《かな》しみや喜《よろこ》び、さびしさ、おそれなど、ことばや文章《ぶんしょう》ではいいあらわすのがむずかしい心《こころ》の動《うご》きを読《よ》みとってほしい――そう願《ねが》いながら、詩《し》を書《か》いていたのですよ。

この日《ひ》に生《う》まれた有名人《ゆうめいじん》

アルフレート・ヴェーゲナー（気象学者《きしょうがくしゃ》）／いかりや長介《ちょうすけ》（俳優《はいゆう》）
阿川佐和子《あがわさわこ》（エッセイスト・タレント）／福原愛《ふくはらあい》（卓球選手《たっきゅうせんしゅ》）／田中将大《たなかまさひろ》（野球選手《やきゅうせんしゅ》）

フランス最後《さいご》の悲劇《ひげき》の王妃《おうひ》

マリー・アントワネット

（1755～1793年　フランス）

私《わたし》は王妃《おうひ》でしたが、王冠《おうかん》をうばわれました。妻《つま》でしたが、夫《おっと》を殺《ころ》されました。母《はは》でしたが、子《こ》どもをつれさられました。残《のこ》っているのは私《わたし》の血《ち》だけ。さっさとおとりなさい。

私《わたし》は、オーストリアの皇女《こうじょ》として生《う》まれ、14歳《さい》でフランスの王子《おうじ》ルイに嫁《とつ》ぎました。それまで会《あ》ったこともない人《ひと》のお嫁《よめ》さんになったのです。オーストリアという国《くに》がフランスという国《くに》と仲《なか》よくなるために、私《わたし》の気持《きも》ちなどおかまいなしに決《き》められた結婚《けっこん》でした。もっとも、そうした結婚《けっこん》は、当時《とうじ》はあたりまえでした。それが、王家《おうけ》に生《う》まれた女《おんな》の子《こ》の運命《うんめい》だったのです。

私《わたし》が結婚《けっこん》したわずか4年《ねん》後《ご》、王《おう》さまが亡《な》くなって、王子《おうじ》だったルイが新国王《しんこくおう》になりました。私《わたし》は18歳《さい》でフランス王妃《おうひ》となったのです。当時《とうじ》のフランスは、あいつぐ戦争《せんそう》でお金《かね》がなくなり、大変《たいへん》な苦労《くろう》をしていました。国民《こくみん》もまずしい生活《せいかつ》に苦《くる》しんでいました。王《おう》は、なんとか国《くに》を立《た》てなおそうと改革《かいかく》に力《ちから》を入《い》れていたようですが、ぜいたくな生活《せいかつ》を変《か》えたくはない貴族《きぞく》や僧侶《そうりょ》の抵抗《ていこう》にあって、うまくいきませんでした。

私《わたし》はそんなことも知《し》らず、高価《こうか》なドレスや宝石《ほうせき》を身《み》にまとい、毎日《まいにち》楽《たの》しくくらしていました。国民《こくみん》が食《た》べ物《もの》もなく苦《くる》しんでいることなんて知《し》りませんでしたし、知《し》ろうともしませんでした。王妃《おうひ》であれば、知《し》ろうとする努力《どりょく》をしなければいけなかったのですが、まだ若《わか》く、世間知《せけんし》らずだった私《わたし》は、王妃《おうひ》としての責任《せきにん》をわかっていなかったのです。

そして、ついに国民《こくみん》のいかりが爆発《ばくはつ》しました。自分《じぶん》たちの生活《せいかつ》を守《まも》ってくれない王《おう》などいらない——国民《こくみん》はそう訴《うった》えて、革命《かくめい》をおこしました。私《わたし》たちはとらえられ、裁判《さいばん》にかけられました。ところが、その裁判《さいばん》は、私《わたし》たちを死刑《しけい》にするために、一部《いちぶ》の革命家《かくめいか》が最初《さいしょ》からしくんだものでした。裁判《さいばん》では、私《わたし》の息子《むすこ》が証人《しょうにん》としてつれだされ、私《わたし》がいかに悪《わる》い人間《にんげん》だったか、ウソの証言《しょうげん》をさせられました。たしかに私《わたし》はいい王妃《おうひ》ではありませんでした。でも、ウソでぬりかためられた罪《つみ》をきせられていい人間《にんげん》などいないのです。革命《かくめい》でおこなわれたことがすべて正《ただ》しいというわけでもないのですよ。

この日《ひ》に生《う》まれた有名人《ゆうめいじん》

工藤直子《くどうなおこ》（詩人《しじん》）／キース・エマーソン（ミュージシャン）
美木良介《みきりょうすけ》（俳優《はいゆう》）／中垣内祐一《なかがいちゆういち》（バレーボール選手《せんしゅ》）／深田恭子《ふかだきょうこ》（女優《じょゆう》）

戦国時代《せんごくじだい》、負《ま》け知《し》らずの武将《ぶしょう》

武田信玄《たけだしんげん》

（1521～1573年　日本）

風林火山《ふうりんかざん》。

政治

上《うえ》に出《で》ている「風林火山《ふうりんかざん》」ということばの意味《いみ》を知《し》っておるか。

これは、『孫子《そんし》』という昔《むかし》の中国《ちゅうごく》の兵法書《へいほうしょ》にあるものだ。「はやきこと風《かぜ》のごとく、しずかなること林《はやし》のごとし。侵掠《しんりゃく》すること火《ひ》のごとく、動《うご》かざること山《やま》のごとし」ということばから「風林火山《ふうりんかざん》」の4文字《もじ》が生《う》まれたのだ。

わしは、今《いま》からおよそ500年《ねん》くらい前《まえ》に甲斐国《かいのくに》（今《いま》の山梨県《やまなしけん》）をおさめていた武将《ぶしょう》、武田信玄《たけだしんげん》である。当時《とうじ》は世《よ》にいう戦国時代《せんごくじだい》。武将《ぶしょう》におさめられた小《ちい》さな国《くに》がいっぱいあって、国盗《くにと》り合戦《がっせん》をしておった。

わしは、この「風林火山《ふうりんかざん》」の旗《はた》の下《もと》、ほかの国《くに》を攻《せ》めて、領土《りょうど》をふやしていったのだ。甲斐国《かいのくに》はお米《こめ》がたくさんとれる土地《とち》ではなかったので、国《くに》を豊《ゆた》かにして民《たみ》のくらしをよくするには、領土《りょうど》を広《ひろ》げるしかなかったからな。馬《うま》に乗《の》って戦《たたか》う騎馬隊《きばたい》が有名《ゆうめい》で、武田《たけだ》の騎馬隊《きばたい》といえばむかうところ敵《てき》なし、最強《さいきょう》だったのだぞ。

忘《わす》れることのできぬ戦《いくさ》のひとつに「川中島《かわなかじま》の戦《たたか》い」がある。これは、天下統一《てんかとういつ》をめざしていた武将《ぶしょう》のひとり、越後国《えちごのくに》（今《いま》の新潟県《にいがたけん》）の上杉謙信《うえすぎけんしん》と12年間《ねんかん》、5度《ど》にわたっておこなった戦《いくさ》だ。この戦《いくさ》は、甲斐《かい》と越後《えちご》のあいだにある地域《ちいき》をとりあっておこった戦《たたか》いだったんだが、痛《いた》みわけに終《お》わったよ。

わしの戦《いくさ》の基本《きほん》は、まず情報《じょうほう》を集《あつ》めることだった。相手《あいて》を知《し》らなければ、どう戦《たたか》えばいいかわからないからな。わしは集《あつ》まった情報《じょうほう》をもとに、作戦《さくせん》を立《た》て、連戦連勝《れんせんれんしょう》したのだ。生涯《しょうがい》に70回《かい》ほど戦《いくさ》をしたが、負《ま》けたのは3回《かい》だけだった。

川中島《かわなかじま》の戦《たたか》いの最中《さいちゅう》、桶狭間《おけはざま》で戦《いくさ》がおこった。そして、駿河国《するがのくに》（今《いま》の静岡県《しずおかけん》）の今川義元《いまがわよしもと》が尾張国《おわりのくに》（今《いま》の愛知県《あいちけん》）の織田信長《おだのぶなが》にやぶれたのだ。国同士《くにどうし》の関係《かんけい》がいっきに変《か》わろうという、そんなとき、わしは病死《びょうし》してしまった。なんとも残念《ざんねん》なことだというほかないよ。

この日《ひ》に生《う》まれた有名人《ゆうめいじん》

田中正造《たなかしょうぞう》（政治家《せいじか》）／手塚治虫《てづかおさむ》（漫画家《まんがか》）／さいとう・たかを（漫画家《まんがか》）
小林旭《こばやしあきら》（俳優《はいゆう》・歌手《かしゅ》）／錦戸亮《にしきどりょう》《関《かん》ジャニ∞》（タレント）

美《うつく》しく幻想的《げんそうてき》な文学《ぶんがく》をつくりあげた天才作家《てんさいさっか》

泉鏡花《いずみきょうか》

（1873～1939年　日本）

人間《にんげん》、よくなるも悪《わる》くなるも、一寸《ちょっと》の間《ま》だ。

11月4日の偉人

文化

　私《わたし》は金沢《かなざわ》で生《う》まれました。父《ちち》は装身具《そうしんぐ》などのかざり細工《ざいく》をつくっていた職人《しょくにん》でした。私《わたし》はやさしい母親《ははおや》に育《そだ》てられて、幸福《こうふく》な子《こ》ども時代《じだい》を送《おく》っていたのですが、9歳《さい》のときに母《はは》が急《きゅう》に亡《な》くなってしまいます。大好《だいす》きだった母《はは》を小《ちい》さいときに失《うしな》ったことは、私《わたし》にとってとても大《おお》きく、生涯《しょうがい》、ずっと引《ひ》きずる出来事《できごと》でした。私《わたし》の小説《しょうせつ》には、母親《ははおや》が重要《じゅうよう》な役柄《やくがら》で出《で》てくるものが多《おお》いのですが、それは幼《おさな》いときに母《はは》とわかれなければならなかったことが影響《えいきょう》しているのです。

　小学校《しょうがっこう》を出《で》たあとは、英語《えいご》の勉強《べんきょう》などをしていたのですが、あるとき、友《とも》だちにすすめられて読《よ》んだ、尾崎紅葉《おざきこうよう》という小説《しょうせつ》作家《さっか》の『二人比丘尼《ににんびくに》 色懺悔《いろざんげ》』という小説《しょうせつ》にひどく感動《かんどう》しました。そして、自分《じぶん》も小説《しょうせつ》を書《か》くのだと決意《けつい》して、尾崎先生《おざきせんせい》がいる東京《とうきょう》に出《で》ていったのです。このころは、お金《かね》がなく、苦労《くろう》の連続《れんぞく》でした。けれど、数年後《すうねんご》、ついに念願《ねんがん》かなって、尾崎先生《おざきせんせい》の家《いえ》においてもらうことができたのです。

　私《わたし》は、家《いえ》の番《ばん》をしながら、先生《せんせい》から指導《しどう》をうけて小説《しょうせつ》を書《か》きました。そして、「義血侠血《ぎけつきょうけつ》」という小説《しょうせつ》が新聞《しんぶん》で連載《れんさい》されるようになったのです。連載《れんさい》を始《はじ》めたとき、評価《ひょうか》はさんざんで、打《う》ち切《き》りの話《はなし》まで出《で》たのですが、先生《せんせい》が親身《しんみ》になってアドバイスしてくれたおかげで、最後《さいご》まで書《か》ききることができました。その後《ご》、私《わたし》はつぎつぎに作品《さくひん》を発表《はっぴょう》し、世《よ》の中《なか》からも注目《ちゅうもく》され、人気作家《にんきさっか》となったのです。

　私《わたし》の小説《しょうせつ》には、この世《よ》とは別《べつ》の世界《せかい》――異界《いかい》が出《で》てきます。そこでくりひろげられる生命《せいめい》の神秘《しんぴ》を、独特《どくとく》の美《うつく》しい日本語《にほんご》で書《か》いているのです。三島由紀夫《みしまゆきお》という作家《さっか》が、のちに私《わたし》のことを「ことばと幽霊《ゆうれい》とを同《おな》じように心《こころ》から愛《あい》した作家《さっか》だ」といったそうですが、たしかに、私《わたし》の小説《しょうせつ》はふしぎさと美《うつく》しさで人《ひと》をひきつけ、今《いま》でも読《よ》まれつづけているのです。

この日《ひ》に生《う》まれた有名人《ゆうめいじん》

森瑶子《もりようこ》（作家《さっか》）／西田敏行《にしだとしゆき》（俳優《はいゆう》）／リリー・フランキー（イラストレーター・俳優《はいゆう》）
浅倉大介《あさくらだいすけ》（作曲家《さっきょくか》）／名倉潤《なぐらじゅん》《ネプチューン》（お笑《わら》い芸人《げいにん》）

歴史語《れきしがた》りを文学《ぶんがく》にした

海音寺潮五郎《かいおんじちょうごろう》

（1901〜1977年　日本）

ほんとの勇気《ゆうき》とは、日常《にちじょう》の場合《ばあい》に迫害《はくがい》や死《し》をおそれず、自分《じぶん》の信念《しんねん》をいってのける気力《きりょく》だろう。

おれは、鹿児島《かごしま》で生《う》まれた。鹿児島《かごしま》といえば、西郷隆盛《さいごうたかもり》。幕末《ばくまつ》といわれる時期《じき》に活躍《かつやく》したりっぱな男《おとこ》だ。おれは小《ち》さいころから、西郷《さいごう》どんの話《はなし》をきいて育《そだ》ったんだ。西郷《さいごう》どんは鹿児島県《かごしまけん》の人《ひと》たちにとっては英雄《えいゆう》だ。じっさいに歴史《れきし》を勉強《べんきょう》していくと、小《ち》さいころきいた話《はなし》とはちがうことも出《で》てきたがね。そうやって昔《むかし》にあったことを物語《ものがたり》としてきいて、歴史《れきし》に興味《きょうみ》をもつようになったわけさ。

おれは大学時代《だいがくじだい》に結婚《けっこん》したので、生活《せいかつ》が大変《たいへん》でね。そのころ、懸賞小説《けんしょうしょうせつ》というのがあって、小説《しょうせつ》を書《か》いて応募《おうぼ》して、入賞《にゅうしょう》したら、お金《かね》がもらえるというので、学費《がくひ》ほしさに小説《しょうせつ》を書《か》いて送《おく》ったんだ。

だが、あっさり落選《らくせん》。自分《じぶん》には小説《しょうせつ》を書《か》く才能《さいのう》なんてないらしいと、やめてしまった。大学《だいがく》を出《で》てからは、中学《ちゅうがく》の先生《せんせい》になった。だが、先生《せんせい》として働《はたら》きながら、じつはこっそり小説《しょうせつ》を書《か》いていた。そんなある日《ひ》、『サンデー毎日《まいにち》』という雑誌《ざっし》に応募《おうぼ》した小説《しょうせつ》が入選《にゅうせん》したんだ。それが、雑誌《ざっし》に連載《れんさい》されるようになって、賞《しょう》までもらってね。おれはそれをきっかけに先生《せんせい》をやめ、小説家《しょうせつか》として生《い》きていくことを決《き》めた。

それからは、史伝《しでん》とよばれる小説《しょうせつ》をどんどん書《か》いて、ついに直木賞《なおきしょう》なんていうりっぱな賞《しょう》をもらった。史伝《しでん》というのは、歴史《れきし》の事実《じじつ》をそのままに、物語《ものがたり》にして書《か》いた小説《しょうせつ》のことだ。物語《ものがたり》だからといって、ウソを書《か》くわけじゃないよ。

だいたい、おれは歴史教育《れきしきょういく》というのが気《き》に入《い》らなかった。何年《なんねん》になにがあったかなんて、あとで知《し》ればいいことで、そんなものをまず教《おし》えられたって、興味《きょうみ》がもてるわけがない。歴史《れきし》の中《なか》で、人間《にんげん》がなにを考《かんが》え、なにをしてきたか。その物《もの》語《がたり》をつみかさねることで、真実《しんじつ》の歴史《れきし》が見《み》えてくるもんだ。学校《がっこう》で歴史《れきし》を教《おそ》わって、おもしろくないなと思《おも》ったら、おれの小説《しょうせつ》を読《よ》んでみるといいよ。

11月5日の偉人

文化

この日《ひ》に生《う》まれた有名人《ゆうめいじん》

エラ・ウィーラー・ウィルコックス（詩人《しじん》・作家《さっか》）／ヴィヴィアン・リー（女優《じょゆう》）
ブライアン・アダムス（ミュージシャン）／把瑠都凱斗《ばるとがいと》（力士《りきし》）／BoA（歌手《かしゅ》）

バスケットボールの生《う》みの親《おや》

ジェイムズ・ネイスミス

（1861〜1939年　カナダ）

体《からだ》は強《つよ》く、頭《あたま》ははっきりさせ、理想《りそう》は高《たか》くもて。

11月
6日
の偉人

スポーツ

　カナダの小《ちい》さな町《まち》にある農家《のうか》に生《う》まれた私《わたし》は、小《ちい》さいときから、将来《しょうらい》は人《ひと》の役《やく》に立《た》つ仕事《しごと》がしたいと思《おも》っていました。そして、大学《だいがく》にいっているとき、YMCAというものを知《し》り、興味《きょうみ》をもったのです。YMCAというのは、キリスト教青年会《きょうせいねんかい》のことで、社会《しゃかい》や人《ひと》の役《やく》に立《た》とうというキリスト教《きょう》の考《かんが》えにもとづいて、若者《わかもの》に、教育《きょういく》やスポーツ、文化活動《ぶんかかつどう》をする場《ば》をあたえる組織《そしき》のことです。私《わたし》はアメリカにわたって、YMCAの学《がっ》校《こう》で勉強《べんきょう》することにしました。そして、そのまま、学校《がっこう》の体育科《たいいくか》で働《はたら》くことになったのです。

　学校《がっこう》の職員《しょくいん》になったとたん、私《わたし》は、いちばんやる気《き》がないクラスを担当《たんとう》することになりました。ちょうどそのころ、YMCAでは、冬《ふゆ》のあいだ、室内《しつない》でできるスポーツをさがしていました。私《わたし》はいろいろなスポーツをクラスでためしてみました。サッカーやラグビーなどを室内《しつない》でできるように少《すこ》し変《か》えてみましたが、生《せい》徒《と》たちはまったくやる気《き》を出《だ》しませんでした。私《わたし》はすっかりとほうにくれました。でも、そこで、気《き》づいたのです。ひとつのスポーツをそのままためすからだめなんだ、さまざまなスポーツを組《く》みあわせてみたらいいんじゃないかと。

　私《わたし》はボールを使《つか》うスポーツにしようと決《き》めました。誰《だれ》でもかんたんにできるスポーツにしようと思《おも》っていたので、ボールは大《おお》きくしました。そのとき、小《ちい》さいときやっていたゲームのことを思《おも》い出《だ》したのです。大《おお》きな岩《いわ》の上《うえ》にのった小《ちい》さな石《いし》を、別《べつ》の石《いし》を投《な》げてあてて落《お》とす「ダック・オン・ザ・ロック」というゲームです。強《つよ》い力《ちから》で投《な》げるより、ふんわり弧《こ》を描《えが》くように投《な》げると、うまく石《いし》にあたって落《お》ちるのですよ。ふんわりボールを投《な》げて、箱《はこ》のようなゴールに入《い》れるゲームにすればいいんじゃないか。私《わたし》はさっそくためしてみました。ちょうど桃《もも》を入《い》れていたカゴがあったので、それをゴールにしました。そうしたら、生徒《せいと》たちは夢中《むちゅう》になったのです。こうしてバスケットボールは生《う》まれたのですよ。

この日《ひ》に生《う》まれた有名人《ゆうめいじん》

アドルフ・サックス（楽器製作者《がっきせいさくしゃ》）／ジョン・フィリップ・スーザ　（作曲家《さっきょくか》）
3代目《だいめ》桂米朝《かつらべいちょう》（落語家《らくごか》）／伊原剛志《いはらつよし》（俳優《はいゆう》）／松岡修造《まつおかしゅうぞう》（テニス選手《せんしゅ》）

ノーベル賞《しょう》を2回《かい》も受賞《じゅしょう》した偉大《いだい》な科学者《かがくしゃ》

マリ・キュリー

（1867～1934年　フランス）

人生《じんせい》におそれるべきものなどありません。なにごとも、ただ、理解《りかい》すればいいのです。

11月7日の偉人

科学

私《わたし》は、幼《おさな》いころから勉強《べんきょう》が大好《だいす》きでした。大学《だいがく》で勉強《べんきょう》をしたいと思《おも》っていたのですが、そのとき私《わたし》が住《す》んでいたポーランドでは、女《おんな》の子《こ》は大学《だいがく》にいくことができませんでした。大学《だいがく》で勉強《べんきょう》するには、外国《がいこく》へいくしかなかったのです。私《わたし》は7年間《ねんかん》、必死《ひっし》に働《はたら》いてお金《かね》をため、パリにわたり、大学《だいがく》で物理学《ぶつりがく》を学《まな》びました。屋《や》根裏部屋《ねうらべや》に住《す》み、まずしいくらしをしながら、食《た》べることも眠《ねむ》ることも忘《わす》れるほど、勉強《べんきょう》に熱中《ねっちゅう》したのです。そして、いちばんの成績《せいせき》で大学《だいがく》を卒業《そつぎょう》しました。

大学《だいがく》を出《で》たあとは、科学者《かがくしゃ》だったピエールと結婚《けっこん》して、ふたりで机《つくえ》をならべて、毎日《まいにち》、研究《けんきゅう》しました。そんなあるとき、私《わたし》は、ベクレルという物理学者《ぶつりがくしゃ》が「ウランから出《で》るX線《せん》のような光《ひかり》」を発見《はっけん》したという論文《ろんぶん》を読《よ》みました。その光《ひかり》はどうやって出《で》てくるのだろう？　私《わたし》はとても興味《きょうみ》をもち、その光《ひかり》について研究《けんきゅう》することにしたのです。

やがて、その光《ひかり》を出《だ》すものがひとつの元素《げんそ》だということがわかりました。私《わたし》はその元素《げんそ》にラジウムという名前《なまえ》をつけて、それをとりだす研究《けんきゅう》にとりかかりました。何《なん》トンものウランを、ひたすら煮《に》つめていったのです。研究《けんきゅう》を始《はじ》めてから5年後《ねんご》、ようやく、青《あお》く光《ひか》るラジウムをとりだすことに成功《せいこう》しました。そして、ピエールとベクレルとともに、ノーベル物理学賞《ぶつりがくしょう》を受賞《じゅしょう》したのです。女性《じょせい》がノーベル賞《しょう》をもらったのは、私《わたし》がはじめてでした。

その直後《ちょくご》、とても悲《かな》しい出来事《できごと》がおこりました。ピエールが交通事故《こうつうじこ》で亡《な》くなったのです。私《わたし》は悲《かな》しみをまぎらわすように研究《けんきゅう》にうちこみ、数年後《すうねんご》、ラジウムをめぐる研究《けんきゅう》が評価《ひょうか》されて、史上初《しじょうはつ》の2回目《かいめ》のノーベル賞《しょう》を、今度《こんど》は化学《かがく》で受賞《じゅしょう》しました。

けれど私《わたし》は、長《なが》いあいだに大量《たいりょう》の放射《ほうしゃ》能《のう》をあびたため、病気《びょうき》になってしまいました。当時《とうじ》は放射能《ほうしゃのう》が体《からだ》に危険《きけん》なものだということが、まだ知《し》られていませんでした。私《わたし》は、文字《もじ》どおり研究《けんきゅう》に一生《いっしょう》をささげたのです。

この日《ひ》に生《う》まれた有名人《ゆうめいじん》

レフ・トロツキー（革命家《かくめいか》）／アルベール・カミュ（作家《さっか》）
伊集院光《いじゅういんひかる》（タレント）／長瀬智也《ながせともや》《TOKIO》（タレント）／内山理名《うちやまりな》（女優《じょゆう》）

強《つよ》い女性《じょせい》の姿《すがた》を世《よ》の中《なか》にしめしてみせた

マーガレット・ミッチェル

（1900～1949年　アメリカ）

今日《きょう》なにがあったとしても、気《き》にしない。明日《あす》は今日《きょう》とはちがう日《ひ》なのだから。

私《わたし》は、アメリカのアトランタという町《まち》で生《う》まれました。アトランタというのは、南北戦争《なんぼくせんそう》という内戦《ないせん》ではげしい戦《たたか》いがあった場所《ばしょ》です。私《わたし》の祖父母《そふぼ》は戦争中《せんそうちゅう》に体験《たいけん》したことを、昔話《むかしばなし》として、しょっちゅうきかせてくれました。私《わたし》の中《なか》に、そんな昔話《むかしばなし》がつみかさなって、物語《ものがたり》のも、とをつくっていったのだと思《おも》います。物語《ものがたり》がとても身近《みぢか》だったからでしょう、私《わたし》も、子《こ》どものときからもう自分《じぶん》でお話《はなし》を書《か》いて、友《とも》だちや近所《きんじょ》の子《こ》どもたちとお芝居《しばい》をして遊《あそ》んでいました。

女学院《じょがくいん》に入学《にゅうがく》してからも、演劇《えんげき》クラブで活動《かつどう》していました。短編小説《たんぺんしょうせつ》も書《か》いていて、校内《こうない》の雑誌《ざっし》にのったこともあります。文芸部《ぶんげいぶ》の部長《ぶちょう》もしていたんですよ。大学《だいがく》に進《すす》むために、一度《いちど》はふるさとをはなれたのですが、すぐに母《はは》が亡《な》くなってしまったために、実家《じっか》にもどりました。そのあとは、地元《じもと》の新聞社《しんぶんしゃ》で、女性記者《じょせいきしゃ》として働《はたら》くようになったのですが、ある日《ひ》、馬《うま》から落《お》ちて足《あし》の骨《ほね》をおってしまったのです。ベッドで寝《ね》たきりの日《ひ》がつづいて、退屈《たいくつ》していたとき、夫《おっと》から小説《しょうせつ》を書《か》いてみたらどうかとすすめられました。

学生《がくせい》のころ、夢中《むちゅう》で小説《しょうせつ》を書《か》いていたこと、祖父母《そふぼ》からきいた南北戦争《なんぼくせんそう》の話《はなし》などが、いっきに頭《あたま》の中《なか》によみがえりました。書《か》けるかもしれない、と思《おも》いました。私《わたし》はすぐに執筆《しっぴつ》にとりかかりました。ですが、物語《ものがたり》が完成《かんせい》したのは、それからおよそ10年後《ねんご》。

たまたま知《し》りあった大《おお》きな出版社《しゅっぱんしゃ》の編《へん》集者《しゅうしゃ》に、勇気《ゆうき》を出《だ》して原稿《げんこう》を見《み》せたら、とても気《き》に入《い》ってくれて、あっというまに私《わたし》の小説《しょうせつ》『風《かぜ》と共《とも》に去《さ》りぬ』は出版《しゅっぱん》されました。そして、現在《げんざい》までに3000万部《まんぶ》以上《いじょう》を売《う》りあげているそうです。上《うえ》に出《で》ていることばは、小説《しょうせつ》の主人《しゅじん》公《こう》スカーレット・オハラが物語《ものがたり》の最後《さいご》でいうセリフです。愛《あい》する人《ひと》たちをすべて失《うしな》い、絶望《ぜつぼう》の底《そこ》にあったスカーレットは、けれど、顔《かお》をあげ、明日《あす》という未知《みち》の未《み》来《らい》へ、一歩《いっぽ》ふみだします。この不屈《ふくつ》の姿《すがた》が、人々《ひとびと》の心《こころ》をつかんだのでしょう。

11月8日の偉人

文化

この日《ひ》に生《う》まれた有名人《ゆうめいじん》

ロベール・エスノー・ペルトリ（飛行機設計者《ひこうきせっけいしゃ》）／ヘルマン・ロールシャッハ（精神分析医《せいしんぶんせきい》）
アラン・ドロン（俳優《はいゆう》）／岸本斉史《きしもとまさし》（漫画家《まんがか》）／坂口憲二《さかぐちけんじ》（俳優《はいゆう》）

伝染病《でんせんびょう》の研究《けんきゅう》に命《いのち》をささげた

野口英世《のぐちひでよ》

（1876〜1928年　日本）

忍耐《にんたい》は苦《にが》い。しかし、その実《み》はあまい。

11月 9日 の偉人

医学

今《いま》からおよそ140年前《ねんまえ》、私《わたし》は福島《ふくしま》県磐梯山《けんばんだいさん》のふもとに生《う》まれました。家《いえ》はまずしい農家《のうか》でした。まだよちよち歩《ある》きのころ、母親《ははおや》が農作業《のうさぎょう》に出《で》ているあいだに、私《わたし》はいろりに落《お》ちて、左手《ひだりて》に大《おお》やけどをしてしまいます。命《いのち》にもかかわるような大《おお》やけどで、左手《ひだりて》は指同士《ゆびどうし》がくっついて、ひらけなくなりました。学校《がっこう》にいけば、クラスの子《こ》たちにそれをからかわれました。からかわれるのがいやで、私《わたし》はちょくちょく学校《がっこう》をずる休《やす》みするようになったのですが、「手《て》が悪《わる》くても、頭《あたま》は悪《わる》くないでしょう」と母《はは》にはげまされ、それからは勉強《べんきょう》にはげんだのです。

そして、16歳《さい》のとき、先生《せんせい》や仲間《なかま》が少《すこ》しずつお金《かね》を出《だ》しあって、左手《ひだりて》の手術《しゅじゅつ》をさせてくれました。やけどでくっついてしまっていた指《ゆび》がはなれたとき、医学《いがく》のすばらしさを感《かん》じた私《わたし》は、医者《いしゃ》になることを決意《けつい》したのです。

その後《ご》、一生懸命勉強《いっしょうけんめいべんきょう》したおかげで医《い》者《しゃ》になることができました。医者《いしゃ》になってからは、アメリカの研究所《けんきゅうじょ》で細菌《さいきん》の研《けん》究《きゅう》にとりくみました。私《わたし》は寝《ね》るまもおしんで、研究《けんきゅう》をしました。そして、病気《びょうき》の原因《げんいん》になる細菌《さいきん》をたくさん発見《はっけん》することができたのです。

でも、私《わたし》はもっと人《ひと》の役《やく》に立《た》つ研究《けんきゅう》がしたかった。そこで、南《みなみ》アメリカとアフリカで大流行《だいりゅうこう》していた黄熱病《おうねつびょう》について研《けん》究《きゅう》することにしたのです。黄熱病《おうねつびょう》というのは、蚊《か》がウイルスを運《はこ》ぶことによってうつる伝染病《でんせんびょう》で、うつると、半分《はんぶん》くらいの人《ひと》が死《し》んでしまう、おそろしい病気《びょうき》です。病気《びょうき》を研究《けんきゅう》するためには、病気《びょうき》のもとになる菌《きん》がたくさんある場所《ばしょ》にいかなければいけません。私《わたし》は当時《とうじ》、あまり医《い》者《しゃ》もいっていなかったアフリカへいくことを決《き》めました。そして、アフリカで研《けん》究《きゅう》を進《すす》めているときに、黄熱病《おうねつびょう》にかかり、命《いのち》を落《お》としたのです。志《こころざし》なかばでたおれてしまったことはとても残念《ざんねん》でしたが、それでも少《すこ》しは人《ひと》の役《やく》に立《た》てた人生《じんせい》だったのではないか——私《わたし》はそう思《おも》っています。

この日《ひ》に生《う》まれた有名人《ゆうめいじん》

ムハンマド・イクバール（詩人《しじん》・思想家《しそうか》）／カール・セーガン（天文学者《てんもんがくしゃ》）／梅沢富美男《うめざわとみお》（俳優《はいゆう》）／加瀬亮《かせりょう》（俳優《はいゆう》）／アレッサンドロ・デル・ピエロ（サッカー選手《せんしゅ》）

民衆《みんしゅう》の手《て》に神《かみ》さまをとりもどした

マルティン・ルター

（1483～1546年　ドイツ）

たとえ明日世界《あすせかい》が滅亡《めつぼう》しようとも、
私《わたし》はリンゴの木《き》を植《う》えよう。

11月 10日 の偉人

思想

私《わたし》は今《いま》から500年《ねん》以上前《いじょうまえ》のドイツで生《う》まれました。父《ちち》は銅山《どうざん》で働《はたら》く労働者《ろうどうしゃ》でしたが、子《こ》どもにはえらくなってほしいと考《かんが》えていて、私《わたし》は法律家《ほうりつか》になるべく、大学《だいがく》にかよっていました。ところがあるとき、私《わたし》は、旅《たび》のとちゅうで雷《かみなり》にうたれてしまいます。その瞬間《しゅんかん》、私《わたし》は地面《じめん》にたおれ、気《き》を失《うしな》いながらも「神《かみ》さま、どうか私《わたし》を生《い》かしてください！　生《い》かしてくださるなら、すぐ修道士《しゅうどうし》になります」と祈《いの》りました。こうして救《すく》われた私《わたし》は、誓《ちか》いどおり修道士《しゅうどうし》となり、神《かみ》につかえるようになったのです。

私《わたし》は修道院《しゅうどういん》に入《はい》って、修行《しゅぎょう》にはげみました。自分《じぶん》が神《かみ》さまの恵《めぐ》みをうける資格《しかく》があるのか、とても悩《なや》んだこともありました。でも、神《かみ》さまはどんな者《もの》でも、信《しん》じる者《もの》を愛《あい》してくれるのだとさとったのです。そんなふうに修行《しゅぎょう》にはげむうちに、教会《きょうかい》のやっていることに、疑問《ぎもん》をもつようになりました。当時《とうじ》、教会《きょうかい》は「免償符《めんしょうふ》」というものをつくり、それを買《か》えば、おかした罪《つみ》の償《つぐな》いをゆるされて、神《かみ》に救《すく》われるとしていました。たくさんの免償符《めんしょうふ》が売《う》られ、教会《きょうかい》はそれでお金《かね》をえていたのです。

紙切《かみき》れ1枚買《まいか》っただけで神《かみ》に救《すく》われるなんておかしいと思《おも》った私《わたし》は、免償符《めんしょうふ》の制度《せいど》はおかしいということと、神《かみ》の前《まえ》にすべての人《ひと》は平等《びょうどう》で、お金《かね》や見《み》せかけの努力《どりょく》とは関係《かんけい》なく、神《かみ》さまの恵《めぐ》みと愛《あい》によってのみ救《すく》われるということを「95か条《じょう》の意見書《いけんしょ》」にまとめて、教会《きょうかい》の壁《かべ》にはりだしました。このおこないで、私《わたし》は教《きょう》会《かい》から破門《はもん》されました。

でも、私《わたし》はへこたれませんでした。そして、聖書《せいしょ》の翻訳《ほんやく》にとりかかったのです。聖書《せいしょ》を誰《だれ》でも読《よ》めるものにしたかったからです。私《わたし》が翻訳《ほんやく》した聖書《せいしょ》は、民衆《みんしゅう》に熱《ねっ》狂的《きょうてき》にうけいれられ、その後《ご》ずっと、読《よ》みつがれていきました。この新《あたら》しい動《うご》きは、ヨーロッパ全体《ぜんたい》に伝《つた》わり、「宗教改《しゅうきょうかい》革《かく》」として、歴史《れきし》にきざまれることになったのです。

この日《ひ》に生《う》まれた有名人《ゆうめいじん》

藤沢武夫《ふじさわたけお》（本田技研工業創業者《ほんだぎけんこうぎょうそうぎょうしゃ》）／糸井重里《いといしげさと》（コピーライター）
マイク・パウエル（陸上選手《りくじょうせんしゅ》）／伊藤一朗《いとういちろう》《ELT》（ミュージシャン）／ウォンビン（俳優《はいゆう》）

軍人《ぐんじん》としての誇《ほこ》りと責任《せきにん》をつらぬいた

乃木希典《のぎまれすけ》

（1849〜1912年　日本）

恥《はじ》を知《し》れ。道《みち》にはずれたことをして恥《はじ》を知《し》らない者《もの》は、けだものに劣《おと》る。

わしは江戸《えど》時代《じだい》の終《お》わりに、長州藩《ちょうしゅうはん》（今《いま》の山口県《やまぐちけん》）の藩士《はんし》の家《いえ》に生《う》まれた。藩《はん》の学校《がっこう》で、武術《ぶじゅつ》や学問《がくもん》を学《まな》び、江戸幕府《えどばくふ》が長州《ちょうしゅう》に攻《せ》めいってきたときは、幕府《ばくふ》軍相手《ぐんあいて》に活躍《かつやく》したものだ。その後《ご》は、フランス式兵法《しきへいほう》の訓練《くんれん》をうけ、軍人《ぐんじん》ひとすじでいくことになった。

明治《めいじ》という時代《じだい》になったときに、新《あたら》しい政府《せいふ》の軍隊《ぐんたい》に入《はい》り、すぐに少佐《しょうさ》になった。新政府《しんせいふ》の軍人《ぐんじん》として、わしがまず戦《たたか》ったのは、西南戦争《せいなんせんそう》だった。あのときは、敵軍《てきぐん》におされ、わが隊《たい》の旗手《きしゅ》を殺《ころ》されたうえに、軍旗《ぐんき》をうばわれてしまったのだ。だいじな軍旗《ぐんき》をうばわれ、わしは責任《せきにん》をとって死《し》んでしまおうかとも思《おも》ったほどだ。しかし、そんな思《おも》いとは裏腹《うらはら》に、わしはゆるされ、昇進《しょうしん》までしてしもうた。

その後《ご》、清《しん》（今《いま》の中国《ちゅうごく》）という国《くに》と戦《せん》争《そう》したときは、たった1日《にち》で敵《てき》の要塞《ようさい》（交通《こうつう》の上《うえ》でだいじな場所《ばしょ》につくられる軍《ぐん》の基地《きち》）を攻《せ》めおとし、たいそうほめられた。そして、ロシアと戦争《せんそう》がおこったときは、司令官《しれいかん》になった。清《しん》との戦争《せんそう》で攻《せ》めいった要塞《ようさい》と同《おな》じところをまた攻《せ》めることになったのだが、今度《こんど》は攻《せ》めおとすのに半年近《はんとしちか》い歳月《さいげつ》がかかり、なんと6万人《まんにん》もの死傷者《ししょうしゃ》を出《だ》してしまった。わしのふたりの子《こ》も、この戦《たたか》いで死《し》んでしもうた。

ロシアとの戦争《せんそう》が終《お》わったあと、ロシアの兵士《へいし》を手《て》あつくあつかったわしは、日本《にほん》の人《ひと》たちからも、外国《がいこく》の人《ひと》たちからも、英雄《えいゆう》としてたたえられたのだが、わしにとってはつらいだけだった。

大将《たいしょう》たるもの、兵士《へいし》たちとともにあらねばならん。わしは天皇《てんのう》に、多《おお》くの兵士《へいし》を死《し》なせてしまった責任《せきにん》をとりたいとお願《ねが》いしたのだが、天皇《てんのう》は「今《いま》は死《し》ぬときではない。どうしてもというなら、私《わたし》がこの世《よ》を去《さ》ったときにしなさい」といわれてしまった。わしはじっさい、明治天皇《めいじてんのう》が亡《な》くなられたとき、妻《つま》とともに天皇《てんのう》のあとを追《お》って殉死《じゅんし》したのだ。わしは、軍旗《ぐんき》を失《うしな》ったあのときから、ずっと死《し》に場所《ばしょ》をさがしていたのかもしれんな。

この日《ひ》に生《う》まれた有名人《ゆうめいじん》

養老孟司《ようろうたけし》（解剖学者《かいぼうがくしゃ》）／デミ・ムーア（女優《じょゆう》）／レオナルド・ディカプリオ（俳優《はいゆう》）
大畑大介《おおはただいすけ》（ラグビー選手《せんしゅ》）／手越祐也《てごしゆうや》《NEWS》（タレント）

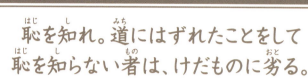

新《あたら》しい彫刻《ちょうこく》の世界《せかい》を切《き》りひらいた

オーギュスト・ロダン

（1840〜1917年　フランス）

深《ふか》く、おそろしく真実《しんじつ》を語《かた》る者《もの》であれ。

11月12日の偉人

芸術

私《わたし》は、小《ちい》さいころからとても目《め》が悪《わる》くて、小学校《しょうがっこう》でも黒板《こくばん》の字《じ》が見《み》えないほどでした。だから、勉強《べんきょう》についていくことができなくてね。そんなときに、絵《え》に出会《であ》ったんです。絵《え》を描《か》くのはとても楽《たの》しくて、勉強《べんきょう》とちがって、描《か》けば描《か》くほど、どんどんうまくなれたのです。私《わたし》は、どこでも、いつでも、なんでも、絵《え》にするようになりました。そのころから、将来《しょうらい》は、芸術《げいじゅつ》をやってみたいと思《おも》っていました。

ですから、17歳《さい》のとき、国立美術学校《こくりつびじゅつがっこう》に入《はい》りたいと思《おも》って、入学試験《にゅうがくしけん》をうけたのですが、失敗《しっぱい》してしまいました。何回《なんかい》か挑戦《ちょうせん》したのですが、ダメでした。でも私《わたし》は、芸術《げいじゅつ》の道《みち》をすてきれず、彫刻家《ちょうこくか》の弟子《でし》になって、勉強《べんきょう》をつづけました。もちろん、それでは生活《せいかつ》はできませんでしたから、装飾《そうしょく》の仕事《しごと》をしていましたけどね。ちょうどそのころ、フランスはすごい勢《いきお》いで街《まち》づくりが進《すす》んでいて、りっぱな建築物《けんちくぶつ》をつくる仕事《しごと》がたくさんあったのです。昼間《ひるま》は働《はたら》いて、夜《よる》、作品《さくひん》づくりにとりくむという生活《せいかつ》でした。

装飾《そうしょく》の仕事《しごと》でベルギーにいっていた帰《かえ》りに、昔《むかし》からあこがれていたイタリアによりました。そこで、ミケランジェロの彫刻《ちょうこく》を見《み》て、私《わたし》は心《こころ》をゆさぶられました。ああ、私《わたし》も自分《じぶん》にしかできない作品《さくひん》をつくりたい！　それから、私《わたし》は自分《じぶん》の彫刻《ちょうこく》というものに、真剣《しんけん》にとりくむようになったのです。

そして1877年《ねん》、「青銅時代《せいどうじだい》」という彫刻作品《ちょうこくさくひん》を発表《はっぴょう》しました。ねんどをこね、指《ゆび》で肉《にく》づけしていく方法《ほうほう》で、びみょうな筋肉《きんにく》の動《うご》きを表現《ひょうげん》したのです。彫刻《ちょうこく》があまりにリアルだったので、直接《ちょくせつ》、人《ひと》の体《からだ》から型《かた》をとったのではないかと問題《もんだい》になったほどでした。私《わたし》の作品《さくひん》でいちばん有名《ゆうめい》なのは「考《かんが》える人《ひと》」でしょう。あれは、じつは「考《かんが》えている」のではなくて「見《み》ている」のです。「地獄《じごく》の門《もん》」という大作《たいさく》の一部《いちぶ》で、罪人《ざいにん》たちが地獄《じごく》へ落《お》ちていくようすを上《うえ》からながめているものなんですよ。

この日《ひ》に生《う》まれた有名人《ゆうめいじん》

安徳天皇《あんとくてんのう》（第《だい》81代天皇《だいてんのう》）／ジャック・シャルル（物理学者《ぶつりがくしゃ》）／グレース・ケリー（モナコ大公妃《たいこうひ》）／ミヒャエル・エンデ（児童文学作家《じどうぶんがくさっか》）／アン・ハサウェイ（女優《じょゆう》）

宝《たから》の地図《ちず》を描《えが》いて空想《くうそう》の世界《せかい》を広《ひろ》げた

ロバート・ルイス・スティーヴンソン

（1850〜1894年　イギリス）

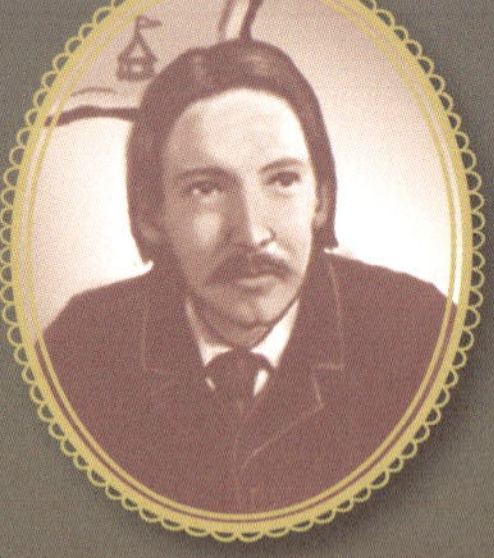

どれだけ収穫《しゅうかく》したかでその日《ひ》を判断《はんだん》するな。どれだけ種《たね》をまいたかで判断《はんだん》せよ。

私《わたし》は今《いま》から170年《ねん》ほど前《まえ》に、イギリスの北《きた》のほうで生《う》まれました。父《ちち》は灯台《とうだい》を設計《せっけい》する仕事《しごと》をしていて、私《わたし》はいちおうあととりだったのですが、灯台《とうだい》をつくることにまったく興味《きょうみ》をもてませんでした。大学《だいがく》では最初《さいしょ》、灯台《とうだい》を設計《せっけい》するために工学《こうがく》を勉強《べんきょう》させられていたのですが、どうしてもそれがいやで、とちゅうで法学科《ほうがくか》へ移《うつ》ったのです。といっても、卒業《そつぎょう》後《ご》、法律家《ほうりつか》になったわけではありません。

じつは、大学《だいがく》の夏休《なつやす》みにフランスへ旅《たび》したときに、小説家《しょうせつか》や画家《がか》など、ものをつくっている人《ひと》たちにたくさん会《あ》って、話《はなし》をするうちに、自分《じぶん》も物語《ものがたり》を書《か》くということに興味《きょうみ》をもつようになっていたのです。私《わたし》は、冒険物語《ぼうけんものがたり》が書《か》きたかったのです。小《ち》さいころから体《からだ》が弱《よわ》かったので、冒険《ぼうけん》にあこがれがあったのかもしれません。

大学《だいがく》を出《で》てからは、肺《はい》の病気《びょうき》をやわらげようとヨーロッパの暖《あたた》かい地域《ちいき》を旅《たび》しながら旅行記《りょこうき》を書《か》いて、はじめて本《ほん》を出《だ》しました。それから、本格的《ほんかくてき》に文章《ぶんしょう》を書《か》く仕事《しごと》をするようになっていったのです。

私《わたし》の代表作《だいひょうさく》といえば、なんといっても『宝島《たからじま》』でしょう。海賊《かいぞく》が大西洋《たいせいよう》の無人《むじん》島《とう》にかくした財宝《ざいほう》を、少年《しょうねん》たちが宝《たから》の地《ち》図《ず》だけをたよりにさがしにいく物語《ものがたり》です。あるとき、小《ち》さな息子《むすこ》にたのまれて、空《くう》想《そう》で島《しま》の地図《ちず》を描《か》いたことがありましてね、その地図《ちず》を見《み》ているうちに、この物《もの》語《がたり》が生《う》まれたのです。『宝島《たからじま》』は、世界《せかい》じゅうで大《だい》ベストセラーとなり、私《わたし》はたちまち有名作家《ゆうめいさっか》になりました。

冒険《ぼうけん》ものではない物語《ものがたり》もたくさん書《か》いたのですよ。中《なか》でも『ジキル博士《はかせ》とハイド氏《し》』というちょっとこわい物語《ものがたり》は、『宝島《たからじま》』に匹敵《ひってき》するほどの代表作《だいひょうさく》になっています。どの物語《ものがたり》を読《よ》んでも、空想《くうそう》の世界《せかい》がどんどん広《ひろ》がっていくと思《おも》います。それこそ、私《わたし》がやりたかったことなのです。

11月
13日
の偉人

文化

この日《ひ》に生《う》まれた有名人《ゆうめいじん》

足利義昭《あしかがよしあき》（室町幕府《むろまちばくふ》第《だい》15代将軍《だいしょうぐん》）／岸信介《きしのぶすけ》（第《だい》56・57代内閣総理大臣《だいないかくそうりだいじん》）
ウーピー・ゴールドバーグ（女優《じょゆう》）／木村拓哉《きむらたくや》《SMAP》（タレント）／倖田來未《こうだくみ》（歌手《かしゅ》）

光《ひかり》と色彩《しきさい》をあやつった画家《がか》

クロード・モネ

（1840〜1926年　フランス）

人《ひと》は私《わたし》の作品《さくひん》について議論《ぎろん》し、理解《りかい》したふりをする。
私《わたし》の作品《さくひん》はただ愛《あい》するだけでよいのに。

　私《わたし》は、フランスの貿易商《ぼうえきしょう》の子《こ》として生《う》まれました。小学校《しょうがっこう》に入《はい》ってからは、学《がっ》校《こう》があまり好《す》きではありませんでした。教室《きょうしつ》のような暗《くら》くてせまいところにいるより、外《そと》にいるほうが好《す》きな子《こ》どもだったのです。でも、絵《え》を描《か》くのは好《す》きで、授業中《じゅぎょうちゅう》も教科書《きょうかしょ》のあいているところによく絵《え》を描《か》いていました。先生《せんせい》の似顔絵《にがおえ》なんかもずいぶん描《か》きましたね。

　10代《だい》になってからは、町《まち》の人《ひと》たちの似《に》顔絵《がおえ》をたくさん描《か》きました。町《まち》では評判《ひょうばん》で、私《わたし》はちょっとした有名人《ゆうめいじん》だったのです。その評判《ひょうばん》をきいた画家《がか》が、やがて私《わたし》のところにたずねてきました。戸外《こがい》で風《ふう》景《けい》を見《み》ながら絵《え》を描《か》く画家《がか》で、私《わたし》はその人《ひと》から、外《そと》に出《で》て太陽《たいよう》の光《ひかり》の中《なか》で絵《え》を描《か》くことを教《おそ》わったのです。

　19歳《さい》のときに、パリに出《で》て、学校《がっこう》や画《が》家《か》のアトリエで学《まな》びながら本格的《ほんかくてき》に絵《え》を描《か》きはじめました。私《わたし》は、物《もの》や人物《じんぶつ》を正《せい》確《かく》に描《か》きうつすのではなく、自分《じぶん》がうける印象《いんしょう》を描《か》こうとしました。物《もの》の本来《ほんらい》の色《いろ》ではなく、光《ひかり》の中《なか》で見《み》える色《いろ》を大切《たいせつ》にしました。光《ひかり》の効果《こうか》を研究《けんきゅう》して、一瞬《いっしゅん》のかがやきが生《う》むびみょうな色彩《しきさい》を表現《ひょうげん》しようとしたのです。そして、1874年《ねん》にパリで、ルノアールなど仲間《なかま》の画家《がか》といっしょに展覧会《てんらんかい》をひらき、「印象《いんしょう》・日《ひ》の出《で》」というタイトルの絵《え》を出品《しゅっぴん》しました。私《わたし》の絵《え》は、そのとき活躍《かつやく》していた画《が》家《か》や批評家《ひひょうか》たちからこきおろされました。ある批評家《ひひょうか》は私《わたし》の作品《さくひん》のタイトルをとって、私《わたし》や仲間《なかま》の画家《がか》のことを「印象派《いんしょうは》」とよんで笑《わら》いものにしたのです。

　私《わたし》たちは笑《わら》いものにされても、展覧会《てんらんかい》をひらきつづけました。すると、そのうち、私《わたし》たちの絵《え》をいいといってくれる人《ひと》たちが出《で》てきて、その数《かず》はどんどんふえていったのです。今《いま》では、印象派《いんしょうは》の絵《え》はとても人気《にんき》があり、世界《せかい》じゅうで愛《あい》されています。人《ひと》の評価《ひょうか》など、あてにならないものなのですよ。

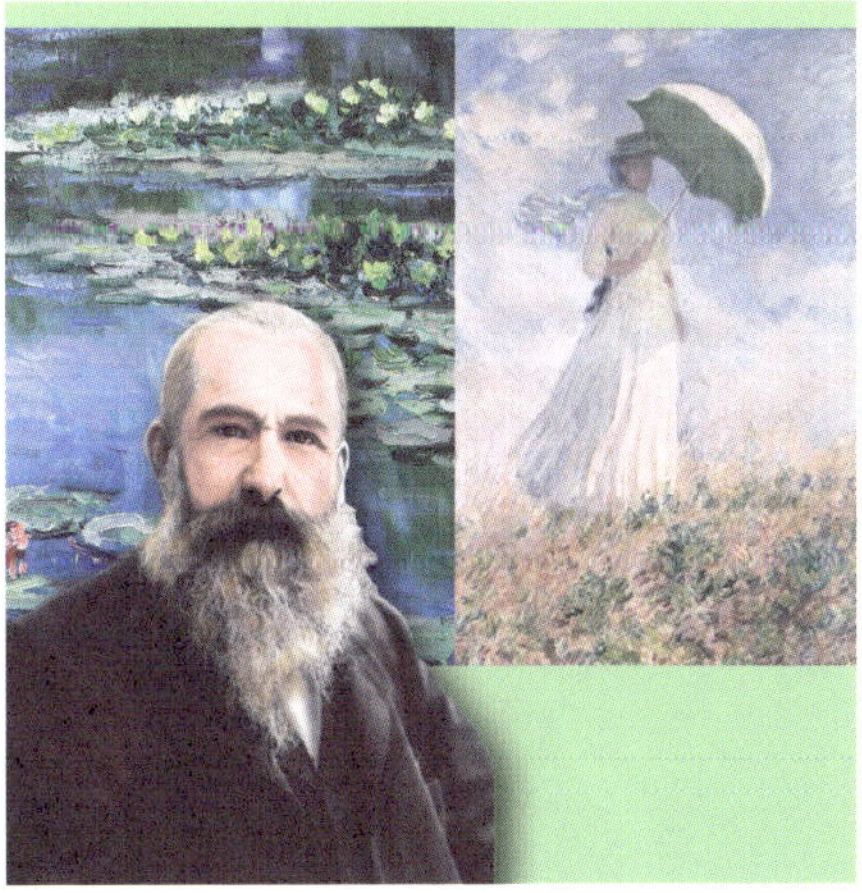

11月
14日
の偉人

芸術

この日《ひ》に生《う》まれた有名人《ゆうめいじん》

ロバート・フルトン（発明家《はつめいか》）／ジャワハルラール・ネルー（初代《しょだい》インド首相《しゅしょう》）／アストリッド・リンドグレーン（児童文学作家《じどうぶんがくさっか》）／力道山《りきどうざん》（力士《りきし》・プロレスラー）／チャールズ（イギリス皇太子《こうたいし》）

時代《じだい》の扉《とびら》をおしあけた革命児《かくめいじ》

坂本龍馬《さかもとりょうま》

（1836～1867年　日本）

世《よ》の中《なか》の人《ひと》はなんとでもいうがいい。私《わたし》がすることは、私《わたし》だけが知《し》っている。

わしは江戸時代《えどじだい》の終《お》わりに、土佐藩《とさはん》（今《いま》の高知県《こうちけん》）の大《おお》きな商家《しょうか》で生《う》まれた。5人兄姉《にんきょうだい》の末《すえ》っ子《こ》でな、小《ちい》さいころは人《ひと》一倍弱虫《いちばいよわむし》だった。10歳《さい》になってもおねしょをしていて、よく泣《な》いていたから、「坂本《さかもと》の泣《な》き虫《むし》、夜《よる》ばあ（おねしょ）たれ」といわれて、よくからかわれていた。しかし、14歳《さい》で剣術《けんじゅつ》を始《はじ》めてからは、どんどん強《つよ》くなってな、江戸《えど》にいって、もっと修行《しゅぎょう》をつむことにしたのだ。

19歳《さい》で江戸《えど》に出《で》たわしは、ちょうど、アメリカからやってきた黒船《くろふね》を目撃《もくげき》した。ばかでかさにおどろいたよ。きけば、日《に》本《ほん》に国《くに》をひらいて外国《がいこく》と交流《こうりゅう》するよう、おどしにやってきたという。日本《にほん》のために、あんな黒船《くろふね》や外国《がいこく》はやっつけねばならん。そのとき、わしはそう思《おも》っていた。だから、開国《かいこく》をせよといっていた幕府《ばくふ》の役人《やくにん》、勝海舟《かつかいしゅう》をきりにいったのだ。だが、はじめて勝先生《かつせんせい》と会《あ》って話《はなし》をしてみたら、それがおもしろいのなんの。日本《にほん》の外《そと》の世界《せかい》をよく知《し》っている勝先生《かつせんせい》にいろいろ教《おし》えてもらって、わしは考《かんが》えを変《か》えた。日本《にほん》の外《そと》に広《ひろ》がる「世界《せかい》」というものがはじめて見《み》えたのだ。

その後《ご》、わしは勝先生《かつせんせい》のひきいる海軍《かいぐん》訓練学校《くんれんがっこう》で、船《ふね》のことや海軍《かいぐん》のことを学《まな》んだ。そして、新《あたら》しい世《よ》の中《なか》はどうあるべきか、自分《じぶん》なりに考《かんが》えるようになった。世《よ》の中《なか》は、尊王攘夷《そんのうじょうい》（天皇《てんのう》をリーダーにした政府《せいふ》をつくり、外国《がいこく》をうちはらうという考《かんが》え）をめざす志士《しし》であふれていたが、わしの考《かんが》えはちっとちがった。だが、新《あたら》しい日本《にほん》をつくるためには、古《ふる》くさい考《かんが》え方《かた》しかできず、身分《みぶん》の上下《じょうげ》にこだわるような幕府《ばくふ》はたおすしかないと考《かんが》えた。だから、わしは関係《かんけい》の悪《わる》かった薩摩藩《さつまはん》と長州藩《ちょうしゅうはん》（今《いま》の鹿児島県《かごしまけん》と山口県《やまぐちけん》）の仲《なか》をとりもち、薩長同盟《さっちょうどうめい》を成功《せいこう》させ、新《あたら》しい政府《せいふ》をつくることに力《ちから》をそそいだのだ。まわりが倒幕《とうばく》・尊王攘夷《そんのうじょうい》しか考《かんが》えていない中《なか》で、わしはどういう政府《せいふ》ができれば、みんなが幸《しあわ》せになるかをいつも考《かんが》えていた。日本《にほん》の明《あか》るい未来《みらい》を夢見《ゆめみ》て、そして、それを信《しん》じていたのだよ。

11月
15日
の偉人

政治

この日《ひ》に生《う》まれた有名人《ゆうめいじん》

ウィリアム・ハーシェル（天文学者《てんもんがくしゃ》）／歌川国芳《うたがわくによし》（浮世絵師《うきよえし》）／ジョージア・オキーフ（画家《がか》）
芦田均《あしだひとし》（第47代内閣総理大臣《だいないかくそうりだいじん》）／エルヴィン・ロンメル（軍人《ぐんじん》）

高《たか》く美《うつく》しい理想《りそう》をもちつづけた才人《さいじん》

北村透谷《きたむらとうこく》

（1868～1894年　日本）

熱意《ねつい》は力《ちから》だ。かならずめざすところまで
ひっぱっていってくれる引力《いんりょく》のようなものだ。

私《わたし》は、政治家《せいじか》になることを夢見《ゆめみ》て、政《せい》治《じ》を学《まな》んでいました。当時《とうじ》は、国民《こくみん》にこそ国《くに》を動《うご》かす権利《けんり》があると主張《しゅちょう》する自由《じゆう》民権運動《みんけんうんどう》がおこなわれていました。私《わたし》もそのような考《かんが》えをもっていましたから、その運動《うんどう》に参加《さんか》したのです。

ですが、運動《うんどう》にいきづまりを感《かん》じていた一部《いちぶ》の人《ひと》たちが、韓国《かんこく》にわたって、そこで自分《じぶん》たちの政府《せいふ》をつくろうという計《けい》画《かく》を立《た》て、その資金《しきん》を集《あつ》めるために、強《ごう》盗《とう》をしようとしたのです。私《わたし》も強盗《ごうとう》にさそわれましたが、悩《なや》んだすえ、ことわりました。自分《じぶん》が正《ただ》しいと信《しん》じることのためとはいえ、強盗《ごうとう》という手段《しゅだん》はゆるされるものではありません。

このことをきっかけに、私《わたし》は運動《うんどう》から遠《とお》ざかりました。けれど、自分《じぶん》が信《しん》じてとりくんでいた運動《うんどう》をとちゅうでほうりだしたことは、ずっと心《こころ》のおもりになったのです。

それからの私《わたし》は、政治《せいじ》からもはなれ、文芸《ぶんげい》の世界《せかい》に進《すす》みました。人間《にんげん》や人生《じんせい》について深《ふか》く考《かんが》え、それを詩《し》や評論《ひょうろん》などの文章《ぶんしょう》にしていったのです。

私《わたし》の文章《ぶんしょう》は、早《はや》くから注目《ちゅうもく》されました。『女学雑誌《じょがくざっし》』に発表《はっぴょう》した評論《ひょうろん》「厭世詩家《えんせいしか》と女性《じょせい》」の最初《さいしょ》の文章《ぶんしょう》「恋愛《れんあい》は人世《じんせい》の秘《ひ》鑰《やく》なり」（鑰《やく》は鍵《かぎ》という意味《いみ》）に、若者《わかもの》たちはおどろき、共感《きょうかん》し、そして喜《よろこ》びました。そうして私《わたし》はいっきに、若者《わかもの》のカリスマになっていったのです。

その後《ご》は、島崎藤村《しまざきとうそん》たちと雑誌《ざっし》『文学《ぶんがく》界《かい》』を出《だ》して、精神《せいしん》の自由《じゆう》を主張《しゅちょう》した評《ひょう》論《ろん》を発表《はっぴょう》したり、平和運動《へいわうんどう》にもとりくみました。けれど、自分《じぶん》が理想《りそう》とする社会《しゃかい》や人間《にんげん》の姿《すがた》と、じっさいの社会《しゃかい》や人間《にんげん》の姿《すがた》があまりにちがうことに、だんだんたえられなくなって、心《こころ》がこわれていきました。そして、ついに私《わたし》は自分《じぶん》の命《いのち》をたってしまいます。25歳《さい》のときでした。でもその後《ご》、私《わたし》の考《かんが》えは本《ほん》をとおして、さまざまな時代《じだい》の若者《わかもの》たちに読《よ》まれ、そして引《ひ》きつがれていったのです。

11月
16日
の偉人

文化

この日《ひ》に生《う》まれた有名人《ゆうめいじん》

ティベリウス（第《だい》2代《だい》ローマ皇帝《こうてい》）／まど・みちお（詩人《しじん》）／オール巨人《きょじん》《オール阪神《はんしん》・巨人《きょじん》》（漫才師《まんざいし》）／宮本茂《みやもとしげる》（ゲームクリエイター）／小島《こじま》よしお（お笑《わら》い芸人《げいにん》）

修理工《しゅうりこう》から世界的大企業《せかいてきだいきぎょう》の社長《しゃちょう》となった

本《ほん》田《だ》宗《そう》一《いち》郎《ろう》

（1906～1991年　日本）

やってみもせんで、なにがわかる！

私《わたし》は、静岡県《しずおかけん》の小《ちい》さな村《むら》で生《う》まれました。父《ちち》は鍛冶屋《かじや》をしていて、小《ちい》さいときからよく仕事《しごと》を手伝《てつだ》っていたものです。15歳《さい》で高等小学校《こうとうしょうがっこう》を卒業《そつぎょう》すると、東京《とうきょう》に出《で》て、自動車《じどうしゃ》の修理工場《しゅうりこうじょう》に見習《みなら》い工《こう》として雇《やと》ってもらいました。そこで6年間《ねんかん》、つらく苦《くる》しい修行《しゅぎょう》をして、22歳《さい》で独立《どくりつ》。ふるさとの浜松《はままつ》にもどって、自分《じぶん》の自動《じどう》車修理工場《しゃしゅうりこうじょう》を始《はじ》めたのです。

当時《とうじ》、自動車《じどうしゃ》の修理《しゅうり》ができる工場《こうじょう》は少《すく》なかったので、私《わたし》の工場《こうじょう》は大繁盛《だいはんじょう》しました。そのうち、私《わたし》は自分《じぶん》の工場《こうじょう》で、部品《ぶひん》をつくりたいと思《おも》うようになりました。そのころの車《くるま》は輸入車《ゆにゅうしゃ》ばかりで、一度故《いちどこ》障《しょう》すると海外《かいがい》から部品《ぶひん》をとりよせなければならなかったのです。

さっそく部品《ぶひん》づくりにとりかかりましたが、まったくうまくいきませんでした。

私《わたし》はそもそも高《たか》い教育《きょういく》をうけたことがなかったので、やはりちゃんとした学校《がっこう》で理論《りろん》を学《まな》ばないとダメなのかと思《おも》いました。そこで、浜松高等工業機械科《はままつこうとうこうぎょうきかいか》（今《いま》の静岡大学工学科《しずおかだいがくこうがくか》）に入《はい》って、勉強《べんきょう》を始《はじ》めたのです。

2年《ねん》ほど通学《つうがく》しましたが、部品《ぶひん》をつくるのに必要《ひつよう》な講義《こうぎ》はほとんどありませんでした。試験《しけん》もうけなかったので、学校《がっこう》側《がわ》から「試験《しけん》をうけないものに免状《めんじょう》はやれない」といわれました。だから、いってやったんです。「免状《めんじょう》をもらいに学校《がっこう》に来《き》ているわけじゃない」とね。数年後《すうねんご》、部品《ぶひん》づくりに成功《せいこう》して、私《わたし》の会社《かいしゃ》は修理《しゅうり》工場《こうじょう》ではなく、モノづくりをするメーカーになりました。

そして、１９４８年《ねん》ついに「本田技《ほんだぎ》研工業《けんこうぎょう》」を設立《せつりつ》し、自動車《じどうしゃ》にとっていちばん大切《たいせつ》なエンジンをつくりはじめます。

さらに、オートバイや自動車《じどうしゃ》の生産《せいさん》にもとりかかりました。私《わたし》は、他社《たしゃ》のまねをせず、自分《じぶん》たちの手《て》で世界一《せかいいち》になることをめざしました。自動車《じどうしゃ》レースの最高峰《さいこうほう》Ｆ１にも挑戦《ちょうせん》し、数々《かずかず》のドラマを残《のこ》しました。そうやってつねに挑戦《ちょうせん》をくりかえし、世界《せかい》の「ＨＯＮＤＡ」としての地位《ちい》を確立《かくりつ》していったのです。

11月17日の偉人

社会

この日《ひ》に生《う》まれた有名人《ゆうめいじん》

アウグスト・フェルディナント・メビウス（数学者《すうがくしゃ》）／イサム・ノグチ（彫刻家《ちょうこくか》）
納谷悟朗《なやごろう》（声優《せいゆう》）／内田裕也《うちだゆうや》（ミュージシャン）／亀田興毅《かめだこうき》（プロボクサー）

ドイツに独自《どくじ》のオペラの花《はな》をさかせた

カール・マリア・フォン・ウェーバー

（1786～1826年　ドイツ）

音楽《おんがく》は愛《あい》そのものだ。なによりも純粋《じゅんすい》で、空気《くうき》のようなことばなのだ。

11月18日の偉人

芸術

私《わたし》は、楽団《がくだん》の楽長《がくちょう》である父《ちち》と、オペラ歌手《かしゅ》の母《はは》のもとに生《う》まれ、音楽《おんがく》をとても身近《みぢか》に感《かん》じながら育《そだ》ちました。父《ちち》は楽団《がくだん》といっしょに、さまざまな国《くに》を演奏《えんそう》してまわっていました。父《ちち》の演奏旅行《えんそうりょこう》には、幼《おさな》かった私《わたし》もついていって、各国《かっこく》の劇場《げきじょう》で音楽《おんがく》やオペラにふれ、親《した》しみました。しばらくすると、私《わたし》は音楽《おんがく》の才能《さいのう》を見《み》せはじめたのだそうです。それに気《き》づいた父《ちち》は、私《わたし》の才能《さいのう》をのばそうと、それぞれの国《くに》で有名《ゆうめい》な音楽家《おんがくか》の先生《せんせい》に習《なら》わせてくれたので、私《わたし》は音楽《おんがく》をどんどん吸収《きゅうしゅう》していきました。

そんなふうに、とてもいい教育《きょういく》をうけることができた私《わたし》は、わずか12歳《さい》で『6つのフーガ』という曲《きょく》をつくりました。また14歳《さい》のときには、オペラ『森《もり》の娘《むすめ》』を書《か》き、上演《じょうえん》もされたのです。その後《ご》もたくさんのオペラを作曲《さっきょく》し、歌劇場《かげきじょう》のオーケストラの指揮者《しきしゃ》にも抜擢《ばってき》されました。けれど、私《わたし》にはひとつ、引《ひ》っかかっていたことがありました。というのも、そのころ上演《じょうえん》されていたオペラは、イタリアからきたものが多《おお》く、ドイツ人《じん》のためのものではなかったのです。ドイツ語《ご》によるドイツ人《じん》のためのオペラをつくれないだろうか……私《わたし》はずっとそのことを考《かんが》えていたのです。

そして、その思《おも》いを『魔弾《まだん》の射手《しゃしゅ》』というオペラにつぎこんで完成《かんせい》させました。『魔弾《まだん》の射手《しゃしゅ》』は、はじめてのドイツ語《ご》のオペラです。ドイツの森《もり》を舞台《ぶたい》にした狩人《かりゅうど》の物語《ものがたり》のこのオペラは、ドイツの文《ぶん》化《か》や民族性《みんぞくせい》をよくあらわしていて、ベルリンではじめて上演《じょうえん》したときは、ドイツの人《ひと》たちに大絶賛《だいぜっさん》されました。そして、ドイツ・オペラの発展《はってん》に大《おお》きな影響《えいきょう》をあたえたのです。

そうそう、みなさんはオーケストラを指揮《しき》する人《ひと》が、棒《ぼう》をふりまわしているのを見《み》たことがあるでしょう？　あのような形《かたち》の指揮棒《しきぼう》を広《ひろ》めたのは私《わたし》なのです。それまで、指揮棒《しきぼう》は杖《つえ》のような形《かたち》をしていて、それを床《ゆか》にどんどんついて拍子《ひょうし》をとっていたのですよ。

この日《ひ》に生《う》まれた有名人《ゆうめいじん》

古賀政男《こがまさお》（作曲家《さっきょくか》）／森進一《もりしんいち》（歌手《かしゅ》）／渡辺満里奈《わたなべまりな》（タレント）
東尾理子《ひがしおりこ》（プロゴルファー）／岡田准一《おかだじゅんいち》《V6》（タレント）

映画《えいが》の主人公《しゅじんこう》になった探検家《たんけんか》

ハイラム・ビンガム

（1875〜1956年　アメリカ）

とつぜんあらわれたおとぎ話《ばなし》の中《なか》のような光景《こうけい》に、息《いき》が止《と》まった。

みんなは、『インディ・ジョーンズ』という映画《えいが》を見《み》たことがあるかな。インディアナ・ジョーンズという博士《はかせ》が、古《ふる》くからある秘宝《ひほう》を求《もと》めて世界《せかい》をかけめぐる冒険《ぼうけん》をするお話《はなし》だ。私《わたし》は、そのインディアナ・ジョーンズのモデルになったといわれている探検家《たんけんか》なんだよ。

私《わたし》が探検家《たんけんか》として名《な》を残《のこ》せたのは、南米《なんべい》ペルーにある「マチュ・ピチュ」という遺跡《いせき》を発見《はっけん》したからなんだ。マチュ・ピチュというのは、古代《こだい》インカ帝国《ていこく》の遺跡《いせき》だ。古代《こだい》インカ帝国《ていこく》というのは、ペルーのあたりに、1400年代《ねんだい》にあった巨大《きょだい》な国《くに》で、アンデス文明《ぶんめい》を発展《はってん》させたんだ。アンデス文明《ぶんめい》には文字《もじ》がないので、遺跡《いせき》がどこにあるのかとか、なんのための建物《たてもの》かなどは、よくわからないんだよ。

私《わたし》がはじめてマチュ・ピチュを見《み》つけたときのことは、今《いま》でもよくおぼえている。あのとき、私《わたし》はインカ帝国《ていこく》の古《ふる》い道《みち》をたどっていたんだ。ある村《むら》によったとき、ひとりの農民《のうみん》が、近《ちか》くの山《やま》（かれはそれを「マチュ・ピチュ＝古《ふる》い山《やま》」とよんだ）のとても高《たか》いところに、大《おお》きな遺跡《いせき》のようなものがあるよ、と教《おし》えてくれた。

よく日《じつ》、さっそく私《わたし》は農民《のうみん》に案内《あんない》してもらって、くねくねした山道《やまみち》をのぼっていった。2時間以上《じかんいじょう》はのぼったろうか。目《め》の前《まえ》にとつぜん、石造《いしづく》りの都市《とし》があらわれたんだ。それは、世界《せかい》でもっとも美《うつく》しい光景《こうけい》だった。

マチュ・ピチュの発見《はっけん》は、考古学界《こうこがっかい》最《さい》大《だい》の発見《はっけん》といわれた。考古学《こうこがく》は、昔《むかし》の人々《ひとびと》が残《のこ》したものを調《しら》べ、人類《じんるい》がどのように進化《しんか》してきたのかを研究《けんきゅう》する学問《がくもん》だ。古《ふる》いものを知《し》ることで、新《あたら》しいものが見《み》えてくる。そのひとつひとつの発見《はっけん》が、興奮《こうふん》とおどろきの連続《れんぞく》なんだ。自分《じぶん》で考《かんが》え、自分《じぶん》で道《みち》を切《き》りひらいていくのはとても大変《たいへん》なことだけれど、ワクワクする気持《きも》ちは、どんな困難《こんなん》にあっても「前《まえ》に進《すす》もう」という強《つよ》い力《ちから》をくれる。この気《き》持《も》ちがあったから、私《わたし》も世紀《せいき》の発見《はっけん》ができたんだよ。

11月
19日
の偉人

社会

この日《ひ》に生《う》まれた有名人《ゆうめいじん》

チャールズ1世《せい》（イギリス国王《こくおう》）／カルバン・クライン（ファッションデザイナー）
松任谷正隆《まつとうやまさたか》（音楽《おんがく》プロデューサー）／安藤優子《あんどうゆうこ》（キャスター）／メグ・ライアン（女優《じょゆう》）

宇宙《うちゅう》の謎《なぞ》のひとつを解明《かいめい》した

エドウィン・ハッブル

（1889～1953年　アメリカ）

五感《ごかん》を装備《そうび》して、人類《じんるい》は宇宙《うちゅう》を探検《たんけん》する
――その冒険《ぼうけん》を科学《かがく》という。

11月20日の偉人

科学

私《わたし》は今《いま》から130年《ねん》ほど前《まえ》、アメリカのミズーリ州《しゅう》で生《う》まれました。スポーツが好《す》きな活発《かっぱつ》な子《こ》どもでした。子《こ》どものころから近未来《きんみらい》を書《か》いたSF小説《しょうせつ》をよく読《よ》んでいました。いちばんのお気《き》に入《い》りは、ジュール・ヴェルヌの『海底《かいてい》2万《まん》マイル』でしたね。

大学《だいがく》では、天文学《てんもんがく》と数学《すうがく》を学《まな》んだのですが、その後《ご》、奨学金《しょうがくきん》をもらえることになったので、オックスフォード大学《だいがく》の法《ほう》学部《がくぶ》に進《すす》みました。大学《だいがく》を出《で》てからは、しばらく法律事務所《ほうりつじむしょ》につとめたり、高校《こうこう》で先生《せんせい》をしたりしていましたが、もう一《いち》度《ど》、天文学《てんもんがく》を学《まな》びたいと思《おも》いはじめたのです。

けっきょく、私《わたし》は大学院《だいがくいん》でまた天文学《てんもんがく》を学《まな》び、天文台《てんもんだい》で宇宙《うちゅう》の観察《かんさつ》と研究《けんきゅう》にとりくむようになりました。ちょうど、フッカー望遠鏡《ぼうえんきょう》という世界最大《せかいさいだい》の望遠鏡《ぼうえんきょう》ができたところで、私《わたし》がつとめることになった天文台《てんもんだい》に、その望遠鏡《ぼうえんきょう》があったのです。私《わたし》はフッカー望遠鏡《ぼうえんきょう》を使《つか》って観測《かんそく》し、それまで見《み》えなかったものをたくさん発《はっ》見《けん》しました。

まず、私《わたし》たちの地球《ちきゅう》がある天《あま》の川銀河《がわぎんが》の外《そと》にも、銀河《ぎんが》があるということを発見《はっけん》しました。アンドロメダ星雲《せいうん》は天《あま》の川銀《がわぎん》河系《がけい》からおよそ90万光年《まんこうねん》はなれているということ（これはのちに、250万光《まんこう》年《ねん》はなれていると修正《しゅうせい》されました）、だから、私《わたし》たちの銀河《ぎんが》とは別《べつ》の銀河《ぎんが》にあるということなども発見《はっけん》しました。光年《こうねん》というのは、光《ひかり》が1年《ねん》かけて進《すす》む距離《きょり》のことです。おおよそ、9・5兆《ちょう》キロメートルくらいです。

でも、私《わたし》のもっとも大《おお》きな発見《はっけん》は、「ハッブルの法則《ほうそく》」とよばれるものでしょう。これは、遠《とお》い銀河《ぎんが》ほど、速《はや》いスピードで地球《ちきゅう》から遠《とお》ざかっているという法則《ほうそく》です。地球《ちきゅう》から700万光年《まんこうねん》はなれている銀《ぎん》河《が》の観測《かんそく》をした結果《けっか》から、私《わたし》が発見《はっけん》したのです。この発見《はっけん》によって、宇宙全体《うちゅうぜんたい》が風船《ふうせん》のようにどんどんふくらんでいることがわかりました。そして、これが、のちのビッグバン理論《りろん》（宇宙《うちゅう》は最初《さいしょ》、爆発《ばくはつ》したようにふくらんで、今《いま》の形《かたち》になったという理論《りろん》）につながっていったのですよ。

この日《ひ》に生《う》まれた有名人《ゆうめいじん》

尾崎行雄《おざきゆきお》（政治家《せいじか》）／市川崑《いちかわこん》（映画監督《えいがかんとく》）／マイヤ・プリセツカヤ（バレエダンサー）
YOSHIKI《XJAPAN》（ミュージシャン）／小池栄子《こいけえいこ》（タレント）

一時代《いちじだい》をきずいた偉大《いだい》な思想家《しそうか》

ヴォルテール

（1694～1778年　フランス）

私《わたし》はあなたの意見《いけん》には反対《はんたい》だ。だが、あなたがそれを主張《しゅちょう》する権利《けんり》は、命《いのち》をかけて守《まも》る。

私《わたし》は今《いま》から３００年《ねん》以上前《いじょうまえ》に、フランスのパリで生《う》まれました。家《いえ》は裕福《ゆうふく》だったので、高《たか》い教育《きょういく》をうけさせてもらったのですが、すでに10歳《さい》のころから、私《わたし》は文才《ぶんさい》（文章《ぶんしょう》を書《か》く才能《さいのう》）があることを見《み》せていたそうです。

上級《じょうきゅう》の学校《がっこう》では、法律学《ほうりつがく》を学《まな》びましたが、文学《ぶんがく》、とくに詩《し》に熱中《ねっちゅう》しましてね。学校《がっこう》を出《で》たあとは、詩人《しじん》になることを決《き》めました。つぎつぎに詩《し》をつくっては発表《はっぴょう》しました。ところが、その中《なか》のひとつで、フランス政府《せいふ》を批判《ひはん》したら、そっこくつかまって、バスティーユ牢獄《ろうごく》に入《い》れられたのです。11か月《げつ》も、入《い》れられていたのですよ。

牢獄《ろうごく》を出《で》たあとは、お芝居用《しばいよう》の悲劇《ひげき》『オイディプス』を書《か》き、上演《じょうえん》したとたん、大評判になりました。けれど、ある有名《ゆうめい》な貴族《きぞく》とケンカしたことが原因《げんいん》で、またバスティーユ牢獄《ろうごく》に入《い》れられます。私《わたし》はフランスの政府《せいふ》や、権力《けんりょく》をかさにきてお金《かね》もうけに走《はし》っていた教会《きょうかい》を批判《ひはん》していたので、つかまえられる口実《こうじつ》があれば、なんでもよかったのでしょう。

今度《こんど》はすぐに釈放《しゃくほう》されたので、私《わたし》はイギリスにわたりました。イギリスでは民主主義《みんしゅしゅぎ》がおこなわれていて、議会《ぎかい》で政治《せいじ》をしていました。私《わたし》はその自由《じゆう》な制度《せいど》や文化《ぶんか》に感動《かんどう》し、『哲学書簡《てつがくしょかん》　またはイギリス便《だよ》り』という本《ほん》を書《か》きました。そして、まだ王《おう》さまや教会《きょうかい》が権力《けんりょく》をにぎっているフランスはイギリスにおとっていると、本《ほん》の中《なか》でいったのです。フランスに帰国後《きこくご》、その本《ほん》を発表《はっぴょう》したところ、政府《せいふ》や教会《きょうかい》、一部《いちぶ》の愛国者《あいこくしゃ》たちはカンカンに怒《おこ》りました。そして、私《わたし》はフランスから追放《ついほう》されました。

私《わたし》は、自由《じゆう》と権利《けんり》をもっとも大切《たいせつ》なものと考《かんが》えていました。でも、自由《じゆう》と権利《けんり》を守《まも》るのは大変《たいへん》なことなのです。それらを守《まも》りたいなら、自分《じぶん》の権利《けんり》を主張《しゅちょう》するだけではなく、他人《たにん》の権利《けんり》も守《まも》らなくてはいけません。それがわかっていない人《ひと》が多《おお》いのですけれどね。

11月
21日
の偉人

思想

この日《ひ》に生《う》まれた有名人《ゆうめいじん》

エドモンド・ハミルトン（SF作家《さっか》）／ヒクソン・グレイシー（格闘家《かくとうか》）
ビョーク（歌手《かしゅ》）／古賀稔彦《こがとしひこ》（柔道家《じゅうどうか》）／冨田洋之《とみたひろゆき》（体操選手《たいそうせんしゅ》）

フランスの誇《ほこ》りをつらぬいた大統領《だいとうりょう》

シャルル・ド・ゴール

（1890～1970年　フランス）

人《ひと》はなろうとした人物《じんぶつ》にしかなれない。

私《わたし》はフランスの貴族《きぞく》の家《いえ》に生《う》まれた。父《ちち》は歴史《れきし》の教授《きょうじゅ》だったので、私《わたし》は小《ち》さいころから、フランスの歴史《れきし》を直接《ちょくせつ》父《ちち》から教《おそ》わった。大《おお》きくなると、父《ちち》が書《か》いた歴《れき》史書《ししょ》を読《よ》んだりして、自然《しぜん》とフランスの歴史《れきし》に興味《きょうみ》をもつようになったのだ。それは同時《どうじ》に、フランスという国《くに》を誇《ほこ》りに思《おも》うことでもあった。私《わたし》は、国《くに》を守《まも》るような仕事《しごと》をしたいと思《おも》うようになっていった。そして体《からだ》がとても大《おお》きかったので（なにしろ、大人《おとな》になったときには2メートルも身長《しんちょう》があったのだぞ！）、軍隊《ぐんたい》に入《はい》ろうと決《き》めたのだ。

陸軍大学《りくぐんだいがく》を卒業《そつぎょう》し、第《だい》2次《じ》世界大戦《せかいたいせん》のときは、陸軍次官《りくぐんじかん》として戦《たたか》った。しかし、わがフランスは、ヒトラーひきいるナチスドイツ軍《ぐん》に占領《せんりょう》されてしまった。

フランスがヒトラーの手《て》に落《お》ちたあと、ドイツ支配《しはい》にどこまでも抵抗《ていこう》してやろうとした私《わたし》は、ロンドンにわたり、そこで「自由《じゆう》フランス民族会議《みんぞくかいぎ》」というグループを結成《けっせい》。抵抗運動《ていこううんどう》の指導者《しどうしゃ》となった。そして、ラジオを通《つう》じて、「諸君《しょくん》、フランスはまだ負《ま》けてはいない。なぜなら、私《わたし》がフランスだからだ」とフランス国民《こくみん》によびかけ、ドイツと戦《たたか》いつづけたのだ。

ついに、1944年《ねん》、フランスがドイツ軍《ぐん》から解放《かいほう》されると、臨時政府《りんじせいふ》の長《ちょう》となり、戦後《せんご》のフランスを立《た》てなおそうと、力《ちから》をつくした。努力《どりょく》がみのらなくて、政治《せいじ》の世界《せかい》から引退《いんたい》したこともあったのだが、その後《ご》、植民地《しょくみんち》だったアルジェリアで紛争《ふんそう》がおこってフランスが危機《きき》をむかえると、ふたたび立《た》ちあがり、フランス国民《こくみん》の支持《しじ》をえて、初代大統領《しょだいだいとうりょう》になった。そして、アルジェリアの反乱軍《はんらんぐん》をおさえて、アルジェリアの独立《どくりつ》をみとめることで、紛争《ふんそう》を解決《かいけつ》してみせた。

外交《がいこう》でも、私《わたし》はフランス流《りゅう》をつらぬいた。アメリカのような大国《たいこく》や、イギリスなどヨーロッパのほかの国《くに》のやり方《かた》をまねしようとしなかったし、かんたんに意《い》見《けん》に賛成《さんせい》したりもしなかった。私《わたし》はフランスの誇《ほこ》りをつらぬいたのだよ。

11月
22日
の偉人

政治

この日《ひ》に生《う》まれた有名人《ゆうめいじん》

ジョージ・エリオット（作家《さっか》）／岸朝子《きしあさこ》（食生活《しょくせいかつ》ジャーナリスト）
倍賞美津子《ばいしょうみつこ》（女優《じょゆう》）／aiko（ミュージシャン）／スカーレット・ヨハンソン（女優《じょゆう》）

巨大《きょだい》な帝国《ていこく》をつくりあげた王《おう》

オットー1世《せい》

（912〜973年　ドイツ）

相手《あいて》がもっているのは勇敢《ゆうかん》さだけだ。
われわれには神《かみ》の守護《しゅご》がある。

11月 23日 の偉人

政治

わしは、神聖《しんせい》ローマ帝国《ていこく》の初代皇帝《しょだいこうてい》である。神聖《しんせい》ローマ帝国《ていこく》というのは、1000年以上前《ねんいじょうまえ》に、今《いま》のドイツやオーストリアを中心《ちゅうしん》にしたあたりに広《ひろ》がっていた巨大《きょだい》な国《くに》だ。わしがきずきあげた帝国《ていこく》なのだよ。

わしは、東《ひがし》フランク王国《おうこく》の国王《こくおう》の長男《ちょうなん》として生《う》まれた。父《ちち》が亡《な》くなったあと、その座《ざ》を引《ひ》きついで国王《こくおう》となった。あとつぎだったから、当然《とうぜん》だ。だが、国《くに》の中《なか》ではいろいろあってな。まず、国王《こくおう》になるときも、弟《おとうと》がわしに反旗《はんき》をひるがえして、自分《じぶん》が王《おう》になろうとした。それに賛《さん》成《せい》した諸侯《しょこう》（それぞれの地域《ちいき》をおさめる大名《だいみょう》のようなもの）もいた。なんとか弟《おとうと》たちはおさえつけたものの、力《ちから》のある諸《しょ》侯《こう》はたくさんいたから、また、いつ反乱《はんらん》がおきるかわからない状態《じょうたい》だったのだよ。

だから、わしは、教会《きょうかい》を利用《りよう》することにした。教会《きょうかい》は国《くに》じゅうにあって、それぞれの地域《ちいき》でだいじな役割《やくわり》をしていたからな。わしは教会《きょうかい》を王《おう》のものとし、聖職《せいしょく》者《しゃ》たちを自分《じぶん》で任命《にんめい》するようにした。そして、聖職者《せいしょくしゃ》たちを政治《せいじ》に参加《さんか》させて、国《くに》づくりを進《すす》めていったのだ。このやり方《かた》はとてもうまくいった。

わしはまた、3回《かい》にわたってイタリア遠征《えんせい》をおこなった。イタリアでも、力《ちから》のある諸侯《しょこう》が王《おう》や教会《きょうかい》をおびやかしていて、助《たす》けを求《もと》められたのだ。わしは有力諸侯《ゆうりょくしょこう》をたおし、イタリア王《おう》になった。さらに、教会《きょうかい》を助《たす》けた礼《れい》として、当時《とうじ》キリスト教《きょう》でいちばんえらかった教皇《きょうこう》ヨハネス12世《せい》から「ローマ皇帝《こうてい》」の冠《かんむり》をさずけられたのだ。これが「神聖《しんせい》ローマ帝国《ていこく》」のはじまりだ。これによって、ドイツからイタリア中部《ちゅうぶ》にまたがる大帝国《だいていこく》が生《う》まれたのだ。はるか昔《むかし》のローマ帝国《ていこく》が、わしの力《ちから》によって復活《ふっかつ》したわけだ。だが、わしがつくったこの帝国《ていこく》もまたほろんでゆくことになる。ひとつの国《くに》が生《う》まれ、栄《さか》え、ほろんでゆく。歴史《れきし》はそのようにしてつくられてきたのだよ。

この日《ひ》に生《う》まれた有名人《ゆうめいじん》

ジョン・ウォリス（数学者《すうがくしゃ》）／ヨハネス・ファン・デル・ワールス（物理学者《ぶつりがくしゃ》）
田中邦衛《たなかくにえ》（俳優《はいゆう》）／十朱幸代《とあけゆきよ》（女優《じょゆう》）／士郎正宗《しろうまさむね》（漫画家《まんがか》）

神《かみ》に対《たい》して新《あたら》しい考《かんが》え方《かた》をしめした哲学者《てつがくしゃ》

バールーフ・デ・スピノザ

（1632〜1677年　オランダ）

できないと思《おも》うのは、やりたくないからだ。

私《わたし》は、ユダヤの商人《しょうにん》の子《こ》として生《う》まれました。ユダヤの教育《きょういく》をうけて育《そだ》ち、小《ちい》さいうちから勉強《べんきょう》がよくできたので、将来《しょうらい》はユダヤ教《きょう》の指導者《しどうしゃ》であるラビになることを期待《きたい》されていました。その後《ご》、ヨーロッパの思想《しそう》や自然科学《しぜんかがく》、数学《すうがく》を学《まな》びました。そのうち、私《わたし》は昔《むかし》からだいじにされてきたユダヤ教《きょう》の考《かんが》え方《かた》とはちがう考《かんが》え方《かた》をするようになったのです。

私《わたし》は、「自然《しぜん》こそがすなわち神《かみ》である」と考《かんが》えたのです。ここでいう自然《しぜん》というのは、木《き》や草花《くさばな》といった、せまい意味《いみ》の自然《しぜん》ではありません。私《わたし》たちのような人間《にんげん》など、この世《よ》の中《なか》にあるものすべてのことをさすのです。世界《せかい》そのものといってもいいでしょう。この考《かんが》え方《かた》は「汎神論《はんしんろん》」といわれています。

いっぽう、ユダヤ教《きょう》の考《かんが》え方《かた》はどういうものかというと、キリスト教《きょう》と同《おな》じように、「世界《せかい》は神《かみ》がつくった」というものです。ユダヤ教《きょう》を信《しん》じる人《ひと》たちにとって、私《わたし》の「世界《せかい》が神《かみ》そのもの」という考《かんが》え方《かた》は、うけいれられないものでした。私《わたし》の考《かんが》え方《かた》は「無神論《むしんろん》」だといわれて、私《わたし》はユダヤの社会《しゃかい》から追放《ついほう》されました。暗殺《あんさつ》されそうになったこともあるのですよ。

そのあとは、オランダのあちこちに移《うつ》りすみながら自分《じぶん》の考《かんが》えを本《ほん》にまとめていきました。生活費《せいかつひ》をかせぐために、レンズみがきをしながら、書《か》きつづけていました。ただ、本《ほん》を出《だ》しても出版禁止《しゅっぱんきんし》になってしまったので、15年《ねん》かけて書《か》きあげた代表作《だいひょうさく》『エチカ』をはじめ、ほとんどの著作《ちょさく》は、生《い》きているあいだには出《だ》せませんでした。けれど、私《わたし》の死後《しご》、友《とも》だちが出版《しゅっぱん》してくれて、私《わたし》の考《かんが》えを世《よ》の中《なか》に広《ひろ》めてくれたのです。そして、私《わたし》の考《かんが》えはのちの学者《がくしゃ》たちに大《おお》きな影響《えいきょう》をあたえ、私《わたし》も偉大《いだい》な哲学者《てつがくしゃ》のひとりとして数《かぞ》えられるようになったのです。

この日《ひ》に生《う》まれた有名人《ゆうめいじん》

フランシス・ホジソン・バーネット（児童文学作家《じどうぶんがくさっか》）／アンリ・ド・トゥールーズ・ロートレック（画家《がか》）／劉少奇《りゅうしょうき》（第《だい》2代中国国家主席《だいちゅうごくこっかしゅせき》）／湯浅卓《ゆあさたかし》（国際弁護士《こくさいべんごし》）／山本太郎《やまもとたろう》（政治家《せいじか》）

アメリカン・ドリームになった鉄鋼王《てっこうおう》

アンドリュー・カーネギー

(1835〜1919年　アメリカ)

チャンスに出会《であ》わない人間《にんげん》はひとりもいない。出会《であ》ったのに、それをチャンスにできなかっただけだ。

　私《わたし》は今《いま》から200年近《ねんちか》く前《まえ》、イギリスで生《う》まれました。父《ちち》は手織《てお》りの職人《しょくにん》でしたが、私《わたし》が生《う》まれたころには機械《きかい》による織物《おりもの》がさかんにおこなわれるようになっていたために、仕事《しごと》がどんどんへっていたのです。けっきょく、私《わたし》の家族《かぞく》はアメリカにわたることになりました。私《わたし》も13歳《さい》になっていたので、織物工場《おりものこうじょう》で働《はたら》きはじめました。週給《しゅうきゅう》は1ドル20セント（今《いま》の価値《かち》にすると、2800円《えん》くらい）でした。

　そのあと、電報局《でんぽうきょく》で電報《でんぽう》を配達《はいたつ》する仕事《しごと》や、電信《でんしん》を送《おく》る仕事《しごと》、ペンシルベニア鉄道《てつどう》の鉄道官《てつどうかん》の秘書《ひしょ》や電信技手《でんしんぎしゅ》など、いろいろな仕事《しごと》につきました。どこでも、あたえられた仕事《しごと》をするだけではなく、自分《じぶん》で工夫《くふう》して働《はたら》いたので、私《わたし》はどんどんまわりにみとめられ、階段《かいだん》をのぼるように、出世《しゅっせ》していきました。

　鉄道《てつどう》の仕事《しごと》をしていたある日《ひ》、川《かわ》にかかっていた木造《もくぞう》の橋《はし》が落《お》ちるという事故《じこ》がおきました。この事故《じこ》が、私《わたし》の人生《じんせい》を変《か》えたのです。木《き》でできた橋《はし》が落《お》ちるのを見《み》た私《わたし》は、これからは鉄《てつ》の橋《はし》が必要《ひつよう》になることを直感《ちょっかん》しました。橋《はし》だけじゃない、きっと鉄《てつ》はどんなところでも必要《ひつよう》となってくるだろうと。

　そこで、私《わたし》は会社《かいしゃ》をやめて独立《どくりつ》し、それまでにためたお金《かね》で、鉄《てつ》をつくる会社《かいしゃ》と鉄橋《てっきょう》をつくる会社《かいしゃ》をつくったのです。思《おも》ったとおり、その後《ご》、鉄《てつ》はどんどん必要《ひつよう》とされるようになりました。私《わたし》の事業《じぎょう》はあっというまに拡大《かくだい》し、私《わたし》は「アメリカの鉄鋼王《てっこうおう》」とよばれるまでになったのです。織物工場《おりものこうじょう》でただ糸巻《いとま》きを運《はこ》んでいただけの少年《しょうねん》が、鉄鋼王《てっこうおう》になれたのは、とにかく自分《じぶん》で考《かんが》えて仕事《しごと》をしたから、人《ひと》が見《み》ていないところで努力《どりょく》をおしまなかったからだと思《おも》います。がんばっていれば、かならず誰《だれ》かがみとめてくれます。そしてはそれがつぎのチャンスにつながるのですよ。

11月
25日
の偉人

社会

この日《ひ》に生《う》まれた有名人《ゆうめいじん》

カール・ベンツ（技術者《ぎじゅつしゃ》）／ジョー・ディマジオ（野球選手《やきゅうせんしゅ》）／塚地武雅《つかじむが》《ドランクドラゴン》（お笑《わら》い芸人《げいにん》）／椎名林檎《しいなりんご》（ミュージシャン）／太田雄貴《おおたゆうき》（フェンシング選手《せんしゅ》）

みんなが大好《だいす》きなスヌーピーの生《う》みの親《おや》

チャールズ・モンロー・シュルツ

（1922〜2000年　アメリカ）

人生《じんせい》はソフトクリームといっしょさ。なめてかかることをおぼえないとね。

私《わたし》は床屋《とこや》の家《いえ》に生《う》まれ、小《ちい》さいころから、よく店《みせ》にある新聞《しんぶん》や雑誌《ざっし》を読《よ》んでいました。とくに、新聞《しんぶん》にのっている4コマ漫画《まんが》が好《す》きで、毎日《まいにち》、父《ちち》ととりあいながら読《よ》んでいたものです。そのころから、将来《しょうらい》は漫画家《まんがか》になりたいと思《おも》っていたのです。

15歳《さい》のときに、家《いえ》でかっていた犬《いぬ》のスパイクの絵《え》を描《か》いて、新聞《しんぶん》に送《おく》ったら、その絵《え》が掲載《けいさい》されたんですよ。それはとても大《おお》きな自信《じしん》になりました。スパイクはとても変《か》わった犬《いぬ》で、カミソリの刃《は》とか画《が》ビョウとか、変《へん》なものを食《た》べてしまうんです。人間《にんげん》のことばをわかっているんじゃないかと思《おも》える瞬間《しゅんかん》なんかもあったりしました。この犬《いぬ》は、のちに私《わたし》の漫《まん》画《が》に出《で》てくる変《か》わった犬《いぬ》、スヌーピーのモデルになりました。

漫画家《まんがか》になろうと決《き》めた私《わたし》のために、両親《りょうしん》は、絵《え》の通信教育《つうしんきょういく》をうけさせてくれました。漫画《まんが》の作品《さくひん》を描《か》いては、新聞《しんぶん》や雑誌《ざっし》に送《おく》りましたが、どれも使《つか》ってはもらえませんでした。それでも、私《わたし》は、絵《え》の学校《がっこう》で先生《せんせい》をしたり、漫画家《まんがか》のアシスタントをしたりしながら、作品《さくひん》を描《か》きつづけました。そして、24歳《さい》のとき、地元《じもと》の新聞《しんぶん》に、週《しゅう》に1回《かい》、4コマ漫画《まんが》を連載《れんさい》することになりました。「リル・フォークス（小市民《しょうしみん》）」というタイトルの漫画《まんが》で、これがのちに有名《ゆうめい》になる『ピーナッツ』の原型《げんけい》です。

3年後《ねんご》、とうとう全国紙《ぜんこくし》8つで、『ピーナッツ』の連載《れんさい》が始《はじ》まりました。主人公《しゅじんこう》のチャーリー・ブラウンや、犬《いぬ》のスヌーピーをはじめとする個性的《こせいてき》なキャラクターたちは、すぐにアメリカじゅうで、そして世界《せかい》じゅうで親《した》しまれるようになりました。また、キャラクターたちのセリフにこめられた奥深《おくぶか》いメッセージは、子《こ》どもだけでなく大人《おとな》にも大好評《だいこうひょう》でした。

私《わたし》は、それから50年《ねん》ものあいだ、アシスタントも使《つか》わず、たったひとりで『ピーナッツ』を描《か》きつづけました。私《わたし》が亡《な》くなった日《ひ》のよく日《じつ》も、『ピーナッツ』は新聞《しんぶん》に掲載《けいさい》されました。それが、連載《れんさい》の最終回《さいしゅうかい》となったのです。

この日《ひ》に生《う》まれた有名人《ゆうめいじん》

アドルフ・ヴュルツ（化学者《かがくしゃ》）／オーレル・スタイン（探検家《たんけんか》）／ティナ・ターナー（歌手《かしゅ》）
2代目市川亀治郎《だいめいちかわかめじろう》（歌舞伎役者《かぶきやくしゃ》）／大野智《おおのさとし》《嵐《あらし》》（タレント）

小学校《しょうがっこう》中退《ちゅうたい》から世界的《せかいてき》大企業《だいきぎょう》創業者《そうぎょうしゃ》へ

松《まつ》下《した》幸《こう》之《の》助《すけ》

（1894～1989年　日本）

私《わたし》には3つの財産《ざいさん》がある。それは、学校《がっこう》へいかなかったこと、健康《けんこう》にすぐれなかったこと、決断《けつだん》に弱《よわ》かったことだ。だから、人《ひと》が教《おし》えてくれたり助《たす》けてくれたりして成功《せいこう》した。

私《わたし》は和歌山《わかやま》の農村《のうそん》の地主《じぬし》の家《いえ》に生《う》まれた。だが、小《ちい》さいころ、父《ちち》が事業《じぎょう》に失敗《しっぱい》し、私《わたし》も働《はたら》かなくてはいけなくなった。9歳《さい》で小学校《しょうがっこう》を中退《ちゅうたい》し、大阪《おおさか》のお店《みせ》で、住《す》みこみで働《はたら》くことになったのだ。大阪《おおさか》にむかう汽車《きしゃ》にひとりで乗《の》りこむ私《わたし》を見《み》送《おく》りにきた、涙《なみだ》をためた母《はは》の目《め》は今《いま》でも忘《わす》れられないよ。

大阪《おおさか》では、子守《こもり》から店《みせ》のそうじ、手伝《てつだ》いなど、なんでもやらされたね。小《ちい》さくてやわらかかった手《て》はすぐに、大人《おとな》のがんじょうな手《て》になった。そうやって朝《あさ》から晩《ばん》まで働《はたら》くうちに、私《わたし》は商売人《しょうばいにん》としての心得《こころえ》を学《まな》んでいったのだ。

そんな中《なか》、大阪《おおさか》に路面電車《ろめんでんしゃ》が走《はし》るようになった。はじめて電車《でんしゃ》を見《み》た私《わたし》はとても感動《かんどう》した。そして、これからは電気《でんき》の時代《じだい》がくると、確信《かくしん》したんだ。私《わたし》は一大《いちだい》決心《けっしん》をして、ずっとお世話《せわ》になっていた店《みせ》をやめ、大阪電灯《おおさかでんとう》で働《はたら》くことにした。それが、16歳《さい》のときだ。最初《さいしょ》はもちろん見習《みなら》いで、工事《こうじ》の手伝《てつだ》いをしていたが、すぐに仕事《しごと》をおぼえて、工事《こうじ》の責任者《せきにんしゃ》、検査官《けんさかん》と、出世《しゅっせ》していった。

仕事《しごと》は楽《たの》しかったが、しばらくすると、このままでいいのだろうかと思《おも》いはじめた。そんなとき、「将来《しょうらい》は、自分《じぶん》で事業《じぎょう》を立《た》ちあげろ」といっていた父《ちち》のことばを思《おも》い出《だ》したんだ。私《わたし》は22歳《さい》で会社《かいしゃ》をやめ、せまいアパートの部屋《へや》を工場《こうじょう》にして、電気製品《でんきせいひん》の部品《ぶひん》をつくりはじめた。苦労《くろう》してつくった部品《ぶひん》は、最初《さいしょ》はまったく売《う》れなかった。手伝《てつだ》ってくれていた友人《ゆうじん》もつぎつぎにやめていった。けれど、そのうち、「松下《まつした》のところは新《あたら》しくて工夫《くふう》された部品《ぶひん》をつくっている」と評判《ひょうばん》になり、注文《ちゅうもん》がふえていったのだ。

その後《ご》は、家庭用電化製品《かていようでんかせいひん》を中心《ちゅうしん》に、つぎつぎに新《あたら》しい製品《せいひん》をつくり、事業《じぎょう》をどんどん広《ひろ》げていった。そして、松下電《まつしたでん》器器具製作所《ききぐせいさくしょ》（Panasonic）は、世界的《せかいてき》な企業《きぎょう》になった。これも幼《おさな》いころから、たくさんの経験《けいけん》の中《なか》で、知恵《ちえ》を身《み》につけてこられたから――私《わたし》はそう思《おも》う。

11月
27日
の偉人

社会

この日《ひ》に生《う》まれた有名人《ゆうめいじん》

ブルース・リー（俳優《はいゆう》・武道家《ぶどうか》）／ジミ・ヘンドリックス（ギタリスト）
村田兆治《むらたちょうじ》（野球選手《やきゅうせんしゅ》）／石原恒和《いしはらつねかず》（ゲームクリエイター）／浅野忠信《あさのただのぶ》（俳優《はいゆう》）

誰《だれ》もが平等《びょうどう》で幸《しあわ》せにくらせる社会《しゃかい》を夢見《ゆめみ》た

フリードリヒ・エンゲルス

（1820〜1895年　ドイツ）

サルとヒト、その群《む》れをわけるのは、労働《ろうどう》である。

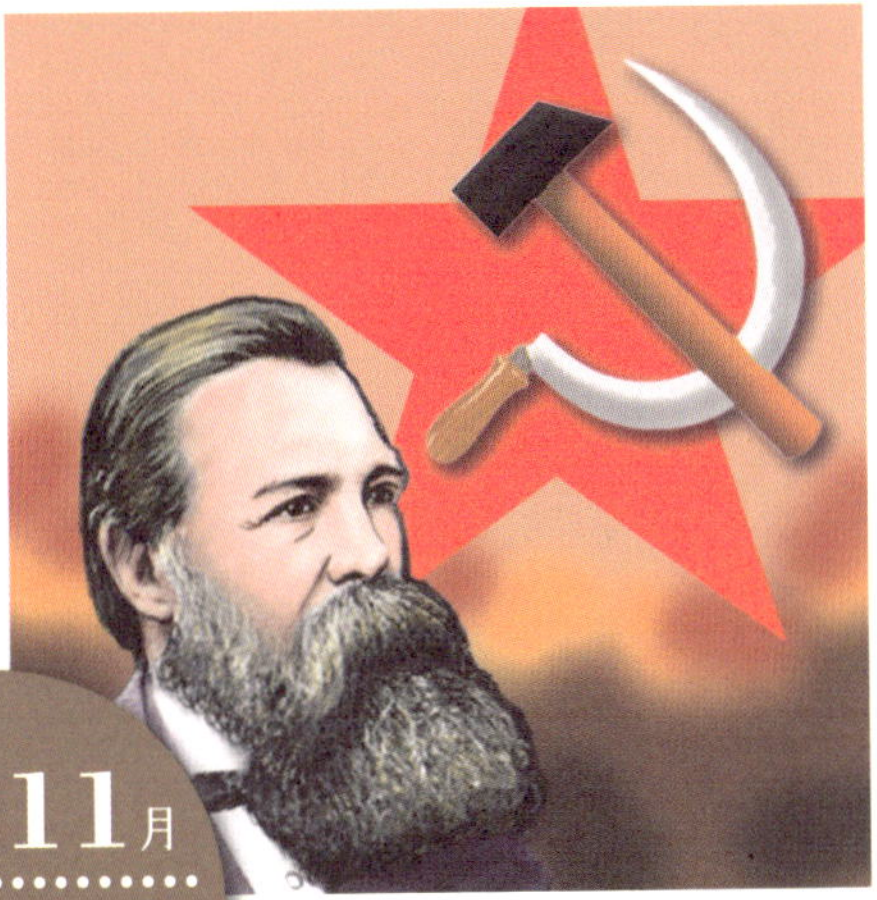

11月28日の偉人

思想

みなさんは、どうして同《おな》じ人間《にんげん》なのにお金持《かねも》ちや貧乏人《びんぼうにん》がいるのか、考《かんが》えたことがありますか？　社会《しゃかい》には、自分《じぶん》ではなにもしていないのに、ぜいたくなくらしをしている人《ひと》もいれば、朝早《あさはや》くから夜《よる》おそくまで汗《あせ》を流《なが》して一生懸命働《いっしょうけんめいはたら》いているのにまずしい人《ひと》もいます。私《わたし》は同《おな》じ考《かんが》えをもっていた親友《しんゆう》のカール・マルクスとともに、一生懸命働《いっしょうけんめいはたら》いても、苦《くる》しい生活《せいかつ》をしなければいけない人《ひと》たちを救《すく》いたい、そうした人《ひと》がいない社会《しゃかい》をつくりたいと考《かんが》え、世《よ》の中《なか》にそれを訴《うった》えつづけました。

私《わたし》はドイツで生《う》まれました。父《ちち》は織物《おりもの》工場《こうじょう》を経営《けいえい》していて、ゆくゆくは私《わたし》に工《こう》場《じょう》をつがせるつもりだったので、私《わたし》は高《こう》校《こう》を中退《ちゅうたい》して、父《ちち》の手伝《てつだ》いをするようになりました。その中《なか》で、父《ちち》が共同経営《きょうどうけいえい》していたイギリスの綿工場《めんこうじょう》にいくことになったのです。その工場《こうじょう》はマンチェスターという場所《ばしょ》にあり、あたりには、貧民街《ひんみんがい》が広《ひろ》がっていました。貧民街《ひんみんがい》の人々《ひとびと》のくらしを見《み》て、私《わたし》は大《おお》きなショックをうけました。働《はたら》く環境《かんきょう》の悪《わる》さ、長時間《ちょうじかん》の労働《ろうどう》、食《た》べるものさえ満足《まんぞく》にない生活《せいかつ》……なにより衝撃《しょうげき》をうけたのは、小《ちい》さな子《こ》どもまで働《はたら》かされていることでした。これを見《み》すごしてはいけない。そう思《おも》った私《わたし》は、そのころ出会《であ》ったカール・マルクスといっしょに、労働者《ろうどうしゃ》のための社会《しゃかい》をつくる運動《うんどう》を始《はじ》めたのです。

私《わたし》たちの考《かんが》えは、土地《とち》や原料《げんりょう》、機械《きかい》など、なにかをつくるために必要《ひつよう》なものはすべて国《くに》が管理《かんり》して、人々《ひとびと》に平等《びょうどう》に使《つか》わせればよいというものでした。そうすれば、金持《かねも》ちがそういうものを独占《どくせん》して、ほかの人《ひと》を安《やす》い給料《きゅうりょう》で働《はたら》かせるようなことはおこりません。この考《かんが》えは社会主《しゃかいしゅ》義《ぎ》・共産主義《きょうさんしゅぎ》とよばれ、多《おお》くの政府《せいふ》から嫌《きら》われました。私《わたし》たちもヨーロッパのさまざまな国《くに》から追放《ついほう》されました。でも、私《わたし》たちは平等《びょうどう》な社会《しゃかい》をつくることをめざして、意見《いけん》をいいつづけたのです。私《わたし》たちのめざした社会《しゃかい》は実現《じつげん》しませんでしたが、その考《かんが》えは今《いま》でも世《よ》の中《なか》に大《おお》きな影《えい》響《きょう》をあたえているのですよ。

この日《ひ》に生《う》まれた有名人《ゆうめいじん》

宇野千代《うのちよ》（作家《さっか》）／クロード・レヴィ・ストロース（文化人類学者《ぶんかじんるいがくしゃ》）／松平健《まつだいらけん》（俳優《はいゆう》）／松木安太郎《まつきやすたろう》（サッカー選手《せんしゅ》・監督《かんとく》・解説者《かいせつしゃ》）／松雪泰子《まつゆきやすこ》（女優《じょゆう》）

左手《ひだりて》を使《つか》って重要《じゅうよう》な法則《ほうそく》を見《み》つけた科学者《かがくしゃ》

ジョン・アンブローズ・フレミング

（1849～1945年　イギリス）

発明《はつめい》は生《う》まれながらの天才《てんさい》が生《う》みだすものと考《かんが》えがちだけれど、教育《きょういく》や社会《しゃかい》のようすが大《おお》きな影響《えいきょう》をあたえているのだ。

私《わたし》は、電気《でんき》や磁力《じりょく》の研究《けんきゅう》をして、さまざまな発見《はっけん》をした物理学者《ぶつりがくしゃ》です。イギリスの北部《ほくぶ》で、私《わたし》は牧師《ぼくし》の息子《むすこ》として生《う》まれました。10歳《さい》になるまで、学校《がっこう》にはいかずに、家《いえ》で母《はは》から勉強《べんきょう》を教《おし》えてもらっていました。そのころの私《わたし》のいちばんの教科書《きょうかしょ》は、"The Child's Guide to Knowledge"という本《ほん》で、暗記《あんき》できるほど読《よ》みこんでいました。大人《おとな》になってからも、その本《ほん》からえた知識《ちしき》をひろうするほどだったのですよ。

学校教育《がっこうきょういく》をうけるようになってからは、数学《すうがく》と物理《ぶつり》に興味《きょうみ》をもち、大学《だいがく》でも、数学《すうがく》と物理《ぶつり》と化学《かがく》を学《まな》びました。卒業後《そつぎょうご》は、大学《だいがく》で教師《きょうし》の仕事《しごと》をしながら研究《けんきゅう》をつづけました。

おもに研究《けんきゅう》したのは、電気《でんき》について、それから磁力《じりょく》についてです。実験《じっけん》をくりかえすうちに、磁界《じかい》の中《なか》を流《なが》れる電流《でんりゅう》は、一定《いってい》の方向《ほうこう》に力《ちから》をうけることを発見《はっけん》しました。さらに、この力《ちから》の方向《ほうこう》をかんたんに知《し》る方法《ほうほう》として、左手《ひだりて》を使《つか》うことを考《かんが》えだしたのです。それは、左手《ひだりて》の親指《おやゆび》、人《ひと》さし指《ゆび》、中指《なかゆび》を使《つか》う方法《ほうほう》です。この3本《ぼん》の指《ゆび》をたがいに直角《ちょっかく》にひらいたとき、中指《なかゆび》を電流《でんりゅう》が流《なが》れる方向《ほうこう》、人《ひと》さし指《ゆび》を磁界《じかい》の方向《ほうこう》とすると、電流《でんりゅう》が流《なが》れているものは親指《おやゆび》のしめす向《む》きに力《ちから》をうけるのです。この法則《ほうそく》は、私《わたし》の名《な》をとって「フレミングの左手《ひだりて》の法則《ほうそく》」とよばれています。これはだいじな法則《ほうそく》なので、みなさんも、中学校《ちゅうがっこう》の理科《りか》で、かならず勉強《べんきょう》することになると思《おも》いますよ。

私《わたし》はまた、電気《でんき》を一方向《いちほうこう》にだけ流《なが》す装置《そうち》――2極真空管《きょくしんくうかん》を発明《はつめい》しました。これは、今《いま》ではダイオードとよばれている装置《そうち》で、ラジオやレーダー、のちにはテレビなどの部品《ぶひん》として使《つか》われています。ラジオやテレビなど、今《いま》ではあるのがあたりまえですが、どれも私《わたし》のような科学者《かがくしゃ》が、失敗《しっぱい》をくりかえしながら少《すこ》しずつ電気《でんき》のしくみを研究《けんきゅう》した成果《せいか》なのです。この先《さき》、いったいどんなことが発見《はっけん》・発明《はつめい》されるのでしょうか。それは未来《みらい》をつくるみなさんにかかっているのですよ。

11月
29日
の偉人

科学

この日《ひ》に生《う》まれた有名人《ゆうめいじん》

クリスチャン・ドップラー（物理学者《ぶつりがくしゃ》）／勝新太郎《かつしんたろう》（俳優《はいゆう》）
ジャック・シラク（第《だい》5代《だい》フランス大統領《だいとうりょう》）／舛添要一《ますぞえよういち》（政治家《せいじか》）／尾崎豊《おざきゆたか》（ミュージシャン）

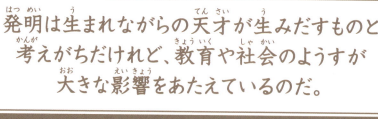

アメリカの宝《たから》とよばれた作家《さっか》

マーク・トウェイン

（1835〜1910年　アメリカ）

人類《じんるい》にはとても効果的《こうかてき》な武器《ぶき》がひとつある——それは笑《わら》いだ。

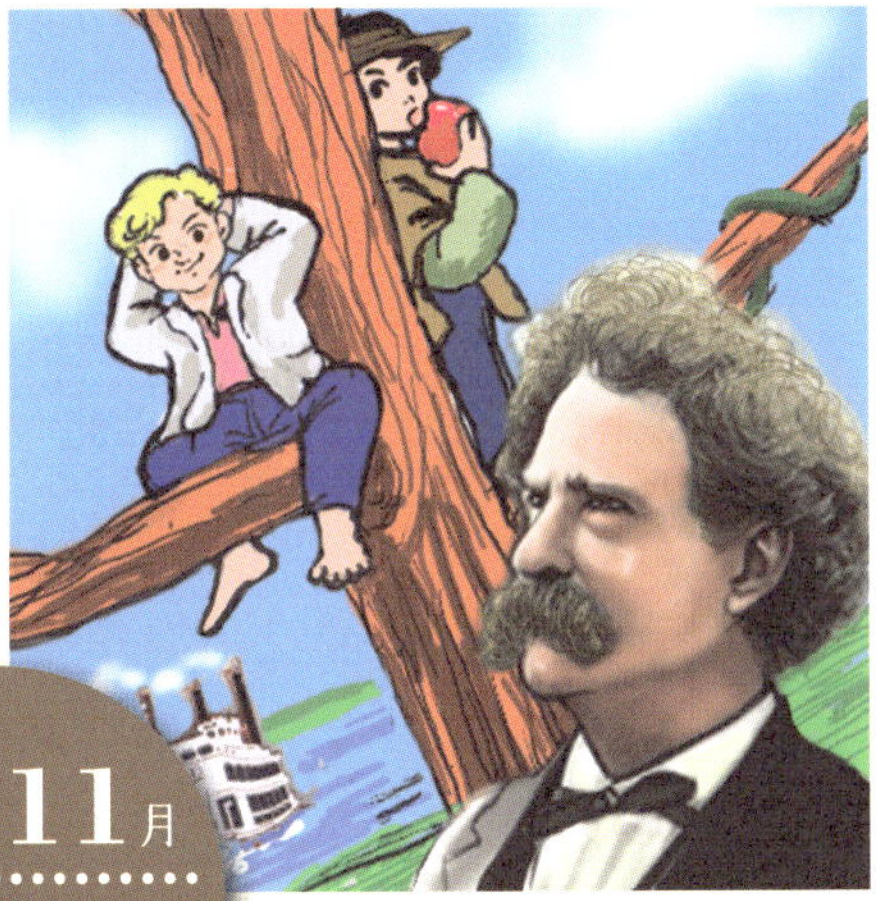

私《わたし》の本名《ほんみょう》は、サミュエル・ラングストーン・クレメンズ。マーク・トウェインというのは、物語《ものがたり》を書《か》くときのペンネームだ。マーク・トウェインというのは、水深《すいしん》2ファゾム（およそ3・6メートル）という意味《いみ》で、蒸気船《じょうきせん》がとおれる、最低《さいてい》の水《みず》の深《ふか》さのことなんだ。

私《わたし》は4歳《さい》から17歳《さい》まで、ミシシッピ川《がわ》のほとりの町《まち》でくらした。毎日川《まいにちかわ》をいく蒸気船《じょうきせん》のゆうゆうとした姿《すがた》、はきだされる蒸気《じょうき》の音《おと》や、汽笛《きてき》、いそがしそうにしている商人《しょうにん》たち……そういうものにかこまれてくらしていた。とてもにぎやかで、楽《たの》しい町《まち》だった。そのかわりに、暴力《ぼうりょく》ざたもよくおこっていたがね。

12歳《さい》のとき、父《ちち》を亡《な》くしたために、学《がっ》校《こう》をやめて働《はたら》くようになった。印刷工《いんさつこう》をしたり、兄《あに》がやっていた新聞社《しんぶんしゃ》を手伝《てつだ》ったりしたんだ。だが、21歳《さい》のとき、ついに子《こ》どものころからの夢《ゆめ》をかなえた。蒸《じょう》気船《きせん》の水先案内人《みずさきあんないにん》の試験《しけん》に合格《ごうかく》して、案《あん》内人《ないにん》として船《ふね》に乗《の》ることができるようになったんだ。だが、その仕事《しごと》は長《なが》くつづけられなかった。南北戦争《なんぼくせんそう》がおこって、船《ふね》の航行《こうこう》がへってしまったので、案内人《あんないにん》の仕事《しごと》がなくなってしまったのさ。

しかたないので、私《わたし》は新聞社《しんぶんしゃ》で記者《きしゃ》として働《はたら》くことにした。マーク・トウェインというペンネームを使《つか》いはじめたのはこのころだ。記者《きしゃ》として、地中海《ちちゅうかい》を5か月《げつ》ほど旅《たび》しながら書《か》いた旅行記《りょこうき》を新聞《しんぶん》に連載《れんさい》したら、すごい人気《にんき》になってね。あとで本《ほん》にして出版《しゅっぱん》したら、大《だい》ベストセラーになった。こうして私《わたし》は、作家《さっか》の道《みち》に進《すす》むことになったんだ。

もっとも有名《ゆうめい》な私《わたし》の作品《さくひん》といえば、少《しょう》年時代《ねんじだい》をなつかしんで書《か》いた『トム・ソーヤーの冒険《ぼうけん》』や、その続編《ぞくへん》の『ハックルベリー・フィンの冒険《ぼうけん》』だろう。王子と乞食が身分を交換する『王子《おうじ》と乞食《こじき》』も世界《せかい》じゅうで読《よ》まれている。私《わたし》の作品《さくひん》は、ユーモアにあふれ、陽気《ようき》で楽《たの》しい半《はん》面《めん》、社会《しゃかい》の真実《しんじつ》をするどく描《えが》いているといわれている。子《こ》どものとき読《よ》むのと、大人《おとな》になってから読《よ》むのとでは、ちがう印象《いんしょう》をうけるかもしれないよ。

11月30日の偉人

文化

この日《ひ》に生《う》まれた有名人《ゆうめいじん》

ジョナサン・スウィフト（作家《さっか》）／ウィンストン・チャーチル（第《だい》61・63代《だい》イギリス首相《しゅしょう》）
ルーシー・モード・モンゴメリ（作家《さっか》）／秋篠宮文仁親王《あきしののみやふみひとしんのう》（皇族《こうぞく》）／宮﨑《みやざき》あおい（女優《じょゆう》）

偉人《いじん》からのことばの贈《おく》り物《もの》②

世界《せかい》には、ほかにも歴史《れきし》をつくった偉人《いじん》がたくさんいて、すてきなことばをたくさん残《のこ》しています。

「ダメな子《こ》」とか「わるい子《こ》」なんて子《こ》どもは、ひとりだっていないのです。

手塚治虫《てづかおさむ》

漫画家《まんがか》。小学校《しょうがっこう》のときから漫画《まんが》を描《か》きつづけ、17歳《さい》のときにデビュー。『鉄腕《てつわん》アトム』『ブラック・ジャック』などヒット作《さく》を連発《れんぱつ》し、「漫画《まんが》の神《かみ》さま」とよばれる。

大切《たいせつ》なのは、自分《じぶん》のもっているものを生《い》かすこと。そう考《かんが》えられるようになると、可能性《かのうせい》が広《ひろ》がっていく。

イチロー

野球選手《やきゅうせんしゅ》。小学校《しょうがっこう》のころから、1年《ねん》360日《にち》は練習《れんしゅう》をしたといわれるほど努力《どりょく》をつづけ、野球選手《やきゅうせんしゅ》になったあとは、日本《にほん》で7年連続首位打者《ねんれんぞくしゅいだしゃ》、メジャーリーグでも史上初《しじょうはつ》10年連続《ねんれんぞく》200安打《あんだ》を達成《たっせい》するなど、数々《かずかず》の記録《きろく》を打《う》ちたてる。

わたしは勝《か》ちつづけることで成長《せいちょう》したんじゃなく、負《ま》けて強《つよ》くなったんです。

吉田沙保里《よしださおり》

レスリング選手《せんしゅ》。3歳《さい》のときからレスリングを始《はじ》め、個人戦《こじんせん》200連勝《れんしょう》や世界大会《せかいたいかい》17連覇《れんぱ》などすばらしい記録《きろく》を打《う》ちたてる。霊長類最強女子《れいちょうるいさいきょうじょし》とよばれる。

千里《せんり》の道《みち》もひと足《あし》ずつ運《はこ》ぶなり。

宮本武蔵《みやもとむさし》

江戸時代《えどじだい》の剣術家《けんじゅつか》。二刀流《にとうりゅう》を生《う》みだした。「巌流島《がんりゅうじま》の決闘《けっとう》」など、その戦《たたか》いぶりや生《い》き方《かた》は、のちにたくさんの小説《しょうせつ》やお芝居《しばい》、映画《えいが》、ドラマ、アニメになった。

みんなちがって、みんないい。

金子《かねこ》みすゞ

大正時代《たいしょうじだい》から昭和時代《しょうわじだい》に生《い》きた童謡詩人《どうようしじん》。26歳《さい》で亡《な》くなるまで、500編《へん》もの詩《し》を残《のこ》す。ここに出《で》ていることばは、代表作《だいひょうさく》「わたしと小鳥《ことり》とすずと」の中《なか》の一文《いちぶん》。

12月《がつ》生《う》まれの偉《い》人《じん》

権力《けんりょく》を嫌《きら》い、将軍《しょうぐん》を教育《きょういく》した和尚《おしょう》

沢《たく》庵《あん》宗《そう》彭《ほう》

（1573〜1646年　日本）

葉《は》ひとつに心《こころ》をとらわれていると、
残《のこ》りの葉《は》は見《み》えなくなる。

私《わたし》は、世《よ》にいう戦国時代《せんごくじだい》、但馬国《たじまのくに》（今《いま》の兵庫県《ひょうごけん》）の武士《ぶし》の家《いえ》に生《う》まれました。ところが、父《ちち》がつかえていた殿《との》さまが豊臣秀吉《とよとみひでよし》に攻《せ》められて負《ま》け、家《いえ》がつぶれてしまったのです。けっきょく、私《わたし》は10歳《さい》のときに、出家《しゅっけ》しました。出家《しゅっけ》というのは、文字《もじ》どおり、家《いえ》を出《で》て、ふつうの生活《せいかつ》をすてて仏門《ぶつもん》に入《はい》ることです。

その後《ご》は、さまざまな寺《てら》や師《し》について、修行《しゅぎょう》にはげみました。仏《ほとけ》の道《みち》についてだけ学《まな》ぶのではなく、詩《し》や歌《うた》、書《しょ》や茶道《さどう》なども学《まな》び、知識《ちしき》や考《かんが》えを深《ふか》めていったのです。時《とき》がたち、寺《てら》での私《わたし》の位《くらい》もあがっていきました。けれど、私《わたし》は、出世《しゅっせ》には興味《きょうみ》もなく、地位《ちい》や名誉《めいよ》もかえって修行《しゅぎょう》のじゃまになると考《かんが》えたのです。そして、故郷《こきょう》にもどって小《ちい》さな庵《いおり》（僧《そう》が修行《しゅぎょう》に使《つか》う質素《しっそ》な小屋《こや》）をたて、静《しず》かに修行生活《しゅぎょうせいかつ》を送《おく》ることにしました。

そのあいだに天下《てんか》は豊臣《とよとみ》から徳川《とくがわ》の手《て》に移《うつ》りました。徳川幕府《とくがわばくふ》はお寺《てら》が強《つよ》い力《ちから》をもつことをおそれ、寺院法度《じいんはっと》という決《き》まりをつくってお寺《てら》をしめつけました。お寺《てら》が朝廷《ちょうてい》と手《て》を組《く》んで、幕府《ばくふ》に対《たい》して反乱《はんらん》をおこしたら大変《たいへん》だからです。それまで、大《おお》きなお寺《てら》の住職《じゅうしょく》（いちばんえらいお坊《ぼう》さん）は、天皇《てんのう》が任命《にんめい》し、紫色《むらさきいろ》の衣《ころも》をおくっていたのですが、幕府《ばくふ》はそれをとりやめ、住職《じゅうしょく》を決《き》めるのは幕府《ばくふ》ということにしたのです。幕府《ばくふ》の権力《けんりょく》をかさにきたやり方《かた》に腹《はら》を立《た》てた私《わたし》は、反対運動《はんたいうんどう》をおこないました。そして、幕府《ばくふ》にとらえられ、山形《やまがた》へ流罪《るざい》となったのです。

それから5年後《ねんご》、将軍《しょうぐん》がかわったために罪《つみ》をゆるされた私《わたし》は、新《あたら》しい将軍《しょうぐん》、徳川家光《とくがわいえみつ》さまのまねきに応《おう》じて江戸《えど》にむかいました。家光《いえみつ》さまは私《わたし》の知識《ちしき》の深《ふか》さを気《き》に入《い》って、その後《ご》、私《わたし》は家光《いえみつ》さまに仏《ほとけ》の教《おし》えをさずけることになったのです。権力《けんりょく》にひれふさずに、自分《じぶん》が信《しん》じる道《みち》をつらぬく——その姿《すがた》を見《み》て、家光《いえみつ》さまをはじめ、幕府《ばくふ》の役人《やくにん》も、私《わたし》の意見《いけん》をきこうという気持《きも》ちになったのではないでしょうか。

12月
1日
の偉人

思想

この日《ひ》に生《う》まれた有名人《ゆうめいじん》

マリー・タッソー（人形作家《にんぎょうさっか》）／小林多喜二《こばやしたきじ》（作家《さっか》）
藤子《ふじこ》・F・不二雄《ふじお》（漫画家《まんがか》）／9代目林家正蔵《だいめはやしやしょうぞう》（落語家《らくごか》）／敬宮愛子内親王《としのみやあいこないしんのう》（皇族《こうぞく》）

点《てん》と光《ひかり》で美《うつく》しい絵画《かいが》をつくりあげた

ジョルジュ・スーラ

（1859〜1891年　フランス）

芸術《げいじゅつ》とは調和《ちょうわ》である。

私《わたし》は、フランスのお金持《かねも》ちの家《いえ》に生《う》まれました。幼《おさな》いころから芸術《げいじゅつ》が好《す》きだったので、パリの美術学校《びじゅつがっこう》にかよって、絵画《かいが》を学《まな》びました。古《ふる》くからある彫刻《ちょうこく》をデッサンしたり、昔《むかし》の画家《がか》が描《か》いた名画《めいが》をうつしたり、基礎的《きそてき》な訓練《くんれん》をつんだのです。

美術学校《びじゅつがっこう》に入《はい》って1年《ねん》で、兵役《へいえき》につかなくてはいけなくなったため、学校《がっこう》で絵《え》の教育《きょういく》をうけたのはそれきりになってしまいました。そのあとは、独学《どくがく》で、自分《じぶん》の絵《え》というものをさがすようになりました。家《いえ》から仕送《しおく》りしてもらっていたので、生活《せいかつ》には困《こま》りませんでした。ですから、時間《じかん》をかけて、心《こころ》ゆくまで絵《え》の探求《たんきゅう》ができたのです。

兵役《へいえき》を終《お》わってからしばらくは、白黒《しろくろ》のデッサンだけ熱心《ねっしん》に描《か》いていました。

するど、1883年《ねん》に、デッサンが入選《にゅうせん》して、絶賛《ぜっさん》されたのです。ところが、1884年《ねん》には落選《らくせん》。私《わたし》はとても落《お》ちこみました。新《あたら》しい、私《わたし》だけの描《か》き方《かた》はないだろうか？　ずっとそれを考《かんが》えていると き、点描《てんびょう》という描《か》き方《かた》を思《おも》いつきました。

ふつう、絵《え》を描《か》くときは、パレットの上《うえ》で絵《え》の具《ぐ》をまぜて、使《つか》いたい色《いろ》をつくってから、紙《かみ》やキャンバスにぬっていきます。でも、パレットの上《うえ》で絵《え》の具《ぐ》をまぜると、ひとつひとつの色《いろ》のあざやかさやかがやきが失《うしな》われてしまいます。前《まえ》からそれが気《き》になっていた私《わたし》は、絵《え》の具《ぐ》のあざやかな色《いろ》をそのまま使《つか》って、小《ちい》さな小《ちい》さな点《てん》をならべて、人《ひと》が絵《え》を見《み》たときに、目《め》の中《なか》で色《いろ》がまざりあうようにしたのです。これが点描画《てんびょうが》です。

点描《てんびょう》を描《えが》くには、時間《じかん》と根気《こんき》が必要《ひつよう》です。でも、私《わたし》はていねいに描《か》きつづけました。私《わたし》の作品《さくひん》でもっとも有名《ゆうめい》なのは「グランド・ジャット島《とう》の日曜日《にちようび》」という絵《え》です。これはたて2メートル、横《よこ》3メートルもある大《おお》きな絵《え》で、描《か》くのに2年《ねん》かかりました。私《わたし》の絵《え》を見《み》る機会《きかい》があったら、遠《とお》くからと近《ちか》くから、両方《りょうほう》から見《み》てみてください。見《み》え方《かた》がまったくちがって、おもしろいですよ。

12月
2日
の偉人

芸術

この日《ひ》に生《う》まれた有名人《ゆうめいじん》

マリア・カラス（オペラ歌手《かしゅ》）／山﨑努《やまざきつとむ》（俳優《はいゆう》）／ジャンニ・ヴェルサーチ（ファッションデザイナー）
モニカ・セレシュ（テニス選手《せんしゅ》）／ブリトニー・スピアーズ（歌手《かしゅ》）

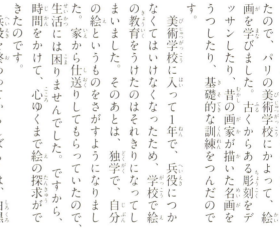

女子《じょし》の教育《きょういく》に人生《じんせい》をささげた

津田梅子《つだうめこ》

（1864〜1929年　日本）

なにかを始《はじ》めることはやさしいが、それを継続《けいぞく》することはむずかしい。成功《せいこう》させることはなおむずかしい。

私《わたし》は、江戸《えど》から明治《めいじ》へ時代《じだい》が移《うつ》ろうとしていたとき、江戸幕府《えどばくふ》の家臣《かしん》の家《いえ》に生《う》まれました。明治《めいじ》になって、父《ちち》は政府《せいふ》の仕事《しごと》をするようになり、ちょうど政府《せいふ》で募集《ぼしゅう》していた女子留学生《じょしりゅうがくせい》に私《わたし》を応募《おうぼ》させました。私《わたし》はまだ6歳《さい》で、アメリカへわたることになったのです。

そして、アメリカ人《じん》の家庭《かてい》に住《す》まわせてもらいながら、11年間《ねんかん》、アメリカの自由《じゆう》な教育《きょういく》をうけました。英語《えいご》や英文学《えいぶんがく》はもちろん、フランス語《ご》やラテン語《ご》、心理学《しんりがく》や芸術《げいじゅつ》など、さまざまな学問《がくもん》を学《まな》んだのです。

けれど、日本《にほん》に帰《かえ》ってきた私《わたし》たちには、学《まな》んだことを生《い》かせる仕事《しごと》がありませんでした。そのころの日本《にほん》では、男《おとこ》のほうが女《おんな》よりもえらいと信《しん》じられていて、女《おんな》はいい奥《おく》さんになればそれでいいと思《おも》われていたのです。

私《わたし》は華族《かぞく》の女子《じょし》がかよう女学校《じょがっこう》の先生《せんせい》になりましたが、その学校《がっこう》で教《おし》えていることといったら、エリートのいい奥《おく》さんになるための勉強《べんきょう》だけ。私《わたし》はがっかりしてしまいました。そして、日本《にほん》の女性《じょせい》の考《かんが》え方《かた》を変《か》えるため、女子《じょし》のための学校《がっこう》をつくろうと決心《けっしん》したのです。

新《あたら》しい女子教育《じょしきょういく》の指導者《しどうしゃ》になるために、ふたたびアメリカへわたって教育学《きょういくがく》などを学《まな》び、多《おお》くの人《ひと》たちの援助《えんじょ》をうけて、私《わたし》は、1900年《ねん》に「女子英学塾《じょしえいがくじゅく》」という学校《がっこう》を設立《せつりつ》しました。これがのちの津田塾大学《つだじゅくだいがく》です。教育方針《きょういくほうしん》に口《くち》を出《だ》されるのがいやだったので、政府《せいふ》からの援助《えんじょ》はほとんどもらいませんでした。お金《かね》が足《た》りなくて大変《たいへん》でしたけれどね。

また、私《わたし》は「妻《つま》は夫《おっと》にしたがうもの」という日本人《にほんじん》の考《かんが》え方《かた》に反対《はんたい》だったので、一生結婚《いっしょうけっこん》しないで、教育《きょういく》に人生《じんせい》をささげました。私《わたし》のお墓《はか》は、大学《だいがく》の中《なか》にあるのですが、そのお墓《はか》まいりをすると一生結《いっしょうけっ》婚《こん》できなくなるという伝説《でんせつ》が、学生《がくせい》のあいだでは代々《だいだい》いい伝《つた》えられているのですよ。

12月
3日
の偉人

社会

この日《ひ》に生《う》まれた有名人《ゆうめいじん》

種田山頭火《たねださんとうか》（俳人《はいじん》）／東久邇宮稔彦《ひがしくにのみやなるひこ》（第《だい》43代内閣総理大臣《だいないかくそうりだいじん》）
川淵三郎《かわぶちさぶろう》（第《だい》10代日本《だいにほん》サッカー協会会長《きょうかいかいちょう》）／イルカ（ミュージシャン）／古田新太《ふるたあらた》（俳優《はいゆう》）

人間《にんげん》の存在《そんざい》を考《かんが》えつづけた放浪《ほうろう》の詩人《しじん》

ライナー・マリア・リルケ

（1875〜1926年　オーストリア）

大切《たいせつ》なのはすべてを生《い》きること。疑問《ぎもん》を生《い》きること。そうすれば、遠《とお》いいつの日《ひ》か、答《こた》えの中《なか》を生《い》きられるだろう。

私《わたし》は軍人《ぐんじん》の父《ちち》と良家《りょうけ》のおじょうさんだった母《はは》とのあいだに生《う》まれました。姉《あね》がひとりいたのですが、まだ赤《あか》ん坊《ぼう》のころに亡《な》くなっていました。母《はは》はその姉《あね》のことが忘《わす》れられず、私《わたし》を姉《あね》のかわりに、女《おんな》の子《こ》として育《そだ》てたのです。だから、私《わたし》は5歳《さい》まで、スカートをはいていたのですよ。

学校《がっこう》にいく年《とし》になると、私《わたし》は父《ちち》の希望《きぼう》で陸軍幼年学校《りくぐんようねんがっこう》に入《い》れられました。その後《ご》、士官学校《しかんがっこう》に進《すす》みましたが、私《わたし》には軍人《じん》はあっていなかった。私《わたし》は、詩《し》を書《か》くのが好《す》きな少年《しょうねん》だったのです。けっきょく、士官学校《しかんがっこう》をとちゅうでやめました。父《ちち》は大変《たいへん》がっかりしました。私《わたし》は両親《りょうしん》が望《のぞ》むような子《こ》どもにはなれなかったのです。

その後《ご》、大学《だいがく》へ進《すす》み、ほかの作家《さっか》や詩人《しじん》、芸術家《げいじゅつか》たちと知《し》りあい、話《はなし》をするようになりました。詩《し》もずっと書《か》いていて、雑誌《ざっし》で発表《はっぴょう》したりしていました。そして、24歳《さい》のとき、ロシアに2回《かい》、旅《たび》しました。その旅行《りょこう》が、私《わたし》が詩人《しじん》として生《い》きることを決定《けってい》づけたのです。ロシアという土地《とち》のスケールの大《おお》きさと美《うつく》しさに感銘《かんめい》をうけ、同時《どうじ》に、そこで会《あ》った人々《ひとびと》の精神的《せいしんてき》な深《ふか》さに心《こころ》打《う》たれたのです。

またドイツにいったときは、有名《ゆうめい》な彫刻家《ちょうこくか》ロダンに出会《であ》い、かれの作品《さくひん》をとおして、死《し》と愛《あい》、神《かみ》と孤独《こどく》、不安《ふあん》など、人生《じんせい》の根本的《こんぽんてき》な問題《もんだい》にふれ、考《かんが》えるようになりました。さらに、私《わたし》は、アフリカ、スペイン、イタリア、フランスなどの国々《くにぐに》を放浪《ほうろう》しました。きっと、自分《じぶん》でもわからないなにかを、さがしていたんだと思《おも》います。

第《だい》1次世界大戦後《じせかいたいせんご》はスイスに住《す》んで、20世紀《せいき》の詩《し》の頂点《ちょうてん》といわれることになる「オルフォイスへのソネット」などたくさんの作品《さくひん》を書《か》きあげました。なにかをさがしもとめていた旅《たび》の答《こた》えが、作品《さくひん》になったのだと思《おも》います。

12月
4日
の偉人

文化

この日《ひ》に生《う》まれた有名人《ゆうめいじん》

トマス・カーライル（歴史家《れきしか》）／ワシリー・カンディンスキー（画家《がか》）／セルゲイ・ブブカ（棒高《ぼうたか》とび選手《せんしゅ》）
田村淳《たむらあつし》《ロンドンブーツ1号《ごう》2号《ごう》》（お笑《わら》い芸人《げいにん》）／木下優樹菜《きのしたゆきな》（タレント）

夢《ゆめ》と魔法《まほう》の王国《おうこく》をつくりあげた

ウォルト・ディズニー

（1901〜1966年　アメリカ）

夢《ゆめ》を求《もと》めつづける勇気《ゆうき》さえあれば、すべての夢《ゆめ》は
かならず実現《じつげん》できる。忘《わす》れないでほしい
——すべては1ぴきのネズミから始《はじ》まったということを。

　私《わたし》は、幼《おさな》いころから絵《え》を描《か》くのが好《す》きでした。小学生《しょうがくせい》のときは、描《か》いた絵《え》をくばったり、売《う》ったりしていたんですよ。将来《しょうらい》は漫画家《まんがか》になりたかったので、高校《こうこう》にかよいながら、夜《よる》、美術《びじゅつ》の学校《がっこう》にもかよっていました。ただ、絵《え》がうまいからといって、かんたんに仕事《しごと》は見《み》つかりません。食《た》べていくために、広告《こうこく》デザインの会社《かいしゃ》や映画会社《えいがかいしゃ》で働《はたら》いたのですが、そのときに、アニメーションと出会《であ》うのです。漫画《まんが》ではなくて、アニメーションをつくってみたい。私《わたし》はそう思《おも》うようになりました。

　いくつか会社《かいしゃ》をつくっては、お金《かね》が足《た》りなくなってつぶす、ということをくりかえし、22歳《さい》のとき、兄《あに》と共同《きょうどう》でハリウッドにアニメーションの製作会社《せいさくがいしゃ》をつくりました。そして優秀《ゆうしゅう》なアニメーターをさがして雇《やと》い、いい作品《さくひん》をつくり、評判《ひょうばん》になっていきました。オズワルドというウサギのキャラクターをつくって、アニメ映画《えいが》にしたら、それが大《だい》ヒット。そのまま成功《せいこう》するかに思《おも》えたのですが、映画《えいが》を配給《はいきゅう》した大企業《だいきぎょう》に、キャラクターの権《けん》利《り》をとられ、アニメーターたちも引《ひ》きぬかれてしまいました。私《わたし》はなにもかも失《うしな》ってしまったのです。

　でも、私《わたし》はへこたれませんでした。すぐに、オズワルドにかわるキャラクターをつくったのです。オズワルドの映画《えいが》にも登場《とうじょう》していた1ぴきのネズミ——そう、ミッキーマウスです。1928年《ねん》、記《き》念《ねん》すべきミッキーマウスの1作目《さくめ》『プレーン・クレイジー』、それから、世界《せかい》ではじめて映像《えいぞう》に音声《おんせい》をのせたアニメーション『蒸気船《じょうきせん》ウィリー』をつくって公開《こうかい》したら、たちまち子《こ》どもたちのあいだで大人気《だいにんき》となったのです。

　その後《ご》、ディズニーのアニメーションは世界《せかい》じゅうで大《だい》ヒットしました。そして、私《わたし》は前《まえ》からの夢《ゆめ》だった、大人《おとな》も子《こ》どもも心《こころ》から楽《たの》しんで遊《あそ》べる王国《おうこく》「ディズニーランド」を建設《けんせつ》したのです。大人《おとな》も子《こ》どもも関係《かんけい》なく、すべての人《ひと》に、幸《しあわ》せと笑顔《えがお》を届《とど》けたい——それが私《わたし》の夢《ゆめ》だったのです。

12月
5日
の偉人

文化

この日《ひ》に
生《う》まれた
有名人《ゆうめいじん》

ヴェルナー・ハイゼンベルク（理論物理学者《りろんぶつりがくしゃ》）／ラーマ9世《せい》（第《だい》9代《だい》タイ国王《こくおう》）
フジコ・ヘミング（ピアニスト）／小林幸子《こばやしさちこ》（歌手《かしゅ》）／観月《みづき》ありさ（女優《じょゆう》）

日本《にほん》の物理学《ぶつりがく》の父《ちち》

仁科芳雄《にしなよしお》

（1890～1951年　日本）

自分《じぶん》はとちゅうで責任《せきにん》を逃《のが》れたりはしない。

岡山県《おかやまけん》で生《う》まれた私《わたし》は、高校《こうこう》まで地元《じもと》ですごしました。小《ちい》さいころから勉強《べんきょう》が得意《とくい》で、高校《こうこう》もトップの成績《せいせき》で卒業《そつぎょう》、東京帝国大学工学部《とうきょうていこくだいがくこうがくぶ》へ進《すす》みました。大学《だいがく》では電子工学《でんしこうがく》を学《まな》んだのですが、学問《がくもん》がおもしろくて、このときに将来《しょうらい》は研究者《けんきゅうしゃ》になろうと決《き》めました。

大学《だいがく》も首席《しゅせき》で卒業《そつぎょう》すると、大学院《だいがくいん》で勉強《べんきょう》をつづけるかたわら、理化学研究所《りかがくけんきゅうじょ》に入《はい》って研究《けんきゅう》をしていました。熱心《ねっしん》に研究《けんきゅう》にとりくんでいたのがよかったのでしょう、願《ねが》ってもないチャンスがやってきました。ヨーロッパへの留学《りゅうがく》が決《き》まったのです。日本《にほん》にいては学《まな》べないことがたくさん学《まな》べる――私《わたし》は心《こころ》をおどらせて、ヨーロッパへむけて旅《たび》だったのです。

けれど、イギリスやドイツの大学《だいがく》で学《まな》ぶうちに、物理学《ぶつりがく》で研究《けんきゅう》するべきことはすでに誰《だれ》かがもう研究《けんきゅう》していて、研究《けんきゅう》できそうな新《あたら》しい分野《ぶんや》はないのではないかという気持《きも》ちになっていきました。そのとき、ニールス・ボーア博士《はかせ》の講演《こうえん》をききました。ボーア博士《はかせ》は当時《とうじ》、量子《りょうし》（原子《げんし》や中性子《ちゅうせいし》、電子《でんし》など、いちばん小《ちい》さい物質《ぶっしつ》の単位《たんい》のこと）について、最先端《さいせんたん》の研究《けんきゅう》をしていたのです。私《わたし》はさっそく、ボーア博士《はかせ》がいるデンマークに移《うつ》って、博士《はかせ》のもとで研究《けんきゅう》をつづけました。そこで、「クライン・仁科《にしな》の公式《こうしき》」を完成《かんせい》して世界的《せかいてき》に評価《ひょうか》されたのです。

もともと2年《ねん》だった留学予定《りゅうがくよてい》を7年《ねん》にのばしたすえに帰国《きこく》した私《わたし》は、研究《けんきゅう》をつづけながら、若《わか》い物理学者《ぶつりがくしゃ》たちを教育《きょういく》して、日本《にほん》の物理学《ぶつりがく》に大《おお》きな影響《えいきょう》をあたえました。私《わたし》が教《おし》えた学者《がくしゃ》の中《なか》には、のちにノーベル賞《しょう》を受賞《じゅしょう》する湯川秀樹《ゆかわひでき》くんや朝永振一郎《ともながしんいちろう》くんもいたんですよ。

私《わたし》が日本《にほん》で研究《けんきゅう》をしていた時代《じだい》は、ちょうど大《おお》きな戦争《せんそう》をはさんだ時期《じき》でした。原子爆弾《げんしばくだん》の開発《かいはつ》を、軍部《ぐんぶ》からたのまれたこともありましたし、戦後《せんご》は、私《わたし》が設計《せっけい》してつくった、原子核《げんしかく》の実験《じっけん》をする装置《そうち》をアメリカ軍《ぐん》にこわされたこともありました。科学《かがく》と戦争《せんそう》は切《き》っても切《き》れない関係《かんけい》なのです。だからこそ科学者《かがくしゃ》は慎重《しんちょう》にならなくてはいけないのですよ。

この日《ひ》に生《う》まれた有名人《ゆうめいじん》

ジョセフ・ルイ・ゲイ・リュサック（化学者《かがくしゃ》）／キダ・タロー（作曲家《さっきょくか》）
久石譲《ひさいしじょう》（作曲家《さっきょくか》）／11代目市川海老蔵《だいめいちかわえびぞう》（歌舞伎役者《かぶきやくしゃ》）／長野久義《ちょうのひさよし》（野球選手《やきゅうせんしゅ》）

誰《だれ》からも愛《あい》された明治維新《めいじいしん》の英雄《えいゆう》

西《さい》郷《ごう》隆《たか》盛《もり》

（1828〜1877年　日本）

世《よ》のすべての人《ひと》からけなされても落《お》ちこまず、すべての人《ひと》からほめられてもうぬぼれるな。

おれは、江戸時代《えどじだい》の終《お》わりに近《ちか》いころ、薩摩藩《さつまはん》（今《いま》の鹿児島県《かごしまけん》）に生《う》まれた。武《ぶ》士《し》の家《いえ》だったが、位《くらい》は下《した》のほうだ。小《ちい》さいときに、ケンカでケガをしたのがもとで、右《みぎ》ひじをちゃんと曲《ま》げることができないようになってね。もうそのときに、武術《ぶじゅつ》をあきらめ、学問《がくもん》に精《せい》を出《だ》すようになったのだ。

学問《がくもん》でつちかった知識《ちしき》を生《い》かして、藩《はん》の中《なか》で出世《しゅっせ》していった。そのときの殿《との》さまが、身分《みぶん》の低《ひく》い者《もの》でも藩《はん》の政治《せいじ》に意見《いけん》をしていいといってくれたから、おれが活躍《かつやく》できたんだよ。ちょうどそのころは、アメリカの艦隊《かんたい》がやってきて、国《くに》をとじていた日本《にほん》に開国《かいこく》をせまって、大《おお》さわぎがおきていたときだった。おれも、外国《がいこく》をたおして、日本《にほん》を守《まも》るべきだという意見《いけん》で、その志《こころざし》のために力《ちから》をつくしたんだ。

おれがやったことで評価《ひょうか》されているのは、まずは薩長同盟《さっちょうどうめい》だろう。対立《たいりつ》していた薩《さつ》摩藩《まはん》と長州藩《ちょうしゅうはん》（今《いま》の山口県《やまぐちけん》）が手《て》を組《く》んだことで、それからの政治《せいじ》がいっきに変《か》わった。今《いま》までケンカしていた相手《あいて》と握《あく》手《しゅ》するわけだから、なかなか勇気《ゆうき》と決断《けつだん》力《りょく》がいることだったよ。だが、それがきっかけで幕府《ばくふ》はたおれ、日本《にほん》は新《あたら》しい時《じ》代《だい》をむかえたんだ。

そのあと、新政府軍《しんせいふぐん》が幕府《ばくふ》をてってい的《てき》に打《う》ちのめすために江戸総攻撃《えどそうこうげき》を計画《けいかく》したときは、幕府側《ばくふがわ》の勝海舟《かつかいしゅう》と会談《かいだん》し、江戸城《えどじょう》の無血開城《むけつかいじょう》を実現《じつげん》させた。戦《たたか》わずに幕府《ばくふ》を降伏《こうふく》させたことで、江戸《えど》の町《まち》が火《ひ》の海《うみ》になるのをふせいだんだ。

新政府《しんせいふ》にも最初《さいしょ》は参加《さんか》していたんだが、意《い》見《けん》があわなくて、薩摩《さつま》に帰《かえ》った。そのあと、新政府《しんせいふ》のやり方《かた》に反対《はんたい》していた者《もの》たちに、反政府《はんせいふ》グループのリーダーにかつぎあげられて、政府《せいふ》と戦《たたか》うことになってしまった。けっきょくはそれで命《いのち》を落《お》とすのだ。もう少《すこ》し、別《べつ》のやり方《かた》ができれば、のちに新《あたら》しい日本《にほん》をつくる手助《てだす》けもできたかもしれないな。

12月7日の偉人

政治

この日《ひ》に生《う》まれた有名人《ゆうめいじん》

ジャン・ロレンツォ・ベルニーニ（彫刻家《ちょうこくか》・画家《がか》）／与謝野晶子《よさのあきこ》（歌人《かじん》）
森下洋子《もりしたようこ》（バレエダンサー）／古舘伊知郎《ふるたちいちろう》（キャスター）／香川照之《かがわてるゆき》（俳優《はいゆう》）

一文《いちもん》なしから、世紀《せいき》の大富豪《だいふごう》へのぼりつめた

ウィリアム・デュラント

（1861～1947年　アメリカ）

60年前《ねんまえ》、私《わたし》はなんでも知《し》っていた。だが、今《いま》はなにも知《し》らない。教育《きょういく》というものは、自分《じぶん》が無知《むち》であることをわからせてくれるものなのだ。

私《わたし》はアメリカの自動車産業《じどうしゃさんぎょう》で、もっとも大《おお》きな会社《かいしゃ》ゼネラル・モーターズをつくった。そして、億万長者《おくまんちょうじゃ》になった男《おとこ》だよ。車《くるま》のエンジンとか、なにか新《あたら》しい技術《ぎじゅつ》を発明《はつめい》したのかって？　いや、私《わたし》は技術者《ぎじゅつしゃ》でもなければ、発明家《はつめいか》でもない。私《わたし》が新《あたら》しく始《はじ》めたことをしいてあげるなら、それは「売《う》り方《かた》」と「会社《かいしゃ》のつくり方《かた》」かな。

私《わたし》は、アメリカのボストンという町《まち》で生《う》まれた。小《ちい》さいころ父《ちち》と母《はは》が離婚《りこん》して、その後《ご》は母《はは》に育《そだ》てられたんだ。16歳《さい》のときに、学校《がっこう》をやめて、おじさんの会社《かいしゃ》で働《はたら》きはじめた。だが、1日《にち》にもらえる給料《きゅうりょう》はたったの75セント（今《いま》のお金《かね》にすると、2000円《えん》ぐらい）だったから、夜《よる》も働《はたら》いた。いろいろな仕事《しごと》をしたよ。ほとんど、セールスの仕事《しごと》だった。タバコを売《う》ったり、薬《くすり》を売《う》ったり……モノを売《う》るのはとても得意《とくい》で、どんなモノを売《う》っても、いい成績《せいせき》を残《のこ》した。学校《がっこう》にいっていたときも、勉強《べんきょう》はそれほど得意《とくい》じゃなかったけれど、クラスメートからはとても好《す》かれていた。人《ひと》と話《はな》すことが得意《とくい》だったんだね。

25歳《さい》になったとき、友《とも》だちといっしょに、馬車《ばしゃ》を売《う》る会社《かいしゃ》をつくった。馬車《ばしゃ》をつくる技術《ぎじゅつ》はなかったから、馬車《ばしゃ》づくりは別《べつ》の会社《かいしゃ》にお願《ねが》いして、私《わたし》たちは「売《う》る」ことに集中《しゅうちゅう》したんだ。これがとてもうまくいってね。私《わたし》たちはもうかったお金《かね》を投資《とうし》して、馬車《ばしゃ》の販売《はんばい》だけでなく、生産《せいさん》もするようにした。ちょうど材料費《ざいりょうひ》があがっていたので、まず森《もり》を購入《こうにゅう》した。そして、車体《しゃたい》、車輪《しゃりん》、車軸《しゃじく》、そのほか、装飾《そうしょく》やばね、塗装《とそう》など、部品《ぶひん》ごとに子会社《こがいしゃ》をつくった。そうやって、原材料《げんざいりょう》から製品《せいひん》の販売《はんばい》まで、ぜんぶをやってのけたんだ。これはとても新《あたら》しいやり方《かた》だったんだよ。それにくわえて、馬車《ばしゃ》の販売《はんばい》をアメリカ全土《ぜんど》に広《ひろ》げたんだ。その後《ご》、私《わたし》たちは自動車産業《じどうしゃさんぎょう》にも手《て》を広《ひろ》げ、馬車《ばしゃ》のときと同《おな》じ経営《けいえい》の方法《ほうほう》をとった。このときつくったのが、ゼネラル・モーターズだ。商売《しょうばい》をどんどん広《ひろ》げる私《わたし》のやり方《かた》がときに失敗《しっぱい》をまねいたが、私《わたし》はへこたれず、死《し》ぬまで自分《じぶん》の商売《しょうばい》をやりつづけたのさ。

12月
8日
の偉人

社会

この日《ひ》に
生《う》まれた
有名人《ゆうめいじん》

アリスティード・マイヨール（彫刻家《ちょうこくか》）／エルンスト・モロー（医者《いしゃ》）
リック・ベイカー（特殊《とくしゅ》メイクアーティスト）／稲垣吾郎《いながきごろう》《SMAP》（タレント）／TAKAHIRO《EXILE》（歌手《かしゅ》）

真理《しんり》を追《お》いもとめた革命《かくめい》の詩人《しじん》

ジョン・ミルトン

（1608～1674年　イギリス）

心《こころ》は天国《てんごく》をつくりだすことも、地獄《じごく》をつくりだすこともできる。

私《わたし》は今《いま》からおよそ400年前《ねんまえ》に、イギリスで生《う》まれました。父《ちち》は法的文書《ほうてきぶんしょ》をつくる仕事《しごと》と金融業《きんゆうぎょう》をいとなんでいて、家《いえ》はとても裕福《ゆうふく》でした。ですから、私《わたし》もじっくり自分《じぶん》の好《す》きなことをできたのです。詩《し》が好《す》きだった私《わたし》は、大学時代《だいがくじだい》から書《か》いていたのですが、卒業後《そつぎょうご》は、働《はたら》くこともなく、6年間《ねんかん》、詩《し》や物語《ものがたり》を書《か》いていました。出版《しゅっぱん》もされて、評判《ひょうばん》にもなりました。

でも、そのあとしばらく、私《わたし》は政治《せいじ》の世界《せかい》に足《あし》をつっこむことになりました。というのも、ちょうどそのころ、教会《きょうかい》と王《おう》さまのグループと、教会《きょうかい》を改革《かいかく》しようとする人《ひと》たちと議会《ぎかい》のグループとのあいだで戦争《せんそう》がおこったのです。私《わたし》は改革《かいかく》をしようとしている人《ひと》たちを支持《しじ》して戦《たたか》いました。今《いま》までの教会《きょうかい》がどれだけよくなかったか、どうして改革《かいかく》が必要《ひつよう》なのかを文章《ぶんしょう》にして、発表《はっぴょう》してまわったのです。戦争《せんそう》は私《わたし》たちの勝利《しょうり》に終《お》わりましたが、私《わたし》は働《はたら》きすぎで両目《りょうめ》とも失明《しつめい》してしまいました。さらにその後《ご》まもなく、議会《ぎかい》グループのリーダーが急死《きゅうし》したことで、王《おう》たちのグループが力《ちから》をとりもどし、私《わたし》は罰《ばっ》せられ、私《わたし》の本《ほん》も焼《や》かれてしまったのです。

なんとか死刑《しけい》をまぬがれて、罪《つみ》をゆるされた私《わたし》は、政治《せいじ》の世界《せかい》から身《み》を引《ひ》きました。そして、約《やく》5年《ねん》の歳月《さいげつ》をかけて、口《くち》で話《はな》すことを書《か》きとってもらいながら、長《なが》い詩《し》の作品《さくひん》『失楽園《しつらくえん》』を完成《かんせい》させたのです。これは、神《かみ》に反逆《はんぎゃく》して天国《てんごく》を追放《ついほう》された元天使《もとてんし》のルシファーと、神《かみ》との約束《やくそく》をやぶってしまった人間《にんげん》との戦《たたか》いを描《えが》いた詩《し》です。この詩《し》をとおして、私《わたし》は、王《おう》の権力《けんりょく》とむすびついた教会《きょうかい》と、政治《せいじ》のあり方《かた》を批判《ひはん》したのです。『失楽園《しつらくえん》』はイギリス文学《ぶんがく》の最高傑作《さいこうけっさく》のひとつとたたえられ、私《わたし》は、「シェークスピアにつぐイギリス最高《さいこう》の詩人《しじん》」といわれるまでになりました。政治《せいじ》をやっているころより、詩《し》を書《か》いていたこのころのほうが、私《わたし》はやはり幸《しあわ》せでした。

12月
9日
の偉人

文化

この日《ひ》に生《う》まれた有名人《ゆうめいじん》

フリッツ・ハーバー（物理学者《ぶつりがくしゃ》）／綾小路《あやのこうじ》きみまろ（漫談家《まんだんか》）／落合博満《おちあいひろみつ》（野球選手《やきゅうせんしゅ》・監督《かんとく》）
皇太子徳仁親王妃雅子《こうたいしなるひとしんのうひまさこ》（皇族《こうぞく》）／上村愛子《うえむらあいこ》（モーグル選手《せんしゅ》）

現代音楽《げんだいおんがく》を大《おお》きく変《か》えた

オリヴィエ・メシアン

（1908～1992年　フランス）

地球《ちきゅう》にいる音楽家《おんがくか》の中《なか》で、鳥《とり》がもっとも偉大《いだい》だ。

幼《おさな》いころから、私《わたし》は音楽《おんがく》や音《おと》というものに興味《きょうみ》がありました。音《おと》をきくと、ぱっと色《いろ》や形《かたち》が頭《あたま》にうかぶのです。音《おと》に、色《いろ》や形《かたち》を感《かん》じていたのです。あとからきいたら、そういう人《ひと》はたまにいるらしいですね。

そんなふうに、音《おと》に強《つよ》い関心《かんしん》があった私《わたし》は、8歳《さい》のころからひとりでピアノと作曲《さっきょく》の勉強《べんきょう》を始《はじ》めました。11歳《さい》でパリ音《おん》楽院《がくいん》に入学《にゅうがく》してからは、さまざまな分野《ぶんや》の勉強《べんきょう》をしました。和声《わせい》、伴奏《ばんそう》、オルガン、作曲《さっきょく》、そして、即興音楽《そっきょうおんがく》。11年《ねん》かけて、てってい的《てき》に学《まな》んだのです。

学院《がくいん》を出《で》たあとは、22歳《さい》という若《わか》さで、パリの大《おお》きな教会《きょうかい》のオルガン奏者《そうしゃ》になりました。そこで即興演奏《そっきょうえんそう》をしたら、それが大変《たいへん》な評判《ひょうばん》になったのです。このころから、私独自《わたしどくじ》の、まるで即興音楽《そっきょうおんがく》のような曲《きょく》をつくるようになっていきました。

私《わたし》は昔《むかし》から、鳥《とり》のさえずりに強《つよ》く心《こころ》をひかれていました。あの予想《よそう》がつかない音程《おんてい》やリズムをなんとか音楽《おんがく》にとりいれようと研究《けんきゅう》していました。音楽院《おんがくいん》の卒業《そつぎょう》試験《しけん》でも、鳥《とり》の鳴《な》き声《ごえ》をフルートで表現《ひょうげん》した「黒《くろ》つぐみ」という曲《きょく》をつくったくらいです。そうした鳥《とり》の歌《うた》や、異国《いこく》の音《おん》楽《がく》のリズムをとりいれて、私独自《わたしどくじ》の音楽《おんがく》をつくりだしたのです。

私《わたし》の音楽《おんがく》には、流《なが》れるようなメロディというものがないので、ききなれない人《ひと》には、音楽《おんがく》だとみとめてもらえないことがあります。お客《きゃく》さんを前《まえ》にはじめて発《はっ》表《ぴょう》したときは、ずいぶん怒《おこ》られたり、批《ひ》判《はん》されたりしました。でも、今《いま》、私《わたし》のつくった音楽《おんがく》はとても高《たか》く評価《ひょうか》され、新《あたら》しい現代音楽《げんだいおんがく》を生《う》みだしたといわれています。

私《わたし》は自分《じぶん》で作曲《さっきょく》するだけでなく、母校《ぼこう》の音楽院《おんがくいん》で、さまざまな国《くに》の生徒《せいと》に音楽《おんがく》を教《おし》えてもいました。私《わたし》の教《おし》え子《ご》はその後《ご》、それぞれの国《くに》で活躍《かつやく》し、新《あたら》しい音楽《おんがく》をきずきあげていったのですよ。

この日《ひ》に生《う》まれた有名人《ゆうめいじん》

寺山修司《てらやましゅうじ》（劇作家《げきさっか》）／坂本九《さかもときゅう》（歌手《かしゅ》）／桂文珍《かつらぶんちん》（落語家《らくごか》）／佐藤浩市《さとうこういち》（俳優《はいゆう》）／野村忠宏《のむらただひろ》（柔道家《じゅうどうか》）

おそろしい病気《びょうき》の原因《げんいん》をつきとめた

ロベルト・コッホ

(1843〜1910年　ドイツ)

もし私《わたし》の努力《どりょく》がよりよい形《かたち》でみのったとしたら、
それは、いろいろさまよい歩《ある》く中《なか》で、
宝《たから》が眠《ねむ》る道《みち》をたまたま通《とお》ったからにすぎない。

1874年《ねん》ごろ、ヨーロッパの農民《のうみん》たちは炭疽病《たんそびょう》で悩《なや》んでいました。炭疽病《たんそびょう》というのは、おもに家畜《かちく》がかかる伝染病《でんせんびょう》で、炭疽病《たんそびょう》がはやると、その地域《ちいき》の家畜《かちく》が全滅《ぜんめつ》してしまうこともあります。家畜《かちく》から人間《にんげん》にうつることもあり、人間《にんげん》にうつると、高《たか》い確率《かくりつ》で死《し》んでしまう、おそろしい病気《びょうき》でした。

私《わたし》が医者《いしゃ》をしていたドイツの村《むら》でも炭《たん》疽病《そびょう》がはやっていました。私《わたし》はなんとかその病気《びょうき》を食《く》い止《と》めたかった。まともな研究施設《けんきゅうしせつ》も道具《どうぐ》もありませんでしたし、科学的《かがくてき》な意見《いけん》を相談《そうだん》できる同僚《どうりょう》もいませんでしたが、私《わたし》はとにかく、手《て》に入《はい》るだけの道具《どうぐ》を利用《りよう》して、炭疽病《たんそびょう》の研究《けんきゅう》を始《はじ》めたのです。

まず、顕微鏡《けんびきょう》で病気《びょうき》のヒツジやウシの血液《けつえき》を調《しら》べると、細《ほそ》い棒《ぼう》のような形《かたち》をした細菌《さいきん》を発見《はっけん》しました。私《わたし》はこの細菌《さいきん》が病気《びょうき》をおこすのだと考《かんが》え、「炭疽菌《たんそきん》」と名《な》づけました。そのあと、それを証明《しょうめい》するために、病気《びょうき》で死《し》んだ家畜《かちく》からとった血《ち》と、健康《けんこう》な家畜《かちく》からとった血《ち》をそれぞれネズミに注射《ちゅうしゃ》し、ネズミのようすを観《かん》察《さつ》するという実験《じっけん》をくりかえしたのです。結果《けっか》、病気《びょうき》で死《し》んだ家畜《かちく》の血《ち》を注射《ちゅうしゃ》したネズミは、よく日《じつ》には全滅《ぜんめつ》し、健康《けんこう》な家《か》畜《ちく》の血《ち》を注射《ちゅうしゃ》したネズミはピンピンしていました。また、炭疽菌《たんそきん》を培養《ばいよう》してふやし、それを直接《ちょくせつ》ネズミに注射《ちゅうしゃ》してみたら、やはりネズミは死《し》にました。こうして、炭疽病《たんそびょう》がこの細菌《さいきん》によっておこることが証明《しょうめい》されたのです。この菌《きん》は世界《せかい》ではじめて、病気《びょうき》をおこす原因《げんいん》と証明《しょうめい》された細《さい》菌《きん》となりました。

その後《ご》も私《わたし》は病原菌《びょうげんきん》の研究《けんきゅう》をつづけ、敗血症《はいけつしょう》というおそろしい病気《びょうき》の原因《げんいん》が細《さい》菌《きん》であることを解明《かいめい》したり、当時《とうじ》世界《せかい》でもっともおそれられていた結核《けっかく》やコレラの病原菌《びょうげんきん》を発見《はっけん》しました。さらに、感染《かんせん》病《びょう》の病原体《びょうげんたい》をあきらかにするための方法《ほうほう》「コッホの法則《ほうそく》」を考《かんが》えて、感染病《かんせんびょう》の予《よ》防《ぼう》と治療《ちりょう》にとても役《やく》に立《た》ったのですよ。

12月
11日
の偉人

医学

この日《ひ》に生《う》まれた有名人《ゆうめいじん》

ジョージ・メイソン(アメリカ建国《けんこく》の父《ちち》)／岩崎弥太郎《いわさきやたろう》(三菱財閥《みつびしざいばつ》の創始者《そうししゃ》)
谷村新司《たにむらしんじ》(ミュージシャン)／宮崎美子《みやざきよしこ》(女優《じょゆう》)／2代目林家三平《だいめはやしやさんぺい》(落語家《らくごか》)

日本《にほん》を自立《じりつ》した国《くに》にしようと力《ちから》をつくした

福沢諭吉《ふくざわゆきち》

（1835〜1901年　日本）

天《てん》は人《ひと》の上《うえ》に人《ひと》をつくらず、人《ひと》の下《した》に人《ひと》をつくらず。

私《わたし》は江戸《えど》時代《じだい》の終《お》わりに、中津藩《なかつはん》（今《いま》の大分県《おおいたけん》）の下級武士《かきゅうぶし》の家《いえ》に生《う》まれました。小《ちい》さいころは勉強《べんきょう》になどまったく興《きょう》味《み》がありませんでしたが、14歳《さい》ぐらいから漢学《かんがく》の本《ほん》を読《よ》みはじめたら、それがとてもおもしろかったのです。それからは本《ほん》をむさぼり読《よ》んで、誰《だれ》よりも学問《がくもん》が得《と》意《い》になりました。このころから、本人《ほんにん》の実力《じつりょく》よりも身分《みぶん》が優先《ゆうせん》される制度《せいど》をおかしいと思《おも》うようになりました。父《ちち》は儒学《じゅがく》の学者《がくしゃ》で優秀《ゆうしゅう》な人《ひと》でしたが、身分《みぶん》が低《ひく》い武士《ぶし》だったために、藩《はん》の中《なか》ではつまらない仕事《しごと》しかさせてもらえませんでした。私《わたし》は、身分《みぶん》で人《ひと》が判断《はんだん》されるような制度《せいど》をなんとか変《か》えたいと思《おも》いました。そこで西洋《せいよう》の学問《がくもん》である蘭学《らんがく》を学《まな》ぶために、長崎《ながさき》にいくことにしたのです。

長崎《ながさき》と、それから大阪《おおさか》の適塾《てきじゅく》で、蘭学《らんがく》をてってい的《てき》に学《まな》びました。適塾《てきじゅく》では、実力《じつりょく》がみとめられ、塾《じゅく》のリーダーにもなりました。その後《ご》、江戸《えど》に出《で》て蘭学塾《らんがくじゅく》をひらき、若者《わかもの》の教育《きょういく》にあたりました。このころおこなった横浜見物《よこはまけんぶつ》で、私《わたし》の人生《じんせい》はずいぶん変《か》わることになります。ちょうど日本《にほん》とアメリカが国交《こっこう》をむすんだときで、横浜《よこはま》には外国人《がいこくじん》がたくさんいたのですが、私《わたし》の話《はな》すオランダ語《ご》が、まったく通《つう》じなかったのです。当然《とうぜん》ですよね、相手《あいて》はアメリカ人《じん》なのですから。これからは英語《えいご》の時代《じだい》がくる――私《わたし》はそう考《かんが》え、すぐに独学《どくがく》で英語《えいご》を勉強《べんきょう》しはじめました。日本《にほん》でいちばん早《はや》く英語《えいご》の勉強《べんきょう》を始《はじ》めたひとりだったと思《おも》います。

そして、幕府《ばくふ》が海外《かいがい》に視察団《しさつだん》を送《おく》ったときは、通訳《つうやく》として活躍《かつやく》しました。帰国《きこく》してからは、西洋《せいよう》のようすや文化《ぶんか》をつぎつぎに本《ほん》にして、日本《にほん》に紹介《しょうかい》しました。教育《きょういく》にも力《ちから》を入《い》れました。学問《がくもん》の大切《たいせつ》さを人々《ひとびと》に広《ひろ》めようとして書《か》いたのが『学《がく》問《もん》のすゝめ』です。上《うえ》に出《で》ていることばは、その本《ほん》の中《なか》の文章《ぶんしょう》ですが、これにはつづきがあります。このつづきでは、人《ひと》はもともとは平等《びょうどう》だけれど、じっさいは、学《まな》ぶか、学《まな》ばないかで、人《ひと》は賢《かしこ》くもなるし、おろかにもなるといっているのですよ。そこまで、ぜひちゃんと読《よ》んでくださいね。

12月
12日
の偉人

社会

この日《ひ》に生《う》まれた有名人《ゆうめいじん》

ウィリアム・ロイド・ガリソン（奴隷制廃止運動家《どれいせいはいしうんどうか》）／エドヴァルド・ムンク（画家《がか》）
フランク・シナトラ（歌手《かしゅ》）／平愛梨《たいらあいり》（女優《じょゆう》）／貫地谷《かんじや》しほり（女優《じょゆう》）

真実《しんじつ》を書《か》く文学《ぶんがく》を日本《にほん》でつくりあげた

田山花袋《たやまかたい》

（1872～1930年　日本）

毎日《まいにち》はいても、落《お》ち葉《ば》がたまる。これがとりもなおさず人生《じんせい》である。

私《わたし》は5歳《さい》のとき、西南戦争《せいなんせんそう》で政府軍《せいふぐん》に入《はい》っていた父親《ちちおや》を亡《な》くしました。そのため、幼《おさな》いころから本屋《ほんや》などに住《す》みこみで働《はたら》きながら学校《がっこう》へかよっていました。学校《がっこう》で学《まな》ぶかたわら、漢学《かんがく》の塾《じゅく》にもかよい、勉強《べんきょう》にはげみ、自分《じぶん》で漢詩《かんし》をつくって、雑誌《ざっし》に投稿《とうこう》したりしていました。文学《ぶんがく》が好《す》きだったのです。

14歳《さい》のとき、兄《あに》といっしょに、生《う》まれ故郷《こきょう》の群馬《ぐんま》から東京《とうきょう》に出《で》ました。このころにはもう、将来《しょうらい》は小説家《しょうせつか》になろうと決《き》めていました。そして、小説《しょうせつ》を読《よ》んで尊敬《そんけい》していた尾崎紅葉先生《おざきこうようせんせい》をたずねて、弟子《でし》にしてもらったのです。

最初《さいしょ》は田園風景《でんえんふうけい》を詩《し》にしたり、農村《のうそん》を舞台《ぶたい》にした恋愛小説《れんあいしょうせつ》を書《か》いたりしていましたが、しだいにヨーロッパの文学《ぶんがく》に興《きょう》味《み》をもつようになり、外国《がいこく》の小説《しょうせつ》を読《よ》みはじめました。とくに、フランスの自然《しぜん》主義文学《しゅぎぶんがく》——人間《にんげん》のありのままの姿《すがた》を描《えが》く小説《しょうせつ》にひかれていったのです。

その後《ご》、みずからの弱《よわ》い心《こころ》をさらけだした『蒲団《ふとん》』を発表《はっぴょう》しました。この作品《さくひん》は、日本《にほん》の自然主義文学《しぜんしゅぎぶんがく》をつくりあげたといわれ、大《おお》きな話題《わだい》になりました。この小説《しょうせつ》はまた、日本《にほん》で最初《さいしょ》の私小説《ししょうせつ》だともいわれています。

私小説《ししょうせつ》というのは、作者《さくしゃ》がじっさいに体験《たいけん》したことを書《か》いた小説《しょうせつ》のことです。有名《ゆうめい》な私小説《ししょうせつ》としては、ノーベル文学賞《ぶんがくしょう》作家《さっか》の川端康成《かわばたやすなり》さんの『伊豆《いず》の踊子《おどりこ》』や、同《おな》じくノーベル文学賞作家《ぶんがくしょうさっか》の大江健三郎《おおえけんざぶろう》さんの『個人的《こじんてき》な体験《たいけん》』、三島由紀夫《みしまゆきお》さんの『仮面《かめん》の告白《こくはく》』、村上龍《むらかみりゅう》さんの『限《かぎ》りなく透明《とうめい》に近《ちか》いブルー』などがあります。空想《くうそう》やウソを排除《はいじょ》して、真実《しんじつ》を書《か》こうとした小説《しょうせつ》なのです。

その後《ご》、私《わたし》が始《はじ》めた自然主義文学《しぜんしゅぎぶんがく》や私《し》小説《しょうせつ》は、日本《にほん》の文学《ぶんがく》の中《なか》でも、大《おお》きなジャンルとなって、たくさんの作家《さっか》が書《か》き、またたくさんの人《ひと》に読《よ》まれたのですよ。

12月
13日
の偉人

文化

この日《ひ》に生《う》まれた有名人《ゆうめいじん》

ハインリヒ・ハイネ（詩人《しじん》）／仲代達矢《なかだいたつや》（俳優《はいゆう》）
織田裕二《おだゆうじ》（俳優《はいゆう》）／妻夫木聡《つまぶきさとし》（俳優《はいゆう》）／横峯《よこみね》さくら（プロゴルファー）

さまざまな謎《なぞ》の予言《よげん》を残《のこ》した

ノストラダムス

（1503〜1566年　フランス）

1999年《ねん》7の月《つき》、恐怖《きょうふ》の大王《だいおう》が天《てん》よりおりたつ。

私《わたし》は今《いま》から500年《ねん》も前《まえ》にフランスで生《い》きていた、医者《いしゃ》であり、占《うらな》い師《し》です。

南《みなみ》フランスの小《ちい》さな町《まち》に生《う》まれた私《わたし》は、15歳《さい》ごろから大学《だいがく》にかよって、基本的《きほんてき》な学問《がくもん》（論理学《ろんりがく》や数学《すうがく》、天文学《てんもんがく》、音楽《おんがく》など）を学《まな》びました。ですが、当時《とうじ》、ペストという伝染病《でんせんびょう》が流行《りゅうこう》していたため、大学《だいがく》の授業《じゅぎょう》がしばらく中止《ちゅうし》され、私《わたし》はそれから8年《ねん》のあいだ、ヨーロッパを放浪《ほうろう》することになりました。医学《いがく》や占星術《せんせいじゅつ》に興味《きょうみ》をもち、勉強《べんきょう》しはじめたのは、ちょうどこのころです。

その後《ご》、大学《だいがく》で医学《いがく》を学《まな》び、医者《いしゃ》になりました。けれど、医者《いしゃ》としての仕事《しごと》をするかたわら、占星術《せんせいじゅつ》の研究《けんきゅう》もつづけていたのです。1550年《ねん》ごろから、つぎの1年《ねん》の予言《よげん》を書《か》いた『暦書《れきしょ》』の出版《しゅっぱん》を始《はじ》めました。この『暦書《れきしょ》』は大変《たいへん》な評判《ひょうばん》となって、イギリスやイタリア、オランダなどでも翻訳《ほんやく》され、出版《しゅっぱん》されるようになるのです。その後《ご》、私《わたし》は1年先《ねんさき》のことではなく、もっと未来《みらい》について予言《よげん》してみることにしました。そうして発表《はっぴょう》したのが、『ミシェル・ノストラダムス師《し》の予言集《よげんしゅう》』です。この本《ほん》には、4行《ぎょう》の詩《し》が642篇《へん》入《はい》っています。それぞれが未《み》来《らい》の出来事《できごと》を予言《よげん》しているという人《ひと》と、詩《し》はあくまで文学作品《ぶんがくさくひん》だという人《ひと》と、うけとり方《かた》はさまざまです。予言《よげん》の中《なか》でも、もっとも有名《ゆうめい》なのは——、

1999年《ねん》、7の月《つき》
恐怖《きょうふ》の大王《だいおう》が天《てん》よりおりたつ
アンゴルモワの大王《だいおう》をよみがえらせ
マルスの前後《ぜんご》に首尾《しゅび》よく支配《しはい》するために

という詩《し》です。これは地球《ちきゅう》の滅亡《めつぼう》を予《よ》言《げん》しているといわれて大《おお》さわぎになりました。1999年《ねん》7月《がつ》には、なにもおこりませんでしたが、さあ、どうなのでしょう。詩《し》をどう読《よ》んで、どう解釈《かいしゃく》するかで、意味《いみ》はぜんぜん変《か》わるのですからね。

12月
14日
の偉人

社会

この日《ひ》に
生《う》まれた
有名人《ゆうめいじん》

ティコ・ブラーエ（天文学者《てんもんがくしゃ》）／植芝盛平《うえしばもりへい》（合気道創始者《あいきどうそうししゃ》）
ジェーン・バーキン（女優《じょゆう》）／錦野旦《にしきのあきら》（歌手《かしゅ》）／マイケル・オーウェン（サッカー選手《せんしゅ》）

放射能《ほうしゃのう》を発見《はっけん》した物理学者《ぶつりがくしゃ》

アンリ・ベクレル

（1852〜1908年　フランス）

私《わたし》がこの目《め》で見《み》たことは常識《じょうしき》をこえているが、非常《ひじょう》に重要《じゅうよう》な真実《しんじつ》なのだ。

私《わたし》はフランスの、代々学者《だいだいがくしゃ》の家《いえ》に生《う》まれました。祖父《そふ》も父《ちち》も科学者《かがくしゃ》で、私《わたし》も大学《だいがく》で、科学《かがく》や工学《こうがく》を学《まな》んだのです。

大学《だいがく》を卒業《そつぎょう》したあとは、自然科学博物館《しぜんかがくはくぶつかん》の館長《かんちょう》や大学《だいがく》の先生《せんせい》をしながら、研究《けんきゅう》をつづけていました。私《わたし》が大学《だいがく》で教《おし》えていたころ、ドイツのレントゲンという人《ひと》が、X線《せん》というふしぎな光《ひかり》を発見《はっけん》しました。このニュースはまたたくまに世界《せかい》じゅうをかけめぐり、多《おお》くの研究者《けんきゅうしゃ》がX線《せん》の研究《けんきゅう》に熱中《ねっちゅう》しました。私《わたし》も、その中《なか》のひとりでした。

私《わたし》は、電磁波《でんじは》の仲間《なかま》である光《ひかり》を物質《ぶっしつ》にあてたら、その物質《ぶっしつ》からも、X線《せん》が出《で》るのではないかと考《かんが》えたのです。それで、父《ちち》からもらったウラン鉱物《こうぶつ》（ウランという元素《げんそ》が入《はい》った塩《しお》）に太陽《たいよう》の光《ひかり》をあてて、X線《せん》が出《で》るかどうかを観察《かんさつ》する実験《じっけん》を始《はじ》めました。けれども、天気《てんき》の悪《わる》い日《ひ》がつづいて、実験《じっけん》は思《おも》うように進《すす》みませんでした。天気《てんき》がよくなって実験《じっけん》ができるようになるまで、私《わたし》は写真乾板《しゃしんかんばん》とウラン鉱物《こうぶつ》を黒《くろ》い紙《かみ》につつみ、同《おな》じ机《つくえ》の引《ひ》きだしに入《い》れておきました。すると、数日後《すうじつご》、なんと写真乾板《しゃしんかんばん》が光《ひかり》があたったように変化《へんか》していたのです。太陽《たいよう》の光《ひかり》がなくても、乾板《かんばん》に変化《へんか》があったのです。つまり、ウラン鉱物《こうぶつ》そのものから光線《こうせん》が出《で》ていたということです。これが、放射能《ほうしゃのう》（放射線《ほうしゃせん》を出《だ》す力《ちから》）と、放射性物質《ほうしゃせいぶっしつ》（放射能《ほうしゃのう》がある物質《ぶっしつ》）の発見《はっけん》でした。1903年《ねん》、私《わたし》はこの発見《はっけん》により、キュリー夫妻《ふさい》とともにノーベル賞《しょう》を受賞《じゅしょう》しました。

もし、天気《てんき》がいい日《ひ》がつづいていたら、私《わたし》は放射能《ほうしゃのう》を発見《はっけん》できなかったかもしれません。私《わたし》が放射能《ほうしゃのう》を発見《はっけん》できたのは、ぐうぜんだったかもしれません。でも、そのとき一生懸命研究《いっしょうけんめいけんきゅう》と実験《じっけん》をつづけていたから、放射能《ほうしゃのう》を発見《はっけん》できる幸運《こううん》に恵《めぐ》まれたのです。自分《じぶん》のやるべきことをがんばってやっていれば、運《うん》さえも味方《みかた》にすることができるんですね。

12月

15日

の偉人

科学

この日《ひ》に生《う》まれた有名人《ゆうめいじん》

ネロ（ローマ皇帝《こうてい》）／ギュスターヴ・エッフェル（建築家《けんちくか》）
いわさきちひろ（画家《がか》・絵本作家《えほんさっか》）／谷川俊太郎《たにかわしゅんたろう》（詩人《しじん》）／高橋克典《たかはしかつのり》（俳優《はいゆう》）

明治《めいじ》の文学界《ぶんがくかい》に一時代《いちじだい》をきずいた作家《さっか》

尾崎紅葉《おざきこうよう》

（1868～1903年　日本）

**私《わたし》たちは水《みず》でおぼれもするが、
私《わたし》たちを生《い》かしてくれるのも、水《みず》である。**

みなさんは、「来年《らいねん》の今月今夜《こんげつこんや》になったならば、僕《ぼく》の涙《なみだ》でかならず月《つき》は曇《くも》らせてみせる」ということばをきいたことはありませんか？　これは、私《わたし》が書《か》いた『金色夜叉《こんじきやしゃ》』という小説《しょうせつ》の中《なか》の有名《ゆうめい》なことばで、貫一《かんいち》という主人公《しゅじんこう》が恋人《こいびと》のお宮《みや》にいったものです。『金色夜叉《こんじきやしゃ》』は、お金《かね》で買《か》えない愛《あい》について書《か》いた小説《しょうせつ》で、ベストセラーになりました。

若《わか》かったころ、私《わたし》は父《ちち》が嫌《きら》いでした。根《ね》つけ（ストラップについている飾《かざ》りのようなもの）の職人《しょくにん》だった父《ちち》は、お金《かね》をかせぐために、料亭《りょうてい》などで宴会《えんかい》の席《せき》をもりあげる「太鼓《たいこ》もち」もしていました。そんな父《ちち》が恥《は》ずかしくてしようがなかったのです。でも、その父《ちち》がかせいだお金《かね》で、私《わたし》は大学《だいがく》へ進《すす》めました。

大学《だいがく》のころ、作家《さっか》を志《こころざ》すようになりました。友人《ゆうじん》と、文学《ぶんがく》を研究《けんきゅう》する結社《けっしゃ》をつくり、『我楽多文庫《がらくたぶんこ》』という雑誌《ざっし》を創刊《そうかん》すると、これが好評《こうひょう》となりました。そして、『二人比丘尼色懺悔《ににんびくにいろざんげ》』という小説《しょうせつ》で、作家《さっか》としてデビューしたのです。

私《わたし》は小説《しょうせつ》を書《か》くとき、何度《なんど》も何度《なんど》も書《か》きなおして、いちばんいいことばや文章《ぶんしょう》を考《かんが》えていました。だから、書《か》くのが遅《おそ》いことで有名《ゆうめい》でした。『金色夜叉《こんじきやしゃ》』を書《か》きはじめたときは、とにかく執筆《しっぴつ》が進《すす》まないので、自宅《じたく》ではダメだと思《おも》い、わざわざ友人《ゆうじん》の家《いえ》までいきました。机《つくえ》を屏風《びょうぶ》でかこってもらったりしたけれど、1日《にち》で書《か》けたのはけっきょく3行《ぎょう》だけで、友人《ゆうじん》から笑《わら》われたものです。ですが、私《わたし》の書《か》いた文章《ぶんしょう》はとても美《うつく》しいといわれていました。華麗《かれい》な文章《ぶんしょう》で、人間《にんげん》の真実《しんじつ》の姿《すがた》を書《か》いたことで、評価《ひょうか》されたのです。

私《わたし》は病気《びょうき》のため、35歳《さい》でこの世《よ》を去《さ》りました。最後《さいご》の作品《さくひん》である『金色夜叉《こんじきやしゃ》』は、「未完成《みかんせい》」することができませんでしたが、「未《み》完《かん》の大作《たいさく》」といわれ、私《わたし》の代表作《だいひょうさく》になりました。その後《ご》、何度《なんど》もお芝居《しばい》やテレビドラマ、映画《えいが》になっています。この小説《しょうせつ》の舞台《ぶたい》になった熱海《あたみ》には主人公《しゅじんこう》の「貫一《かんいち》・お宮《みや》」の銅像《どうぞう》もあるのですよ。

12月
16日
の偉人

文化

この日《ひ》に生《う》まれた有名人《ゆうめいじん》

ジェーン・オースティン（作家《さっか》）／マーガレット・ミード（文化人類学者《ぶんかじんるいがくしゃ》）
アーサー・C・クラーク（SF作家《さっか》）／服部幸應《はっとりゆきお》（料理研究家《りょうりけんきゅうか》）／松山千春《まつやまちはる》（ミュージシャン）

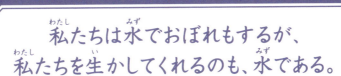

音楽家《おんがくか》の地位《ちい》を芸術家《げいじゅつか》におしあげた

ルートヴィヒ・ヴァン ベートーヴェン

（1770〜1827年　ドイツ）

希望《きぼう》よ、おまえは心《こころ》を鉄《てつ》にきたえてくれる。

みなさんも私《わたし》のいかめしい顔《かお》をご存《ぞん》じでしょう。私《わたし》は、「ジャジャジャジャーン」で知《し》られる交響曲第《こうきょうきょくだい》5番《ばん》「運命《うんめい》」や、年末《ねんまつ》によく歌《うた》われる交響曲第《こうきょうきょくだい》9番《ばん》（通称第《つうしょうだい》9）をつくった作曲家《さっきょくか》です。「運命《うんめい》」のような熱情《ねつじょう》こもる曲《きょく》だけではなく、「エリーゼのために」や「月光《げっこう》」のようなきれんな曲《きょく》も有名《ゆうめい》です。

私《わたし》の家《いえ》は代々《だいだい》、音楽家《おんがくか》でした。父《ちち》も宮廷歌手《きゅうていかしゅ》だったのですが、才能《さいのう》がなく、お酒《さけ》を飲《の》んでばかりで、ほとんど仕事《しごと》をしていませんでした。かわりに、父《ちち》は、私《わたし》を、当時話題《とうじわだい》になっていた神童《しんどう》モーツァルトのようにしようとします。私《わたし》は幼《おさな》いころから、きびしい音楽《おんがく》のスパルタ教育《きょういく》をうけました。一時《いちじ》は音楽《おんがく》がとても嫌《きら》いになったほどです。

その後《ご》、私《わたし》は7歳《さい》で演奏家《えんそうか》としてデビューをかざりました。そして、10代《だい》のころにはもう、父《ちち》にかわって家計《かけい》をささえていました。少年演奏家《しょうねんえんそうか》として活躍《かつやく》をつづけながら、私《わたし》は作曲《さっきょく》もするようになっていきました。23歳《さい》のときに、はじめて作品《さくひん》を発表《はっぴょう》しましたが、このころから、耳《みみ》がきこえにくくなってきたのです。28歳《さい》のころ、耳《みみ》の具合《ぐあい》はひどくなり、30歳《さい》をむかえるときには、もうほとんどきこえなくなってしまいました。私《わたし》は絶望《ぜつぼう》しました。

音楽家《おんがくか》の命《いのち》でもある耳《みみ》がきこえなくなってしまったのですからね。死《し》のうとも思《おも》いました。しかし、私《わたし》は負《ま》けませんでした。耳《みみ》がきこえなくても心《こころ》と頭《あたま》でメロディはつくれると、思《おも》いなおしたのです。それからというもの、私《わたし》は演奏活動《えんそうかつどう》をやめ、作曲《さっきょく》に力《ちから》をそそぎました。そして、多《おお》くの名曲《めいきょく》を生《う》みだしたのです。

私《わたし》は、一般《いっぱん》の人《ひと》たちにむけて、曲《きょく》をつくりました。それまでの作曲家《さっきょくか》は、貴族《きぞく》に雇《やと》ってもらって、その貴族《きぞく》のために曲《きょく》をつくっていたのですが、私《わたし》はそれをしませんでした。作曲家《さっきょくか》はりっぱな芸術家《げいじゅつか》だと、誇《ほこ》りをもっていたからです。だから、私《わたし》のつくる曲《きょく》は生命力《せいめいりょく》にあふれ、たくさんの人《ひと》の心《こころ》に響《ひび》くのですよ。

12月
17日
の偉人

芸術

この日《ひ》に生《う》まれた有名人《ゆうめいじん》

ハンフリー・デイヴィー（化学者《かがくしゃ》）／勅使河原蒼風《てしがはらそうふう》（いけばな草月流初代家元《そうげつりゅうしょだいいえもと》）
假屋崎省吾《かりやざきしょうご》（華道家《かどうか》）／TARAKO（声優《せいゆう》）／有森裕子《ありもりゆうこ》（マラソン選手《せんしゅ》）

赤痢菌《せきりきん》を発見《はっけん》して多《おお》くの命《いのち》を救《すく》った医師《いし》

志《し》賀《が》潔《きよし》

（1871～1957年　日本）

人《ひと》が病気《びょうき》にならない研究《けんきゅう》をしよう。

私《わたし》は明治時代《めいじじだい》になってまもなく、宮城《みやぎ》県《けん》の仙台《せんだい》で生《う》まれました。幼《おさな》いころは、日本《にほん》じゅうが「文明開化《ぶんめいかいか》をしよう！」とうかれさわぎ、西洋《せいよう》の文明《ぶんめい》をどんどんとりいれている時期《じき》でした。中学《ちゅうがく》に進《すす》んだころ、私《わたし》も福沢諭吉《ふくざわゆきち》さんの書《か》いた『西洋《せいよう》事情《じじょう》』や『学問《がくもん》のすゝめ』などを読《よ》んでは、遠《とお》い西洋《せいよう》の文明国《ぶんめいこく》にあこがれ、学問《がくもん》をする決意《けつい》をかためていたものです。

ちょうどそのころ、代々《だいだい》医者《いしゃ》をしていた母《はは》の実家《じっか》をつぐことになりました。私《わたし》は大学《だいがく》の医学部《いがくぶ》へ進《すす》みました。大学《だいがく》を卒《そつ》業《ぎょう》してからは、伝染病研究所《でんせんびょうけんきゅうじょ》に入《はい》って、細菌《さいきん》の研究《けんきゅう》を始《はじ》めたのです。当時《とうじ》、細菌《さいきん》学《がく》はまだ始《はじ》まったばかりの分野《ぶんや》でした。私《わたし》も大学《だいがく》のときは、顕微鏡《けんびきょう》で細菌《さいきん》をちょっと見《み》たことがあるくらいで、まったく知識《ちしき》はありませんでした。研究所《けんきゅうじょ》に入《はい》ってから、一《いち》から勉強《べんきょう》したようなものです。

私《わたし》が研究所《けんきゅうじょ》に入《はい》った年《とし》、関東地方《かんとうちほう》に、赤《せき》痢《り》というおそろしい病気《びょうき》が流行《りゅうこう》していました。赤痢《せきり》にかかると、高熱《こうねつ》が出《で》て、はげしい下痢《げり》をします（便《べん》に血《ち》がまじることが多《おお》かったので、赤痢《せきり》とよばれていたのです）。ひどくなると、命《いのち》を落《お》としてしまいます。細菌《さいきん》が原因《げんいん》だろうということはなんとなくわかっていたのですが、その細菌《さいきん》が特定《とくてい》できなかったので、予防《よぼう》も治療《ちりょう》もおこなえないでいたのです。

私《わたし》は研究室《けんきゅうしつ》にとまりこんで、顕微鏡《けんびきょう》で患者《かんじゃ》の便《べん》をしらみつぶしに観察《かんさつ》しました。何《なん》か月《げつ》も、毎日毎日《まいにちまいにち》、観察《かんさつ》しました。そして、ついに、健康《けんこう》な人《ひと》の便《べん》にはない細《さい》菌《きん》を発見《はっけん》したのです。それが赤痢菌《せきりきん》だと確認《かくにん》するまでにも、大変《たいへん》な時間《じかん》がかかりました。私《わたし》が赤痢菌《せきりきん》を発見《はっけん》したことで、赤痢《せきり》の治療《ちりょう》はどんどん進《すす》み、赤痢《せきり》で死《し》ぬ人《ひと》はほとんどいなくなりました。

もともと私《わたし》は科学者《かがくしゃ》として才能《さいのう》に恵《めぐ》まれていたわけではありません。どちらかというと、マイペースでのろまだった私《わたし》が、ねばり強《づよ》い努力《どりょく》を重《かさ》ねて、医学《いがく》の発《はっ》展《てん》に役立《やくだ》つことができたのは、とても幸《しあわ》せなことだったと思《おも》います。

12月
18日
の偉人

医学

この日《ひ》に生《う》まれた有名人《ゆうめいじん》

スティーヴン・スピルバーグ（映画監督《えいがかんとく》）／ブラッド・ピット（俳優《はいゆう》）
藤本敏史《ふじもととしふみ》《FUJIWARA》（お笑《わら》い芸人《げいにん》）／小雪《こゆき》（女優《じょゆう》）／安藤美姫《あんどうみき》（フィギュアスケート選手《せんしゅ》）

路上《ろじょう》で生《う》まれた世界《せかい》の歌姫《うたひめ》

エディット・ピアフ

（1915～1963年　フランス）

私《わたし》の音楽学校《おんがくがっこう》は街角《まちかど》なの。

私《わたし》はフランスのパリのとてもまずしい地域《ちいき》で生《う》まれたの。父《ちち》は大道芸人《だいどうげいにん》で、母《はは》はカフェで歌《うた》を歌《うた》っていたわ。私《わたし》をうんだときはたったの17歳《さい》だった。赤《あか》ちゃんを育《そだ》てられるほどの大人《おとな》じゃなかったのね。母《はは》は私《わたし》をすてた。父《ちち》も私《わたし》を親《しん》せきの家《いえ》にあずけっぱなし。私《わたし》はいつもひとりぼっちで、親《しん》せきの家《いえ》から親《しん》せきの家《いえ》へたらいまわしにされて育《そだ》ったわ。ゆいいつの友《とも》だちは、街《まち》に流《なが》れているはやりの歌《うた》だった。私《わたし》は歌《うた》を歌《うた》って、さびしさをまぎらわしていたのよ。

そして、13歳《さい》のとき、私《わたし》はパリの道《みち》ばたで歌《うた》を歌《うた》う仕事《しごと》を始《はじ》めた。親《しん》せきの家《いえ》で気《き》をつかいながらくらすのは、もううまっぴらだったから。道《みち》ばたで歌《うた》を歌《うた》い、立《た》ち止《ど》まってきいてくれている人《ひと》たちに、古《ふる》ぼけた帽子《ぼうし》をまわして、中《なか》に小銭《こぜに》を入《い》れてもらったの。いそがしく歩《ある》いている人《ひと》たちをどうしたら立《た》ち止《ど》まらせることができるか、どうしたら歌《うた》をきいてもらえるか、どうしたら感動《かんどう》させてお金《かね》を払《はら》ってもらえるか、私《わたし》は歌《うた》いながら、学《まな》んでいったのよ。

何年《なんねん》もそんな生活《せいかつ》をつづけたあとで、ナイトクラブから声《こえ》がかかって、はじめて屋根《やね》がある場所《ばしょ》で歌《うた》えるようになった。たった1着《ちゃく》しかなかったシンプルな黒《くろ》いドレスを身《み》にまとって、全身《ぜんしん》を使《つか》って、ありったけのエネルギーで、歌《うた》いあげたわ。そんな歌《うた》い方《かた》をする人《ひと》はいなかったから、最初《さいしょ》はとまどわれたけれど、だんだん人気《にんき》が出《で》てきたの。そして、人気《にんき》はパリからヨーロッパ、アメリカへ――世《せ》界《かい》じゅうへと広《ひろ》がっていった。

私《わたし》はガンになって、47歳《さい》でこの世《よ》を去《さ》ってしまうのだけれど、お葬式《そうしき》のときは、パリじゅうの店《みせ》がお休《やす》みになって、パリの交通《こうつう》がストップしたそうよ。それだけ、私《わたし》の魂《たましい》をこめた歌《うた》は人々《ひとびと》の心《こころ》を打《う》っていたのでしょうね。

この日《ひ》に生《う》まれた有名人《ゆうめいじん》

富岡鉄斎《とみおかてっさい》（画家《がか》・儒学者《じゅがくしゃ》）／アルバート・マイケルソン（物理学者《ぶつりがくしゃ》）
反町隆史《そりまちたかし》（俳優《はいゆう》）／岩尾望《いわおのぞむ》《フットボールアワー》（お笑《わら》い芸人《げいにん》）／石井慧《いしいさとし》（格闘家《かくとうか》）

日本《にほん》の細菌学《さいきんがく》の父《ちち》

北里柴三郎《きたざとしばさぶろう》

（1853〜1931年　日本）

研究《けんきゅう》だけをやっていたのではだめだ。
それをどうやって世《よ》の中《なか》に役立《やくだ》てるか考《かんが》えよ。

私《わたし》は江戸時代《えどじだい》がもう終《お》わろうというころ、今《いま》の熊本県《くまもとけん》で生《う》まれました。小《ちい》さいころは軍人《ぐんじん》になりたかったのですが、18歳《さい》で熊本医学校《くまもといがっこう》に入《はい》り、医学《いがく》を学《まな》ぶうちに、医者《いしゃ》になろうと決心《けっしん》しました。熊本《くまもと》医学校《いがっこう》を卒業《そつぎょう》すると、東京《とうきょう》に出《で》て、今《いま》の東京大学医学部《とうきょうだいがくいがくぶ》に進《すす》みました。このとき、医者《いしゃ》の本来《ほんらい》の仕事《しごと》は、病気《びょうき》を治《なお》すことではなく、予防《よぼう》することにこそあると、考《かんが》えるようになったのです。けれど、そのころ、日本《にほん》で病気《びょうき》の予防《よぼう》について研究《けんきゅう》できるような場所《ばしょ》はありませんでした。そこで、私《わたし》はドイツに留学《りゅうがく》し、コッホ博士《はかせ》のもとで細菌学《さいきんがく》を学《まな》ぶことになったのです。

下宿《げしゅく》と研究所《けんきゅうじょ》を往復《おうふく》するだけといわれるほど、私《わたし》は研究《けんきゅう》に熱中《ねっちゅう》しました。そして、当時《とうじ》はとてもむずかしいといわれていた破傷風菌《はしょうふうきん》をとりだすことに成功《せいこう》したのです。破傷風菌《はしょうふうきん》というのは、土《つち》の中《なか》にふつうにある菌《きん》ですが、傷口《きずぐち》から人間《にんげん》の体《からだ》に入《はい》ると、毒素《どくそ》を出《だ》して、全身《ぜんしん》をまひさせてしまうのです。ひどい場合《ばあい》は、命《いのち》にかかわります。破傷風《はしょうふう》にかかった人《ひと》からは、かならず同《おな》じ太鼓《たいこ》のバチのような形《かたち》をした細菌《さいきん》が出《で》てきたのですが、ほかの菌《きん》とまじりあっていて、それだけをとりだすことはできないでいました。私《わたし》は自分《じぶん》で工夫《くふう》して装置《そうち》をつくり、その菌《きん》だけとりだしたのです。

そして、とりだした破傷風菌《はしょうふうきん》をうすめたものを動物《どうぶつ》に少《すこ》しずつ注射《ちゅうしゃ》して、抗体《こうたい》（細菌《さいきん》に打《う》ちかつ力《ちから》）をつくることにも成功《せいこう》しました。この抗体《こうたい》を人間《にんげん》に注射《ちゅうしゃ》すると、病気《びょうき》を治《なお》せたり、予防《よぼう》できたりするのです。これは世界《せかい》の医学界《いがくかい》をおどろかせるほどの大発見《だいはっけん》でした。

この発見《はっけん》で、私《わたし》は世界《せかい》じゅうの大学《だいがく》からまねかれましたが、すべてことわって、日本《にほん》に帰《かえ》ってきました。医学《いがく》でおくれをとっていた日本《にほん》で、自分《じぶん》の研究《けんきゅう》を役立《やくだ》てたかったからです。その後《ご》は、伝染病研究所《でんせんびょうけんきゅうじょ》をつくり、伝染病《でんせんびょう》の研究《けんきゅう》と、若《わか》い研究者《けんきゅうしゃ》を育《そだ》てることに、力《ちから》をそそいだのです。

12月20日の偉人

医学

この日《ひ》に生《う》まれた有名人《ゆうめいじん》

片山東熊《かたやまとうくま》（建築家《けんちくか》）／山川均《やまかわひとし》（経済学者《けいざいがくしゃ》）／ユリ・ゲラー（自称超能力者《じしょうちょうのうりょくしゃ》）
野田秀樹《のだひでき》（劇作家《げきさっか》）／荻原健司《おぎわらけんじ》・次晴《つぎはる》（スキー選手《せんしゅ》）

昆虫《こんちゅう》の秘密《ひみつ》を解《と》きあかした

ジャン・アンリ・ファーブル

(1823〜1915年　フランス)

現実《げんじつ》はつねに公式《こうしき》からはみだすものだ。

私《わたし》の名前《なまえ》はみなさん、知《し》っているのではないでしょうか。私《わたし》は『ファーブル昆《こん》虫記《ちゅうき》』を書《か》いた学者《がくしゃ》です。

私《わたし》の家《いえ》はとても貧乏《びんぼう》でした。ですから、私《わたし》は幼《おさな》いころ、いなかで農業《のうぎょう》をしていた祖父《そふ》の家《いえ》にあずけられていました。自然《しぜん》にかこまれ、植物《しょくぶつ》や昆虫《こんちゅう》を身近《みぢか》に感《かん》じて育《そだ》ったのです。

貧乏《びんぼう》だったせいで、家族《かぞく》はバラバラになっていたのですが、私《わたし》は勉強《べんきょう》をつづけたかったので、試験《しけん》をうけて、奨学金《しょうがくきん》をもらうことができました。そうして先生《せんせい》になるための学校《がっこう》にかよい、卒業《そつぎょう》したあと、先生《せんせい》になったのです。

先生《せんせい》の仕事《しごと》をしながら、物理学《ぶつりがく》や数学《すうがく》、博物学《はくぶつがく》などの勉強《べんきょう》をつづけました。そのうち、昆虫《こんちゅう》に対《たい》する興味《きょうみ》がどんどん強《つよ》くなっていきました。そして、昆虫《こんちゅう》の研究《けんきゅう》をして、論文《ろんぶん》を書《か》いては発表《はっぴょう》するようになったのです。

そんなあるとき、事件《じけん》がおこります。教会《きょうかい》で講演《こうえん》をしたときのこと、私《わたし》はめしべとおしべが受粉《じゅふん》して実《み》がなるという話《はなし》をしました。そうしたら、それが教会《きょうかい》で話《はな》す内容《ないよう》としてふさわしくないといわれ、先生《せんせい》の仕事《しごと》までうばわれてしまったのです。生活費《せいかつひ》をかせぐことができなくなった私《わたし》は、小《ちい》さな村《むら》に移《うつ》り、本《ほん》を書《か》いてくらしていくことにしました。本《ほん》を書《か》いてもらえるお金《かね》はわずかで、生活《せいかつ》は苦《くる》しかったのですが、そのいなかの家《いえ》には広《ひろ》い庭《にわ》があって、好《す》きなだけ昆虫《こんちゅう》の研究《けんきゅう》ができました。

それから36年《ねん》ものあいだ、私《わたし》は深《ふか》い愛《あい》情《じょう》をこめて昆虫《こんちゅう》を観察《かんさつ》し、昆虫《こんちゅう》の生活《せいかつ》や本能《ほんのう》、習性《しゅうせい》などを記《しる》した『昆虫記《こんちゅうき》』10巻《かん》を書《か》きあげたのです。私《わたし》はあえて、論文《ろんぶん》ではなく、わかりやすくて楽《たの》しい物語《ものがたり》のように書《か》きました。なるべくたくさんの人《ひと》に、昆虫《こんちゅう》の世界《せかい》のふしぎを知《し》ってほしかったからです。昆虫《こんちゅう》という小《ちい》さい命《いのち》の中《なか》には、ほんとうにたくさんのおどろきがかくされているのですよ。みなさんも、ぜひじっさいに観察《かんさつ》してみてください。

12月
21日
の偉人《いじん》

科学

この日《ひ》に生《う》まれた有名人《ゆうめいじん》

松本清張《まつもとせいちょう》(作家《さっか》)／ハインリッヒ・ベル(作家《さっか》)／フランク・ザッパ(ミュージシャン)
本木雅弘《もときまさひろ》(俳優《はいゆう》)／草野《くさの》マサムネ《スピッツ》(ミュージシャン)

万人《ばんにん》が感動《かんどう》できるオペラをつくった作曲家《さっきょくか》

ジャコモ・プッチーニ

（1858～1924年　イタリア）

芸術《げいじゅつ》は一種《いっしゅ》の病気《びょうき》だ。

私《わたし》の家族《かぞく》は代々《だいだい》、地元《じもと》の大聖堂《だいせいどう》でオルガンをひく教会音楽家《きょうかいおんがくか》で、私《わたし》はその5代《だい》目《め》として生《う》まれました。14歳《さい》のとき、私《わたし》も教会《きょうかい》のオルガン弾《ひ》きとなり、そのまま教会音楽家《きょうかいおんがくか》としての道《みち》を歩《あゆ》むつもりだったのですが、18歳《さい》のときに人生《じんせい》が変《か》わるような体験《たいけん》をしたのです。それは、ヴェルディという作曲家《さっきょくか》がつくった『アイーダ』というオペラを見《み》たことです。ただオペラを見《み》ただけで人生《じんせい》が変《か》わるなんて信《しん》じられませんか？　でも、私《わたし》はそれほど心《こころ》を動《うご》かされ、深《ふか》く感動《かんどう》したのです。その日《ひ》に、私《わたし》はオペラの作曲家《さっきょくか》になろうと決《き》めました。

私《わたし》は、ミラノ音楽院《おんがくいん》に入《はい》って、作曲《さっきょく》を学《まな》びました。はじめてコンクールに応募《おうぼ》したオペラの作品《さくひん》『妖精《ようせい》ビッリ』は落選《らくせん》したのですが、その後《ご》、作品《さくひん》を気《き》に入《い》ってくれた作曲家《さっきょくか》のボイトさんが応援《おうえん》してくれて、劇場《げきじょう》で上演《じょうえん》することができました。すると、これが評判《ひょうばん》となって、そのあと『マノン・レスコー』『トスカ』など、つぎつぎにオペラをつくっていきました。

私《わたし》の代表作《だいひょうさく》は『蝶々夫人《ちょうちょうふじん》』と『トゥーランドット』でしょうか。『蝶々夫人《ちょうちょうふじん》』は日本《にほん》の長崎《ながさき》を舞台《ぶたい》にしたオペラです。長崎《ながさき》のおじょうさん（蝶々《ちょうちょう》さん）とアメリカの軍人《ぐんじん》の恋物語《こいものがたり》なのですが、これが大失敗《だいしっぱい》でね。私《わたし》は初演《しょえん》1回《かい》で、打《う》ち切《き》りました。もちろん、とても落《お》ちこみましたよ。でも、そのまま終《お》わらせるわけにはいきません。私《わたし》は時間《じかん》をかけて手《て》なおしをして、3か月後《げつご》にふたたび発表《はっぴょう》したのです。結果《けっか》はもちろん大成功《だいせいこう》でした。『トゥーランドット』は最後《さいご》の作品《さくひん》で、完成《かんせい》させる前《まえ》に私《わたし》は亡《な》くなったのですが、できあがっていなかった最後《さいご》の部分《ぶぶん》を友《ゆう》人《じん》の作曲家《さっきょくか》がしあげてくれました。

私《わたし》の曲《きょく》は、感情《かんじょう》がほとばしるような、豊《ゆた》かな表現力《ひょうげんりょく》が特徴《とくちょう》です。そのため、芸《げい》術性《じゅつせい》が低《ひく》いと批判《ひはん》する人《ひと》たちもいるのですが、でも、私《わたし》のオペラは、その表現《ひょうげん》の豊《ゆた》かさで、今《いま》でも世界《せかい》じゅうで愛《あい》されているのです。

12月22日の偉人

芸術

この日《ひ》に生《う》まれた有名人《ゆうめいじん》

東郷平八郎《とうごうへいはちろう》（軍人《ぐんじん》）／ジャン・ミシェル・バスキア（画家《がか》）
江原啓之《えはらひろゆき》（スピリチュアルカウンセラー）／国生《こくしょう》さゆり（タレント）／森田《もりた》まさのり（漫画家《まんがか》）

子《こ》どもの健康《けんこう》のためにお菓子《かし》をつくった

江《え》崎《ざき》利《り》一《いち》

（1882〜1980年　日本）

ににんが、ご。

ランナーがゴールインする姿《すがた》のマークがついたお菓子《かし》を見《み》たことはないかい？　私《わたし》は、そのトレードマークで有名《ゆうめい》な江崎《えざき》グリコをつくったんだ。

私《わたし》は、佐賀県《さがけん》の小《ちい》さな薬屋《くすりや》の長男《ちょうなん》として生《う》まれた。家《いえ》がとてもまずしかったので、教科書《きょうかしょ》を買《か》ってもらうこともできず、友《とも》だちからかりた教科書《きょうかしょ》をノートに写《うつ》して使《つか》っていたくらいだ。でも、それがかえっていい勉強《べんきょう》になったんだよ。小学校《しょうがっこう》を卒業《そつぎょう》してからは、家業《かぎょう》の薬屋《くすりや》を手伝《てつだ》い、19歳《さい》のとき、店《みせ》をついだ。

薬屋《くすりや》になってずいぶんたったある日《ひ》、私《わたし》は土手《どて》をとおりかかり、ぐうぜん、漁《りょう》師《し》さんたちがカキをゆでているのを見《み》たんだ。ときどき煮汁《にじる》がわきあがっては、ザーッとふきこぼれていてね。そのとき、以前《いぜん》、読《よ》んだ新聞《しんぶん》記事《きじ》を思《おも》い出《だ》した。カキにはエネルギー代謝《たいしゃ》に大切《たいせつ》なグリコーゲンという栄養《えいよう》がたくさんあるという記《き》事《じ》だった。

そこで、思《おも》いついたんだよ。育《そだ》ちざかりの子《こ》どもたちのためにグリコーゲンを入《い》れた栄養《えいよう》たっぷりのお菓子《かし》をつくってみようとね。そして、当時《とうじ》お菓子《かし》として人気《にんき》が高《たか》まっていたキャラメルにグリコーゲンを入《い》れて、製品《せいひん》にした。でも、体《からだ》にいいということだけでは、ほかの会社《かいしゃ》の商品《しょうひん》に勝《か》つことはできない。だから、「1つぶで300メートル」というキャッチフレーズと、ランナーが元気《げんき》いっぱいにゴールインするトレードマークをつくった。お菓子《かし》の名前《なまえ》も、おぼえやすい「グリコ」にして、さらに、オマケのおもちゃをつけたんだ。子《こ》どもの仕事《しごと》は、食《た》べることと、遊《あそ》ぶことだからね。そうしたら、たちまち子《こ》どもたちのあいだで大人気《だいにんき》になったんだ。

誰《だれ》かに喜《よろこ》んでもらうために、一生懸命《いっしょうけんめい》やるのはあたりまえだ。いわば2×2＝4（ににんが、し）だ。でも、さらに、努力《どりょく》に努力《どりょく》を重《かさ》ねれば、結果《けっか》はあたりまえ以上《いじょう》になる。

2×2＝5（ににんが、ご）にも、6にもなるんだよ。

12月23日の偉人

社会

この日《ひ》に生《う》まれた有名人《ゆうめいじん》

リチャード・アークライト（発明家《はつめいか》）／明仁《あきひと》（第《だい》125代天皇《だいてんのう》）
笑福亭鶴瓶《しょうふくていつるべ》（落語家《らくごか》）／宮部《みやべ》みゆき（作家《さっか》）／山崎《やまざき》まさよし（ミュージシャン）

エネルギーの法則《ほうそく》を発見《はっけん》した独学《どくがく》の人《ひと》

ジェイムズ・プレスコット・ジュール

（1818〜1889年　イギリス）

自然《しぜん》の摂理《せつり》を知《し》ることは、神《かみ》の心《こころ》を知《し》ることである。

　私《わたし》は今《いま》からおよそ200年前《ねんまえ》に、イギリスの北《きた》のほうの町《まち》で生《う》まれました。家《いえ》はビールづくりをしていて、けっこう裕福《ゆうふく》でした。私《わたし》は学校《がっこう》にはいかずに、家《か》庭教師《ていきょうし》をつけてもらって、家《いえ》で勉強《べんきょう》していたのです。そのころから、自然科学《しぜんかがく》に興味《きょうみ》がありました。有名《ゆうめい》な科学者《かがくしゃ》ドルトン先生《せんせい》の授業《じゅぎょう》をうけたこともあります。その先生《せんせい》から、数学《すうがく》や物理学《ぶつりがく》を学《まな》び、そのあとは独学《どくがく》で研究《けんきゅう》に打《う》ちこみました。

　私《わたし》は大学《だいがく》にもいきませんでした。最後《さいご》まで、高等教育《こうとうきょういく》をうけたことはありません。家《いえ》の一室《いっしつ》を実験室《じっけんしつ》にしてもらって、ずっと実験《じっけん》をくりかえしました。最初《さいしょ》におこなったのは、電磁石《でんじしゃく》を使《つか》った電気《でんき》モーターの改良《かいりょう》です。その後《ご》、電気《でんき》と熱《ねつ》の関係《かんけい》について研究《けんきゅう》を始《はじ》めました。そして、「ジュールの法則《ほうそく》」として知《し》られる、電《でん》気《き》と熱《ねつ》の法則《ほうそく》を発見《はっけん》したのです。電気《でんき》トースターを見《み》ればわかりますが、電熱線《でんねっせん》に電流《でんりゅう》を流《なが》すと、熱《あつ》くなりますよね？　たとえば、強《つよ》い電流《でんりゅう》を流《なが》せば、電熱線《でんねっせん》はとても熱《あつ》くなります。電熱線《でんねっせん》に電流《でんりゅう》を流《なが》したとき、どんなふうに熱《あつ》くなるか——それには一定《いってい》の法則《ほうそく》があるのです。その法則《ほうそく》を、私《わたし》は発見《はっけん》したのです。

　私《わたし》はまた、「熱量保存《ねつりょうほぞん》の法則《ほうそく》」という法則《ほうそく》も発見《はっけん》しました。これは、とても大《おお》ざっぱな説明《せつめい》をすると、熱《あつ》いお湯《ゆ》と冷《つめ》たい水《みず》をまぜたとき、熱《あつ》いお湯《ゆ》が失《うしな》った熱《ねつ》量《りょう》は、冷《つめ》たい水《みず》がえた熱量《ねつりょう》と等《ひと》しく、全《ぜん》体《たい》としての熱量《ねつりょう》は変《か》わらないというようなことです。

　そのほかにも、気体《きたい》がふくらむと、温《おん》度《ど》はさがるという現象《げんしょう》の研究《けんきゅう》もしました。この研究《けんきゅう》は、冷蔵庫《れいぞうこ》やクーラーのしくみに利用《りよう》されることになりました。

　大学《だいがく》はおろか、高等学校《こうとうがっこう》にもいっていない私《わたし》が、歴史《れきし》に残《のこ》るような大《おお》きな発見《はっけん》ができたのは、ただただ、強《つよ》い好奇心《こうきしん》と、熱意《ねつい》、あきらめないでつづける忍耐力《にんたいりょく》のおかげだったと思《おも》います。

12月24日の偉人

科学

この日《ひ》に生《う》まれた有名人《ゆうめいじん》

イグナチオ・デ・ロヨラ（イエズス会初代総長《かいしょだいそうちょう》）／ハワード・ヒューズ（実業家《じつぎょうか》）／北川悦吏子《きたがわえりこ》（脚本家《きゃくほんか》）／相葉雅紀《あいばまさき》《嵐《あらし》》（タレント）／石原《いしはら》さとみ（女優《じょゆう》）

万有引力《ばんゆういんりょく》を発見《はっけん》した数学者《すうがくしゃ》

アイザック・ニュートン

（1642~1727年　イギリス）

私《わたし》が価値《かち》ある発見《はっけん》をできたのは、
才能《さいのう》があったからではない。ただただじっと
注意《ちゅうい》を払《はら》いつづけていたからだ。

みなさん、私《わたし》のことはご存《ぞん》じですよね。そう、「万有引力《ばんゆういんりょく》の法則《ほうそく》」で有名《ゆうめい》なニュートンです。万有引力《ばんゆういんりょく》とはなにかって？　それは、重《おも》さのあるモノはすべて、ほかのモノを引《ひ》きよせる力《ちから》があるということです。たとえば、リンゴが木《き》から落《お》ちるのは地球《ちきゅう》に引《ひ》っぱられているからですが、じつはリンゴも地球《ちきゅう》を引《ひ》っぱっているのです（地球《ちきゅう》のほうがリンゴよりはるかに重《おも》いから、リンゴは地面《じめん》に落《お》ちるのです）。その法則《ほうそく》は地球《ちきゅう》だけでなく宇宙《うちゅう》でも同《おな》じで、たとえば、月《つき》と地球《ちきゅう》はおたがい引《ひ》っぱりあっているのですよ。

私《わたし》はイギリスの農家《のうか》で生《う》まれ、小《ちい》さいときから機械《きかい》いじりが大好《だいす》きでした。生《う》まれる前《まえ》に父親《ちちおや》が死《し》んでしまったので、父親《ちちおや》の顔《かお》は知《し》りません。小《ちい》さいときはずっと祖父母《そふぼ》の家《いえ》にあずけられていました。だから、両親《りょうしん》からかわいがってもらった記憶《きおく》はほとんどないのです。農家《のうか》をつぐことを期待《きたい》されていたので、学校《がっこう》にもなかなかかよわせてもらえませんでした。でも私《わたし》は、勉強《べんきょう》がしたかった。いろいろなことに興味《きょうみ》があったのです。そんな私《わたし》のようすを見《み》て、母親《ははおや》は農家《のうか》をつがせることをあきらめ、私《わたし》を大学《だいがく》までいかせてくれました。大学《だいがく》では、たくさんの発明《はつめい》や発見《はっけん》をしました。引力《いんりょく》を発見《はっけん》したのもこのころです。そうそう、遠《とお》くの星《ほし》を見《み》るときに使《つか》う反射望遠鏡《はんしゃぼうえんきょう》も私《わたし》の発明《はつめい》なんですよ。

よく私《わたし》のことを紹介《しょうかい》するときに、家《いえ》の庭《にわ》でリンゴが落《お》ちているのを見《み》て、万有《ばんゆう》引力《いんりょく》の法則《ほうそく》を発見《はっけん》したという話《はなし》をされるのですが、リンゴは私《わたし》の前《まえ》だけではなく、誰《だれ》の前《まえ》でも落《お》ちています。なぜ、私《わたし》だけが引力《いんりょく》を発見《はっけん》できたのでしょう？　それはきっと、まわりのことに興味《きょうみ》をもって、ひたすら注意深《ちゅういぶか》く観察《かんさつ》していたから——。けっして、恵《めぐ》まれた子《こ》ども時代《じだい》をすごしたわけではない私《わたし》でも、好奇心《こうきしん》をもちつづけ、考《かんが》えつづけたから、歴史《れきし》を変《か》えるような発見《はっけん》ができたのだと思《おも》います。

12月
25日
の偉人

科学

この日《ひ》に
生《う》まれた
有名人《ゆうめいじん》

前田利家《まえだとしいえ》（武将《ぶしょう》）／ウォルター・ウェストン（登山家《とざんか》・宣教師《せんきょうし》）／ムハンマド・アリー・ジンナー（インド・ムスリム連盟《れんめい》の指導者《しどうしゃ》）／ハンフリー・ボガート（俳優《はいゆう》）／岡島秀樹《おかじまひでき》（野球選手《やきゅうせんしゅ》）

江戸幕府《えどばくふ》をつくった、がまんの天下人《てんかびと》

徳川家康《とくがわいえやす》

（1543〜1616年　日本）

人《ひと》の一生《いっしょう》は重荷《おもに》をせおって、遠《とお》い道《みち》をゆくようなものだ。急《いそ》いではいけない。

わしのことを知《し》らない者《もの》はいないだろう。江戸幕府《えどばくふ》をつくり、そのあと長《なが》くつづく太平《たいへい》の世《よ》、江戸時代《えどじだい》をつくりあげた武将《ぶしょう》だ。

わしと織田信長《おだのぶなが》、豊臣秀吉《とよとみひでよし》の3武将《ぶしょう》の性格《せいかく》を、ホトトギスを使《つか》って歌《うた》った歌《うた》があるのを知《し》っておるか。「鳴《な》かぬなら、殺《ころ》してしまえ、ホトトギス」そして、「鳴《な》かぬなら、鳴《な》かせてみせよう、ホトトギス」「鳴《な》かぬなら、鳴《な》くまで待《ま》とう、ホトトギス」という歌《うた》だ。わしの性格《せいかく》はどの歌《うた》か、わかるかな？　最後《さいご》の歌《うた》だよ。鳴《な》かないつもりなら、鳴《な》くまで気長《きなが》に待《ま》っていようという意味《いみ》だ。どんなことにもめげずにがまんするわしの性格《せいかく》をうまく表現《ひょうげん》しておるよ。わしはいつも、あきらめずに待《ま》てば、チャンスはやってくると考《かんが》えておったのだ。

わしは、三河《みかわ》（今《いま》の愛知県《あいちけん》）の力《ちから》の弱《よわ》い武将《ぶしょう》の家《いえ》に生《う》まれた。6歳《さい》から19歳《さい》までは、力《ちから》が強《つよ》かった武将《ぶしょう》、今川氏《いまがわし》に、人質《ひとじち》としてさしだされ、今川氏《いまがわし》のもとですごしておった。この苦労《くろう》が、わしの辛抱《しんぼう》強《づよ》さを育《そだ》てたのかもしれん。

だが、今川氏《いまがわし》は、織田信長《おだのぶなが》と、桶狭間《おけはざま》というところで戦《いくさ》をして、負《ま》けた。わしはこれ幸《さいわ》いと、今川氏《いまがわし》から独立《どくりつ》して、信長《のぶなが》に協力《きょうりょく》することにした。そうやって勢力《せいりょく》をのばし、信長《のぶなが》の死後《しご》は秀吉《ひでよし》の天下統一《てんかとういつ》に協力《きょうりょく》して、少《すこ》しずつ力《ちから》をつけていったのだ。秀吉《ひでよし》が天下統一《てんかとういつ》をしたあとは、関東《かんとう》の領地《りょうち》をもらい、江戸城《えどじょう》をきずいて勢力《せいりょく》をより強《つよ》いものにした。

そして、秀吉《ひでよし》が亡《な》くなった1600年《ねん》、関ヶ原《せきがはら》の戦《たたか》いに勝利《しょうり》し、1603年《ねん》に征夷大将軍《せいいたいしょうぐん》になって江戸幕府《えどばくふ》をひらいたのだ。

わしのやり方《かた》がわかったかな。あせらず、まわりのようすを見《み》て、自分《じぶん》が今《いま》、なにをするのがいちばんいいのか考《かんが》える。機《き》を待《ま》って、チャンスがきたら、逃《のが》さずにそれをものにする――わしはそれで成功《せいこう》したのだよ。

12月
26日
の偉人

政治

この日《ひ》に生《う》まれた有名人《ゆうめいじん》

チャールズ・バベッジ（数学者《すうがくしゃ》）／岡倉天心《おかくらてんしん》（美術家《びじゅつか》）／菊池寛《きくちかん》（作家《さっか》）
毛沢東《もうたくとう》（初代中国国家主席《しょだいちゅうごくこっかしゅせき》）／小栗旬《おぐりしゅん》（俳優《はいゆう》）

天体《てんたい》が動《うご》くルールを発見《はっけん》した天文学者《てんもんがくしゃ》

ヨハネス・ケプラー

（1571～1630年　ドイツ）

喜《よろこ》びは人生《じんせい》の要素《ようそ》であり、人生《じんせい》の欲求《よっきゅう》であり、人生《じんせい》の力《ちから》であり、人生《じんせい》の価値《かち》である。

私《わたし》は今《いま》からおよそ450年前《ねんまえ》に、ドイツに生《う》まれました。家《いえ》はまずしかったのですが、奨学金《しょうがくきん》をもらって、学校《がっこう》に進《すす》むことができました。牧師《ぼくし》になろうと思《おも》っていたので、大学《だいがく》では神学《しんがく》を学《まな》んでいたのですが、大学《だいがく》にいるときに、コペルニクスという人《ひと》がとなえている「地動《ちどう》説《せつ》」というものを知《し》り、天文《てんもん》にとても興味《きょうみ》をもちました。それまでは、私《わたし》も、地球《ちきゅう》が世界《せかい》の中心《ちゅうしん》で、そのまわりを太陽《たいよう》やほかの星々《ほしぼし》がまわっていると思《おも》っていたのです。

私《わたし》は数学《すうがく》と天文学《てんもんがく》を学《まな》ぶようになり、卒業後《そつぎょうご》は高校《こうこう》の先生《せんせい》になって、数学《すうがく》を教《おし》えました。もっとも、私《わたし》は自分《じぶん》の興味《きょうみ》のままに授業《じゅぎょう》をしていたので、生徒《せいと》にはわかりにくくて大変評判《たいへんひょうばん》が悪《わる》かったようです。そのあいだに、研究《けんきゅう》したことを『宇宙《うちゅう》の神秘《しんぴ》』という本《ほん》にまとめ、天文学者《てんもんがくしゃ》のティコ・ブラーエ博士《はかせ》に名前《なまえ》を知《し》ってもらえました。

そして、1600年《ねん》、ブラーエ博士《はかせ》の助手《じょしゅ》になったのです。博士《はかせ》の天文台《てんもんだい》で、惑星《わくせい》の運動《うんどう》の研究《けんきゅう》にとりくみました。博《はか》士《せ》はつぎの年《とし》に亡《な》くなってしまうのですが、博士《はかせ》の残《のこ》した正確《せいかく》な観測記録《かんそくきろく》を、私《わたし》が引《ひ》きつぐことができたのです。私《わたし》はその大量《たいりょう》の記録《きろく》を利用《りよう》して、惑星《わくせい》が動《うご》くルールを考《かんが》えつきました。そして、『新天《しんてん》文学《もんがく》』という本《ほん》を書《か》いて発表《はっぴょう》しました。

私《わたし》が見《み》つけたルールは「ケプラーの法《ほう》則《そく》」とよばれ、天文学《てんもんがく》の発展《はってん》にとても役《やく》立《だ》ちました。法則《ほうそく》は3つあるのですが、いちばん有名《ゆうめい》なのは、第《だい》1法則《ほうそく》「惑星《わくせい》は、太陽《たいよう》を中心《ちゅうしん》として、だ円《えん》の軌道《きどう》を描《えが》いて、まわっている」です。それまで、惑星《わくせい》の軌道《きどう》はきれいな円《えん》だと考《かんが》えられていたのです。この法則《ほうそく》の発見《はっけん》によって、地動説《ちどうせつ》がやはり正《ただ》しいのだということがみとめられるようになっていきました。

私《わたし》の発見《はっけん》は、私《わたし》が生《い》きているあいだにはほとんどみとめられず、死後《しご》50年《ねん》以上《いじょう》もたってから、ニュートンによってみとめられるようになりました。ニュートンは、「もし、ケプラーの法則《ほうそく》がなかったら、自分《じぶん》の万有引力《ばんゆういんりょく》の法則《ほうそく》もなかった」といったそうです。

12月27日の偉人

科学

この日《ひ》に生《う》まれた有名人《ゆうめいじん》

松平定信《まつだいらさだのぶ》（大名《だいみょう》）／ルイ・パストゥール（細菌学者《さいきんがくしゃ》）
マレーネ・ディートリッヒ（女優《じょゆう》）／加藤登紀子《かとうときこ》（歌手《かしゅ》）／テリー伊藤《いとう》（演出家《えんしゅつか》）

国際連盟《こくさいれんめい》をつくってノーベル平和賞《へいわしょう》を受賞《じゅしょう》

ウッドロウ・ウィルソン

（1856〜1924年　アメリカ）

おなかがすいていたら、隣人《りんじん》を愛《あい》せない。

私《わたし》は、今《いま》から160年前《ねんまえ》くらいに、アメリカの牧師《ぼくし》の家《いえ》に生《う》まれました。幼《おさな》いころは南北戦争《なんぼくせんそう》がはげしかったので、学校《がっこう》にもいけず、また、私《わたし》には学習障害《がくしゅうしょうがい》があったので、9歳《さい》まで文字《もじ》を読《よ》めませんでしたし、書《か》けませんでした。私《わたし》は独《どく》学《がく》で速記《そっき》を勉強《べんきょう》して、文字《もじ》を書《か》く訓練《くんれん》をしました。遅《おく》れていた勉強《べんきょう》は、家《いえ》で父《ちち》に教《おそ》わりました。こつこつ努力《どりょく》をしたおかげで、私《わたし》は大学《だいがく》に進《すす》むことができました。

父《ちち》は牧師《ぼくし》をついでほしがっていたのですが、私《わたし》は政治《せいじ》に興味《きょうみ》があり、将来政治《しょうらいせいじ》家《か》になりたかったので、政治《せいじ》や歴史《れきし》、法《ほう》律《りつ》を学《まな》びました。卒業後《そつぎょうご》は、大学教授《だいがくきょうじゅ》としてさまざまな大学《だいがく》で学生《がくせい》たちを教《おし》え、アメリカでもっとも優秀《ゆうしゅう》な大学《だいがく》のひとつプリンストン大学《だいがく》の学長《がくちょう》に選《えら》ばれました。そして1910年《ねん》、ニュージャージー州知事《しゅうちじ》に当選《とうせん》して、ようやく昔《むかし》からの夢《ゆめ》だった、政治《せいじ》の世界《せかい》に入《はい》ったのです。さらに、その2年後《ねんご》、第《だい》28代大統領《だいだいとうりょう》になりました。

大統領《だいとうりょう》になってからは、「新《あたら》しい自由《じゆう》」をスローガンに、関税《かんぜい》を引《ひ》きさげたり、第《だい》1次世界大戦《じせかいたいせん》を終《お》わらせるきっかけとなった「世界平和《せかいへいわ》に関《かん》する14か条《じょう》」を提《てい》案《あん》したりしました。私《わたし》は戦後《せんご》の世界《せかい》に平《へい》和《わ》をつくりだすために、当時《とうじ》としては革《かく》命的《めいてき》ともいえるふたつの主張《しゅちょう》をおこないました。ひとつめは、住民《じゅうみん》が望《のぞ》むなら独《どく》立国家《りっこっか》をつくっていいという、「民族《みんぞく》の自決権《じけつけん》」をみとめようということ、ふたつめは、小国《しょうこく》も大国《たいこく》も平等《びょうどう》な立場《たちば》で話《はな》しあえる「国際連盟《こくさいれんめい》」をつくりましょうということです。

結果《けっか》、ひとつめの主張《しゅちょう》は、植民地《しょくみんち》だった国《くに》の人《ひと》たちが独立《どくりつ》のために立《た》ちあがるきっかけをつくりました。ふたつめは、じっさいに国際連盟《こくさいれんめい》の誕生《たんじょう》にむすびついたのです。そして私《わたし》は、平和《へいわ》のための活《かつ》動《どう》がみとめられて、1919年《ねん》にノーベル平和賞《へいわしょう》を受賞《じゅしょう》したのですよ。

12月
28日
の偉人

政治

この日《ひ》に生《う》まれた有名人《ゆうめいじん》

ジョン・フォン・ノイマン（数学者《すうがくしゃ》）／スタン・リー（漫画家《まんがか》）
石原裕次郎《いしはらゆうじろう》（俳優《はいゆう》）／渡哲也《わたりてつや》（俳優《はいゆう》）／デンゼル・ワシントン（俳優《はいゆう》）

ゴムの改良《かいりょう》に成功《せいこう》した発明家《はつめいか》

チャールズ・グッドイヤー

(1800〜1860年　アメリカ)

人生《じんせい》はドルやセントのものさしではかられるべきではない。

私《わたし》はアメリカ生《う》まれの発明家《はつめいか》です。ブリジストンやミシュランとならんで世界《せかい》のタイヤ会社《がいしゃ》として有名《ゆうめい》な「グッドイヤー社《しゃ》」を知《し》っていますか? その社名《しゃめい》は、私《わたし》の名前《なまえ》にちなんでつけられたのだそうです。

私《わたし》は、今《いま》から200年《ねん》以上前《いじょうまえ》に、アメリカで生《う》まれました。家《いえ》は農家《のうか》だったのですが、私《わたし》は工学《こうがく》を勉強《べんきょう》して、農具《のうぐ》をつくって売《う》る商売《しょうばい》を始《はじ》めました。ところが、この商売《しょうばい》がうまくいかずに、たくさんの借金《しゃっきん》をかかえてしまいました。その借金《しゃっきん》をなんとかしようと始《はじ》めたのが、発明《はつめい》でした。

ゴムがそれほど利用《りよう》されていないことに目《め》をつけた私《わたし》は、ゴムを加工《かこう》する発明《はつめい》にとりくみました。そのころのゴムは、ちょっと気温《きおん》が高《たか》くなると、すぐにべとべとにとけてしまっていたのです。私《わたし》は温度《おんど》が高《たか》くなっても、とけずに、でも、のびたりちぢんだりする特性《とくせい》はたもったままのゴムをつくろうと、実験《じっけん》をくりかえしました。でも、なかなかうまくいきませんでした。いいゴムができたと思《おも》えたこともあったのですが、時間《じかん》がたつと、やっぱりゴムはとけてしまったり、ちぎれてしまったりして、返品《へんぴん》されてしまうのです。私《わたし》の借金《しゃっきん》もふくれあがり、家《いえ》にある家具《かぐ》や食器《しょっき》なども売《う》りはらわなくてはいけないほど、まずしいくらしをしていました。それでも、私《わたし》は発明《はつめい》をやめることはありませんでした。そんなある日《ひ》、ある薬剤《やくざい》をまぜたゴムをあやまってストーブにくっつけてしまいました。そうしたら、なんということでしょう、私《わたし》が求《もと》めていたゴムができたのです。私《わたし》は、このことからヒントをえて、ゴムを改良《かいりょう》する技術《ぎじゅつ》の発明《はつめい》に成功《せいこう》したのです。

ふとしたぐうぜんが大《おお》きな発見《はっけん》を生《う》みだしたのです。でも、ぐうぜんは誰《だれ》にでもやってくるわけではありません。そんなぐうぜんに出会《であ》うためには、日々《ひび》の準備《じゅんび》と好奇心《こうきしん》が必要《ひつよう》なのですよ。

12月29日の偉人

科学

この日《ひ》に生《う》まれた有名人《ゆうめいじん》

Mr.マリック(マジシャン)/浜田省吾《はまだしょうご》(ミュージシャン)/押切《おしきり》もえ(ファッションモデル)/荒川静香《あらかわしずか》(フィギュアスケート選手《せんしゅ》)/錦織圭《にしこりけい》(テニス選手《せんしゅ》)

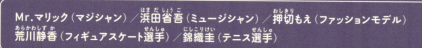

光《ひか》りかがやく物語《ものがたり》を子《こ》どもたちに贈《おく》った

ラドヤード・キップリング

（1865～1936年　イギリス）

ことばはいうまでもなく、
人類《じんるい》が使《つか》ういちばん強《つよ》い麻薬《まやく》である。

私《わたし》は、イギリスの植民地《しょくみんち》だったインドで生《う》まれました。父《ちち》は彫刻《ちょうこく》や陶芸《とうげい》をやっている人《ひと》で、インドの美術学校《びじゅつがっこう》で先生《せんせい》をしていたのです。私《わたし》は5歳《さい》までインドですごし、その後《ご》、教育《きょういく》をうけるために、イギリスへいきました。インドでは、インド人《じん》の乳母《うば》や使用人《しようにん》が私《わたし》の世話《せわ》をしてくれていました。かれらは私《わたし》が眠《ねむ》る前《まえ》に、インドのお話《はなし》をしてくれたり、インドの歌《うた》を歌《うた》ってくれました。そうした思《おも》い出《で》は、私《わたし》の作品《さくひん》に大《おお》きな影響《えいきょう》をあたえていると思《おも》います。

大学《だいがく》にいけるほどのお金《かね》も、学力《がくりょく》もなかった私《わたし》は、父《ちち》のコネで、インドの小《ちい》さな新聞社《しんぶんしゃ》につとめることになりました。このころから、小説《しょうせつ》や詩《し》を書《か》きはじめ、高《たか》く評価《ひょうか》されていったのです。

24歳《さい》のときに、イギリスへもどり、すぐに作家《さっか》として活動《かつどう》を始《はじ》めました。そして、つぎつぎと傑作《けっさく》といわれる小説《しょうせつ》を出《だ》しました。私《わたし》の代表作《だいひょうさく》といえば、『ジャングル・ブック』でしょう。これは、オオカミに育《そだ》てられ、たくさんの野獣《やじゅう》たちと生《い》きていく中《なか》で、ジャングルの掟《おきて》や、生《い》きぬいていくすべを学《まな》んだ少年《しょうねん》モーグリの物語《ものがたり》です。この物語《ものがたり》の舞台《ぶたい》になっているジャングルは、もちろん、私《わたし》が子《こ》ども時代《じだい》をすごしたインドの森《もり》なのですよ。

ほかにも、お坊《ぼう》さんといっしょに放浪《ほうろう》するうち軍隊《ぐんたい》にひろわれ、スパイとなって活躍《かつやく》する少年《しょうねん》の物語《ものがたり》『キム』も大変《たいへん》な人気《にんき》でした。私《わたし》の作品《さくひん》は世界《せかい》じゅうで翻訳《ほんやく》されて、たくさんの人《ひと》に読《よ》まれました。

1907年《ねん》には、イギリス人《じん》としてははじめて、ノーベル文学賞《ぶんがくしょう》を受賞《じゅしょう》することができました。独創的《どくそうてき》なアイデアと、自然《しぜん》のリアルな描写《びょうしゃ》が評価《ひょうか》されたのです。これは史上最年少《しじょうさいねんしょう》での受賞《じゅしょう》でした。

私《わたし》の小説《しょうせつ》は、子《こ》どもから大人《おとな》まで、幅広《はばひろ》い人《ひと》たちにおもしろく読《よ》んでもらえるのが特徴《とくちょう》です。映画《えいが》にもたくさんなっているので、機会《きかい》があったらぜひ見《み》てみてください。

この日《ひ》に生《う》まれた有名人《ゆうめいじん》

開高健《かいこうたけし》（作家《さっか》）／パティ・スミス（ミュージシャン）／ウィリアム・フォーサイス（バレエダンサー）
レブロン・ジェイムズ（バスケットボール選手《せんしゅ》）／タイガー・ウッズ（プロゴルファー）

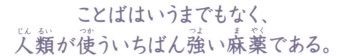

20世紀《せいき》を代表《だいひょう》する色彩《しきさい》の魔術師《まじゅつし》

アンリ・マティス

（1869〜1954年　フランス）

見《み》たいと願《ねが》う人《ひと》たちのために、いつも花《はな》はあるのです。

私《わたし》は、フランスの小《ちい》さな雑貨屋《ざっかや》の子《こ》として生《う》まれました。雑貨屋《ざっかや》ではペンキも売《う》っていて、母《はは》はペンキの色《いろ》を調合《ちょうごう》したりする仕事《しごと》をしていました。私《わたし》の色彩感《しきさいかん》覚《かく》、色《いろ》のセンスは、きっと母《はは》からゆずりうけたものなのです。

父《ちち》から法律家《ほうりつか》になれといわれていたので、学校《がっこう》では法学《ほうがく》を学《まな》び、卒業《そつぎょう》してから地元《じもと》の法律事務所《ほうりつじむしょ》で助手《じょしゅ》として働《はたら》きはじめました。しかし、21歳《さい》のときに、人生《じんせい》が変《か》わる出会《であ》いがあったのです。それは、絵《え》の具《ぐ》との出会《であ》いでした。私《わたし》はそのとき、盲腸《もうちょう》をこじらせて、1年近《ねんちか》く療養生活《りょうようせいかつ》を送《おく》っていました。そのとき、母《はは》が、退屈《たいくつ》をまぎらわすために絵《え》でも描《か》いたらと、絵《え》の具《ぐ》をさしいれてくれたのです。私《わたし》はすっかり、絵画《かいが》の世界《せかい》にのめりこみました。毎日退屈《まいにちたいくつ》だった生活《せいかつ》が、絵《え》を描《か》きはじめると、光《ひか》りかがやいたように自由《じゆう》な気分《きぶん》になれたのです。まるで天国《てんごく》にいるような気分《きぶん》になれたのです。

病気《びょうき》が治《なお》ると、父《ちち》の反対《はんたい》をおしきって、本格的《ほんかくてき》に絵《え》を学《まな》びはじめました。そうして、少《すこ》しずつ、描《か》いた作品《さくひん》を発表《はっぴょう》し、世《よ》の中《なか》にみとめられるようになっていったのです。最初《さいしょ》に描《か》いた作品《さくひん》は、原色《げんしょく》を使《つか》い、形《かたち》を単純《たんじゅん》に表現《ひょうげん》していることから、「野獣派《やじゅうは》」とよばれました。でも、私《わたし》はそんなふうに○○派《は》と決《き》めつけられるのはいやでした。その後《ご》、人《ひと》をいやしてあたたかい気持《きも》ちにさせる絵《え》が描《か》きたくなり、やさしい色合《いろあ》いの作品《さくひん》を描《か》くようになります。体力《たいりょく》がおとろえて筆《ふで》がうまく動《うご》かせなくなってからは、色《いろ》のついた紙《かみ》を切《き》ってつくる切《き》り絵《え》に打《う》ちこみました。そして、どの作風《さくふう》でも高《たか》い評価《ひょうか》をえたのです。代表作《だいひょうさく》には、それぞれ「赤《あか》のハーモニー」「大《おお》きな赤《あか》い室内《しつない》」「花《はな》と果実《かじつ》」などがあります。

母《はは》がもし、あのとき絵《え》の具《ぐ》をくれなければ、私《わたし》はきっと画家《がか》になっていなかったでしょう。私《わたし》が絵《え》に夢中《むちゅう》になることが、母《はは》にはわかっていたのかもしれません。

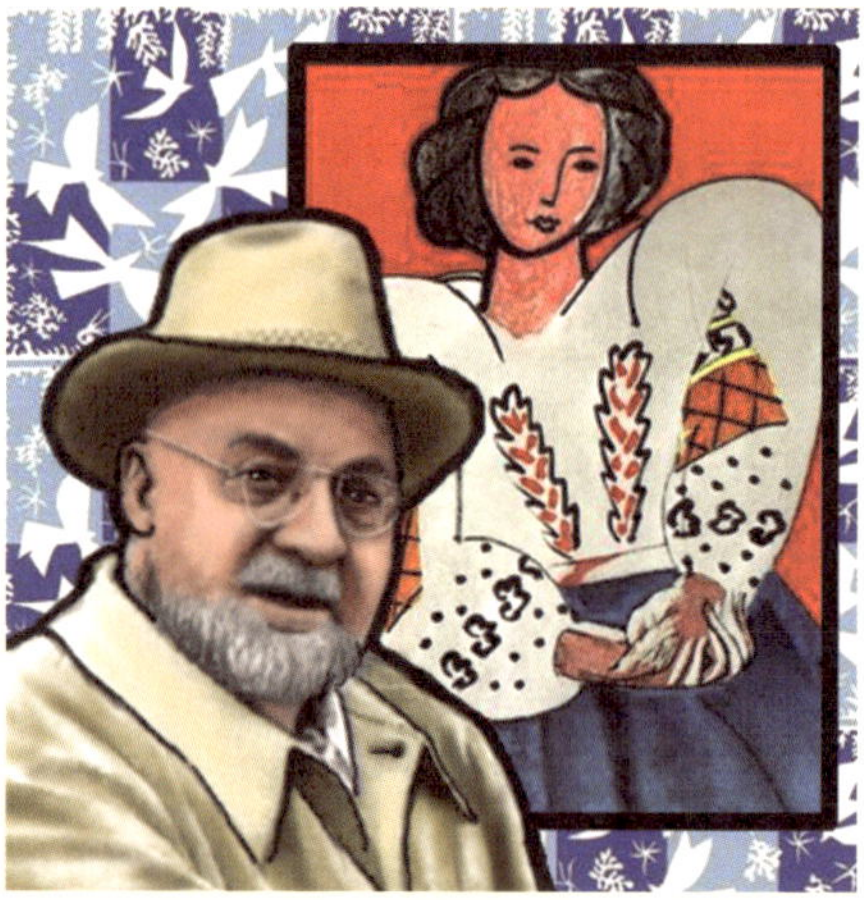

12月31日の偉人

芸術

この日《ひ》に生《う》まれた有名人《ゆうめいじん》

ジョージ・C・マーシャル（政治家《せいじか》）／林芙美子《はやしふみこ》（作家《さっか》）
倉本聰《くらもとそう》（脚本家《きゃくほんか》）／アンソニー・ホプキンス（俳優《はいゆう》）／俵万智《たわらまち》（歌人《かじん》）

50音順さくいん

7月14日　緒方洪庵……221
12月16日　尾崎紅葉……383
9月24日　オチョア，セヴェロ……295
11月23日　オットー1世……358
6月20日　オッフェンバック，ジャック……195

か

9月26日　ガーシュイン，ジョージ……297
10月 1日　カーター・ジュニア，ジミー……304
11月25日　カーネギー，アンドリュー……360
9月 9日　カーネル・サンダース……280
5月23日　リンネ，カール・フォン……166
11月 5日　海音寺潮五郎……340
4月30日　ガウス，カール・フリードリヒ……141
6月25日　ガウディ，アントニ……200
3月 9日　ガガーリン，ユーリ……88
1月30日　勝海舟……47
9月23日　葛飾北斎……294
6月24日　加藤清正……199
10月28日　嘉納治五郎……331
7月 3日　カフカ，フランツ……210
4月 5日　カラヤン，ヘルベルト・フォン……116
2月15日　ガリレイ，ガリレオ……64
6月14日　川端康成……189
10月 2日　ガンジー，モハンダス……305
4月22日　カント，イマヌエル……133

き

1月 3日　キケロ，マルクス・トゥッリウス……20
12月20日　北里柴三郎……387
1月25日　北原白秋……42
11月16日　北村透谷……351
12月30日　キップリング，ラドヤード……397
6月26日　木戸孝允（桂小五郎）……201
9月12日　キュリー，イレーヌ・ジョリオ……283
11月 7日　キュリー，マリ……342
1月15日　キング・ジュニア，マーティン・ルーサー……32

く

6月15日　空海……190
1月 1日　クーベルタン，ピエール・ド……18
10月27日　クック，ジェイムズ……330
12月29日　グッドイヤー，チャールズ……396
7月15日　国木田独歩……222
9月 1日　国吉康雄……272
6月17日　グノー，シャルル・フランソワ……192
2月24日　グリム，ウィルヘルム……73
3月23日　黒澤明……102

け

8月28日　ゲーテ，ヨハン・ヴォルフガング・フォン……267
5月29日　ケネディ，ジョン・F……172
12月27日　ケプラー，ヨハネス……394
6月27日　ケラー，ヘレン……202

こ

6月 7日　ゴーギャン，ポール……182

あ

10月14日　アイゼンハワー，ドワイト・デイヴィッド……317
3月14日　アインシュタイン，アルベルト……93
7月 9日　朝比奈隆……216
10月19日　アストゥリアス，ミゲル・アンヘル……322
8月 9日　アボガドロ，アメデオ……248
7月16日　アムンセン，ロアール……223
4月 2日　アンデルセン，ハンス・クリスチャン……113
11月 2日　アントワネット，マリー……337

い

10月29日　井伊直弼……332
番外編　イエス・キリスト……142
4月 4日　池田光政……115
4月11日　石井十次……122
3月10日　石井桃子……89
7月 2日　石川達三……209
偉人からのことばの贈り物①……302
偉人からのことばの贈り物②……366
11月 4日　泉鏡花……339
4月17日　板垣退助……128
5月15日　市川房枝……158
9月 2日　伊藤博文……273
4月20日　犬養毅……131
1月11日　伊能忠敬……28
3月20日　イプセン，ヘンリック……99
9月15日　岩倉具視……286

う

3月 4日　ヴィヴァルディ，アントニオ……83
12月28日　ウィルソン，ウッドロウ……395
11月18日　ウェーバー，カール・マリア・フォン……353
1月20日　植木枝盛……37
1月21日　上杉謙信……38
7月12日　ウェッジウッド，ジョサイア……219
4月23日　上村松園……134
9月21日　ウェルズ，ハーバート・ジョージ……292
2月 8日　ヴェルヌ，ジュール……57
11月21日　ヴォルテール……356

え

12月23日　江崎利一……390
3月12日　江崎玲於奈……91
2月11日　エジソン，トーマス・アルバ……60
8月25日　榎本武揚……264
9月 7日　エリザベス1世……278
6月 2日　エルガー，エドワード……177
3月26日　エンゲル，エルンスト……105
11月28日　エンゲルス，フリードリヒ……363

お

8月10日　大久保利通……249
2月16日　大隈重信……65
1月22日　大塩平八郎……39
7月28日　大原孫三郎……235
4月19日　岡潔……130

3月 1日 ショパン, フレデリック……80
6月13日 白瀬矗……188
4月28日 シンドラー, オスカー……139
4月 1日 親鸞……112

す

12月 2日 スーラ, ジョルジュ……369
9月13日 杉田玄白……284
6月 6日 スコット, ロバート・ファルコン……181
2月27日 スタインベック, ジョン・エルンスト……76
1月28日 スタンリー, ヘンリー・モートン……45
4月18日 スッペ, フランツ・フォン……129
11月13日 スティーヴンソン, ロバート・ルイス……348
6月 9日 スティーブンソン, ジョージ……184
11月24日 スピノザ, バールーフ・デ……359
5月 2日 スポック, ベンジャミン・マクレーン……145
6月 5日 スミス, アダム……180

そ

10月 6日 孫文……309

た

4月15日 ダ・ヴィンチ, レオナルド……126
3月17日 ダイムラー, ゴットリープ……96
8月20日 高杉晋作……259
7月27日 高橋是清……234
3月13日 高村光太郎……92
8月24日 滝廉太郎……263
12月 1日 沢庵宗彭……368
11月 3日 武田信玄……338
10月 8日 武満徹……311
7月17日 竹山道雄……224
6月19日 太宰治……194
8月 3日 田中耕一……242
8月 8日 谷風梶之助……247
5月26日 谷川徹三……169
7月24日 谷崎潤一郎……231
12月13日 田山花袋……380
7月 6日 ダライ・ラマ14世……213
1月 6日 ダルク, ジャンヌ……23
2月 5日 ダンロップ, ジョン・ボイド……54

ち

5月 7日 チトー, ヨシップ・ブロズ……150
4月16日 チャップリン, チャールズ……127
6月 8日 知里幸恵……183

つ

12月 3日 津田梅子……370
2月 9日 土田麦僊……58
5月22日 坪内逍遥……165

て

3月18日 ディーゼル, ルドルフ……97
2月 7日 ディケンズ, チャールズ……56
12月 5日 ディズニー, ウォルト……372
10月 5日 ディドロ, ドニ……308
5月 8日 デュナン, ジャン・アンリ……151

3月16日 ゴーリキー, マクシム……95
4月 3日 コール, ヘルムート……114
7月 5日 コクトー, ジャン……212
9月19日 小柴昌俊……290
3月30日 ゴッホ, フィンセント・ファン……109
12月11日 コッホ, ロベルト……378
6月 4日 後藤新平……179
5月 5日 小林一茶……148
2月19日 コペルニクス, ニコラス……68
3月 2日 ゴルバチョフ, ミハイル……81

さ

10月23日 西園寺公望……326
12月 7日 西郷隆盛……374
8月18日 最澄……257
5月14日 斎藤茂吉……157
11月15日 坂本龍馬……350
6月 3日 佐佐木信綱……178
10月13日 サッチャー, マーガレット……316
6月30日 サトウ, アーネスト……205
4月 9日 佐藤春夫……120
6月21日 サルトル, ジャン・ポール……196
6月29日 サン・テグジュペリ, アントワーヌ・ド……204
4月 6日 サンティ, ラファエロ……117
7月 1日 サンド, ジョルジュ……208

し

8月14日 シートン, アーネスト・トンプソン……253
2月17日 シーボルト, フィリップ・フランツ・フォン……66
4月26日 シェイクスピア, ウィリアム……137
4月13日 ジェファーソン, トーマス……124
5月17日 ジェンナー, エドワード……160
12月18日 志賀潔……385
2月20日 志賀直哉……69
7月22日 ジチー, ゲザ……229
9月10日 シデナム, トマス……281
8月11日 幣原喜重郎……250
8月 7日 司馬遼太郎……246
2月21日 ジバンシー, ユベール・ド……70
2月13日 渋沢栄一……62
1月10日 島村抱月……27
4月 8日 釈迦……119
8月19日 シャネル, ココ……258
1月31日 シューベルト, フランツ・ペーター……48
12月24日 ジュール, ジェイムズ・プレスコット……391
6月11日 シュトラウス, リヒャルト……186
1月14日 シュバイツァー, アルベルト……31
11月26日 シュルツ, チャールズ・モンロー……361
8月12日 シュレーディンガー, エルヴィン……251
2月 2日 ジョイス, ジェイムズ……51
10月31日 蒋介石……334
4月29日 昭和天皇……140
7月26日 ショー, ジョージ・バーナード……233
5月24日 ショーロホフ, ミハイル・アレクサンドロビチ……167

ひ
12月19日 ピアフ，エディット……386
5月 6日 ピアリー，ロバート……149
10月25日 ピカソ，パブロ……328
3月25日 樋口一葉……104
8月13日 ヒッチコック，アルフレッド……252
5月16日 ヒューズ，ディヴィッド・エドワード……159
4月10日 ピュリッツァー，ジョセフ……121
5月30日 ピョートル1世……173
2月10日 平塚らいてう……59
11月19日 ビンガム，ハイラム……354
ふ
12月21日 ファーブル，ジャン・アンリ……388
9月22日 ファラデー，マイケル……293
2月18日 フェノロサ，アーネスト・フランシスコ……67
8月17日 フェルマー，ピエール・ド……256
2月 1日 フォード，ジョン……50
7月30日 フォード，ヘンリー……237
7月 4日 フォスター，スティーブン……211
3月 6日 ブオナローティ，ミケランジェロ……85
12月12日 福沢諭吉……379
12月22日 プッチーニ，ジャコモ……389
1月 4日 ブライユ，ルイ……21
6月12日 フランク，アンネ……187
1月17日 フランクリン，ベンジャミン……34
7月10日 プルースト，マルセル……217
5月28日 プルシナー，スタンリー……171
9月 4日 ブルックナー，ヨーゼフ・アントン……275
4月21日 フレーベル，フリードリヒ……132
8月 6日 フレミング，サー・アレクサンダー……245
11月29日 フレミング，ジョン・アンブローズ……364
へ
12月17日 ベートーヴェン，ルートヴィヒ・ヴァン……384
3月15日 ベーリング，エミール・フォン……94
12月15日 ベクレル，アンリ……382
1月12日 ペスタロッチ，ヨハン・ハインリッヒ……29
5月 4日 ヘップバーン，オードリー……147
7月21日 ヘミングウェイ，アーネスト……228
9月30日 ペラン，ジャン・バティスト……301
3月 3日 ベル，グラハム……82
10月18日 ベルクソン，アンリ……321
1月13日 ベルツ，エルヴィン・フォン……30
3月28日 ヘルベルガー，ゼップ……107
2月23日 ヘンデル，ゲオルグ・フリードリヒ……72
9月11日 ヘンリー，オー……282
ほ
5月31日 ホイットマン，ウォルト……174
4月14日 ホイヘンス，クリスチャン……125
4月 7日 法然……118
10月 7日 ボーア，ニールス……310
1月 9日 ボーヴォワール，シモーヌ・ド……26
1月24日 ボーマルシェ，カロン・ド……41
12月 8日 デュラント，ウィリアム……375
と
11月22日 ド・ゴール，シャルル……357
11月30日 トウェイン，マーク……365
9月 8日 ドヴォルザーク，アントニン……279
1月 2日 道元……19
7月19日 ドガ，エドガー……226
12月26日 徳川家康……393
6月10日 徳川光圀……185
9月29日 徳川慶喜……300
9月27日 戸坂潤……298
10月30日 ドストエフスキー，フョードル・ミハイロヴィチ 333
9月 5日 利根川進……276
8月22日 ドビュッシー，クロード……261
3月29日 トムソン，エリフ……108
2月14日 豊田佐吉……63
2月 6日 豊臣秀吉……55
9月 6日 ドルトン，ジョン……277
な
5月12日 ナイチンゲール，フローレンス……155
3月22日 中山晋平……101
1月 5日 夏目漱石……22
10月10日 ナンセン，フリチョフ……313
に
10月15日 ニーチェ，フリードリヒ・ヴィルヘルム……318
5月19日 西田幾多郎……162
12月 6日 仁科芳雄……373
7月23日 二宮尊徳(金治郎)……230
12月25日 ニュートン，アイザック……392
ね
11月 6日 ネイスミス，ジェイムズ……341
の
10月21日 ノーベル，アルフレッド・ベルンハルド……324
11月11日 乃木希典……346
11月 9日 野口英世……344
12月14日 ノストラダムス……381
9月 3日 野依良治……274
は
5月11日 バーリン，アーヴィング……154
3月 8日 ハーン，オットー……87
7月25日 バイエル，フェルディナント……232
3月31日 ハイドン，フランツ・ヨーゼフ……110
11月 1日 萩原朔太郎……336
3月11日 橋本左内……90
3月21日 バッハ，ヨハン・セバスチャン……100
11月20日 ハッブル，エドウィン……355
9月14日 パブロフ，イワン・ペトロヴィッチ……285
8月21日 浜田彦蔵……260
5月25日 浜田広介……168
5月 9日 バリー，ジェイムズ・マシュー……152
10月 3日 ハリス，タウンゼント……306
5月20日 バルザック，オノレ・ド……163

1月18日　モンテスキュー，シャルル・ド……35
8月31日　モンテッソーリ，マリア……270
6月 1日　モンロー，マリリン……176

や

7月31日　柳田國男……238
8月16日　山鹿素行……255

ゆ

2月26日　ユーゴー，ヴィクトル……75
7月29日　ユーンソン，エイヴィンド……236
1月23日　湯川秀樹……40

よ

9月18日　横山大観……289
8月 4日　吉田松陰……243

ら

3月 7日　ラヴェル，モーリス……86
8月30日　ラザフォード，アーネスト……269
5月18日　ラッセル，バートランド……161
10月20日　ランボー，アルチュール……323

り

3月19日　リヴィングストン，デイヴィッド……98
10月22日　リスト，フランツ……325
5月10日　リプトン，トーマス……153
12月 4日　リルケ，ライナー・マリア……371
2月12日　リンカーン，エイブラハム……61
2月 4日　リンドバーグ，チャールズ……53

る

5月27日　ルオー，ジョルジュ……170
5月21日　ルソー，アンリ……164
6月28日　ルソー，ジャン・ジャック……203
11月10日　ルター，マルティン……345
2月25日　ルノアール，オーギュスト……74

れ

10月24日　レーウェンフック，アントニ・ファン……327
10月 9日　レノン，ジョン……312
6月22日　レマルク，エリッヒ・マリア……197
3月27日　レントゲン，ウィルヘルム・コンラート……106

ろ

9月25日　魯迅……296
5月13日　ロス，ロナルド……156
11月12日　ロダン，オーギュスト……347
7月 8日　ロックフェラー，ジョン……215
2月29日　ロッシーニ，ジョアッキーノ……78
1月29日　ロラン，ロマン……46

わ

10月16日　ワイルド，オスカー……319
2月22日　ワシントン，ジョージ……71
9月16日　渡辺崋山……287
1月19日　ワット，ジェイムズ……36

7月11日　穂積陳重……218
8月15日　ボナパルト，ナポレオン……254
1月 8日　堀口大学……25
11月17日　本田宗一郎……352

ま

4月12日　マイアーホーフ，オットー……123
1月 7日　前島密……24
4月24日　牧野富太郎……135
5月 3日　マキャヴェリ，ニコロ……146
6月16日　マクリントック，バーバラ……191
8月26日　マザー・テレサ……265
9月17日　正岡子規……288
11月27日　松下幸之助……362
12月31日　マティス，アンリ……398
4月25日　マルコーニ，グリエルモ……136
5月 1日　円山応挙……144
7月18日　マンデラ，ネルソン……225

み

8月 2日　三浦梅園……241
10月12日　三浦雄一郎……315
6月23日　三木露風……198
1月16日　ミシュラン，アンドレ……33
11月 8日　ミッチェル，マーガレット……343
10月26日　ミッテラン，フランソワ……329
8月27日　宮沢賢治……266
8月23日　三好達治……262
10月17日　ミラー，アーサー……320
9月20日　ミラー，エリザベス……291
12月 9日　ミルトン，ジョン……376
10月 4日　ミレー，ジャン・フランソワ……307

む

7月 7日　陸奥宗光……214
番外編　ムハンマド……206

め

8月29日　メーテルリンク，モーリス……268
12月10日　メシアン，オリヴィエ……377
9月28日　メリメ，プロスペール……299
8月 1日　メルヴィル，ハーマン……240
3月 5日　メルカトル，ゲラルドゥス……84
7月20日　メンデル，グレゴール・ヨハン……227
2月 3日　メンデルスゾーン，フェリックス……52

も

6月18日　モース，エドワード・シルヴェスター……193
1月27日　モーツァルト，ヴォルフガング・アマデウス……44
8月 5日　モーパッサン，ギイ・ド……244
10月11日　モーリアック，フランソワ……314
4月27日　モールス，サミュエル・フィンリー・ブリース……138
11月14日　モネ，クロード……349
7月13日　森有礼……220
3月24日　モリス，ウィリアム……103
1月26日　盛田昭夫……43
2月28日　モンテーニュ，ミシェル・ド……77

ジャンル別さくいん

8月12日　エルヴィン・シュレーディンガー……251
8月17日　ピエール・ド・フェルマー……256
8月30日　アーネスト・ラザフォード……269
9月 3日　野依良治……274
9月 5日　利根川進……276
9月 6日　ジョン・ドルトン……277
9月12日　イレーヌ・ジョリオ・キュリー……283
9月19日　小柴昌俊……290
9月22日　マイケル・ファラデー……293
9月24日　セヴェロ・オチョア……295
9月30日　ジャン・バティスト・ペラン……301
10月 7日　ニールス・ボーア……310
10月21日　アルフレッド・ベルンハルド・ノーベル……324
10月24日　アントニ・ファン・レーウェンフック……327
11月 7日　マリ・キュリー……342
11月20日　エドウィン・ハッブル……355
11月29日　ジョン・アンブローズ・フレミング……364
12月 6日　仁科芳雄……373
12月15日　アンリ・ベクレル……382
12月21日　ジャン・アンリ・ファーブル……388
12月24日　ジェイムズ・プレスコット・ジュール……391
12月25日　アイザック・ニュートン……392
12月27日　ヨハネス・ケプラー……394
12月29日　チャールズ・グッドイヤー……396

芸術

1月27日　ヴォルフガング・アマデウス・モーツァルト……44
1月31日　フランツ・ペーター・シューベルト……48
2月 3日　フェリックス・メンデルスゾーン……52
2月 9日　土田麦僊……58
2月18日　アーネスト・フランシスコ・フェノロサ……67
2月23日　ゲオルグ・フリードリヒ・ヘンデル……72
2月25日　オーギュスト・ルノアール……74
2月29日　ジョアッキーノ・ロッシーニ……78
3月 1日　フレデリック・ショパン……80
3月 4日　アントニオ・ヴィヴァルディ……83
3月 6日　ミケランジェロ・ブオナローティ……85
3月 7日　モーリス・ラヴェル……86
3月21日　ヨハン・セバスチャン・バッハ……100
3月24日　ウィリアム・モリス……103
3月30日　フィンセント・ファン・ゴッホ……109
3月31日　フランツ・ヨーゼフ・ハイドン……110
4月 5日　ヘルベルト・フォン・カラヤン……116
4月 6日　ラファエロ・サンティ……117
4月15日　レオナルド・ダ・ヴィンチ……126
4月18日　フランツ・フォン・スッペ……129
4月23日　上村松園……134
5月 1日　円山応挙……144
5月11日　アーヴィング・バーリン……154

医学

1月13日　エルヴィン・フォン・ベルツ……30
1月14日　アルベルト・シュバイツァー……31
2月17日　フィリップ・フランツ・フォン・シーボルト……66
3月15日　エミール・フォン・ベーリング……94
5月13日　ロナルド・ロス……156
5月17日　エドワード・ジェンナー……160
5月28日　スタンリー・プルシナー……171
7月14日　緒方洪庵……221
8月 6日　サー・アレクサンダー・フレミング……245
9月10日　トマス・シデナム……281
9月13日　杉田玄白……284
9月14日　イワン・ペトロヴィッチ・パブロフ……285
11月 9日　野口英世……344
12月11日　ロベルト・コッホ……378
12月18日　志賀潔……385
12月20日　北里柴三郎……387

科学

1月16日　アンドレ・ミシュラン……33
1月19日　ジェイムズ・ワット……36
1月23日　湯川秀樹……40
2月 5日　ジョン・ボイド・ダンロップ……54
2月11日　トーマス・アルバ・エジソン……60
2月15日　ガリレオ・ガリレイ……64
2月19日　ニコラス・コペルニクス……68
3月 3日　グラハム・ベル……82
3月 8日　オットー・ハーン……87
3月12日　江崎玲於奈……91
3月14日　アルベルト・アインシュタイン……93
3月17日　ゴットリープ・ダイムラー……96
3月18日　ルドルフ・ディーゼル……97
3月27日　ウィルヘルム・コンラート・レントゲン……106
3月29日　エリフ・トムソン……108
4月12日　オットー・マイアーホーフ……123
4月14日　クリスチャン・ホイヘンス……125
4月19日　岡潔……130
4月24日　牧野富太郎……135
4月25日　グリエルモ・マルコーニ……136
4月27日　サミュエル・フィンリー・ブリース・モールス……138
4月30日　カール・フリードリヒ・ガウス……141
5月16日　デイヴィッド・エドワード・ヒューズ……159
5月23日　カール・フォン・リンネ……166
6月16日　バーバラ・マクリントック……191
7月20日　グレゴール・ヨハン・メンデル……227
8月 3日　田中耕一……242
8月 9日　アメデオ・アボガドロ……248

5月15日　市川房枝 …… 158
5月18日　バートランド・ラッセル …… 161
5月19日　西田幾多郎 …… 162
5月26日　谷川徹三 …… 169
6月 5日　アダム・スミス …… 180
6月15日　空海 …… 190
6月21日　ジャン・ポール・サルトル …… 196
6月28日　ジャン・ジャック・ルソー …… 203
7月 6日　ダライ・ラマ14世 …… 213
8月 2日　三浦梅園 …… 241
8月 4日　吉田松陰 …… 243
8月16日　山鹿素行 …… 255
8月18日　最澄 …… 257
8月20日　高杉晋作 …… 259
9月25日　魯迅 …… 296
9月27日　戸坂潤 …… 298
10月 2日　モハンダス・ガンジー …… 305
10月 5日　ドニ・ディドロ …… 308
10月15日　フリードリヒ・ヴィルヘルム・ニーチェ …… 318
10月18日　アンリ・ベルクソン …… 321
11月10日　マルティン・ルター …… 345
11月21日　ヴォルテール …… 356
11月24日　バールーフ・デ・スピノザ …… 359
11月28日　フリードリヒ・エンゲルス …… 363
12月1日　沢庵宗彭 …… 368
番外編　イエス・キリスト …… 142
番外編　ムハンマド …… 206

社会

1月 4日　ルイ・ブライユ …… 21
1月 7日　前島密 …… 24
1月11日　伊能忠敬 …… 28
1月12日　ヨハン・ハインリッヒ・ペスタロッチ …… 29
1月22日　大塩平八郎 …… 39
1月26日　盛田昭夫 …… 43
1月28日　ヘンリー・モートン・スタンリー …… 45
2月 4日　チャールズ・リンドバーグ …… 53
2月13日　渋沢栄一 …… 62
2月14日　豊田佐吉 …… 63
2月16日　大隈重信 …… 65
3月 5日　ゲラルドゥス・メルカトル …… 84
3月 9日　ユーリ・ガガーリン …… 88
3月19日　デイヴィッド・リヴィングストン …… 98
3月26日　エルンスト・エンゲル …… 105
4月10日　ジョセフ・ピュリッツァー …… 121
4月11日　石井十次 …… 122
4月21日　フリードリヒ・フレーベル …… 132
4月28日　オスカー・シンドラー …… 139
4月29日　昭和天皇 …… 140
5月21日　アンリ・ルソー …… 164
5月27日　ジョルジュ・ルオー …… 170
6月 2日　エドワード・エルガー …… 177
6月 7日　ポール・ゴーギャン …… 182
6月11日　リヒャルト・シュトラウス …… 186
6月17日　シャルル・フランソワ・グノー …… 192
6月20日　ジャック・オッフェンバック …… 195
6月25日　アントニ・ガウディ …… 200
7月 4日　スティーブン・フォスター …… 211
7月 9日　朝比奈隆 …… 216
7月19日　エドガー・ドガ …… 226
7月22日　ゲザ・ジチー …… 229
8月22日　クロード・ドビュッシー …… 261
8月24日　滝廉太郎 …… 263
9月 1日　国吉康雄 …… 272
9月 4日　ヨーゼフ・アントン・ブルックナー …… 275
9月 8日　アントニン・ドヴォルザーク …… 279
9月18日　横山大観 …… 289
9月23日　葛飾北斎 …… 294
9月26日　ジョージ・ガーシュイン …… 297
10月 4日　ジャン・フランソワ・ミレー …… 307
10月 8日　武満徹 …… 311
10月 9日　ジョン・レノン …… 312
10月22日　フランツ・リスト …… 325
10月25日　パブロ・ピカソ …… 328
11月12日　オーギュスト・ロダン …… 347
11月14日　クロード・モネ …… 349
11月18日　カール・マリア・フォン・ウェーバー …… 353
12月 2日　ジョルジュ・スーラ …… 369
12月10日　オリヴィエ・メシアン …… 377
12月17日　ルートヴィヒ・ヴァン・ベートーヴェン …… 384
12月19日　エディット・ピアフ …… 386
12月22日　ジャコモ・プッチーニ …… 389
12月31日　アンリ・マティス …… 398

思想

1月 2日　道元 …… 19
1月 3日　マルクス・トゥッリウス・キケロ …… 20
1月 9日　シモーヌ・ド・ボーヴォワール …… 26
1月15日　マーティン・ルーサー・キング・ジュニア …… 32
1月18日　シャルル・ド・モンテスキュー …… 35
2月10日　平塚らいてう …… 59
2月28日　ミシェル・ド・モンテーニュ …… 77
3月11日　橋本左内 …… 90
4月 1日　親鸞 …… 112
4月 7日　法然 …… 118
4月 8日　釈迦 …… 119
4月22日　イマヌエル・カント …… 133
5月 3日　ニコロ・マキャヴェリ …… 146

政治

1月 6日 ジャンヌ・ダルク……23
1月17日 ベンジャミン・フランクリン……34
1月20日 植木枝盛……37
1月21日 上杉謙信……38
1月30日 勝海舟……47
2月 6日 豊臣秀吉……55
2月12日 エイブラハム・リンカーン……61
2月22日 ジョージ・ワシントン……71
3月 2日 ミハイル・ゴルバチョフ……81
4月 3日 ヘルムート・コール……114
4月 4日 池田光政……115
4月13日 トーマス・ジェファーソン……124
4月17日 板垣退助……128
4月20日 犬養毅……131
5月 7日 ヨシップ・ブロズ・チトー……150
5月29日 ジョン・F・ケネディ……172
5月30日 ピョートル1世……173
6月 4日 後藤新平……179
6月10日 徳川光圀……185
6月24日 加藤清正……199
6月26日 木戸孝允（桂小五郎）……201
7月 7日 陸奥宗光……214
7月18日 ネルソン・マンデラ……225
7月27日 高橋是清……234
8月10日 大久保利通……249
8月11日 幣原喜重郎……250
8月15日 ナポレオン・ボナパルト……254
8月25日 榎本武揚……264
9月 2日 伊藤博文……273
9月 7日 エリザベス1世……278
9月15日 岩倉具視……286
9月16日 渡辺崋山……287
9月29日 徳川慶喜……300
10月 1日 ジミー・カーター・ジュニア……304
10月 6日 孫文……309
10月13日 マーガレット・サッチャー……316
10月14日 ドワイト・デイヴィッド・アイゼンハワー……317
10月23日 西園寺公望……326
10月26日 フランソワ・ミッテラン……329
10月29日 井伊直弼……332
10月31日 蒋介石……334
11月 3日 武田信玄……338
11月11日 乃木希典……346
11月15日 坂本龍馬……350
11月22日 シャルル・ド・ゴール……357
11月23日 オットー1世……358
12月 7日 西郷隆盛……374
5月 2日 ベンジャミン・マクレーン・スポック……145
5月 6日 ロバート・ピアリー……149
5月 8日 ジャン・アンリ・デュナン……151
5月10日 トーマス・リプトン……153
5月12日 フローレンス・ナイチンゲール……155
6月 6日 ロバート・ファルコン・スコット……181
6月 8日 知里幸恵……183
6月 9日 ジョージ・スティーブンソン……184
6月12日 アンネ・フランク……187
6月13日 白瀬矗……188
6月18日 エドワード・シルヴェスター・モース……193
6月27日 ヘレン・ケラー……202
6月30日 アーネスト・サトウ……205
7月 8日 ジョン・ロックフェラー……215
7月11日 穂積陳重……218
7月13日 森有礼……220
7月16日 ロアール・アムンセン……223
7月23日 二宮尊徳（金治郎）……230
7月28日 大原孫三郎……235
7月30日 ヘンリー・フォード……237
8月21日 浜田彦蔵……260
8月26日 マザー・テレサ……265
8月31日 マリア・モンテッソーリ……270
9月 9日 カーネル・サンダース……280
9月20日 エリザベス・ミラー……291
10月 3日 タウンゼント・ハリス……306
10月10日 フリチョフ・ナンセン……313
10月27日 ジェイムズ・クック……330
11月 2日 マリー・アントワネット……337
11月17日 本田宗一郎……352
11月19日 ハイラム・ビンガム……354
11月25日 アンドリュー・カーネギー……360
11月27日 松下幸之助……362
12月 3日 津田梅子……370
12月 8日 ウィリアム・デュラント……375
12月12日 福沢諭吉……379
12月14日 ノストラダムス……381
12月23日 江崎利一……390

スポーツ

1月 1日 ピエール・ド・クーベルタン……18
3月28日 ゼップ・ヘルベルガー……107
8月 8日 谷風梶之助……247
10月12日 三浦雄一郎……315
10月28日 嘉納治五郎……331
11月 6日 ジェイムズ・ネイスミス……341

7月 5日 ジャン・コクトー……212
7月10日 マルセル・プルースト……217
7月12日 ジョサイア・ウェッジウッド……219
7月15日 国木田独歩……222
7月17日 竹山道雄……224
7月21日 アーネスト・ヘミングウェイ……228
7月24日 谷崎潤一郎……231
7月25日 フェルディナント・バイエル……232
7月26日 ジョージ・バーナード・ショー……233
7月29日 エイヴィンド・ユーンソン……236
7月31日 柳田國男……238
8月 1日 ハーマン・メルヴィル……240
8月 5日 ギイ・ド・モーパッサン……244
8月 7日 司馬遼太郎……246
8月13日 アルフレッド・ヒッチコック……252
8月14日 アーネスト・トンプソン・シートン……253
8月19日 ココ・シャネル……258
8月23日 三好達治……262
8月27日 宮沢賢治……266
8月28日 ヨハン・ヴォルフガング・フォン・ゲーテ……267
8月29日 モーリス・メーテルリンク……268
9月11日 オー・ヘンリー……282
9月17日 正岡子規……288
9月21日 ハーバート・ジョージ・ウェルズ……292
9月28日 プロスペール・メリメ……299
10月11日 フランソワ・モーリアック……314
10月16日 オスカー・ワイルド……319
10月17日 アーサー・ミラー……320
10月19日 ミゲル・アンヘル・アストゥリアス……322
10月20日 アルチュール・ランボー……323
10月30日 フョードル・ミハイロヴィチ・ドストエフスキー……333
11月 1日 萩原朔太郎……336
11月 4日 泉鏡花……339
11月 5日 海音寺潮五郎……340
11月 8日 マーガレット・ミッチェル……343
11月13日 ロバート・ルイス・スティーヴンソン……348
11月16日 北村透谷……351
11月26日 チャールズ・モンロー・シュルツ……361
11月30日 マーク・トウェイン……365
12月 4日 ライナー・マリア・リルケ……371
12月 5日 ウォルト・ディズニー……372
12月 9日 ジョン・ミルトン……376
12月13日 田山花袋……380
12月16日 尾崎紅葉……383
12月30日 ラドヤード・キップリング……397

名言のみ

偉人からのことばの贈り物①……302
偉人からのことばの贈り物②……366

12月26日 徳川家康……393
12月28日 ウッドロウ・ウィルソン……395

文化

1月 5日 夏目漱石……22
1月 8日 堀口大学……25
1月10日 島村抱月……27
1月24日 カロン・ド・ボーマルシェ……41
1月25日 北原白秋……42
1月29日 ロマン・ロラン……46
2月 1日 ジョン・フォード……50
2月 2日 ジェイムズ・ジョイス……51
2月 7日 チャールズ・ディケンズ……56
2月 8日 ジュール・ヴェルヌ……57
2月20日 志賀直哉……69
2月21日 ユベール・ド・ジバンシー……70
2月24日 ヴィルヘルム・グリム……73
2月26日 ヴィクトル・ユーゴー……75
2月27日 ジョン・エルンスト・スタインベック……76
3月10日 石井桃子……89
3月13日 高村光太郎……92
3月16日 マクシム・ゴーリキー……95
3月20日 ヘンリック・イプセン……99
3月22日 中山晋平……101
3月23日 黒澤明……102
3月25日 樋口一葉……104
4月 2日 ハンス・クリスチャン・アンデルセン……113
4月 9日 佐藤春夫……120
4月16日 チャールズ・チャップリン……127
4月26日 ウィリアム・シェイクスピア……137
5月 4日 オードリー・ヘップバーン……147
5月 5日 小林一茶……148
5月 9日 ジェイムズ・マシュー・バリー……152
5月14日 斎藤茂吉……157
5月20日 オノレ・ド・バルザック……163
5月22日 坪内逍遥……165
5月24日 ミハイル・アレクサンドロビチ・ショーロホフ……167
5月25日 浜田広介……168
5月31日 ウォルト・ホイットマン……174
6月 1日 マリリン・モンロー……176
6月 3日 佐佐木信綱……178
6月14日 川端康成……189
6月19日 太宰治……194
6月22日 エリッヒ・マリア・レマルク……197
6月23日 三木露風……198
6月29日 アントワーヌ・ド・サン・テグジュペリ……204
7月 1日 ジョルジュ・サンド……208
7月 2日 石川達三……209
7月 3日 フランツ・カフカ……210

◉編者プロフィール

「天神」編集部

日本 e-Learning 大賞（経済産業省・文部科学省・総務省・厚生労働省後援）グランプリを受賞した教育ソフト「天神」を編集・制作。本書は、「天神」の中の 1 コーナー「偉人の部屋」をもとに、大幅な加筆・修正を加えています。

◉監修者プロフィール

中井俊已

1959 年生まれ。作家・教育評論家・平安女学院大学子ども教育学部客員教授。長崎市の私立小・中学校に 23 年間勤務後、現在は京都市で幅広く執筆活動と講演活動などを行う。著書に『きっと勇気がわいてくる魔法の言葉』全 3 巻『こころを育てる魔法の言葉』全 3 巻（汐文社）『マザー・テレサ　愛と祈りをこめて』（PHP 研究所）『永井隆　平和を祈り愛に生きた医師』（童心社）『男の子って、どうしたら勉強するの？』『女の子って、勉強で人生が変わるんだ！』（学研教育出版）など多数。

［装丁］ 坂川事務所
［表紙・扉イラスト］ 上原ユミ
［本文イラスト］ 酒井理子・津田真代
［DTP］ つむらともこ

歴史をつくった偉人のことば366　新装版

2016年12月31日　第1版第1刷発行

編　「天神」編集部

監修　中井俊已

発行者　玉越直人

発行所　WAVE出版
〒102-0074 東京都千代田区九段南4-7-15
TEL 03-3261-3713　FAX 03-3261-3823
振替 00100-7-366376
E-mail : info@wave-publishers.co.jp
http://www.wave-publishers.co.jp/

印刷・製本　萩原印刷

NDC159 280 407P ／ 23cm　ISBN978-4-87290-843-5